DICTIONNAIRE
DES ONOMATOPÉES

Pierre Enckell et Pierre Rézeau

DICTIONNAIRE DES ONOMATOPÉES

Préface de Jean-Paul Resweber

Presses Universitaires de France

ISBN : 2130533183
Dépôt légal — 1re édition : 2003, janvier

6, avenue Reille, 75014 Paris

Préface

On ouvre généralement un dictionnaire pour vérifier l'orthographe ou le sens d'un terme, mais plus rarement avec le projet de le lire en totalité, soit en sélectionnant les entrées qui correspondent à des attentes plus ou moins précises, soit en suivant, tout bonnement, le fil de l'abécédaire. *Le Dictionnaire des onomatopées* de P. Enckell et de P. Rézeau échappe à la loi du genre : le lecteur le lira avec la curiosité d'y découvrir l'orthographe et les usages incertains d'onomatopées familières, mais aussi avec le plaisir de se laisser bercer par le rythme de termes soigneusement répertoriés. Il sentira s'éveiller en lui, au détour de chaque page, cet amour des signifiants qui le naturalise dans sa propre langue et apprivoise son être-au-monde. C'est, en effet, la musicalité qui donne voix au monde : aux choses, aux événements, aux animaux. « La fonction de l'onomatopée est essentiellement de faire entrer dans la langue les bruits du monde » [1]... C'est cette fonction qui permet de discriminer cette figure des autres figures voisines que sont le mimologisme, formulation maniérée proche de la ritournelle, l'interjection, lexie porteuse d'une interpellation, et le huchement, interjection particulière lancée à l'adresse des animaux. L'onomatopée est, pour reprendre la terminologie de É. Benveniste un « sémantisme nu » qui, à la limite, se passe de toute charge performative. Elle décline, sur le mode du déictique, de *ah* à *zzz*, les postures de notre être-au-monde, en faisant l'économie de tout souci dialogique : *badaboum, clac, flop, grr, hic, ouaw, pan, pif, rrr, schlaf, tsoin-tsoin...*

Sans doute est-ce la fonction principale du langage que de nous mettre à l'écoute de la vie du monde. Ce que réalise l'onomatopée sur la base d'une économie spécifique, qui tient à l'usage mimétique, abrupt, musical des signifiants dont elle fait invention. On a coutume de donner, dans le procès du sens, la priorité à la ***logique mimétique***, puisqu'elle est censée, d'emblée, articuler le mot à la chose dénommée. Comme si la sonorité du verbe, le *flatus vocis*, s'employait à reproduire un son naturel préexistant. Mais l'imitation préside, comme l'a indiqué Aristote, à la constitution du langage lui-même, puisque les sons émis par la voix imitent les choses et les signes imitent les sons émis par la voix [2]. Platon s'est déjà interrogé, dans le *Cratyle*, sur la portée d'une telle imitation : les mots imitent-ils les choses par nature (*physei*) ou sont-ils le fruit d'une convention (*thesei*) culturelle [3] ? Mais

1. *Introduction*, p. 16.

2. ARISTOTE, *De l'interprétation*, I, 1.

3. Voir l'ouvrage de G. GENETTE, cité par les auteurs : *Mimologiques. Voyage en Cratylie*, Paris, Le Seuil, 1976.

il n'a pas tranché le débat. En mettant en tension ces deux pôles, il laisse entendre que le naturel imité est, en réalité, un dépôt culturel plus originel que d'autres. On peut imiter, en effet, un bruit, soit en tentant de le reproduire, soit en se risquant à le reconstituer... Toujours est-il que l'onomatopée confirme notre impression qu'il existe bel et bien une nature qui serait déjà parlée, une prédiscursivité du monde qui serait à reproduire et à expliciter. En réalité, l'imitation invoquée est le fruit d'une interprétation intersubjective qui se donne pour une traduction ou, plus exactement, pour une transposition dans le langage des mots du langage supposé du monde. Si le bruit des mots fait écho au bruit des choses, le langage en son entier serait alors phrasé mimologique. Mais ce n'est que dans l'après-coup discursif que l'on peut soutenir que l'onomatopée met en scène les bruissements et les chuchotements d'un monde qui naît et s'effondre, se recueille et s'éclate, gémit et s'abîme dans le silence : *ach* et *crac*, *ouf* et *boum*, *aïe* et *plof*... Les onomatopées, remarquent d'entrée de jeu les auteurs, sont différentes d'une langue à l'autre et les mêmes choses font des bruits différents : la chouette hulule avec l'accent du terroir, le chant de l'hirondelle change de musique au fil de ses voyages printanier et automnal, les grenouilles de la Communauté européenne ne coassent pas avec les mêmes flexions et inflexions...

À l'instar du caractère mimétique, le caractère de ***soudaineté*** exige quelques éclaircissements. Il se justifie de par la structure même de l'onomatopée qui induit un mode de référence spécifique. La logique imitative dont se réclame le langage en général prend appui, en fait, sur un double écart : celui qui va de la chose au son vocal et celui qui va du son vocal au signe. Or, c'est le second écart, celui qui va du signe au son, qui fonde le premier, celui qui va de la chose dénommée au son émis. Autrement dit, c'est le signe qui garantit le sens du signifiant et, par conséquent, la signification de la chose. Dans le discours, c'est le signe qui fait le son, en donnant au signifiant sa configuration phonétique et sa conformité signifiante. Mais l'onomatopée vient, en quelque sorte, télescoper ou subvertir ce procès. Avec elle, c'est le son qui fait le signe, en faisant ellipse du signifié. Voici, en effet, que ce dernier se détache du terme onomatopéique, pour faire assonance dans l'expression linguistique. Autrement dit, le sens de l'onomatopée naît et meurt dans l'écho que l'expression phonétique produit dans la langue et dans la culture à laquelle celle-ci appartient [1]. C'est, par conséquent, en référence au phrasé de la « prose du monde » selon la belle formulation de M. Merleau-Ponty, que l'onomatopée, qui en est une scansion ou une ponctuation originale, fait sens. Ainsi est-ce dans l'écart aménagé par le reflux du signifié vers ce récit implicite qu'elle révèle la chose. C'est la différence qui fait ici référence. L'onomatopée joue à la limite des mots et des choses, là où, comme dit le poète Stefan George, le mot semble soudainement « toucher » la chose. Mais cette soudaineté ne rythme-t-elle pas, sur le mode symbolique, l'effraction avec laquelle les bruits du monde entrent dans la langue ?

1. La plupart des travaux des auteurs portent sur la problématique de l'articulation de la langue et la culture.

L'art musical illustre au mieux le surgissement de la signifiance onomatopéique. Selon Nietzsche, qui reprend les vues de Schopenhauer, la musique fait l'économie de l'intellect pour nous livrer directement, dans une configuration sensible qui tient lieu de concept, la chose même. Car elle tire sa force d'évocation et de suggestion du rythme dans lequel se coule la mélodie. Le fameux article de Benveniste : « La notion de "rythme" dans son expression linguistique » (1951) a insisté, on le sait, sur la fonction essentielle du rythme dans la poésie. Ce sont, en effet, les césures rythmiques qui constituent l'essence du langage poétique. Un tel modèle s'applique, on s'en doute, de façon privilégiée à l'onomatopée. Voici les bruits du monde transformés en musique, précisément parce que le rythme qu'elle inaugure introduit le silence dans le bruit des mots : *poum, tui-tui, vlaf, waouh...*

La musique de l'onomatopée est légère est brève, même si elle se répète à la façon d'une ritournelle, car le rythme en souffle la mélodie à chaque avancée. Elle imite les bruits du monde à la légère, sans tension ni crispation. Elle nous invite à affleurer à la superficie du monde, en nous faisant renoncer à l'illusion tragique des profondeurs. Elle nous répète que le monde est un jeu : le jeu de l'enfant héraclitéen qui sautille sur le damier de la marelle. Nietzsche rêvait que les mots perdent enfin leur sérieux, pour jouer la musique du monde et nous faire danser sur les choses. L'onomatopée nous rappelle à cette insoutenable légèreté de l'être du monde. En définitive, l'onomatopée prête une voix au *corps*. Elle exprime, sur un mode ludique, la manière dont nous nous sentons affectés par le monde. Elle symbolise, en les rythmant, nos affects, pulsions, perceptions, émotions et sentiments. Les mots imitent les choses, en imitant, dit Aristote, les impressions que celles-ci produisent dans l'âme. Écoutons résonner ces impressions : *berk, aïe, areu-areu, han, atchoum, couic, cric-crac, ouille, dring, frr, gla-gla, glou glou, brrr, miam-miam, pouf, pschitt, prout, wouaf, zim boum boum, panpan...* Le traitement ludique qu'elle impose à ces postures corporelles les banalise, en les insérant dans la partition musicale du monde. Par la vertu de l'onomatopée, voici les pulsions sublimées : converties en pulsations et objectivées en palpitations de l'être-au-monde.

L'onomatopée illustre le processus de fabrication qui définit l'*art* (*technê*), au sens grec du terme. Elle est le fruit d'un bricolage de mots (*onoma-poïêsis*), réalisé par agencements de formes. Elle est l'effet d'un savoir-faire inédit et incongru avec la langue. Elle réalise de surcroît, avec peu de moyens, un ajustement harmonieux du langage aux choses, tant et si bien que l'art finit par imiter avantageusement la nature. Mais cette efficacité symbolique se double d'une efficacité opératoire. L'onomatopée est aussi bien virtuelle que réelle. Par un processus de dérivation bien connu depuis la *Grammaire de Port-Royal*, d'homonymie ou d'analogie, elle prolifère en de multiples variantes que les auteurs de ce dictionnaire ont eu soin de relever avec précision. Ils ont pris le juste parti de laisser parler cet art, à travers de nombreux usages qui l'attestent, sans l'enfermer *a priori* dans des définitions rigides.

À consulter ou à lire les multiples emplois des onomatopées, recueillis dans le *Dictionnaire* de P. Enckell et de P. Rézeau, on se surprend à contenir une étrange jubilation qui naît d'une complicité, que la neutralité et la rigueur scientifiques permettent paradoxalement de renforcer entre les auteurs et leur lecteur. Cette complicité repose sur le plaisir d'entrer dans un jeu commun, sur la bonne surprise du tour d'ironie que l'onomatopée joue au langage, sur un amour commun des signifiants, sur le sentiment d'être enracinés dans les mêmes métaphores, sur l'étonnement de partager les mêmes affects, sur l'épreuve d'une même finitude... Certes, c'est de façon oblique et indirecte que l'onomatopée nous renvoie à ces expériences fondamentales. En elle-même, en effet, elle ne nous enseigne aucun savoir. Elle ne communique aucun message. Elle témoigne seulement du plaisir et du désir d'exister dans le langage et de pouvoir jouer avec les sons.

Jean-Paul Resweber

Introduction [1]

1. Les onomatopées dans les dictionnaires du français

Formant une liste sans fin, les onomatopées sont ramenées par les dictionnaires généraux du français contemporain à un "noyau dur" (chaque entrée étant accompagnée souvent de variantes) et Rob 2001 [2] offre même une liste des « principales onomatopées employées en français » [3]. Mais la constitution de ce sous-ensemble paraît marquée au coin d'un empirisme encore plus prononcé que celui qui affecte inévitablement toute nomenclature. Sans aller jusqu'à souhaiter introduire dans les dictionnaires généraux toutes les onomatopées de la bande dessinée ou celles que l'on voit fleurir sur Internet, on est frappé des lacunes de la lexicographie dans ce domaine.

Dans les cas où ces mots figurent dans les dictionnaires, leur analyse est souvent insuffisante. On peine déjà à leur trouver un nom, ce qui aboutit à une étrange Babel où les indications de catégories grammaticales éclatent dans de multiples directions [4] ; quant à la glose qui renseigne sur la valeur sémiotique des onomatopées, elle connaît à peu près les mêmes aléas [5]. Très souvent aussi, outre sa valeur

---

1. Nous exprimons notre reconnaissance, pour les améliorations qu'ils nous ont permis d'apporter à cette recherche, à Jean-Pierre CHAMBON (Paris IV-Sorbonne), Michel FRANCARD (Université catholique de Louvain) et André THIBAULT (Strasbourg-Université Marc Bloch).

2. Pour ce type d'abréviations, v. *Bibliographie I.2.*

3. Si l'on n'a pas grand mérite à critiquer la liste des onomatopées, ce n'est pas une raison pour ne pas s'employer à l'améliorer : un minimum d'attention à des sous-ensembles du lexique permettrait aisément de remédier à des oublis manifestes. Voir à ce sujet P. Rézeau, « Simples prolongements et suggestions concrètes à la suite de l'exposé de Josette Rey-Debove », dans André Goosse, Jean-René Klein, Jean-Marie Pierret (éd.), *Où en sont les études sur le lexique ? Bilan et perspectives*, dans *Travaux de linguistique* 23 (1991), 171-174.

4. Ainsi, « interjection » (*ding* Rob 2001, NPR 2000), « interjection et nom » (*boum* Rob 2001, NPR 2000 ; *cui-cui* Rob 2001, NPR 2000 ; *plouf* TLF) ou seulement « nom » (*cocorico* Rob 2001, NPR 2000 ; *coin-coin* NPR 2000) — « onomatopée » (*hou*[2], TLF), « onomatopée et nom » (*coin-coin* Rob 2001 ; *glouglou* TLF ; *prout* TLF) — « onomatopée interjective/expressive » (*psit* TLF) — « mot inv. » (*hou*[1] TLF) — absence d'indication (*guili-guili* GLLF) ; on notera d'ailleurs que cette absence d'indication est fréquente dans Littré.

Pour prendre les choses d'un autre point de vue, on appréciera le sort d'une séquence d'origine onomatopéique comme *patati patata*, qualifiée de « loc. » (GLLF), « onomat. » (Rob 2001 ; TLF), « interj. » (NPR 2000), « loc. adv. » (PL 2000) : on conviendra sans peine qu'une telle disparate frise le désordre.

5. On lit, par exemple, « interjection évoquant/imitant... » (NPR 2000 s.v. *clac, grrr*) — « ono-

de base, l'onomatopée exprime la rapidité ou la soudaineté d'un procès : cette dimension aspectuelle est bien loin d'être prise en compte à chaque fois qu'il conviendrait.

La situation est ainsi résumée par une orfèvre en la matière : « [...] il règne une grande confusion dans les dictionnaires au sujet des onomatopées. Ce sont des mots entièrement sacrifiés aussi bien dans la macrostructure que dans la microstructure »[1].

2. Qu'est-ce qu'une onomatopée ?

2.1. Définition

L'onomatopée est un "mot" imitant ou prétendant imiter, par le langage articulé, un bruit (humain, animal, de la nature, d'un produit manufacturé, etc.).

Toute langue possède son propre lot d'onomatopées, formé d'un noyau usuel et de possibilités illimitées, la diversité que l'on constate d'une langue à une autre (chaque système linguistique l'exprimant avec son matériel phonologique) laissant rêveur sur le caractère subjectif de cette "imitation". Ainsi :

> français **meuh** / suisse alémanique **müh** : « Quand nous disons la vache suisse, c'est une vue de l'esprit. La vache suisse n'existe pas. Il convient de distinguer en effet la vache romande, qui est francophone et qui fait ***meuh*** quand elle aperçoit une pâquerette, et la vache alémanique, qui dans la même situation exprimera son contentement en dialecte *schwytzerdütsch*, et fera ***müh***, avec l'accent nettement gothique » (J.-L. Ezine, *Du train où vont les choses*, 1994, 100).
>
> français **toc-toc** / anglais **ratatap** : « Un soir, j'en étais là de ce petit travail, lorsque j'entendis à ma porte un petit ***ratatap***. (Pour exprimer qu'on frappe à une porte, les conteurs anglais n'emploient pas l'onomatopée ***toc-toc***, ils disent ***ratatap***, et je ne trouve pas cela si ridicule) » (A. Allais, *Vive la vie !*, 1892, *Œuvres anthumes*, 1989, 162).

Et si, pour changer de l'exemple connu du chant du coq (en allemand *kikeriki*, en anglais *cock-a-doodle-do*, en français *cocorico*, en italien *chicchirichi*, etc.), l'on choisit de s'intéresser au cri du canard, on n'en croit pas ses oreilles de la façon dont les locuteurs l'entendent et le restituent dans leur langue respective, depuis

---

matopée employée pour évoquer/évoquant/exprimant/imitant/notant... » (NPR 2000 s.v. *badaboum, clic-clac, coin-coin, meuh, ploc, vroum, zzzz*) ; « onomatopée d'un bruit... » (NPR 2000 s.v. *toc*) — « bruit/bruit de/bruit produit par... » (NPR 2000 s.v. *atchoum, prout, tac*) — « cri des petits oiseaux dans le langage enfantin » (Lar 2000 s.v. *cui-cui*) — « mot imitant/qui exprime un bruit... » (NPR 2000 s.v. *crac, pan*) — « exprime/s'emploie pour exprimer... » (NPR 2000 s.v. *brrr, flic flac, floc*) — absence de glose dans la description synchronique (*coin-coin* Rob 2001).

1. J. Rey-Debove, *Étude linguistique et sémiotique des dictionnaires français contemporains*, La Haye/Paris, Mouton, 1971, 251.

le *bat'bat'* de l'arabe dialectal d'Algérie jusqu'au *vak vak* du turc, en passant par le – relativement récent – *coin-coin* du français [1].

Pour mieux situer l'objectif du présent ouvrage, on passera en revue quelques catégories voisines de l'onomatopée, avec lesquelles on la confond souvent : les mimologismes, les huchements et les interjections.

2.2. Onomatopée et mimologisme

On a parfois tenté d'apporter un surcroît de sens aux onomatopées [2]. Ainsi du *crou crou* des pigeons chez Jules Renard (« Viens, mon grrros..., viens, mon grrros... viens, mon grrros... » *Histoires naturelles*, 1967 [1896], 41) ou du cri des corbeaux dans l'île de Guernesey (« Les vieux craignent les corbeaux car leur cri dit *mworèk mworèk* – dans ce mot on reconnaît le radical du verbe *mourir*. Le témoin dit que sa femme aussi les craignait ») [3] ; tel avertisseur d'ambulance voit parfois ses trois tons déclinés sur le mode funèbre (« [...] l'ambulance qui fonçait le long des rues désertes en clamant "T'es foutu – T'es foutu" autour d'elle [...] » H. Pagan, *La Mort dans une voiture solitaire*, 1992, 366) ; moins dramatiquement, les appelés du contingent, dans les années 1960, interprétaient le bruit des roues du train sur les rails de manière différente, selon qu'ils partaient en permission *(bifteck-frites)* ou revenaient à la caserne *(patates-fayots)* et c'est presque de la même chanson que se nourrit telle nostalgie québécoise : « As-tu entendu ce qu'y dit, le tramway : des pois, des pois, des pois, des pois, des pois... » (M. Tremblay, *Des nouvelles d'Édouard*, 1984, 251).

C'est particulièrement ce qui se produit lorsqu'on interprète les chants des oiseaux ou les cris de divers animaux, en formulettes plaisantes du genre :

« La Caille : ***Paye tes dettes, paye tes dettes*** » (*Les Amusemens du bel âge*, 1816, 45) ♦

---

1. « Un jour, je me promenais à la campagne avec un ami français, et nous passions devant un petit lac où il y avait des canards. "Voilà des *rap rap*", lui disais-je, en imitant le parler des enfants danois. "Des quoi ?", s'écria-t-il, "des *rap rap* ? Mais ce sont des canards, et les canards disent *couin couin*. Écoutez bien, et vous verrez qu'ils produisent un son nasal. Jamais un canard qui sait parler n'a dit *rap rap*" » (Kr. Nyrop, *Grammaire historique de la langue française*, 1936, t. 3, 18). Voici, en hommage au savant danois, un rapide échantillon : allemand *quak-quak*, anglais *quack quack*, arabe dialectal d'Algérie *bat'bat'*, breton *kwak kwak* (parfois *kwâg kwâg*), castillan et catalan *cua-cua*, danois *rap rap*, finnois *kvaak kvaak*, français *coin-coin*, grec *pa pa*, hongrois *háp háp*, italien *qua qua*, japonais *gaa gaa*, néerlandais *kwak-kwak*, polonais *kwa kwa*, portugais *qua qua*, roumain *mac mac*, russe *kriak kriak*, suédois *kvack kvack*, tchèque *gagaga*, turc *vak vak*. Ces indications ont été recueillies grâce à l'aimable concours de Mesdames et Messieurs Katalin Ambroise, Christine et Gérard Bacconnier, Eva Buchi, Johanna Enckell, Marguerite Henrion-Blaess, Jean Le Dû, Takeshi Matsumura, Jean-Loup Ringenbach ; qu'ils trouvent ici l'expression de notre reconnaissance. Pour des compléments, voir Pierre Gay, Agnès Rosenstiehl, *Cris d'Europe*, Paris, Le Seuil, 1989.

2. Sur cette « homonymisation en dehors de toute influence du signifié », v. Éric Buyssens, *Linguistique historique. Homonymie. Stylistique. Sémantique. Changements phonétiques*, Bruxelles/Paris, Presses Universitaires de Bruxelles/Presses Universitaires de France, 1965, 21-22.

3. Patrice Brasseur, « Le témoignage d'un dialectologue : un ethnotexte fantastique recueilli à Guernesey », dans *Revue du département de la Manche* 25, fasc. 97-98 (1983), 24.

« LE RÔTI DE CAILLE – **Paye tes dettes ! paye tes dettes !** » (Ch. Monselet, *Théâtre du Figaro*, 1861, 134) ♦ « [...] "**paye tes dettes**", roucoulaient les cailles » (L. Pergaud, *De Goupil à Margot*, 1910, *Œuvres complètes*, 1987, 73) ♦ « Elle [la caille] ne se branche jamais et fait retentir nos champs de son monotone et vexant : "**paye tes dettes, paye tes dettes !**" – qui est peut-être son cri d'amour ! » (Ch. Forot, *Odeurs de forêt et fumets de table*, 1987, 109) ♦ Par plaisanterie, dans cette scène de rue parisienne : « Passe une petite caille, dandinant son derrière et portant au bout de l'aile un grand carton carré. Elle est suivie par un bouledogue qui porte, lui, environ cinquante ans. Chose singulière ! c'est la caille qui montre les dents, tandis que le bouledogue courcaille : – **J' paie tes dettes, j' paie tes dettes** » (J. Richepin, *Le Pavé*, 1883, 12) [1].

Mais ces formules ou mimologismes [2] ne sont pas des onomatopées, et pas davantage les huchements et les interjections.

2.3. Onomatopée et huchement

Utilisé depuis une vingtaine d'années, le terme *huchement* désigne une catégorie particulière d'interjections « utilisées par l'homme dans des actes illocutionnaires spécifiques pour appeler/chasser/commander les animaux domestiques » [3] ; les enquêteurs des atlas linguistiques de France ont été attentifs à les recenser lors de leurs enquêtes à travers la France rurale du siècle dernier, mais une étude d'ensemble de cette collecte reste à faire [4]. En voici quelques exemples, principalement du 20ᵉ siècle, à l'adresse du chat [5] :

1. Ou encore : « "**Sept écus ! Sept écus !**" C'est la mésange qui loue sa servante, affirmait papa » (G. Chevereau, *Une enfance à la campagne*, 1988, 145). La formule habituelle compte « huit écus », v. Jean-Pierre Chambon « Démimologiques : délocutivité et zoonymie dans le domaine galloroman », dans *Bulletin de la Société de linguistique de Paris* 84 (1989), 92. Pour un exemple ancien concernant le rossignol, voir ci-dessous le premier exemple de la note 5, p. 21 ; pour d'autres exemples, voir Arnold Van Gennep, *Manuel de folklore français contemporain*, Paris, Auguste Picard, t. 3, 1937, 545-547.

2. Ces formules (ou mimologismes) sont en même temps des dénominations, dont le fonctionnement a été étudié par J.-P. Chambon, *art. cit.*, 81-109. Sur un plan plus général et essentiellement historique, on lira avec profit le bel ouvrage de Gérard Genette, *Mimologiques, Voyage en Cratylie*, Paris, Le Seuil, 1976.

3. Jean-Pierre Chambon, « Verbes et noms délocutifs tirés de huchements : esquisse d'une classification », dans *ITL. Review of applied linguistics*, 97-98 (1992), 27.

4. Cf. le vœu d'Albert Dauzat, dans sa *Grammaire raisonnée de la langue française*, Lyon/Paris, 1958, 5ᵉ éd., 406, n. 1 : « Les cris d'appel, de direction, de mise en fuite des animaux demanderaient une étude spéciale, qui ne peut être faite que sur le plan régional et qui est prévue pour le *Nouvel atlas linguistique* de la France. » Rassemblées dans le cadre d'enquêtes dialectologiques, les données débordent parfois ce cadre pour livrer des façons de parler françaises.

5. À l'adresse d'autres animaux, voici encore (outre FEW 22/2, 62b-63a 'cri d'appel pour les bêtes') :

— cris de charretier ou de cocher : « [...] mon cocher, d'un simple "**brrr**", prononcé presque bas, arrête ses chevaux qui se cabraient » (V. Larbaud, *A.O. Barnabooth*, 1913, dans FXT) ♦ « *Le frère Gaucher tire par la bride un âne qui traîne un charreton.* [...] **Hi ! Yur-hue** ! Dire que c'est une

— pour appeler le chat : « **bibis/bibich** » – emprunté au breton – et « **pspsps** » (G. Esnault, *Métaphores occidentales*, 1925, 99) ♦ « Là, sur ma joue, avec tes lèvres, / Fais : **mchch** !... – tu sais bien, n'est-ce pas, / Comme pour appeler le petit chat : / **Mchch** ! allons : **mchch** ! voilà !... voilà !... – / La première leçon s'achève » (Franc-Nohain, *Le Dimanche en famille*, 1902, 46) ♦ « – Grisou ? Grisou ? Grisou ? **Mss** ! **Mss** ! **Mss** ! Où qu'il est, Demoiselle, votre Grisou, qu'il est si mignon, le pauvret ? » (G. de Lanauve, *Les Mémoires d'Anaïs Monribot*, 1969, 175) ♦ « PREMIER AVOCAT. **Miaou** ! **miaou** ! **minon** ! **minon** ! Je viens du grenier, j'ai passé partout, ce chat ne vient pas : **Minon, minon** ! » (L.-E. Duranty, « Les Plaideurs malgré eux », *Théâtre des marionnettes*, 1995 [1862], 355) ♦ « [...] si d'aventure il rencontrait un chat, il n'hésitait pas à s'arrêter, à se pencher vers lui [...] à lui dire des "**minou-minou**" pleins de tendresse » (J. L'Hôte, *Confessions d'en enfant de chœur*, 1990 [1965], 82).

— pour chasser le chat : « CASSA-CASSA, *Chat*, cri qu'on fait à un chat qu'on veut chasser de quelque part » (Sauvages, *Dictionnaire languedocien-françois*, 1756, 98) ♦ « KIKI-LA-DOUCETTE : Quel être insupportable ! / TOBY-CHIEN : Insupportable toi-même ! Prends garde, je vais te charger, comme Elle fait quand Elle est gaie, et

---

bourrique comme toi qui a eu la gloire de porter Notre-Seigneur ! [...] **Yeou** ! arrête-toi un peu, pour reprendre ta respiration ! » (M. Pagnol, *L'Élixir du père Gaucher* [Film de 1954], *Œuvres complètes*, t. 3, 1995, 1210-1211) ♦ « On vit s'avancer le tombereau, tiré par un cheval jaune avec une étoile blanche au front ; c'était Joseph, le charretier des Blanchet, qui le menait par la bride ; il faisait reculer la voiture à longs cris : "**Drrr... Drrieu** !..." » (Cl. Menuet, *Une enfance ordinaire*, 1992 [1972], 279) ♦ « Dans la cour de l'école, on jouait [...] aux chevaux [...]. Alors, la cour retentissait d'appels et de cris : "***Hue ! Diouc ! Ho - hue - ho*** !" pour aller à droite, "***Dia !***" pour aller à gauche, "***Ho !***" pour arrêter, "***Rrrû, drrieu !***" pour reculer » (Cl. Menuet, *Une enfance ordinaire*, 1992 [1972], 282-283) ♦ « C'est aussi le dimanche matin [...] que passe la carriole du père Jourde, le peaux de lapins de la rue des Clamarts. Son cheval a un sale caractère [...]. "**Drrri** ! **Hôô** ! Tout beau ! **Hôôô** ! **Drrri** !" Le cheval ricane, fout des coups de pieds, on se marre » (Fr. Cavanna, *Les Ritals*, 1981 [1978], 312-313) ♦ « Un appel aux bœufs, un "**trrr**" aigu qui sonne dans les grottes, voilà tout ce qu'on entend » (A. Daudet, « La Moisson au bord de la mer », 1874, *Contes du lundi*, 1875, *Œuvres*, 1986, t. 1, 763).

— cris de berger : « On entrait dans la bergerie où les moutons nous regardaient de profil, l'œil inquiet. L'un de nous leur criait, comme le font les bergers : ***Prou, prou, prrr, quien, quien, prou !*** et ils esquissaient un mouvement de fuite [...] » (Cl. Menuet, *Une enfance ordinaire*, 1992 [1972], 116) ♦ « Et les moutons, en voyant le chien, dressaient la tête. Et lui [le père] : "**Prrou, prrrou** [...]". Ma foi, les brebis entendaient sa voix. Et de suivre » (L. Chaleil, *La Mémoire du village*, 1989 [1977], 20) ♦ « [...] nous ouvrons le parc à moutons. / – **Tax... tax... tax...** » (M. Chatelain, *Alpages, terres de l'été*, 1996, 34).

— cris pour appeler les animaux de la ferme : « [...] le "**p'tit** ! **p'tit** !" de sa mère, montant de la basse-cour » (A. Daudet, *Jack*, 1876, *Œuvres*, 1990, t. 2, 128) ♦ « "**Petits** ! **Petits** !" pour les poulets, "**Bibi** ! **Bibi** !" pour les dindons, "**Goulu** ! **Goulu** !" pour les canards, "**Tii** ! **Tii** ! **Tia** ! **Tia** !" pour les cochons » (J. Renard, *Journal*, 22 septembre 1906, 1990, 847) ♦ « [...] le suraigu "**ti... ti... ti...** !" qu'elle [la ménagère] lance à tous les échos, fait accourir en hâte toutes les poules de la basse-cour. Sa voix se fait plus douce en s'approchant de la mère poule et de sa jeune couvée. "**Piou... piou... piou...** ! mes tout petits", s'enflant à nouveau, "**Vouri, vouri, vouri** !", pour présenter la pâtée des canards et des oies » (P.-L. Menon, R. Lecotté, *Au village de France*, Marseille, Jeanne

qu'Elle crie : "**hà chat** !" » (Colette, *Douze dialogues de bêtes*, 1930, *Œuvres*, 1986, t. 2, 28) [1].

Les seules exceptions que nous ayons faites dans cette direction ont été de signaler des huchements utilisés pour commander un chien (*kss*) ou pour mettre en fuite des animaux : *ch, frrt, pch²* et *pcht²*.

2.4. Onomatopée et interjection

La fonction de l'**onomatopée** est essentiellement de faire entrer dans la langue les bruits du monde et, accessoirement, d'exprimer la soudaineté ou la rapidité d'un procès.

L'**interjection** est une lexie-phrase

— traduisant une attitude du locuteur : déception *flûte, merde, zut,* dédain *peuh,* dégoût *fi, pouah,* douleur *aïe, ouille,* encouragement, *allons,* hésitation *euh,* indifférence *bah, bof,* soulagement *ouf,* surprise ou admiration *eh bé, oh,* etc.

— ou par laquelle le locuteur s'adresse à un interlocuteur : pour l'appeler *hé, hep, ho, hou hou, ohé, psit/pst,* pour le contredire *ta ta ta,* pour le conspuer *hou,* pour réclamer le silence *chut,* etc. [2].

Laffitte, 1978 [1954], livre 2, 58-59) ♦ « Une fermière appelait ses poules : "**cô, cô, cô, cô** !" » (G. Chevereau, *Une enfance à la campagne*, 1988, 146).

— cris pour appeler le chien : « En règle générale, elle aime les chiens. Elle sait comment agir avec eux. "**Kla, kla**" de la langue. On tape sur la cuisse et ils viennent » (H. Abert, *Le Saut-du-diable*, 1993, 62) ♦ « Quand ses lèv[r]es se f[r]ottent l'une cont[r]e l'aut[r]e, il en so[r]t un bou[r]donnement confus qui ne [r]essemble pas mal aux **pz, pz,** pa[r] lequels on appelle un petit chien de dame ! » (J.-P. Verheggen, *Les Folies-Belgères*, 1990, 70 ; repris du *Journal de Paris*, 11 juillet 1795, 1184 : « [...] un bourdonnement confus qui ne ressemble pas mal au *pz-pz-pz* par lequel on appelle un petit chien de dame »).

Des dépouillements de textes anciens permettent évidemment de glaner des huchements, ainsi : « [...] huchant sa truye, et criant à pleine voix, **coinche, coinche, tien coinche, coinche, coinche, coinche, tien coinche** » (Ph. d'Alcripe, *La Nouvelle fabrique*, 1983 [*ca* 1579], 72) ♦ « [La femme qui reste à la maison] entend au porc qui grongne, au coq qui chante, à la poule qui cacquette, et qui clocque en gardant et promenant ses poulets, et qui bruit en les défendant du milan contre lequel il n'y a autre qu'elle, qui crie ***hua, hua*** » ([Trad. de Folengo], *Histoire maccaronique de Merlin Coccaïe*, 1859 [1606], 106-107) et « [...] je depesche mille besongnes ; si le pot bout trop fort, je retire du feu les tisons, je mets la saveur au pot, j'appaise mon enfant en luy donnant à teter [...] : et en mesme temps, en criant ***pipi, pipi***, les poules viennent, comme de coustume, à la mangeaille » (*ibid.*, 108). ♦ V. encore **arri** et **pru** (cris pour faire avancer un âne) dans J.-P. Chambon « Sur le vocabulaire de la traduction de *Merlin Coccaïe* (1606) », dans *Mélanges sur les variétés du français de France, d'hier et d'aujourd'hui (III)*, Paris, CNRS/Champion, 2000, 44 et 65 – cf. afr. **hari** (DEAF, H 164) – et **haé, hez, hïé, ho**¹ (DEAF H 16, 457, 465 et 494).

1. Cf. FEW 2, 51a, CATTUS ; aj. Jules O. Daigle, *A Dictionary of the Cajun Language*, Ann Arbor (Michigan), Edwards Brothers, Inc., 1984, 2ᵉ partie, 31 « *chat,* interj. Word used to chase away cats ».

2. Mais l'interjection est aussi une catégorie grammaticale, qui dans bien des cas englobe les onomatopées, ce qui embrouille inutilement le lecteur. Il serait probablement plus simple, lorsqu'on a affaire à des onomatopées, d'indiquer, comme y invitent parfois les dictionnaires (v. ci-dessus,

Mais les frontières entre l'interjection et l'onomatopée sont parfois poreuses et il arrive par exemple qu'un mot possède à la fois une valeur onomatopéique et une valeur interjective (ainsi *boum, hum, pff, pft*) [1], ou que certains autres sont plutôt à ranger du côté de l'interjection (par exemple *han, hop, miam-miam, pss, youp*). Sans perdre de vue l'objectif essentiel de notre recherche, nous avons préféré tailler parfois une cote plutôt large en inscrivant à la nomenclature, outre quelques faits ressortissant aux clics *(ts, tst)*, quelques interjections insuffisamment prises en compte ou passées sous silence dans les dictionnaires de référence, notamment dans le cas d'homonymie avec d'authentiques onomatopées (par exemple *ch, ouaf, ouah, pch, pcht, pst, taratata, ta ta ta, waouh*) [2].

Par ailleurs, et sauf exception (comme *ploum ploum, pom pom, poum poum, tsoin tsoin, ta ta ta*), on n'a pas enregistré les innombrables façons dont l'homme accompagne vocalement la musique, qu'il s'agisse de refrains transmis par la tradition (*digue dondaine, flonflon, gai gai, la la la, lanlaire, lanturlu, larifla, lon la, mirliton, ô gué, tontaine tonton, tradéridéra, tralala, turlututu, zon zon zon*..., qui mériteraient d'être répertoriés eux aussi) [3] ou de notations moins conventionnelles comme ce scat :

> « [...] l'euphorique et paresseux babil dont je ne puis me retenir d'orner en même temps ses mélismes, curieux tropes qui produisent quelque chose comme : ***/ da dia da dia da di da di la di dia dia / ta-cloum di dia la da di dia da li da dia /*** *(etc.)* » (J. Réda, « Le double écart d'Erroll Garner », *L'Improviste*, 1980, 156).

2.5. Onomatopée : géographie et histoire

2.5.1. *Géographie*

Si les sources documentaires de ce dictionnaire correspondent essentiellement au français de France [4], le lecteur remarquera que sont cités des écrivains d'autres aires francophones, par exemple Nicolas Ancion, Raymond Devos et Hergé (Belgique romane), Charles-Ferdinand Ramuz (Suisse romande), Jacques Godbout, Félix Leclerc, Gabrielle Roy ou Michel Tremblay (Québec). Ces sources n'ont pas été choisies pour mettre en relief des onomatopées particulières à ces pays ou à ces régions ; on observera pourtant qu'elles permettent parfois de constater qu'il

---

§ 1), systématiquement en vedette la qualité « onomatopée », qui, en cours d'article, peut être modulée en « n. m. ».

1. C'est aussi le cas lorsque l'onomatopée exprime la rapidité ou la soudaineté d'un procès.

2. L'interjection n'est d'ailleurs pas mieux traitée dans les dictionnaires que l'onomatopée ; c'est ce qu'observe également Fr. Möhren dans DEAF H 164 : « La description lexicographique des interjections dans les langues romanes n'est pas satisfaisante ».

3. FEW 23, 143a-b 'refrain' en relève un certain nombre ; v. aussi G. Kastner, « Onomatopées et mimologismes », dans *Revue et Gazette musicale de Paris* 16 (1849), 403 et 412-415.

4. On n'a toutefois pas pris en compte le français des départements et territoires d'outre-mer, dont la richesse en ce domaine mériterait une étude particulière.

est des onomatopées (ou des interjections) typiques du français de Belgique [1], de Suisse romande [2] ou encore du Québec [3]. À l'inverse, des onomatopées usuelles dans le français de France le sont beaucoup moins, ou pas du tout, dans d'autres aires de la francophonie : ainsi pour un Québécois, *pinpon* est une onomatopée étrangère (de France, en l'occurrence) et *timbre* remplace parfois *bip sonore* dans le discours des répondeurs téléphoniques.

À l'intérieur même du français de France, certaines onomatopées semblent caractéristiques de telle ou telle aire [4] : en dehors du fameux *bistanclaque* lyonnais, du *bardadô* de l'Yonne [5], du *kirikiki* du Doubs [6] et du *voun voun* de

---

1. Ainsi ces équivalents de *beurk* que sont *bêk* (« [HADDOCK.] – BÊÊK ! [...] Ce whisky est imbuvable ! » Hergé, *Tintin et les Picaros*, 1976, 7) ou *bintche* (« – **Bintche** ! chuinte Julienne, c'est dégoûtant ! » J.-P. Otte, *Julienne et la rivière*, 1977, 49) ♦ cette variante de *guili-guili* : « [HADDOCK, *faisant risette à une petite fille.*] – KILIKILIKILI ! » (Hergé, *Les Bijoux de la Castafiore*, 1963, 3) ; v. encore au *Classement thématique* I.2.2.2. PERROQUET. ♦ cette variante de *miam-miam** : « Venez venez !... **Niamniam** !... Ch'est bon cha !... Ch'est bon cha, pour les gentils chienchiens !... » (Hergé, *Tintin et les Picaros*, 1976, 50) ♦ **plic-ploc** "par-ci, par-là". « On ne peut plus classer [les monuments anciens] "**plic ploc**" en fonction des réseaux d'influence ou d'amitié » (*Le Soir*, 17 avril 2001). ♦ cet équivalent de *cuicui** : « [HADDOCK.] – [...] je suis d-d-devenu un joli petit z-oiseau !... **Tchip** !... **Tchip** !... **Tchip** !... » (Hergé, *On a marché sur la lune*, 1954, 6) et « [Un oiseau chante] TCHIP TRRRIIT TCHIP TCHIP » (Hergé, *Tintin et les Picaros*, 1976, 48), auquel on ajoutera ce substantif recueilli en France chez un auteur vosgien : « [...] les rengaines des grillons, les **tchipetis** d'oiseaux [...] » (P. Pelot, *Ce soir, les souris sont bleues*, 1993, 31).

2. Ainsi *aïau/aïo/ayo*, équivalent de *aïe*, et *ouset* qui, scandé sur l'air des lampions, sert à conspuer un joueur (de hockey, de football) ou un arbitre. Ce dernier, emprunté à l'allemand *aus*, est relevé depuis 1852 (v. William Pierrehumbert, *Dictionnaire historique du parler neuchâtelois et suisse romand*, Neuchâtel, 1926, 401 ; FEW 15/1, 24a, AUS). C'est, à l'origine, le cri par lequel on chasse un chien ; mais en franchissant la frontière au début du 20e siècle, le mot a pris un sens quelque peu différent dans le Doubs voisin, où il est signalé en 1929 comme « exclamation employée pour exciter les chiens » par Félix Boillot, *Le Français régional de la Grand'Combe (Doubs)*, 232. Nos remerciements à Geneviève Boeri, Marinette Matthey et Dominique Destraz pour avoir attiré notre attention sur ces deux interjections.

3. Où le type *wow* a une ancienneté et une fréquence bien plus grandes que celles que l'on peut relever en Europe (v. *waouh*). On y remarque aussi *apitchou* (et formes voisines), équivalent de *atchoum*, *béding bédang*, équivalent de *badaboum*, ou *mioum-mioum* qui concurrence, beaucoup plus nettement qu'en France, *miam-miam*, *chou* et *chou bine* pour conspuer une personne (un acteur, par exemple) et... sans doute plus rare : « Pour connaître la température ambiante les soirs d'été au Canada, il suffit de compter les "**Bru bru bru**" chantés par l'oécanthe thermomètre, un criquet d'un centimètre et demi de long qui vit au bord du fleuve Saint-Laurent » (*Libération*, 23 juillet 2001, V).

4. On a même parfois pensé que certaines régions recouraient plus facilement que d'autres à l'onomatopée : « Depuis longtemps on s'est aperçu de la trop grande gesticulation du Languedocien et de la mauvaise habitude qu'il a d'ajouter l'imitation du bruit de la chose dont il parle à l'expression. S'il dit *Il lui donna un soufflet*, il ne manque pas d'ajouter, *paf*. S'il dit qu'on a donné des coups de canne, il ajoute, *pan, pan*. S'il dit qu'une chose est tombée, il ajoute *pouf*, etc. Expressions ajoutées assez inutilement au discours, et même superflues » (*Dictionnaire languedocien-français*, Béziers, Centre international de documentation occitane, manuscrit anonyme rédigé à Saint-Hippolyte-du-Fort, vers 1800, f. 435a).

5. « Nous arrivons sur le Maugis en question ; très animé, il discute d'une voix de gorge qui s'étrangle facilement, et me paraît subir une phase de lyrisme. Je m'approche encore. Sans doute il

Provence [1], aujourd'hui vieillis, on notera *mè, pam, pim, tutupanpan*, à quoi l'on peut ajouter quelques onomatopées doubles à finales alternées [-in]/[-an], ainsi :

> « Salomé ne chantonnait plus [...] ; sa chaise frappait en cadence, berçant l'enfant – **plin-plan, plin-plan...** » (M. Mauron [Bouches-du-Rhône], *Le Quartier Mortisson*, 1967 [1951], 292) ♦ « Parfois, quand nous étions sur le coteau, nous parvenaient des sons [de cloches] inhabituels, inconnus : “**Balalin, balalan...**” et nous écoutions, intrigués, ce village qui nous faisait signe [...] » (Th. Bresson [Ardèche], *Le Vent feuillaret : une enfance ardéchoise*, 1980, 187) [2] ♦ « Et **patatin, patatan, taraban, tarabin,** [...] de grandes étincelles [...] jaillissaient des sabots [de l'âne] au contact de la route pierreuse » (R. Blanc [Lot-et-Garonne], *Clément, Noisette et autres Gascons*, 1984, 118) [3].

---

donne la volée à ses admirations ? **Bardadô** (comme on dit chez nous quand un enfant tombe...) ! Voici ce que j'entends [...] » (Colette et Willy, *Claudine à Paris*, 1901, dans Colette, *Œuvres*, 1984, t. 1, 288 ; *ibid.*, 363 et *Colette en ménage*, 1902, *ibid.*, 392 et 397). On ajoutera cette onomatopée à la famille dialectale réunie dans FEW 23, 196a 'bruit ; tapage'. Comparer les bruits anciens du canon : « Cette esmeute est universelle, / Pour moy je crois qu'on vous la celle, / Ou toute entiere, ou par moitié, / Sur mon ame c'est grand' pitié / De n'oüyr plus que piffe pouffe / Que **bedoudou**, que crier ouffe » (Saint-Julien, *Le Courier burlesque*, 1650, 135) ♦ « Mais, morguoi, je craignons la gueule du canon / Bian pû que le brit du tonnerre. / Ce brutal n'entend point raison ; / **Bradada** ! Vla, morgué, Charlot couché par terre. / Mort, je serions un biau garçon ! » (L'Affichard, *La Nymphe des Thuilleries*, 1746 [1735], 32) ; et ceux du tonnerre : « J'y vis *Salomé*, qui sur terre / Vouloit se mocquer du Tonnerre, / Et par un caprice inoüy, / Faisoit ***Bedoudou*** comme luy » (*L'Enfer burlesque*, 1649, 24a) ♦ « Les derniers mots de ma harangue / Estoient encore sur ma langue, / Quand en l'air le foudre gronda, / Et fit bien fort **bredi breda** » (P. Scarron, *Le Virgile travesty*, 1649 [1648], t. 3, 15) ♦ « Déja cent bouches effroyables, / De cent foudres chargez de diables, / Portans en trousse un Lougarrou, / Alloient faire **bredibredou** ; / Et déja le souffle tempeste / Le grand Juppin, éclair en teste, / Vent, orage, et gresle à son cou, / Estoit prest à faire le fou » (Ch. Dassoucy, *L'Ovide en belle humeur*, 1650, 62-63). V. aussi les onomatopées marquant la précipitation comme *brededin brededac* chez Rabelais (v. *Anthologie*, n° 2), et encore « Un des Bourgeois du petit Clos, nommé Estienne Pennevelle, [...] alla apres les autres sautant (**bredi bredac**) d'arbre en arbre et de branche en branche, va-tu, vien-tu » (Ph. d'Alcripe, *La Nouvelle fabrique des excellents traicts de verité*, 1983 [*ca* 1579], 95) ♦ « Ce pauvre Guiebe estet allé dénicher des Pies sur l'Orme de la comere Massée ; Dame, comme oul estet au Copiau, le vela **bredi, breda**, qui commence à griller tout avaux les branches, et cheit une grande escousse, pouf, à la renvarse » (Cyrano de Bergerac, *Le Pédant joué*, 1654, *Œuvres complètes*, 1977, 188) ♦ « Toûjours courant **bredi, breda,** / Sur la crête du mont Ida » (J. Moreau, *La Suite ou tome* III *du Virgile travesty*, 1706, 315).

6. « exclamation qu'on pousse en chatouillant les enfants sous le menton » (F. Boillot, *Le français régional de La Grand'Combe (Doubs)*, 1929, 190) ; v. encore, chez le même auteur, « *bòon billon*, onomatopée, mots chantés en cadence et tout en imitant les mouvements du sonneur tirant sur la corde par les enfants lorsque, dans leurs jeux, ils reproduisent le son de la cloche » (125).

1. « [...] nous entendons dans la rue un bourdonnement : ***vounvoun*** ; ***vounvoun*** ; c'était le tambourin. La jeunesse du lieu venait, selon l'usage, toucher l'aubade au consul » (Fr. Mistral, *Almanach provençal*, 1883, dans *Gens de Provence*, 1997, 277) et le dérivé, avec francisation de la base, **vonvonnement** « [...] l'odeur du foin, le bruit de l'étable, les cris des bêtes ou le **vonvonnement** des mouches [...] » (E. Ramond, *Marius & Cie*, 1926, 179).

2. Cf. A. Constantin, J. Désormaux, *Dictionnaire savoyard*, 1902, 37 : « La grande cloche fait ban ban et les petites font **bin bala bin ban** ».

3. Cette dernière onomatopée n'est pas sans rappeler A. Daudet, *Lettres de mon moulin*, 1990 [1869], 178 : « Tout à coup, [...] voilà mon Père Gaucher qui se renverse dans sa stalle et entonne

2.5.2. *Histoire*

Comme le lexique dont elles suivent les lois, les onomatopées s'inscrivent dans le temps et certaines semblent aujourd'hui plus ou moins obsolètes. Le *tic-tac* du moulin et celui de l'horloge deviennent des onomatopées-souvenirs, en même temps qu'ont quasiment disparu les moulins et que se raréfient les pendules traditionnelles ; et qui dit aujourd'hui, à propos d'une personne qui a peur : « Les Fesses luy font taf taf » ou « Le cul luy fait Tif taf » (Oudin, 1640) ou utilise encore, relevé dans le même ouvrage, « Zonzon, *sorte d'interiection en frappant une personne* »[1] ?

Les mêmes choses font des bruits différents et les mêmes bruits sont perçus différemment. Si les tirs d'artillerie explosent en *boum* ou *baoum*, c'en est fini des *bou* et des *boudou*[2], et les tambours qui sonnaient naguère *don don*, *bededou* ou

---

d'une voix éclatante : Dans Paris, il y a un Père blanc, / **Patatin, patatan, tarabin, tarabin**... » et, au-delà, **tarabin tarebas/tarabas** (Rabelais, *Pantagruel*, 1532 et *Le Tiers Livre*, 1546, *Œuvres complètes*, 1994, 258 et 464) et « Voicy, pour renfort de bataille / Des Espaignolz ung grand hara / **Tarabin taraba, patatin, patata** » *Le Franc archier de Cherré*, 1544 [mais doit dater de fin 1523/début 1524], 51, dans *Le Franc archier de Baignollet*, 1966, 51) ; cf. FEW 23, 147b 'tambour' et 198a 'bruit ; tapage'.

1. La première se retrouve dans Pierre Perret (*Et mes miches faisaient **tif-taf***, « La bibise d'accord », 1967, *Chansons de toute une vie*, 1995 [1993], 143) et la seconde dans L. Pergaud, *La Guerre des boutons*, 1912, *Œuvres complètes*, 1987, 571 : « Il se débattait terriblement [...] et pan par-ci, et toc par-là **et zon** sur un autre [...] ». On notera le caractère régional de *tif-taf* chez P. Perret (originaire de Castelsarrasin) : à part un bref passage dans quelques dictionnaires « marginaux » du 17e siècle, les attestations de cette expression qu'a recueillies FEW (13/1, 31b, TAFF-) sont du domaine occitan (ou voisines, comme « Le cul me fazet taffe, taffe », dans *La Gente Poitevinrie*, 2e moitié du 16e siècle ; v. G. Roques, dans *Dialectologie et littérature du domaine d'oïl occidental. Actes du IVe colloque tenu à Poitiers, 1990*, Lyon, 1995, 186-187 et Cl. Achard, *Anthologie des expressions du Languedoc*, Paris, 1987, 90).

2. « Et les bruyans canons de guerre, / Vrays couzins germains du tonnerre, / Efrayans jusques aux hiboux, / Firent terriblement **bous-bous** » (J. Loret, *La Muze historique*, 1650, t. 1, 71) ♦ « Puis les canons, faizans **bou-bous**, / Firent trembler jusqu'aux hibous [...] » (J. Loret, *La Muze historique*, 1651, t. 1, 130) ♦ « Et, tant qu'ils eurent de la poudre / Et que, comme des coups de foudre, / Leurs gros mousquets firent **bou-bous**, / Les Pariziens filèrent doux » (*Ibid.*, 1652, t. 1, 243) ♦ « Quand cent coups de Canon vous fracassent vos Mats, / Qu'il a mis sur le Pont des trente Hommes à bas, / Et sans-cesse **bou bouë**, et des coups effroyables / Qui jettent vostre Mats à tous les mille Diables [...] » (R. Poisson, *La Holande malade*, 1673, *Les Œuvres*, t. 2, 239) ♦ « Tantôt à l'assaut ; tantôt dans une bataille ; aujourd'hui sur une brèche ; demain dans un combat, (*La Ramée fait comme s'il étoit dans une action*) pif, paf, tique, taque, poue, brelou-**boubou**. Fantassins, ventre à terre ! (*Arlequin tombe.*) A moi, Dragons ! Allons, mon Général, j'en suis » (A. Piron, *L'Enrôlement d'Arlequin*, 1716, *Œuvres complettes*, 1776, t. 7, 36) ♦ « Sonne, tambour, sonne trompette! / Tran, tran, tran, çà, mon escoupette ! / **Boudou** ! le voicy, je le voy [...] » (La Ronce, dans *Le Cabinet satyrique*, 1924 [1619], t. 2, 300) ♦ « Le Brulot fait effet, le feu prend à la Poudre, / Et tout d'un coup **boudouë**, ah c'est le coup de foudre ; / Les Brulots, les Canons, les Hommes, les Vaisseaux, / Parcorbleu vous sautez tous comme des Crapaux » (R. Poisson, *La Holande malade*, 1673, *Les Œuvres*, t. 2, 239) ♦ « Dans le moment une Batterie de douze piéces de canon, que les Ennemis avoient postée sur une petite hauteur, fait sa décharge, **bou, dou, dou** ; tac, tac » (Delosme, *Mezzetin grand sophy de Perse*, 1689, dans É. Gherardi, *Le Théâtre italien*, t. 2, 334).

di/dou be don[1] font aujourd'hui *fla, ra, ran* ou *ran plan plan* ; il ne reste quasiment rien des onomatopées évoquant tel concert des 16ᵉ (v. *Anthologie*, n° 1, strophe 7)[2] ou 17ᵉ siècles (v. *Anthologie*, n° 4) ou telle musique militaire du Grand Siècle[3], et les imitations médiévales de la trompe de chasse[4] ou du chant du rossignol[5] nous sont devenues étrangères. Plus près de nous, tandis que *drelin* évoque un bruit de grelot un peu désuet, *dring* semble plus moderne et les applaudissements sont rendus par *clap clap* et non plus par *ta ta*[6].

D'autres ont été renouvelées (*appeler Hugues/Raoul* a succédé à *appeler Huet*[7]) ou aménagées : les grenouilles ne font plus *moüac* (Oudin, 1640) mais plutôt *coa*, le son éclatant des cuivres est aujourd'hui rendu par *taratata* et non plus par *tatera*[8] et le galop des chevaux, naguère rendu par *ta, trapatra, tapa, tape*[9], par *tra, tra*[10] ou encore par *patata, patata, patata*[11], l'est aujourd'hui, en français familier, par *tagada*[12].

---

1. V. *Anthologie*, n° 1, str. 7 et n° 4, str. 1, et aussi « Sang bieu ! qu'esse que j'ay ouy ? / Est ce un tabourin de Suysse ? [...] Mais où, Diable, est ce tabourin ? / Escoutez : **bededou, bededou, bededou**. / Quelz gens sont-ce ? » (*Le Franc archier de Cherré*, 1544, dans *Le Franc archier de Baignollet*, 1966, 47) ♦ « GUILLOT. – Au ! que ces filles estiés fières / Quant je les meniés danser. / TIBAULT. – C'estiés mon. / Aussi j'avés ung bon bedon, / Qui faisoit si bien **don don** » (*Farce des enfans de Borgneux*, milieu 16ᵉ siècle, dans G. Cohen, *Recueil de farces françaises*, 215b).

2. V. encore ce passage d'un noël lyonnais, de *La Fleur des noëls*, av. août 1535, dans Jean Babelon, *Revue des livres anciens*, 1 (1913-1914), 392 : « La musette quine, / Haultzbois font **nan na**, / **Tararan** la doulcine, / La violle **zon za**, / **Fan fan** la trompette, / **Frin frin**, le rebec, / **Tur la** dit la fleutte, / **Ton ton**, le cornet ».

3. « Le choc faizoit un bruyant son, / Les tambours, **pata, pata-pon**, / Les clairons, **fanfare, fanfare**, / Les trompettes, **taran-tarare**, / Et les flûtes, **tur-lu-tu-tu** » (J. Loret, *La Muze historique*, 18 avril 1654, dans F. Brunot, *Histoire de la langue française*, Paris, Armand Colin, 1966, t. 3/1, 225).

4. Nombreux exemples dans *Jacques du Fouilloux. La Vénerie et l'adolescence*, 1561, éd. par Gunnar Tilander, Karlshamn, 1967, ainsi p. 107 : « Quand on appellera les chiens pour venir a la curee, il faut sonner avec la trompe, comme il est icy noté. **Tran tran tran tran tran tran tran tran.** »

5. Notamment *oci*, dont la première attestation remonte à la fin du 12ᵉ siècle : « Por les mauvès qu'ele tant het / Chante au plus doucemant qu'el set / Par le boschage : "**Oci ! Oci !**" » (*Philomena*, *ca* 1170) ; « Mès j'oi merveilles / Quand j'oi chanter a mes oreilles / Le rossignol : "**oci ! oci !**" » (Raoul de Houdenc, déb. 13ᵉ siècle), tous les deux dans TL.

6. « Ce citadin antique et sage / Avec tel ou pareil langage / Les cœurs davantage excita, / Et chacun fit des mains **ta, ta** » (J. Loret, *La Muze historique*, 1857 [1653], t. 1, 509).

7. « *appeler Huet* i. vomir. La voix de celuy qui rend gorge approche du mot » (Oudin, 1640).

8. « N'entendés vous pas, mon cher lecteur, les trompettes, les hautbois et l'air de la marche de nostre grand monarque, **tatera, tatera, tatera** ? Ouy, voicy cest incomparable, cest invincible qui se vient faire sacrer » (« Mémoires de Jean Maillefer », dans *Travaux de l'Académie nationale de Reims*, 82 (1886-1887), 55 [sacre de Louis XIV, le 7 juin 1654]).

9. V. *Anthologie*, n° 1, str. 9.

10. « L'archevêque de Reims revenait hier fort vite de Saint-Germain. C'était comme un tourbillon [...]. Ils passaient au travers de Nanterre, ***tra, tra, tra*** » (Sévigné, 5 février 1674, *Correspondance*, 1972, t. 1, 692).

11. V. *Anthologie*, n° 8.

12. On retrouve évidemment le même phénomène en ce qui concerne les mots dont le caractère

D'autres encore sont d'usage récent en français, qui les a empruntées à l'anglais (d'Amérique), notamment par le biais de la bande dessinée, ainsi *blam, crunch, ouah, oups, snif, splash, waouh.*

Les choses nouvelles font des bruits jamais entendus. Bon nombre des bruits qui font partie aujourd'hui de notre environnement sonore sont relativement récents, notamment tous ceux liés à la motorisation. Le *Classement thématique* en offre de nombreux exemples.

3. Un dictionnaire des onomatopées ?

Réduite à la portion congrue dans les grammaires, l'onomatopée est souvent décrite vaille que vaille dans la lexicographie générale et les dictionnaires d'onomatopées disponibles sont soit vieillis [1] ou légers [2], soit sans ambition lexicographique [3]. On a pu penser d'ailleurs que cela n'avait pas grande importance : « l'onomatopée brute [...] est souvent absente des dictionnaires : ni son orthographe ni son sens n'ont grand besoin d'être codifiés » (GLLF, art. *onomatopée*). Il nous semble pourtant qu'un certain nombre de ces faits, largement présents dans le paysage langagier, réclament une telle codification et méritent une description lexicographique minimale.

Notre collecte réunit des milliers d'attestations ignorées des grands ouvrages lexicographiques. À l'exception de *Tintin*, la bande dessinée n'a cependant pas

---

onomatopéique est secondaire : *berk* a pris la place de *fi* et de *pouah*, tandis que *crac-crac, tagada* et autre *zizi-panpan* ont remplacé, dans un sens libre, *patic patac* (« Puis on vient : “Un tel vous demande.” / **Patic, patac**, a la sachee, / S'on se trouve en place marchande. / Il n'est homme qui ne se bende / Pour repaistre l'humanité » *Le Monologue du baing*, déb. 16ᵉ siècle, dans G. Coquillart, *Œuvres*, 1975, 372), *tic tac* (« [...] un almanac [...] / m'a dit qu'estiez du tout apprinse / en ce qui est du **ticque tac** » Cl. d'Esternod, *L'Espadon satyrique*, 1619, FXT), *tric trac* (« Acoup, avant d'estre huchié, / Faire ce que on vouldroyt et puys, / **Tric, trac**, sans estre effairouché, / C'est faict, c'est mon, advisez l'huys ! » (*Le Monologue du baing*, déb. 16ᵉ siècle, *loc. cit.*, 286) ou encore *zic zac* (« En foullant et faisant **zic zac** / Le gallant se trouve au bissac » *Sermons joyeux*, déb. 16ᵉ siècle, éd. Koopmans, Genève, Droz, 1988, 586 ; v. aussi *Recueil de farces (1450-1550)*, 1990, t. 6, 211).

1. Ainsi le *Dictionnaire raisonné des onomatopées françaises* de Charles Nodier (1808 ; 2ᵉ éd. 1828). L'ouvrage, qui offre pour l'essentiel un catalogue de mots (adjectifs, noms et verbes) présentés souvent abusivement comme ayant une origine expressive, est d'un faible intérêt lexicographique (v. Henri de Vaulchier, *Charles Nodier et la lexicographie française, 1808-1844*, Paris, CNRS/Didier Érudition, 1984, 131-147). La seconde édition a été réimprimée avec une stimulante introduction de Henri Meschonnic (Bramepan : TER, 1984).

2. Ainsi Orlando de Ruder, *« Ces mots qui font du bruit ! »*, Paris, J.-C. Lattès, 1998.

3. Ainsi Bernard Miot, *Dictionnaire des onomatopées*, Le Jas par Forcalquier, Robert Morel, 1968 ; *Dictionnaire des onomatopées*, par la classe de 2ᵉ C1 (1975-1976) du Lycée Hélène-Boucher (Thionville), Université de Nancy I, 1977 (multigraphié) ; Jean-Claude Trait, Yvon Dulude, *Le Dictionnaire des bruits*, Montréal, Les Éditions de L'Homme, 1989. On distinguera cependant ce dernier ouvrage dont l'approche ludique va de pair avec une très riche nomenclature présentée avec beaucoup d'humour.

été mise à contribution, l'usage qu'on y fait de l'onomatopée demandant un examen particulier [1]. Pour un inventaire plus étendu, il faudrait sans doute encore dépouiller la littérature destinée aux enfants [2], que nous n'avons guère prise en compte ici [3]. Nous avons aussi volontairement laissé de côté le domaine des marques déposées, du canapé-lit *clic-clac* au fusil à aiguiser *le zip-zou*, en passant par le mécanisme *cloc-toc* des chasses d'eau et les bonbons *tic-tac* [4]. Enfin, nous n'avons pas retenu les onomatopées figurant dans des ouvrages de caractère technique, tels que les manuels ornithologiques qui transcrivent de très nombreux cris d'oiseaux à des fins d'identification (ces ouvrages sont parfois adaptés à partir d'un original étranger, et le caractère français des onomatopées qu'ils contiennent n'est pas toujours assuré) ; les numéros 10 et 11 de l'*Anthologie* montrent à quelles limites peut être poussé le désir d'exactitude dans ce domaine.

Cet ensemble, destiné à illustrer l'usage du français principalement durant la seconde moitié du 20e siècle, a été distribué en trois catégories :

— celle des **créations éphémères**, parfois réjouissantes, dont l'usage est visiblement cher à certains écrivains et tient parfois d'un parti pris littéraire (ainsi Bayon, J.-F. Benoziglio, A. Boudard, L.-F. Céline, V. Thérame) : elles ont été le plus souvent laissées de côté, leur intérêt étant plus stylistique que lexicographique [5], ou parfois versées dans l'*Anthologie* ;

— celle des faits tout aussi aléatoires mais qui semblent plus spontanés que dans la catégorie précédente : le « **classement thématique** » en donne un aperçu ;

— celle des faits qui, attestés chez deux auteurs au moins, nous ont paru

1. À titre d'exemple, voir ce souvenir d'une enfance dans les années antérieures à 1939 : « Et voilà qu'arriva d'Amérique, tonitruante comme une parade de cirque, l'irrésistible vague des journaux de bandes dessinées. Ils n'eurent qu'à paraître pour nous conquérir, nous fasciner. *Robinson, Hurrah !, Hop-là, Tarzan, Le journal de Mickey*... Ça claquait aux étalages, nous chopait par l'œil. [...] Et le bruitage ! **Schniak ! Squizz ! Omph ! Grrr ! Tacatacata ! Braoum ! Sigh ! Burps ! Eek ! Bzz !**... Plus le bruit était fort, plus c'était écrit gros, en lettres de couleurs éclatantes qui barraient toute l'image » (Fr. Cavanna, *Les Ritals*, 1981 [1978], 260-261). On consultera aussi l'*Anthologie*, en particulier les numéros 33 et 38.

2. « Les onomatopées des journaux d'enfants, *Tintin* et autres, seule littérature exacte et précise » (Cl. Mauriac, *La Marquise sortit à cinq heures*, 1961, 230).

3. En dehors de quelques livres de comptines, nous avons retenu seulement *Le cri des animaux*, EDDL, 2001 (Coll. Les tout-petits).

4. Ou encore *Fizz* (marque déposée, depuis 1995, de fil à huître) ou *Glup's* (chaîne commerciale vendant, depuis 1993, des bonbons en libre-service).

5. En voici quelques exemples, pris au hasard, où les onomatopées pleuvent en cascades : « Il faisait **zip** quand il roulait / **Bap** quand il tournait / **Prr** quand il marchait [...] » (Claude François « Le jouet extraordinaire » 1968) ; « Il coupa. **Blum** ! fit le combiné dans sa main en heurtant le [*sic*] bakélite du socle. **Blin-klang**, répondit la machinerie de l'ascenseur en se réveillant sur le palier. **Vroâp-vrr**, fit la première moto du matin » (H. Pagan, *Les Eaux mortes*, 1986, 125-126). Ou, dans des séries « On les tuerait qu'ils en redemanderaient. De temps à autre, on devrait. Ça ferait du bien. De la place. Une rafale, **clash**. Des **bings**, des **bongs**, des **crushs**, des **zwings**, des **pafs**, des **shatks** » (M. Grisolia, *Flic ou voyou*, 1989 [1977], 263) ; « [...] les branches, les jours de vent, giflaient les vitres sales et les volets jadis bleus, **clac blam, blichiouiouclac, blam blam** » et « Le fracas de verre brisé que je guettais me fit néanmoins sursauter, **craaac braaaoum bulibolibilibilibling bling bling** ! Il démolissait la porte-fenêtre » (R. Belletto, *Le Revenant*, 1981, 10 et 235).

suffisamment lexicalisés pour mériter un **traitement lexicographique** : ils constituent le corps de l'ouvrage.

Une description attentive du français contemporain ne peut faire l'économie de ces faits de langue qui ponctuent le discours de chacun dans les situations les plus contrastées : de l'esquive roublarde d'un président de la République (*pcht*[1], ex. 37) à l'angoisse indescriptible et intraduisible de tel témoin de l'attentat du 11 septembre 2001 à New York[1], en passant par la joie de cette fillette de 10 ans, criant à ses camarades : « Chouette ! on va faire du trampoline. Toïng ! toïng ! »[2].

1. « Je ne pourrais jamais décrire le bruit que j'ai entendu. Les moteurs de l'avion étaient visiblement à plein régime, ils crachaient un son strident. [...] Une seconde complètement irréelle, suivie d'un grand "**whooooommmmmppppp**", un long son bas, très profond. Ensuite sont venues les explosions » (Récit de Jim K., *Le Monde*, 23-24 septembre 2001, 5).

2. Strasbourg, Allée de la Robertsau, 27 septembre 2001.

Présentation

1. Vedette

Graphie et prononciation

D'une manière générale la graphie de la vedette, comme celle des éventuelles variantes, a toujours été ramenée à son minimum : la prise en compte de la très grande variété que l'on trouve à l'écrit dans la multiplication des voyelles et des consonnes est, sous cet aspect, dénuée d'intérêt. C'est ainsi que *aaaahhhhhhhhhh* est ramené à *ah*, comme *hhha* l'est à *ha*. Dans le cas où l'onomatopée comprend un redoublement, elle est ainsi présentée :

— les deux éléments sont soudés (ainsi *cricri, crincrin, cuicui*),

— les deux éléments sont séparés par un trait d'union (ainsi *clic-clac, coin-coin, crou-crou, pan-pan, teuf-teuf*),

— les deux éléments sont séparés par une espace (ainsi *cot cot, ha ha, hi hi, hou hou, oua oua*[1], *piou piou*). Cette option a été préférée dans deux cas : d'une part, lorsque l'onomatopée s'emploie non seulement sous la forme "redoublée" [= deux éléments] mais se réalise souvent sous une forme "répétée" [= plus de deux éléments, ainsi *hi hi hi, hou hou hou*], et d'autre part, quand les éléments conservent chacun une certaine autonomie *(ding dong, flic flac, pif paf)*,

— dans quelques cas enfin, on a opté pour la double présentation comme le font certains dictionnaires *(frou-frou / froufrou, glou glou / glouglou, tic-tac / tictac)*[1].

Lorsqu'une vedette ne comprend que des consonnes, on a opté pour les conventions suivantes :

— dans le cas d'une seule consonne, la vedette offre trois fois le même graphème, ainsi *fff, mmm, rrr, zzz,*

— dans le cas d'une vedette comprenant deux consonnes, la seconde est doublée, ainsi *brr, crr, grr, mff, pff, prr, pss, trr, tss, vrr, vzz* (à l'exception de *rrh*),

— dans le cas d'une vedette comprenant trois consonnes, on a doublé la seconde lorsqu'il s'agit du *r*, ainsi *frrt, prrt, vrrt.*

Il ne nous a pas semblé opportun de noter la prononciation. Très souvent, cette indication aurait consisté à reproduire sensiblement la même suite graphique que celle de la vedette ; d'autre part, certains cas présentaient des problèmes

1. Cette présentation s'inspire des recommandations de Nina Catach, *Orthographe et lexicographie*, Paris, Nathan, 1981, 157-160. On n'a toutefois pas suivi l'autrice lorsqu'elle propose, s'appuyant sur un corpus trop restreint, « la soudure générale [...] pour ce type de formations ».

théoriques et pratiques difficiles à résoudre dans le cadre de ce travail, surtout dans la prise en compte des variantes.

Dédoublement des vedettes On rencontre un certain nombre de vedettes doubles (ainsi *crr-crr, fff, frr, glou glou, mmm, pcht*) ou triples (ainsi *brr, ouah* ou *pch*). Sous cet aspect aussi, les onomatopées suivent les mêmes règles que les autres mots du lexique : si parfois l'étymologie invite à de tels fractionnements, ils sont la plupart du temps recommandés par la diversité des emplois de l'onomatopée.

Les **variantes** sont de nature diverse : tantôt simplement graphiques (*tack* vs *tac*), tantôt d'abord phonétiques (*beuh* pour *bouh* ; *pchit* pour *pcht*). Elles ont été indiquées soit à la suite de la vedette, soit dans la division de l'article à laquelle elles correspondent.

La **glose**. On a cherché à gloser, de la façon la plus simple, le bruit représenté ; habituellement, la glose commence par "(bruit...)", parfois "(son...)" ou "(chant...)" ; dans les cas où la valeur interjective est sensible, la glose est du type "(pour marquer/exprimer...)". Évitant d'entrer dans des faits de discours, nous avons essayé de détailler le plus possible les emplois, même si l'entreprise est parfois délicate, comme nous en avertit cette remarque pleine d'humour : « Bling, c'est pas un bruit, c'est considéré comme une connerie que quelqu'un a faite à la cuisine » (J.-M. Gourio, *Brèves de comptoir 5*, 1997 [1996], 91).

L'onomatopée pouvant dans tous les cas être employée comme nom masculin, on n'a pas fait ressortir cet emploi dans une rubrique particulière, le marquant seulement dans les cas où il est le plus fréquent *(couac, cocorico, froufrou)* ou même exclusif *(flonflons)*. On l'a mis en valeur également lorsque cet emploi entraîne un sens différent de l'onomatopée : ainsi, on n'a pas noté *miaou* au sens de "miaulement" ni *pinpon* au sens de "sirène de pompiers", mais les **emplois substantifs** *le miaou* "le chat" et *les pimpons* "les pompiers" ont été mis en relief. On n'a pas non plus jugé utile de dégager les cas où l'onomatopée entre dans une **locution verbale** avec le verbe *faire* (du type *faire miaou*), sauf lorsqu'elle aboutit à un sens particulier (ainsi *ne pas dire ouf*) : généraliser cette pratique aurait trop fragmenté la présentation des articles. Pour la même raison, on n'a pas fait ressortir les **emplois métalinguistiques** ou **autonymiques** (ainsi sous *bistanclaque* ex. 4, *brr*[1] ex. 28, *crr-crr*[2] ex. 16, *miaou* ex. 9, *oua-oua*[2] ex. 8, *splach* ex. 3, *tch* 11). L'absence de mise en relief de ces faits ne doit pas faire méconnaître qu'ils constituent, avec les dérivés, des degrés d'intégration de l'onomatopée dans le discours stabilisé.

Lorsque l'onomatopée offre plusieurs valeurs, elles sont **numérotées** ou distinguées par un tiret long.

Il est de bonne pratique, dans les dictionnaires de langue, d'indiquer les **synonymes** éventuels des mots ou des sens analysés ; on y a dérogé ici, pour la simple raison que le classement thématique y pourvoit largement, et même plus adéquatement que ne le ferait une rubrique de synonymie.

Les **marques d'usage** sont peu fréquentes. On s'est abstenu de l'indication « fam. » qui convient à la très grande majorité des faits décrits et les niveaux de langue n'apparaissent guère que dans des indications du type « dans le langage des enfants ou destinés aux enfants » ; mais on a été attentif aux marques situant les faits dans l'histoire (« vieilli » et « vx ») et, le cas échéant, dans l'espace géographique.

2. Exemples. La documentation rassemblée offre suffisamment de données pour qu'il soit inutile de fabriquer des exemples ; on s'est contenté de les choisir et de les référencer avec précision [1]. Ils pourront paraître parfois nombreux, mais la diversité des variantes ou des contextes nous a paru nécessiter un tel traitement. Les onomatopées y ont été mises en caractères gras, ainsi, le cas échéant que le point d'exclamation qui les accompagne souvent. Les exemples sont numérotés selon leur ordre chronologique, qui couvre principalement la seconde moitié du 20e siècle, mais intéresse aussi plus généralement les 19e, 20e et le début du 21e siècle. Lorsqu'un exemple contient une onomatopée traitée ailleurs dans l'ouvrage, celle-ci est marquée d'un astérisque à droite ; à la suite des exemples, on renvoie aux articles où se trouvent les mots affectés de cet astérisque (sauf lorsque ces mots apparaissent dans les rubriques REM. ou DÉR., afin de ne pas alourdir ce type de renvoi) ou encore à l'*Anthologie*.

Après avoir envisagé de marquer d'un signe particulier les exemples dans lesquels l'onomatopée, représentant un bruit non humain, est produite par une personne (ainsi s.v. *meuh*, ex. 1), nous avons préféré y renoncer, pour ne pas surcharger la présentation.

3. Remarques. Cette rubrique enregistre des onomatopées que l'on pourrait considérer, à en juger rapidement, comme de simples variantes ; toutefois, nettement en marge des variantes indiquées ci-dessus, elles constituent souvent des mots différents qui réclament une prise en compte différente. Il a paru intéressant de les retenir, dans la mesure où ces faits, très proches du mot étudié, représentent la plupart du temps :

— des formes phonétiques et graphiques voisines (*giou giou, glo glo* et *goulou-goulou* s.v. *glouglou*[2]), notamment dénasalisées (*pah/pâh* s.v. *pan, papapa* s.v. *pin-pon*) ou désonorisées (*bff* s.v. *pff, blouf* s.v. *plouf, bst* s.v. *pst*[1]).

— insertion d'un élément, substitution de finale, ou croisement avec une autre onomatopée (*paratatrac* et *patatrot* s.v. *patatrac, pfui* s.v. *pfuit, plaouf* s.v. *plaf, vzif* s.v. *vzz*).

Dans quelques cas et par dérogation, pour éviter des articles trop éclatés, ces

1. Nous remercions vivement, pour les exemples qu'ils nous ont communiqués, Charles Bernet, Nicole Cholewka, Geneviève Fléchon, Claude Poirier, Claude Verreault et, tout particulièrement, Michaela Heinz. Par ailleurs, les bases FRANTEXT (Nancy ; en libre accès jusqu'à la mi-novembre 2001) et TLFQ (Québec), ont été utilisées : les exemples qu'on y a puisés sont datés d'après ces bases, non paginés, et suivis respectivement de l'indication "FXT" ou "TLFQ".

faits ont néanmoins été traités comme des variantes (ainsi s.v. *gloup, mrouin* ou *slurp*).

4. Dérivés. Ils ont été admis à la condition de ne pas figurer dans NPR 2000 ; on en trouvera la liste dans l'*Index des dérivés*, en fin d'ouvrage.

5. Histoire. Dans cette courte notice historique (introduite par le signe double ♦♦), on s'est efforcé d'indiquer la date la plus ancienne de chaque onomatopée dans ses différents emplois ; les exemples attestant ces dates, lorsqu'elles sont antérieures au 19ᵉ siècle, sont rangés, par emplois correspondants, dans l'ordre chronologique.

Le paragraphe se conclut par un inventaire de la prise en compte de l'onomatopée par les dictionnaires du français contemporain consultés (GLLF, TLF, Rob 2001 ; NPR 2000, PL 2000) et par TraitDu 1989 et, le cas échéant, par un renvoi au FEW ; sauf cas d'emprunt ou de croisement on n'a pas jugé utile de donner une étymologie qui, le plus souvent, aurait renvoyé à un étymon identique à la vedette traitée [1].

1. Cf. la liste bienvenue des 313 étymons onomatopéiques du FEW dressée par Eva Büchi, *Les Structures du Französisches Etymologisches Wörterbuch*, Tübingen, 1996, 392-393.

Abréviations et signes typographiques conventionnels

adj. = adjectif
afr. = ancien français
aj. = ajouter
angl. = anglais
av. = avant
ca = *circa* "environ"
cf. = *confer* "comparer"
déb. = début
dep. = depuis
dér. = dérivé
et al. = *et alii* "et autres"
ex. = exemple
f. = féminin
fig. = figuré
m. = masculin
mfr. = moyen français
mil. = milieu
n. = nom
n.p. = non paginé
part. = particulier
péj. = péjoratif
pl. = pluriel
pseud. = pseudonyme
qqch = quelque chose
qqn = quelqu'un
rem. = remarque
s. = siècle
s.d. = sans date
s.l. = sans lieu
s.l.n.d. = sans lieu ni date
str. = strophe
subst. = substantif
s.v. = *sub verbo* "au mot"
synon. = synonyme
t. = tome
v. = voir

var. = variante
v. intr. = verbe intransitif
v. tr. = verbe transitif
* à droite d'un mot, indique que ce mot figure à la nomenclature à son rang alphabétique ; à gauche d'un mot dans les commentaires, indique qu'il s'agit d'un étymon reconstitué.
/ à l'intérieur d'un exemple, indique un changement d'alinéa ou de page dans le texte original.
— dans un article, introduit une division, inférieure à 1. ou à 1.1.
• dans un article, introduit une division inférieure au tiret long.
♦♦ à la fin d'un article, introduit le commentaire historique, puis la prise en compte (ou non) par d'autres dictionnaires.

Classement thématique des onomatopées [1]

I. DIVERSITÉ DES DOMAINES

1. BRUITS DU CORPS HUMAIN

ASPIRATION D'UN ALIMENT → **slurp***.

☐ « Le salon c'est là où je ne peux pas jouer et où va ma tante quand elle veut parler avec des gens en buvant du café dans une tasse toute petite. Elle fait **chuip** avec la bouche, c'est vulgaire, m'a dit ma mère » (R. Clauteaux, *Sous le Pont des Corbeaux*, 1994, 61).

☐ « [...] Bouffer la soupe froide / Et ça fait des grands **flchss** / Et ça fait des grands **flchss** » (J. Brel, « Ces gens-là », 1965, *Œuvre intégrale*, 1983 [1982], 281).

☐ « [...] les enfants, maintenant, n'en finissent pas de finir leur soupe, au ralenti [...]. **Fuiit, fuiit**, ils aspirent sans absorber » (Ph. S. Hadengue, *La Cabane aux écrevisses*, 1989, 21).

☐ « Franchement, il ne s'en fait pas ; il aspire tranquillement son café, un vrai cochon, **glouf, glouf** » (A. Paraz, *Une fille du tonnerre*, 1984 [1952], 151).

☐ « Après, on entend les cuillers tinter sur la faïence et les "**hopf**" de Saturnin qui pompe la soupe à travers ses moustaches » (J. Giono, *Un de Baumugnes*, 1929, dans DDL).

☐ « Le boulanger, le nez dans son journal, avalait sa soupe en aspirant – **hûû** ! [...] » (R. Barjavel, *La Charrette bleue*, 1989 [1980], 53).

☐ « Et **ouippe** il l'avala. / Ah ah ! ah ah ! / Et **ouippe** il l'avala » (« Le Cordonnier Pamphile », dans *Anthologie hospitalière et latinesque*, 1912, t. 1, 171).

☐ « DEUX : [...] je prendrais son bocal à deux mains, et hop*, à votre santé ! D'un coup, cul-sec, **souipft** ! [...]. / UN : Gloup*? » (R. Dubillard, « La grenouille », *Les Nouveaux diablogues*, 2000 [1988], 181).

☐ « Le café au lait, c'était dans une assiette à soupe, tous les matins, un café au lait très beige, gonflé de pain en petits morceaux qui absorbaient tout le liquide. Maman se goinfrait de ça, à grandes cuillerées, avec son bruit de bouche et le **tiap ! tiap !** mouillé de la panade » (L. Janvier, *Monstre, va*, 1988, 123).

☐ « Je suis retourné au magasin sans me presser et un petit bout de pomme cuite s'est mis à pendre du paquet comme une larme. Je me suis arrêté au milieu du trottoir et je l'ai aspiré, **zlip** » (Ph. Djian, *37°2 le matin*, 1986 [1985], 197).

---

1. Les mots précédés d'une flèche et en corps gras sont traités à leur rang alphabétique dans le corps de l'ouvrage. Les formes non analysées dans le dictionnaire, précédées du signe ☐, sont classées selon l'ordre alphabétique.

□ « Le pépé se pencha [sur le zinc] pour aspirer un peu de liquide, sans toucher au verre, en artiste. Il émit un “**zloup**” sonore [...] » (E. Hanska, *Le Bal des dégoûtantes*, 1997, 14-15).

AUSCULTATION → **ah**²*.

AVALER
(I) [goulûment] → **ham***, **vlouf***, **vloup***.
□ « J'avale mes deux litres d'eau et **houp** !... mes trois poissons comme vous goberiez trois fraises » (Colette, *La Paix chez les bêtes*, 1916 [1914], *Œuvres*, 1986, t. 2, 130).
(II) [de travers] → **heu***, **hompf***.

BÂILLEMENT → **ha***, **ouah**³*.

BAISER, EMBRASSADE → **mff**¹*, **smack***.
□ « Là, sur ma joue, avec tes lèvres, / Fais : **mchch** !... – tu sais bien, n'est-ce pas, / Comme pour appeler le petit chat : / **Mchch** ! allons : **mchch** ! voilà !... voilà !... – / La première leçon s'achève » (Franc-Nohain, *Le Dimanche en famille*, 1902, 46).
□ « [...] il y a un **mmm mmm** de baiser langoureux, le **ssllppp** des bouches soudées qui se détachent » (M. Quint, *Le Bélier noir*, 1997 [1991], 196).
□ « Ensuite, le fils s'est levé, s'est essuyé la bouche, a frotté ses joues contre celles de sa mère en faisant **pch, pch**, lui laissant croire ainsi qu'il l'embrassait ; et il est reparti » (J. Anglade, *Le Tilleul du soir*, 1975, 93).
□ « [...] ils vont l'un vers l'autre et se font un baiser à mi-lèvres sur le seuil de la porte. **Pfft** ! Un piqué de martin-pêcheur » (D. Picouly, *Le Champ de personne*, 1995, 29).
□ « L'oncle [...] produisait avec la bouche un bruit qui imitait à s'y méprendre celui d'un baiser : “**Pfu... Pfu...**” » (J. Anglade, *Le Voleur de coloquintes*, 1972, 132).
□ « [...] les filles, ça s'embrasse tout le temps ! Partout ! Dans la rue, les cafés ! Elles se rencontrent, allez hop*, **smich-smich**, des bécots sur les joues ! » (V. Thérame, *Le Journal d'une dragueuse*, 1990, 49).
□ « *Pierre.* – Il est pratique, Robert, comme commerçant ? / *Mme Marie.* – Oh, il est chic, oh la la ! Je te dis, je suis partie dans le Midi [...], il m'a prise par l'épaule, il m'a embrassée. Je suis revenue le samedi matin : “Ah, Madame Marie !”. Oh, ça y est, **schuip, mum-mum** (onomatopée imitant l'embrassade : elle rit) » (M. de Certeau *et al.*, *L'Invention du quotidien*, 1994 [1980], t. 2, 164).
□ « Et puis elle se penche et sa bouche s'écrase sur la mienne, **tchloff** ! Sa langue force mes lèvres » (San-Antonio, *Circulez ! Y a rien à voir*, 1987, 65).

BATTEMENTS DU CŒUR, DU POULS → **badaboum***, **bim** ex. 7, **boum***, **flac***, **poum***, **tapatap** (*tap tap* rem.), **tic*-tac**, **tip tap***, **toc*-toc**.
□ « Avec mes mains j'ai senti mon cœur battre. / Qu'est-ce qu'il cognait. / **Plom plom plom plom plom**, de plus en plus fort » (R. Forlani, *Valentin tout seul*, 1994, 138).
□ « [...] je ne vous épargnerai aucun des battements de mon cœur en ce jour de mes débuts [au théâtre]. / **Tiouc** ! **Tiouc** ! **Tiouc** ! disait ce dernier en attendant la réplique qui devait me jeter en scène » (Fr. Hébrard, *La Petite Fille modèle*, 1989 [1974], 61).
□ « J'ai encore le cœur aux oreilles. Je l'entends : ***Vloum, vloum, vloum***, râpeux et mou,

lourd, mal battant, freiné peut-être par des épaississements » (H. Cueco, *Le Journal d'une pomme de terre*, 2001 [1993], 37).

BOIRE
(I) [boire goulûment ou rapidement] → **glou glou**[1]*, **fft**[1]*.
(II) [satisfaction après avoir bu] → **ah**[1]*.
(III) [boire la tasse] → **blp***, **glou glou**[1]*.

□ « La plage est noire d'algues humides, à reflets d'anguilles de mer [...]. Il n'y a pas à dire, il faut entrer dans la vague. [...] Vlan* ! il en avale [...]. **Bouôou, asch** ! **Prr** ! **Creuch** ! Que c'est mauvais ! » (P. et V. Margueritte, *Poum*, 1897, 201).

□ « En faisant la planche, comme je suis essoufflé, je respire beaucoup la bouche ouverte. De grands coups. **Gloupf**, une tasse encore » (Berroyer, *Rock and roll*, 1979, 163).

BOITERIE, DÉMARCHE DISSYMÉTRIQUE → **ploc* ploc, tic** ex. 19, **toc** ex. 4.

BORBORYGME → **grouic***.

□ « Comme vous vous ravigotez de fruits !... Vous nagez sur les poires, etc., et quand je me couche, mon saucisson et ma poire dans le bec, le ventre d'Henri fait ***bron, bron, bron***. *Ergo*, indigestion de fruit » (H. de Balzac, *Correspondance*, 6 septembre 1819, t. 1, 37).

BOUCHE
(I) [bâillonnée, obstruée] → **mff**[2]*, **mmm**[2]*.
(II) [pleine de nourriture]

□ « ARLEQUIN (*la bouche pleine.*) – Sois tranquille, **heuh ! ouf** ! » (E. Ourliac, *Qui casse les verres, les paie*, dans *Journal des enfans*, 1839, t. 7, 310).

□ « Les joues pleines, il essayait de me parler quand même : "**Houm... gromp... chrouf...**". Eugène en train de mastiquer : un spectacle rare » (J. Anglade, *Jean Anglade raconte*, 1975, 149).

□ « Il attrape par le col le petit Marcel Ladèche et lui écrase la face dans la pâtisserie. / – Bon appétit ! / – **Oufgg... Wooufll...** » (Faye et Serrano, *Le Guide de l'engueulade*, 1993 [1992], 79).

□ « Elle se planta devant un bureau crasseux [...]. Un flic y bouffait une biscotte avec un bruit de moissonneuse-batteuse. Le reste du petit déjeuner, thermos et tartines beurrées, dépassait du képi retourné. / – **Rhrrroooppeuf**, laissa échapper l'uniforme. / – Je veux déposer une plainte [...] » (T. Topin, *Honey money*, 1984, 69).

□ « Il y avait des asperges sauce mousseline [...]. / – Mais, a dit le Chef de Groupe, l'événement a dû être annoncé dans les médias locaux ? / – **Urmpf**, j'ai fait en enfournant ma première asperge, je ne sais pas, je le suppose » (V. Ravalec, *L'Auteur*, 2002 [1995], 80-81).

(III) [pâteuse]

□ « MONGICOURT [...]. Oh ! la la, mais tu es flappi, mon pauvre vieux ! / PETYPON. – À qui le dis-tu ! Oh ! ces lendemains de noces !... ce réveil !... Ah ! la tête, là !... et puis la bouche... **mniam... mniam... mniam...** / MONGICOURT, *d'un air renseigné*. – Je connais ça ! [...] La gueule de bois » (G. Feydeau, *La Dame de chez Maxim*, 1899, *Théâtre complet*, 1988, t. 1, 730).

(IV) [sèche]

□ « Il était pâteux, il était plus très bavard, il était calme... Il faisait comme ça avec sa langue : "**Bdia ! Bdia ! Bdia !**"... » (L.-F. Céline, *Mort à crédit*, 2000 [1936], 380).

CHATOUILLIS → **guili-guili***.

□ « [...] ils nous demandent pour le nourrisson, s'il est à nous ?... non !... ils lui font plein de gentillesses... "**diguedi** ! oh !" [...] ». (L.-F. Céline, *Rigodon*, 1973 [1961], 102-103).

CLAQUEMENT DE LA LANGUE → **clap***, **plap***.

COÏT → **flac* flac**, **flic flac** ex. 18, **floc* floc**, **flotch** (*floch* rem.), **tagada***.

CRACHAT, EXPECTORATION → **pff**², **pss pss**²*, **ptt***, **tchaf***.

□ « Et mon tampon [= mouchoir] ? Et mon tampon ? Où qu'il est passé cette pelure ? **Couach** ! **Pfrutt** ! Pflac* ! un gluant qui s'écrabouille » (L.-F. Céline, *Casse-pipe*, 1999 [1952], 20).

□ « – Faut comprendre, lui expliquait le tonton, je sais bien que ta mère est une sacrée simplette, mais ce n'est pas à toi de le dire. Ah ! tout de même. **Rrrh.** / Il cracha fièrement » (R. Queneau, *Les Œuvres complètes de Sally Mara*, 1993 [1950], 91).

□ « [...] **slaf** ! elle lui glaviote à la face [...] » (A. Boudard, *Les Combattants du petit bonheur*, 1990 [1977], 300).

□ « [...] il glaviote tout le temps... partout. [...] Il recrache... **slof** ! à distance... il a l'élan au fond de la gorge » (A. Boudard, *Les Combattants du petit bonheur*, 1990 [1977], 80).

□ « ***Teuf-teuf***, ***tuf-tuf***, ***tf-tf***, est l'onomatopée du crachat » (1914, dans G. Esnault, *Le Poilu tel qu'il se parle*, 1919, 514-515).

□ « Tous les samedis d'automne, il débarquait chez ma tante où je l'attendais, avec sa bonne figure épanouie, ses dents noires, sa chique dans la joue gauche. Il crachait une giclée de jus, me prenait la nuque dans sa main et me frottait au papier de verre de ses pommettes. / – Demain, on va chasser ensemble ! / Et **zaf** ! une autre giclée » (J. Anglade, *Jean Anglade raconte*, 1975, 41).

CROQUER UN ALIMENT → **crac** ex. 11-12, **croc***, **scrotch***.

□ « Et ça m'énerve vachement qu'il bouffe des pop-corn au ciné parce que ça fait **gruik-gruik** à côté de moi » (P. Pellerin, *Tout va bien*, 2001, 169).

DÉGLUTITION → **ach***, **bah***, **gloup***, **plouc***.

□ « Elle se dévêt en dansant avec grâce / Sans remarquer qu'un vieux voyeur en face... / Fait "**glot-glot**" avec sa glotte / Qui tressaut' / Lorsque saut' la culotte / Que Lydie ôte » (B. Lapointe, « Aubade à Lydie en do », 1975, *Intégrale*, 1994, 45).

□ « Le garçon d'étage déglutit avec peine. / – **Glumphfff**... Il est, heu, presque neuf heures [...] » (J.-H. Oppel & Dorison, *Canine et Gunn*, 1983, 47).

DÉGOÛT → **berk***, **brr***, **eurk***.

□ « Si elle ne l'a pas mangé [le morceau de sucre], c'est qu'elle en a déjà croqué trois, sur le ricin, pour faire passer le goût, – **ah, prr** ! – mais le sucre l'a écœurée [...] » (P. et V. Margueritte, *Zette*, 1903, 47).

DENTS (NETTOYAGE DES —)

□ « Il aspire de l'air entre ses dents, d'un coup sec, les babines retroussées. Une manie. Ça fait : **fiff**... Histoire de décoincer un bout de soja perfide, échappé de sa dernière soupe et qui est allé se bloquer entre deux ratiches. **Fiff**... Le filament, enfin extrait, gicle [...] » (G. Dormann, *Le Bateau du courrier*, 1974, 136-137).

□ « Pat profita de ce répit inhabituel pour placer la première phrase du déjeuner, hachée par des giclements de bulles de salive entre les dents destinés à expulser le morceau de viande récalcitrant : / – **Shhhhh** ! [...] **shhhhhh** ! ... » (Ph. Le Roy, *Pour adultes seulement*, 2001 [1997], 259).

□ « Beloutier achève avec lenteur sa bouchée. [...] Il remâche, avale, introduit la langue entre la canine et la prémolaire en vue d'extirpation de filaments, fait "**Slic**" deux fois, déglutit [...] » (P. Cauvin, *C'était le Pérou*, 1989 [1980], 41).

□ « C'est comme les vieux couples, voyez. L'octogénaire tranquille qui, tout d'un coup, flanque une paire de baffes à son mari parce qu'il fait **splitch** en se curant les dents. Pendant soixante ans elle a rien dit. Un jour, va savoir pourquoi, elle craque. Et vlam* ! » (A. Rémond, *Télérama*, 5 février 1992, 62).

DOULEUR PHYSIQUE → **aïe***, **han***, **hou***, **ouille***.

EFFORT → **han***.

ÉLOCUTION ENTRAVÉE → **mff²***, **mmm²***.

ESSOUFFLEMENT → **fff¹***, **pouf²***.

□ « Le premier [chasseur] était un personnage à Paris, d'où il venait chaque année pour la chasse. Gros, rouge et le poil blanc, il faisait : **Boû** ! **Boû** ! et l'on disait bonnement qu'il soufflait les pois » (J. Cressot, *Le Pain au lièvre*, 1977 [1943], 30).

□ « M. Pradon suivit son ventre qui était déjà engagé dans l'appartement et dit en balançant son chapeau : "**Pchuiii, pchuiii**, c'est haut, c'est haut, monsieur Rocroy" » (R. Sabatier, *Canard au sang*, 1985 [1958], 31).

ÉTERNUEMENT → **atchoum***, **atchi***.

□ « Il conclut par un "**arrrrr...rachon** !" qui fit trembler les bouteilles au-dessus du comptoir. / – Saloperie de rhume ! dit-il » (R. Belletto, *Le Revenant*, 1981, 53).

ÉTRANGLEMENT

□ « Aussitôt Angelo sentit la corde de métal s'enrouler autour de sa gorge [...]. / – Ton nom ? / – Angelo... Angelo Dinarti... **Ourgl** ! » (J.-H. Oppel & Dorison, *Canine et Gunn*, 1983, 55).

EXCITATION → **brr¹***.

EXPIRATION → **ch¹***, **fff¹***, **ho***, **pff***, **zzz***.

□ « Elle but en fronçant le nez, trempa même les lèvres dans un verre de Jameson douze ans. En oublia son sac lorsqu'elle courut vers la porte ! [...] / – **Pjuuuuu**... C'est bon l'air frais, soupira-t-elle. Je suis complètement paf ! » (M. Embareck, *Sur la ligne blanche*, 1984, 52).

FREDONNEMENT → **broum***.

FRISSON (DE FROID, DE PEUR) → **brr***, **han***, **gla gla***.

□ « **Frr** !... Quelques gouttes m'ont coulé dans le dos. Ça fait du bien ; mais c'est bien désagréable » (Willy, *En bombe*, 1904, 75).

□ « Il tremblait des ménisques comme ça – **tchak-tchacka-tchak** –, rapport au froid [...] » (Bayon, *Le Lycéen*, 1987, 245).

FUMER → **pff***.

(I) [cigarette] → **fft**[1]* ex. 2, **pouf**[2]*.

(II) [pipe] → **pch**[1] ex. 3, **plop** ex. 7, **pop***, **pout***.

GARGARISME

□ « [...] seul le gargarisme pourra me remettre d'aplomb. [...] La tête basculée en arrière, **rôôôôh** ! **râââàh** ! [...] » (Y. Hureaux, *Bille de chêne*, 1996, 177.)

GÉMISSEMENT

□ « [...] je lui balance un coup de crosse à la tempe. [...] il fait "**gneuffff**" [...] et se déguise en descente de lit » (San-Antonio, *Les Souris ont la peau tendre*, 1991 [1951], 54-55).

GLOUTONNERIE → **ham***, **hompf***.

□ « La sauce jaunâtre leur dégouline des commissures. Entre deux rots puissants, ils font "**gnarf-gnarf**" et puis "**chomp-chomp**" [...] » (P. Merle, *Le Déchiros*, 1991, 186).

GRIGNOTIS → **crunch***.

GROGNEMENT → **mmm**[2]*.

□ « Les sons qu'il [un comédien] tirait de ses muqueuses étaient inexplicables ; c'étaient comme des paroles qui auraient été sternutatoires, sans l'être, si vous voulez, mais enfin donnaient la sensation des sanglots d'un bûcheron grippé. Ces **han** ! **han** ! et ces **hastsch** ! **hastsch** ! vous remuaient jusqu'aux moelles » (E. Bergerat, *Vie et aventures du sieur Caliban*, 1886, 343).

□ « MONGICOURT. – J'ai entendu comme un grognement d'animal. / ÉTIENNE, *en homme renseigné*. – C'est monsieur qui se réveille [...] / VOIX DE PETYPON, *toujours invisible du public, – grognement*. – **Hoon** ! » (G. Feydeau, *La Dame de chez Maxim*, 1899, *Théâtre complet*, 1988, t. 1, 725).

□ « – Don Pasquale... / – **Houmpf** ! / – Excusez-moi, don Pasquale, mais vous avez de la visite [...]. Le maffioso émergea des draps [...] » (J.-H. Oppel & Dorison, *Canine et Gunn*, 1983, 143).

□ « Il trépigne, souffle, pousse des "**humf**" de protestation, ne tenant pas en place sur le banc où il est cloué par l'arrogance de Rank qui, monopolisant le crachoir depuis deux bons quarts d'heure, ne lui laisse pas en placer une [...] » (M. Sportès, *Le Souverain Poncif*, 1986, 16).

HAUT-LE-CŒUR, NAUSÉE → VOMISSEMENT

HÉLER → **brr**[3].

HOQUET → **hic***, **hips***, **houps***, **hug***.

□ « Krogold [...] renverse l'homme, le ligote, [...] l'égorge de sa propre lame comme un porc... "**Hoc** ! **Hoc** !" glousse le voleur [...] » (L.-F. Céline, *Mort à crédit*, 2000 [1936], 33).

□ « Il tira une cigarette du paquet [...]. Bouffée qui remplit la bouche **hunk**... hoquet, la gorge contractée, fermée sur la fumée, poitrine gonflée puis détendue » (Cl. Simon, *Le Tricheur*, 1945, 34).

□ « Elle ne pleurait plus, ayant fini sa provision de larmes ; il ne lui restait que des sanglots, une sorte de petit hoquet qui la secouait de la tête aux pieds : **hup** ! **hup** ! **hup** !... » (J. Anglade, *Le Tilleul du soir*, 1975, 35).

□ « Il lui est venu une sorte de hoquet... Ma mère s'est redressée d'un coup... Elle a fait un **ouq** ! Comme si on lui coupait la gorge » (L.-F. Céline, *Mort à crédit*, 2000 [1936], 103).

INSPIRATION → **uf** (*fff*[1] ex. 8).

□ « Pour courir vraiment, il faut d'abord accepter de trottiner ou, comme disent les Anglo-Saxons, jogger. [...] cela s'apprend, comme la lecture au temps de Jules Ferry, en ânonnant, en rabâchant le B.A.-B.A. Inspirer sur deux foulées, "**schmm, schmm**", expirer sur trois, "**pftt***, **pftt**, **pftt**" » (*Le Monde*, 6 novembre 1993, 37).

IVRESSE → **hic***, **hips***, **hug***.

JOUISSANCE → **han***.

MANGER → **miam-miam***, **mmm**[1].

MARMONNEMENT → **brr**[2]*, **mmm**[2]*, **pch**[3]*, **pss pss**[2]*, **taratata**[2]*, **ta ta ta**[2]*.

MASTICATION

□ « Puis il se remet à table [...], j'entends ses mâchoires qui font ***tchonque tchonque*** » (J. Anglade, *Les Ventres jaunes*, 1991 [1979], 123).

MICTION → **pss pss**[1]*.

MORSURE → **hang***.

MOUCHER (SE) → **strounkpfpôt** (*snif* ex. 8).

□ « [HADDOCK.] – [...] Un instant, que je prenne mon mouchoir. / **POOOT** » (Hergé, *Tintin au Tibet*, 1960, 60).

□ « Craou ! **Roon** ! C'était un raclement de gorge sur un ton de basse suivi d'une sorte de grognement du nez que l'on mouche vigoureusement. Cela, c'était le père Picouleau, le facteur » (G. Chevereau, *Une enfance à la campagne*, 1988, 146).

NASILLEMENT

□ « – Tu dis ça parce que tu es jalouse ! Parce que ton Marcel, il a les oreilles décollées, il est petit et il parle du nez **gnia gnia gnia gnia gnia** ! » (J. L'Hôte, *Le Mécréant*, 1981, 94).

□ « Le substitut Dambreville, homme grave, émettait un son nasillard, **hin, hin, hin** [...] » (J. A. Lion, *Poulets et perroquets*, 1986, 14).

PAS → **clop***, **plac***. V. encore ci-dessous 4.5.

□ « PAW PAW PAW / [TINTIN.] – Chut ! Écoutez ! / [HADDOCK.] – Des pas !... / PAW PAW PAW PAW PAW » (Hergé, *Vol 714 pour Sydney*, 1968, 44).

□ « LE CORBEAU. Entends-tu : **Pic, pac, pic, pac** ! Le joli Ramoneur n'a plus qu'un étage à monter » (L.-E. Duranty, « La Fortune du ramoneur », *Théâtre des marionnettes*, 1995 [1862], 389).

□ « [...] les pas lourds de Grassouillet résonnaient sur le palier du premier étage. / **Pon, pon, pon** ! Grassouillet monte toujours » (Ch. Cros, « Un clou chasse l'autre », 1880, *Œuvres complètes*, 1970, 468).

PET → **pam** ex. 6, **pout***, **prout***, **ran***.

□ « [...] j'ai remarqué que cette salope loufait ainsi... sans retenue ni gêne, uniquement en ma présence... **frutt** ! » (A. Boudard, *L'Éducation d'Alphonse*, 1987, 19).

PLEURS, SANGLOTS → **bouh***, **ha***, **hé hé***, **heu***, **hi hi***, **hou hou***, **hu hu***, **mmm**[2]*, **ouah**[3]*, **ouin***, **snif***.

□ « LE LENDEMAIN MATIN. (Mme Larribeau ouvre subitement la porte de la chambre de la bonne. Larribeau en caleçon est assis sous la bonne.) / Mme LARRIBEAU. – **Vveu... Vveu... ez... gueu gueu gueu gueu gueu** » (Fr. Jammes, *Le Triomphe de la vie*, 1923 [1900], 224).

□ « [...] moi, dans les bras de Maman, je m'étais mis à chialer, comme un veau, comme une andouille, à chialer en faisant **rrin, rrin**, j'avais de grands soufflets qui me battaient entre les côtes, de grandes chandelles qui me coulaient du nez [...] » (Chr. de Rivoyre, *La Glace à l'ananas*, 1976 [1962], 44-45).

RACLEMENT DE GORGE → **broum***, **hum***.

□ « **Craou** ! Roon ! C'était un raclement de gorge sur un ton de basse suivi d'une sorte de grognement du nez que l'on mouche vigoureusement. Cela, c'était le père Picouleau, le facteur » (G. Chevereau, *Une enfance à la campagne*, 1988, 146).

□ « Au début, cela commença par de bruyants grattements de gorge. [...] "**Heinrr, Heinrr**", faisait le père Charles » (L. Bériot, *La Canne de mon père*, 1986, 136-137).

□ « Pour lors, (***Rrrachh !***) nous traversions, – vous me suivez, n'est-ce pas ? – nous traversions la place d'armes, nous enfilions la rue Esquermoise, nous tournions à gauche » (E. Durandeau, *Civils et militaires*, 1880, 19).

□ « Elle cracha, **rouak** ptt* ! » (A. de Saint-André, *L'Ange et le réservoir de liquide à freins*, 1994, 248).

RÂLE → **rha***.

RENIFLEMENT → **snif***.

□ « **Humpf** ? Quel est cet effluve ? » (M. Sergent, *Normal*, 1991, 295).

□ « – Oh mon Dieu, Christophe, dit-il. / – Excuse-moi. **Nrrfff** » (Chr. Rochefort, *Printemps au parking*, 1971 [1969], 137).

□ « Il renifla. / **Uhu** ! [...] Ça puait ! » (R. Maran, *Batouala*, 1950 [1938], 122).

RESPIRATION → **pch**[1]*, **sss** (*hum* ex. 5).

□ « [...] un petit vieux en train de claboter bien poliment qui respire comme s'il avait avalé un sifflet ; [...] on dort bien sagement, n'est-ce pas monsieur Pirard ? **Pîîîp pîîîp** répond le vieux » (J.-P. Demure, *Découpe sombre*, 1988, 63).

RICANEMENT

□ « MARGUERITE, *ricanant bêtement*. – **Han** ! **han** !... » (Brazier et Dumersan, *Les Bonnes d'enfans*, 1825 [1820], 13).

RIRE → **ha*** **ha**, **hé hé***, **hi hi***, **ho ho***, **hu hu***, **oua oua**[1]*, **pff***.

□ « Chaque phrase était ponctuée d'une manière de gloussement amer et de bon ton qui faisait "**Glp** !" comme un rire étouffé d'éternelle enfant de Marie » (J. Amila, *Le Pigeon du faubourg*, 1981, 22).

□ « Anaïs trouve utile de laisser échapper le "**Hpp**..." des fous rires contenus, sans qu'un trait bouge dans sa figure » (Colette, *Claudine à l'école*, 1900, *Œuvres*, 1984, t. 1, 23).

□ « BOUVIER, avec un rire strident. – **Trrrrch** ! Je ne dis pas non » (É. Ourliac, « Les Noces d'Eustache Plumet », *Proverbes et scènes bourgeoises*, 1868 [avant 1848], 25).

RONFLEMENT → **brou***, **brr**[2]*, **bzz***, **groin-groin***, **ron***, **rrr***, **zzz***.

□ « [...] le gros homme [...] ronflant comme une baudruche qui se dégon**fle-fle-fle**... » (G. Mordillat, *L'Attraction universelle*, 1990, 22).

□ « Il dort en ronflottant avec cette distinction dont il ne se départit jamais [...]. Ça produit un léger "**tuuuttt**" flûté » (San-Antonio, *Princesse Patte-en-l'air*, 1990, 162).

□ « [...] l'autre zombie ronflait de plus belle. [...]. / – Même moi, je parie que je ronfle moins fort, grommela Sacco. / **Vroum vroum vroum**, allez hop*, c'est reparti pour un tour [...] » (J.-A. Varoux, *Pas ce soir chérie*, 1979, 12-13).

ROT → **eurk***.

□ « La vinasse a fait quatre cinq tours au fond de ma gorge, et j'ai avalé le tout en émettant une profonde et non moins horrible éructation **eeemmrrrkkk... fffuuu**... magistralement contrôlée » (J. Cans, *Drôles d'oiseaux*, 1990, 111).

SIFFLEMENT → **fff**[1]*, **pfuit***, **pi-ouitt***, **pss pss**[2]*, **pst**[2]*, **uu***.

□ « "**Sssss** ! siffla-t-elle. Il [un brochet] pèse bien ses deux livres." » (H. Bazin, *Qui j'ose aimer*, 1988 [1956], 16).

SOUFFLE COUPÉ → **hompf***.

□ « Le bonhomme n'eut pas le temps d'esquisser une mimique d'étonnement qu'il recevait un magistral coup de pied dans le ventre qui l'expédia sur le tas de charbon !... Il fit : "**Pouac** !" sonné, éperdu » (J. Amila, *La Bonne Tisane*, 1975 [1955], 156).

SOUFFLER → **pff**[1]*, **pft***.

SOUPIR
(I) [de satisfaction, de soulagement] → **ah**[1]*, **han***.
(II) [d'impatience, de lassitude] → **rrh***.
(III) [dernier soupir] → **pff**[1] ex. 2.
□ « Elle a fait ***hâââ*** *!*... Et puis ç'a été fini » (J. Anglade, *Le Tilleul du soi*, 1975, 38).

SUCCION
□ « Bruit de succion. Ventouse. **Schlouhhhouggh** » (San-Antonio, *Maman, les petits bateaux...*, 1980 [1975], 179).

SUFFOQUEMENT → **ouah**[3]*.

TOUX → **heu***, **hum***.

VAGISSEMENTS → **areu-areu***.
□ « Je me baisse, je tâte, je palpe avec prudence le... colis, dans le noir, qui faisait toudi : **miai ! miai ! miai** ! en haute gamme, et je sens – devine un peu quoi ? – une frimousse toute juteuse, morveuse et baveuse » (M. Stéphane, *Ceux du trimard*, 1928, 4).

VOMISSEMENT, HAUT-LE-CŒUR, NAUSÉE → **argh***, **berk***, **bouac/bouah***, **burp***, **eurk***, **hugues***, **raoul***.
□ « [...] je dégueule tout le paquet, **fouaff**, et encore, et encore, à m'en arracher les boyaux » (Fr. Cavanna, *Les Ritals*, 1981 [1978], 295).
□ « [...] **rrrrhouaah**, il a fait. Sa gorge, sa bile et ses bronches : **rrrrhouaaaah-heurk** [...]. Et puis mon tour [...] **rrrhaaan** et **rrhhhaaaaannh**. On dégobillait à copieuses rasades [...] » (Bayon, *Le Lycéen*, 1987, 352).
□ « [...] y avait des très forts dégueulis ! des ***ûuah*** *!* de ces "mal de mer" !... » (L.-F. Céline, *Normance*, 1989 [1954], 210).

2. BRUITS D'ANIMAUX

2.1. Animaux domestiques

ABEILLE → **bzz***, **dzz***, **zzz***.

ÂNE → **hi-han***.

BOVINS → **beuh***, **meuh***.
□ « [...] il écoutait beugler la manade : "Meuh* ! Beuh* ! **Mah** ! / – **Ha-ouh** ! **Ha-ouh** ! Beuh !" » (J. d'Arbaud, *La Sauvagine*, 1929, dans *Gens de Provence*, 1997, 685).

CANARD → **cancan***, **coin-coin***.

CANETON → **coui coui** ex. 3.

CHEVAL → *Anthologie*, n° 12.

(I) [bruit de muqueuses]

□ « Hooo ! Les chevaux firent **frrr** des naseaux, stoppèrent » (M. Quint, *Les Grands ducs*, 1991, 222).

□ « Il produisait ce faisant une petite musique avec sa bouche, le quêteux [= mendiant], **prrrou pou-pou**, si on voit ce que je veux dire, comparable au bruit de cheval quand il s'ébrouait les babines [...] » (G. Soucy, *La Petite Fille qui aimait trop les allumettes*, 1998, 137).

(II) [hennissement] → **hi***.

(III) [sabots ; allure] → **clac*-clac**, **clic-clac***, **clic-cloc***, **cliticlop** (*tchic* ex. 8), **cloc*-cloc**, **clop* clop**, **floc***, **patatrac***, **ploc* ploc**, **tagada***, **tap tap** ex. 1, **tic toc** (*tic* ex. 18), **tip-tap***, **top*** ; *Anthologie*, n° 19.

□ « PREMIER CHEVAL, *au galop* : **Pitatatoum, pitatatoum, pitatatoum**. [...]. DEUXIÈME CHEVAL, *arrivant de loin* : **Bidibidim, bidibidim** (*etc.*) » (R. Dubillard, « Feuilleton historique », *Les Nouveaux diablogues*, 2000 [1988], 138-139).

□ « Le garçon d'écurie a donné une tape sur la croupe du cheval [...]. La bête va l'amble ***ta ta ta ta ta ta !*** toute roide » (J. Vallès, *Le Testament d'un blagueur*, 1869, *Œuvres*, 1975, t. 1, 1109).

□ « Sur fond de **ti-piti-clop** du pas des chevaux et de don-dong* du glas de l'abbaye [...] » (*Libération*, 8 septembre 1997, 40 [Obsèques de Lady Diana]).

□ « [...] je raconte l'histoire de mon saint Martin. Avec les gestes. Avec le cheval [...]. Je caracole, je fais le bruit avec la bouche : **tokoloh, tokoloh, tokoloh !** » (V. Thérame, *Scorpion, yeux bleus*, 1991, 111).

□ « Voilà une trombe qui déboule... **Vlop !... Po ! Dop !... Vlop ! Po ! Dop !...** en plein dans notre tas... Une charge... On reste planté... Il nous traverse, je le vois au falot... un éclair... Il volait... C'était plus un cheval... il tenait plus au sol... En vertige qu'il nous a sciés... **Yop ! Po ! Dop !...** Tagadam* ! Tagadam ! il était loin... » (L.-F. Céline, *Casse-pipe*, 1999 [1952], 30).

CHÈVRE, CHEVREAU → **bé***, **mé***.

□ « La chèvre : **Hein, hein, he** » (Celnart, *Manuel complet des jeux de société*, 1827, 181).

COCHON

(I) [cri habituel de l'animal] → **coui coui** ex. 2, **groin-groin***, **grouic***.

□ « Sitôt que j'étais dans la cour, il frottait son groin contre mes jambes en faisant : **"Crrro, crrro..."** » (J. Anglade, *Le Voleur de coloquintes*, 1972, 49).

□ « [...] *On entend la voix du porc :* **Rrrff, rrrff !** [...] / ARLEQUIN. Oh ! mon bon petit **Rrrff, rrrff**, tu m'as sauvé la vie ! / LE PORC. **Rrrff, rrrff !** » (L.-E. Duranty, « La Tragédie d'Arlequin », *Théâtre des marionnettes*, 1995 [1862], 73-74).

(II) [cri de l'animal qu'on tue]

□ « Alors, tandis que M. Jean et Jérôme surveillent de près les réactions possibles de la victime, Papa prend la grosse massue, et, d'une détente formidable, en assène un coup magistral sur la tête du cochon... qui se met à hurler d'une façon déchirante : **grui... i... grui... i... i... grui... i... i...** [...] » (M. Chatelain, *Alpages, terres de l'été*, 1996, 54).

COCHON D'INDE

□ « PIÉGELÉ. – [...] Sais-tu imiter l'ours ? [...]. / LAPOTASSE *(imitant l'ours)*. – "Paie tes dettes ! Paie tes dettes !" Ah ! non, je confondais avec la caille. L'ours, c'est comme ça. *(Imitant.)* "**Couic ! couic ! couic !**" / PIÉGELÉ. – Eh non ! Ce n'est pas comme ça ! Tu fais le cochon d'Inde en ce moment. L'ours, voilà comment c'est. *(Imitant.)* "Hoû ! Hoû ! Hoû !" » (G. Courteline, « Le Miroir concave », 1906, *Théâtre...*, 1990, 271).

COQ → **cocorico***.

□ « Les coqs avaient perdu toute galanterie [...]. Leurs **co, co, co** de contentement ou de fureur n'émouvaient plus les poules [...] » (Ch. Forot, *Odeurs de forêt et fumets de table*, 1987, 223).

□ « Le coq lance son **kéquéléké**, à trois heures et quart de l'après-midi ! » (J. Anglade, *Le Voleur de coloquintes*, 1972, 49).

□ « Les poules, qui étaient déjà rentrées, s'envolèrent du perchoir dans la crèche et sur le dos des vaches, ne sachant où se fourrer ; le coq, enflant les ailes, se mit à pousser des **ro-co-co, coc-co-dê** ! furibards » (L. Pergaud, *Le Roman de Miraut*, 1913, *Œuvres complètes*, 1987, 305).

DINDON → **glou glou**[2]*, **pia-pia***.

□ « En passant près d'eux, Charlie a [...] gloussé le fameux **saradjouglou** du dindon » (J. Vautrin, *La Vie ripolin*, 1986, 238).

HAMSTER → **coui coui** ex. 4.

JARS

□ « [...] il arriva un grand jars aux plumes blanches, qui se mit à souffler dans son grand bec. [...] "**Tch... tch...**", faisait le jars [...] » (M. Aymé, *Les Contes du chat perché*, 1978 [1939], 253).

MOUTON → **bé***, **mé***.

OIE → **coin-coin***.

PAON → **léon***.

PINTADE

□ « Notre pintade, attentive, commence à s'agiter, à courir dans tous les sens en regardant là-haut l'endroit d'où vient la menace. Insensiblement, l'aigle [= oiseau de proie] perd de l'altitude et se rapproche en tournoyant au-dessus de la maison. [...] Puis il s'immobilise un instant pour mieux épier, avant de reprendre sa ronde infatigable. / – **Ka ka ka ka kaaaack ! Ka ka ka ka kaaaack** ! / Notre pintade crie de toute son énergie [...] » (M. Chatelain, *Alpages, terres de l'été*, 1996, 135).

PORC → COCHON

POULE

(I) [qui picore] → **cloc** ex. 12, **tic** ex. 1.

(II) [qui caquette] → **cot cot***.

(III) [qui glousse]

□ « [...] les poules, dont une très vieille, noire, qui venait se faire caresser en s'accroupissant et écartant les ailes, **crôô... crôô...** » (R. Barjavel, *La Charrette bleue*, 1989 [1980], 188).

□ « Une poule gloussa : / – **Pwat, pwat** ! » (G. Mordillat, *L'Attraction universelle*, 1990, 144).

(IV) [qui va pondre ou qui vient de pondre] → **cot* cot codec.**

(V) [qui a peur]

□ « Quelques poules tournaient autour de cette mare. Et tout à coup, un des gosses s'est mis à crier. Il y a eu un envol de poules : **ca, ca, ca, ca** ! "Le renard !" » (Cl. et J. Jeury, *Le Crêt de Fonbelle*, 1981, 126).

□ « Le coq précipita bientôt le mouvement en bondissant résolument sur cette étrange victime désignée, pour, agrippé à elle, sans souci de ses **roucoucou** terrifiés, [...] transformer le dos de la poule en charpie » (Bayon, *Les Animals*, 1990, 119).

POULET

□ « Ils prétendaient encore s'exprimer dans la syntaxe et dans le vocabulaire, mais l'un se rendait compte qu'il parlait poulet, "**pipiti qui qui piti piquiti...**", un autre parlait poisson » (J. Audiberti, *Cent jours*, 1950, 15).

POUSSIN → **piou piou***.

2.2. Animaux de compagnie

2.2.1. *Mammifères*

CHAT → *Anthologie*, n° 14 et 23.

(I) [ronronnement, contentement] → **ronron***, **frr**^{2}*.

(II) [cri du chat] → **miaou***.

□ « Elle joue, brutale, précise, vite irritée, coupant son jeu de rares et brefs petits aboiements de chat : "**Mouek ! mouek !...**" » (Colette, *La Retraite sentimentale*, 1907, *Œuvres*, 1984, t. 1, 861).

□ « Raoul-le-chat pousse deux ou trois **ramiaoux** déchirants [...] » (E. Hanska, *Que sont mes raouls devenus ?*, 1990, 93).

(III) [cri du chat en chaleur] → **mrouin***.

□ « Après le **griiiiiigniiiih**, c'est un **maaahuhuh** qu'il [le chat] me fait. / Un **maaahuhuh** de cette trempe par une nuit à lune brillante, si vous êtes une demoiselle chatte... » (R. Forlani, *Gouttière*, 1992 [1989], 103).

(IV) [cri du chat en colère] → **crr-crr**^{2}*, **fff**^{2}*, **fft**^{2}, **frr**^{2}*, **rrr***.

□ « Si jamais on te touche, tu klaxonnes fort ! Tu leur craches à la gueule comme un chat fielleux ! **Crich, crich, crich** » (V. Thérame, *Scorpion, yeux bleus*, 1991, 55).

□ « Quand je crache de colère : “**Khh** !…”, ma gueule fume, et vous reculez ! » (Colette, *Douze dialogues de bêtes*, 1930, *Œuvres*, 1986, t. 2, 76).

CHIEN

(I) [crier] → **aï aï***, **aou***, **bou bou**[2]*, **grr***, **hum** (*aï aï* ex. 1), **kaï kaï***, **hou hou***, **ouaf**[1]*, **ouah**[1]*, **ouaou***, **ouap***, **rouaf/rouah***, **wouf** (*ouaf* rem.), **wraou***.

□ « CÉSAR, grommelant entre ses dents comme un chien mécontent. – **Hon**… **hon**… **hon** !… » (E. Scribe et Varner, *César*, 1837, 13).

(II) [flairer, renifler] → **roun** (*hou hou*, ex. 17), **snif***.

□ « Ba-ou* ! Ba-ou ! on va se promener quelle joie ! […] Flairer flairer tout bien à fond […] l'immense océan des odeurs flairer **ffff ffff ffff ffff** […] » (F.T. Marinetti, « Paysages d'odeurs de mon chien-loup », 1925, dans Giovanni Lista, *Marinetti et le futurisme*, Lausanne, 1977, 54).

(III) [boire]

□ « “Qu'est-ce que tu cherches ?” […] / “Un bidet, pour boire, répondit le chien. / – À gauche, lui dis-je, derrière la baignoire. Le robinet fuit, il y a toujours assez d'eau dans la cuvette pour que tu boives. – Bon, dit Moulouk. Je trouverai bien, je ne suis ni sourd ni aveugle. **Plock, plock, plock, plock**…. La preuve.” » (Colette, *Le Fanal bleu*, 1949, *Œuvres*, 2001, t. 4, 991.)

□ « Marty réfléchit deux secondes en regardant le Petit offrir une coupe de champagne à Julius le Chien. […] / Violent frisottement du museau de Julius sous l'assaut des bulles champenoises […] / Et **lap lap**, dégustation prudente » (D. Pennac, *La Petite marchande de prose*, 1989, 359).

2.2.2. *Oiseaux*

CANARI → **cuicui** ex. 9 et 11, **hui hui** (*cuicui* rem.), **pi pi** ex. 4.

PERROQUET

□ « [LA CASTAFIORE.] – Caressez-le, capitaine, n'ayez pas peur : il ne ferait pas de mal à une mouche. / [HADDOCK.] KILIKILIKILI ! […] / [LE PERROQUET.] – CRÔ ! » (Hergé, *Les Bijoux de la Castafiore*, 1963, 10).

□ « **prrr prrr** / perroquet » (*Le Cri des animaux*, 2001, 4).

PERRUCHE

□ « **prrri** / perruche » (*Le Cri des animaux*, 2001, 19).

SERIN

□ « Un serin […] nous lance ses trilles les mieux réussis et ses **piau piau** les plus gentils […] » (Verlaine, *Œuvres en prose*, 1893, dans DDL).

□ « Le serin Fifi, lui, à côté, roulait sans fatigue ses sonores “**Ri**… **pi**… **pi**… **pi**… **ririri**… **pit**… **pit**…” » (A. Machard, *Titine*, 1913, *L'Épopée au faubourg*, 1946, t. 1, 238).

□ « Vous avez là un fort bel oiseau dans cette cage, lui dit-il galamment ; il chante joliment bien. / – Vous trouvez ? / – On dirait la petite flûte de notre musique quand il fait ses trilles, comme ça : **tilétitititititi** !… **tilétitititititi** ! » (*Le Régiment illustré*, 23 janvier 1897, 5).

2.3. Animaux sauvages

2.3.1. *Oiseaux*

(I) [chant] → **couic***, **cuic***, **cui-cui***, **pi-ouit***, **piou-piou***, **pi pi***, **tui-tui** ; *Anthologie*, n° 43 et 54.

□ « Zette écoute le chant des oiseaux [...] – Cui* ! Cui ! **Tiou** ! **Ré** ! **Toti** ! **Cui** ! [...] » (P. et V. Margueritte, *Zette*, 1903, 104).

□ « Elle s'éveilla au petit jour [...] étonnée d'entendre [...] le pépiement des oiseaux. Elle ouvrit doucement la fenêtre, en vit un, boule marron et grise qui, point farouche, inclina la tête de côté pour la regarder : / – **Cuip-dièb** ! » (F. Raynal, *Faubourg*, 1950, 231).

(II) [vol] → **flap***.

ALOUETTE → **tireli***.

□ « [...] une alouette grisollait dans le ciel au-dessus de sa tête, **bi-tuit, bi-tuit** [...] » (J. Anglade, *Les Ventres jaunes*, 1991 [1979], 177).

□ « Ils les entendaient venir, les alouettes ; ils les voyaient raser les chaumes en grisollant – **puit** ! **puit** ! **puit** ! – et ils repéraient sans mal l'endroit où la volée s'abattait au crépuscule » (G. Boutet, *Les Gagne-misère*, t. 4, 1989, 200).

BEC-FIGUE

□ « Le bec-figue : **Bzi, bzi** » (Celnart, *Manuel complet des jeux de société*, 1827, 180).

BERGERONNETTE

□ « [...] le "**srisri**" des bergeronnettes, l'appel du coucou, le trait de flûte d'une fauvette » (J. David, *Bonsoir Marie-Josèphe*, 1993 [1983], 35).

BOUVREUIL

□ « – [...] Je vous enseignerai à distinguer le sifflet du bouvreuil de celui du pinson. L'un fait **tsou tsou**. L'autre fait chu chu... » (J. Audiberti, *Quoat-Quoat*, 1946, FXT).

BUTOR

□ « De temps en temps, une note triste passe et roule dans le ciel comme un ronflement de conque marine. C'est le butor qui plonge au fond de l'eau son bec immense d'oiseau-pêcheur et souffle... **rrououou** ! » (A. Daudet, *Lettres de mon moulin*, 1869, *Œuvres*, 1986, t. 1, 380).

CAILLE

□ « [...] les perdreaux qui trottent pendant que leur mère traîne l'aile, le "**cat-caillou**" d'une caille invisible [...] » (J. Cressot, *Le Pain au lièvre*, 1977 [1943], 237) ; v. encore *Introduction*, § 2.2.

CHAT-HUANT

□ « Le cri du huant **ti ti ti ti ti ti** ! » (P. Claudel, *Journal*, 1915, t. 1, 1968, 319).

CHOUCAS

□ « Un faible froissement de l'air me fait rouvrir les yeux. / **Crré. Crré. Crré... Tek ! Tek ! Tek !** / Tiens ! Un choucas. / [...] Car ils [les choucas] ont une langue, naturellement, une langue très compliquée, avec des **cré-crrré... cra-crrra... crrr. Crrr... Tek. Tek. Tek... Rrrroui... Rrrroui...** etc., assemblés de toutes les manières et de grandes subtilités du gosier » (Samivel, *L'Amateur d'abîmes*, 1971 [1963], 245-246).

CHOUETTE → **hou hou***.

□ « La Chouette : **Chou-ou-ou-ou-ou** » (*Les Amusemens du bel âge*, 1816, 45).

□ « La chouette (cet oiseau se choisit toujours) : **Chou, chou, chou** » (Celnart, *Manuel complet des jeux de société*, 1827, 180).

□ « De temps en temps, une chouette lançait son **oui-hou** enroué et effaré » (M. Jeury, *Le Vrai Goût de la vie*, 1989 [1988], 123).

CIGOGNE

□ « cigogne / **clacla** » (*Le Cri des animaux*, 2001, 18).

COLOMBE → **coucourou***, **crou-crou***, **glou glou**[2]*, **rou rou***.

□ « Heredia ; c'est une pièce montée avec une petite colombe au sommet, qui fait : **Flou, flou, flou** ! » (P. Claudel, d'après Jacques Rivière, *Correspondance avec Alain-Fournier*, 1907, FXT).

COQ DE BRUYÈRE

□ « – **Kourrouh** ! **Kourrouh** ! **Kourrouh** ! / Jeanne-Marie s'agenouille, met ses mains en porte-voix, roucoule comme un coq de bruyère » (Y. Hureaux, *Le Pain de suie*, 2002 [1999], 237).

CORBEAU → **coua***, **couac***, **croa*** ; v. *Anthologie*, n° 10.

CORNEILLE

□ « Elle [une corneille] dit en tout et pour tout : "**tiac**" [...] » (Colette, *Paris de ma fenêtre*, 1944, *Œuvres*, 2001, t. 4, 653).

COUCOU → **coucou***, **hou hou***.

COURLI → **courli***.

CUL-BLANC

□ « [...] surprendre le "**tac, tac**" du cul blanc, dit traquet motteux, guetteur sur un rocher d'alpage de l'arrivée des troupeaux » (R. Canac, B. Boyer, *Vivre ici en Oisans*, 1991, 54).

FAISAN

□ « Acculé, le faisan s'éleva dans un vacarme d'ailes entrechoquées et de "**cot cot**" outragés » (J. Failler, *La Mort au bout de l'étang*, 1996 [1993], 57).

FAUVETTE

□ « [...] pépiements canailles des moineaux, [...] roucoulements galants des pigeons, [...] "**tuits**" doucets des fauvettes [...] » (R. Blanc, *Clément, Noisette et autres Gascons*, 1984, 189).

GEAI

□ « [...] il en voulait sans bien savoir pourquoi au vieux chasseur qui, dans son enfance, lui avait appris à se méfier du "**krêêk**" du geai bavard » (A. Nicoulin, *Les Prisonniers du bacul*, 1987, 111).

□ « [...] le geai sentinelle poussa un "**tchaie !**" aigu de colère qui prévint les autres de l'arrivée d'un étranger, et tous, à ce signal, levèrent le bec sur leurs branches, interrogeant à leur tour par un "**tchaie !**" rauque et regardant l'intrus qui venait les déranger » (L. Pergaud, *Dernières histoires de bêtes*, av. 1915, *Œuvres complètes*, 1987, 499).

□ « KIKI-LA-DOUCETTE : Les deux geais du petit bois. Ceux-là ils rient, poussent des "**tiac**" sardoniques quand je me promène, parce que je porte une sonnette au cou... » (Colette, *Douze dialogues de bêtes*, 1930, *Œuvres*, 1986, t. 2, 27).

GRIVE → **tchic***.

□ « [...] les grives voletaient de chênes en genevriers sans le moindre "**tia-tia**", comme pour se fondre dans le silence » (Chr. Signol, *Les Cailloux bleux*, 1986 [1984], 220). – Emploi subst. « Les **tias-tias** [litornes] dit-on du côté de Vernoux, à cause de leur cri » (Ch. Forot, *Odeurs de forêt et fumets de table*, 1987, 86).

□ « **Tzé-tzé-tzé**... elle [la draine] éparpille son cri sec tout en gagnant la cime d'un arbre élevé, entraînant avec elle ses compagnes. **Tzé-tzé-tzé**... la petite troupe a disparu dans un vol anguleux » (Ch. Forot, *Odeurs de forêt et fumets de table*, 1987, 86).

HIBOU → **bou bou***, **hou hou***.

HIRONDELLE → **cuicui** ex. 8 ; **pst**[1]*.

HUPPE

□ « Je me suis demandé longtemps ce qui me faisait souffrir et m'attirait en même temps dans le cri de la huppe sur la montagne du Saint-Sépulcre au nord-ouest de Mirabeau. C'est la huppe des poètes persans... Son **hulululu** me donne la nausée et m'attire. C'est vraiment quelque chose comme le mal de mer ou le délire d'une idée fixe ; j'imagine que si j'y fixais mon attention, je serais obligé de fuir précipitamment le pays » (M. Barrès, *Mes Cahiers*, 1909, dans DDL).

□ « Par contre, si la huppe, au lieu de jeter son : "**Pou-pou-pou, pou-pou-pou !**" se met à gémir : "**Prrrrou, prrrrou !**", il ne fera pas beau » (L. Chaleil, *La Mémoire du village*, 1989 [1977], 198).

MARTIN-PÊCHEUR

□ « La lame orange et bleu d'un martin-pêcheur cisailla l'air en longeant la berge, accompagnée de son ***titiht*** perçant » (J.-M. Laclavetine, *Le Rouge et le blanc*, 1994, 15).

MAUVIETTE

□ « La mauviette : **Tan, tan, tan** » (Celnart, *Manuel complet des jeux de société*, 1827, 180).

MERLE

□ « Sur la crête des murs, apparaissent des merles siffleurs, qui, avant de se fourrer sous le lierre, lancent de leur bec, ourlé de jaune, un bruyant et joyeux **caracacaca** » (J. Richepin, *Le Pavé*, 1883, 223).

□ « [...] le gai : **tari ! tari ! tarili !** de quelque merle en verve [...] » (J. Delteil, *En robe des champs*, 1934, 155).

□ « Qu'est-ce que pouvait bien vouloir cet ordonnateur austère, au frac éternellement correct, des concerts printaniers à cette heure du jour ? D'ordinaire, c'était à l'aube et au crépuscule que son "**tcha-tcha**" régulier réclamait les autres oiseaux pour la consigne du jour ou le mot d'ordre de la nuit » (L. Pergaud, *De Goupil à Margot*, 1910, *Œuvres complètes*, 1987, 64).

□ « Elles [les merlettes] ont, cachées dans les branches, une sorte de **tseu-tseu-tseu** grondeur, une sorte de gloussement inquiet quand on interrompt leur repas de baies » (Ch. Forot, *Odeurs de forêt et fumets de table*, 1987, 91-92).

MÉSANGE

□ « Elle nous jetait [...] un avertissement comminatoire, un victorieux "**turrruititittit**" qui réclamait sans doute notre applaudissement à ses prouesses de mésange, son travail de mésange, ses acrobaties de mésange... » (Colette, *Flore et Pomone*, 1943, *Œuvres*, 2001, t. 4, 540).

MOINEAU → **couic***, **cuic***, **cuicui***.

□ « LE MOINEAU. - **Brrr...it !...** Eh ! là-bas !... réveillons-nous, beaux endormis !... **Brrr...it !** » (P. Véron, dans *Almanach comique*, 1871, t. 30-31, 91).

□ « [...] ils entendirent des "**pssit ! pssit !**" comme font les moineaux » (R. Blanc, *Les Amours de l'oncle César*, 1986, 37).

MOUETTE

□ « [...] deux mouettes passent en se criant **aow ! aow !...** C'est invraisemblable, même les mouettes ont l'accent, ici... » (Ph. Carrese, *Trois jours d'engatse*, 1995, 93).

□ « Un bruit de mer avec des cris de mouettes, **cri, cri** » (V. Ravalec, *Cantique de la racaille*, 1994, 174).

□ « – **Croua, croua, croua...** – Un gabian ! » (G. Del Pappas, *Du soleil plein la tête*, 2001, 88).

□ « [...] une Mouette qui, bien haut, passait dans le ciel en ricanant : / – **Hé-héhé ! Hé-héhé !** » (J. d'Arbaud, *La Sauvagine*, 1929, dans *Gens de Provence*, 1997, 705).

□ « La mouette cria : / – **Krièk krièk ! Ouèk ouèk !** / – Ça ne veut rien dire, dit Bijou. / – Si, mais nous ne savons plus les comprendre » (G. Mordillat, *L'Attraction universelle*, 1990, 80).

□ « Une mouette passa au-dessus d'eux, guignant la charogne de son œil rond. / – **Kriou kriou !** » (G. Mordillat, *L'Attraction universelle*, 1990, 110).

OISEAU DE NUIT → **bou bou[1]***, **hou hou***.

OISEAU DE PROIE → **pille***.

PERDREAU → **pi-ouit***.

□ « Il se mettait à “l’espère” [= à l’affût], il savait imiter le gloussement des perdreaux : “**Ca ca ca ca**...” » (L. Chaleil, *La Mémoire du village*, 1989 [1977], 32).

□ « Il était plus facile de les [= perdreaux] surprendre le soir, un peu avant la nuit, car c’était l’heure où ils tentaient de se rassembler pour la nuit : “**Tcheukeu-tcheukeu ! Tcheukeu-tcheukeu** !” » (P. Sogno, *Le Serre aux truffes*, 1997 [1993], 132).

PERDRIX

□ « Le mâle [de la perdrix] ordinairement ne chante, ou plus exactement n’appelle qu’au moment de la pariade. C’est une sorte de **cot, cot, cot... codek** que les paysans imitent en mettant leurs mains en cornet devant leurs lèvres en gonflant les joues et en y frappant trois petits coups et un plus fort... » (Ch. Forot, *Odeurs de forêt et fumets de table*, 1987, 102).

□ « La Perdrix : ***Quiquiriez, quiquiriez*** » (*Les Amusemens du bel âge*, 1816, 45) ; « La perdrix : **Quiquiriez** » (Celnart, *Manuel complet des jeux de société*, 1827, 180).

□ « Immédiatement Camus imita le **tirouit** de la perdrix grise [...] » (L. Pergaud, *La Guerre des boutons*, 1912, *Œuvres complètes*, 1987, 574).

PIE

□ « LA PIE. – **Cacacacacaca.** / LA GRENOUILLE. – Qu’est-ce qu’elle dit ? / LA PIE. – Je ne dis pas, je chante. / LA GRENOUILLE. – Couac* ! / LA TAUPE. – Taisez-vous donc là-haut, on ne s’entend plus travailler ! » (J. Renard, *Histoires naturelles*, 1967 [1896], 159).

□ « Le cri de la pie : **gerrregégé** » (J. Renard, *Journal*, 8 septembre 1892, dans DDL).

□ « [La pie] HÊ-Ê-EK ! » (Hergé, *Les Bijoux de la Castafiore*, 1963, 59).

PIGEON → COLOMBE

PINSON → BOUVREUIL, ex. d’Audiberti.

PIVERT → **tac-tac** (*tac*, ex. 25), **toc-toc** (*toc*, ex. 8), **tic***.

□ « [...] un cri intermittent, comme d’une poulette : **tiou, tiou**, avec quelque chose de plus crissant. C’est un jeune pic-vert [...] » (Ch. Forot, *Odeurs de forêt et fumets de table*, 1987, 128).

RONGEURS → **crr-crr**[2]*, **crunch***.

ROSSIGNOL → **tireli*** ; *Anthologie*, n° 7 et 11.

□ « LA VOIX, *lentement et merveilleusement* [...]. / **Tio ! Tio ! Tio !... Tio !** » (E. Rostand, *Chantecler*, 1910, 225).

ROUGE-GORGE

□ « Une autorité sans bornes émanait de lui [un rouge-gorge]. Dès que la Chatte entrait sous bois, il s’annonçait par des “**tsk, tsk**” furieux, descendait de branche en branche au-dessus de son ennemie, oubliait le péril jusqu’à piquer du bec le doux front bleu et les oreilles sacrées de la Chatte » (Colette, *Paris de ma fenêtre*, 1944, *Œuvres*, 2001, t. 4, 634).

ROUSSEROLLE

□ « [...] la rousserole dans les roseaux fait son **karaki** [...] » (M. Massian, *La Santonine*, 1970, 180).

TOURTERELLE → **coucourou***, **crou-crou***.

2.3.2. *Autres*

ANIMAUX FÉROCES (DE MÉNAGERIE) → **rrr***.

□ « **Brrruunnh** ! (deuxième cri plus effroyable que le premier.) / – Caïn ! crie Barrock, se tournant vers la trappe... si je l'attrape ! / – **Brrruuunnnh** ! (troisième cri plus effroyable que le deuxième.) » (Ch. Philipon et L. Huart, *Parodie du Juif errant*, 1845, 13).

BALEINE

□ « baleine / **baunnn** » (*Le Cri des animaux*, 2001, 13).

CHAUVE-SOURIS → **blop** ex. 1.

□ « LA CHAUVE-SOURIS / Alors, nous... **tsk, tsk**... Nous volons. Nous chassons... Nous tournons... nous chassons... Nous happons... **tsk...tsk**... C'est ta faute... » (Colette, *L'Enfant et les sortilèges*, 1925, *Œuvres*, 1991, t. 3, 165).

CIGALE → **cricri***, **zzz** ex. 9.

□ « Cigale commune (*Lyristes plebejus*, la plus grande de toutes), cigale grise (*Cicada orni*, baptisée "**cancan**" par les Provençaux car elle émet une succession rauque et monotone de "**can ! can ! can !**"), cigale rouge ou noire, toutes possèdent leur boîte à musique » (*Le Monde*, 12 juin 1999, 14).

□ « Le cagnard plombe, c'est le moment de la journée où les cigales y vont avec entrain. "**Tchi, tchi, tchi**..." » (G. Del Pappas, *Du soleil plein la tête*, 2001, 72).

CRAPAUD → **crr-crr**^{2*}.

□ « [...] le **bou, bou**... cristallin d'un crapaud » (J. Cressot, *Le Pain au lièvre*, 1977 [1943], 233).

□ « **Flic flac**, le crapaud » (O. Milosz, *L'Amoureuse initiation*, 1910, 187).

□ « J'écoute le crapaud. Régulièrement s'échappe de lui une goutte sonore, une note triste. [...] Puis il reprend : "**Ou ! ou ! ou !**" Mais ce n'est pas cela. Il y a une consonne avant cette syllabe, je ne sais quelle consonne de gorge, une *h* un peu aspirée, un peu le bruit de la bulle qui vient crever à la surface d'une mare » (J. Renard, 12 juin 1898, *Journal*, 1990, 387).

□ « Partout, tout autour, on entend les rainettes et les crapauds. "**Tui to, tui to**" » (M. Fombeure, *La Rivière aux oies*, 1982 [1932], 204).

DROMADAIRE

□ « dromadaire / **brouuu** » (*Le Cri des animaux*, 2001, 8).

ÉLÉPHANT

☐ « **brrroa** / éléphant » (*Le Cri des animaux*, 2001, 20).

☐ « Mon animal s'avance en levant ses pilons, en soufflant de la bouche et de la trompe ; et ce souffle jaillissant de la caverne de ses poumons emplit le tunnel de verdure. / Cela fait : **Ourmph !... ourrrmph !... ourrrmph !** » (L. Boussenard, dans *Le Petit journal, Supplément illustré*, 26 mars 1894, 103).

FURET → **coucourou***.

☐ « Après quelques minutes, nous entendîmes un bruit sourd : "**Brouf ! brouf !**". Le furet accomplissant son travail en chassant le lapin vers la sortie [du terrier] » (G. Schmit, *Un village solognot, Vannes-sur-Cosson*, 1986, 87).

GORILLE → **rha** ex. 10.

☐ « Son cri d'alarme ***Kek-ak !*** est d'un son aigu, lugubre, effrayant ; les noirs indigènes en sont terrifiés » (P. Larousse, *Grand dictionnaire universel*, 1872, t. 8, 1376).

GRENOUILLE

(I) [cri] → **brek brek***, **coa/coac/croa***, **corex/corex** (*coa* ex. 7), **crr-crr**[2]*****, **grr**[2], **kékéké***.

☐ « Grenouilles-mugissantes, crapauds-cymbales, crapauds-buffles et rainettes-forgerons concertent leurs bruits d'enclume, leurs voix cliquetantes et leurs meuglements. / "**Ka-ak... ka-ak... Ti-tilu... ti-tilu... Kéé-ex... kéé-ex... Kidi-kidi... kidi-kidi... Dja-ah... dja-ah...**" » (R. Maran, *Batouala*, 1950 [1938], 62).

(II) [saut dans l'eau ou hors de l'eau] → **cloc** ex. 1, **flap** ex. 2, **flic flac** ex. 11, **floc** ex. 27 et 29, **pfloc** ex. 1, **plouf** ex. 3-4.

GRILLON → **cricri***.

GUÊPE, MOUCHE, MOUSTIQUE → **bzz***, **dzz***, **zonzon***, **zzz***.

HANNETON → **brr**[2]*****.

☐ « Quand des nuées de hannetons s'abattaient sur les cultures, je les attrapais par centaines et les emprisonnais dans des boîtes de conserve vides ou de vieux arrosoirs. Ils se débattaient dans ces récipients d'infortune en faisant "**kroup... kroup... kroup...**" » (P. Dudan, *Trous de mémoire*, 1977, 30).

HÉRISSON

☐ « La nuit rassurante resserre autour de moi le cercle de mes bêtes amies, et de toutes celles que je ne puis voir dans l'ombre, mais dont j'entends les pas ténébreux : **trap-trap** du hérisson qui trotte, aventureux, du chou à la rose, de la rose au panier d'épluchures » (Colette, *La Retraite sentimentale*, 1907, *Œuvres*, 1984, t. 1, 952).

HYÈNE

☐ « L'hyène (cri semblable aux mugissemens du veau ou d'un homme avec effort) : **Ra ! ou ! ou ra ! ou craye !** » (Celnart, *Manuel complet des jeux de société*, 1827, 182).

INSECTE

□ « Un insecte nocturne, que je n'identifie pas encore, accorde ses instruments : "**Tut, tut, tut**..." » (G. Del Pappas, *Du soleil plein la tête*, 2001, 25).

LION → **grr[1]***, **meuh***.

LOUP → **hou hou***.

MANGOUSTE

□ « Souterrains, précipités, colériques, des cris s'élevèrent : / – **Kikiki** ! **Kikikikiki** ! **Kiki** ! **Kikikirikikikiki** ! [...] / – Ce n'est rien que Youmba, la mangouste, qui se réveille ! [...] » (R. Maran, *Batouala*, 1950 [1938], 167).

MARMOTTE

□ « La marmotte satisfaite a presque la voix d'un petit chien : **You, you, you.** – en colère ou effrayée, elle siffle : **Hi i** ! **hi** ! etc. » (Celnart, *Manuel complet des jeux de société*, 1827, 182).

OUISTITI

□ « Je m'approchai de lui vivement, en lui intimant l'ordre d'obéir : / Emile ! veux-tu me rendre ça ? / Il me répondit : / **Chrrr** ! / Et gagna le ciel de lit » (A. Delvallé, dans *Le Petit journal, Supplément illustré*, 16 décembre 1894, 402d).

OURS → **hou hou** (v. ici ex. sous COCHON D'INDE).

□ « **Grooonnn**, fit Tom [un ours]. [...] **Grrroomm**, **grrroomm**, **grrroomm** » (A. Dumas, *Jacques Ier et Jacques II* (= *Le Capitaine Pamphile*), dans *Journal des enfans*, 1838, t. 6, 341 et 344).

PANTHÈRE

□ « La panthère (sa voix ressemble à celle d'un dogue en colère) : **Rou, rou, iou** » (Celnart, *Manuel complet des jeux de société*, 1827, 181).

POISSON → **clap***, **ploc***.

□ « Ils prétendaient encore s'exprimer dans la syntaxe et dans le vocabulaire, mais [...] un autre parlait poisson, "**bophoua, bophoua**..." » (J. Audiberti, *Cent jours*, 1950, 15).

□ « Quant aux poissons "coassants" de la baie de Chesapeake [...] ils sont quelque trois cents millions à faire retentir les eaux de leur "**bub-bub-bub**" rythmique au moment des amours. / [...] Plus le "**bub-bub-bub**" s'intensifie, plus la procréation se limite » (A. Vialatte, *Chroniques de La Montagne*, 2000, t. 2, 654 [31 mars 1968]).

□ « – **Glohh** ! / Une carpe vient de sauter, de happer une tipule » (H. Bazin, *Le Bureau des mariages*, 1951, 139).

RAT → **crr-crr[2]***.

RENARD

□ « Entendez-vous l'aboi du renard – **hihihi** ! **hihihi** ! – aboi si drôle, si fantasque, un aboi qui rit » (J. Delteil, *En robe des champs*, 1934, 104).

SANGLIER → **groin-groin***.

□ « – **Rron, rron** ! Quel pays ! disait le gros Porc [...] » (J. d'Arbaud, *La Sauvagine*, 1929, dans *Gens de Provence*, 1997, 711).

SERPENT → **bzz***.

SINGE

□ « singe / **ouh ouh ah ah** » (*Le Cri des animaux*, 2001, 14).

SOURIS → **couic** ex. 3.

□ « La chose allait atteindre ma figure, quand je réagis en donnant un coup de balai du revers de la main. Cela fit "**Piit**", et s'en fut. J'avais eu le temps de comprendre : une souris ! » (R. Biard, *Maffia en taule*, 1969, 98).

□ « En passant par un moulin / J'ai marché sur la queue d'une souris, / Elle a fait **tri... tri...** / Mon petit conte est dit » (E. Rolland, *Rimes et jeux de l'enfance*, 1883, 312).

TERMITE → **cric crac** (*crr-crr*[2] rem.)

VRILLETTE → **crac crac** / **gre gre** (*crr-crr*[2] rem.), **toc** ex. 34.

3. BRUITS DE LA NATURE

BRANCHE QUI CASSE → **crac***.

CLAPOTIS → **clap***, **flic flac***, **flic floc***, **floc***.

□ « Il jeta le cadavre enveloppé au milieu de l'étang, paquet qui coula immédiatement. Il y eut le clapotement habituel : **frouaf-frouaff-frouafff**, rien de plus, les étangs à macchabées ne sont jamais très bavards » (P. Siniac, *Bazar bizarre*, 1982, 159).

□ « L'eau claquait sur le ventre du bateau [...]. **Glop, glop, ouichch** » (G. Dormann, *Le Chemin des Dames*, 1977 [1964], 172).

GOUTTE D'EAU → **cloc***, **floc***, **plic*** **ploc**, **ploc***, **tchic** ex. 6, tic ex. 9, **tip tip***.

MER → **plouf***.

□ « J'écoute. Le **chchchch iiiisss** de la mer, et, derrière moi, le roulement de la ville et de la Croisette [...] » (J.-L. Bory, *La Peau des zèbres*, 1981 [1969], 245).

□ « Le soir, je regarde par la fenêtre la mer faire : **flish... flish... flish...** sans se lasser » (B. et Fl. Groult, *Il était deux fois*, 1968, 318).

□ « [...] une mer de plomb et de plâtre, odieuse et désolante de monotonie furieuse. Elle ne savait qu'une note. C'était toujours le hurlement d'une grande chaudière qui bout. Aucune poésie de terreur n'eût agi comme cette prose. Toujours, toujours le même son : ***Heu ! heu ! heu !*** ou ***Uh ! uh ! uh !*** » (J. Michelet, *La Mer*, 1861, 81).

□ « CYRANO, *faisant le bruit des vagues avec de grands gestes mystérieux.* / **Houüh ! houüh !** [...] La marée ! » (E. Rostand, *Cyrano de Bergerac*, 1983 [1898], 232).

ORAGE → **badaboum** ex. 10, **badabroum** (*badaboum* rem. 4), **bang** ex. 11, **braoum***, **broum** ex. 6, **crac** ex. 2, **poum** ex. 7.

PLUIE → **ploc***, **tip tap***.
□ « **Bim, biribim** ! la pluie active sa musique sur le chapeau à bords plats » (P. Gavault, *Snob*, 1895, 19).
□ « **Tchikitchikitchikitchikk** faisait la pluie, flac*, flac, flac, flac je faisais » (Ph. Djian, *37°2 le matin*, 1985, FXT).
□ « CÉSAR. – Tout seul dans la cour... la pluie tombait... la pluie tombait toujours... (imitant le bruit de la pluie.) **Zi, zi, zi** » (E. Scribe et Varner, *César*, 1837, 6).

SOURCE → **glou glou**[1]*.

VENT → **bzz***, **frou-frou** ex. 5, **hou hou***.
□ « *Coup de vent.* / **Hui ! hui ! scch ! zzz !** » (P. Claudel, *La Jeune Fille Violaine*, 1re version, 1892, *Théâtre*, 1960, t. 1, 526).
□ « WIUUUUW / [TINTIN.] – [...] ce n'est que le vent qui se lève... » (Hergé, *Tintin au Tibet*, 1960, 30).

4. BRUITS PRODUITS PAR DES OBJETS MANUFACTURÉS

4.1. Musique et danse

4.1.1. *Instruments de musique* → couac*, couic*, pam*.

ACCORDÉON → *Anthologie*, n° 37.

BASSES
□ « L'accompagnement des basses soulignait de ses pesants **pin-pons** les zigzags de la danse musette » (J.-P. Chabrol, *Le Bout-Galeux*, 1965 [1955], 47).

BASSON → **broum broum** (*dzim* ex. 6), **coin-coin***.

BATTERIE → **boum***, **tchac poum***.
□ « Quelques jours plus tard Kiki a essayé son costume et prend son premier cours de batterie. Une lanière de cuir attachée sur la cuisse il essaie de suivre les autres dans leur **Fla-ra-ta-pa-fla**. Les répétitions avaient lieu les jeudis et dimanches matin » (E. Hanska, *La Mauvaise Graine*, 1978, 125-126).
□ « [...] la basse et la batterie continuent à pulser un enfer de rythme, **katchunk, katchunk** ! [...] » (Ph. Manœuvre, *L'Enfant du rock*, 1986, 106).

CASTAGNETTES → **clac clac** (*clac* ex. 29).

CÉLESTA → **doug** (*Anthologie*, n° 22).

CHAPEAU CHINOIS → **dzing***.

CLAIRON → **taratata**[1]*, **ta ta ta**[1]*.

CLARINETTE → **coin-coin***, **tu tu tu** (*dzim* ex. 6).

□ « [...] le clarinettiste entre en scène à son tour. / L'orchestre exécute le *tutti*, qui se terminait par un repos sur l'accord de la dominante, après lequel commençait le premier solo. "**Tram, pam, pam, tire lire la ré la**", comme dans la marche du *Freyschütz* » (H. Berlioz, *Les Grotesques de la musique*, 1871 [1859], 42).

□ « UN TRIANGLE ÉGARÉ. – *Ktsin !* / UNE CLARINETTE RETARDATAIRE. – ***Trum !*** » (Th. de Banville, *Odes funambulesques*, 1859 [pièce datée de décembre 1845], 96).

CLARINETTE OU SAXOPHONE JAZZ

□ « Toutefois ce qu'il révélait n'avait pour ainsi dire pas de nom, / c'était l'autre, c'était l'entre, le **yap**, le **zlic** et le **zaou** / des lueurs du grincement de la tristesse de l'absence de toute porte » (J. Réda, « Passage d'Eric Dolphy », *L'Improviste*, 1980, 98).

CLAVECIN → **tin tin***.

CLOCHE → **ban***, **bang***, **baoum***, **bim***, **bing***, **bom***, **braoum***, **diling***, **ding***, **ding* dong**, **tin tin***.

COR /TROMPE DE CHASSE

□ « Un long beuglement tout à coup... un bramement [...]. **Beuh.. euh... euh** !... Un cor de chasse on dirait. / [...] On n'entend presque plus le cor... quelques faibles **beuh** ! dans le très lointain » (A. Boudard, *Bleubite*, 1988 [1966], 127 et 131).

□ « [...] il consolait ces fiévreux prisonniers [des chiens dans une exposition canine], exilés de la lande et du taillis, en imitant avec sa bouche : "**Pou-pou-pou, pou, pou-pou, pou-pou...**" les sonneries des trompes de chasse dans le lointain... » (Colette, *La Paix chez les bêtes*, 1916 [1914], *Œuvres*, t. 2, 1986, 139).

□ « Le cor [dit], **rou ou, rou ou** » (Celnart, *Manuel complet des jeux de société*, 1827, 147).

□ « Allons, chasseur, vite en campagne ; / Du cor n'entends-tu pas le son ? / **Tonton, tonton, tontaine tonton** » (Béranger, « La double chasse », *Chansons*, FXT).

CORNEMUSE → **ouin***.

CYMBALES → **bzim***, **dzim***, **dzing***, **tsing***, **zim***.

□ « Deux autres musiciens [...] augmentèrent l'intensité de la scène en faisant résonner des cymbales orientales : KISSSH-KISSSH-KISSSH ! » (J.-É. Poirier, *Cent jours sous le ciel de la Mongolie*, 2001, 60).

FANFARE → **baoum***, **tutu panpan***.

□ « Et **boûm, boûm, bam, bam, trick, trick, chinn, chinn, ran plan plan** ; les caisses, les fifres, les cors entrent en danse » (É. Ourliac, « Les Bateleurs », dans *La Grande ville*, 1843, t. 2, 91).

FLÛTE → **tutu-panpan***.

□ « – Yoga ! dit un deuxième badaud. Y-O-G-A ! le truc des yogis... **Tû... tû... tû...**

sifflota-t-il en jouant des doigts sur une flûte invisible. **Tû... tû... tû...** les charmeurs de serpents » (J. Faizant, *Ni d'Ève ni d'Adam*, 1959 [1954], 36).

GONG → **bang** ex. 2, **dong***, **gong***.

GRELOT → **tin tin***, **tsing***.

GROSSE CAISSE → **boum***.

□ « Et il suffit qu'une fille de l'orchestre [...] lève ses mailloches, **boum boudoum, boum boudoum**, c'est rond, c'est ample, la couleur foncée, violente, du son emplit l'espace [...] » (M. Quint, *Le Bélier noir*, 1997 [1991], 307).

GUITARE → **bling** ex. 4, **from from***.

□ « Chaque musicien doit jouer son air, c'est-à-dire, fredonner un air d'après le mode de son instrument qu'il imite le plus qu'il peut ; ainsi [...] La guitare [dit] **dzi, dzi, dzi** » (Celnart, *Manuel complet des jeux de société*, 1827, 147).

□ « **Dzoing dzoing** / Baden Powell, le Brésilien, fut, non pas l'inventeur des scouts, mais le père de la bossa-nova moderne. Et si sa douce voix adoucit les mœurs, son infernale technique de guitare a de quoi rendre dingue l'apprenti gratteux moyen qui en est à maîtriser son *Jeux interdit*, b.a-ba de la six-cordes [...] » (*Télérama*, 8 juin 2002, 123).

□ « Il fait **ploinc-ploinc** [...] avec sa guitare [...] » (L. Chalumeau, *Fuck*, 1991, 33).

□ « [...] une pédale de guitare qui faisait **tchouk-tchouk** » (J. Mondoloni, *Tenue de galère*, 1991, 177).

HÉLICON

□ « Moi je veux jouer de l'hélicon / **Pon pon pon pon** » (B. Lapointe, « L'Hélicon », 1963, *Intégrale*, 1994, 148).

KOTO

□ « [...] leur déambulation ressemblait à une sorte de kabuki urbain, un Nô sans Histoire, avec le **plinque-plonque** du Koto résonnant à chaque pas qu'ils faisaient sur le macadam » (J.-B. Pouy, *Les Roubignoles du destin*, 2001, 5 [Texte déjà paru en 1997]).

MANDORE

□ « Plus jamais Mandore jaune et brune ne retentirait de toutes ses cordes — **tzromm, tzromm** — bourdonnant sous sa vaste robe sonore » (Colette, *L'Enfant malade*, *Œuvres*, 2001, t. 4, 498).

MARACAS

□ « [...] Bugs Bunny avait agité ses petits maracas, **tchacatchac** [...] » (V. Ravalec, *Wendy*, 1996, 129).

MIRLITON → **turlututu** (*taratata*[1] ex. 2).

ORCHESTRE

□ « Suivez bien l'opération, mesdames, et toi Mayeux, supplée au défaut de musique, car je n'opère jamais sans musique ; sois l'orchestre à toi seul, allons ! / – **Froum, la**

gala ! dzoun la gala ! froum, dzoun, dzoun, la gala ! » (*Vie politique, civile, militaire et privée de M. Mayeux*, 1831, 96).

□ « Vous êtes prêts ? Trois, quat' : / La batterie : "**tchacapoum-tchacapoum-tchacapoum...**". / La basse : "**pom-podom, podom podom...**" / La guitare : "**twaing-twaing twaong...**" / Le pedal steel : "**tihu-tihu-tuhi-tihuuuu...**" / L'harmonica : "**ouin-ouwouin...**" » (L. Chalumeau, *Fuck*, 1991, 64-65).

□ « VOU-OU, fait le saxo baryton, **iiiIII**, font les deux sopranos. **Siii-griii**, fait l'archet du violoncelle. **Ding-ding**, fait le piano monté sur ampli. BOUM-BOUM, fait la batterie » (H. Lacroix, *Zizanie dans le métro*, 1979, 106).

PIANO → *Anthologie*, n° 26.

PISTON

□ « Il tirait de sa housse [...] un piston. Pour se faire les lèvres, il commençait par quelques **tur-lu-lu-tu-tu-tu** gratuits, qui n'étaient pas dans la séance ce qu'il y avait de moins beau » (J. Anglade, *Le Voleur de coloquintes*, 1972, 282-283).

SAXOPHONE

□ « Je me suis adossé au tronc de la glycine en fredonnant un air de sax : **toudi touditouda toudam...** » (J. Cans, *Drôles d'oiseaux*, 1990, 51).

SCIE MUSICALE

□ « Cette scie musicale [...]. Les sons qu'elle sortait, ça faisait des "**Ou... ou...ou...ou...**" moitié stridents moitié modulés [...] » (R. Bacri, *Le Beau Temps perdu*, 1978, 189).

TAMBOUR → **bour** (*brr*[2] rem.), **fla***, **plan***, **ra***, **ran***, **rantanplan***.

□ « Le tambour est là dans l'air qui bourdonne toujours à sa cadence, sans se presser, sans taper deux fois pour une, sans rien changer, **et *tong*, et *toung*, et *toung*** » (J. Giono, *Manosque-des-plateaux*, av. 1970, dans *Gens de Provence*, 1997, 761).

TAMBOUR DE BASQUE → **from from***, **pan** ex. 8, **vroum** (*from from*, rem.).

TAMBOURIN → **ding** ex. 10, **patapon***, **tutu-panpan***.

TAM-TAM → **boum***.

TIMBALES

□ « Les tymbales, **tymp, typ, tymp** » (Celnart, *Manuel complet des jeux de société*, 1827, 147).

TRIANGLE

□ « CHŒUR DES SUISSES SUR LA SCÈNE. – "*Courons armer nos bras !*" / UN TRIANGLE ÉGARÉ. – ***Ktsin !*** » (Th. de Banville, *Odes funambulesques*, 1859 [pièce datée de décembre 1845], 96).

TROMBE → **beuh***.

TROMBONE → **bouac***, **prout***.

□ « Plaignez les malheurs / *(Jouant en imitant le trombone)* "**pou pou pou pou pou**"/ D'une jeun' fille en pleurs / "**pou pou pou pou pou**" » (Hervé, *La jeune fille au trombone*, 1864, dans M. Pénet, *Mémoire de la chanson*, 1998, 504).

TROMPE TIBÉTAINE

□ « PEUUUUUUUUUUUUURT ! / PEUUUUUUUUUUUUUT ! / Des trompes thibétaines marquaient le tempo d'une danse exécutée par une troupe aux têtes surdimensionnées, faites de papier mâché » (J.-É. Poirier, *Cent jours sous le ciel de la Mongolie*, 2001, 59).

TROMPETTE

(I) [de cavalerie] → **taratata**[1]*.

(II) [de jazz] → **oua-oua**[2]*.

(III) [petite trompette] → **tut**[1] ex. 1, 3-4.

VIELLE

□ « La vielle [dit] **ielle, ielle, ielle** » (Celnart, *Manuel complet des jeux de société*, 1827, 147).

VIOLON → **crincrin***, **from from***, **zin zin***.

□ « Le violon dit, **vion, vion, vion** » (Celnart, *Manuel complet des jeux de société*, 1827, 147).

□ « UN VIOLON MÉCHANT. ***Vzrumz ! Vzrumz !*** » (Th. de Banville, *Odes funambulesques*, 1859 [pièce datée de décembre 1845], 97).

XYLOPHONE

□ « [...] Lionel Hampton lorsqu'il joue sur son xylophone : / – **Dong, ding, do, di, dong-dong, dang, dong, dey** » (Ph. Labro, *L'Étudiant*, 1986, 35).

4.1.2. *Air de musique* → **flonflons***, **ploum ploum***, **tagada***, **ta ta ta**[1]*, **tsoin tsoin***.

□ « Omer se repassait mentalement le tempo de basse de *Blanche de Castille*, une Scotish enlevée, **pffon... pffon...** » (M. Quint, *Les Grands ducs*, 1991, 133).

CINQUIÈME SYMPHONIE DE BEETHOVEN → **pan***, **pom pom***, **poum***.

4.1.3. *Danse*

(I) [types de danse]

CALYPSO

□ « Musique. **Clac plac, clac plac**, rythme, **tagadaplacclac**, les Bahamas, les Bermudes, un air de calypso, je danse sur une plage [...] » (Alain-Chedanne, *Un freak*, 1974, 60).

ROCK'N ROLL

□ « Pour sortir du creux de la vague, ils avaient leur musique qui les sauvait de la tristesse du vieux monde : le rock'n roll. Tout de suite, ça allait mieux. Ça les prenait par les pieds, **ba da pom**, et ça montait, ça courait le long de leurs veines, vraiment un drôle de truc, qui résonnait **ba da pomp** [...] » (D. Rondeau, *L'Âge-déraison*, 1982, 20).

SAMBA

□ « On improvise une samba [...]. **Tititi-tatata** sur bouteilles, assiettes, gobelets de toilette » (J. Mondoloni, *Tenue de galère*, 1991, 30).

SWING

□ « [...] le fils Peyralout dansait un swing avec un balai-brosse tout en éructant des "**Oupapouda doubaloubi bibelibop**" qui ne présageaient rien de bon quant à son avenir » (R. Fallet, *Le Triporteur*, 1991 [1951], 194).

VALSE

□ « *Blanche de Castille* avait cédé la place à *la Petite Frileuse*, une valse endiablée que tous rythmaient en imitant la contrebasse : "**Pan, Pan, Poum... Pan... Pan, poum...**" » (P. Gougaud, *L'œil de la source*, 1978, 248).

(II) [pas de danse] → **flic flac***.

4.2. Armes et projectiles

ARME À FEU

(I) [armement] tchac ex. 10.

□ « Soudain ils entendirent le **trictrac** d'un fusil qu'on armait » (A. Daudet, « L'enfant espion », 1871, *Contes du lundi*, 1875, *Œuvres*, 1986, t. 2, 599).

(II) [coup de feu ; rafale] **paf** ex. 5, **pam** ex. 1, 5 et 7, **pif paf***, **pim*** **pam**, **pan***, **plaf** ex. 9, **pof¹***, **pouf***, **poun** (*poum*, rem.), **ra***, **ran***.

(III) [avec silencieux] **plop** ex. 4, **plouc**, **pop***.

(IV) [magasin vide] **clic***, **tic***.

BALLE

(I) [sifflement] → **bzim** ex. 2-4, **bzz***, **dzim***, **pft***, **piou***, **pss pss²**, **pst¹***, **tsing***, **vzz***, **wiz***, **zim***.

□ « **Fffffffffffffffffffft** » fit la balle qui passa à quelques centimètres de mon oreille [...] » (J. Sarfati, *Le Saltimbanque*, 1997, 176).

(II) [claquement] → **bang***, **bing***, **plac***, **ploc***, **pof¹***.

BOMBE → **badaboum***, **boum***.

□ « [...] il imita le bruit d'une bombe qui perce l'air : **Bjjjjjjjj**... Boum* ! » (R. Sabatier, *Canard au sang*, 1985 [1958], 50).

BOOMERANG → **flop** ex. 7.

□ « [TINTIN.] – Un boomerang / RRRRONNNNG » (Hergé, *Tintin en Amérique*, 1932, 11.)

CANON → **baoum***, **bom***, **boum***, **pon** (*poum*, rem.), **vlouf** ex. 1.

□ « Tout d'un coup : baoum* ! **barrabam** ! Ils faisaient donner leurs canons... Ils avaient dû épuiser les sommations réglementaires, car les carabinieros ne sont pas des hommes à négliger le devoir... » (L. Massé, *Le Mas des Oubells*, 1981 [1933], 102).

COUTEAU À CRAN D'ARRÊT → **clac** ex. 32, **clang** ex. 2, **clic** ex. 7, **schlac** ex. 2 et 4, **tchac** ex. 2.

ÉPÉE, ARME BLANCHE → **tchac** ex. 4, **tchic** ex. 8.

□ « – Moi, dit le Passe-lacet, moi j'aurais toujours voulu jouer aux mousquetaires. "En garde !... Ahaha, traître, ta dernière heure a sonné ! **Chlic, chlac, bzouim,** la botte de Nevers !" » (A. Gerber, *Le Faubourg des Coups-de-trique*, 1982 [1979], 256).

□ « Les m'bis et les n'gapous présents firent tinter leurs sagaies en sourdine, fer à fer et lame à lame [...]. / – **Ding***... **ding**... **clam**... **clam**... résonnait le fer des lames, – **clam, clam, ding, ding** » (R. Maran, *Batouala*, 1950 [1938], 150).

□ « Quelle joie ! **Djouk** ! **flache** ! Deux, trois, cinq sagaies trouent la même bête ! Le sang fume ! » (R. Maran, *Batouala*, 1950 [1938], 152).

□ « A toi, Engoulevent ! tiens, à la gorge ! tiens, au ventre ! tiens, à la cuisse ! tiens, au bras ! Meurs, Engoulevent ! Purgeons la terre d'Engoulevent ! Encore ce coup, vile engeance ! et celui-ci, scélérat ! et cet autre, **dzag** ! **Dzag** ! **Dzag** ! / – Hourrah ! » (Ch. Monselet, *Théâtre du Figaro*, 1861, 80).

□ « Mais ce n'est pas tout ; il veut encore voir qui sera vainqueur ; il ramasse son sabre, et **zigue, zogue** » (C.O.D., *La Belle-mère, ca* 1818, 103).

FLÈCHE, FLÉCHETTE → **paf** ex. 10, **pft***, **pich** (*paf* ex. 10), **tchac** ex. 3, **vouit***, **vzz***.

GRENADE → **miaou***, **vlouf** ex. 2, **vraoum** ex. 4, **wham** ex. 2.

LANCE-PIERRES → **zip** ex. 8.

MENOTTES → **clac** ex. 5, **clic***, **clic-clac***.

MINE → **boum***.

MITRAILLETTE, MITRAILLEUSE → **clac** ex. 26, **tac***, **taratata**[1]*, **tic-tac** ex. 3, **tom-tom.**

OBUS → **boum***, **miaou***, **ouaf**[1]*, **wiz***, **zzz***.

□ « – Ça fait **csss**... **ping***!... / – Non, dit l'adjudant... Ça fait **tsss**... **frac** !... / – Ça ne fait pas... **frac**, dit Duffau, musicien à ses heures. Je traduirais l'éclatement par "**vrr**... **cragh**... **ph**..." » (R. I., *Nouveaux Contes véritables*, cité dans G. Esnault, *Le Poilu tel qu'il se parle*, 1919, 353, n. 1).

□ « **Tjjjjji** !... Un obus y va de sa lugubre ritournelle » (Monthabor, *La Vie au régiment*, 1897, 90).

□ « Un nouveau "**tzanc**", un long miaulement, un "boum* !". Ils se sont arrêtés, attendant l'explosion de l'"obus D" » (J. Romains, *Prélude à Verdun*, 1938, 162-163).

□ « **Tzinc** ! un nouveau claquement [...]. Un miaulement, aussi coléreux, mais d'une autre nuance [...]. En approchant du zénith, le miaulement [...] se complique de gargouillis, de **oua-oua-oua**. [...]. / – Baissez-vous ! [...] / Bang* ! **Bararoum** ! Boum*...

et d'autres boum ! tranquillement échelonnés par l'écho » (J. Romains, *Prélude à Verdun*, 1938, 164).

RASOIR → **zip***.

4.3. Véhicules, transports

AUTO

(I) [démarrage laborieux]

□ « Alors le chauffeur d'ambulance il est monté sur son siège... il a poussé l'allumage... **Pe ! Pe ! Tap ! Te ! Pe ! Tap ! Pe ! Pe !** Des renvois terribles !... Le moteur il était mouillé... Il renâclait par tous les tuyaux... Enfin ça se décide ! » (L.-F. Céline, *Mort à crédit*, 2000 [1936], 599).

□ « La Rover [...] démarra quand même sans broncher : pas un **scrouitch** de mauvaise humeur » (E. David, *Cavale*, 1992, 114)

□ « JEANNE : Elle ne démarre pas. [...] Ça fait **tchoutchoutchoutchoutchou**... / HENRI : La batterie » (J.-P. Dopagne, *Le Vieil homme rangé*, 1999, 50).

(II) [moteur] v. encore ci-dessous MOTEUR.

□ « [...] l'inimitable **bup-bup-bup** des soupapes de l'Aston Martin [...] » (*Télérama*, 18 août 1999, 10).

(III) [accélération, ronflement ; v. encore ci-dessous MOTEUR] → **brou***, **broum***, **vroum***.

(IV) [klaxon ; trompe] → **coin-coin***, **couac***, **pouet-pouet***, **pouin-pouin***, **tut**[1]*.

□ « Tous les vendredis passait Borderieux, le marchand de poisson. J'entendais de loin son klaxon qui faisait **no-grow... no-grow...** comme s'il parlait anglais. Il arrêtait son antique camionnette sur le trottoir d'en face [...] » (Cl. Menuet, *Une enfance ordinaire*, 1992 [1972], 61).

□ « Il [...] freina sec en actionnant son klaxon italien : / – **Ouah-hi-ha** » (M.-J. Naudy, *Côte sanguine*, 1984, 100).

□ « LA TROMPE, *tout près, au milieu d'un ronflement terrible.* / **Pouh ! pouh ! pouh !** » (E. Rostand, *Chantecler*, 1910, 33).

(V) [ceinture de sécurité] → **clic***.

(VI) [pneus] → **clac** ex. 36, **frou-frou** ex. 3.

(VII) [freinage brutal]

□ « **Crrrrrrrrrrr !** Un coup de frein brusque nous jeta les uns sur les autres » (Fr. Hébrard, *La Petite Fille modèle*, 1989 [1974], 181).

□ « [LE CHAUFFEUR] – Zut ! Un gendarme ! / TSIIIII / [LE GENDARME] – Espèce de sauvage !... Traverser une agglomération à une vitesse pareille !... » (Hergé, *L'Affaire Tournesol*, 1956, 38).

(VIII) [essuie-glaces]

□ « A gauche de l'esplanade scintillante quelques voitures de place faisaient le dos rond sous l'averse. [...] Les essuie-glaces faisaient "**chuit-chuit**", le conducteur chantait *La Maladie d'amour* » (J.-Fr. Coatmeur, *La Bavure*, 2002 [1980], 146-147).

□ « [...] l'essuie-glace, **griiiiiiiiiik, griiiiiiiiiik!** » (J.-M. Gourio, *Chut !*, 1998, 159).

□ « Le ronron* du moteur et le **slip-slap** des essuie-glaces [...] » (Ph. Canal, *L'Homme qui a vu Durand*, 1987, 19).

□ « Criss sursauta quand les essuie-glaces se mirent en route. Ils n'avaient pas dû fonctionner depuis que la voiture [une Jaguar] avait quitté son usine d'Angleterre. **Tchockybuzz Tchayboukizz** » (T. Topin, *Piano barjo*, 1983, 77).

(IX) [clignotant] **tap tap** ex. 5.

(X) [pot d'échappement]

□ « Le pot d'échappement souffla un gros nuage, **mmmnououououfff**, qui s'éleva en épaisses volutes [...] » (R. Belletto, *Le Revenant*, 1981, 291).

(XI) [passage rapide d'automobiles] → **bzz** ex. 26, **pff**[1] ex. 21.

□ « Et tout le temps, **Brroutt ! Brroutt ! Brroutt !** des tomobiles passaient » (G. de Lanauve, *Les Mémoires d'Anaïs*, 247).

AVION

(I) [franchissant le mur du son] **bang***.

(II) [moteur] v. encore ci-dessous MOTEUR.

□ « Au moins six fois les bombardiers américains vinrent bombarder Arles [...]. "**Woum, woum ! woum !**" les forteresses passaient au-dessus du mas » (J. Durand, *André Bouix, gardian de Camargue*, 1980, 225).

BATEAU, CHALAND

(I) [à vapeur] → **ouaf**[1]*, **pcht**[1] ex. 1, **pft** ex. 8.

(II) [rame]

□ « Tout en souquant – **jiou, jiou** – d'un rythme très ample, l'abbé Garrec se retourne. La sueur coule de ses yeux, mais ne l'empêche pas de voir le malheureux bateau, qui maintenant flambe comme une torche » (R. Madec, *L'Abbé Garrec et la triste régate*, 1957, 195).

(III) [moteur] v. encore ci-dessous MOTEUR

□ « Quant aux autres les "polices" du fleuve quand ils musaient ras aux pylônes avec leur canot, **ptup ! ptup !**... sournois du moteur... pète velours... faufile à la moufte pas... » (L.-F. Céline, *Guignol's band*, 1944, 53).

(IV) [sirène] → **tout***.

□ « **Tiooou !**... Un hurlement de sirène... C'était un chaland amontant qui commençait à s'impatienter dans le brouillard » (J. Amila, *Motus !*, 1974 [1953], 9).

BICYCLETTE

(I) [sonnette] → **drin** ex. 4, **gling** ex. 7.

(II) [dynamo] → **frr**[1] ex. 4.

(III) [bruits divers]

□ « LA MACHINE DU VAGUEMESTRE. – **Couiow, couiow, croc, croc, croc, couiow, couiow** » (W. de Pawlowski, « En manœuvres », *On se moque de nous*, 1898, 51).

(IV) [passage rapide]

□ « [...] le passage du Tour de France. On s'y précipite, on attend longtemps, "les voilà !", cris et drapeaux, chuintement, frôlement des rayons, grésillement des "boyaux" sur la chaussée : **freutttt** "les voilà, les voilà !", les voilà passés [...] » (H. Cueco, *Le Journal d'une pomme de terre*, 2001 [1993], 210).

HÉLICOPTÈRE → **flap***, **flop** ex. 6.

□ « [...] il est sûr d'avoir entendu le **cop-cop-cop** d'un hélicoptère [...] » (G. Méraque, *Les Hostos du cœur*, 1995, 148).

□ « [Hélicoptère] FLOUFLOUFLOUFLOUF » (Hergé, *Tintin et les Picaros*, 1976, 36).

MÉCANISME À AIR COMPRIMÉ → **ouf** ex. 10, **pch**[1]*, **pcht**[1]*, **tchoum** (*atchoum* ex. 12).

□ « C'était l'heure où les poids lourds commençaient à se raréfier. Mais toute la nuit on les entendait malgré tout, avec parfois le "**pchiouc** !" des westinghouses qui stoppaient au feu rouge » (J. Amila, *À qui ai-je l'honneur*, 1974, 20).

MOTEUR → **brou***, **broum***, **brr**[2]*, **flop*** **flop**, **pop*** **pop**, **poum***, **pout***, **ronron***, **rrr***, **tac** ex. 31, **tap*** **tap**, **teuf-teuf***, **tom-tom***, **vraoum***, **vroum***, **vrr***.

MOTEUR EN PANNE → **pft***, **pof**[2]*.

□ « [...] il [...] le capitaine d'un voilier] décide de mettre son moteur auxiliaire en marche. Malheureusement, après avoir tiré 250 fois sur une ficelle comme s'il voulait l'arracher et s'être presque démis le bras, il n'obtient de son moteur que quelques **brrrrttt brrrrttt** ironiques » (N. de Buron, *Les Saintes Chéries*, 1992 [1964], 223-224).

□ « [...] l'aviateur grimpa dans l'aéroplane et s'y enfonça jusqu'à la tête, le mécanicien saisit une pointe de l'hélice à deux mains et la tira d'un seul coup vers le sol, han* ! Le moteur fit "**pèt-pèt-prrrèt-pèt-pèt...pèt...pèt**" et se tut » (R. Barjavel, *La Charrette bleue*, 1989 [1980], 149-150).

□ « Des fois en pleine vitesse le moteur s'arrêtait. Il faisait **tchut** ! **tchut** ! **tchut** ! et c'était la panne !... » (Cl. Duneton, *Le Diable sans porte*, 1981, 324).

MOTOCYCLETTE → **crr-crr**[2]*.

□ « [...] ***rrrrrt !*** une moto ! deux !... quatre !...[...] un banc de motos !... ***rrrrrt !***... » (L.-F. Céline, *Rigodon*, 1973 [1961], 128).

□ « Accrochée aux hanches solides de Bison, Cheryl écoutait le fameux **tum-tum-tum** inimitable de la Harley » (E. Hanska, *Le Bal des dégoûtantes*, 1997, 44).

PÉDALO

□ « La nuque dans l'eau, les bras en croix, elle regardait le ciel en ne pensant absolument à rien lorsque, entre ses deux pieds écartés, elle vit surgir le capot blanc d'un pédalo qui venait droit sur elle avec des **ploufs** ! **ploufs** ! précipités » (N. Ciravégna, *Le Pavé d'amour*, 1978 [1975], 24).

ROUES → **broum***, **brr**[2].

SATELLITE → **bip** ex. 12-13.

TAXIMÈTRE → **tic-tac** ex. 5.

□ « – [...] j'avais le bruit du compteur dans la tête **tchi-tchi-tchi-clic-clac**, **tchi-tchi-tchi-clic-clac** [...] ! » (V. Thérame, *La Dame au bidule*, 1976, 269).

TRAIN

(1) [locomotive à vapeur] → **fff**[1], **pch**[1]*, **pcht**[1]*, **pff***, **pouf**[2], **tch*** **tch**, **tcht***.

□ « Ah ! si vous auriez entendu les coups d' sifflets [*en note* : Imiter le sifflet de la locomotive], **bss... bss... bss...** et la vapeur qui faisait [*en note* : Imiter le bruit de la vapeur] **pou !... pou !... pou !...** » (E. Clément, *Une journée d'émotions au chemin de fer*, dans *La Mère Godichon ou la Gaudriole de 1863*, 1863, 274).

□ « [...] ce train suédois s'est arrêté... il pouffe... fort : ***ptchoum ! ptchoum !*** [...] » (L.-F. Céline, *Rigodon*, 1973 [1961], 267).

(II) [rails/roues] → **broum***, **tacatac** (*tac* ex. 40 et 43), **tap***.

□ « Le train, l'imaginaire du train, les films, les romans, toute cette aura sacrée autour d'un lombric en tôle qui fait **kataklan, kataklan**, et ensuite **tata tatoum tata tatoum** quand il a pris un peu de vitesse » (T. Benacquista, *La Maldonne des sleepings*, 1989, 42).

□ « Enfin des ordres : "En voiture !", des coups de sifflet, le drapeau rouge s'agitant, la locomotive répondant à coups de voix, de vapeur, de fumée. Des cahots, des aller-retour et **ta-ka-tchan** : en avant toute ! » (M. Mauron, *Les Cigales de mon enfance*, 1987, 244).

□ « Le train dut passer sur un aiguillage ou sur quelque chose du même genre, car il y eut du bruit dehors, et une suite de chocs sous le plancher du compartiment, nets et sourds, qui se traduisirent à l'intérieur par une suite d'oscillations désordonnées. [...] / Le train parut se replacer sans autre histoire sur ses rails, et ce fut de nouveau le **tadagne tadagne** monotone [...] » (J.-L. Bory, *La Peau des zèbres*, 1981 [1969], 361-362).

□ « Le **ta-ta-tam** du train, que j'entends malgré moi, sert d'accompagnement au motif de danse de *La Dryade*, que je chantonne avec une obstination maniaque » (Colette, *La Vagabonde*, 1910, *Œuvres*, 1984, t. 1, 1196).

□ « L'Orient-Express (si peu express) fait "**tatatoug, tatatoug**" sous un tunnel » (San-Antonio, *La Matrone des sleepinges*, 1993, 41).

□ « Le bruit du train sur les rails avait pris un rythme obsédant : ***to-doc-di-dit, to-doc-di-dit...*** » (F. Raynal, *Faubourg*, 1950, 195).

□ « **Tou-tou, tou-tou** ; / c'est la berceuse des roues en fer sur les joints de dilatation » (A. Soral, *Le Jour et la nuit*, 1991, 123).

(III) [signal] → **meuh***, **pinpon***, **tut**[1]*.

□ « A chaque station, le caractéristique "**poouutt !**" a de longtemps remplacé le sonore "en voiture !" du chef de gare. Et le train passe » (*La Semaine*, 20 janvier 1996, 8).

(IV) [souffle au passage du train] → **vlouf***.

(V) [déraillement] → **crr-crr**[2] ex. 5.

TRAMWAY

(I) [signal] **cling** ex. 18, **meuh***.

(II) [divers] **vroum***.

VOILE

(I) [qui se gonfle]

□ « Cependant l'étranger, entendant du navire / La voile enfin faire ***flou flou***, / Se sentit plus léger qu'Apollon ou Zéphire, / Et prit, pour s'embarquer, ses jambes à son cou » (Parigot, *Télémaque travesti*, 1825, 241).

(II) [qui fasèye]

□ « À la place du fier trois-mâts de mon rêve, je découvris une barque motorisée, où se dressaient deux maigres perches gréées de deux voiles grises et rapiécées, qui pendaient en berne. Les voiles faisaient "**palaclac, palaclac**" sous l'effet du vent de l'est » (Chr. Aventin, *Le Cœur en poche*, 1989 [1988], 111)

4.4. Communications ; appareils ou dispositifs destinés à avertir

ALPHABET MORSE → **tac***, **tic tac** ex. 2, **titi* tata**.

CLOCHE → **ding dong***.

CLOCHETTE → **diling***, **ding***, **drelin***.

RÉVEIL-MATIN → **bip** ex. 3, **trr***.

SIFFLET → **pfui(t)***, **trit***, **tut**[1]*.
- □ « [...] tout à coup, l' silence qu'on entendait su' l' bateau est troublé par deux coups d' sifflet. / – **Pipipipiripipi** ! [...] c'est l' quartier maître qui m' commande deux tours à la barre » (G. Frison, *Les Aventures du colonel Ronchonot*, 1885, 660, DDL).

SIGNAL SONORE → **bing***, **bip***, **dong***, **top***.

SIRÈNE D'ALERTE → **hou hou***, **uu***.
- □ « [...] à ce moment-là une sirène s'est déclenchée à toute allure. / – **Aaaaaaaaaaaaaaaaa**... » (V. Ravalec, *Les Clefs du bonheur*, 1999 [1969], 82).
- □ « Je fus réveillé par le chant de la sirène. Pas le premier – **ouaa-aa-aa-iiii** – mais le dernier **ouaaaaaaaaaa**. Celui qui fait si peur à ma mère » (P. Léon, *Comme de la peste*, 1992, 11).

SIRÈNE D'UN VÉHICULE D'URGENCE → **pinpon***.
- □ « Cinquante ans, cancer [...] un soir, chez lui : hémorragie sanglante, escorte motards, ambulance **coin-tütt** ! **coin-tütt** ! » (V. Thérame, *Hosto-blues*, 1974, t. 2, 301).
- □ « Cuvelier vint enfin, dans un grand vacarme de sirène, les pin-pon* des poulets, le **pi-lou-li** des brancardiers » (J. A. Lion, *Poulets et perroquets*, 1986, 168).
- □ « Maintenant c'étaient les pompiers [...] ou le S.A.M.U., enfin on entendait des sirènes. Même les pin-pon* et les **ti-nou-it** avaient l'air drôlement pressés, énervés » (J.-B. Pouy, *L'Homme à l'oreille croquée*, 1987, 19).

SONNETTE → **clang** ex. 6, **diling***, **ding***, **drelin***, **drin***, **dring***, **trr***.
- □ « **Tutulut** avait fait la sonnette, **tutulut**, plusieurs fois [...] c'était la sonnette de la porte d'entrée [...] » (V. Ravalec, *La Vie moderne*, 1996, 202).

TÉLÉPHONE

(I) [composition du numéro sur un cadran] **clic** (rem. 2), **tic** ex. 6.

(II) [sonnerie] → **bip** ex. 2, **drelin***, **drin***, **dring***.
- □ « **Douloulou**, a fait le téléphone, **douloulouloulou** » (V. Ravalec, *Recel de bâtons*, 1995, 50).
- □ « Quelle que fût l'heure du jour ou de la nuit, le vieil Arabe avait le téléphone près de lui [...]. Il a décroché au premier **dziiip**... » (J. Cans, *Drôles d'oiseaux*, 1990, 184).
- □ « **Tibidi, tibidi, tibidi** / Qui appelle ? » (*Le Canard enchaîné*, 21 août 2002, 3).

(III) [signal d'occupation/signal d'un répondeur téléphonique] → **bip***, **tit***, **tut**[1]*.
□ « Quel est le bruit le plus bête à notre âge moderne ? la sonnerie du téléphone ? Pas du tout. C'est le signal pas libre dans le même engin de communication. **Beu beu beu beu.** Absurde, exécrable » (Chr. de Rivoyre, *Les Sultans*, 1964, 155).
(IV) [parasites] → **crr-crr**[2]*.
(V) [raccrochage du combiné] → **clac***, **clic***, **cling** ex. 5, **tchac** ex. 18.

TROMPE DE MARCHAND AMBULANT
□ « **Teu reu teu teu** ! C'est la trompette du Caïffa qui vend du café » (G. Chevereau, *Une enfance à la campagne*, 1988, 60).
□ « Elle [la boulangère en carriole attelée d'une jument] annonçait son passage en soufflant dans sa corne : "**Teu reu teu teu** !" » (*Id.*, 228).

4.5. Chaussures ; marche

BATTEMENT DE SEMELLES OU CHAUSSURES À TALONS → **clac***-**clac**, **clap***-**clap**, **clic-clac***, **clip clap***, **flap* flap**, **tac** ex. 24, 26, 34, **tap tap** ex. 2 et 13, **tip tap***, **toc** ex. 7.
□ « Seul, un pas ferme et cadencé résonne sur le bitume devant la porte de l'Élysée (une... deusse... une... deusse...) interrompu par un battement de semelle précipité (**patapata tata... patapata tata...**) » (*Le Petit pioupiou*, 1887, n° 30, 2).

BOTTES EN CAOUTCHOUC
□ « En bas, la porte a claqué, l'escalier a résonné du **bodom-bodom** des bottes d'Ariel [...] » (M. Quint, *Le Bélier noir*, 1997 [1991], 331).

CHAUSSURES À SEMELLES DE CRÊPE
□ « **Psshui-shong, psshui-shong**, font ses semelles de crêpe sur le chemin du retour » (Cl. Lucas, *Suerte*, 1998 [1995], 88).

CHAUSSURES NEUVES → **couic** ex. 4, **crac** ex. 13, **scouic/skouic** (*couic* rem.).
□ « [...] mes chaussures neuves, qui me serraient un peu les chevilles, disaient à chaque pas : "**huit, huit, huit, huit** !" » (M. Pagnol, *Le Temps des secrets*, 1960, *Œuvres complètes*, t. 3, 1995, 431).

MARCHER AU PAS CADENCÉ → **croac** (*dong* ex. 11).

MARCHER DANS L'EAU OU DANS LA BOUE → **coui coui** ex. 6, **flic flac***, **floc***, **floutch** (*floch* rem.), **gloup** ex. 14, **tchic** ex. 3.
□ « Ses semelles pataugent, émergent, s'enfoncent avec des **blop blop** mous dans les mares noirâtres qui parsèment les dalles mal équarries » (P. Delbourg, *Un certain Blatte*, 1989, 20).
□ « [...] mes godasses pleines de vase, **chlop... chlop...** » (B. Deflandre, *La Soupe aux doryphores*, 1987 [1985], 114).
□ « – [...] Je ne connais rien de plus agaçant que des semelles qui jutent et qui font **ghi, ghi, ghi**, tout le long du chemin. J'aime mieux aller nu-pieds » (V. Hugo, *Les Misérables*, 1862, FXT).

□ « Une heure et quelque de marche sur les boulevards extérieurs de Paris endormi. Il crachine doucement, ça fait un peu “**glourk-glourk**” dans mes bottines [...] » (*Moto Journal*, 28 mars 1991, 46).

MARCHER DANS LA NEIGE → **zip** ex. 2.

□ « Neige ! Soutenu par ce sorbet compact d'oxygène et d'hydrogène, on marche, céleste, écarté de la terre. / **Chouâchouâ crô crô choor choor crouach, crouach cropch** : / Tu fais, en marchant, le bruit d'un cheval qui mâche du sucre » (J. Cocteau, « À Igor Stravinsky », 1914, *Le Potomak*, 1924, 338).

□ « Je ne sais pas si vous vous souvenez des petits matins de neige. [...] il y avait le “**scritch, scritch**” des souliers sur le sol, plus qu'un bruit, une sensation de résonance qui montait le long des jambes jusqu'au bonnet » (Chr. Bravo, *Maîtresse à Belleville*, 1993, 149).

MARCHER SUR DU GRAVIER → **criss crac** (*criss-criss* ex. 3).

MARCHER SUR UNE SURFACE LISSE

□ « Sur le lino, ses charentaises faisaient **swip-swiiiiiip**, le second un peu plus long, comme vous l'aurez remarqué », parce que sans aller jusqu'à traîner la patte, le docteur avait une démarche dissymétrique » (Ph. Canal, *L'Homme qui a vu Durand*, 1987, 242).

SABOTS → **clic-clac***, **plic plac** (*plic* ex. 4).

□ « Me voilà sur la route. “**Peti, peta, peti, peta**”. Mes sabots faisaient une musique [...] » (M. Fombeure, *La Rivière aux oies*, 1983 [1932], 20).

4.6. **Outils, appareils** (pour les appareils ménagers, v. ci-dessous 5.2.)

4.6.1. *Outils, appareils, instruments en marche*

APPAREIL PHOTO → **clac** ex. 2, **clic***, **clic-clac***.

□ « **Chchlk** ! Pourvu qu' j'aie assez de peloche... » (T. Topin, *Honey money*, 1984, 135).

□ « On a pris beaucoup de photos avec des éclairs, ça a fait **ouach ouach** [...] » (R. Clauteaux, *Sous le Pont des Corbeaux*, 1994, 154).

APPAREIL DE PROJECTION → **clip** ex. 1, **tic** ex. 8.

BARATTE → **floc** ex. 8 et 10, **tip tap** ex. 8.

BATTOIR À LINGE → **floch** ex. 2, **tap tap** ex. 6.

BOMBE DE PEINTURE

□ « Et les tags partout le rendaient fou. [...] Les immeubles ravalés, d'une blancheur immaculée [...] et tous ces petits salopards qui passaient derrière avec leurs bombes de peinture, **pchukk, pchukk**, regardez tous, j'existe, j'ai fait ma petite crotte, je suis le meilleur et le plus beau » (V. Ravalec, *Recel de bâtons*, 1995, 148).

BRIQUET → **clac** ex. 16, **clic-clac** ex. 14.

CAISSE ENREGISTREUSE DE RECEVEUR

□ « Un autobus chargé jusqu'à la plate-forme démarre en crachant ses pignons. Un homme à casquette court derrière en agitant ses tickets. On ôte la chaîne, l'homme saute à l'arrière. J'entends le "**quiric**" du moulin à café du receveur » (D. Picouly, *Le Champ de personne*, 1995, 237).

CINÉMA → **clap***.

CISEAUX → **clac** ex. 25, **clic-clac** ex. 2 et 12, **crr-crr**[1]*, **cuicui** ex. 13, **zip*** **zap**, **zwit***.

□ « Un matin, la mère a pris Ludmilla sur ses genoux [...] et **tzz** ! **tzz** ! en deux coups de ciseaux, elle lui a tranché toute la chevelure » (J. Delteil, *Sur le fleuve Amour*, 1986 [1927], 21).

COMPOSTEUR, POINÇONNEUSE, POINTEUSE → **chtong** (*chtac* rem.), **clac** ex. 13, **clong** ex. 1.

□ « Poinçonneur [dans le métro] : tickets d'abonnement – **tchika, tchika** – couloirs encore, descente et, quais morts » (Bayon, *Le Lycéen*, 1987, 353).

ÉOLIENNE → **hou***.

EXTINCTEUR

□ « [...] vous les éteindrez !... comme ça !... un jet !... l'extincteur ! *czzz !...* une mousse » (L.-F. Céline, *Rigodon*, 1973 [1961], 120).

FAUX

□ « **Zig et zag** ! ma faux se balance / Tranchant le foin de ci de là [...] » (Ch. Grandmougin, « Le faucheur », *Les Chansons du village*, 1889, 29).

FLÉAU → **flic flac** ex. 5, **pan** ex. 5.

FOUET → **clac** ex. 1, **clic-clac***, **flac** (*zouip* ex. 1), **schlac***, **vlan** ex. 15, **zouip***.

GRATTOIR

□ « Du bout de l'escabeau, je l'observais, agenouillée devant un chambranle de porte, le grattoir, **cratch cratch**, sur les écailles de peinture, le bout de la langue entre les dents [...] » (M. Embareck, *2–1 = 0*, 1991, 117).

LAMPE À SOUDER

□ « Ça fait un bruit de lampe à souder qu'on allume. "**Chlaoufff**". Presque instantanément [...], un brasier illumine la nuit » (San-Antonio, *Au bal des rombières*, 1990, 245).

□ « Le colonel jette le fond de son verre [de vodka] au feu. Une grosse flambée se produit [dans la cheminée], ponctuée d'un ***tiaoff*** de lampe à souder » (San-Antonio, *En avant la moujik !*, 1992 [1969], 124).

LIME

□ « – Chut !... Voici une lime pour couper vos barreaux... / **RRRRRH RRRRRH RRRRRH** / – Dépêchez-vous !... l'aube est proche... » (Hergé, *Les Cigares du Pharaon*, 1984 [1934], 54).

MACHINE À COUDRE → **clic-clac***, **tac** ex. 23, 29 et 32.

□ « [...] je tourne le dos à la Machine Singer. Mais elle me poursuit dans mes songes et c'est elle (**crra, crra, crra crra crra, crra, crra, crra**) qui coud le fil de mes remords [...] » (A. Vialatte, *La Maison du joueur de flûte*, 1989 [1943-1944], 49).

MACHINE À ÉCRIRE → **bong** ex. 3, **cling** ex. 1, **ding** ex. 22, **tac** ex. 28 et 33, **tap tap** ex. 5, **tic** ex. 3, **tic-tac** ex. 4 ; *Anthologie*, n° 42.

MARTEAU → **pan** ex. 4 et 23, **tac** ex. 35.

MARTEAU POUR LE CUIVRE

□ « [...] un étroit boyau au long duquel se succèdent des ateliers de batteurs de cuivre. [...] Tous ces bonshommes martelant le cuivre, vous parlez d'un récital de tam-tams ! **Blouing blouing** ! » (San-Antonio, *Ma langue au chah*, 1978 [1956], 35).

MARTEAU-PILON

□ « À chaque instant, l'air était secoué par des **tsimM*** ! **boum*** ! **flac*** ! **vouf*** ! **tchop** ! **boum*** ! **tsiM** ! **vouf** ! **flac** ! **tchop**... Comme ça du matin à la nuit. C'était les six cents marteaux-pilons de la ville » (J. Anglade, *Le Voleur de coloquintes*, 1972, 74).

MÉTIER À TISSER → **bistanclaque***, **tip tap***.

□ « Valette, le bedeau-tisserand, travaillait encore dans sa cave d'où montait, dans la clarté blanche de la lampe à carbure, le claquement sec de la navette (**ringue... rangue**...) et le craquement du métier vétuste [...] » (M. Peyramaure, *L'Orange de Noël*, 1996 [1982], 74).

MÉTRONOME → **tic-tac** ex. 6.

MEULE À AIGUISER → **bzz***, **dzing** ex. 10.

□ « – **Kx, Kx, Kx, Kx**, / **Kz, Kz, Kz, Kz**, – / Et, penché sur la roue de pierre, / Le brave rémouleur aiguise les couteaux, / Les ciseaux, / Et autres instruments d'acier ou de fer » (Franc-Nohain, *Les Chansons des trains et des gares*, 1900, 201).

MOTEUR D'UN APPAREIL → **bzz***, **dzz***, **vroum***, **zonzon***, **zzz***.

MOULIN → **tac*** **tac**, **tic-tac***.

PERCEUSE

□ « L'outil bien centré dans la trace du pointeau ! il s'arcboute sur la chignole, démarre. [...]. / – **Crii ! crii ! crii ! crii** !... » (A. Simonin, *Le Hotu*, 1968, 221).

PÉTRIN → **clap** ex. 4.

□ « – [...] J'avais peut-être dix ans quand on a sorti les premiers pétrins à l'essence. Tantôt ça marchait, tantôt ça ne marchait pas, quand ça faisait "**tchaque tchaque**", je savais que mon père se mettrait à pétrir » (J.-P. Chabrol, *Le Crève-Cévenne,* 1993 [1972], 984).

POSTE RADIO

□ « Il tourna le bouton, cela fit **piiiouittt** [...]. Il ferma cette T.S.F. bavarde [...]. » (R. Sabatier, *Trois sucettes à la menthe,* 1986 [1972], 145).

QUENOUILLE

□ « Puis elle prenait deux ou trois brins [de la soie des cocons] qu'elle tirait avec son fuseau, et allez ! **vrou**, **vrrrou**, elle faisait son fil » (L. Chaleil, *La Mémoire du village,* 1989 [1977], 27).

SCIE

(I) [manuelle]

□ « Je me mis au travail [pour faire une bibliothèque] [...]. Chaque coup de marteau chantait le nom d'un auteur ! Boum* ! Chateaubriand ! Boum ! Albert Camus ! Boum ! Günter Grass ! Chaque plainte de la scie louait une légende littéraire ! **Riiiiik !** Marcel Aymé ! **Riiiiiik** ! Ferdinand Céline ! **Riiiiik** ! Le Docteur Mathy ! Et les vis qui entraient dans le bois sifflaient les monstres sacrés ! Zouik ! Faulkner ! Zouik ! Hugo ! Zouik ! Gogol ! » (J.-M. Gourio, *Chut !,* 1998).

(II) [électrique] → **dzing***.

(III) [passe-partout] **tchic tchac** (*tchic* ex. 7).

SÉCATEUR → **clic** ex. 14, **clic-clac** ex. 9.

SOUFFLET → **fff**[1] ex. 15.

STYLO-BILLE → **clic** ex. 12-13, 16-17, **clic-clac** ex. 5, 13 et 17.

TOURNEVIS

□ « Je me mis au travail [pour faire une bibliothèque] [...]. Chaque coup de marteau chantait le nom d'un auteur ! [...] ! Chaque plainte de la scie louait une légende littéraire ! [...] Et les vis qui entraient dans le bois sifflaient les monstres sacrés ! **Zouik** ! Faulkner ! **Zouik** ! Hugo ! **Zouik** ! Gogol ! » (J.-M. Gourio, *Chut !,* 1998).

4.6.2. *Dysfonctionnement d'un appareil*

ORDINATEUR

□ « Soudain un "**ziiiing**" suspect vous met la puce à l'oreille. Trop tard : l'ensemble du fichier disparaît sous vos yeux hagards. "Grave erreur-système", se met à clignoter votre écran » (*20 ans,* septembre 1992, 80).

PARASITES RADIO → *Anthologie,* n° 35.

□ « [MILOU.] – Depuis qu'il a pris l'habitude de capter des messages sur ondes courtes, il n'y a plus moyen de dormir tranquillement ! CRR TUUIT / TIUUUT WOOUIT CRR CRR » (Hergé, *Le Lotus bleu*, 1946, 1).

□ « La radio se remet en marche [...]. Le speaker parle en pointillés, en crachouillis, par borborygmes [...]. / – [...] explosion à neuf heures quarante cinq... **spunz wrunz grunz**... meurtre du Député sortant Grignard... **grummm Wrtt Wrtt**... à l'attaque d'un commissariat... **Buzzzizzz, zzzz-pfuit-it it it**... » (J. Vautrin, *À bulletins rouges*, 1980 [1973], 170).

TOURNE-DISQUE → **crr-crr**[2]*.

□ « Mademoiselle Sylvie fit tourner dare-dare à trente-trois tours le chiffon rouge de la Ve Symphonie de Beethoven. / [...] la musique s'arrêta net, **dizionwouong** [...]. / – Je n'y peux rien, c'est une panne d'électricité » (A. de Saint-André, *L'Ange et le réservoir de liquide à freins*, 1994, 213).

5. BRUITS DE LA VIE QUOTIDIENNE

5.1. Liquide/vapeur

BARBOTEMENT DANS L'EAU → **flou***.

BOUTEILLE QUI SE VIDE → **glou glou**[1]*.

BULLES À LA SURFACE D'UN LIQUIDE (NOTAMMENT D'UN METS QUI CUIT) → **blp***, **floc***, **glouglou**[1]*, **plouf***, **pout***.

□ « Sur le feu, à bouffées blanches soulevant le couvercle d'une cocotte noire, cuisent des pommes de terre à la ***blaô-blaô***. Il faut dire ***blaô*** en laissant passer une bouffée d'air légèrement comprimée qui, en se libérant, fera vibrer les lèvres, accroissant encore la force de l'onomatopée » (H. Cueco, *Le Journal d'une pomme de terre*, 2001 [1993], 48).

□ « L'eau [d'un gour] se met à bouillir. **Bloac ! Bloac !** » (R. Sabatier, *Les Noisettes sauvages*, 1988 [1974], 186).

□ « Sur les dessus de cuisinières, les coins éloignés du foyer faisaient merveille et la purée [de pois cassés] préparait, puis laissait crever à la surface une grosse bulle d'air, avec un "**boh**" ou "**pouh**" qui éclaboussait le couvercle » (M. Rouanet, *Petit Traité romanesque de cuisine*, 1997 [1990], 74).

□ « De grosses bulles, soulevant la sauce du civet, **clouc, clouc**, crevaient doucement, se transformaient en pustules grasses d'où fusait l'arôme du bouquet garni » (H. Bazin, *Le Bureau des mariages*, 1951, 228).

□ « [...] la cuisson de la pâte de coings. / De petits jets de fumée jaillissaient spontanément au centre de cette purée devenue tout à coup moins dorée. [...] de petites éruptions volcaniques éclataient de part et d'autre du passage de la spatule. Elles murmuraient de petites explosions par des "**poèts**" et des "splachs"* étouffés » (G. Ginoux, *Gens de la campagne au Mas des Pialons*, 1997, 245).

CHASSE D'EAU → **vlouf***.

DOUCHE

□ « Glou*, glou, glou, fit la bouteille de rhum dans l'évier, toute surprise d'alimenter autre chose que le gosier de Lambert. **Cheeeeesssss**, enchaîna l'eau de la douche en s'éparpillant sur le corps nu de Lambert » (A. Page, *Tchao pantin*, 1987 [1982], 193).

LAVABO, BAIGNOIRE QUI SE VIDE

□ « Je sais pas comment ça s'est fait mais mon bras a heurté la petite chaînette, j'ai entendu **BROOOEEUUUU** et la baignoire a commencé à se vider [...] » (Ph. Djian, *Zone érogène*, 1986 [1984], 23).

ROBINET

(I) [qui goutte] → **cloc** ex. 10, **clop***, **floc***, **plic***, **tic tac***.

(II) [robinetterie et tuyauterie usagée ou mal alimentée] → **clang***.

□ « "**Bang***! **bang** ! **schiiii, ch-ch-ch** [v. *ch*[1]] , **wham*** ! **creeee**", émet une tuyauterie. "Grrrr*", répond le voisinage exaspéré » (*Libération*, 20 mai 1996, 21).

□ « **Fnuff** ! fait le robinet comme un chat furieux. **Bouigne gloc... Fnuff** ! / Un dernier soubresaut de tuyauterie et le liquide jaune commence à pisser sur la grille. Le patron remplace le demi de mousse par un autre verre, racle l'écume, s'essuie le front » (Fr. Caradec, *La Compagnie des zincs*, 1986, § 4).

□ « Il trouva deux verres presque propres. Je lui suggérai de les rafraîchir sous le robinet. Celui-ci, une fois ouvert, fit quatre ou cinq fois **gour, gour, gour, gour**... mais ne laissa pas couler une seule goutte : à cause de la sécheresse persistante, la mairie avait coupé l'eau » (J. Anglade, *Jean Anglade raconte*, 1975, 29).

□ « [...] le robinet d'eau chaude, celui qui fait **tchac-a-plouf-tchac-a-crac** [...] » (Ph. Adler, *Les Amies de ma femme*, 1987, 110).

VAPEUR → **pch**[1], **tch***, **tcht***.

□ « Les gouttes [du linge qui séchait] s'écrasaient sur le poêle ou sur le sol et provoquaient des sons différents. Il y avait le "toc"* que réalisait la goutte qui se brisait sur le pavé, le "floc"* de celle qui recouvrait la précédente, le "flac"* de l'eau qui était recueillie par les serpillières disposées sur le sol, enfin le son le plus long – le "**pluiiiiifft**" – qui représentait le cri plaintif de la goutte d'eau qui se détruisait en s'évaporant sur le poêle » (R. Vernanchet, *Le Temps des marrons*, 2000, 46-47).

5.2. Appareils ménagers

ANTI-MONTE-LAIT → **toc** ex. 16.

□ « [...] elle faisait bouillir "le litre" encore tiède [...] avec l'anti-monte-lait : **ccl-cl-lc-cllc** » (Bayon, *Le Lycéen*, 1987, 234).

AUTOCUISEUR → **pcht**, ex. 9 ; **tut**[1]*.

□ Dans une comparaison « Le plouc commence à cogiter. Turbine comme une marmite norvégienne. **Tuff tuff**, se met en route. Prêt pour l'ébullition » (J. Vautrin, *Canicule*, 1983 [1982], 117).

CAFETIÈRE À FILTRE

□ « [...] tâter le ventre chaud de la cafetière en guettant le **flip-flip** des premières gouttes [...] » (A. Perry-Bousquet, *Un petit cheval et une voiture*, 1997 [1966], 34).

ÉPLUCHEUSE → **vroum** ex. 2.

ESSOREUSE

□ « [Dans une laverie automatique] le TAGADAP-SCHLOP-TOGODOP-CATASCHLAK. Les essoreuses grand format » (Fr. Lasaygues, *Bruit blanc*, 1987, 141).

FOUR À MICRO-ONDES → **ding** ex. 24-25, **ting** ex. 2.

GAZ

(I) [ouvert] → **ch**[1]*.
(II) [qui s'éteint] **plop** ex. 3.

LAVE-LINGE → **rotopo** (*crouic* ex. 4), **vroum** ex. 1.

SÉCHOIR À LINGE

□ « Une demi-douzaine de bonnes femmes s'agitent dans la grande salle carrelée [d'une laverie automatique]. DRUM-DRUM-DRUM... Bourdonnement des séchoirs [...] » (Fr. Lasaygues, *Bruit blanc*, 1987, 141).

VENTILATEUR → **flap***, **frr**[1] ex. 3.

5.3. Autres

ALLUMETTE → **crac** ex. 10, **frrt***.

□ « [ALCAZAR, *frottant une allumette.*] – Qu'est-ce qui vous amène ? / SCRATCH » (Hergé, *Tintin et les Picaros*, 1976, 43).

BOUTEILLE (DE VIN)

(I) [que l'on débouche] → **boum** ex. 9, **cloc** ex. 4 et 8, **floc***, **flop*** ex. 2, **paf***, **pan***, **pif** ex. 1, **pif paf***, **ploc***, **plop***, **poc** ex. 1, **pof**[1] ex. 2, **pop***.

□ « Par exemple, je m'amuse à faire ce bruit : "**ggh**" avec la langue ; si je cherche d'où il vient, c'est simplement une bouteille qu'on a débouchée au comptoir. Il n'est pas de mon invention ce bruit, il est à tout le monde, tout le monde peut le faire, ça veut dire que le total de la foule qui entend c'est un bruit de bouchon » (R. Pinget, *Mahu ou le matériau*, 1952, 72).

□ « Tire-bouchon, **glouc** ! Un coup de rouge pour faire descendre » (J.-H. Oppel, *Barjot !*, 1988, 107).

□ « ***Pflof !*** et ***flaouf !*** vous diriez qu'un bouchon saute ! un géant bouchon [...] ***flôôuf !...*** » (L.-F. Céline, *Normance*, 1989 [1954], 68).

□ « Il débouche lui-même une roteuse, une Veuve Cliquot... **Spaff** ! » (A. Boudard, *Bleubite*, 1988 [1966], 199).

□ « Du rouge dix degrés... **Stac** ! Il débouche [...] » (A. Boudard, *Bleubite*, 1988 [1966], 27).

(II) [que l'on décapsule]

□ « Avec la pince à effet de levier, une prémolaire est très facile à retirer de son os. Ça fait un gentil petit "**plip**", le même bruit que lorsqu'on ôte la capsule de plastique d'une bouteille de vin bon marché » (J.-P. Carminati, *La Concordance des dents*, 2001, 64).

CANNE → **toc** ex. 4 et 13.
(I) [d'aveugle] → **poc** ex. 2, **tap tap** ex. 11.
(II) [embout] → **poum** ex. 5.

CLÉ
(I) [trousseau de clés] → **tic** ex. 14, **tin tin***.
□ « [...] il [le surveillant général] me regardait avec le plus doux des sourires, en secouant un trousseau de clefs de toutes dimensions, suspendu à son index. Le sourire m'aurait prévenu en sa faveur, mais les clefs grinçaient avec un bruit terrible – **frinc** ! **frinc** ! **frinc** ! –, qui me fit peur » (A. Daudet, *Le Petit Chose*, 1868, *Œuvres*, 1986, t. 1, 34).
(II) [tour de clé] → **clac***, **clic-clac** ex. 4, **crac* crac**, **cric crac***.

COFFRE-FORT → **clic** ex. 8, **tic** ex. 17.

CUTI → **tchac** ex. 19.

ÉCRIRE AVEC UNE PLUME → **crr-crr**[2] ex. 1 et 3, **tic** ex. 5.

FERMETURE À GLISSIÈRE → **zip***.

FRITURE
□ « **Tchikitchikitchiki**... une tranche de foie gras qui rissole dans une poêle » (*Télérama*, 30 avril 1997, 84).
□ « LE JEUNE HOMME [...]. On va faire le bruit du bacon qui frit [...]. / JEUNE HOMME ET FÉLIX. **Prrrichchcht, Prrrichhhhhht**... » (J.-M. Ribes *et al.*, *Palace*, 1999 [1989], 253).

GANTS DE CAOUTCHOUC
□ « [...] un gant de ménage en caoutchouc, du genre de ceux qui font "**schtlak**" quand on les retire » (J.-L. Benoziglio, *Tableaux d'une ex*, 1989, 180).

GLAÇONS DANS UN VERRE → **clic-cloc** ex. 2, **drelin***, **gling** ex. 2 et 8, **plof** ex. 3.

LAMPE À CARBURE
□ « La lampe est éteinte. Elle vient de lancer son dernier assaut, le carbure a fondu, c'est de sa petite bouche ronde que s'échappe le bruit que j'entends : un **fftt** interminable qui fera place enfin à la nuit » (J. Douassot, *Nœud coulant*, 1971, 234).

MOTEUR DE STORE, DE VOLET
□ « Moteurs et automatismes Somfy : pour faire ***fzzz*** les stores et ***fzzz*** les volets. [...] ***Fzzz-fzzz*** ! Avec les moteurs et automatismes Somfy, les stores et les volets montent et descendent en un clin d'œil » (Publicité dans *Télérama*, 10 mars 1999, 77).

PENDULE, HORLOGE

(I) [mécanisme traditionnel] → **tic-tac***, **toc*-toc.**

(II) [à quartz]

□ « Je suis quant à moi dans l'auto [.. .] Il y a cette odeur de moisi et la pendule qui fait **trouc-trouc** » (J.-P. Manchette, *L'Affaire N'Gustro*, 1987 [1971], 150-151).

(III) [sonnerie] → **coucou***, **ding***, **dong***, **hou hou***, **ping***, **tin tin***.

RESSORT → **boïng***.

RÉVEIL → **clic-clac** ex. 7, **clic-cloc** ex. 1, **tac*** **tac**, **tic-tac***.

ROBOT, AUTOMATE → **cuic** ex. 6.

□ « [...] un petit robot D2 qui fait "**bruiiiuizuizuizouiii**" [...] » (*Libération*, 21 novembre 1997).

TOURNER DES PAGES

□ « [...] entre deux pages de la presse de demi-gauche hebdomadaire qu'il expulse avec énergie, **schlip, schlap**, comme si c'était des demandes d'emploi » (J. Réda, *Les Ruines de Paris*, 1977, 143).

VAISSELLE OU VERRE BRISÉ → **bing***, **bling***.

□ « Par réflexe, il pressa la détente. **Beguedinng** ! Les vitraux de l'église dégringolèrent [...] » (A.D.G., *La Nuit des grands chiens malades*, 1990 [1972], 145).

□ « Il ouvre les bras, toute la pile [de vaisselle] par terre, **pataschkouink** ! » (Fr. Cavanna, *Les Ritals*, 1981 [1978], 228).

VAPORISATEUR → **frrt***, **pch**[1]*, **pcht**[1]*, **tic***.

VENTOUSE → **ploc** ex. 3-4.

□ « [...] cela fait "**claoupp**" quand Sœur des malades retire cette espèce d'objet vampirique [une ventouse] » (Th. Jolly, *Marie-terre*, 1977, 86).

□ « Il dégagea chaque ventouse, **floup, floup, floup** [...] » (J. Anglade, *Les Ventres jaunes*, 1991 [1979], 208).

□ « Quand vous les enlevez [les ventouses] au bout de vingt ou trente minutes, d'une pression du pouce à côté du verre pour faire rentrer l'air dedans, ça fait "**pouif !**" et ça sent le rousti, l'alcool à brûler, et une odeur générale de mauvaise santé » (Cl. Duneton, *Le Diable sans porte*, 1981, 228).

6. VIE SOCIALE, LOISIRS

6.1. Jeux, sports, fêtes

BILLARD → **tac** ex. 3, **tic** ex. 16, **toc** ex. 9 et 15.

□ « Le dos penché d'un joueur [de billard] fut secoué d'une détente sèche. **Boac... Pac !**

Les deux billes cognèrent presque coup sur coup » (Cl. Simon, *Le Tricheur*, 1945, 113).

BILLARD ÉLECTRIQUE → **bzoing** (*boïng* rem.), **tilt***.

FEU D'ARTIFICE → **bang** ex. 6.

□ « Tout à coup d'immenses fusées traversent le ciel en sifflant. Des ballons bleus, verts, jaunes, rouges éclatent, retombent en pluie. L'acacia devient violet, rose, blanc au feu d'artifice [...]. L'air de Mortisson est si pur qu'on y entend tourner les roues sur la grand-place de la ville. Chacun se tait. La brise apporte (**frutt-frutt, tchtch, tchtch**) ce bruit tournant. Des lueurs bleues, des lueurs vertes » (M. Mauron, *Le Quartier Mortisson*, 1967 [1951], 265-266).

FOOTBALL → **bim bam boum** (*bim* ex. 10).

GYMNASTIQUE → **flic flac***, **flip-flap** (*flic flac*, rem.).

JOUET → **couic couic** (*couic* ex. 5), **cricri***, **pouet-pouet***.

PELOTE BASQUE → **ploc***, **vlam** ex. 8.

PING-PONG → **poc** ex. 3.

TENNIS → **boum* boum**, **clip** ex. 3, **clop** ex. 3, **han***, **plap*** ex. 2, **ploc***, **poc***, **pong** ex. 1.

□ « Sur cette terre battue [...], il fait rebondir une balle de tennis : **tchouc, tchouc, tchouc**... » (P. Pellerin, *Tout va bien*, 2001, 126).

TRAPÈZE

□ « Poum se balance au trapèze. [...] Et il décrit des paraboles... Un coup de rein ! **Vlaou** ! c'est la descente dans l'abîme !... **Trap** ! c'est l'ascension au ciel... C'est drôle ! **Vlaou** ! le jardin a le mal de mer !... **Trap** ! le ciel est ivre ! **Vlaou** ! le plongeon ! **Trap** ! la montée ! Quel vertige !... Oh là là ! le cœur ! **vlaou** ! une cuvette ! Baoum* ! la culbute ! » (P. et V. Margueritte, *Poum*, 1897, 191).

6.2. Relations sociales

ANTICLÉRICALISME → **couac***, **croa***.

APPLAUDISSEMENTS → **clap***, **pan***.

COUPS ET VIOLENCES

(i) [coup de poing] → **bing***, **paf***, **pan***, **ran***, **vlan***.

□ « L'autre cède et se débranche, puis revient en crochet. / Et **gnou**, et **glou** et **grou-wouwou**. / Poitrines, bras, jambes, et crâne, nez et dents. / Les voici qui débouchent dans la lutte. / Et **houh ! wouh ! houwouwouh** » (H. Michaux, « À mort », 1930, *La Nuit remue*, 1935, 190).

(ii) [fessée] → **pan-pan***.

(III) [gifle] → **bing***, **clac***, **flac***, **flaf***, **flic flac***, **flic floc***, **paf***, **pan***, **pflac***, **pif paf***, **pim* pam**, **plac** ex. 1, **pof¹***, **schlac***, **vlac***, **vlam***, **vlan***.

□ « “Enlève tes lunettes.” **Plam-plam**. Les gifles tombent, deux, correctement plaquées sur les joues [...] » (Bayon, *Le Lycéen*, 1987, 139).

(IV) [guillotine] → **couic** (*schlac* ex. 12), **croc** ex. 3, **floch***, **han** ex. 20, **ploc***, **ran***, **schlac** ex. 10-12, **tchac***.

□ « Le jour de son arrestation, le tripier ne pipa pas, et, durant toute l'instruction, il se montra poli, voire coopératif [...]. Mais, le soir de son exécution (on guillotinait dorénavant à heure de grande écoute), devant les projecteurs, les six caméras, les micros disposés autour de la lunette pour que les téléspectateurs ne perdent rien du **chfaff** du couperet tranchant la chair, il poussa un hurlement tellement inattendu qu'une bousculade effrayée s'ensuivit » (Ph. Canal, *L'Homme qui a vu Durand*, 1987, 89).

(V) [strangulation ; mort violente] → **couac***, **couic***, **cuic** (ex. 6), **pouic***.

FRAPPER À UNE PORTE, À UN CARREAU → **bam** ex. 5, **bang** ex. 4, **bom***, **pam** ex. 4, **pan* pan**, **toc*-toc**.

MACHISME → **pouet-pouet***.

RAPPORT SEXUEL RAPIDEMENT IMPOSÉ OU RAPIDEMENT CONCLU → **boum***, **clic*-clac merci Kodak**, **crac*-crac**, **cric crac***, **pan-pan***, **toc*-toc**.

TRINQUER → **cling** ex. 7-8, **tic toc** (*tic* ex. 20-22), **tin tin***.

II. DIVERSITÉ DES BRUITS

1. NATURE DU BRUIT

CASSE, VERRE BRISÉ → **bing***, **bling***, **ding***, **dzim***.

CHOC, CHUTE, COUP, DÉFLAGRATION, DÉTONATION, EXPLOSION → **badaboum***, **bam***, **ban***, **bang***, **baoum***, **beng***, **bim***, **bing***, **blam***, **blang***, **bloum***, **boum***, **braoum***, **broum***, **chac***, **chtac/chtoc***, **paf***, **pim***, **pam***, **pan***, **patatrac/patatras***, **pif***, **pif paf***, **plac***, **plaf***, **ploc***, **plof***, **plouf***, **poc***, **pouf¹***, **poum***, **ran***, **schlac***, **schlaf***, **splach***, **splaf***, **tac***, **tchac***, **tchiac***, **vlac***, **vlan***, **vlang***, **vlouf***, **vraoum***, **zon***.

□ « Je prends la relevée en pleine tirelire ! **Baoug** ! Je pars à dame ! Je m'envole, mon âme ! » (L.-F. Céline, *Casse-pipe*, 1999 [1952], 41).

□ « Il se produit un énorme “**baouing**”. C'est la pierre qui vient de chuter sur le plancher [...] » (San-Antonio, *Faut être logique*, 1979 [1967], 96).

□ « – Je lui ai mis un pétard dans la boîte aux lettres. Les autres attendaient au tournant. **Bjang** ! Ce qu'on s'est fendus ! » (M. Rouanet, *Je ne dois pas toucher les choses du jardin*, 1993, 14).

□ « [...] j'épaulai mon fusil [...] et **boumoûoûoufrrr** ! C'est comme un coup de tonnerre qui se prolonge pendant cinq minutes [...] ! » (P. et V. Margueritte, *Poum*, 1897, 145-146).

□ « V'là-t-y pas qu'en entrant sur le pont de Montereau... **brinn** !... **patapouf** !... **crrra** !... c'te brute de diligence nous flanque dans un fossé ! » (E. Labiche, *La Femme qui perd ses jarretières*, 1851, *Théâtre*, 1979, 178).

□ « L'ambulance, notre nef de grâce aux plus gros pavés cane, déporte, brinqueballe, dingue, perd tous ses boulons, bourre un troupeau, s'affale en pleins bœufs, étalons, volaille... un char en plein cul l'emboutit !... "**Brouang** !" Du choc elle fracasse deux tricycles, une bonne sœur, un agent de police... » (L.-F. Céline, *Guignol's band*, 1944, 15).

□ « Bang* ! Bang ! Il canardait les bouteilles de gaz... / Au troisième coup, **bwam** ! tout a pété [...] » (H.-Fr. Blanc, *Jeu de massacre*, 1993 [1991], 91).

□ « [...] moi si un jour il y a un type qui me prend ma femme : **Chhhlonk** ! En pleine poire » (P. Cauvin, *Monsieur papa*, 1987 [1976], 199).

□ « [...] une détonation à la fois lourde et retentissante, comme le claquement d'un fouet à grosse lanière : **Plaoum** ! Le Manurhin d'Antoine » (J. A. Lion, *Les Corbillards reviennent à vide*, 1989, 264).

□ « [...] deux coups de pétard !... **ptaf** ! **ptaf** ! j'irai pas regarder... deux coups de revolver !... certain !... » (L.-F. Céline, *Rigodon*, 1973 [1961], 273).

□ « [...] il se tapait dans la paume, à droite avec le poing gauche bien fermé comme ça violemment... **Ptap** ! **Ptap** ! **Ptap** ! » (L.-F. Céline, *Mort à crédit*, 2000 [1936], 256).

□ « [...] une poudrière a sauté. [...] Un badaboum* d'enfer ! Toute la poudre. Dynamite ! Fllleush ! le souffle brûlant ! **Vraout** ! **Vraout** ! » (M. Raphaël, *De deux choses l'une...*, 1949, 26-27).

CHUTE OU PLONGEON DANS L'EAU, DANS LA BOUE → **flac***, **floc***, **pfloc***, **ploc***, **plof***, **plouf***, **pouf²**, **splach***.

COUPURE → **couic***, **tchac***, **zip***, **zwit***.

□ « [...] le [bras] gauche étant resté au Chemin des Dames. Un shrapnel... un éclat rasoir. **Bzitt** !... » (A. Le Breton, *Fortifs*, 1982, 11).

□ « Il [le chirurgien opérant les amygdales] m'a quand même chopé le nez entre deux doigts, a serré, longtemps, bien fallu que j'ouvre la bouche, je crevais, j'étouffais, moi, **schniak**, c'était fait » (Fr. Cavanna, *Les Ritals*, 1981 [1978], 232).

DÉCHIRURE, RUPTURE → **crac***, **tchaf***.

□ « Maintenant, **scritch**, j'arrache le plastique, plaf*, je retourne *Télérama*, flap*, je tourne la quatrième de couverture et aaah, je trouve la chronique d'Alain Rémond » (*Télérama*, 18 avril 2001, 5, lettre de lecteur).

□ « L'autre, pendant ce temps, sonde le papier mural de la chambre... arrache carrément des lambeaux... **slaf** ! par pans entiers » (A. Boudard, *Mourir d'enfance*, 1995, 180).

ÉCRASEMENT

(1) [s'écraser] → **flac***, **floc***, **paf***, **plaf***, **pfloc***, **ploc***, **plof***, **pouf¹***, **splach***, **splaf***, **tchac***, **vlaf***.

□ « PLOUTCH / [TINTIN.] – Une espèce de fruit pourri qui s'est détaché d'un arbre... » (Hergé, *Tintin au Tibet*, 1960, 22).

(11) [écraser]

□ « [...] une grosse dame qui était derrière nous a marché sur les tomates, ça a fait "**cruish**" » (Sempé, Goscinny, *Joachim a des ennuis*, 1987 [1964], 41).

□ « Le tank lui est passé dessus sans un cahot. Un infime "**flahouc**" et encore, personne n'aurait pu jurer. Ce sont vraiment des monstres, des tanks pareils !... » (M. Audiard, *La Nuit, le jour et toutes les autres nuits*, 1980 [1978], 58).

□ « Les tomates volent sifflent pssss* s'écrasent **flouafche**. Le compotier de tomates se transforme en compote de tomates [...] » (J.-L. Bory, *Le Pied*, 1978 [1977], 295).

□ « Il [...] posa le pied sur une limace et, lentement, appuya dessus. La limace fit **pchiiu**, sua de la colle, mais ne creva pas. M. le Vicaire général porta tout le poids de son corps sur la jambe d'exécution. Pour le coup la limace fit **kioch** ! » (G. Chérau, *Monseigneur voyage*, 1967 [1927], 163-164).

□ « Un homme tombe de cheval... **mouac** ! il est écrâsé [*sic*] comme une limace » (*Les Méditations d'un hussard*, 1809, XIX, DDL).

□ « Les mêmes, ça grouille, ça se faufile, ça croit pas au malheur. Hémery, le marchand de patates, un soir qu'il était bourré, il a senti une saleté qui calait la roue du camion, il a reculé un peu pour prendre de l'élan, il a passé la première et **rrac** il a écrasé la saleté en jurant [...]. La saleté, c'était son petit Robert à lui, il avait trois ans [...] » (Fr. Cavanna, *Les Ritals*, 1981 [1978], 20).

□ « Il n'y a rien comme un nez qui s'écrase. C'est mou et dur à la fois, on sent le cartilage faire "**scrouiiii**" sous son poing [...] ! » (Ph. Manœuvre, *L'Enfant du rock*, 1986, 116).

□ « – [...] t'aplatir comme ça ! **Shak** ! comme une mouche » (P. Pelot, *L'Été en pente douce*, 1987 [1981], 107).

EFFERVESCENCE → **fust** (*pif* ex. 1), **pch**[1]*, **pcht**[1]*.

□ « Elle me disait : T'as pas bonne mine, tu devrais prendre de la vitamine C. Je disais : Oui maman, je vais prendre de la vitamine C, et j'en prenais. D'attendre que ça finisse de faire **fzzz, fzzz**, dans le verre, ça passe le temps, et il y a pas de raison que ça fasse du mal » (C. Cahen, *La Serveuse*, 1993, 79).

□ « **Pfffffftchhhh**..., fit le champagne en remplissant la flûte en cristal [...]. Deux yeux d'enfant, émerveillés comme il se doit, louchaient sur le liquide pétillant » (L. Bénégui, *Au Petit Marguery*, 1991, 71).

EMBRASEMENT → **vlouf***, **vraoum***, **vroum***.

□ « Et puis c'est le "**chplaouf**" inattendu, impressionnant, de grande beauté violente. Le coléoptère [= hélicoptère] explose et s'embrase. Mais d'un coup. Gigantesquement. Comme si on l'avait préalablement inondé d'essence » (San-Antonio, *Maman, les petits bateaux...*, 1980 [1975], 200).

□ « [...] une poudrière a sauté. [...] Un badaboum* d'enfer ! Toute la poudre. Dynamite ! **Fllleush** ! le souffle brûlant ! Vraout ! Vraout ! » (M. Raphaël, *De deux choses l'une...*, 1949, 26-27).

□ « **Floum** ! le bruit goulu d'un barbecue mal allumé, celui du dimanche et des "accidents domestiques" Pin-pon* ! » (D. Picouly, *Nec*, 1992, 29).

□ « [...] je vais récupérer mon bidon d'essence. Je le débouche, j'en asperge le fuselage de l'avion et je frotte mon briquet. / Il se produit une espèce de **plouff** ! Et de belles flammes drues et joyeuses s'élèvent, embrasant la nuit » (San-Antonio, *Mes hommages à la donzelle*, 1970 [1952], 179).

□ « Elle a trébuché, le réchaud lui a échappé des mains. **Whaoufff** !... Tout l'alcool s'est enflammé, formant une rivière bleue de laquelle elle s'est écartée vivement » (H. Jaouen, *Hôpital souterrain*, 1992 [1990], 325).

ÉTINCELER

□ « CRITCH ! CRITCH ! CRITCH CRITCH ! / – Ça fait des petites étincelles ! » (J.-M. Gourio, Bl. Jeanroy, *Chiens de comptoir*, 1997 [1996], 89).

□ « [...] parfois un rayon coupé de sa source y rallume furtivement une étincelle. On l'entend qui fait *tschtt* » (J. Réda, *Le Citadin*, 1998, 155).

FROISSEMENT, FROTTEMENT → **frou-frou***, **frr-frr***, **prr***, **prrt***, **scrotch***, **zip***, **zouip***.

□ « Des bas fins, une chemise neuve, un pantalon assorti, mon corset rose, mon jupon pékiné qui fait ***hui hui*** quand je remue » (Colette, *Claudine à Paris*, 1901, *Œuvres*, 1984, t. 1, 370).

GAZ, LIQUIDE, MÈCHE QUI FUSE, MISE À FEU QUI ÉCHOUE → **ch¹***, **pch¹***, **pcht¹***, **pff***, **pft***, **tcht***.

□ « Ce con, comme s'il n'avait pas pu la fermer [...] Bang*. Un projectile fumant à ras la perruque, il s'est réceptionné. **Shoooof**, ça a fait. Bombe lacrymogène » (S. Loupien, *Sexties*, 1993, 35).

□ « Faut l'entendre beugler le p'tit dans le bus du retour. / – Attention à nos ballons quoi merde ! [...]. / À la descente **schplincht** ! Le ballon bleu y est passé. La crise de Kiki » (E. Hanska, *La Mauvaise graine*, 1978, 72).

□ « [...] La dernière fois qu'elle est partie, la bombe Eduropa, elle a fait **tuff**, **tuff**, **tuf**... Pof * ! Oh ! Y'a de quoi se marrer !... » (F. Raynaud, « La Tomate », *Heureux !*, 1975, 270).

GLISSADE, GLISSEMENT → **uit***, **zip***, **zouip***.

□ « L'homme [à la morgue] renvoie le tiroir. **Chchuuip** ! Pas de claquement. Dossier suspendu bien graissé » (A. Demouzon, *Château-des rentiers*, 1982, 107).

□ « [...] les accordéons attaquèrent le *Tango bleu*. [...] La jeune fille se colla à lui. Ils partaient sur le côté, petit... petit... et, **zouf**, le pied droit s'allongeait légèrement de travers. Pied droit, pied gauche... pied droit, pied gauche... et ils dérivaient de l'autre côté de la salle » (A. Dominique, *Gaffe au gorille !*, 1954, 157).

GRÉSILLEMENT

□ « [...] j'entends ma lampe. Le bruit de ma lampe. Cette foutue lampe qui grésille comme une malade depuis des mois, des années. Je tape dessus. ça la calme pendant cinq minutes. Puis elle reprend son **grrrbzzzdsziiii** » (A. Rémond, *Télérama*, 26 juin 2002, 174).

GRINCEMENT, CRISSEMENT → **crincrin***, **criss-criss***, **crouic***, **crr-crr¹***, **crr-crr²***, **cui-cui***.

□ « [...] un intangible bureau dont le couvercle dit : "**Couin** !" [...] » (Colette, *La Chambre éclairée*, 1921 [1918], *Œuvres*, 1986, t. 2, 889).

□ « [...] en faisant tourner sa roue [un hamster], **crii-crii-crii**, comme un timbré » (Bayon, *Le Lycéen*, 1987, 308).
□ « [...] le bras se posant sur le plateau avant que le disque n'y soit, **CRRR SSSTTTIT CRRRR SSSTTTIT CRRRR SSSTTTIT** [...] » (J.-L. Benoziglio, *Béno s'en va-t-en guerre*, 1976, 300).
□ « J'accrois le mouvement du siège à bascule. Ça couine un peu : **Hi... hu ! Hi... hu !** » (San-Antonio, *Buffalo Bide*, 1991, 154).
□ « [...] la grille [...] s'ouvre de son propre poids, et en tournant elle dit... / "**Î-î-îan...**" chantâmes-nous d'une seule voix, sur quatre notes » (Colette, *Sido*, 1929, *Œuvres*, t. 3, 1991, 540).
□ « [...] un enfant [...] faisait de la balançoire ; on entendait grincer une articulation de fer – **iiii-iou, iiii-iou**, avec une régularité de métronome » (P. Pelot, *Ce soir les souris sont bleues*, 1993, 249).
□ « Les poulies gémissent, les cordes grincent. On entend des "**wi-ie**", des "han"*, des "plouf"* » (R. Brock, *Ceux du canal*, 1980, 53).
□ « En poussant le chariot qui faisait **wing-wing-wing**, elle courut vers la caisse enregistreuse [...] » (R. Brock, *Ceux du canal*, 1980, 42).

SIFFLEMENT → **tut**[1]*.
□ « DEUX : Eh là, attention chef, vous m'envoyez votre matraque en plein dans l'œil. / UN : Poussez-vous, que je la fasse tournoyer. **Et sfouite ! sfouite !**... (*sifflements*)... et pof* ! » (R. Dubillard, « À tabac », *Les Diablogues*, 2000 [1976], 211).

VIBRATION → **zon***.

2. COULEUR DU BRUIT

BRUIT CINGLANT → **bzim***, **dzing***, **tchiac***, **zim***, **zip***, **zouip***.

BRUIT D'ORIGINE MÉTALLIQUE → **bing***, **boïng***, **clic***, **clic-clac***, **cling***, **ding***, **dring***, **dzim***, **gling***, **ping***, **tchic***, **tic***, **ting***, **tin tin***.
□ « Hier encore j'ai confié ma voiture à un mécanicien. Il y avait quelque chose du côté du coffre à gants qui faisait "**cliquetic... cliquetic...**" chaque fois que j'accélérais » (J. Faizant, *Ni d'Ève ni d'Adam*, 1959 [1954], 23).
□ « Il prenait son pétard en main, il faisait tourner le barillet, on entendait les "**cluc ! cluc !**"... Il s'entraînait qu'on aurait dit » (L.-F. Céline, *Mort à crédit*, 2000 [1936], 79).
□ « La boîte [de conserve] fait un bruit métallique : **tinc !** » (M. Pagnol, *Cigalon*, 1935, *Œuvres complètes*, 1995, t. 2, 374).

BRUIT SONORE
(I) [léger] → **blop***, **cloc***, **clop***, **ploc***, **plop***, **pop***, **toc***.
□ « [...] le **glop** sec de la balance qui retombe sur son plateau » (A. Ernaux, *Les Armoires vides*, 147).
(II) [fort] → **bang***, **bong***, **clang***, **clong***, **pong***, **vlam***, **wham***.
□ « Je monte le petit escalier de fer. **BLONG BLONG BLONG BLONG !** » (Fr. Lasaygues, *Vache noire*, 1985, 59).

□ « [...] le type avait l'air vraiment furieux, il s'est mis à cogner sur les barres de traverse avec un morceau de bois, je sentais les vibrations sous mes pieds, DANG DANGGG CLONGG* et je me suis mis à descendre en vitesse avant qu'il ameute les autres » (Ph. Djian, *Zone érogène*, 1986 [1984], 89).

□ « [...] la grille a fait un bruit encore plus métallique que les autres, métallique et funèbre, **schlong** » (V. Ravalec, *Vol de sucettes*, 1995, 20).

BRUIT SOURD

(I) [rebondissement] → **badam***.

□ « En descendant, je dis à Clarisse : "Le jeudi après-midi nous nous amusions à glisser dans l'escalier sur un vieux matelas, notre mère et moi !" (C'est un souvenir qui me tient à cœur ; je n'ai pas fini de nous évoquer : **bomp**, **bomp**, **bomp**, rebondissant durement d'une marche à l'autre.) » (B. et F. Groult, *Il était deux fois...*, 1968, 121).

(II) [chute, détonation, explosion] **bloum***, **boum***, **poum***.

3. BRUIT ET ABSTRACTION

AGRESSIVITÉ → **grr***, **kss kss***.

DISPARITION SOUDAINE → **fft**[1]*, **pcht**[1]*, **pff***, **pft***.

□ « LA MÔME. – [...] Moi, je m'évanouis dans l'espace et regagne les régions célestes ! **Piouf** ! » (G. Feydeau, « La Dame de chez Maxim », *Théâtre complet*, 1988, t. 1, 752).

□ « Une fois, j'ai essayé de m'approcher [des biches]. Sitôt qu'elles se sont rendu compte, dans un crépitement de sabots, **vrip** ! la bande a explosé, projetant ses miettes aux mille coins de la forêt » (J. Anglade, *Le Voleur de coloquintes*, 1972, 349).

DOULEUR → **aïe***, **hou***, **ouille***.

INDIFFÉRENCE → **brr**[3]*, **fff**[2]*, **fft**[1]*, **pcht**[1]*, **pff**[1]*, **pft***, **prrt***.

RAPIDITÉ OU SOUDAINETÉ D'UN PROCÈS → **badaboum***, **boum***, **clac***, **clinc***, **cloc***, **crac***, **cric crac***, **flop***, **hop***, **paf***, **pan***, **pif paf***, **plaf***, **ploc***, **plof***, **plop***, **pof**[1]*, **pouf***, **poum***, **prr***, **ran***, **schlac***, **schlaf***, **tac***, **tchac***, **tchiac***, **toc***, **vlam***, **vlan***, **vrrt***, **wham***, **zip***, **zoum/zoup***.

□ « ROCAMBOLE. – Tu n'es pas au bout !... A mon retour on me régale du coup de poignard suivant : Virginie est mariée... **Djinn** !... en pleine poitrine !... » (Varin, *Le Docteur Chiendent*, 1851, 3).

□ « Tous les petits Ritals vont à la maternelle pendant que les mères font des ménages. Ils passent de la berceuse italienne à la ronde française, **fchiaff**, coupure » (Fr. Cavanna, *Les Ritals*, 1981 [1978], 25).

□ « – C'est pas comme chez les Amerloques, dit-il. Là-bas vous entrez dans un bureau, vous signez un contrat [avec un tueur], vous donnez l'argent, vous rentrez chez vous. Et **froumm**... Le mec qui vous gêne n'existe plus » (J. Delion, *Quand me tues-tu ?*, 1981 [1965], 60).

- □ « A la porte, je leur ai dit : Prenez à droite, je file à gauche, et **zac** !... me voilà !... » (E. Grangé et L. Thiboust, *La Demoiselle de Nanterre*, 1862, 38).
- □ « Quant à la *Danse macabre*, [...] Colonne agitait des bras de langouste épileptique ; il l'a menée d'un train ! ***zig et zig et zag*** *!...* » ([Willy], *Lettres de l'ouvreuse*, 1889, 72).
- □ « UN : Ah, c'est toujours les meilleurs qui s'en vont, et puis d'un jour à l'autre, vous avez vu ça : **Zioupe** ! » (R. Dubillard, « Georges 1 : L'Enterrement », *Les Nouveaux diablogues*, 2000 [1988], 114).
- □ « Personne n'avait comme moi le talent de saisir le moment où l'acteur n'allait plus savoir que dire. Et comme je lui lançais le vers ! **zit** !... » (Théaulon et Etienne, *Le Bénéficiaire*, 1825, 9).

RIPOSTE → **tac***, **toc***.

A

AH[1] □ VAR. *ha.*

"(bruit marquant la satisfaction d'une personne après qu'elle a bu)".

1. [HADDOCK, *buvant du whisky.*] – **Hhhhha** !... ça fait du bien par où ça passe ! (Hergé, *Le Crabe aux pinces d'or*, 1941, *Archives Hergé*, 1980, t. 4, 285.)

2. Bijou vida son bol et le reposa sur la table avec un **aah**... de contentement. (G. Mordillat, *L'Attraction universelle*, 1990, 15.)

3. La cliente attrape le verre, l'avale goulûment, souffle comme une baleine, et, dans un « **aaaahhhhhhhhhh** » d'intense soulagement, tente de reprendre sa respiration. (Faye et Serrano, *Le Guide de l'engueulade*, 1993 [1992], 132.)

4. Le moment où le buveur approche les lèvres de la mousse est divin. Bien fraîche. Goût de houblon. Légèreté.
– **Ahhh** ! lâche-t-il dans un râle de satisfaction. (Cl. Aubrun, *Photos à mateurs*, 2001, 50.)

REM. **ach** "id.". « Le vin coula de haut. Dicky vida le verre d'un coup, fit péter ses lèvres, les essuya et fit "**Ach** !". Le pouce retourné, il fit signe "qu'on remette ça" » (R. Sabatier, *Boulevard*, 1986 [1956], 45) ; « [...] Bougras buvait [...] et faisait "**Ach** !" en s'essuyant la bouche d'un revers de main » (R. Sabatier, *Les Allumettes suédoises*, 1988 [1969], 124).

♦♦ Attesté dep. 1941 (v. ici ex. 1). — Absent des dictionnaires consultés ; cf. TraitDu 1989, 23 (*aahhhrahhh*) et 205 (« Râles d'assoiffé(e) : *hâââ hâââ* »).

AH[2]

"(bruit que l'on tire de l'appareil phonatoire, pour faciliter l'auscultation du pharynx)".

1. À un moment, la force de l'habitude aidant, alors qu'agenouillé il s'apprêtait à user du spéculum, notre laryngologue s'oublia à dire :
– Et maintenant, faites : **ah** !... (E. Ramond, *Histoires de filles et d'affranchis*, 1925, 233.)

2. On tourne autour de la prisonnière. On la regarde sous les trous de nez. Comme pour un cheval qu'on va maquignonner. Je vais jusqu'à lui ouvrir la bouche pour voir ses dents. Hifi arrive avec sa lampe électrique. On lui zyeute les amygdales. On lui fait

faire **ah**, **ah**, **ah**. (J. Vautrin, *À bulletins rouges*, 1980 [1973], 17.)

3. « Faites **aaah** ! » dit le docteur en brandissant son abaisse-langue. (Desclozeaux, A. Pozner, *Petite Histoire de la langue*, 1991, 56.)

4. – Je comprends, ouvrez grand [...]. Ouvrez... Faites **ah, ah, ah, ah**...
– **Ah, ah, ah, ah**...
Il voit rien.
– Rrrrgnrrrrrarrrk !
– Vous n'avez rien, ce sont des saletés qui descendent du nez... (H. Cueco, *Le Journal d'une pomme de terre*, 2001 [1993], 158.)

5. Un atelier de Fleury-Mérogis a reconditionné des abaisse-langue, ces petits bâtonnets de bois que le médecin vous enfourne dans la bouche en vous ordonnant « Dites **aaah** ! » histoire d'observer vos amygdales. (*Le Canard enchaîné*, 5 septembre 2001, 4.)

♦♦ Attesté dep. 1925 (v. ici ex. 1). — Absent des dictionnaires consultés.

AÏ AÏ

"(bruit de l'aboiement aigu d'un chien)".

1. – Rouaf* ! Rouaf !
– Bou ! Bou ! Bou ! [v. *bou bou*[2]]
– **Aï ! Aï ! Aï !**
– Bou ! Bou !
– Rouaf ! Rouaf !
– Huuuum ! Huuuum !
– Bou ! bou !
– Rouaf ! Rouaf !
– **Aï ! Aï !**
Allons bon ! voilà mes petits chiens qui sortent de mon cabinet ! (H. de Kock, *Les Petits chiens de ces dames*, 1856, 234.)

2. [...] vous ne pouviez voir partout que chiens, ***ahy, ahy, ahîîî***, allant dehors [...]. ([Trad. de l'éditeur ; le texte breton porte *ahy, ahy, ahi*] « Oraison funèbre de Michel Morin », G. Esnault, *La Vie et les Œuvres comiques de Claude-Marie Le Laé (1745-1791)*, 1921, 197.)

3. [MILOU, *le museau pris dans une boîte de conserve*.] – **Aï**... **aï**... **aï**... (Hergé, *Le Crabe aux pinces d'or*, 1941, *Archives Hergé*, 1980, t. 4, 225.)

♦♦ Attesté dep. 1856 (v. ici ex. 1). — Absent des dictionnaires consultés.

AÏE

1. Souvent répété "(pour marquer la douleur)". □ VAR. *aille* (rare).

1. M. Élie, de temps à autre, feignait de vouloir mettre la main à la pâte, mais tout de suite se prenait les reins avec des « **Aïe** !... **aïe** !... » (H. de Montherlant, *Les Célibataires*, 1934, FXT.)

2. JOFROI. – Au secours ! Il veut me noyer !
ARSÈNE. – Mets-y la tête sous l'eau !
TONIN. – **Ayayaïe** ! Il m'a mordu ! (M. Pagnol, *Jofroi*, 1934, *Œuvres complètes*, 1995, t. 2, 132.)

3. J'agitais [au hockey] mon bâton du mieux que je pouvais et je tâchais d'imiter mes condisciples. Comme eux [...] je criais : *Whooa !* ou *Got it !* aux bons moments. Parfois aussi, je criais : « **Aïe** ! » mais cette initiative m'était strictement personnelle. (J. Faizant, *Allez vous rhabiller !*, 1956 [1953], 130.)

4. Les douces voyelles du nom aimé se rejoignaient dans la nuit en une plainte déchirante : Charlie ! soupirait Adèle,

j'ai mal, gémissait-elle, **aïe** ! soupirait-elle, **aïe** ! (Fl. Delay, *Le aïe aïe de la corne de brume,* 1999 [1975], 194-195.)

5. [...] il se cogne un doigt de pied sur un meuble [...] et sa bouche laisse échapper une suite interminable de : « **Aïe, aïe, aïe ! Aïe, aïe, aïe !** » (P. Pellerin, *Tout va bien*, 2001, 173.)

V. encore *pof*[1], ex. 10.

— Associé ou joint à *hou** ou à *ouille**.

6. [...] Julienne qui lâche tout, qui se prend le genou à deux mains et se met à sauter sur un pied en poussant des **aïe** ! et des ouille* ! (H. Bazin, *L'Huile sur le feu*, 1954, 235.)

V. encore *hou*, ex. 2 ; *ouille*, ex. 8-10 ; *Anthologie*, n° 36.

2. "(pour marquer un désagrément, un ennui, une surprise désagréable, une inquiétude)".

7. GRIGNARDET. – **Aye, aye,** v'la qu' çà se gâte. (Bosquier-Gavaudan, *Cadet Roussel chez Achmet*, 1804, 11.)

8. C'est le vieux Lerouge qui me réclame. **Aïe** ! l'arithmétique... Une chance qu'il a l'air d'un bon papa... (Colette, *Claudine à l'école*, 1900, *Œuvres*, 1984, t. 1, 151.)

9. Il regarde, de table en table, s'avance [...] pour vérifier tous les convives de cette salle. **Aïe** ! il ne connaît personne. (H. Barbusse, *Le Feu*, 1916, FXT.)

10. LUI : **Aïe** ! C'est une grenade !
ELLE : Une grenade ! Ça va sauter [...]. (E. Ionesco, *Délire à deux*, 1962, *Théâtre complet*, 1991, 651.)

11. – [...] Tu laisses tes frites ? Tu n'as plus faim ? Tu me les donnes ? **Aïe aïe aïe** mon cholestérol. (J. Vautrin, *Patchwork*, 1992 [1983], 210.)

12. **Yayaïe**, ce qu'il me plume, ce nœud coulant ! (San-Antonio, *Renifle, c'est de la vraie*, 1988, 106.)

V. encore *brr*[1], ex. 21 ; *crac*, ex. 6.

— Associé ou joint à *oye*. V. *ouille*, ex. 15.

— Par antiphrase "(pour exprimer une surprise agréable, l'admiration, l'enthousiasme)".

13. [...] Inge, tu la voyais rien que du coin de l'œil et **aïeaïeaïe** ! Robe tournesol façon Courrèges, courte, courte, courte... ! (M. Quint, *Aimer à peine*, 2002, 26.)

3. aïe donc "(pour marquer la rapidité ou la soudaineté d'un procès)".

14. Bref, j'entre dans un café, j'avale prrrécipitamment deux ou trois chopes... peut-être quatorze. Vlan*, **aïe donc** ! (E. Durandeau, *Civils et militaires*, 1880, 59.)

V. encore *boum*, ex. 47 ; *ding dong*, ex. 14.

GRAPHIE. On observe diverses graphies ponctuelles, notamment lorsque le mot est répété, ainsi dans les exemples 2, 7 et 12.

♦♦ 1. Attesté dep. *ca* 1100 (« **Ahi** » *Chanson de Roland*, TLF) ; 1473 (« [...] une personne qui se plaignoit en disant **Aye** ! », v. TLF) ; 1525 (« **Aye** ! » Ph. de Vigneulles, v. sous *ouille*) ; 1651 (« **haye** » L. Richer, v. sous *ouf*). **2.** Attesté dep. 1804 (v. ici ex. 7.) **3.** Attesté dep. 1880 (v. ici ex. 14). — Enregistré, seulement dans les emplois 1 et 2, dans les dictionnaires consultés.

AOU □ VAR. *ahou, aouh, haow, haw.*

Le plus souvent répété "(bruit de l'aboiement d'un chien)".

1. – Que n'est-i content ce petit cien-cien de sortir avec son papa Lisée ?
– Rrr [v. *rrr*] **aou,** répondait Miraut en lui léchant le nez. (L. Pergaud, *Le Roman de Miraut,* 1913, *Œuvres complètes,* 1987, 287.)

2. [Un grand chien danois] HAW ! HAW ! (Hergé, *L'Île noire,* 1938, *Archives Hergé,* 1980, t. 4, 287.)

3. [Un berger allemand] HAOW HAOW HAOW (Hergé, *Le Sceptre d'Ottokar,* 1939, *Archives Hergé,* 1980, t. 4, 234.)

4. LE SOLDAT AMÉRICAIN : Chiens... **Aouh ! aouh ! aouh ! aouh !**
MADO *et* LE SOLDAT AMÉRICAIN, se tenant par la main : **Aouh ! Aouh ! Aouh ! Aouh !** Rr ! [v. *rrr*] **Aouh !** (E. Ionesco, *Amédée ou Comment s'en débarrasser,* 1953, *Théâtre complet,* 1991, 337.)

— Avec effet d'écho.

5. TOBY-CHIEN [...]. On joue gentil, je te jappe au derrière des **ahouahoua** » pour rire [...]. (Colette, *Douze dialogues de bêtes,* 1930, *Œuvres,* 1986, t. 2, 27.)

♦♦ Attesté dep. 1721 (« Monsieur Cerbere aussi-tôt lui a répondu tendrement, **aou, aou, aou** » M.-A. Legrand, v. *ouah*[1]). — Absent des dictionnaires consultés, sauf TLF et Rob 2001 s.v. *ahou.*

AOUAH

Français d'Algérie "(pour se récrier ou, plus souvent, paraître se récrier)".

1. – Aousque ? firent plusieurs voix.
– À Bablouette ; je connais une magataille [= petit magasin], taïba [= épatant, bon], tu sais !
– **Aouah ?**
– Ma parole ! (Musette, *Cagayous, pochades algériennes,* 1895, 9, dans DDL.)

2. [...] si on ne guérit pas ou trop lentement, ça va mal pour lui : « Qu'est-ce que c'est que ce docteur de merde ? **Aouah ! Aouah !** C'est pas vrai, ma fille, c'est pas vrai, que seulement je monte à l'Hôtel-Dieu et qu'une jeune fille je redescends ! » (J. Yvane, *Rue des mauvais-garçons,* 1992, 124.)

♦♦ Attesté dep. 1895 (v. ici ex. 1). Selon André Lanly, *Le Français d'Afrique du Nord,* Paris, 1962, 90, *aouah* est une « particule dubitative [qui] semble un compromis entre l'arabe [wah] (oui) et le provençal *ah ouatt !* Elle sert à se récrier comme le populaire "penses-tu" ». — Absent des dictionnaires consultés.

AREU-AREU □ VAR. *a-re a-re, a-reu a-reu, areuh-areuh, arheu-arheu.*

"(premiers sons du langage émis par un bébé en signe de bien-être)".

1. Puis, la mère, chatouillant le ventriloque, qui rit, qui bat des bras, lui soutire de vagues syllabes :
– **A-reu, a-reu...** (H. Bazin, *Le Matrimoine,* 1988 [1967], 181.)

2. Ça allait du simple babillage au hurlement, du caprice à la colère, de la rage de dent à la rage de vivre, car là-haut cohabitaient assurément nourrissons et gamins.
Weinberg remué par ces « **a-re a-re** » et

ces gémissements d'un autre monde, habitué au silence écrasant des murs muets de sa maison, [...] se demandait s'il ne ferait pas mieux de partir [...]. (J. Lanzmann, *Le Lama bleu*, 1984 [1983], 80-81.)

3. **Areuh, areuh** !
Une couveuse, Aimé, tout juste né, déjà à l'agonie. Une putain de chaleur qui lui cloque la peau et l'asssèche tout doucement. (J.-J. Dupuis, *Le Ventre de l'ombre*, 1989, 7.)

4. Quand je suis à portée de sa main, elle gazouille :
– **A-reu, a-reu, a-reu.** (G. Del Pappas, *Du soleil plein la tête*, 2001, 62.)

— En contexte métaphorique.

5. On est en pleine régression infantile, bonne nuit les petits, pouce dans la bouche **areuh-areuh**, c'est de la télé nourrice qui vient border le lit, qui vous berce en vous racontant des conneries. (A. Rémond, dans *Télérama*, 16 octobre 1996, 96.)

— Dans la bouche d'un adulte évoquant son enfance ou s'adressant à un bébé.

6. Je vais me taper près de sept cents bornes pour aller faire **arrheu arrheu**, je vais balbutier, [...] redevenir nourrisson [...]. (A. Sarrazin, *La Traversière*, 1970 [1966], 128.)

7. Elle [la grand-mère] était tout le temps au-dessus du berceau à lui seriner toutes les cucuteries habituelles :
« Adou, doudou... **Areu... Areu...** » (G. Bedos, *Inconsolable et gai*, 1991, 122.)

V. encore *gouzi-gouzi*, ex. 1 ; *guili guili*, ex. 8.

— Par analogie (sous la forme simple).

8. Pris par surprise, je laissai échapper un **arheu** lascif. (P. Dessaint, *On y va tout droit*, 2001, 30.)

♦♦ Attesté dep. 1966 (v. ici ex. 6). — GLLF et TLF Ø ; Rob 2001 *a-reu a-reu* (cite l'ex. d'A. Sarrazin, ici ex. 6) ; NPR 2000 *areu areu* ; PL 2000 *areu* ; TraitDu 1989, 25 *arreuh... arreuh*.

ARGH

1. "(bruit de spasme précédant le vomissement ; bruit d'une personne qui s'engoue)".

1. – [...] J'ai voulu souffler dedans, j'y ai pas arrivé, alors j'ai aspiré de travers et j'ai avalé plein de fumée, voil**argh argh**... (Marie & Joseph, *Si t'as peur, jappe*, 1984, 224).

2. – « **Arrghh** ! [...] **Arrghh** !... »
Plié en deux sur la banquette par un spasme violent, Poulardeau acheva de rendre les derniers décilitres de bile verdâtre que son pauvre estomac conservait encore. (Géant vert Inc, *Casse-bonbons*, 1987, 180.)

— Associé à d'autres onomatopées. V. *burp*, ex. 1.

2. "(bruit d'un cri manifestant une très vive émotion)".

3. Chaque été ramenait les grands festivals. [...] À *Rock & Folk*, les chefs tiraient à la courte paille les malheureux chargés d'aller vivre sur place le choc des concerts de l'été.
– Ducray, Logivière... Reading !
– **Arrrg**, non, pitié, pas Reading ! (Ph.

Manœuvre, *L'Enfant du rock*, 1986, 129.)

4. L'autre jour, j'ai un copain au téléphone, on papote, on discute de choses et d'autres, qu'est-ce qu'on devient, qu'est-ce qu'on fait, tout ça. Tout d'un coup, au beau milieu d'une phrase, je l'entends pousser un hurlement. Mais un hurlement, vous n'avez pas idée. AAARRRGGH ! Ce genre de truc, mais puissance dix. (A. Rémond, dans *Télérama*, 13 juin 2001, 202.)

V. encore *tchic*, ex. 8.

♦♦ Attesté dep. 1984 (v. ici ex. 1) mais probablement antérieur dans la bande dessinée. Auparavant, et sous la variante *hargue*, pour désigner le bruit d'un raclement de gorge, 1928 : « **Hargue** ! J'étais-t'i fier et fanfarreux » (R. Martin du Gard, *La Gonfle*, 20 ; « **Hargue !** » *ibid.*, 50, 134, 190). — Absent des dictionnaires consultés, à l'exception de TraitDu 1989, 36.

ATCHI, ATCHOUM

"(bruit produit par l'éternuement)".

1. Vieilli **atchi**. □ VAR. *atchie* (rare).

1. VALFLEURI. – Comment ! vous n'avez pas entendu l'orage ?... J'ai... j'ai que j'ai tout reçu, que le toit du colombier est une véritable écumoire... **Atchi** !... et que je suis trempé jusqu'aux os... Voilà ce que j'ai... **Atchi** ! (A. Decourcelle et Lambert-Thiboust, *La Perdrix rouge*, 1852, 30.)

2. CHAMOUTON, *éternuant*. – **Atchi** !... Je ne pouvais pas l'échapper. (Boisselot et Hugot, *Le Carnaval des blanchisseuses*, 1859, 31.)

3. LE RAMONEUR *(éternuant)*. **Atchi** !... (L.-E. Duranty, « La Fortune du ramoneur », *Théâtre des marionnettes*, 1995 [1862], 374.)

4. **Aaatchi** !... ah ! j'ai pincé une bonne grippe. (*Almanach comique [...] pour 1871-1872*, dans DDL.)

5. [...] il parvint à subir, sans se soulager suivant la formule **atchi** ! atchoum ! cet odieux chatouillement des narines [...]. Il n'éternua pas une seule fois. (*Le Journal amusant*, 13 février 1892, dans DDL.)

6. Le mari / Atchou [...]
Le gendarme / Un rhume c'est exquis
Le mari / **Atchi** (G. Apollinaire, *Les Mamelles de Tirésias*, 1918, FXT.)

7. j'ai vu le cheval Casquette éternuer. [...] il a fait **atchi** comme un humain. (R. Forlani, *Valentin tout seul*, 1994, 169.)

8. AAH... TCHI ! AAAH... TCHOUM! [...] / Lorsque vous éternuez, vous envoyez vos microbes à la vitesse de 100 km/h dans un rayon de 5 m, alors reculez-vous de 5 m ou retournez-vous poour éternuer. (J.-L. Fournier, *Je vais t'apprendre la politesse...*, 2000 [1998], 64.)

— Comme sobriquet.

9. Ils l'appelaient « **Atchie** » en imitant vaguement l'éternuement. (J. Amila, *Le Boucher des Hurlus*, 1982, 35.)

2. atchoum. □ VAR. *atchum* (rare), *choum, tchoum.*

10. BEAUDEDUIT, *à part [...]*. – Encore, s'il fermait la fenêtre. (*Il éternue très fort.*) **Atchoum** ! (*À Bécamel, qui ne l'a pas salué.*) Merci ! (*Criant.*) Monsieur, je vous remercie ! (E. Labiche, *Un monsieur qui prend la mouche*, 1852, *Théâtre*, 1991, t. 1, 269.)

11. « **At... at... atchoum** ! »
Juste devant le lit du farouche gardien, il lança un éternuement d'autant plus violent qu'il avait été plus longtemps contenu. (*Le Jeudi de la jeunesse*, 28 avril 1910, 5.)

12. Je viens d'éternuer. Mais attention, je souligne : pas de l'éternuement discret, du petit ***atchoum*** de rosière étouffé dans de la baptiste. Pas non plus le ***tchoum*** prolongé, comme un geignement de freins à air comprimé. De l'éternuement fracassant, explosif, broyeur de muqueuse. (San-Antonio, *Ma langue au chah*, 1978 [1956], 38.)

13. Quand un pingouin est enrhumé, [...] / Il fait « **atchoum** » en esquimau ! (Cami, *Drames de la vie courante*, 1991 [av. 1958], 80.)

14. Il éternue pour un oui pour un non, et n'a pas d'autre caractère. C'est un « **atchoum** » constant réduit à un « **atchoum** ». (A. Vialatte, *Chroniques de La Montagne*, 2000 [1970], t. 2, 838.)

15. – J'ai le nez très sensible, explique Rimbault. Ça me fait étern...**choum** ! (A. Demouzon, *Quidam*, 1984 [1980], 18.)

16. Il fait froid ! / Il fait froid et humide... / ça suinte de partout ! / **Atchoum** ! (R. Devos, *À plus d'un titre*, 1989, 92.)

V. encore ici ex. 5 et 8 ; *brr*[1], ex. 4 ; *hou hou*, ex. 28.

— Accompagné de la réaction stéréotypée d'un tiers.

17. GREDANE. – [...] *Il éternue.*
EUSÈBE. – Dieu vous bénisse !
GREDANE. – Vous êtes bien bon... je viens de pincer un rhume de cerveau ! [...] / [...] **atchoum** ! (E. Labiche, *Les Trente Millions de Gladiator*, 1875, *Théâtre*, 1991, t. 2, 988 et 990, dans DDL.)

18. **Atchoum** ! Le bon dieu te bénisse, et te fasse le nez comme j'ai l' cuisse. (M. Stéphane, *Ceux du trimard*, 1928, 86.)

19. Aloysius allait sortir quand, pris dans un fort courant d'air, il lança un **atchoum** tonitruant.
– À vos souhaits, fit Romuald [...]. (G. Perec, *La Disparition*, 1969, FXT.)

20. – **Atchoum** !
– Santé. (J.-M. Gourio, *Brèves de comptoir 5*, 1997 [1996], 293.)

— Répété.

21. – Eh bien ! mon vieux, ça va, la santé ? – lui ai-je demandé.
– **Atchoum**... **atchoum**... Crr... crr... Tu vois... tu vois, ça va à peu près... Crr... **atchoum** ! (M. et A. Fischer, *A.Z.11. poste restante*, 1910, 198.)

— Par plaisanterie.

22. Dimanche dernier, un groupe joyeux d'environ vingt vélocipédistes de l'**A.T.C.H.O.U.M.** (Association des terrassiers cyclistes du Havre et des organistes unis de Montévilliers) remontait, en peloton compact, le chemin creux qui, partant de la route de Cabourg à Etretat, aboutit au plateau de Notre-Dame de Grâce, près de Honfleur. (A. Allais, *Pour cause de fin de bail*, 1899, *Œuvres anthumes*, 1989, 869.)

REM. La forme **atzoum** dans l'exemple suivant ressortit au langage mièvre souvent utilisé par les adultes s'adressant à un bébé : « D'autres fois, c'était Berthe qui le [le bébé] prenait dans ses bras, et Daniel qui faisait : “**Atzoum ! Atzoum !**” pour l'amuser » (Tr. Bernard, *Un mari pacifique*, 1901, *Un jeune homme rangé*, 1994, 159).

DÉR. **atchoumer** v. intr. "faire *atchoum*". « Vous savez, c'est du souci un chien toujours patraque [...], l'important c'est qu'il arrête d'**atchoumer** » (J.-M. Gourio, Bl. Jeanroy, *Chiens de comptoir*, 1998 [1996], 98).

REM. **1. atcha** "id.". « [HADDOCK.] – [...] L'authentique malchanceux, qui réussit à s'enrhumer jusque sous les Tropiques !... / AAAAAAAAAH... TCHAA ! » (Hergé, *Vol 714 pour Sydney*, 1968, 2). **2. atchedeu** "id.". « [...] une sorte d'**atchedeu** rentré [...] » (V. Thérame, *Staboulkash*, 1981, 147, dans DDL). **3. atchim** "id.". « CHAMEL, *éternuant.* – **Atchim** !... **Atchim** !... » (G. Feydeau, *Champignol malgré lui*, 1892, *Théâtre complet*, 1988, t. 1, 1063). **4. atchou / hatchou** "id.". « CANUCHE. – [...] *(Il soupire et éternue.)* Heu ! **atchou** !... cré poivre ! j'ai moulu trop fin ! / MADELEINE. – Tiens ! vous avez du rhume, mon pauvre Canuche ? » (E. Labiche, *Un notaire à marier*, 1853, *Théâtre*, 1979, t. 2, 652) ; « **Hatchou ! Hatchou** ! » (L.-F. Céline, *Bagatelles pour un massacre*, 1937, 109, dans DDL) ; v. encore ci-dessus ex. 6. **5. hach** "id.". « PREMIER MAÇON, *éternuant.* – **H-hach** ! » (P. Claudel, *La Ville*, 1re version, 1890, *Théâtre*, 1960, t. 1, 338). **6. tché/tchi/tchu** "id.". « (éternuement) *Tchi !* » (Hervé, « C'est dans l' nez qu' ça m' chatouille », 1866, dans M. Pénet, *Mémoire de la chanson*, 1998, 513) ; « *(éternuement)* **Tchu** ! » (H. Meilhac et A. Millaud, « Le soldat de plomb », 1883, *ibid.*, 626) ; « À midi moins le quart, j'éternuai. Le plus discrètement possible : une simple lettre russe, un "**tché**" dévié par le nez et presque étouffé dans le mouchoir » (H. Bazin, *Lève-toi et marche*, 1952, 27-28).

♦♦ En dehors d'une onomatopée repérée au 16e siècle pour marquer l'éternuement (« LE BADIN *éternue.* – **Etesecs.** / LA CHAMBRIERE. – Dieu vous ayde », Farce, milieu du 16e siècle, dans *Ancien théâtre françois*, t. 1, 272), les formes les plus anciennes, variantes de *atchi*, apparaissent dans la première moitié du 18e siècle et constituent un éventail beaucoup plus large que les variantes de *atchoum*. **1.** Attesté dep. 1852 (v. ici ex. 1) ; antérieurement sous diverses variantes : ***adshit*** 1739 (« Trois jours, à me former, elle s'évertua, / Et puis..... **adshit**.... m'éternua » Favart, *Moulinet premier*, épître liminaire non paginée, dans DDL) ; ***atchit ca*** 1740 (« LE TAILLEUR. – **Atchit** ! **Atchit** ! / GILLE. – Le Ciel t'assiste ! » Th.-S. Gueullette, *Parades inédites*, 1885, 197, dans DDL) ; ***et tchi*** 1775 « LA JEUNESSE, *éternuant.* – J'aime autant recevoir mon congé. Un service terrible, et toujours un train d'enfer ! / L'ÉVEILLÉ, *pleurant.* – Un pauvre homme de bien est traité comme un misérable. / BARTHOLO. – Sors donc, pauvre homme de bien ! (*Il les contrefait*). **Et t'chi** et t'cha ; l'un m'éternue au nez, l'autre m'y bâille » Beaumarchais, *Le Barbier de Séville*, *Théâtre*, 1980, 71) ; ***atchias*** 1788 (« [...] il éternue trois fois. **Atchias** ! **atchias** ! **atchias** ! Dieu vous bénisse, lui dis-je fort civilement ! » Haudart, *Vie et amours d'un pauvre diable*, t. 1, 126 dans DDL) ; ***ah pchit*** 1838 (« LE DUC, *éternuant au moment où la présidente a parlé.* – **Ah pchitt** !... » *Proverbes-charades*, 115) ; ***ah psitt*** 1838 (« Tenez, là-bas, là-bas. (*Il éternue.*) **Ah** ! **ah** ! **p'sitt** ! » *Les Grotesques*, 64) ; ***hatchit*** 1838 (« GILLES. – Excellent signe ! Respirez-moi un peu ce vinaigre des quatre voleurs. / PIERROT. – **Hatchitt** ! que cela est fort ! » É. Ourliac, *La Guérison* *de Pierrot,* dans *Journal des enfans*, t. 6, 369) ; **atchin** 1845 (« M. DENIS. – Morbleu ! Monsieur ! (*Éternuant encore.*) **Atchin** ! / NICAISE. – Dieu vous bénisse... » A. Bourgeois et M. Delaporte, *Les Amours de monsieur et madame Denis*, 15). **2.** Attesté dep. 1852 (v. ici ex. 10) ; déjà quelques années auparavant : ***atschum*** en 1816 (« Celui qui n'en veut pas, / Il faut l'envoyer faire... / **Attschum** !!! (*Ici on éternue fortement.*) » Félix, *L'Enchiffrené,* dans *La Gaudriole*, 238) et ***atchum*** en 1848 (« AGÉNOR. – [...] Figurez-vous, Madame, que je n'ai pas fermé l'œil de la nuit... j'avais près de moi, dans le coupé, une petite... / BÉNÉVENT. – Monsieur ! / CHAPUIS. – Monsieur ! / AGÉNOR, *continuant.* – Une petite glace cassée qui m'a fort... (*Il éternue.*) **Atchum** ! » E. Labiche, *Agénor le dangereux*, 1848, *Théâtre,* 1979, t. 1, 603). — Absente de GLLF, TLF et PL 2000, l'onomatopée est enregistrée, sous la forme *atchoum*, dans Rob 2001 et NPR 2000 ; TraitDu 1989, 41 enregistre les deux formes ; FEW 25, 694b, ATŠ-/ATS-.

B

BADABOUM

1. "(bruit soudain et fort, souvent en cascade, produit par une chute brutale, un choc violent, un coup, une explosion, une détonation)".

1. Mais ça cédait pas nom de Dieu ! O hiss ! tout retombait... catastrophe ! la trappe ! **Badaboum** !... ça pesait trop ! (L.-F. Céline, *Guignol's band*, 1944, 241.)

2. On en était là de nos confidences réciproques quand, **badaboum**, on frappe à la lourde. (J. Guernec, *Les Propos de Coco-Bel-Œil*, 1947, 54.)

3. Il prit son élan, mais un vieux monsieur, poussé par un zèle intempestif, se mit en travers de sa route, les bras en croix... **Badaboum** !... L'instant d'après, le vieux monsieur se retrouvait sur les fesses [...]. (M.-É. Grancher, *Pas de bégonias pour Madame Dugommier*, 1950, 99.)

4. Les Anglais sont venus bombarder le camp [...]. Même que j'ai failli laisser ma paillasse dans ce **badaboum**. (A. Héléna, *Le Festival des macchabées*, 1986 [1951], 391.)

5. La bagnole se met à zigzaguer et fonce droit sur le rideau de fer d'un marchand de vélos. Ça fait un **badaboum** du tonnerre. (San-Antonio, *Descendez-le à la prochaine*, 1992 [1953], 164.)

6. – Moi, j'avais cinq ans en 1944. Je ne m'en souviens plus. Ça doit être beau les balles, les bombes, les **badaboums**. (R. Fallet, *Rouge à lèvres*, 1977 [1955], 177.)

7. Mais, d'un seul coup, **badaboum**, tranquillement, elle l'assomme avec une barre de fer. (J. Vautrin, *À bulletins rouges*, 1980 [1973], 19.)

8. [...] il valdingue... s'effondre... entraîne avec lui la table voisine... les verres... une carafe ! **Badaboum !** (A. Boudard, *Le Banquet des léopards*, 1990 [1980], 64.)

9. Arrivé [*sic*] au beau milieu du bourg de Ménestreau, **badaboum**, la voiture s'affale sur le trottoir [...]. (G. Boutet, *Les Gagne-misère*, 1985, t. 1, 212.)

10. [...] le premier éclair, et **badaboum** le tonnerre [...]. (M. Quint, *Les Grands ducs*, 1991, 40.)

11. [...] la patineuse, tout d'un coup, a loupé son virage, a dérapé tout schuss sur les fesses et, **badaboum**, s'est écrasée contre les planches. (A. Rémond, *Mon Œil*, 1993, 138.)

12. Puis arrivent d'énormes camions-bennes chargés à ras bord de cadavres de vaches. La benne se lève, **badaboum**, les vaches débaroulent les unes sur les autres, pattes en l'air, remplissent les tranchées, les bulldozers remettent la terre par là-dessus, on vient d'inventer les fosses communes pour vaches. (A. Rémond, dans *Télérama*, 4 avril 2001, 218.)

V. encore *Anthologie*, n° 40.

— Dans une succession d'onomatopées.

13. – La torpille !
Boum* ! **Badaboum** ! V'lan* ! Bing*, bang*, boum ! Ça y était, on l'avait reçue en plein dans le flanc et le bateau coulait ! (M. Déon, *Le Balcon de Spetsai*, 1961, FXT.)

14. Il cogne de plus en plus fort. Des poings, des pieds. La lourde [= porte] tremble [...]. **Badaboum** ! Bing* ! (A. Boudard, *La Cerise*, 1973 [1963], 145.)

15. [...] Jacques Fougon se penche tend le bras la pile [de livres] oscille paf* son père le gifle vlan* **badaboum** tout dégringole [...]. (Cl. Menuet, *Le Pensionnaire*, 1993 [1972], 39.)

16. Son visage se ferme, elle va chercher un vase. **Badaboum** ! Crac* ! Plus de vase. (R. Topor, *Journal in Time*, 1989, 156.)

V. encore *bing*, ex. 23 ; *flic flac* ex. 4 ; *patatrac*, ex. 7 ; *Anthologie*, n° 36 et 52.

— En contexte métaphorique.

17. Noré [...] ne supportait pas l'amour. Et **badaboum**, il avait enchaîné les malheurs. (M. Quint, *Cake-walk*, 2001 [1993], 66.)

18. Philippe Séguin démissionne à la façon de son personnage. Avec fracas. **Badaboum** ! (P. Georges, *Le Monde*, 17 avril 1999, 39.)

REM. **1. badabam** "id.". « Et **badabam** je m'étale, ravageant le potager » (Fr. Lasaygues, *Vache noire*, 1985, 102). — Dans une succession d'onomatopées. « BA DA BAM BOUM » (Hergé, *Les Bijoux de la Castafiore*, 1963, 7) ; « Bing* ! **Badabam** !... Elles [les infirmières] ne cherchaient pas à être bruyantes en déposant leurs cuvettes sur chaque table de nuit, mais elles ne faisaient pas non plus d'efforts désespérés pour obtenir un silence interplanétaire » (J. Amila, *La Bonne Tisane*, 1975, 178). **2. badabang / badabing** "id.". "CIGALON. – [...] Des conserves, ça se fait, ça mûrit, c'est comme du vin. Alors je les ai gardées bien alignées dans le placard. Et une nuit, j'entends : Bang* ! bang ! **Badabang** ! Bang ! » (M. Pagnol, *Cigalon*, 1935, *Œuvres complètes*, 1995, t. 2, 335) ; « Derrière le mur [dans un commissariat], on entend un bruit de gifle [...]. / – C'était qui, les trois autres ? / Bing*, bang*. / Pomme s'écrase, bouche cousue. / – C'était qui, la fille ? / **Badabing, badabang** » (J. Vautrin, *À bulletins rouges*, 1980 [1973], 73) ; v. encore *bang*, ex. 11 et *bing*, ex. 23. **3. badabiam** "id.". « Je ne sais pas comment les chauffeurs [des premières automobiles] se débrouillaient dans leur peau de bique, avec leurs énormes lunettes, pour se planter en roulant à trente à l'heure. Ils arrivaient là dans un bruit terrible – broum*, broum, broum ! – et ils filaient droit [dans le décor] – **badabiam, badabiam** ! » (J. Durand, *André Bouix, gardian de Camargue*, 1980, 29). **4. badabraoum** "id.". « [...] **badabraoum** faisait le tonnerre » (Ph. Djian, *37°2 le matin*, 1985, FXT). **5. badadang/badading** "id.". « **Badadang** boum* ! **Badadang** d'zing* ! / Janvier, Avril, Juin, Octobre, / Quoi c'est ce chambard dans Paris [...] ? / C'est rien, Messieurs, demeurez fermes : / C'est dans Pantruche el' jour du terme, / C'est l' grand aria, le r'mue-ménage / De Populo qui déménage, / C'est l' Peup' Souv'rain qui fout son camp. / **Badadang** boum ! d'zing ! **badadang !** » (J. Rictus, *Doléances*, 1900, 45) ; v. encore *ding* ex. 27. **6. baradaboum** "id.". « Il bute... Il vogue !... Il se fout en l'air !... **Baradaboum** !... Le vieux d'en bas il hurle alors !... par répercussion !... » (L.-F. Céline, *Guignol's band*, 1944, 162) ; « Du haut de l'escalier d'entrée, on a catapulté deux moitiés de parpaings [...]. **Baradaboum** » (Bayon, *Le Lycéen*, 1987, 90).

DÉR. **badaboumer** v. intr. "faire *badaboum*". « Au fond, Omer, hiératique, la lippe impitoyable, **badaboumait** sur sa grosse caisse plus vite, plus vite » (M. Quint, *Les Grands ducs*, 1991, 64).

— Emploi subst. m. vieilli **le badaboum** "la bagarre, la guerre".

19. Souvenez-vous de « Maurice [Chevalier] » au Casino de Paris, de son canotier de paille, de son charmant sourire, de sa façon de parler au public pour lui donner des nouvelles d'un de ses petits potes « monté là-haut, **au badaboum** » [...]. (F. Carco, *Nostalgie de Paris*, 1941, FXT.)

20. Il est un petit peu trop tard pour se battre : s'il voulait **du badaboum**, il n'avait qu'à s'en prendre aux Allemands. (J.-P. Sartre, *La Mort dans l'âme*, 1949, FXT.)

— En part. "(bruit des battements accélérés du cœur)".

21. [...] il avait peur [...]. Sa poitrine faisait **badaboum** à l'intérieur et ça tremblait sans se voir, à l'intérieur aussi. (A. Demouzon, *Château-des-rentiers*, 1982, 17.)

22. Et le cœur d'Augustin qui fait **badaboum**. (A. Demouzon, *Paquebot*, 1989, 58.)

2. "(pour exprimer la soudaineté d'un procès)".

23. [...] un grand malheur qui s'est abattu sur elle un beau matin – **badaboum** – comme si le Seigneur avait voulu frapper au hasard l'une de ses brebis [...]. (G. Mordillat, *À quoi pense Walter ?*, 1988 [1987], 12.)

♦♦ Attesté, d'abord dans des refrains de chansons, dep. 1864 (croisé avec *(d)zim boum boum*, « La mèr' Michel en larmes / Badadzim **boum boum** *(Bis)*. La mèr' Michel en larmes, / Vit soupirer son chat » A. Beaumester, « Le Chat ressuscité » dans *Les Grelots modernes*, 93) et av. 1867 (« Zign' **badaboum badaboum badaboum** » Walter Mols, « La veuve du docteur Mirifique », dans Ch. Nisard, *Des chansons populaires*, 1867, t. 2, 225) ; dep. 1873 pour exprimer une musique burlesque (« [...] les voilà tous les trois tressautant sur des tabourets, en faisant de grands *zim boum, zim* ***badaboum*** » Goncourt, 16 mars, *Journal*, 1989, t. 2, 538). — Enregistré dans les dictionnaires généraux contemporains, à l'exception de GLLF ; TraitDu 1989, 46-48.

BADAM

Répété ou sous la forme **badadam**.

1. "(bruit de cahot, de rebondissement)".

1. Tous les autres, sur leurs banquettes [de train], ils se demandaient ce qui

arrivait... **Ba da dam ! Ba da dam !** comme ça d'un cahot sur l'autre. (L.-F. Céline, *Mort à crédit*, 2000 [1936], 401.)

2. La voiture ne put l'éviter. Les deux roues du côté gauche firent un bruit étrange en passant sur le corps allongé. **Badam. Badam.** (T. Topin, *14me nocturne*, 1983, 59.)

2. "(bruit de fredonnement d'un air ou bruit d'instruments de musique)".

3. GINETTE : Écoute, mon lapin, te casse pas la nénette, tu mets d'abord quelques cuivres **badam... badadam...** Caisse claire, et voilà, le rideau s'ouvre [...]. (B. Tirtiaux, « Illustration sonore », *De pièces et de morceaux*, dans *www.bon-a-tirer.com, revue littéraire en ligne*, vol. 1, 15 février 2001.)

♦♦ Attesté dep. 1936 (v. ici ex. 1). — Absent des dictionnaires consultés.

BAM

"(bruit soudain et fort produit par une chute brutale, un choc violent, une détonation, une explosion)".

1. Mais là, sur le seuil, il se ravise... il pivote... brusquement demi-tour... Il va rentrer dans la boutique... **Bamm** !... il se refout un grand coup dans le chambranle ! (L.-F. Céline, *Bagatelles pour un massacre*, 1937, 372.)

2. – [...] **bam** en plein dans le mille, un dépôt de munitions qui saute, la gare pulvérisée, l'usine en miettes, la ville qui flambe, un spectacle du tonnerre. (R. Queneau, *Zazie dans le métro*, 1970 [1959], 35.)

3. [...] les avions [...] rataient leur atterrissage. [...] Ils filaient, secoués comme des cages à poules et, **bam** ! la pirouette. (J. Durand, *André Bouix, gardian de Camargue*, 1980, 29.)

4. « Un deux, trois »... **bam** ! De jeunes femmes policières en treillis mettent au tapis pour la énième fois leurs partenaires masculins. (*L'Express*, 15 février 2001, 58.)

— Répété.

5. [...] les voilà qui frappent à la porte. « **Bam, bam** ! » (J. Durand, *André Bouix, gardian de Camargue*, 1980, 218.)

6. [...] un flic a dégainé son pistolet. J'entends *« bam, bam » !* Le carabinier a tiré deux coups de feu. (*Le Monde*, 23 juillet 2001, 2.)

— Associé à d'autres onomatopées.

7. La pauvre carcasse [d'un vélo lancé dans un escalier] démantibulée [...] s'est déglinguée marche après marche [...]. Cadre de-ci. Sacoches de-là. **Et bam** et vlang*. (Bayon, *Le Lycéen*, 1987, 102.)

• **bim* bam.**

♦♦ Attesté av. 1724 pour exprimer le son d'une cloche (« Bim **bam** bon » Ch. Dufresny, v. le commentaire s.v. *bim*). — Absent des dictionnaires consultés, à l'exception de TraitDu 1989, 50.

BAN

Souvent répété ou associé à d'autres onomatopées.

1. "(bruit d'une grosse cloche, d'un bourdon au son grave)".

1. La grande cloche fait **ban ban** et les petites font bin [v. *bim*] bala bin **ban**. (A. Constantin, J. Désormaux, *Dictionnaire savoyard*, 1902, 37.)

2. "(bruit d'une forte explosion, d'une déflagration)".

2. Soudain, « Boum*, **ban**, **ban**, ran*, ran ranranran... » une immense traînée de détonations, comme si un cordon de mine allumait des milliers de charges disposées sur un quart de l'horizon [...]. (J. Romains, *Verdun*, 1938, FXT.)

♦♦ Attesté dep. 1689 (« [...] les Ennemis font un feu de tous les diables, zi, zi, pi, pa, pon, **ban** ; tac » Delosme de Montchesnay, *Mezzetin grand Sophy de Perse*, dans Gherardi, *Le Théâtre italien*, t. 2, 334). — Absent des dictionnaires consultés.

BANG

1. [Domaine concret]
1.1. "(bruit soudain et fort, qui résonne, produit par un choc violent, un coup, une explosion)".

1. [...] un coup de pistolet. **Bang** ! (A. Salmon, *Monstres choisis*, 1918, 189 dans Nyrop 1919, 5.)

2. – Deuxième reprise ! annonça l'enfant au gong, et ça fit **bang** ! (B. Vian, *L'Arrache-cœur*, 1953, FXT.)

3. Matcho bondit. Son adversaire avança[,] les poings fermés, la garde haute [...]. / Les « **bang** » des coups résonnaient, les poitrines haletaient, le sol vibrait. (J. Bialot, Cl. Courchay, *L'Annonce faite à Matcho*, 1981, 122.)

4. Au squat du Pif, il cogna en code au vantail de fer écaillé [...]. Trois **bangs** très brefs et deux autres, plus longs, plus espacés. (J.-L. Degaudenzi, *La Lamentable Épopée de Doris et Alexandre*, 1990, 101.)

5. Elle ne m'entend pas. S'avance vers le centre de la place avec la bouteille vide. La jette de toutes ses forces : **bang** ! au loin, sur le bouclier d'un flic. (Chr. Giudicelli, *Double Express*, 1990, 39.)

— Répété.

6. Serge et René l'avaient traînée en Bretagne, pour le 14-Juillet, et elle s'était laissé embrasser face au port de pêche, dans les ***bang-bang*** du feu d'artifice [...]. (V. Ravalec, *Les Clefs du bonheur*, 1999 [1969], 96.)

7. – [...] Eh bien, mon pote, j' lui souhaite pas, au motard, d' rappliquer. Parce qu'il repartirait les pieds devant. **Bang** !... **Bang** !...
Dewaert fait semblant de décharger son arme dans le pare-brise. (J.-P. Bastid, M. Martens, *Adieu la vie...*, 1977, 45-46.)

8. Le plat de l'épée frappe chaque épaule du nouveau chevalier avec un bruit retentissant. **Bang** ! **Bang** ! (J.-M. Ribes *et al.*, *Palace*, 1999 [1989], 81.)

— Dans une succession d'onomatopées.

9. À huit heures, « boum*, branranran [v. *ran*], **bang**, **bang**... » Wazemmes [...] passa son temps à se promener parmi « ses hommes » :
– Ça, c'est un 77... ça, là-haut, vert et jaune, ce sont des 105 fusants... ces bruits-là ? (J. Romains, *Verdun*, 1938, FXT.)

10. Il a jeté le truc ! Quelque chose alors !... Un caillou ! Ça a éclaté... là sous la table... Vrang ! **Bang** !... Une autre ! Là certain !... Il a jeté l'engin !... Grenade comme ça je connais ! (L.-F. Céline, *Guignol's band*, 1944, 146.)

11. – Et tout d'un coup, reprit Pamphile, **bang** badabang bing* : le premier tonnerre. (M. Pagnol, *Manon des sources*, 1963, *Œuvres complètes*, 1995, t. 3, 901.)

12. Tout le vocabulaire de la boxe fut sollicité : et v'lan* ! un crochet, et paf* ! un uppercut, et floc* ! un gauche, et **bang** ! une droite, etc. (R. Sabatier, *Olivier et ses amis*, 1993, 97.)

V. encore *badaboum*, ex. 13 ; *crouic*, ex. 7 ; *paf*, ex. 13 ; *wiz*, ex. 2 ; *Anthologie*, n° 33, 36 et 52.

• **bing* bang**.

— En part.

• “(son d'une grosse cloche)”.

13. **Bang** ! / La demie de vingt-deux heures qui sonnait. On aurait cru la Savoyarde du Sacré-Cœur. (A. Le Breton, *Le Rouge est mis*, 1954, 29.)

• Répété “(bruit d'un moteur de bateau)”.

14. Il s'efforçait de retrouver les bruits familiers : la toux [...] du troisième mécanicien, le rire métallique du second capitaine, et le **bang**, **bang**, **bang** de la machine, monotone et régulier pendant des centaines de milles. (E. Peisson, *Parti de Liverpool*, 1932, FXT.)

1.2. “(pour marquer la soudaineté d'un procès)”.

15. [...] j'ai fermé les yeux et j'ai dit tout bas : au secours [...]. Et, **bang**, comme un nouveau miracle, j'ai entendu la voix de la vieille [...]. (Chr. de Rivoyre, *La Glace à l'ananas*, 1976 [1962], 63.)

2. Empl. subst. m. “déflagration accompagnant le franchissement du mur du son par un avion”.

16. Les ***bang*** d'avion fissurent la maison [...]. (A. Vialatte, *Chroniques de La Montagne*, 2000, t. 2, 719 [1968].)

17. Tout cesse brusquement, comme si on avait rêvé, comme si le bourdonnement qu'on a dans les oreilles ne provenait que du « **bang** » d'un avion à rase-mottes. (A.D.G., *La Divine Surprise*, 1971, 55.)

— Dans une comparaison.

18. Croyant avaler de l'air, j'enfourne une longue gorgée de flotte et à ce moment je franchis le mur du son. **Bang** ! **Bang** ! **Bang** ! Je suis passé de l'autre côté. (A. Bastiani, *Polka dans le champ de tir*, 1973 [1955], 66.)

♦♦ **1.** Attesté dep. 1918 (v. ici ex. 1) ; enregistré dans TLF ; Rob 2001 ; NPR 2000 ; PL 2000 ; TraitDu 1989, 50. **2.** Emprunt à l'anglo-américain, attesté dep. 1953 (Höfler, dans Rob 2001) ; enregistré dans GLLF ; TLF ; Rob 2001 ; NPR 2000 ; PL 2000 et TraitDu 1989, 50.

BAOUM □ VAR. *bahoum*.

1. “(bruit sourd, soudain et fort, produit par une chute brutale, un choc violent, une explosion, une détonation)”.

1. [...] c'est monsieur votre garçon que voilà, qui, en passant près de moi, m'a poussé sans le faire exprès, et au moment où je mettais la main sur mon homme, **bahoum** ! (G. Sand, *Le Péché de monsieur Antoine*, 1845, FXT.)

2. – **Baoum** ! Un coup formidable retentit.
Le renard, affolé par le sifflement des plombs, donna une si furieuse secousse que la corde, à moitié coupée par la décharge, se rompit net et qu'il prit la fuite. (L. Pergaud, *Les Rustiques* [av. 1915], *Œuvres complètes*, 1987, 896.)

3. J'avais même pas fini de causer... Pas un mot... « **Baoum** !... » Il me charge !... La brute m'emboutit... Je prends tout dans le buffet ! (L.-F. Céline, *Mort à crédit*, 2000 [1936], 446.)

4. – [...] Je n'ai plus qu'un credo c'est l'Atomique. La Bombe. La seule, la vraie. Dernier espoir. Boum* ! **Baaaoum** ! Tout par terre. (M. Raphaël, *Le Festival*, 1950, 185.)

5. L'objet [...] n'est autre qu'une grenade [...]. Un **baoum** sourd retentit. (San-Antonio, *Deuil express*, 1992 [1954], 159.)

6. Dans l'encadrement de la porte du couloir, béante, une silhouette s'escamote. **Baoum** ! **baoum** !... deux coups sur l'ombre... mais pas la rafale qu'il lui destinait. Cette saloperie de camelote boche vient de s'enrayer. (A. Simonin, *Le Hotu*, 1968, 226.)

7. [...] le réchaud **bahoum** !... dans ton dos... plein de suie noire sur toi [...] ... tu comprends pourquoi dans la journée, on laisse en permanence un filet de gaz avec la bouilloire dessus... pour éviter les **bahoums**. (V. Thérame, *Hosto-blues*, 1974, t. 1, 191.)

8. Souleva les pieds, balança ses deux galoches en bois clouté dans la poitrine du père Caspaert, qu'il propulsa à reculons sur toute la longueur de la travée. **Baoum** ! (Fr. Cavanna, *Les Ritals*, 1981 [1978], 343.)

9. Quant aux grosses culées [= souches d'arbres], on les fait sauter à la mine [...]. **Baoum** ! C'est tout de même amusant. Ça sent la poudre. (G. Chevereau, *Une enfance à la campagne*, 1988, 136.)

10. Le p'tit Beur [poursuivi par un vigile] fonce sur les portes automatiques qui sont en train de se fermer, il va trop vite pour elles et trop vite pour freiner : **BAOUM** ! (J.-P. Demure, *Découpe sombre*, 1988, 79.)

11. [...] une ligne bleue, dite « des Vosges ». Le premier qui la dépassait d'un croquenot, **baoum** ! Guillaume contre Georges ; casques à pointe contre bandes molletières ; quatre ans de tranchées. (B. Poirot-Delpech, dans *Le Monde*, 30 mai 2001, 18.)

— Répété.

12. **Bahoum** ! **Bahoum** ! **Bahoum** !...
– [...] Quel butor enfonce ainsi la porte ? (P. Borel, *Champavert*, 1833, FXT.)

— Dans une succession d'onomatopées. V. *dzim*, ex. 3 ; *ran*, ex. 25 ; *Anthologie*, n° 36.

2. "(bruit à caractère musical)".

— [grosse cloche, bourdon]

13. Je reprends donc là toute mon histoire, au « **Baoum** ! **Baoum** ! » du Big Ben... les coups qui roulent dans les nuages... qui grondent dans l'écho...

(L.-F. Céline, *Guignol's band*, 1944, 199.)

14. **Baoum !** : Son du gros bourdon de Notre-Dame de Paris. (J. Tardieu, *Un mot pour un autre*, 1951, 86.)

V. encore *ding dong*, ex. 8 ; *Anthologie*, n° 20.

• Associé à d'autres onomatopées.

15. Et sur le coup de midi, dzing*, dzing, drelin*, drelin, **baoum, baoum**, la cloche, la cloche ! (G. Duhamel, *Le Désert de Bièvres*, 1937, FXT.)

— [dans une fanfare] □ VAR. *baoun, baound*.

16. Ta ra ta [v. *taratata*[1]], ra ta ta, ra ta, ra ! From* ! from ! from !... Dzinn [v. *dzing*], dzinn, dzinn ; **baoun, baoun, baoun !**
C'était [...] une confusion incroyable de tous les sons que peuvent commettre, dans leur bizarre assemblage, une flûte de Pan, une grosse caisse, une guitare, un chapeau chinois, des cymbales et un triangle. (Moléri, « Un souvenir de Bilboquet », dans *Almanach comique*, 1853 [1852], 46.)

V. encore *Anthologie*, n° 15.

♦♦ Variante de *boum**, attestée dep. 1833 (v. ici ex. 12) ; 1839 *faire baoum* "faire du tapage" (« Il serait bon de trompeter cet acte de vigueur. J'écris à ce sujet à des trompettes de mes amis, si vous en connaissez de votre côté **faites baoum, baoum !** » P. Mérimée, *Correspondance générale*, 1942, t. 2, 270). — Absent des dictionnaires consultés, à l'exception de TraitDu 1989, 51.

BÉ ou BÈ ou BÊ □ VAR. *beh* (rare).

Souvent répété ou avec effet d'écho "(bruit du bêlement des ovins et des caprins)".

1. Voilà qu'à moitié chemin à-peu-près, je vois un de mes moutons, qui avait un faux air de boiter et qui ne pouvait pas suivre les autres... « Qué que t'as, mon petit mignon », que je lui dis comme ça... Il me répond « **Bè ! bè ! bè !** » (E. Vanderburch, *Quatre-vingt-dix-neuf moutons et un Champenois*, 1838, 689.)

2. Mais le bouc [...] le regardait furieusement [...], raclant du fond de sa gorge des **bêe-êe-êe**, graves et sinistres, qui ne présageaient rien de bon. (L. Pergaud, *Nouvelles villageoises posthumes* [av. 1915], *Œuvres complètes*, 1987, 994.)

3. Des moutons, des moutons. Nous sommes envahis par des moutons. Ils font ***Bèè*** comme dans les livres. (Ch.-A. Cingria, *Les Autobiographies de Brunon Pomposo*, 1928, *Œuvres complètes*, t. 1, 161.)

4. [...] le chauffeur [...] a donné un brutal coup de volant sur sa gauche, **Bêêêêêê**, capricant, virevoltant, rebondissant, le troupeau de chèvres a défilé sous mon nez le long du flanc du bus. (J.-L. Benoziglio, *Tableaux d'une ex*, 1989, 292.)

5. Et on a croisé des moutons qui marchaient en se cognant les uns dans les autres en faisant **béhéhé** et en pétant. (R. Forlani, *Valentin tout seul*, 1994, 151.)

6. – **Bééé... bééé...**
C'est une brebis qui appelle son petit.
– **Bèèè... bèèè...**, répond-il sur un ton plus léger. (« Oui, maman, je suis là. »)

(M. Chatelain, *Alpages, terres de l'été*, 1996, 34.)

V. encore *couac*, ex. 2 ; *crr-crr*[1], ex. 3 ; *hi-han*, ex. 1 ; *kss kss*, ex. 26 ; *meuh*, ex. 2 ; *Anthologie*, n° 39.

— Associé à *mê**.

7. [...] on entendait un carillon de sonnailles, de cloches mates et de **beeh-mêêêh-beeh** [...], le roulement de sabots trottinant dans les mottes de terre des bêtes rondes sur leurs pattes de verre, hochant la tête et se cognant, trébuchant dans le talus, roulant et tombant, **bee-beeh**, petits appelant au secours dans le ruissseau [...] : les brebis. (Bayon, *Les Animals*, 1990, 104.)

— Par comparaison.

8. Mais l' vieux râlait jà la môrt, et bêlait comme un mouton plumé : – « **Bé, bé, bé...** » (R. Martin du Gard, *La Gonfle*, 1928, 144.)

REM. (vx ou rare) **1. bais** "id.". « UN MOUTON. – **Bais ! ais ! bais ! ais** » (Carmouche, Varin, Huart, *Le Puff*, 1838, 11). **2. bêêx** (à la rime) "id.". « [...] parfois grondant en son larynx / il miaule et quoique loin de Sfax / fauche la chèvre qui fait "**bêêx**" / au berger qui joue du syrinx » (J. Roubaud, « Poème en x pour le lynx », *Les Animaux de tout le monde*, 1983, 39). **3. bei** "id.". « La brebis : **Bei, bei, bei** » (Celnart, *Manuel complet des jeux de société*, 1827, 181).

♦♦ Attesté dep. fin 13e siècle (« Et sur ce dient li plusor que la voiz du [mouton] noir est devisée de cele dou blanc, en tele maniere que li pastor le sevent bien cognoistre, à ce que li noirs dit *meh !* et li autres dit ***beh !*** » Bruno Latini, *Li Livres dou Tresor*, DDL) ; *ca* 1485 (« LE BERGIER. – **Bee.** / PATHELIN. – Quel **bee**, dea ? / Par le sainct sang que Dieu rea, / Es-tu fol ? Dy moy ton affaire » *Maistre Pierre Pathelin*, folio fi v°) ; 1535 (« **Betz, betz, betz, betz**, le chevreton » *La Fleur des noëls*, v. *Anthologie*, n° 1, str. 4) ; 1548 « LE MARCHAND. [...] Voyez ce mouton là, il a nom Robin comme vous. Robin, Robin, Robin, **Bes, Bes, Bes, Bes.** O la belle voix. / PANURGE. Bien belle et harmonieuse » Rabelais, *Quart Livre*, 1994, 531) ; 1605 (« Il fainct de manger [...] et dit : « Je mange de l'hebe (herbe), **beee** » [...]. / [...] Il faict le petit chevreau : "**bée**" [...] » J. Héroard, *Journal*, 1989, t. 1, 615 et 616) ; 1606 (« [...] c'est une vache, et non pas une chevre. [...] une chevre n'a point de queuë ; ceste-cy en a une bien longue [...] ceste-cy ne crie point ***bai bai***, mais dit *bou* » et « La lettre d'après, qui est B, [...] pour la sçavoir lire, on luy faisoit feindre la voix d'un mouton, ***bai, bai*** » [Trad. de Folengo], *Histoire maccaronique de Merlin Coccaïe*, 1859, 143 et 147). — GLLF Ø ; TLF *bè* ; Rob 2001 *bé* ou *bê* ; NPR 2000 et PL 2000 Ø ; TraitDu 1989, 54 *bêê* ; FEW 1, 317a, BELARE.

BENG

Associé à d'autres onomatopées.

1. "(bruit produit par une chute ; bruit produit par un choc ou par un coup violent)".

1. [...] sous la table ! sous la nappe ! pvlaf ! **beng !** la vaisselle leur éclate partout ! (L.-F. Céline, *D'un château l'autre*, 1957, 246.)

2. "(bruit produit par une grosse cloche)". V. *bing*, ex. 32.

♦♦ Attesté dep. 1899 (v. *bing*, ex. 32). — Absent des dictionnaires consultés, à l'exception de TraitDu 1989, 55 (« onomatopée associée aux bruits de la forge »).

BERK □ VAR. *berkh, berque, beuark, beuârk, beurck, beurk, beurq, birk* (rare), *buark*.

"(marque le dégoût, la répugnance)".

1. – [...] Tu sais que tu as quelque chose de Robert Redford ?
– **Berkh**, murmura Gerfaut. (En effet, il avait un petit quelque chose de Robert Redford. Mais, comme beaucoup d'hommes, il n'aimait pas Robert Redford.) (J.-P. Manchette, *Le Petit Bleu de la côte ouest*, 1991 [1976], 139.)

2. Baudelaire [...] n'aimait pas du tout la Belgique ! La Belgique, les Belges, **beurk !** il crachait copieusement dessus. (C. Duneton, J.-P. Pagliano, *Antimanuel de français*, 1980 [1978], 158.)

3. Elle avait même trouvé du crédit [...] pour envisager l'achat d'un appartement à Meudon. Il avait visité, il avait fait : « **Buark !** », ça ne lui convenait pas [...]. (J. Amila, *Le Pigeon du faubourg*, 1981, 62-63.)

4. – Quel journal ?
– *Le Monde* ! Pas une image ! **Buark !** (Ch. Roudé, *Rue Paradis*, 1987 [1986], 80.)

5. [...] il me dégoûte, [...] ce mec [...] ; **berk**, il pue l'assistance sociale ou j' sais pas quoi, il pue. (Sapho, *Ils préféraient la lune*, 1986, 76.)

6. [...] ils sentaient le suint, ils me dégoûtaient. [...] **beuark**. (Bayon, *Le Lycéen*, 1987, 346.)

7. Ce vert épinard, **berque**. (B. Beck, *Stella Corfou*, 1988, 32.)

8. « *Mais alors, une télé à l'eau de rose, avec des gens gentils, doux, qui parleraient des fleurs, de l'amour, ça vous plairait, non ?* »
La réponse est unanime : « ***Berk**, qu'est-ce qu'on s'emmerderait !* » (*L'Événement du jeudi*, 16 août 1990, 49.)

9. Des trucs sur la vie, du genre : « Seule la vie donnée explique la vie reçue. » **Beurk**. (J.-B. Pouy, *Cinq Nazes*, 1990, 136.)

10. Ah ! l'odeur ! **Birk**. J'ai un haut-le-cœur [...]. (M. Sergent, *Normal*, 1991, 200.)

V. encore *Anthologie*, n° 45.

— Répété.

11. *Il l'embrasse sauvagement.*
ELLE. **Berk... Berk, berk, berk...** (G. Bedos, S. Daumier, « La Drague », *20 sketches*, 1974, 23.)

12. Il m'emmène déjeuner et me parle de son petit frère, un mec bien, sensible, sérieux, qui ne pense pas qu'à « coucher avec moi ». Cette expression, M'sieur Alain, **beurq, beurq !** (E. Hanska, *Les Raouls ou la vie comme au ciné*, 1976, 40.)

13. [...] Papa nous montre comment nous y prendre pour vider les boyaux. **Beurck... beurck... beurck...** Ça pue, c'est dégoûtant, ça nous glisse entre les doigts, ça nous échappe, c'est tout gluant... ça nous donne des haut-le-cœur. (M. Chatelain, *Alpages, terres de l'été*, 1996, 56.)

— [En part. à l'égard de la nourriture, de la boisson].

14. **Beurk**. Ça coupe l'envie de bouffer de la barbaque pour longtemps. (E. Hanska, *La Mauvaise graine*, 1978, 41.)

15. **Beeuurk** ! Il avait à peine commencé à boire son scotch qu'il lui trouva avec horreur une drôle d'odeur [...]. (D. Rondeau, *L'Âge-déraison*, 1982, 144-145.)

16. Sarlan [...] trempe ses lèvres dans le champagne. **Beuârk** ! Il est glacé, trop chargé en sucre. (J.-H. Oppel, *Barjot !*, 1988, 99-100.)

17. La drogue douce de l'été, c'est la nouvelle glace au bubble-gum [...] goût Malabar, rose bonbec [...]. Qui a dit **beurk** ? (*Elle*, 1er juillet 1991, 50.)

18. – On a mangé, mais là on a bien mangé ! Des escargots...
– **Beurk** !
– ... Des coquilles Saint-Jacques à la nage...
– **Beurk** ! (J.-M. Gourio, *Brèves de comptoir 1*, 1995 [1992], 179.)

19. Elle ne dit rien mais prit ce soir-là sa première cuite à la liqueur de fraise des bois. **Beurk** ! Son foie s'en souvient encore. (G. Alle, *Un air à faire pleurer la mariée*, 2000, 15.)

• Répété.

20. Mamie Irma avait une manie typique : vouloir à toute force nous faire « lécher » ses cuillères dans lesquelles il restait du miel mêlé de beurre (**berk-berk**, le miel), ou de la confiote. N'importe : **berk, berk**. (Bayon, *Le Lycéen*, 1987, 234.)

V. encore *hompf*, ex. 2.

— Comme surnom.

21. – Je m'appelle **BEUARK** ! et j'épelle : B.E.U.A.R.K. Les autres reprennent avec des hoquets de dégoût, comme s'ils avaient envie de gerber sur la terre entière : **Beuark** ! **Beuark** ! (J. Vautrin, *À bulletins rouges*, 1980 [1973], 18.)

— En contexte métaphorique.

22. Jean-Pierre Chabrol va rester un homme de combats et un polémiste virulent : [...] contre le système scolaire (*« À six ans, glop ! [v. gloup] l'école l'avale, le digère et* ***beurk*** *! le rend dix à vingt ans plus tard. Méconnaissable »*). (*Le Monde*, 4 décembre 2001, 32.)

♦♦ Attesté depuis 1929 « **Beurque** ! interj. – Fi ! » (G. Musset et *al.*, *Glossaire des patois et des parlers de l'Aunis et de la Saintonge*, La Rochelle, t. 1, 348) ; cf. en 1901 « Appeler **burque**, vomir. – Celui qui fait des efforts pour vomir prononce exactement **burque** » (Rossignol, *Dictionnaire d'argot*, 5). — GLLF et TLF Ø ; Rob 2001, NPR 2000, PL 2000 *berk* ou *beurk* ; TraitDu 1989, 59 ; FEW 22/1, 30b 'dégoût'.

BEUH

1. "(bruit de beuglement d'un bovidé)".

1. Excepté la personne qui fait le jeu et qui se nomme *le docteur du lion*, les autres prennent des noms à leur fantaisie, et tâchent d'imiter, le plus possible, les cris des animaux qu'elles choisissent. [...] Le bœuf : **Beu** ! **eu** ! **eu** ! (Celnart, *Manuel complet des jeux de société*, 1827, 181.)

2. GATINAIS. – Un veau !... vivant... qui faisait : « **Beuh** !... » et me léchait les doigts. (E. Labiche, *Un pied dans le crime*, 1866, *Théâtre*, 1991, t. 2, 438.)

— Associé à d'autres onomatopées.

3. [...] il écoutait beugler la manade : « Meuh* ! **Beuh** ! Mah ! – Ha-ouh ! Ha-ouh ! **Beuh** ! » (J. d'Arbaud, *La Sauvagine*, 1929, dans *Gens de Provence*, 1997, 685.)

REM. **bouh / bouah-hou** "id.". « Le taureau bondit [...] en poussant un formidable "**Bouah-Hou !**" [...] » (J. d'Arbaud, *La Sauvagine*, 1929, dans *Gens de Provence*, 1997, 657) ; « [...] les gros taureaux pointaient leurs cornes en grommelant "**Bouhou ! Bouh !**" et soulevaient, à coups de sabots, un nuage de poussière » (J. d'Arbaud, *La Sauvagine*, 1929, dans *Gens de Provence*, 1997, 685).

2. "(bruit de beuglement d'un instrument de musique)".

4. Ce son est le son de la trombe en terre de pipe. Il a deux buts, il est à deux fins. En temps ordinaire il signifie : « Garez-vous ! voici le tramway qui arrive ! » Pendant les saturnales, il veut dire : « Ébattez-vous ! la démence est permise ! » Et ce sont des enfants qui épandent ce signal orgiaque. Oh ! les chers petits ! Alors tous les visages s'épanouissent : « **Bbeû !** » (E. Bergerat, *Le Livre de Caliban*, 1887, 293-294.)

♦♦ **1.** Attesté dep. 1535 (« **Beheu, beheu**, faict le toureau » *La Fleur des Noëls*, v. *Anthologie*, n° 1, str. 2) ; mil. 16e siècle (« LE CURÉ / C'est un veau, il ne s'en fault rien. / LE CLERC / Se je le picque, à vostre adveu, / Vous le sçaurez bien. / GEORGE LE VEAU / **Beueu** ! », *George le veau*, dans *Recueil de farces (1450-1550)*, 1997, t. 11, 110) ; 1606 (« le bœuf resonne ***beu beu*** » [Trad. de Folengo], *Histoire maccaronique de Merlin Coccaïe*, 1859, 367) et sous la forme *bou* (« [...] c'est une vache, et non pas une chevre. [...] une chevre n'a point de queuë ; ceste-cy en a une bien longue [...] ceste-cy ne crie point *bai bai*, mais dit ***bou*** » *ibid.*, 143). **2.** Attesté dep. 1887 (v. ici ex. 4). — Enregistré dans le seul Rob 2001.

BIM

Répété ou associé à **bam / bom / boum**.

1. "(son d'une cloche)". □ VAR. *bin*.

1. **BIM BOUM, BIM BOUM**, exprime le son des grosses cloches mises en branle, en même temps que le balancement régulier de ces cloches. (G. Kastner, « Onomatopées et mimologismes », *Revue et Gazette musicale de Paris* 16 (1849), 414.)

2. Il y a une distinction à faire dans l'emploi de ces diverses expressions imitatives du son des cloches. Les unes, comme digue don, digue digue don, dig din don [v. *ding dong*], ne s'appliquent qu'aux grosses cloches lancées à toute volée et pour des appels joyeux, les fêtes carillonnées ; d'autres, comme **bim boum, bim boum**, ne s'appliquent qu'aux sonneries graves, lentes et tristes ; d'autres enfin, comme tin tin rlin tin tin [v. *tin tin*], ne se rapportent qu'aux petites sonneries et au son des clochettes. (P. Larousse, *Grand dictionnaire universel*, 1875, t. 13, 832, s.v. *refrain*.)

3. **Bin bam, bin bam,**
Les cloches, les cloches,
Chansons en l'air, pauvres reproches !
Bin bam, bin bam,

les cloches en Brabant ! (J. Laforgue, *Poésies complètes*, 1970 [1885], 97.)

4. Les cloches sonnaient alors : **bom ! Bim !** **Bom** ! les cloches du village [...]. (P.-J. Jouve, *La Scène capitale*, 1935, FXT.)

V. encore *ban*, ex. 1.

2. "(bruit de coups, de chutes, de chocs)".

5. On peut dire qu'on en a eu alors de la fête plein les yeux ! Et plein la tête aussi ! **Bim et Boum !** Et Boum* encore ! Et que je te tourne ! Et que je t'emporte ! Et que je te chahute ! (L.-F. Céline, *Voyage au bout de la nuit*, 1999 [1932], 477.)

6. – Ça ne fait rien ! dit Véronique... pour un judoka !
– Quoi : pour un judoka ?
– Eh bien, vous ne vous êtes pas précipité sur lui, ni rien !
– Sur un agent ? Vous êtes folle ?
– Mais, avant même de savoir que c'était un agent, dès que vous avez entendu sa voix, vos réflexes auraient dû vous jeter sur lui... **bim ! bam** !... avec sauvagerie ! (J. Faizant, *Ni d'Ève ni d'Adam*, 1959 [1954], 128.)

— En part. "(bruit de battements précipités du cœur, sous l'effet de l'émotion)".

7. Le cœur à soi quand on est un peu bu de fatigue vous tape le long des tempes. **Bim** ! **Bim** ! qu'il fait contre l'espèce de velours tendu autour de la tête et dans le fond des oreilles. (L.-F. Céline, *Voyage au bout de la nuit*, 1999 [1932], 312.)

— **bim bam boum**
• "id.".

8. **Bim, bam, boum**. Les coups [au tennis] ont fusé dans tous les sens. Nicolas Escudé a voulu tenir la cadence avec André Agassi et il y a presque réussi. L'espace d'un set. Pas plus. (*Le Figaro*, 10 septembre 1999, 17.)

9. **Bim bam boum** au troisième round, l'élève obéit à son maître et expédie le Canadien [...] au tapis. (*La Croix*, 20 septembre 2000, 32.)

• "(au football, pour qualifier un échange de passes précises aboutissant à un tir dans les buts)".

10. « Avec les deux "petits" qui accélèrent devant, on est capable désormais de jouer en **bim-bam-boum**, d'être beaucoup plus direct qu'on ne l'était jusque-là », constatera Marcel Desailly [joueur de l'équipe de France]. (*Le Monde*, 13 juin 2000, 22.)

♦♦ **1.** Attesté avant 1724 *bim bam bon* (« **Bim bam bon**, / Entendez-vous les grosses cloches **bim bam bon** ; / Quand j'entends sonner sur ce ton, / Je me souviens toujours qu'hier ma femme est morte, / Le temps n'affoiblit point une douleur si forte, / Elle redouble à ce lugubre son, / **Bim bam bon** » Ch. Dufresny, chanson, *Œuvres*, t. 3, 455) ; 1791 *bim bom* (« NIGAUDINET *sur l'échelle. Il imite le son des cloches.* – Din, don, din, don, da ri do don; din don da ri do don..... **Bim, bom ; bim, bom**.... *Il s'arrête tout court* » Le Cousin Jacques [Beffroy de Reigny], *Le Club des bonnes-gens*, 3). **2.** Attesté dep. 1932 (v. ici ex. 5 et 7). — Enregistré, dans l'emploi 1 seulement, dans Rob 2001 *(bim)* et TraitDu 1989, 62 *(bimm)*.

BING

1. "(bruit soudain, produit par un coup brutal, un choc violent, une détonation, une explosion)".

1. BLAGADARÈS, sans voir sa femme. – Dans mon pays... à Lima, les chemins de traverse sont inconnus... et tel... que vous me voyez... un jaguar... un jaguar se trouverait sur mon passage... que... **Bing** !...
RABAT-JOIE ET MADAME BLAGADARÈS, ensemble. – **Bing** ! (Siraudin et E. Blum, *Mon-Joie fait peur*, 1863, 20.)

2. Voulant un jour au Skating-Ring
Déployer ma grâce sans égale,
Je m' lanc' sur la piste, mais **Bing** !!
Un' roulett' casse et je m'étale,
J' suis tombé les quatr' fers en l'air,
Voyez d'ici la perspective... (Chaulieu et Doyen, « C'est la dernièr' fois qu' ça m'arrive », dans *Almanach de la jeune chanson française*, 1878, t. 16, 59).

3. Hue ! cocotte ! hurle le cocher, on va rigoler ; tiens, regarde la voiture de maître, **bing**, eh ! va donc, pourriture, tu peux pas te ranger ! (W. de Pawlowski, *On se moque de nous*, 1898, 60.)

4. Je suis entré dans une carrée obscure, comme ça, et il y avait quelqu'un derrière la porte, et dès franchissement du seuil, **bing** ! J'ai reçu un gnon sur le cigare. (L. Malet, *Boulevard... ossements*, 1985 [1957], 520.)

5. **Bing** !... C'est moi qui viens de heurter violemment la Peugeot devant... (N. de Buron, *Les Saintes Chéries*, 1992 [1964], 47.)

6. **Bing** ! une bastos [= balle d'arme à feu] part... se loge dans la corniche du premier étage. (A. Boudard, *Les Combattants du petit bonheur*, 1990 [1977], 314.)

7. Nul besoin de vous faire un dessin : **bing** ! Il place sa droite [= coup de poing]. (R. Bastide *et al.*, *Alcools de nuit*, 1988, 156.)

8. Je sors précipitamment de la voiture... **Bing** ! Je me cogne la tête [...]. (Ph. Carrese, *Trois jours d'engatse*, 1995, 68.)

— **et bing !**

9. Nous, on a commencé à jouer avec le ballon d'Irénée. [...] **et bing** ! le ballon est tombé sur la tête de papa. (Sempé, Goscinny, *Les Vacances du petit Nicolas*, 1985 [1962], 17.)

10. – Qu'est-ce que vous avez là ?
– Je me suis cognée tout à l'heure ; j'ai voulu soulever mon capot, **et bing**, je suis maladroite. (M. Lebrun, *Autoroute*, 1993 [1977], 107.)

11. Un jeune gars s'avança [...] **et bing** ! Cette fois c'est une canine qui sauta. (J. A. Lion, *Poulets et perroquets*, 1986, 112.)

— Répété.

12. Oui, ma femme est républicaine, elle aime la République autant que moi, comme moi (***bing, bing** sur le crâne d'un vieux monsieur placé à côté du ministre*). (*Le Petit pioupiou*, n° 17, 1887, 4.)

13. S'il le fallait il le materait au calibre, lui tirerait dedans. Qu'à laisser venir, guetter l'instant et... sans être vu... de nuit... **bing** ! **bing** ! En pleine tronche qu'il allait lui foutre les bastos de son flingue. (A. Le Breton, *Les Fortifs*, 1982, 230.)

— Dans une succession d'onomatopées.

14. – Mouille !
Bing ! berdiding !... Tu parles d'une

secousse, vous autres ! et de la ferraille, rapport que le grappin il avait mordu du premier coup [...]
– Mouille !... que crie *Vent d'Amont.* **Bing** ! berdiding ! jataring ! crrric !... (*Le Régiment illustré*, 26 mai 1897, 4.)

15. [...] et pflag ! [v. *pflac*] ça commence à sonner ! Gicler ! rebondir de partout ! pang* ! à **bing** ! à boum* ! plein les glaces !... la porte !... Un affreux fracas ! (L.-F. Céline, *Guignol's band*, 1944, 146.)

16. **Bing** ! Boum* ! Les obus tombaient [...]. (E. Grenadou, A. Prévost, *Grenadou, paysan français*, 1978 [1966], 95.)

V. encore *badaboum*, ex. 14 ; *bang*, ex. 11 ; *crr-crr*², ex. 6 ; *ding*, ex. 26 ; *wiz*, ex. 4 ; *Anthologie*, n° 20, 29, 36 et 52.

• **bing bang.**

17. [...] **bing-bang**, l'aller-retour [= double gifle] pour m'apprendre l'arithmétique ! (S. Japrisot, *La Passion des femmes*, 1986, 67.)

• **(et) bing, bang (zim), boum.**

18. Alors, fou de rage, je cogne de nouveau : crochet au foie, uppercut sous le menton, une-deux mâchoire et buffet... **Bing, bang, zim, boum**... (M.-É. Grancher, *La Souris de l'abbé Jouvence*, 1965, 93.)

19. [...] si eux [les CRS], ils sentent que ça sent le brûlé, ils sortent tout de suite le gourdin **et bing, bang, boum**. (P. Bourdieu, dir., *La Misère du monde*, 1993, 148.)

20. La première fois où elle a pris le volant [...], une catastrophe épouvantable a eu lieu.
– **Bing, bang, boum** !
Chaussée comme à son habitude de talons aiguille, elle a enfoncé l'accélérateur à fond. La voiture [...] a percuté trois véhicules garés dans la cour. (G. Del Pappas, *Du soleil plein la tête*, 2001, 9.)

21. **Bing bang boum** [Titre] / En février 1916, l'Allemagne lançait toutes ses forces sur Verdun. But de l'opération : saigner une fois pour toute [*sic*] l'armée française, obtenir la victoire grâce à l'artillerie lourde [...]. (*Télérama*, 31 octobre 2001, 153.)

22. Au départ il fait beau. Puis il fait lourd... Et après, **bing, bang, boum,** ça explose, ça pète, ça tonitrue... Coup de tonnerre, éclairs, orage, ô désespoir ! (*Ouest-France*, éd. Vendée-Ouest, 5 août 2002, 5ONOO.)

V. encore s.v. *badaboum*, ex. 13.

• **(et) bing badaboum.**

23. La nuit, on s'enfonçait dans des flaques d'eau sale... on glissait... on tâtonnait pour atteindre le trottoir... **et bing badaboum** ! on se butait dans une poubelle. Un chat se cavalait dans l'ombre... ça se répercutait le bruit métallique de la poubelle... badabing* ! (A. Boudard, *Les Combattants du petit bonheur*, 1990 [1977], 15.)

2. Souvent répété "(bruit produit par un tintement, par un signal, par un choc métallique)".

24. Il n'y a que lui pour faire vibrer le timbre de sa porte, – **bing... bing,** – deux coups rapides, rapprochés, souverains. (G. Droz, *Entre nous*, 1883 [1867], 205.)

25. [...] une cuillère, **bing, bing**, battit le tocsin contre une gamelle. « À table » [...]. (M. Embareck, *2–1 = 0*, 1991, 53.)

26. [...] le son d'un « **bing** » électronique, comme celui qui signale l'arrivée

d'un e-mail sur un ordinateur de bureau. (*Le Monde*, 19 octobre 2001, 16 [Traduit de l'anglo-américain].)

V. encore *Anthologie*, n° 40.

— **bing, bang.**

27. [...] elle [l'infirmière] manipule ses fiches avec des gestes vifs de ménagère débordée. **Bing, bang**, ça cogne sur le métal du chariot [...]. (J.-P. Demure, *Découpe sombre*, 1988, 60.)

3. "(bruit produit par un bris de verre, de vaisselle)".

28. Madame est dans sa chambre ; la bonne est dans son corridor, après son service. On entend ***bing !*** – LA DAME : *Ah, mon dieu, je suis sûre que voilà mon thomas en mille briques* [= morceaux] *!* (Nizier du Puitspelu, *Le Littré de la Grand' Côte*, 1894, 58.)

29. [...] il y a un ballon qui partait, un ballon malheureux, **et bing**, un carreau [...]. (P. Bourdieu, dir., *La Misère du monde*, 1993, 146.)

— Dans une succession d'onomatopées.

30. **Bing** ! Ca ! ra ! cla ! clac* ! C'est le réverbère, le gros ballon blanc qui éclate à pleine volée ! C'est le coup du caillou terrible ! la fronde franche. (L.-F. Céline, *Mort à crédit*, 2000 [1936], 326.)

V. encore *ding*, ex. 27 ; *Anthologie*, n° 53.

4. [Bruit à caractère musical]
4.1. bing bang "(bruit de sonnerie d'une ou de plusieurs cloches)".

31. – Et pourquoi s'en vont-elles, dites, les cloches ?
– Parce gu'elles sont tristes [répond Bertha], à cause de la mort de Notre-Seigneur. À Rome, brès du Bape, elles s'agenouillent, elles brient... Mais le samedi, quand elles safent que le bon Dieu va ressuscider, elles s'en reviennent en chandant : **Bing ! Bang !** (P. et V. Margueritte, *Poum*, 1897, 255.)

— **(et) bing, bang, beng** "id.".

32. **Et bing, bang, beng !** on n'entend plus que le gros bourdon désolant de la paroisse. (A. Allais, « Pour cause de fin de bail », 1899, *Œuvres anthumes*, 1989, 940.)

4.2. "(bruit de cymbales)". V. *boum*, ex. 31.

♦♦ **1.** Attesté dep. 1863 (v. ici ex. 1). **2.** Attesté dep. 1865 (« **Bing !** Voilà ce que je craignais » Meilhac, Halévy, *La Belle Hélène*, dans TLF). **3.** Attesté dep. 1894 (v. ici ex. 28). **4.** Attesté dep. 1897 (v. ici ex. 31). — GLLF ; Rob 2001 ; TLF ; NPR 2000 ; PL 2000, Ø ; TraitDu 1989, 62 (« Coup de bâton qui fait mal ») ; FEW 23, 195b 'bruit ; tapage'.

BIP

1. "(bruit d'un signal sonore, bref et de faible intensité, souvent répété à l'identique)".

1. Dans les talkies-walkies aux allures de parapluies repliés, ce **bip** devient un ordre sec, même pas codé. Faut y aller. (A. Demouzon, *Paquebot*, 1989, 34.)

2. Le commissaire Manicacci devait avoir la main sur le téléphone. Il décrocha au premier **bip**. (J. A. Lion, *Les Corbillards reviennent à vide*, 1989, 57.)

3. Rétro ou branché FM, à « **bip** » ou à « dring »*, à « cuicui »* ou même à « meuh ! »*, le réveil sépare l'humanité en deux espèces [...] : ceux qui bondissent du lit et ouvrent les fenêtres, les alouettes, et ceux qui émergent avec peine et feraient bien la peau aux premiers, les chouettes. (*20 ans*, octobre 1990, 86.)

4. Papa immobile en soins intensifs. Relié à une machine gazouilleuse de **bips**. (Th. Rozo, *Comme des squales*, 1993, 82.)

5. [...] le contrôleur aérien [...] a découvert un **bip** non identifié sur l'écran radar. (*Le Monde*, 19 octobre 2001, 16 [Traduit de l'anglo-américain].)

6. Dans les émissions télé, quand le nom d'une marque est prononcé, il est remplacé par un **bip** [...]. (*Télérama*, 19 décembre 2001, 7.)

— Répété.

7. [...] les écrans glauques et les **bip bip** [...]. (F. Gruhier, *Les Délices du futur*, 1988, 51.)

8. Le palier était désert, mais dès que je poussai une porte, une lumière rouge se mit à clignoter au fond du couloir et un **bip-bip** feutré mais inquiétant retentit. (G. Delteil, *Balles de charité*, 1990, 167.)

9. Sur une table [à l'hôpital], des appareils. Un cadran avec un signal lumineux qui se déplace... **bip... bip... bip...** (A. Vers, *C'était quand hier ?*, 1990, 419.)

10. [...] des vêtements en cuir, neufs, avec leurs étiquettes et tout un bocal de barrettes magnétiques blanches qui font **bip-bip** en sortant des magasins. (T. Benacquista, *Les Morsures de l'aube*, 1992, 153.)

11. Elle me regarde partout. Elle se penche à côté du lit, vers le **bip bip**. Je regarde. Le **bip bip** sort d'une lumière verte qui traverse un drôle de rond plat et noir sur une machine. En blanche, elle me chuchote :
– Reposez-vous, dormez.
Bip bip. (R. Eyraud et J. Caumer, *J'ai oublié qui j'étais*, 1995, 15.)

• **bip bip bip** "(signal émis par le satellite Spoutnik lancé en 1957)".

12. Je viens d'apprendre que le Spoutnik ne tourne pas [...] Mais le **bip-bip-bip** ? « Les **bip-bip-bip** n'y peuvent rien. Toute station peut faire **bip-bip-bip**. Je me suprends moi-même à le faire par moments. Et d'ailleurs, au-dessus de l'Amérique, le Spoutnik a fait uh-uh-uh. » En ricanant ! (A. Vialatte, *Chroniques de La Montagne*, 2000, t. 1, 574 [5 novembre 1957].)

En contexte métaphorique.

13. Spoutnik [titre du chapitre] / Gras et suant, personne ne l'aime, il boit. Au mess, les autres sous-offs le charrient lourdement, avec ce qu'il descend comme bière, il ne va pas tarder à remonter sur orbite, **bip, bip, bip**. (D. Zimmermann, *Nouvelles de la zone interdite*, 1988, 85.)

• [téléphone] "signal sonore indiquant que le correspondant est absent, qu'il a raccroché ou que sa ligne est occupée".

14. Elle s'est marré [*sic*]. Et elle m'a raccroché au nez. **Bip bip bip**. (J. Vautrin, *Patchwork*, 1992 [1983], 205.)

15. **Bip, bip, bip**, et merde ! Elle avait raccroché [...] ! (J.-L. Degaudenzi, *La Lamentable épopée de Doris et Alexandre*, 1990, 87.)

16. Fou de rage et de désespoir, je l'ai recomposé trois fois, ce numéro maudit, sans rien obtenir de plus que ce **bip-bip** qui me martelait le cigare. (J. Houssin, *Mongol*, 1990, 158.)

2. Emploi subst. m.

— Souvent redoublé "dispositif (d'alarme, d'alerte, de détection) émettant ce signal".

17. Ils ont enregistré mes bagages, comme pour tout le monde. J'ai patienté en feuilletant des magazines, comme les autres, je suis passée au **bip-bip**, comme les autres, et ils n'ont pas trouvé de bombe sur moi [...]. (A. Vergne, *La Somnambule*, 1977, 131.)

18. [...] les toubibs en balade dans les services [de l'hôpital] portaient un « **bip-bip** » grâce auquel on pouvait les toucher dans n'importe quel bâtiment. (H. Jaouen, *Quai de La Fosse*, 1991 [1981], 201.)

19. Le **bip** dont Samuel ne se séparait jamais bipa. Le professeur rappela l'hôpital. Adeline Durand le cherchait. (A. Francos, *Sauve-toi, Lola !*, 1984 [1983], 148.)

— **bip (sonore)** "signal sonore d'un répondeur téléphonique après lequel on est invité à laisser un message en cas d'absence du correspondant".

20. « Bonjour, vous êtes chez Gérald Watson, je suis absent. Il est d'usage de parler après le **bip sonore** mais si c'est urgent vous pouvez parlez avant. » (J.-M. Ribes *et al.*, *Merci Bernard*, 2001 [1984], 52.)

21. [...] il alluma le Minitel et fit le onze à l'aide des touches du téléphone. Après le **bip sonore**, il appuya sur la touche « connexion » [...]. (Fr. Joly, *L'Homme au mégot*, 1990, 112-113.)

22. Il saisit le combiné et composa sur le cadran le numéro de Lucie. En retour il eut droit à un message : « Lucie est désolée, Lucie est en voyage, Lucie vous embrasse et n'oubliez pas de lui laisser un mot après le petit **bip**. » (Fr. Maubert, *Petit Guide*, 1990, 216.)

23. [...] les secrétaires sont surtout là pour empêcher de voir les patrons, et les répondeurs pour éviter d'avoir à répondre. La *conférence* et le ***bip sonore*** sont les deux refuges de l'Injoignable. / Pourquoi sonore au fait ? J'attends toujours qu'on m'apporte un **bip** insonore. (A. Schifres, *Les Parisiens*, 1990, 340.)

24. Le téléphone sonna trois fois, puis le répondeur se déclencha. La voix enjouée de Scoop : Bonjour ! vous êtes bien au... Tout le message défila sur la bande jusqu'au fameux **bip sonore**. (D. Picouly, *Nec*, 1992, 38.)

DÉR. **1. biper / bipper** v. intr. "faire *bip*". « Ça s'agglutine devant toutes les caisses. [...] Les mains grassouillettes comptent, signent, rédigent, pianotent sur la bestiole électronique qui **bipe** et rebipe » (J.-J. Dupuis, *Le Ventre de l'ombre*, 1989, 17) ; « – [...] un passage clouté et ça se met à **biper** quand le feu passe au vert » (D. Daeninckx, *Hors-limites*, 1992, 67) ; « Je suis au deuxième niveau des parkings souterrains, le dernier, quand mon talkie-walkie **bipe** » (A. Nolent, *Résidence surveillée*, 1993, 141) ; « Derrière les cloisons, les Macs **bippaient**, les imprimantes tactaquaient* » (M. Quint, *La Belle Ombre*, 1995, 218) ; « À 17 h 41 [...] le bulletin de l'Agence France-Presse ***"bipe"*** sur les ordinateurs » (*Le Monde*, 22 février 2002, 1) ; v. encore ci-dessus, ex. 19. **2. bipbiper** v. intr. "id.". « J'ai mis mon réveil électronique et il **bipbip** [*sic*]... » (San-

Antonio, *Le Trouillomètre à zéro*, 1987, 48).

♦♦ Attesté dep. 1957 (v. ici ex. 12), le mot est probablement emprunté à l'angl. *(to) beep* "klaxonner, faire bip". — GLLF et TLF Ø ; Rob 2001 *bip-bip* ; NPR 2000 « vers 1950 » ; PL 2000 ; TraitDu 1989, 62.

BISTANCLAQUE □ VAR. *bistanclac*.

À Lyon, vieilli "(bruit du métier à tisser traditionnel)".

1. Mais le canut est mort. L'usine l'a tué. [...] Les uns après les autres, les vieux ***bistanclacs*** s'arrêtent, au fond des antiques corridors qui sentent le chou aigre et le pipi de chat. On portera bientôt le dernier au Musée des Tissus. (M.-É. Grancher, *Lyon de mon cœur*, 1946, 121.)

— Associé à d'autres onomatopées.

2. BISTANCLAQUE-PAN, s. m. – Bruit que fait le métier de façonné. On dit quelquefois ***bistanclaque*** seul. (Nizier du Puitspelu, *Le Littré de la Grand'Côte*, 1894, 45.)

3. Il n'est pas de vieux Croix-Roussien qui ne se souvienne du « **bisse-tan-claque-pan** » du métier à tisser résonnant dans les rues dès cinq heures du matin jusqu'à huit ou neuf heures le soir [...].
Mme Marguerite. – Oh, il y avait toujours des canuts, c'était beaucoup plus que maintenant : tu entendais dans toutes les rues le **bisse-tan-claque-pan** des...
Pierre. – Le quoi ?
Mme Marguerite. – **Bisse-tan-claque-tan** ! [*sic*] C'est le mouvement du battant du métier à tisser. Eh bien, ça a toujours été, on disait le **bisse-tan-claque-pan**. C'est une onomatopée qui représente le bruit du métier. (M. de Certeau *et al.*, *L'Invention du quotidien*, 1994 [1980], t. 2, 55 et 171.)

4. Vous ne connaissez pas le **bistanclac** ? À Lyon, on vous expliquera que cette onomatopée rassemble les bruits du métier à tisser : **bis** ! pour le sifflement de la navette, **tan** ! pour le ton sourd des pédales, et **clac** ! lorsqu'on rabat la pièce de bois. Découvrir la soie en Rhône-Alpes, c'est sentir battre le rythme de ces métiers traditionnels. (*Le Particulier pratique*, novembre 1997, 66.)

♦♦ Attesté dep. 1894 (v. ici ex. 2). — Absent des dictionnaires consultés.

BLAM

1. "(bruit d'un choc ou d'un coup violent ; bruit d'un coup de feu, d'une explosion)".

1. [Porte qui claque] BLAM (Hergé, *Tintin et les Picaros*, 1976, 19.)

2. [...] **blaam**. Voilà des pétards qui explosent sous les cendres, au moment d'allumer le feu dans la cheminée. (Bayon, *Le Lycéen*, 1987, 198.)

3. **BLAAAM** ! La détonation fit sursauter Julie. (Ph. Le Roy, *Pour adultes seulement*, 2001 [1997], 24.)

4. **Blam** ! La porte de l'appartement a claqué d'un coup. (N. Ancion, *Les Ours n'ont pas de problème de parking*, 2001, 70.)

— En contexte métaphorique.

5. On invitait les gens gracieusement... en les prévenant [...] qu'il y avait « une petite participation aux frais ». Juste pour « le geste », on donne ce qu'on veut. Ah ouais, tu parles d'un geste.

Blaaam : le coup de massue. (Bayon, *Le Lycéen*, 1987, 285.)

2. "(pour exprimer la soudaineté d'un procès)".

6. Il [Alain Giraudie] a 22 ans. « Et là, **blam** !, je décide d'écrire un roman. » (*Libération*, 15 août 2000, 20.)

♦♦ Attesté dep. 1976 (v. ici ex. 1), mais probablement antérieur dans le français du Québec et dans la bande dessinée ; emprunt à l'anglo-américain *blam*, de même valeur. — Absent des dictionnaires consultés, à l'exception de TraitDu 1989, 66.

BLANG

1. "(bruit d'un choc violent, qui résonne)".

1. **BLANG** fait la porte blindée qui se referme sur eux. (Fr. Lasaygues, *Vache noire*, 1985, 46.)

2. Merle n'attend pas que la Peugeot se soit immobilisée. Il envoie la portière voler et saute à terre. **BLANG** ! Il atterrit contre une R5 rouge [...]. (Fr. Lasaygues, *Back to la zone*, 1992, 32.)

— Dans une succession d'onomatopées. V. *bling*, ex. 3.

2. bling* blang.

♦♦ Attesté dep. 1985 (v. ici ex. 1), mais sans doute antérieur dans la bande dessinée. — Absent des dictionnaires consultés.

BLING

1. "(bruit de vaisselle ou de verre brisé)".

1. **Bling**, c'est pas un bruit, c'est considéré comme une connerie que quelqu'un a faite dans la cuisine. (J.-M. Gourio, *Brèves de comptoir 5*, 1997 [1996], 90.)

2. Elle se penche, prend une bouteille à terre, la lance contre un mur blanc. **Bling** ! (*Libération*, 2 juin 1998, 36.)

— Dans une succession d'onomatopées.

3. [...] on pétait les canettes une par une, **bling**-blang*-cracc* [...]. (Bayon, *Le Lycéen*, 1987, 266.)

V. encore *Anthologie*, n° 53.

REM. **pling** "id.". « "**Pling**-plic*-plang-pluc..." On a à peine entendu les petits bruits de verre cassé [...] » (Bayon, *Le Lycéen*, 1987, 21).

2. bling blang "(bruit de guitare)".

4. Avec l'index, nous viendrons appuyer sur les cordes [...] et nous obtiendrons les deux accords suivants : **bling** et blang* !... (B. Lapointe, « Guitare sommaire », 1975, *Intégrale*, 1994, 80).

♦♦ **1.** Attesté dep. 1987 (v. ici ex. 3), mais sans doute antérieur dans la bande dessinée. **2.** Attesté dep. 1975 (v. ici ex. 4). — Absent des dictionnaires consultés, à l'exception de TraitDu 1989, 67 *(blink)*.

BLOP

"(bruit sonore, ponctuel et discret)".

1. Il nous parle d'une manière à la fois brillante et délicate des animaux qu'il a essayé d'apprivoiser, par exemple de grosses chauves-souris « dont le cri se termine par une perle » (il imite ce bruit : **blop** !) [...]. (J. Green, *Journal*, 1950, FXT.)

2. La boîte crânienne [sciée par le médecin légiste] se détache dans un « **blop** » creux, et livre les méandres des deux hémisphères. (*Libération*, 26 juillet 2000, 2.)

3. Le coup de merlin partit avec un « **blop** » de joujou à air comprimé. (J.-Cl. Schineizer, *Pépère et l'omnibus*, 2001, 89.)

♦♦ Attesté dep. 1950 (v. ici ex. 1). — Absent des dictionnaires consultés.

BLOUM

Vieilli "(bruit soudain, produit par une chute, par un choc, par un coup ou par une détonation)".

1. **Bloum** ! Il tomba à genoux à ses pieds. Il lui ceinturait les jambes. (A. Dominique, *Le Gorille au frigo*, 1957, 78.)

V. encore *boum*, ex. 48.

♦♦ Attesté dep. [1860 dans un jeu de mots, v. *zim*, rem. après l'ex. 12] 1903 (v. *boum*, ex. 48) ; 1908 (« **Bloum !** [...] Onomatopée exprimant le bruit *sourd* d'une chute, d'un choc, d'une détonation » A.-J. Verrier, R. Onillon, *Glossaire étymologique et historique des patois et des parlers de l'Anjou*, Angers, t. 1, 107). — Absent des dictionnaires consultés, à l'exception de FEW 23, 196b 'bruit, tapage', d'après Verrier et Onillon.

BLP

Souvent répété.

1. "(bruit de bulles dans l'eau)". □ VAR. *blub*.

1. [MILOU, *nageant sous l'eau.*] – **Blub** (Hergé, *Les Aventures de Tintin [...] au pays des soviets*, 1999 [1930], 73.)

2. "(bruit d'un liquide qui bout)". □ VAR. *bloup*.

2. – [...] Qu'est-ce que je vous sers ?
– Deux autres whiskies, dit la blonde. Avec de la glace si possible.
– Je m'appelle Jésùs, dit le barman, mais jusqu'aux miracles exclusivement. Il revint avec deux whiskies qui fumaient un peu.
– Ne tenez pas votre verre à la main, dit la belle, ou votre whisky va bouillir.
– Co... comment... dit Clovis.
– Bouillir !... **Blp** ! **Blp** ! Avec de grosses bulles, vous savez ? (J. Faizant, *Ni d'Ève ni d'Adam*, 1959 [1954], 75.)

3. PIERRE [...] Je ne suis pas savant. Je suis simplement chargé de cours et de recherches en physique et chimie [...]. GEORGETTE C'est vrai ce qu'on raconte ? Qu'on s'amuse avec des machins jaunes dans des burettes et que ça devient bleu en faisant des pschh [v. *pch*[1]] et des **bloup-bloups** ? (J.-N. Fenwick, *Les Palmes de M. Schutz*, 1989, 6.)

♦♦ **1.** Attesté dep. 1930 (v. ici ex. 1). **2.** Attesté dep. 1954 (v. ici ex. 2). — Absent des dictionnaires consultés, sauf TraitDu 1989, 57 *beub beub leup beulll lopp* et 68 *blopblopblop* (emploi 2) et 69 *blub* (dans des sens proches de l'emploi 1).

BOÏNG □ VAR. *boing*.

"bruit produit par un ressort sous tension brusquement libéré)".

1. Après quoi je fais TILT ! et ça fait BOING ! (Serge Gainsbourg, « Comic Strip », 1967, *Mon propre rôle*, t. 1, 1991 [1987], 182.)

2. Dans un dessin animé de Tex Avery, j'aurais eu une langue d'un mètre de long, mes yeux auraient jailli de leurs orbites au bout de deux ressorts en faisant **boïng** [...]. (Gotlib, *J'existe, je me suis rencontré*, 1994 [1993], 142.)

REM. **bzoing** "id.". Dans une comparaison « Telle une balle de flipper percutant les bompers, je fus remis en jeu, **bzoiing !** » (Ph. Manœuvre, *L'Enfant du rock*, 1986, 124).

♦♦ Attesté dep. 1987 (v. ici ex. 1), mais probablement antérieur dans la bande dessinée. — Absent des dictionnaires consultés, à l'exception de TraitDu 1989, 73.

BOM

1. "(bruit d'une grosse cloche, d'un bourdon au son grave)". V. *bim* bom*.

2. Vx, souvent répété "(bruit du canon)".

1. Les fusils partent, l'airain gronde,
Et le carnage au loin s'étend.
Obus, canon,
Bom, bom,
Les dispersent,
Et les renversent [...]. (A. Capelle et P.-A. Gombaut, *Le Tambour de Logrono*, 1824 [1823], 11.)

2. En défendant ses étendards,
Qu'importe alors si l'on succombe ;
La valeur qui forge nos dards,
Avec nous défend nos remparts.
Bom, bom, lançons la bombe !
Bom, bom, gare au vaincu,
Bom, bom, l'ennemi tombe,
Bom, bom, il a vécu. (A. Gombaud *et al.*, *Les Petits maraudeurs*, 1823, 23.)

3. **Bom ! bom !** l'artillerie,
Bom ! bom ! soutient son nom :
Bom ! bom ! pour la patrie,
Bom ! bom ! vite *un canon* ! (« Ronde de l'artilleur français », dans *Gymnase lyrique*, t. 9 [1832], 161.)

4. **Bom... bom... bom... bom...**
C'est le son du canon,
Qu' pour imprimer son nom,
Sur chaque maison,
Emploi' notr' bon roi ! (J. Rozeury, *Histoire de la révolution de 1830 !!!*, 1832, 21.)

5. Mais voilà le canon ! **bom ! bom !** de la foudre les éclats, cla ! cla ! enflamment tout l'horizon, zon ! zon ! (H. Berlioz, *Les Soirées de l'orchestre*, s.d. [1852], 234.)

PRONONC. D'après les rimes, la prononciation devait être [bɔ̃] ; cf. [pɔ̃] s.v. *pom*.

3. Répété "(bruit de coups)".

6. [HADDOCK, *frappant à une porte.*] – Ouvrez, tonnerre de Brest ! ouvrez !... En voilà des mœurs de sauvages ! BOM BOM (Hergé, *Coke en stock*, 1958, 41.)

♦♦ **1.** Attesté avant 1724 (« **Bom bam bon.** / Que ce lugubre son m'afflige ! **bom bam bon.** / J'entendois chez moi sur ce ton / Gronder en faux-bourdon la pauvre Mathurine, / Quand pour avoir été trop gai chez ma voisine, /

J'en revenois plus triste à la maison. / **Bom bam bon** » Ch. Dufresny, chanson, *Œuvres*, 1779, t. 3, 456) ; 1788 « Ta cendre est tout ce qui me reste / De mon bonheur, de mes plaisirs ! / *La cloche*. **Boumm, boumm.** / Pendant ta vie, Adélaïde, / J'ai tant pleuré pour tes appas ! / *La cloche*. **Boumm...** / Toujours en feu, toujours humide, / Mon œil jaloux suivait tes pas ! / *La cloche*. **Boumm, bomm, bomm...** » Le Cousin Jacques [Beffroy de Reigny], « Complainte de Comminges au tombeau d'Adélaïde », *Les Soirées chantantes*, 1805, t. 3, 75 ; le titre précise qu'elle a été « faite en 1788 »). **2.** Attesté dep. 1823 (v. ici ex. 1). — Absent des dictionnaires consultés.

BONG

Souvent répété ou associé à d'autres onomatopées "(bruit produit par un choc violent, par un coup brutal, par une détonation)".

1. « **Bong** ! » le canon recommençait. (R. Benjamin, *Gaspard*, 1915, FXT.)

2. Mais j'ai quand même cogné mon front contre la paroi de tôle, **bong, bong**, trois quatre gouttes de mon vieux citron d'âme entre les cils. (J. Réda, *Les Ruines de Paris*, 1977, 152.)

3. [...] ce bruit de machine à écrire, le tacatac [v. *tac*] métallique des touches et le ding*-vroum*-**bong** du retour de chariot. (A. Rémond, *Mon Œil*, 1993, 165.)

4. [...] coup de pelle balancé gratuitement sur la tête d'un innocent, sans discussion ni avertissement, spasme libérateur de violence imbécile : **bong** ! (*Télérama*, 31 octobre 2001, 123.)

REM. **boung** "id.". "[...] et *bing**! et *boung!* » (L.-F. Céline, *Rigodon*, 1973 [1961], 290) ; « D'un sentier [...] surgit un cochon. Capelle freina [...], le coup de volant maladroit ne servit à rien. Avec un "**boung**" féroce, [...] le véhicule télescopa le porc kamikaze au milieu de la piste » (Bayon, *Les Animals*, 1990, 111).

♦♦ Attesté dep. 1915 (v. ici ex. 1). — Absent des dictionnaires consultés, à l'exception de TraitDu 1989, 75.

BOUAC, BOUAH

"(marque le dégoût, la nausée)".

1. bouac. □ VAR. *bouakh* (rare).

1. « **Bouac** ! » comme disait la grande Anaïs qui simulait si admirablement les nausées. [...] **Bouac** ! ces garçons sont des cochons ! (Colette, *Claudine à Paris*, 1901, *Œuvres*, 1984, t. 1, 265 et 306.)

2. Le dernier film de Douglas, le *Gaucho*, est manqué [...] il y a un miracle hydraulique et électrique, de vagues histoires de lèpre à contagion subite... **Bouac** ! (J. Prévost, in *NRF*, mars 1928, 392, DDL.)

3. Mme Loiseau parle une langue que je n'aime pas, le bagoût [*sic*] banlieusard. Elle dit le paxon, le coinsteau, la mouscaille. C'est de l'argot de cheftaine. **Bouac**. (A. Paraz, *Le Gala des vaches*, 1948, 13.)

4. – [...] C'était plein de viande saoule, **bouac**. (A. Paraz, *Une fille du tonnerre*, 1952, 196.)

— Par analogie.

5. D'indiscrets trombones ont beau croasser, à ce moment [...] leurs **Bouakh** ! (Willy, *La Mouche des croches*, 1894, 299, dans TLF, s.v. *croasser*.)

2. bouah. □ VAR. *beuouah, buah.*

6. – Oh ! la déplaisante face de bossu !
– Oh ! la vilaine âme !
– **Buah** ! (V. Hugo, *Notre-Dame de Paris*, 1832, FXT.)

7. PIERROT. – **Buah, buah**, c'est bien mauvais. (É. Ourliac, *La Guérison de Pierrot*, dans *Journal des enfans*, 1838, t. 6, 369.)

8. – [...] Tu vois toi aussi Ferdinand il t'est resté sur l'estomac le thon !... Nous refaisons l'effort ensemble. **Bouah** !... et **Bouah** ! Elle s'était trompée ! c'est les crêpes ! (L.-F. Céline, *Mort à crédit*, 2000 [1936], 128.)

9. « **Beuouahh** », fit-il en déglutissant la boisson [une grenadine] qu'il avait lui-même élue et à laquelle il venait de faire subir le traitement expéditif dont est coutumière la vodka. (R. Queneau, *Zazie dans le métro*, 1970 [1959], 151.)

REM. **bah** "id.". « La fille a pris le flacon de kirsch, a dévissé le bouchon métallique et s'est envoyé la moitié du liquide au goulot. / – **Bahhhh** ! a-t-elle déclaré en fronçant le nez » (J.-P. Manchette, *Morgue pleine*, 1973, 31).

♦♦ **1.** Attesté dep. 1894 (v. ici ex. 5). Forme antérieure, avec consonne sourde à l'initiale, **pouac/poac** dep. *ca* 1480 (Coquillart, v. TLF) et 1496 (« Fol enraigé, qu'as tu mengé ? **Poac ! Poac !** » A. de la Vigne, *Le Mystère de Saint Martin*, 1979, 139) ; 1548 « **Pouac !** vous avez vessy » *Le Savetier Calbain*, dans *Recueil de farces*, 1988, t. 3, 146) ; 1605 (« "***Pouach***", crachant, "*c'est un ladon (lardon) que j'ay jetté, maman ga*" » J. Héroard, *Journal*, 1989, t. 1, 786). **2.** Attesté dep. 1832 sous la forme *buah* (v. ici ex. 6). C'est [pwa] qui prendra la relève à partir de 1630 (« Chacun à ma rencontre se bouschoit le nez, et les uns disoient, Place, laissez-le passer, c'est un scandale de boyaux, le pauvre homme a le mal de ventre ; les autres : Achevez de vous torcher, et ne courez pas si viste ; d'autres : **Poüa** vilain, il a gasché du gros » M. Aleman, *Le Voleur*, 64) et, sous la graphie actuelle, dep. 1704 (« (*Elle tousse beaucoup, et crache au nés d'Albert.*) **Pouah**. C'est un dioesis que j'avois dans la gorge » J.-F. Regnard, *Les Folies amoureuses*, *Les Œuvres*, 1736, t. 2, 522). — Absent des dictionnaires consultés.

BOU BOU[1]

"(bruit du cri d'un oiseau de nuit)".

1. – De grâce, arrêtez-ci, monsieur Trésor des fèves ! **Bou, bou, bou, bou, bou, bou**, tui* ! C'est moi qui vous parle.
– Est-il vrai ? dit Trésor des fèves en dressant son regard juqu'au sommet d'un pin [...] sur lequel un maître hibou se balançoit lourdement au souffle du vent [...]. (Ch. Nodier, *Trésor des fèves*, 1833, FXT.)

2. « **Bouu ! Bou** »... faisait le Hibou. (Bayon, *Les Animals*, 1990, 35.)

— Croisé avec *hou hou**.

3. **Bouhouhou** !... Les chouettes et les chouans poussent ce cri pendant la nuit [...]. (E. Pérochon, *Barberine des genêts*, 1933, 34.)

4. Un oiseau nocturne fait : « **Oubouhou, oubou.** » (R. Maran, *Batouala*, 1950 [1938], 63.)

♦♦ Attesté dep. 1833 (v. ici ex. 1). – Absent des dictionnaires consultés.

BOU BOU[2] □ VAR. *baou baou.*

“(bruit de l'aboiement du chien)”.

1. ANTOINOU, imitant le chien. – **Baou, baou, baou !** ou a ou, ou a ou [v. *ouaou*] ! (Rires immodérés). (É. Ourliac, « La Tribu des charabias », *Proverbes et scènes bourgeoises*, 1868 [avant 1848], 173).

2. LE CHIEN. – **Bou ! bou ! bou !**
LA DAME. – Couché ! (*Le Petit pioupiou*, 1887, n° 21, 10).

V. encore *aï aï*, ex. 1 ; *wraou*, ex. 1.

— Dans une comparaison.

3. LONGUOREILLE. – Silence ! – Frappe-les, soldats !
Et s'ils ne se taisent pas, n'aie pas peur, tire sur eux !
Bou ! bou ! Vrai, ils crient comme des chiens ! (P. Claudel, *La Ville*, 1re version, 1893, FXT.)

♦♦ Attesté dep. 1606 sous la forme *bau* « [...] les chiens clabaudent ***bau, bau*** [...] » et « [...] le jour et la nuict [les chiens] hurlent avec leurs voix importunes ***bau, bau, bau***, et ne laissent les voisins dormir à repos [...] » [Trad. de Folengo], *Histoire maccaronique de Merlin Coccaïe*, 1859, 169 et 214). — Absent des dictionnaires consultés ; aj. à FEW 1, 299a, BAU, où cette forme manque.

BOUH □ VAR. *beuh.*

Souvent répété “(bruit de sanglots)”.

1. [HADDOCK.] – **Bou-ou-ouh** maman !... M'man-an ! **Bou-ouh** [...] **Bou-ouh** m'man-an !... (Hergé, *Le Crabe aux pinces d'or*, 1941, *Archives Hergé*, 1980, t. 4, 279.)

2. JACQUES père, *à son fils* : Jacques ! J'ai une cruelle nouvelle à t'annoncer.
JACQUES mère *pleure* : **Beuh ! beuh ! Beuh !** (E. Ionesco, *L'Avenir est dans les œufs*, 1951, *Théâtre complet*, 1991, 123.)

3. [IRMA.] – Ça devait arriver !... **Beu-eu-euh** !... Ça devait arriver !... (Hergé, *Les Bijoux de la Castafiore*, 1963, 36.)

4. Recule, avance, cours,
Lève, tombe, au secours !
L'oiseau léger est si lourd...
À chaque jour, je fais pleurer l'amour,
Boo, boo, boo... (F. Leclerc, « Les Soupirs », 1963, *Cent chansons*, 1994 [1988], 47.)

— Avec finale en écho ou associé à *hou hou**.

5. Et puis, y a des jours comme ça, on se retrouve entre copines pour une partie de lamento. [...] Y a que des nuls, des mous de veau, des pédés, des misos, des machos... **Bouhou-hou** ! Quelle tristesse ! (E. Hanska, *Que sont mes raouls devenus ?*, 1991 [1990], 140.)

6. Des sanglots bloquent la suite dans la gorge de la pauvre Suzy. / « ... Et toi, tu les laisses faire, **bouhouhouhou**. J'en ai assez. Je rentre. » (L. Chalumeau, *Fuck*, 1991, 44.)

• Avec allusion au cri de la chouette (*hou hou**).

7. À peine entrée, elle se laissa choir sur le coin de mon lit et se mit à faire

la chouette. **Bouhou hou hou hou hou**... elle n'aurait pas dû venir, elle avait honte, elle avait peur [...]. (G. Mordillat, *Rue des Rigoles*, 2002, 224-225.)

REM. Graphie américaine dans l'ex. 4.

♦♦ Attesté dep. 1552 (« **Be be be bous bous, bous** » Rabelais, *Quart Livre*, *Œuvres complètes*, 1994, 584). — Enregistré seulement dans TraitDu 1989, 77.

BOUM

1. "(bruit sourd, soudain et fort, produit par une chute brutale, un choc violent, une détonation, une explosion)".
1.1. Simple.

1. – Comment il est mort ? avait demandé Denis.
– Il a sauté sur une mine [...]. **Boum** ! (S. Japrisot, *Les Mal partis*, 2001 [1950], 243.)

2. La bagnole a fait un tonneau complet. J'ai vu arriver un poteau en ciment. Impossible de l'éviter. La voiture est rentrée dedans avec un gros **boum**. (Georgius, *Tornade chez les flambeurs*, 1956, 14.)

3. [...] il s'est mis à descendre l'escalier comme une luge [...]. Sa tête a fait **boum** sur le carrelage du hall d'entrée, quand nous sommes arrivés au rez-de-chaussée. (J.-P. Manchette, *Morgue pleine*, 1973, 79.)

4. Il ne devait pas être encore bien réveillé car il loupa les premières marches. **Boum**. Descendez, on vous demande. Le type se retrouva sur son cul [...]. (J.-P. Houssin, *Plus noir qu'un Dobermann*, 1981, 149.)

5. [...] d'un seul coup d'un seul trente-six chandelles, un grand bruit **boum** dans sa tempe, le cosy qui gémit, et lui qui s'étourdit. Bonne nuit les petits. (D. Rondeau, *L'Âge-déraison*, 1982, 100.)

6. La bombe a fait **boum** à une heure et demie quand Popol est sorti de chez lui [...]. (J. Rambaud, *Les Miroirs d'Archimède*, 1985 [1983], 65.)

7. Les avions vinrent le soir ; ils étincelaient dans le soleil couchant et les « **Boum !** » du bombardement paraissaient irréels. (R. Vincent, *L'Adieu aux champs*, 1989 [1987], 231.)

8. **Boum** ! / La R 5 achetée par l'intermédiaire de la Centrale des particuliers venait de heurter violemment une 2-CV garée derrière elle. (L. Bénégui, *Au Petit Marguery*, 1991, 25.)

9. **Boum**, le premier bouchon saute, il lampe au goulot [...]. (M. Quint, *Cakewalk*, 2001 [1993], 138.)

10. Je jette l'engin [une roquette] par l'ouverture dans le mur. Un silence, puis...
– **Boum** !
[...] Malgré l'épaisseur des murs de béton, on a bien senti la déflagration. (G. Del Pappas, *Du soleil plein la tête*, 2001, 102.)

V. encore *brou*, ex. 4 ; *pan*, ex. 35.

— Associé à d'autres onomatopées. V. *badaboum*, ex. 13 ; *ban*, ex. 2 ; *bang*, ex. 9 ; *baoum*, ex. 4 ; *bim*, ex. 5 ; *bing*, ex. 15-16 ; *chtac*, ex. 5 ; *dong*, ex. 11 ; *pan*, ex. 23 ; *patatrac*, ex. 25 ; *vlan*, ex. 20 ; *vrrt*, ex. 4 ; *Anthologie*, n° 25, 27-28, 36, 47 et 52.

11. Vlan* ! un direct du droit atteint Élie-Élie à la figure. **Boum** ! un crochet

au creux de l'estomac. (J. Delteil, *Les Cinq Sens*, 1983, 95.)

— Emploi subst. m. vieilli.

12. [...] les canonniers, les **boums** comme on les appelle [...]. (G. Fleury, *Rond comme la mer*, 1992, 169.)

— **et boum !**

13. – Si je pose ce sac, on saute tous avec ! brailla-t-il [...]. Il y a une bombe dedans ! Je la pose, je la lâche, ou je tombe avec... **et boum** ! (T. Topin, *Un gros besoin d'amour*, 1984, 51.)

14. Ils [les carabiniers] se penchèrent [sur la voiture], échangèrent un petit sourire indulgent et l'un d'eux, en quelques gestes rapides, dégagea la bombe [...].
– Du boulot honnête, sans plus. Très primaire. C'était branché sur le contact. Vous tournez votre clé **et boum** ! (J. A. Lion, *Poulets et perroquets*, 1986, 107.)

— En contexte métaphorique.

15. On sonne... Qui va là ?
Boum ! la bombe de la fin... La visite du pro-pri-é-taire. (P. Véron, dans *Almanach comique*, 1871, t. 30-31, 83.)

16. MONSIEUR MOI. – C'est dire qu'il y avait, à cette étape de notre chemin, un obstacle : quelque chose d'inexplicable, quelque chose d'irréductible et d'opaque contre quoi nous nous sommes heurtés.
LE PARTENAIRE, *intelligemment*. – **Boum** !
MONSIEUR MOI. – On ne saurait mieux dire. (J. Tardieu, « Monsieur Moi », *Théâtre de chambre*, 1955, 98.)

1.2. Répété.

17. Puis j'entends : **Boum** ! **Boum** ! Ah ! je dis, voilà le fusil anglais qui parle ; il riposte... (P. Mérimée, *Colomba*, 1840, FXT.)

18. Il narre qu'après les journées de juin un perroquet qu'il connaissait restait muet des heures ; puis il faisait : **Boum** ! **boum** ! **boum** ! – Il imitait le canon. Le perroquet était fou. (E. et J. de Goncourt, *Une voiture de masques*, 1856, 170.)

19. [...] en v'là un polisson d' pays [la Crimée], des villages de terr' glaise et des maisons d' toile ; encore que c'est nous qui les a apportées, [...] et la nuit donc, en v'là un de tremblement, **boumm** ! **boumm** ! (Ch. Colmance, « La Marche des piou-pious », *Chansons*, 1862, 216.)

20. De la légende du dix-neuvième siècle, je n'ai retenu que le refrain, un seul mot, que je répète à la façon du perroquet effrayé :
– **Boum** !... **Boum** ! (Ch. Monselet, *Les Femmes qui font des scènes*, 1865 [1864], 244.)

21. **Boum** ! **boum** ! **boum** !... Ce sont les havre-sacs qui dégringolent au milieu de la chambrée. (*Le Régiment illustré*, 26 mai 1897, 5.)

22. On était au printemps, dans la Somme pour y faire bien tranquillement sa petite offensive... La D.M. [division militaire] part rendre visite à ses voisins d'en face, frappe avant d'entrer... **boum** !... **boum** !... entrez ! plus personne, les voisins étaient sortis sans prévenir. (*Système D..m*, 1917, 20.)

23. **Boum-boum-boum** contre les volets, à coups de poing, à réveiller un mort :
– Levez-vous les gars [...]. (A.D.G., *La Nuit des grands chiens malades*, 1990 [1972], 106.)

24. Derrière la porte, un gros bâton bien droit, pareil à celui avec lequel les régis-

seurs de théâtre cognent leurs trois coups avant le lever du rideau. Il était le brigadier de ma mère et assurait mon lever à moi. Chaque matin, **boum** ! **boum** ! **boum** ! dans le plafond. (J. Anglade, *Jean Anglade raconte*, 1975, 10.)

25. – [...] l'orage était venu. **Boum** ! **Boum** ! (R. Brock, *Ceux du canal*, 1980, 244.)

26. Souvent je sais plus ce que je raconte : ma tête éclate – **boum, boum**... – et je pense un truc – **boum, boum**... – et après je pense le contraire – **boum, boum** – et ainsi de suite. (Chr. Giudicelli, *Station balnéaire*, 1986, 122.)

27. **Boum-boum-boum-boum**. Aquarium sur Kaboul, commandos spéciaux, nouvel avion cracheur de feu, c'est l'occasion technique de tester le nouveau matériel, comme pendant la guerre du Golfe. (Ph. Sollers, dans *Le Journal du dimanche*, 28 octobre 2001, 28.)

REM. L'anecdote du perroquet terrorisé par le canon, que les Goncourt (ex. 18) situent en 1848 et à laquelle se réfère aussi Monselet en 1864 (ex. 20) remonte en tout cas à l'oiseau qui fournit la première attestation de *poum* (voir ce mot, ex. 1) et qui, selon Jouy écrivant en 1813, était le perroquet de Bougainville, traumatisé par un combat naval.

— Associé à d'autres onomatopées.

28. Au bout d'un moment, balabin **boum boum** ! le vacarme recommence du côté de la planche à pain, comme si on tapait dessus à coups de crosse... (*Le Régiment illustré*, 26 mai 1897, 5.)

V. encore *kss kss*, ex. 11 ; *vroum*, ex. 17 ; *zim*, ex. 1.

— Parfois simple "(bruit d'un instrument de musique)". □ VAR. *boun*.

• [tambour ou grosse-caisse ; parfois associé à une onomatopée exprimant le buit des cymbales] V. *zim* boum boum*.

29. Que dirais-tu d'un poète, qui, pour peindre une bataille, te dirait en vers que le canon faisait **boum, boum**, et le tambour plan*, plan ? Ce serait pourtant de l'harmonie imitative plus exacte que de grandes images ; mais ce ne serait pas de la poésie. (G. Sand, *La Comtesse de Rudolstadt*, 1843, FXT.)

30. [...] une grosse caisse fait des « **boum-boum** » qui semblent souligner le coup de pied des clowns [...]. (Cl. Debussy, dans *La Revue blanche*, 1er juin 1901, 229.)

31. Monsieur Lechat [...] est musicien. C'est lui qui tient la grosse caisse et les cymbales. [...] **Boum** ! **boum** ! bing* ! bing ! Il s'avance seul en tête du défilé. (G. Chevereau, *Une enfance à la campagne*, 1988, 49.)

V. encore *dring*, ex. 12 ; *dzim*, ex. 5 ; *dzing*, ex. 14-17 ; *patapan*, ex. 1 ; *ran*, ex. 27 et 30 ; *rantanplan*, ex. 8 ; *taratata*[1], ex. 3 ; *tsing*, ex. 1-2 et 4 ; *Anthologie*, n° 18.

En contexte métaphorique.

32. [À l'Assemblée constituante]
– Bon ! voilà Falloux ! Qu'est-ce qu'il veut, ce calotin-là ? [...]
– Ah ! C'est Barrot ! La grosse caisse ! **Boum** ! **Boum** ! – Qu'est-ce qu'il dit ? (V. Hugo, *Choses vues*, 1849, *Œuvres complètes, Histoire*, 1987, 1210.)

V. encore *dzim*, ex. 5, 7-8.

Emploi subst. "publicité tapageuse".

33. La *revue indépendante* a fait hier son début dans le monde tout bonnement, sans prospectus, sans *tam-tam*, et sans ***boum-boum***. (G. Sand,

6 novembre 1841, *Correspondance*, t. 5, 486.)

• [batterie ; musique bruyante]

34. [...] un chuintement mécanique [sortant des baladeurs] dont on ne distingue jamais la mélodie, mais dont hélas, trois fois hélas ! on perçoit parfaitement les **boum-boum** de la batterie. (Ph. Meyer, *Ça n'est pas pour me vanter*, 1991, 113.)

35. **Boum** ! faisaient les enceintes de l'autoradio, **boum, boum** ! (V. Ravalec, *Recel de bâtons*, 1995, 38.)

36. Ses « rangers » battent la cadence, pilonnent le sol boueux. « ***Boum, boum, boum, boum, boum*** ». Dans sa parka militaire, il danse, en transe, au son de la techno. (*Le Monde*, 17 juillet 2001, 34.)

Emploi adj.

37. – [...] Aux oubliettes les chansons douces, que du tube **boum-boum** ! Tagada*-tsouin-tsouin ! (J. Mondoloni, *Tenue de galère*, 1991, 135.)

38. De la musique **boum-boum** sort de grands haut-parleurs. (Ph. Meyer, *Dans mon pays lui-même...*, 1993, 33.)

• [tam-tam] V. *Anthologie*, n° 29.

— "(bruit d'un échange de balles de tennis frappées avec force)".

39. Les spectateurs fraçais [*sic*] gardent souvent une image stéréotypée du « **boum boum** » tennis de Boris Becker [...]. (J. Hatzfeld, dans *Libération*, 9 décembre 1986, 45.)

1.3. En part. "(bruit des battements accélérés du cœur)".

40. Le gaye [= cheval], comme un brave bougre, y suit le mouvement et puis, d'instinct, y cale des quatre pattes. Ça m'a fait **boum** au palpitant. (M. Hauriac, *Émile et son flingue*, 1952, 90.)

V. encore ex. 41.

— Répété.

41. Quand notre cœur fait Boum
Tout avec lui Boum [...]
Le monde entier fait Boum
Tout l'univers fait Boum
Parc' que mon cœur fait **Boum Boum**
(Ch. Trenet, « Boum », 1938, *Le Jardin extraordinaire*, 1993, 95.)

42. BOUM BOUM BOUM
[TINTIN.] – D'où proviennent ces coups sourds et réguliers ?... / Ce sont les battements de mon propre cœur !... (Hergé, *Objectif lune*, 1953, 59.)

• Emploi subst. m., peu usuel "le cœur".

43. – [...] mon médecin traitant m'a dit stop ! (Il se frappe la poitrine du poing.) Le **Boum-boum** a eu une petite déf-défaillance, il y a six semaines. (A. Terrel, *Le Croque-mort s'en mord les doigts*, 1990, 66-67.)

2. "(pour exprimer la soudaineté ou la rapidité d'un procès)".

44. – Enfin, vous, vous avez su prendre une voie qui mène à quelque chose, et y persévérer... je vous félicite... je déplore que votre ami André...
Boum ! André va répliquer. (R. Martin du Gard, *Devenir !*, 1909, FXT.)

45. Évidemment, c'est les Américains qui ont décroché les plus gros marchés [...]. **Boum**. Deux mille milliards de dollars dans la fouille. (G. Bedos, *Inconsolable et gai*, 1991, 72.)

46. – Figure-toi, il est venu me voir hier... Dix ans que je l'avais pas vu...

Pas un coup de fil... rien... Et là, **boum**, un infarctus en courant après mon chien pour le faire s'enfuir. (Ph. Carrese, *Trois jours d'engatse*, 1995, 181.)

— **et boum.**

47. J'ai vu dans une pâtisserie un sage enfant attablé, mangeant à petites bouchées sa tarte aux pommes ; il admirait, avec une teinte de scandale, son père intempérant qui consommait debout, à l'écart.
« Et hop* ! un baba ! disait l'enfant à lui-même. Et aïe* donc ! une tarte ! **Et boum** ! un gâteau à la noix. » (Colette, *Paris de ma fenêtre*, 1944, *Œuvres*, 2001, t. 4, 615.)

— Asssocié à d'autres onomatopées.

48. On est bien couché, n'est-ce pas ? Eh bien, crac*, il faut se lever ! On est bien debout ? Eh bien ! **boum**, blim, bloum* ! il faut se coucher ! (J.-A. Nau, *Force ennemie*, 1903, 294.)

• (et) crac* boum / crac* zim (bada)boum / (et) crac* boum (hue).

— Répété "(rapport sexuel rapidement imposé ou rapidement conclu)".

49. Parce que lui il pense pour l'amour
Pas besoin de faire des manières
Lui tout de suite allez : « **Boum Boum** »
Et voilà c'est pas compliqué
Mais Célimène c'est pas ça du tout
Elle veut pas tout de suite « **Boum Boum** » (B. Lapointe, « L'Ami Zantrop », 1975, *Intégrale*, 1994, 105.)

3. Vx "(dans les restaurants et les cafés : pour enregistrer une commande ou pour annoncer qu'elle arrive)". □ VAR. *baoun, baoûn.*

50. UNE VOIX, *en dehors à droite*. – Garçon ! garçon !
CLIQUET. – Voilà ! Voilà !
LA VOIX. – Quatre beefteacks aux pommes !
CLIQUET. – Voilà !... voilà !... Bigre ! il n'y en a plus... je viens de servir le dernier... Oh ! j'ai une idée !... (*Criant au guichet de la cuisine.*) Quatre anguilles tartares !... quatre !
UNE VOIX, *répondant de la cuisine*. – **Baoûn** !...
CLIQUET. – Ça servira de beefteacks pour aujourd'hui. (E. Labiche, *Rue de l'Homme-armé n° 8bis*, 1849, *Théâtre*, 1991, t. 1, 4.)

51. [...] et qu'est-ce que je vois ?... accroupi sur mon chevet, le garçon de chez Véry, qui me présente un buisson d'écrevisses, en me criant : « **Baoun, baoun** !... » (E. Labiche, *Un garçon de chez Véry*, 1850, *Théâtre*, 1991, t. 1, 105.)

52. – *Trois de café !* commanda de sa propre autorité le garçon en nous voyant. Comme à cette heure matinale il n'y avait personne d'autre que lui dans la salle et à la cuisine, il se répondit « **boum** ! » à lui-même, et nous apporta « *trois de café* », c'est-à-dire pour trois sous d'un café savoureux [...]. (A. Daudet, *Trente ans de Paris*, 1888, 6.)

53. Le garçon écartait la mousse [d'un demi de bière] avec une règle plate en buis, laissait juste ce qu'il fallait de faux col et servait en disant : « Un demi, **boum** ! » (R. Sabatier, *Trois sucettes à la menthe*, 1986 [1972], 170.)

— Par analogie.

54. FOEDORA [...] Garçon ! [...]
MICHEL, *en dehors*. – Voilà... voilà !...
FOEDORA, *jetant la lettre*. – Cette lettre à la poste !...

MICHEL, *en dehors*. – **Boum** !!
FOEDORA. – Enlevé !... c'est fait ! (Lambert-Thiboust et Delacour, *Les Souvenirs de jeunesse*, 1852, 25, dans DDL).

♦♦ **1.1.** Attesté dep. 1840 (v. ici ex. 17). **1.2.** Attesté, pour exprimer le son d'une grosse cloche, dep. 1788 (v. commentaire s.v. *bom*) et pour exprimer le son d'un tambour ou d'une grosse caisse, dep. 1835 (« Allez, la musique ! Brooum, là, là, trinn ! là, là, **boum** ! **boum** ! » H. de Balzac, *Le Père Goriot*, FXT) ; 1843 (v. ci-dessus *Classement thématique*, 4.1.1. FANFARE). **2.** Attesté dep. 1909 (v. ici ex. 44). L'emploi illustré par l'ex. 49 est attesté dep. 1879 (« cette agréable chose que les petites ouvrières appellent : "**faire boum**" » Huysmans, v. TLF). **3.** Attesté dep. 1849 sous la forme *baoûn* (v. ici ex. 50). — Enregistré seulement dans l'emploi 1 par GLLF ; Rob 2001 ; NPR 2000 et PL 2000 ; l'ensemble des emplois est plus ou moins dégagé dans TLF et TraitDu 1989, 81-82.

BRAOUM

"(bruit fort, produit par une chute, un choc violent, une détonation, une explosion)".

1. **BRAOUM** ! Vraoum* !... C'est le grand décombre ! Toute la rue qui s'effondre au bord de l'eau !... C'est Orléans qui s'effondre et le tonnerre au Grand Café !... (L.-F. Céline, *Guignol's band*, 1944, 13.)

2. [...] je l'ai poussée. Elle s'est balancée un court moment et est tombée. / **Braoum** ! (J. Joffo, *Un sac de billes*, 1973, FXT.)

3. Il se retourne à peine quand il entend son nom, Psst [v. *psst*[2]], Monsieur Gourdon, il se retourne assez pour voir un bras tendu prolongé par un gros calibre, et puis plus rien, la claque dans la poitrine et le **braoum** de la détonation. (H. Prudon, *Mardi-gris*, 1978, 10.)

4. Une explosion dans ma tête. Déflagrante ! **Braoum** ! Rideau rouge sur les yeux. (Fr. Lasaygues, *Vache noire*, 1985, 118.)

5. Soudain, un énorme ampli Marshall tomba du bord des planches. **Braouuummm** ! (Ph. Manœuvre, *L'Enfant du rock*, 1986, 72.)

6. Au loin, on distingue un gros élément [d'une fusée] qui pique vers la terre avec une flamme [...]. Le « **braoum** » de l'explosion parvient enfin aux oreilles, confirmant le message des yeux. (*Libération*, 5 juin 1996, 2.)

7. [...] **braoum**, je me suis rétalé bien raide contre le banc [...]. (M. Quint, *Aimer à peine*, 2002, 57.)

V. encore *uu*, ex. 4.

REM. (croisé avec *broum*) **brouaoum** "id.". « **Brouaoum** ! / La détonation nous rend sourdingues » (San-Antonio, *Mesdames vous aimez « ça »*, 1994, 168).

— "(sons produits par une grosse cloche).

8. Ça sonnait six heures sur London... ah ! ça c'était vrai... juste six heures !... J'avais raison !... « **Braoum** ! **Braoum** !... » comme ça énorme au-dessus des wharfs !... de très loin là-bas ! [...] Ce qui me plaît bien moi c'est les « **Braoum** ! »... ça me trouble... ça me rend vague... le son des cloches...

(L.-F. Céline, *Guignol's band*, 1944, 234.)

— "(bruit d'orage)".

9. ... **Braouuuuuuuuum**...
– ... il [l'orage] est juste au-dessus.
– Qu'est-ce que ça dégringole ! (J.-M. Gourio, Bl. Jeanroy, *Chiens de comptoir*, 1997 [1996], 90.)

♦♦ Attesté dep. 1944 (v. ici ex. 1 et 8). — Absent des dictionnaires consultés, à l'exception de TraitDu 1989, 83.

BREK BREK □ VAR. *brékèke, brekekex, brékékex.*

"(bruit du cri de la grenouille verte)".

1. *Le programme porte : – Inimitation onomatopique* [sic] *du bassin des oiseaux aquatiques au Jardin des plantes.*
Ténor. – Couic* ! couic ! couic !
Baryton. – **Brek ! brek ! brek !**
Basso cantante. – Pihuit ! pihuit ! pihuit ! [v. pi-ouit]
Haute-contre. – Vericorocoro ! vericorocoro ! vericorocoro ! (Nadar, *L'Hôtellerie des coquecigrues*, 1880, 304.)

V. encore *coa*, ex. 4 ; *crr-crr*², ex. 19.

— Associé à une autre onomatopée.

2. Voilà des grenouilles ! [...] Coa* ! Coa ! **Brékekex** ! (P. et V. Margueritte, *Poum*, 1897, 75-76.)

3. On entendait les roulements du tonnerre. / Cela lui fit penser aux grenouilles qui coassent, puis aux corbeaux qui croassent. En remontant vers la rue des Tours-Neuves, il se mit à les imiter : « Coâc*, coâc, **brek-brek** », puis « Crroâ*, crroâ ! » (R. Sabatier, *Les Noisettes sauvages*, 1988 [1974], 134.)

♦♦ Attesté dep. 1723 (« Aussitost la beste aquatique / Du fond de son petit thorax / Leur chanta pour toute musique / **Brre ke ke kex koax koax** » Jean-Baptiste Rousseau, « Le rossignol et la grenouille » *Œuvres diverses*, t. 2, 89) ; en contexte métaphorique, sous la forme *brékékékex* (« [...] les "**Brékékékex**" des grenouilles romanes et le renâclement des bourriques symbolistes » A. V., dans *Mercure de France*, août 1892, dans DDL). Si ces deux exemples sont des réminiscences d'Aristophane (« βρεκεκεκεξ κοαξ κοαξ » *Les Grenouilles* [405 av. J.-C.], dans *Aristophane*, Paris, Les Belles Lettres, 1928, t. 4, 97, texte établi par Victor Coulon), ce n'est peut-être pas le cas de certains des exemples ci-dessus, qui peuvent être des créations indépendantes. — Absent des dictionnaires consultés.

BROU □ VAR. *braou, brr.*

1. Vieilli "(bruit produit par une chute)".

1. Patatra ! [v. *patatrac*] **brrou** !... C'est le chalit de Bistrouille qui culbute et l'idiot qui prend un va-t'asseoir [...]. (*Le Régiment illustré*, 26 mai 1897, 5.)

2. "(bruit de ronflement d'un dormeur)".

2. *(À ce moment on entend le caporal Gobethou ronfler.)*
– **Brrrrou ! Brrrrou !** (Monthabor, *La Vie au régiment*, 1897, 162.)

3. "(bruit de ronflement d'un moteur)".

3. Ce que j'aimais énormément aussi dans ma famille, c'était la Trèfle.
– Toto !...
– On va se promener dans la toto ?...
[...]
– Tout à l'heure, tout à l'heure !...
Comment elle fait la toto ?
– **Brou**... ! (Cl. Duneton, *Le Diable sans porte*, 1981, 323.)

V. encore *vrr*, ex. 5.

REM. **brouaou** “id.”. « [...] je passais des heures à compulser des journaux aéronautiques et des revues d'aviation, et à admirer les photographies des prototypes, tout en faisant “**brrrrrouaou** !” avec ma bouche pour imiter le bruit du moteur et compléter l'illusion, ce qui ne manquait pas d'étonner les gens qui passaient dans les environs immédiats de mon bureau » (J. Faizant, *Ni d'Ève ni d'Adam*, 1959 [1954], 103).

— Répété.

4. Il avait passé ses Chantiers de Jeunesse en études théoriques de D.C.A. et Jo avait fait les siens dans une non moins théorique aviation. Aussi, lorsqu'ils se retrouvaient, ils ne manquaient jamais, en guise de préambule à la conversation, de se livrer à une reconstitution rétrospective de leur passé guerrier. Jo étendit ses bras immenses et, marchant sur la pointe des pieds, les joues gonflées :
– **Brrrrououou... Brrrououou... Brrrouou**... tout en menaçant de près son adversaire. / [...] celui-ci ne le quittait pas du regard et, soudain, empoignant d'illusoires manettes, manipulant d'invisibles gâchettes :
– Tacata [v. *tac*] tacata tacata... Zlim... Prrrüüü ss... tacata tacata...
Et le jeu finissait par un effrayant BOUM* poussé en chœur. (R. Fallet, *Banlieue sud-est*, 1947, 35.)

♦♦ Pour exprimer le ronflement d'un projectile, le mot est attesté dep. 1737 (« [...] il ramassa des pierres qu'il nous jeta avec une fronde ; **brou**, cela retentissait tout comme un boulet de canon » Marivaux, *Pharsamon, Œuvres de jeunesse*, 1972, 598) ; les emplois analysés sont attestés (**1** et **2**) dep. 1897 (v. ici ex. 1-2) et (**3**) dep. 1944 (v. *pfuit*, rem.). — Absent des dictionnaires consultés.

BROUM

Souvent répété.

1. [Bruit produit par une personne]
1.1. Vieilli “(bruit de raclement de gorge)”. □ VAR. *brom, brum*.

1. Un singulier **broum** ! **broum** ! particulier aux buveurs de petits verres d'eau-de-vie et de liqueurs fortes annonça le personnage le plus bizarre de cette histoire [...]. (H. de Balzac, *Histoire de César Birotteau*, 1837, FXT.)

2. « **Broom** ! tousse Porchon [....]. » (M. Genevoix, *Ceux de 14*, 1950, FXT.)

V. encore *hum*, ex. 7.

1.2. “(bruit de fredonnement)”.

3. [...] son regard faux, sa perfide bonhomie, et son **broum**, **broum** éternel, comme s'il faisait une étude de trompette avec sa bouche. (G. Sand, *La Comtesse de Rudolstadt*, 1843, FXT.)

V. encore *dzim*, ex. 6.

2. [Bruit produit par un inanimé]
2.1. “(bruit produit par une chute, par un choc violent)”.

4. On entendait [dans un monologue d'Henry Monnier] les lamentations de M. Prudhomme, de l'Anglais, des divers types de voyageurs, dans l'intérieur de la voiture. Puis, ***brrrroum*** !... Tout se taisait à la fois : la voiture venait de verser. (E. Berthet, *Histoire des uns et des autres*, 1878, 71.)

5. [...] **broum** un grand coup de pied dans le derrière (Cl. Menuet, *Le Pensionnaire*, 1993 [1972], 39.)

2.2. "(bruit d'une détonation, d'une explosion, de l'orage)". □ VAR. *brom.*

6. BRROM
[TINTIN.] – [...] Voyez le bel orage qui se prépare... (Hergé, *L'Affaire Tournesol*, 1956, 1.)

7. [...] des bombes ! [...] ***broum*** encore ! [...]. (L.-F. Céline, *Rigodon*, 1973 [1961], 95.)

V. encore *tzim* ex. 1.

REM. **proum** "id.". « [...] aussi fallait voir le pont se soulever et les rails et nos plates-formes... et **proum** !... tout retomber !... » (L.-F. Céline, *Rigodon*, 1973 [1961], 250-251).

2.3. "(bruit de ronflement d'un moteur)".

8. [Une automobile] BROUM... BRRROUM... BROUM... (Hergé, *Les Aventures de Tintin [...] au pays des soviets*, 1999 [1930], 137.)

9. – Vous savez ce que j'aimé ? Vous savez ? J'aime ce qui va vite ! **Broum** ! Tout ce qui va vite ! Les avions dans le ciel (il mimait avec sa main). Les autos (il tenait un volant). Les chevaux, les motos les – je sais pas, tout ! Tout ce qui va vite ! (S. Japrisot, *Les Mal partis*, 2001 [1950], 60.)

10. Puis il alla chercher une petite voiture et se mit à la faire rouler [...] en faisant « **brououououm, broum** » pour imiter le ronflement d'un moteur. (J.-M.-G. Le Clézio, *Le Déluge*, 1966, FXT.)

11. [...] il mimait l'avion devant la glace du salon, ***broum***, ***broum***, c'était clair comme de l'eau de roche, il débloquait complètement. (V. Ravalec, *Les Clefs du bonheur*, 1999 [1969], 104.)

12. [...] ils firent **brroum-brroum** pour imiter le bruit d'un moteur [de motocyclette] et ils coururent en tenant les poignées du véhicule qu'ils croyaient chevaucher. (R. Sabatier, *David et Olivier*, 1989 [1985], 231.)

13. [...] le fils [...] gare sa bruyante moto dans la cour – **broum-broum-broum** – et [...] les plus jeunes y jouent au ballon – paf* dans les fenêtres. (N. de Buron, *C'est quoi, ce petit boulot ?*, 1989, 75.)

14. J'ai fait vrombir ma voiture, **broum, broum** [...]. (V. Ravalec, *Cantique de la racaille*, 1994, 334.)

15. – Les Vingt-Quatre Heures, dit mon père. Ça te dit rien, les Vingt-Quatre-Heures ?
– Si, dit Denis. Les voitures. **Broum, broum** ! (Y. Rouquette, *La Mallette*, 1994, 28.)

— Associé à une autre onomatopée.

16. [...] la colonne [...] s'installe dans les voitures, **broum**, pouët*, le cortège à moteur s'ébranle [...]. (A. Sorel, *Le Jour et la nuit*, 1991, 99.)

2.4. "(bruit produit par les roues d'un véhicule)". □ VAR. *broun.*

17. Ferrailles / Tout est un faux accord / « Le **broun-roun-roun** » des roues / Chocs / Rebondissements / Nous sommes un orage sous le crâne d'un sourd.

(B. Cendrars, « Prose du Transsibérien », 1913, *Du monde entier au cœur du monde*, 1957, 44.)

V. encore *pilouiter* (s.v. *pi-ouit*), ex. de Richepin.

◆◆ **1.** Attesté pour exprimer le bruit d'un raclement de gorge dep. 1788 (« Je vais donc m'y remettre moi-même, si je puis. Pour cet effet, parcourons les pages précédentes. **Broum ! broum ! broum ! broum ! broum ! broum ! broum ! broum ! broum** ! Ah! m'y voilà » [Haudart], *Vie et amours d'un pauvre diable*, dans DDL) et le bruit d'un fredonnement dep. 1843 (v. ici ex. 3) ; enregistré dans TLF. **2.1.** Attesté dep. 1878 (v. ici ex. 4). **2.2.** Attesté dep. 1923 (« **Broum** !... nous sommes environnés d'éclatements » M. Nadaud, *Chignole au paradis*, dans Nyrop 1919, 7). **2.3.** Attesté dep. 1930 (v. ici ex. 8) ; enregistré dans TLF ; Rob 2001 ; Lar 2000 et NPR 2000. **2.4.** Attesté dep. 1883 (« le **broum broum** des voitures » J. Richepin, *Le Pavé* ; v. *pilouiter* s.v. *pi-ouit*). Noter aussi, pour marquer la rapidité, dep. 1868 (« [...] l'illustre docteur ***Broum-Broum***, un gaillard qui va vite en besogne » A. Daudet, *Le Petit Chose*, 1868, *Œuvres*, 1986, t. 1, 220) ; enregistré dans TLF et TraitDu 1989, 89.

BRR[1] □ VAR. *brou.*

1. "(pour exprimer un frisson de froid)".

1. Ah, bien oui ! fermer la fenêtre ! bien habile qui le pourrait ! rien ne tient, rien ne ferme ! **brrrr** ! Qu'il fait froid. ([Roederer], *Comédies, proverbes, parades*, 1824, t. 1, 249.)

2. La neige a été inventée pour faire vendre le jus de réglisse [...]... (*criant*) fermez donc votr' porte, cré nom... **brou, brou, brou**... (Féréol, « Le Tourlourou frileux », dans *Album comique*, 1846, t. 6, 15.)

3. Au reste, la température de Paris n'est guère plus agréable que celle de la Hollande ; **brrr**, il fait un froid aujourd'hui... (*Mémoires de Bilboquet*, 1854, t. 2, 285.)

4. **Brrr** !... je gèle... je couve un coriza... Allons nous chauffer au foyer... domestique. (Éternuant). Atchum* ! [v. *atchoum*]... (Grangé, Delacour et Thiboust, *Réduction et rédemption*, 1860, 10.)

5. « **Brr**... quel brouillard !... » dit le bonhomme en mettant le pied dans la rue. (A. Daudet, « Un teneur de livres », 1871, *Contes du lundi*, 1875, *Œuvres*, 1986, t. 1, 713.)

6. Temps hibernal [*sic*], pluie et neige. **Brrr** ! c'est le moment que prend Harpagona pour éteindre tous les feux. (H.-F. Amiel, 14 mai 1872, *Journal intime*, 1990, t. 9, 232.)

7. OCTAVE. – **Brrou** !... Il ne fait pas chaud dans votre musée des Antiques. (E. Labiche, *Madame est trop belle*, 1874, *Théâtre*, 1991, t. 2, 900.)

8. **Brouou** ! quel froid sec et pinçant ! J'ai hâte d'avoir fini ; coupons par le plus court. (Willy, *Une passade*, 1895, 282.)

9. Il faut se lever. **Brrrou**... Une impression pénible saisit devant un brouillard à couper au couteau [...]. (J. Arène, *Les Carnets d'un soldat*, 1917, 204.)

10. [...] la vapeur des haleines dans le froid, avec les « **brrr** » de ceux qui arrivaient de dehors et qui s'épanouissaient brusquement, en entrant, à la chaleur... (P. Guth, *Mémoires d'un naïf*, 1953, 99.)

11. – Bonjour, fit Romuald, un barman actif, mais toujours souriant, un froid glacial, pas vrai ?
– Ah là là, fit Ottaviani, **brrr**... (G. Perec, *La Disparition*, 1969, 76.)

12. Lou trempa négligemment ses pieds dans l'eau, fit « **brrr**... » pour dire quelque chose, et renversa la tête en arrière en tendant son visage vers le soleil. (J.-A. Varoux, *Un globule dans la Tamise*, 1974, 8.)

13. – [...] Oh ! mais... on est aux quatre courants d'air ici ! **Brrou** ! qu'il fait froid. (J. Rosset, *Les Porteurs de terre*, 1990, 71.)

14. La bise fendait la ville, **brrr, brrr**, bredouillaient les gens, mais ici, sitôt la porte passée, il faisait doux. (M. Embareck, *2–1 = 0*, 1991, 9.)

V. encore *frr*[1], ex. 6 ; *gla gla*, ex. 4.

— En contexte métaphorique.

15. **Brrr** ! D'ordinaire, en Conseil des ministres, « *l'ambiance est glaciale* », témoigne un ministre. Hier, « *elle était digne de la banquise* ». (*Libération*, 19 juillet 2001, 5.)

2. "(pour exprimer un frisson de peur, d'inquiétude, d'angoisse)".

16. ARLEQUIN. – [...] Allons, bonnes gens, réveillez-vous. (*Il frappe de nouveau, pour leur rendre le mouvement ; mais, en croyant mettre sa batte à son côté, il la laisse tomber et ne s'en apperçoit pas.*) Au revoir, fameux champions ! (*Il sort.*) [...]
LÉANDRE. – **Brrrr** !
ORONTE. – Oye [v. *ouille*], oye, oye, la crampe ! (C.O.D., *La Belle-mère, ca* 1818, 82.)

17. – [...] J'ai vu la Bastille, moi. **Brrrrou** ! C'est affreux, la Bastille ! (A. Dumas, *Les Trois mousquetaires*, 1844, FXT.)

18. GINDINET. – Vous appelez ça des agaceries... mais c'est un brochet, une louve affamée qui me suit pas à pas pour me... (*Il frissonne.*) **Brrr** !
PONTCHARRAT, *de même*. – **Brrr** ! (E. Labiche, *Le Club champenois*, 1848, *Théâtre*, 1979, t. 1, 505.)

19. Infortuné que je suis ! si l'on savait ce qui m'attend !... **Brrrr** ! j'en ai la chair de coq ! (Mélesville, *Le Fil de la vierge*, 1849, 13.)

20. POPINCOURT. – [...] vous allez blêmir... vos dents vont jouer des castagnettes.
DARDOUILLET. – Oh !... **brr** !... (Siraudin et A. de Beauplan, *Un mari qui ronfle*, 1854, 9.)

21. POLICHINELLE [...]. **Brrou**, ce coin de forêt est bien triste, et ce morceau de bois qui se dresse là-bas, c'est la potence, aïe* ! c'est un lieu de mauvais aspect. (L.-E. Duranty, « La Poule noire », *Théâtre des marionnettes*, 1995 [1862], 426.)

22. HERMANCE [...]. – Je n'oublierai jamais cette parole du procureur impérial. [...] « Et vous, pères imprudents, qui jetez vos filles dans les bras d'un oisif... tremblez !! »
DUBICHET, *frissonnant*. – **Brrr** ! C'est décidé... jamais je ne jetterai ma fille dans les bras d'un oisif !... (E. Labiche, *Le Papa du prix d'honneur*, 1868, *Théâtre*, 1991, t. 2, 636.)

23. **Brrr** ! Ce regard de mon oncle ! (A. Delvallé, dans *Le Petit journal, Supplément illustré*, 16 décembre 1894, 403.)

24. Quatre jours sans tabac !... **Brrr** ! c'est à donner la chair de poule. (*Le Régiment illustré*, 2 juin 1897, 5.)

25. **Brrr** ! Ils sont terribles, ces défenseurs du faible et de l'opprimé. (G. Duhamel, *Les Plaisirs et les jeux*, 1922, 104.)

26. **Brr**, fit Lehameau, vous avez dû être effrayée. (R. Queneau, *Un rude hiver*, 1939, 32.)

27. Je me suis tiré les cartes hier, c'était plein de piques, **brr**... (A. Sarrazin, *La Cavale*, 1969 [1965], 224.)

28. Elle regarde autour d'elle et fait « **Brrr** », ce qui est encore, croyez-moi, la meilleure onomatopée pour exprimer l'effroi sans utiliser de voyelles. (San-Antonio, *Faut être logique*, 1979 [1967], 50.)

29. Le plancher [du grenier] est pourri, on y passe à travers, et il y a de grosses araignées qui piquent, **brrr** ! et des rats [...]. (J. Jaussely, *Deux Saisons en paradis*, 1979, 18.)

30. – **Brr** ! souffla-t-elle. Cet endroit me donne la chair de poule ! (P. Magnan, *Le Mystère de Séraphin Monge*, 1990 [1986], 341.)

3. "(pour exprimer une réticence, un certain dégoût, une certaine répugnance)".

31. **Brrr**, la froide fille !
Disait un joyeux drille,
Sentant à son grabat
Claquer de maigres bras.
Larifla, fla, fla, etc. (Champfleury, *Chien-Caillou*, 1988 [1845], 62.)

32. Oh ! sa vie pendant dix ans, depuis lors ! Quel navrant abandon ! quelle misère triviale ! quelle chasse ignoble à la leçon bon marché, à la pièce de quarante sous mise dans la main ! **Brr** ! il valait mieux ne pas y songer [...]. (Fr. Coppée, *Contes rapides*, 1889, *Œuvres*, 1907, t. 3, 44.)

33. Claude file chez le dentiste et je reste en famille, **brrr** ! (R. Fallet, *Carnets de jeunesse [1]*, 1990 [1947], 174.)

34. Le bonhomme que j'avais en face de moi. Qui me tenait la manche de caban. Que je respirais. Que j'écoutais. Il me répugnait plutôt. **Brrr.** *Vade retro.* Ça me dégoûtait franchement, même, cette façon pas croyable [...] dont il était habillé. (Bayon, *Le Lycéen*, 1987, 78.)

35. – Trois enfants ! Mais, ma pauvre Claudine, vous devez être massacrée de vergetures. Sur le ventre, sur les cuisses, **brrr** !... (R. Fallet, *L'Angevine*, 1987 [1982], 34.)

36. C'était rempli de grands-mères archaïques, qui s'entêtaient à parler l'idiome local. Tout ça au fin fond de campagnes brumeuses. **Brr** ! J'ai craqué [...]. (L. Diraison, *Une bergère et trois commis*, dans G. Alle, *Crachins*, 2001, 40.)

4. "(pour exprimer un frisson d'excitation)".

37. ACTÉON, *seul.* – Oui, oui, ma Diane ! je vais te guetter ; ô Dieu ! Quand je pense à ça... **brrr** ! c'est drôle ! (F.-A. Duvert, *Actéon*, 1835, *Théâtre choisi*, 1877, t. 2, 303.)

38. Excitante à défroquer tous les moines de la terre... **Brr** ! Ces cuisses mouillées, ces seins tendus [...] quel parfum défendu, interdit, quel supplice de Tantale... (R. Fallet, *Banlieue sud-est*, 1947, 337.)

♦♦ **1.** Attesté dep. 1824 (v. ici ex. 1). **2.** Attesté dep. *ca* 1818 (v. ici ex. 16). **3.** Attesté dep. 1845 (v. ici ex. 31). **4.** Attesté dep. 1835 (v. ici ex. 37). — Seuls les emplois 1 et 2 sont enregistrés dans les dictionnaires : GLLF et Rob

2001 *brrr !* ; TLF ; NPR 2000 *brrr* ; PL 2000 ; TraitDu 1989, 89-90.

BRR[2]

Le plus souvent répété.

1. [Bruit d'un animé]
1.1. [Personne]

— "(bruit de marmonnement)".

1. INÈS. – Pour le coup, lisez haut, cher baron.
DON ESTEBAN. – **Brr... brr...** (P. Mérimée, *Inès Mendo*, 1857, FXT.)

2. *Lecture de l'Évêque* [...]. « **Brr... brr... brr... brrr...** chen... hatsch... *Latente Obscure nous quitte...* **Brrr... brrr.** *Le pas douloureux a été franchi...* **brr... brr...** » (A. Jarry, *Gestes et opinions du docteur Faustroll*, 1980 [av. 1907], 79.)

— "(bruit de ronflement d'un dormeur)".

3. Il se fatigue à la longue. Encore quelques grognements comme les derniers glouglous [v. *glou glou*[1]] d'un noyé... La France !... foutue... honte !... chienlit... gloup*... rron* ! **brr...** s'endort. (A. Boudard, *La Cerise*, 1963, FXT.)

1.2. "(bruit d'envol d'un insecte, d'un oiseau)". □ VAR. *brou.*

4. **Brrrrrr**, un hanneton prend son essor ; un second, un troisième, un quatrième le suivent, et bientôt ce n'est plus qu'une nuée et un horrible bourdonnement dans la classe [...]. (É. Ourliac, *Physiologie de l'écolier*, 1841, 84.)

5. [...] un grand bruit s'envola de terre – **brr, brr, brr** – et un régiment de gros oiseaux monta dans l'air en battant des ailes. (G. de Maupassant, *Contes et nouvelles*, 1882, FXT.)

6. – **Brrrou** – le râle s'envole – j'épaule – pan* ! – il tombe [...]. (G. de Maupassant, *Contes et nouvelles*, 1882, FXT.)

2. [Bruit d'un inanimé]
2.1. "(bruit d'un roulement de tambour)".

7. **Brrrrrrrr... Brrrrrrrr...** roulement prolongé. (*Le Petit pioupiou*, 1887, n° 29, 3).

REM. **bour** "id.". « Mon tambour fait **bour, bour, bour,** / Ma flûte fait turlututu [...] » (« Ma mèr' m'envoie-t-au marché », dans J. Bujeaud, *Chants et chansons populaires des provinces de l'Ouest*, 1980 [1865], t. 1, 45).

2.2. "(bruit des roues d'un véhicule)".

8. Re-enraillons la locomotive. Ça y est. = **Brrr...** errr... tsst... stt... **Brrrrrrrrr... brrrrrrr...** (Ch. Monselet, 15 septembre 1846, *Lettres de Monselet à Lesclide*, 1927, 85.)

9. Qui sut dire de quelle angoisse nous oppresse
Le roulement de la voiture de nos maîtresses ?
– **Brrr... brrr...** mon cœur a fait tic-tac* :
Hélas ! non, ce n'est pas son fiacre,
C'est un break (prononcez pour la rime *bre-ak*) [...]. (Franc-Nohain, *Les Chansons des trains et des gares*, 1900, 107.)

V. encore *ouah*[1], ex. 3.

2.3. "(bruit de ronflement d'un moteur)".

10. [...] un dingue qui se prenait pour un conducteur d'autobus. [...] les paluches dans le vide sur son volant imagi-

naire. Nous n'existions pas pour lui... Il desserrait le frein à main... **brrr**... imitait le bruit du moteur. Démarrage sec... tournant à droite... un petit salut de tête aux copains du dépôt... **brrr**... **brrr**... ding* ! la station. Le temps de se rouler une cigarette aux heures d'affluence, et il repartait tout tendu, l'œil fixe... Juste le **brrr**... **brrr**... **brrr**... du fond de la gorge... Il mimait si bien qu'on entravait toutes les embûches du parcours [...]. (A. Boudard, *La Cerise*, 1963, FXT.)

11. Ma mère se retournait à la moindre pétarade de mobylette, au plus mince **brrrr** de Solex poussif [...]. (M. Quint, *Billard à l'étage*, 1993 [1989], 166.)

— Associé à une autre onomatopée.

12. [...] faire « **brr-brr**, vroum*-vroum » sur notre voiture à pédales [...]. (Bayon, *Les Animals*, 1990, 22.)

V. encore *vrr*, ex. 5.

♦♦ **1.1.** Attesté pour exprimer un marmonnement dep. 1769 « JEAN-LOUIS [...] *(Il lit.) Madame, pour répondre à l'honneur que vous m'avez fait de m'écrire...* **Brr... Brr... Brr.** / LOUISE. – Nous n'entendons pas. / JEAN-LOUIS. – Ah, c'est que tout ceci, ce sont des complimens » M. Sedaine, *Le Déserteur*, 1778, 5). **1.2.** Attesté dep. 1841 (v. ici ex. 4). **2.** Attesté pour exprimer le bruit des roues d'un véhicule dep. 1826 (v. *ouah*[1], ex. 3). — Absent des dictionnaires consultés.

BRR[3]

1. Vx.

1.1. "(bruit produit par la bouche pour appeler une personne, pour exciter)".

1. ERNEST. – Tiens ! Pavard qui passe ; appelons-le ! – Hé ! Pavard ! **brrrrrrr !** pil-ouittt ! pil-ouittt !... [v. *pi-ouit*] (Ch. Monselet, *Le Musée secret de Paris*, 1859, 82.)

2. Deux minutes après avoir sonné, il faudra que je mette ma bouche contre la serrure et que je fasse trois fois : « **Brrr !...** » comme quand on grelotte... (N. Casanova, *Le Journal à Nénesse*, 1911, 38.)

— Associé à *kss kss*. V. *kss kss*, ex. 1 et 11.

REM. **prou** vx "id.". « **Prrrou !... Prrrou !...** ahais ! Potin, ahais. **Prrrou !...** Arrive donc, p'tit feignant... » (E. Bourget, « Le Dernier carnaval de Chicard », dans *Paris chantant*, 1845 [1843], 65).

1.2. "(bruit d'une personne qui s'ébroue)". V. *hum*, ex. 9.

2. "(pour marquer l'indifférence, le refus, le mépris)".

3. GUÉRIN. – Que veux-tu ! c'est plus fort que moi... ça me rappelle mon temps... j'avais une tête aussi... quand il s'agissait de plaisir... **brrr !...** les livres, l'écriture... j'envoyais tout promener. (Laurencin et A. de Cey, *Le Grand-papa Guérin*, 1838, 4.)

4. Croyez-vous donc qu'un Berlinguet de la Bichardière... la plus noble, la plus ancienne famille du Berry... s'en ira grimper dans une diligence Laffitte et Caillard ?... Fi ! pouah ! **brrr !** (Fièrement.) J'ai pris ma carriole, avec Coco, mon cheval de selle, qui sert aussi à la charrue. (Bayard et Dumanoir, *Nicaise à Paris*, 1844, 1.)

5. Il remonta dans sa voiture. Comme il démarrait, sa fille gonfla ses joues en

tirant la langue et souffla : **Brrr !** (J. A. Lion, *Poulets et perroquets*, 1986, 110.)

♦♦ **1.** Attesté dep. 1843 (v. *kss kss*, ex. 12) ; en 1866, le *Grand dictionnaire* de Larousse attribue cette fonction d'appel de *brr* aux seuls « riches Valaques ». **2.** Attesté dep. 1654 (« **brerrrr**, j'en dis du Mirliro » Cyrano de Bergerac, dans DDL 38) ; 1700 (« Mad. ORONTE. Tu tournes ton chapeau : c'est-à-dire que mon mari n'est pas de mon avis. / LUCAS *secouant la tête.* **Prr** » Ch. Dufresny, *L'Esprit de contradiction, Œuvres*, 1779, t. 1, 411) ; 1718 (« LUCAS. – Alle croit bonnement que je l'épouserai ; mais, **prrr** » *Les Amours de Nanterre*, dans Lesage et d'Orneval, *Le Théâtre de la Foire*, 1722, t. 3, 309) ; 1724 (« ARLEQUIN, *se moquant.* – **Brrrr !** ma vie n'a jamais servi de caution ; je boirai encore bouteille trente ans après votre trépassement » Marivaux, *Le Prince travesti, Théâtre complet*, 1989, t. 1, 356) ; 1785 (« Ratchlein l'a-fait-disparaître. – **Brrr !** n'a-t-elle pas la Fée-Pucellomaneh ! » Restif de La Bretonne, *Les Veillées du Marais*, t. 2, 284). — Absent des dictionnaires consultés.

BURP □ VAR. *beurp*.

“(bruit du rot ; bruit de spasme du vomissement)”.

1. Plié en deux [...], l'autre vomissait le fond de son âme [...].
– **Buurpp**... Arrghh*... Rhâââà* [...]. (M. Embareck, *Sur la ligne blanche*, 1984, 46).

2. La mère [un hamster femelle], en vitesse, on l'a conduite chez un vétérinaire. Un alcoolique. À faire peur. Il a dit : « Y'a pas d'espoir – **beurp !** » (Bayon, *Le Lycéen*, 1987, 311.)

3. Le cœur au bord des lèvres, [...] le foie gros de trop de foie gras, ils jouent des arpions dans leurs charentaises, enclenchent la télé-commande et **beurp !** s'assoupissent devant les programmes rigolos [...]. (*L'Est républicain*, 26 décembre 1987, 20.)

4. Celui qui les avait prises en stop [...] s'appelait Burt. Un prénom qui sonnait bien avec les « **burp !** » qu'il émettait à chaque gorgée de bière. (Ph. Le Roy, *Pour adultes seulement*, 2001 [1997], 51.)

5. Et avec ça, une petite goutte « dont vous me direz des nouvelles ». Avec-**burp**-plaisir-broop-pardon. (*Le Soir*, 26 juillet 2001.)

V. encore *eurk*, ex. 2.

REM. **blurp** “id.”. « Et puis on a couru pour attraper le 27, qui n'arrête pas de freiner intempestivement et de redémarrer sur les chapeaux de roues. **Blurp**, ça va pas fort et, c'est clair, les symptômes sont bien là : on va tout vomir sur la banquette » (*20 ans*, janvier 1994, 62).

♦♦ Attesté dep. 1984 (v. ici ex. 1), mais certainement antérieur dans la bande dessinée. De l'angl. *burp* “rot” ; *to burp* “roter”. — Absent des dictionnaires consultés, à l'exception de TraitDu 1989, 60-61.

BZIM

1. “(son produit par des cymbales)”.

1. Il chante sur l'air : *Sonnez cors et musettes*, de la *Dame blanche*.
– Honneur *(bis)* à mon ami Lamber-re !

Honneur *(bis)* à mon ami Lambert ! **bzimm ! bzimm !** (F. A. Duvert, *Un docteur en herbe*, 1847, *Théâtre choisi*, 1878, t. 4, 209.)

2. "(bruit cinglant produit par le sifflement d'un projectile)".

2. **Bzim !** bdoum ! éclate le 105 [...]. (Péricard, *Face à face* [av. 1919], dans G. Esnault, *Le Poilu tel qu'il se parle*, 1919, 549.)

3. Et tout d'un coup, **bzim ! bzim !**... [...] Mon képi a valsé à trois pas. (M. Genevoix, *Ceux de 14*, 1950, FXT.)

4. [...] dix... vingt projecteurs [de D.C.A.] ! et la mousqueterie de mitrailleuses !... ***Bzim ! bzim !***... (L.-F. Céline, *Normance*, 1989 [1954], 50.)

REM. **bsing / bzing. a)** [Correspond à *bzim* 1]. V. *tsing* ex. 1. **b)** [Correspond à *bzim* 2]. « **Bzinng !** Les autres qui se manifestaient. Arsène pour avoir la paix lâchait aussitôt une longue rafale » (ADG, *La Nuit des grands chiens malades*, 1990 [1972], 141).

♦♦ Attesté dep. 1841 sous la forme *psim* (« **Psim ! psim ! psim !** baound ! » E. de La Bédollière, v. *Anthologie*, n° 15). — Absent des dictionnaires consultés.

BZZ □ VAR. *bzee, bzeuh, bzi.*

1. [Bruit naturel]
1.1. "(bruit de bourdonnement d'un insecte ailé : abeille, frelon, guêpe, mouche, moustique, etc.)".

1. Parlerai-je des chiens fous qui s'acharnent après une bête [une vache] et la mènent pantelante à travers champs ? Des mauvais gars qui font entre leurs dents le **Bzzz** du frelon et jettent la panique dans tout un troupeau fuyant la queue en l'air ? (J. Cressot, *Le Pain au lièvre*, 1977 [1943], 26.)

2. À peine entrée, la mouche s'élançait comme un croyant poussant la porte du Paradis. Tant d'ordures l'enchantait ! Verres sales, restes de sandwiches collés sur le comptoir, water-closets engorgés... La mouche découvrait l'Eldorado et avec des **bzz** de bonheur s'y jetait tout entière. (G. Mordillat, *Vive la sociale !*, 1981, 93.)

3. [La mouche] traverse la salle. [...]. **Bzzzz** général et éclats de rire. (J. de Bougues-Montès, *Chez Auguste. Histoires truculentes et vraies du Bassin d'Arcachon*, 1982, 20.)

4. [...] la table cirée, au centre de laquelle trônait un globe attrape-mouches garni de trois parcelles de sucre. Le **bzzzz**... des insectes et le tic-tac* de l'horloge à balancier troublaient seuls le silence [...]. (R. Vincent, *L'Adieu aux champs*, 1989 [1987], 72.)

5. Le moustique, on ne le voit jamais venir. Quand on l'entend, c'est trop tard. Il nous a eus. La preuve, la perle de sang qui dégouline sur le papier peint sitôt qu'on lui a mis la main dessus. Avec son fameux « **bzzz** », ce qu'on connaît le mieux du moustique, c'est encore son cadavre pétrifié sur fond rosâtre, nature morte miniature d'où émergent une patte noire et un brin d'aile égratignée. (Chr. Bravo, *Les Petites Bêtes*, 1991 [1988], 57.)

6. Une mouche rend son dernier **bzee** dans une flaque d'essence. (P. Delbourg, *Un certain Blatte*, 1989, 109.)

7. [...] notre homme [un pompier] pénètre déjà sans perdre une seconde dans le grenier bourdonnant. Bien pro-

tégé, il fait gicler l'insecticide sur le nid [de guêpes] et toc* ! Sans même avoir le temps de faire « **bzzz** », les bestioles agonisent raide et sec. (*Ouest-France*, éd. Vendée-Ouest, 1er août 1990, 11.)

8. Ça soulève [...] un relent de venaison. [...] La mouche lui dispute les senteurs. **Bzzzz**... (J.-Y. Cendrey, *Troumadame*, 1997, 169.)

— Répété.

9. CHŒUR DES ÉRINNYES. – **Bzz, bzz, bzz, bzz.** / Nous nous poserons sur ton cœur pourri comme des mouches sur une tartine [...]. / Nous butinerons comme des abeilles le pus et la sanie de ton cœur [...]. / **Bzz, bzz, bzz, bzz.** (J.-P. Sartre, *Les Mouches*, 1943, FXT.)

10. L'abeille continue ses **bzz-bzz** [...]. (M. Mauron, *Le Quartier Mortisson*, 1967 [1951], 271.)

11. « Moi, je voudrais être une mouche ! »
Pour illustrer le mot, sans se concerter, ils se mirent à courir en battant des ailes et en faisant : « ***Bzzz, bzzz, bzzz***... ». (R. Sabatier, *Les Allumettes suédoises*, 1988 [1969], 180.)

12. – Le bourdon est rentré à la ruche.
– Hé, hé ! c'est bien cela, dit le curé, qui était discret mais un brin persifleur, **bzi, bzi** ! le bourdon, les petites ailes bruissantes, **bzi, bzi** ! (G. Baissette, *Ces grappes de ma vigne*..., 1975, 43.)

13. – C'est très simple, répondit le vendeur [de pièges à mouches], très simple... Voilà. La mouche vole ??? ***Bziiiiii... Bziiiii...*** Tenez, comme cette mouche-là [...]. (D. Goldenberg, *Papa poule*, 1989 [1980], 263.)

14. [...] l'abeille, **bzzzz, bzzzz** [...]. (Fr. Valabrègue, *La Ville sans nom*, 1989, 91.)

15. – Des frelons ?
– Oui. **Bzeuh Bzeuh** !... Des insectes... qui piquent... (J. Syreigeol, *Vendetta en Vendée*, 1990, 177.)

16. [...] voilà les moustiques qui s'en mêlent. **Bzz... bzzz...bzzz.** (M. Chatelain, *Alpages, terres de l'été*, 1996, 157.)

V. encore *pch*[1], ex. 4 ; *plic*, ex. 2 ; *Anthologie*, n° 39.

REM. **bzit** "id.". « S'il y a bien une race sur la terre dont je ne vois pas l'utilité [...], c'est évidemment ces putains de moustiques ! [...] Vous finissez [...] par vous calfeutrer au fond de votre lit, le drap au-dessus de la tête, en guettant le moindre... "**Bzzzzit** !" [...] » (G. Del Pappas, *Du soleil plein la tête*, 2001, 95).

1.2. "(bruit de sifflement d'un serpent)".

17. **Bzzzzz**... C'était une vipère qui, balançant sa tête à hauteur de ma main, battait en retraite. (J. Cressot, *Le Pain au lièvre*, 1977 [1943], 186.)

1.3. "(bruit de ronflement d'un dormeur, en phase expiratoire)".

— Associé à *rrr**, qui traduit la phase inspiratoire.

18. Dormir !... / Il est deux heures du matin. J'assiste à un concert. Un quatuor d'instruments à vent ponctué de temps à autre par un solo retentissant. Rrr*... **Bzzzz**... rrr... **Bzz**. Indiscutablement la palme de soliste revient à La Bouillasse. Il a une façon très personnelle de commencer avec puissance et d'exécuter les finales en demi-teinte, sans aucun effort apparent, en véritable artiste. (A. Vers, *Misère du matin*, 1953, 177.)

1.4. "(bruit du souffle du vent)".

— Associé à *hou hou**.

19. – **Bzz**... hou... hou*... ououou...
– Bonjour, monsieur le vent !
– **Bzz**... hou... hou... ououou... (M. Chatelain, *Alpages, terres de l'été*, 1996, 108.)

2. Le plus souvent répété [Bruit d'un objet manufacturé]
2.1. "(bruit de bourdonnement ou de sifflement d'un appareil, d'un moteur)".

20. Quelqu'un, dehors, sonnait. « **Bzzzz** », faisait le timbre au-dessus de moi. (J.-L. Benoziglio, *Cabinet portrait*, 1980, 59.)

21. Elle attend et se met à siffler entre son dentier, ou plutôt à zonzonner. Ça fait comme quand t'obtiens pas la communication, biscotte [= en raison de] l'encombrement des lignes : « **bzzzzz... bzzzzz... bzzzzz** ». (San-Antonio, *Au bal des rombières*, 1990, 281.)

22. [...] je risque un œil dans la pièce, un couple, excité à mort, s'acharne sur un jeu vidéo qui pousse des **bzi bzi bzi** comme dans les cafés. (T. Benacquista, *Les Morsures de l'aube*, 1992, 214.)

23. Parvenus à destination le gardien [de prison] nous a confiés à un autre, les portes faisaient **bzzz, bzzz**, actionnées par le planton depuis sa hutte au milieu de la cage d'escalier. (V. Ravalec, *Vol de sucettes*, 1995, 11.)

24. Au premier café du matin, on entend le **bzzzz** du fax. (T. Benacquista, *Saga*, 1997, 148.)

25. **Bzz zzzz**... Mode vibreur. (Publicité pour un téléphone portable, *Télérama*, 2 juin 1999, 69.)

REM. **vzi** "id.". « Et tout à coup, j'entends *(bruit de bouche imitant une sonnerie)* : " **Vzzi, vzzi**..." / [...] elle portait une espèce de montre-réveil, genre gadget électronique, qui devait, je ne sais quoi, lui rappeler quelque chose à un moment précis de la soirée : "Dix heures douze... **Vzzi, vzzi** [...]" » (G. Bedos, *Inconsolable et gai*, 1991, 37).

2.2. "(bruit produit par un mouvement rapide, un déplacement d'air)".

26. Quand on tombe en panne sur la route, c'est extraordinaire ce que les voitures des autres semblent rouler vite, rouler bien, sans le moindre pépin... **Bzzz...Bzzz**... (P. Daninos, *Profession : écrivain*, 1988, 19.)

27. Quand elle [une fillette] joue à la balle [...], le grand tourbillon étale les jupes plissées : **Bzzzi**. (A. Perry-Bouquet, *La Rangée des bourriques*, 1988, 42.)

— En part.

• "(bruit de sifflement d'une fusée, d'une balle avant son point d'impact)".

28. Gare, v'là le tonnerre... **bzz**... (Une fusée part sans exploser.) Tiens, le tonnerre qu'a pas éclaté. (H. Berlioz, *Les Soirées de l'orchestre*, s.d. [1852], 236.)

29. [...] à peine ai-je parlé que la fusillade se déclenche et que les balles se mettent à siffler comme à Verdun [...]. Pan*... **Bzzz**... Pan... **Bzzz**... Pan... (M.-É. Grancher, *La Souris de l'abbé Jouvence*, 1965, 105.)

• "(bruit d'une meule à aiguiser)".

30. Et le repasseur de couteaux ne reviendra jamais. Jamais plus vous n'entendrez le « **bzz... bzz** » de sa meule. (P. Mac Orlan, *Les Bourreurs de crâne*, 1918, 251.)

31. LE RÉMOULEUR (***Bzz... Bzz***...). – Où vas-tu comme ça ? (M. Pagnol, *Angèle*,

1934, *Œuvres complètes*, 1995, t. 2, 194.)

REM. **buzz** (emprunt à l'anglais) **a)** [Correspond à *bzz* 1.1]. « **Buzz buzz buzz** fait la petite / abeille ; wap doo wap, dis-moi comment ; / vroar vroar vroar, voici / les dinky toys [...] » (D. Fano, *Chocolat bleu pâle*, 1986, 46) ; « Sans attendre, « Buzz », le nouveau magazine musical de Paris-Première, annonce la couleur : "**Buzz**, comme le moustique qui pique, comme le petit bruit qui ose déranger le ron-ron* des hits et des flops pour faire avancer le schmilblic" » (*Le Monde Radio-Télévision,* 1er janvier 1995, 27). **b)** [Correspond à *bzz* 2.1]. « Un petit **buzz** électrique et la porte s'est ouverte toute seule » (M. Tremblay, *Des nouvelles d'Édouard*, 1984, 218) ; « "**Buzz, Buzz, Buzz**", faisait la sonnerie du téléphone posé sur le bureau [...] » (H. Pagan, *L'Eau du bocal*, 1998 [1983], 98).

♦♦ Attesté dep. 1943 (v. ici ex. 1 et 9) ; déjà en 1778 pour exprimer un cri d'oiseau (« On peut exprimer son petit cri par ***bzi, bzi*** [...] » Buffon, *Hist. nat.*, Oiseaux, IX, *Le Bec-figue*, DDL). **2.2.** Attesté dep. 1727 (« Quand ma cervelle est une fois échauffée, vous diriez d'un feu d'artifice. Ce ne sont que fusées, ce ne sont que pétards, **bz**, pif, paf, pauf, un coup n'attend pas l'autre » L. De Boissy, *Le Français à Londres*, *Œuvres de théâtre*, 1773, t. 2, 21). — Absent des dictionnaires consultés, à l'exception de Rob 2001 (« ... évoquant le bruit d'un vol d'insecte ») et de TraitDu 1989, 98-99 ; cf. FEW 23, 198a (Agen *bouzoun-bouzoun* adv. "bruit confus, pareil à celui que fait un essaim d'abeilles, qui volent").

C

CANCAN □ VAR. *kan kan* (vx), *quanquan* (vx).

Vieilli "(bruit du cri du canard)".

1. ***Quanquan, quanquan.*** Pour imiter le cri des canards. (D'Hautel, *Dictionnaire du bas-langage*, 1808, t. 2, 272.)

2. CANARD. Du son ***can can***, souvent répété, qui est le cri de cet animal. (Ch. Nodier, *Dictionnaire raisonné des onomatopées françaises*, 1808, 36.)

3. Voici maintenant les noms et les cris qui composent ordinairement cette volière : [...] Le Canard : ***Kan, kan, kan.*** (*Les Amusemens du bel âge*, 1816, 45.)

4. Le Canard : ***Can, can, can.*** (Tardieu Denesle, *Les Jeux innocents de société, ca* 1820, 55.)

5. Voici les noms de plusieurs oiseaux, avec l'imitation de leurs cris ; cela mettra sur la voie pour en choisir d'autres, si la société se trouvait fort nombreuse. [...] Le canard : **Can, can, can.** (Celnart, *Manuel complet des jeux de société*, 1827, 180.)

6. [...] Caen. Des canards qu'on y avait introduits, reparurent à Vaucelles, en grognant : « **Can, can, can** », d'où est venu le nom de la ville. (G. Flaubert, *Bouvard et Pécuchet*, 1880, FXT.)

7. Dehors, des bandes de canards [...] passaient continuellement dans un mouvement de balancier, de droite à gauche, de gauche à droite, avec des **cans** et des **cancans** incalculables. (J. Delteil, *Les Cinq Sens*, 1983, 124.)

V. encore *coucourou*, ex. 4.

♦♦ Attesté dep. 1698 (« Un canard qui dominoit, dit plus haut que les autres, **can, can, can** » M.-C. d'Aulnoy, *L'Oiseau bleu*, FXT). — Absent dans cet emploi des dictionnaires consultés ; aj. à FEW 2, 166b, KAN, où ce mot manque.

CH [1] □ VAR. *sch.*

1. "(bruit produit par une forte expiration)". □ VAR. *shô.*

1. Mais qu'est-ce que je bois ! L'eau se joue délicatement sur mes yeux, dans mes oreilles et dans ma bouche. Je fais constamment « **chchch** » et il y a un petit jet d'eau qui s'élève au milieu de la mer, c'est l'eau que je recrache. (J.-P. Sartre, août 1939, *Lettres au Castor*, 1983, t. 1, 257.)

2. Elle lève la tête, aspire un bon coup quand elle me sent venir, avale tout l'air de la pièce... L'expire... **Shôôôôô** !... (Ph. Sollers, *Le Cœur absolu*, 1987, 232.)

V. encore *ron*, ex. 8.

2. "(bruit d'un fluide ou d'une mèche qui fuse)". □ VAR. *chu*.

3. [TINTIN.] Ça y est ! Attention ! Tu vas entendre quelle explosion ! [...] SSSSSSSSCH (Hergé, *Tintin en Amérique*, 1932, 56.)

4. Elle posa ses mains à plat de part et d'autre de son bol blanc, perdue, pensive, le regard piqué sur la petite flamme bleue du gaz et bercée par ce ***chuuuuuuuuuuuuuu*** tendu qui dans les cuisines des villes endormies semble imiter pour la mère sortie de son lit le souffle du bébé. (J.-M. Gourio, *L'Eau des fleurs*, 1999, 100).

♦♦ Attesté en 1918 pour exprimer le souffle d'un obus (« **chachuchechéchi** » G. W. A. de Pawlowski, *Signaux à l'ennemi*, dans G. Esnault, *Le Poilu tel qu'il se parle*, 1919, 176, n. 1). **1.** Attesté dep. 1939 (v. ici ex. 1). **2.** Attesté dep. 1932 (v. ici ex. 3). — Absent des dictionnaires consultés.

CH[2]

Souvent répété "(pour mettre en fuite un animal)".

1. Et l'homme dit, d'une voix douce et gaie :
– Regarde les bébêtes !
Et la maman fait ***ch ! ch !*** pour faire nager les canards qui battent de l'aile et amusent les petits. (J. Renard, 11 septembre 1907, *Journal*, 1990, 890.)

2. [...] la terrasse et ses degrés reluisaient de poules, noir-vert métallique, accroupies sous le soleil de midi. Une indignation ménagère sécha mon attendrissement, et je chassai les envahisseuses, avec des : « **Ch** !... **Ch** !... » et de grands gestes de bras. (Colette, *La Chambre éclairée*, 1921 [1917], *Œuvres*, 1986, t. 2, 901.)

3. – **Chchch** !... Va-t-en ! disait-il... **chchch** !
Je le sentais qui faisait dans mon dos des gestes désordonnés de la main, comme pour éloigner une guêpe. (J. L'Hôte, *Confessions d'un enfant de chœur*, 1990 [1965], 10.)

♦♦ Les attestations anciennes concernent la variante vocalisée *chou* : « **Chou.** *An Interiection* [...] *also, a voice wherewith we drive away Pulleine* [= poulaille] » (Cotgrave 1611) ; 1716 « *Leandre frappe sur l'épaule d'Olivette, qui fait le* lazzi *de chasser un oiseau, en disant : /* OLIVETTE. – **Chou, chou** » (Lesage et Fuzelier, *L'Ecole des amans*, dans Lesage et d'Orneval, *Le Théâtre de la Foire*, t. 2, 345) ; 1739 « **Choue,** papillons, laissés-moi causer avec mon ami » (Graffigny, *Correspondance*, 1989, t. 2, 199). — Absent des dictionnaires consultés.

CHAC

"(bruit produit par un coup violent)".

1. Je tenais le fusil par le canon... **Chac** !... J'entends un cri qui s'évase... Flast ! J'arrête net cette clameur... Le premier coup de crosse lui fait sauter les dents hors de la gueule ; le second le cueille en pleine gargamelle et te l'étend raide [...]. (L. Massé, *Le Mas des Oubells*, 1981 [1933], 91.)

2. Le furet me le sort [un lapin, du terrier]... Trap, tra, trap... Je le laisse courir pour pas l'abîmer, quoi vingt, vingt-cinq mètres, et au rebond, **chac** ! dans le haut des oreilles ! (L. Massé, *Les Grégoire. Fumées de village*, 1985 [1945], 269.)

♦♦ Attesté dep. 1611 (« LE CAPITAINE [...] Moi qui suis tousjours plus prest à quereller qu'un Allemant à boire, voyant qu'une autre fois ce gourmand y remettoit la main, **chacq !** avec mon cousteau je la luy attachay sur le champ au plat, et mettant l'autre main à la dague je l'envisage d'un regard courroussé, et le tiens tousjours ainsi attaché jusques à ce que j'eu disné » P. de Larivey, *Les Tromperies*, dans *Ancien théâtre françois*, t. 7, 56). — Absent des dictionnaires consultés, à l'exception de FEW 13/2, 356b-357a, TŠAK-.

CHTAC □ VAR. *chtak*, CHTOC □ VAR. *chtok*.

"(bruit d'un coup brutal, d'un geste brusque)".

1. chtac.

— **et chtac.**

1. Il fallait faire attention, ne pas répondre aux inconnus, ne pas les suivre, refuser les offrandes de bonbons...
– Même à la menthe ? a demandé Loulou.
Et chtak... Elle s'est ramassé une baffe. (Cl. Courchay, *Chronique d'un été*, 1990, 81.)

2. chtoc.

2. J'ai bandé mon lance-pierres et j'ai lâché le gros élastique. J'ai pas vraiment vu où je tirais et à quelle force, j'ai tiré, c'est tout, à fond. Ça a fait **chtok** et le type, sans un mot, est tombé tout droit en arrière. (J.-B. Pouy, *L'Homme à l'oreille croquée*, 1987, 107.)

— **et chtoc.**

3. J'ai pas pu m'empêcher. J'ai pris un pavé **et chtoc** ! en plein sur la voiture. (R. Bouvier, *Tresse d'aïet, ma mère*, 1997 [av. 1992], 108.)

4. **Et chtok**, elle colle une sucette en caoutchouc dans le clapet du marmot. Gloup*, il s'étrangle. (Cl. Courchay, *Quelqu'un, dans la vallée...*, 1998 [1997], 250.)

— Dans une succession d'onomatopées.

5. C'était la première fois que nous pouvions voir La Madrague de la mer, quand tout à coup, *boum*! crac*!* ***chtock !*** stop ! nous avions heurté un rocher ! (Br. Bardot, *Initiales B.B.*, 1998 [1996], 270.)

V. encore *paf*, ex. 11.

REM. **1. chtong/chtonk** "id.". « On y [dans le film *Maine-Océan*, 1986] croise des provinciaux, des imprésarios mexicains, Luis Rego en contrôleur expliquant à une Brésilienne qu'elle devait composter son billet ("*Il fallait faire **chtonk** à la gare*") » (*Libération*, 23 juillet 2001, 34) ; v. encore *Anthologie*, n° 45 et 52. **2. chtuck** "id.". V. *Anthologie*, n° 33.

♦♦ Attesté dep. 1979 *chtoc* (v. *paf*, ex. 11) et 1990 *chtac* (v. ici ex. 1), mais sans doute antérieurement dans la bande dessinée. — Absent des dictionnaires consultés, à l'exception de TraitDu 1989, 109 et 111.

CLAC

I. [Domaine concret]

1. "(bruit sec produit par un choc, une chute, un coup, un déclic ou un mécanisme)".

1.1. Simple.

1. Elle [...] revint armée du fouet... Le fouet dit « **clac** ! » deux fois [...]. (Colette, *Douze dialogues de bêtes*, 1930, *Œuvres*, 1986, t. 2, 17.)

2. Au pied du grand escalier, un photographe ambulant, à l'affût, se précipite. Le cortège s'immobilise, toute risette dehors. **Clac** : un cliché. (M. Bailly, *Petits Pavés stéphanois*, 1987 [1958-1959], 30.)

3. À la seconde même, notre store se refermera complètement, **clac** ! (P. Gerrard, *Une carabine pour deux*, 1995 [1964], 18.)

4. Le judas fut refermé avec un **clac** catégorique [...]. (Chr. de Rivoyre, *Les Sultans*, 1964, 91.)

5. [...] **clac** ! à nos poignets d'étincelantes menottes ! (A. Boudard, *Bleubite*, 1988 [1966], 174.)

6. [...] si une mouche vient se promener sur le mur, **clac** ! la Marie l'écrase d'un coup de pantoufle. (R. Fallet, *L'Amour baroque*, 1990 [1971], 303.)

7. [...] cet instrument [le couteau] qui, dans les campagnes, est doté de vertus quasi magiques, [...] est l'indice de la virilité, de la force et, par suite, le signe de l'autorité (dans les fermes, on ne se lève pour quitter la table que lorsque le maître en donne le signal : c'est le *clac* précis et définitif que fait la lame en se refermant). (Cl. Menuet, *Une enfance ordinaire*, 1992 [1972], 319.)

8. Retour en arrière. Touche marquée Arrière. **Clac**. Touche marquée Replay. **Clac**. (J.-L. Benoziglio, *Béno s'en va-t-en guerre*, 1976, 89.)

9. Pour les luxations, il était adroit, et d'un seul coup, **clac** ! c'était remis en place. (L. Chaleil, *La Mémoire du village*, 1989 [1977], 257.)

10. Quand on appuie sur une touche de commande, elle s'enfonce après avoir quelque peu résisté, et cela fait « **clac** », le même bruit que faisait le loquet de la porte d'entrée de la maison où j'ai vécu mon enfance. (Massin, *Mon Revox et moi*, dans *Mots de passe 1945-1985*, 1985, 143.)

11. **Clac**, un petit tour de clef suivi d'un grincement de porte [...]. (J.-M. Gourio, *Autopsie d'un nain*, 1987, 95.)

12. Elle est morte parce qu'elle en savait... **Clac** !
[...] – Qu'est-ce que ça veut dire « Elle en savait **clac** » ?
[...] C'est le magnétophone. Quand la bande est finie il s'arrête automatiquement : **Clac** ! (Gébé, *Roman d'une année sabbatique*, 1988, 84.)

13. [...] l'appareil à composter, cette espèce de robot orange qui ne fonctionne jamais ou, du moins, dont le **clac** très attendu se déclenche on ne sait pas trop pourquoi. (J.-B. Pouy, *La Clef des mensonges*, 1988, 20.)

14. La porte latérale [de la camionnette] s'est ouverte **clac**, dans un fracas épouvantable. (J. Cans, *Drôles d'oiseaux*, 1990, 124.)

15. L'interrupteur qu'on éteint. [...] **Clac**, noir. (H. Cueco, *Le Journal d'une pomme de terre*, 2001 [1993], 144.)

16. Parfois, comme électrique, elle se levait [...], prenait une Craven *cork-tip-*

ped, allumait son zippo, aspirait une bouffée, refermait le briquet. CLAC ! (H. Jaouen, *Ouragan sur les grèbes*, 1993, 134.)

17. Ces séances d'épouillage [en captivité] donnaient lieu à des scènes variées. « Encore un ! claironnait Barbeau, **clac** ! encore un. » Et son visage irradiait comme si, coincé entre ses deux ongles de pouce, **clac** ! c'était un soldat ennemi qu'il venait d'écraser, un Chleuh !... (R. de Obaldia, *Exobiographie*, 1995 [1993], 250.)

18. J'ai tourné la clef lentement. La serrure était dure. Il y a eu un **clac** et elle s'est ouverte en couinant. (Cl. Couderc, *Le Petit*, 1998 [1996], 164.)

19. [...] le **clac** des portières de voiture [...]. (*Télérama*, 18 août 1999, 6.)

V. encore *clic clac*, ex. 1.

— Dans une succession d'onomatopées. V. ***bing***, ex. 30 ; ***flac***, ex. 5 ; ***ping***, ex. 7 ; ***piou***, ex. 1-2 ; ***schlac***, ex. 9 ; ***zim***, ex. 11 ; ***Anthologie***, n° 13.

— En part. "(bruit du combiné téléphonique que l'on raccroche)".

20. – Merci Gérard, tu as été très gentil tu m'as fait un bien immense tu embrasseras ta mère [....]. / **Clac**, raccroché. (J.-L. Bory, *La Peau des zèbres*, 1981 [1969], 399-400.)

21. – Merci, mais...
– À bientôt, donc, chère Madame, et tous mes hommages.
Clac ! (A. de Saint-André, *Papa est au Panthéon*, 2001, 136.)

• **et clac !**

22. Une secrétaire vous répond frénétiquement :
– De la part de ? Quittez pas... Occupée !... Rappelez...
Et clac, elle vous raccroche au nez. (N. de Buron, *C'est quoi, ce petit boulot ?*, 1989, 298.)

23. – [...] Allez, je vous embrasse tous, mes chéris [...].
Et clac, elle raccroche. (D. Pennac, *La Petite marchande de prose*, 1989, 46.)

24. – Bon, alors je vais passer.
Et clac, raccroché au nez, brutalement. (J.-Cl. Aschero, *Scoops*, 1992, 174.)

1.2. Répété.

25. Baissez la tête ; je vais vous couper les cheveux. [...] Dégagez la nuque, dégagez !... Ça vous fait froid dans le dos ? Ce goût-là vous passera !... **clac** ! **clac** !... (G. Guesviller, dans *Le Petit journal, Supplément illustré*, 9 avril 1894, 119.)

26. Tu ne connais pas ça, la mitraillette, ça n'est pas de ta guerre... Laisse-moi te l'expliquer : ça fait un bruit de soutane dont tous les boutons sauteraient les uns après les autres : **clac... clac... clac... clac**. (Fr. Dard, *La Crève*, 1989 [1946], 102.)

27. Déjà la manivelle [d'une vanne] grince. **Et clac**, le cliquet rouillé lâche une dent ; **clac, clac**, il en lâche deux. Puis quatre. L'engrenage se décide [...]. (H. Bazin, *L'Huile sur le feu*, 1954, 14.)

28. « Un as !
– Moi aussi, bataille !
– Une reine !
– Un valet !
– C'est pour moi. »
Les cartes faisaient **clac-clac** entre ses doigts. (R. Sabatier, *Canard au sang*, 1985 [1958], 237.)

29. – [...] Regarde comme elles [des écrevisses] donnent des coups de

queue. **Clac** ! **Clac** ! Comme des castagnettes. (R. Sabatier, *Les Noisettes sauvages*, 1988 [1974], 255.)

30. On a entendu des bruits de portière, **clac, clac** [...]. (Chr. de Rivoyre, *Crépuscule, taille unique*, 1989, 136.)

31. Elle avait saisi une règle de sa main droite dont elle frappait la paume de sa main gauche. **Clac, clac.** (M. Villard, *La Dame est une traînée*, 1989, 153.)

32. Ils tirèrent de leur poche un couteau à cran d'arrêt – **clac-clac** ! – et choisirent un tronc [d'arbre]. Debout, jambes écartées ils se livrèrent au même jeu : lancer, arracher, lancer, arracher. (H. Jaouen, *Hôpital souterrain*, 1992 [1990], 248.)

33. – [...] Elle commence à me déboutonner la chemise. **Clac** ! **clac** ! **clac** ! Je me retrouve torse nu. (L. Chedid, *40 berges blues*, 1991, 71.)

34. – Allez, Paul, un effort !
Clac ! **Clac** !
Je condescends à revenir à moi. J'ouvre un œil avec lenteur. Et puis l'autre. [...].
– Madame Thuillier, qu'est-ce qui se passe ? Qu'est-ce que je fais par terre ? Pourquoi vous me donnez des claques comme ça ?
– [...] Tu t'es évanoui. (L. Chedid, *40 berges blues*, 1991, 118.)

35. **Clac-clac-clac** de la serrure trois points. (H. Jaouen, *Ouragan sur les grèbes*, 1993, 236.)

36. [...] le **clac-clac-clac-clac** des pneus en charpie sur le macadam. (Cl. Lucas, *Suerte*, 1998 [1995], 355.)

37. Quelle porte [pour un avion] ? CAYENNE-POINTE-À-PITRE... AF 3683... *Delayed*. Allons bon. Retard prévu... À l'affichage les chiffres se succèdent, ***claclaclaclac***. (A. de Saint-André, *Papa est au Panthéon*, 2001, 191.)

V. encore *pom*, ex. 10.

— Associé à une autre onomatopée.

38. Les coups d'ongles meurtriers écrasent les puces d'une pichenette expéditive. **Clac** ! **Clac** ! Clic* ! **Clac** ! (B. Duhamel, *Les Jolis mois de May*, 1994, 95.)

2. Redoublé ou répété.
2.1. "(bruit d'une marche féminine rapide)".

— **clac clac.**

39. [...] ça fait **clac clac**, les talons dans la rue Houdon. Et une putain qui cavale, c'est marrant. (R. Sabatier, *Boulevard*, 1986 [1956], 236.)

40. Avec Nénette on parcourait des rues sans se dire un mot. Nous respirions fort. Ses chaussures faisaient **clac clac**, mes espadrilles chuintaient. (J. Douassot, *Nœud coulant*, 1971, 167.)

41. Elle dans le contre-jour d'une verrière, moi toujours dans l'ombre d'un pilier, je l'ai regardée avancer, **clac, clac,** les talons, genou souple, menton conquérant. (M. Embareck, *2-1 = 0*, 1991, 9-10.)

42. Le **clac-clac** de ses socques en bois [...]. (Cl. Lucas, *Suerte*, 1998 [1995], 124.)

— **clac clac clac.**

43. Le manteau, le petit chapeau ridicule, et hop* ! dans le métro, au **clac-clac-clac** des semelles de bois. (Colette, *Paris de ma fenêtre*, 1944, *Œuvres*, 2001, t. 4, 660.)

44. Enfin, j'avise la jeune femme. Mais elle m'avise aussi, volte, et s'éloigne rapidement dans un **clac-clac-clac** de hauts talons. (L. Malet, *Du rébecca rue des Rosiers*, 1958, 855.)

45. [...] une blonde perchée sur des talons pointus qu'on entend arriver de loin, **clac, clac, clac**, tout le long du couloir [...]. (J.-P. Demure, *Découpe sombre*, 1988, 59.)

46. [...] on entendait fréquemment raisonner [*sic*] les talons aiguille de la voisine du dessus (« ça faisait **clac clac clac** »). (P. Bourdieu, dir., *La Misère du monde*, 1993, 107.)

2.2. "(bruit des sabots d'un cheval)".

47. Lorsque l'amour, **clac, clac, clac,**
Vient en poste de Cythère,
Quand on l'entend : **clac, clac, clac,**
Le cœur doit faire :
Tic-tac*. (B. Beaugrand, *Patrie et gaîté*, 1823, 78.)

48. J'entendis : « Plof*-plof, plof-plof... » et je vis sortir de la neige, devant moi, le cheval de Tardieu. [...] D'habitude, on entendait les lourdes roues de son camion écraser les pierres de la chaussée et les fers du cheval faire « **clac-clac, clac-clac** ». Maintenant ils faisaient « plof-plof, plof-plof ... » comme si le cheval avait mis des pantoufles. (R. Barjavel, *La Charrette bleue*, 1989 [1980], 163.)

V. encore *Anthologie*, n° 12.

REM. **clac-cloc** "id.". « [...] une voiture chiffonnière tirée par un maigre bidet dont les sabots faisaient **clac-cloc**, bruit qu'il imita en faisant claquer sa langue contre son palais » (R. Sabatier, *Trois sucettes à la menthe*, 1986 [1972], 266).

II. "(pour exprimer la soudaineté d'un procès)".

49. Sur quoi, **clac** ! on vous ferme la porte au nez, on vous jette dehors comme un paquet de sottises [...]. (H. Fèvre, L. Deprez, *Autour d'un clocher*, 1992 [1884], 169.)

50. « J'en sais rien de ce qui t'attend, mais tu auras du splendide dans le paquet ; il n'y a pas que de la mélasse tout de même, il se produit parfois des trucs extraordinaires... On est dans la gadoue et, tout d'un coup, **clac**... » / Je me demande bien ce que j'entends par « **clac** » ; je rame, je rame, bon Dieu, je rame. Il se recroqueville, pas convaincu. (P. Cauvin, *C'était le Pérou*, 1989 [1980], 81.)

— En part. "(pour exprimer la brutalité d'un décès)".

51. Mon capitaine avait été tué, dix minutes plus tôt, en sortant de la tranchée. [...] Je l'entends encore : « Brecey, vous êtes en liaison, restez-y coûte que coûte. Des renforts vont arr... » **Clac** !... Tais-toi ! (G. Dormann, *Le Chemin des Dames*, 1977 [1964], 104-105.)

52. Si je mourais d'un coup : **clac**, un arrêt du cœur [...]. (P. Cauvin, *Monsieur papa*, 1987 [1976], 114.)

53. – Écoute, c'est une vieille histoire. Ta tante, ce n'était pas une sainte, si tu veux tout savoir. Son mari, **clac**, elle ne s'est pas gênée pour l'envoyer dans l'autre monde... (P. Léon, *Comme de la peste*, 1992, 139.)

♦♦ **I. 1.** Attesté dep. 1477-1483 (« Le tiers [siege] fut mis devant Fronsac, / Qui regiba de l'eguillon ; / Le quart, qui ne fist pas grand **clac**, / Fut mis devant Sainct Melyon » Martial de Paris, *Vigiles de Charles VII*, f. Mij, éd. 1493, GdfC ; v. TLF) ; 1605 (« "*Maman doné moi de cela pou faire clac*" c'estoit des feuilles de vigne qu'il faisoit et avoit veu faire claquer sur le poignet » J. Héroard, *Journal*, 1989, 682). **2.1.** Cf. *clac clic* s.v. *clic-clac.*

2.2. Attesté dep. 1823 (v. ici ex. 47). **II.** Attesté dep. 1884 (v. ici ex. 49). — Enregistré dans les dictionnaires généraux seulement dans l'emploi 1 ; TraitDu 1989, 114-117 ; aj. à FEW 2, 726b-727a, KLAKK-, où ce mot manque.

CLANG □ VAR. *clanc, clank.*

"(bruit sonore, d'origine métallique, produit notamment par un choc, par un déclic)".

1. À un tir à la carabine, ils cassèrent des pipes [...]. Les balles faisaient **clang** ! contre la tôle du fond. (J. Anglade, *Un temps pour lancer des pierres*, 1974, 33.)

2. **CLANK** fait la lame [du couteau à cran d'arrêt] en s'ouvrant. (Fr. Lasaygues, *Vache noire*, 1985, 58.)

V. encore *Anthologie*, n° 44.

— Répété.

3. **CLANG CLANG**
[TINTIN.] – C'est vous qui aviez raison, capitaine : ce sont des coups frappés sur les tuyaux du chauffage central... (Hergé, *L'Affaire Tournesol*, 1956, 24.)

4. Il a coupé au plus court, il a sauté sur la piste avec une souplesse déroutante et il s'est mis à courir vers moi en faisant un boucan de tous les diables, **CLANG CLANG CLANG**, chacun de ses pas était comme un coup de masse sur une enclume [...]. (Ph. Djian, *Zone érogène*, 1986 [1984], 91.)

5. Tout à coup, un **clang-clang** de robinetterie usagée m'a fait sursauter. (P. Frémiot, *La Pompe à bière ne répond plus*, 1992, 157.)

— **clanc clonc.**

6. « Auppy et Fleury, Quincaillerie, Ménager en Gros, Meinard, successeur ».
« **Clanc-clonc** », fit la sonnette.
– Nous fermons, chantonna la fille depuis la caisse. (J.-L. Dana, *En attendant le matin du grand soir*, 1979, 84.)

— **cling* clang.**

♦♦ Attesté dep. 1956 (v. ici ex. 3). — Absent des dictionnaires consultés, à l'exception de TraitDu 1989, 118 ; aj. à FEW 2, 731b, KLANK-, où ce mot manque.

CLAP

1. Souvent redoublé ou répété "(bruit, ponctuel et sonore, produit par un choc, par un mécanisme)".

1. Leurs talons, en touchant le sol, n'ont fait qu'un seul **clap**. (Gébé, *Reportages*, 1973, 56.)

2. Des pas en frénésie, **clap, clap, clap, clap...** [...] Y'a le bruit de leur course et rien d'autre. (San-Antonio, *Maman, les petits bateaux...*, 1980 [1975], 36.)

3. Plus tard, il suivait M. Caron, le jardinier [...]. Un sécateur faisait **clap clap**. (R. Sabatier, *Les Fillettes chantantes*, 1986 [1980], 178.)

4. [...] dès l'aube elle avait travaillé la pâte de ses deux bras, la soulevant et la laisant tomber, **clap** ! contre la paroi du pétrin. (R. Vincent, *L'Adieu aux champs*, 1987 [1985], 43.)

5. [...] la voûte de l'église ne retentira plus, désormais, du « **clap clap** » de ses sabots. (J. Lazare, *L'Ami Pouchu*, 1988, 15.)

DÉR. **clapper** v. intr. "faire *clap*". « Des chaussons **clappèrent** sans hâte [...]. La porte s'ouvrit » (H. Pagan, *La Mort dans une voiture solitaire*, 1992, 134).

— En part.

• "(bruit produit par les lèvres ou par le claquement de la langue contre le palais)".

6. [...] son **clap** ! contre le palais... sa science infuse des cépages... son docte glouglou [v. *glou glou*[1]]. (A. Boudard, *Le Banquet des léopards*, 1990 [1980], 56.)

7. C'était à croire que d'un coup de baguette magique tous les poissons [...] étaient montés à la surface et saluaient le crépuscule à leur manière dans un bouillonnement de « plocs »* et de « **claps** ». (H. Jaouen, *Histoires d'ombres*, 1991 [1986], 65.)

8. [...] Bastien [...] faisait **clap-clap** avec la bouche, assoiffé. (M. Quint, *Billard à l'étage*, 1993 [1989], 99.)

En contexte métaphorique.

9. Croisé le facteur. Il [...] glisse quelque chose dans chaque boîte. / On dirait un gardien de zoo-musée distribuant des gâteaux à des alignées de grosses bêtes en pierre. / « **Clap** ! » fait chaque grosse bête pour le remercier. (A. Breffort, *Contes du grand-père Zig*, 1990 [1955], 114.)

DÉR. **clapper** v. intr. "faire *clap*". « Elle **clappait** comme une carpe hors de l'eau [...] » (San-Antonio, *La Vieille qui marchait dans la mer*, 1991 [1988], 292).

• "(bruit d'applaudissements)".

10. Je suis parti avant la fin des applaudissements : **clap**... **clap**... **clap**.. **clap**... (Gébé, *Reportages*, 1973, 61.)

11. Rayonnantes et éperdues. [...] presque belles à force d'être applaudies. **Clap, clap**, sifflets. (J. Vautrin, *Bloody Mary*, 1979, FXT.)

12. À la fin de cette première et ridicule chanson, le spectateur [...] réunit ses deux mains de façon spasmodique pour faire « **clap, clap, clap** ». Encouragé par le public qui se manifeste donc de cette façon étrange, le chanteur attaque une deuxième chanson. Suivent d'autres « **clap, clap, clap** » [...]. (G. Béart, *L'Espérance folle*, 1989 [1987], 123.)

13. Un auditeur applaudit sous la table en détachant bien les « **claps** » qui résonnent comme les battements d'un glas. (Ph. Meyer, *Dans mon pays lui-même...*, 1993, 80.)

14. Théâtral [l'animateur de télévision] : « Cette cause a un visage : Karen ! Je vous demande de l'applaudir ! » **Clap, clap**. (A. Rémond, *Mon Œil*, 1993, 106.)

• "(bruit de clapotis)".

15. Cinq minutes après, j'étais au lit, entre les cigales des collines et le **clap-clap** de l'eau sur le quai. (M. Quint, *Billard, à l'étage*, 1993 [1989], 152.)

2. CINÉMA "(bruit de claquoir annonçant une prise de vues)".

16. Le **clap** retentit et la voix de Loulou cria :
« *Une femme en soi* ! Cinquième. » (M. Del Castillo, *Une femme en soi*, 1991, 392.)

— Par anal.

17. J'avais empilé pas mal de conneries, et par où aurais-je pu commencer [à les raconter] ? **Clap**, première : Alger, cinquante-neuf. (H. Pagan, *Les Eaux mortes*, 1986, 82.)

♦♦ **1.** Attesté dep. 1955 (v. ici ex. 9). On relève le type voisin *cla* déjà au 18e siècle pour représenter un bruit d'applaudissements (« Mariane demande la grace de son frere, lui qui avoit dit hardiment devent son pere qu'il ne faloit lui rien donner. La mere ne se rend qu'a la tendresse et apres, dit-elle, une epreuve de quelque tems de sa conduite. La Nouë est mandé, on les epouse et on plait. **Cla cla cla**, et je n'en puis plus, et bonsoir » Graffigny, *Correspondance*, 28 avril 1744, t. 5, 236 [À la fin d'un très long compte rendu d'une pièce de théâtre]) et une tape dans la main (« BABET, *en lui frappant dans la main.* **Cla.** [...] UN PAYSAN, *en le frappant rudement.* **Cla** » Piis et Barré, *La Matinée et la veillée villageoises*, 1781, 25 [Paysans jouant à la main-chaude]) ; mais *clap clap* dans cet emploi est probablement un emprunt à l'anglais, où il est attesté comme subst. depuis 1922 (Joyce, dans OED). Absent des dictionnaires consultés, à l'exception de TraitDu 1989, 118 ; aj. à FEW 2, 732a, KLAPP, où ce mot manque. **2.** Attesté dep. 1952 (d'après Rob 2001 ; à Québec, un cinéma s'appelle *Le Clap*) ; on a aussi dit *clac* en ce sens (« Bas-Fonds... 67... Deuxième... **Clac !** » L. Malet, *Gros plan du macchabée*, 1949, 216 ; « Moteur !... Partez ! [...] CLAC » Hergé, *Les Bijoux de la Castafiore*, 1963, 32). Absent des dictionnaires consultés, à l'exception de Rob 2001 et de TraitDu 1989, 118.

CLIC

1. "(petit bruit ponctuel, le plus souvent d'origine métallique et produit par le déclic d'un mécanisme, d'un dispositif)".

1. Elle se couchait, et le lit grinçait [...]. Bientôt ce serait le **clic** de la poire électrique, qui rebondirait sur le placage de la tête du lit. (Cl. Menuet, *Une enfance ordinaire*, 1992 [1972], 14.)

2. [...] Ben, la ceinture faut la trouver.
Il y a un bout avec un truc
Et un bout avec un machin,
Quand on enfonce le bout qu'a l' truc,
Il doit faire « **clic** » dans le machin [...].
Écoutez ce conseil d'un flic : « [...]
Un p'tit "**clic**" vaut mieux qu'un grand choc » ! (M. Carré, « La Ceinture », 1975, dans *Les Frères Jacques*, 1987, 211.)

3. Démarreur [de la moto], coup de gaz. [...] **Clic**, la première vitesse. (A. Page, *Tchao pantin*, 1987 [1982], 60.)

4. Elles sortent ; Blanche referme la porte derrière elles, on entend le **clic** de la serrure [...]. (E. Rohmer, *L'Amie de mon amie*, 1987, 21 [Indication scénique].)

5. Bien après minuit, elle allait manger dans le réfrigérateur. On entendait le **clic** de la porte. (G. Dormann, *Le Bal du dodo*, 1989, 81.)

6. On a entendu Bébert qui montait le dernier, et le **clic** des lumières qu'il éteint derrière lui. (Marie & Joseph, *Venez voir les cadavres, Mesdames*, 1991, 77.)

7. J'ai fait jouer le cran d'arrêt du couteau. **Clic !** (P. Frémiot, *La Pompe à bière ne répond plus*, 1992, 185.)

8. [...] Chirac prenait pourtant à l'époque [quand il était maire de Paris] des précautions de notaire contre d'éventuels curieux. « *Avant de tourner la combinaison du coffre, il tirait la chasse d'eau*

voisine afin que personne n'entende le nombre de "clics" » se souvient un autre de ses vieux compagnons. (*Le Canard enchaîné*, 18 juillet 2001, 3.)

— Redoublé ou répété.

9. [...] la croix de l'officier, ballottée de droite et de gauche, faisait **clic-clic** sur le cuivre des boutons. (G. Courteline, *Les Gaîtés de l'escadron*, 1886, *Théâtre...*, 1990, 736.)

10. [...] le tintinnabulement de la chaîne. **Clic-clic-clic-clic** ! (San-Antonio, *Ma Langue au chah*, 1978 [1956], 40.)

11. Il rigolait toujours, mais alors son dentier qui tenait surtout par l'opération du Saint-Esprit rigolait avec lui : il faisait **clic-clic**, en accompagnement, par saccades. (Cl. Duneton, *Le Diable sans porte*, 1981, 216.)

12. L'huissier tripatouille nerveusement son stylo à bille quatre couleurs. Ça fait des petits **clics-clics-clics**. Il doit passer du bleu au rouge, du rouge au vert. (R. Forlani, *Papa est parti maman aussi*, 1988 [1986], 268.)

13. [...] Roidéc tira un carnet de sa poche ainsi qu'un stylo-réclame avec lequel il se mit à jouer [...].
– Bon, commença-t-il par dessus son **clic-clic clic-clic**, débutons par la fin. (San-Antonio, *Le Trouillomètre à zéro*, 1987, 21.)

14. Il fit claquer le sécateur.
– ... **clic clic**, t'as qu'à imaginer ce qu'on peut couper avec ça... (G. Mordillat, *L'Attraction universelle*, 1990, 279.)

15. **Clic, clic**, insert du tournevis. Bruit de clou dégagé de l'aggloméré. (J. Mondoloni, *Tenue de galère*, 1991, 121.)

16. – Donc vous connaissiez la victime, fit Mary Lester en manipulant son crayon bille. Elle enfonçait le piston libérant la pointe, puis provoquait le déclic qui le rétractait. Et ça faisait **clic, clic, clic**... (J. Failler, *Les Bruines de Lanester*, 1996 [1992], 18.)

17. – Apporte-moi ce stylo ! [...].
C'est pour le bruit, rien que pour le bruit. [...] je me le réécoute en douce, le **clic clic** du petit cran changeur de couleur. (Chr. Bravo, *Maîtresse à Belleville*, 1993, 212.)

18. [...] le silence s'installe. Pas pour longtemps. **Clic. Clic. Clic.** « Il coupe ses ongles », pense Cheryl. (Cl. Aubrun, *Photos à mateurs*, 2001, 104.)

19. **Clic.** C'est le bruit du fil de fer coupé par la pince. **Clic**, un autre endroit coupé. **Clic**, un autre. **Clic**, encore un autre, et **clic** et **clic** et **clic** et **clic** et **clic** et **clic**, un défilé de cliquetis. (J.-P. Carminati, *La Concordance des dents*, 2001, 133.)

V. encore *Anthologie*, n° 51.

— Associé à *clac**. V. *clac*, ex. 38 ; associé à *cloc**, v. *cloc*, ex. 13.

REM. **1. cli cli / cli clic** "id.". « On discernait le *"cli-cli"* de l'Éléphant d'or, de tôle découpée, tirant sur sa tringle au dehors, secoué par la rafale » (Ch. Merki et J. Court, *L'Éléphant*, 1891, 8) ; « [...] c'était juste à l'heure de manger – on pouvait entendre des milliers de petits **cli cli cli cli clic**, c'était les dentiers, c'était comme si vous débarquiez sur Mars » (Ph. Djian, *Zone érogène*, 1986 [1984], 20). 2. **cli cli clic / cli cli clit** "(composition d'un numéro sur un cadran)". « Dans la cabine téléphonique, une jeune femme [...] refait le numéro : / – **Clic, clicliclic, cliclic, cliclicliclic, clic, clicliclic, clicliclic** » (Fr. Caradec, *La Compagnie des zincs*, 1986,

§ 63) ; « [...] j'ai appris [...] à repérer un numéro composé sur un cadran à trous, au bruit [...]. L'esprit complètement mobilisé, j'écoute. "**Cli cli cli cli cli cli clitt**", "**clitt**", "**cli cli clitt**", etc. Je m'imprime chaque chiffre dans le cigare » (San-Antonio, *Au bal des rombières*, 1990, 256).

DÉR. **1. cliquer** v. **a)** emploi tr. "faire *clic* sur qqc". « L'interrupteur du poste [de télévision] s'enfonce mollement. / Il **se clique** sans surprise » (L. Bénégui, *Caramelle*, 1989, 88). **b)** emploi intr. "faire *clic*". « Elle [...] extrait une tige [= cigarette] du paquet qu'elle ne lâche jamais, alors que Titi a déjà fait **cliquer** son Zippo » (M. Sergent, *Normal*, 1991, 226). **2. clic-cliquer** v. intr. "faire *clic clic*". « On n'entendait plus que la guirlande électrique qui **clic-cliquait** » (N. Ancion, *Les Ours n'ont pas de problème de parking*, 2001, 72).

2. En part.
2.1. "(bruit du combiné téléphonique que l'on raccroche)".

20. Victor, **clic**, raccroche tout de suite. (J.-P. Demure, *Découpe sombre*, 1988, 227.)

21. Le **clic !** du téléphone raccroché [...]. (San-Antonio, *Mesdames vous aimez « ça »*, 1994, 146.)

22. Et si je suis sûr d'avoir bien raccroché le combiné ? [...] Ah non, tu as raison, Nicole, j'ai mal raccroché – **clic**. (Ph. Carrese, *Filet garni*, 1996, 68.)

V. encore *waouh*, ex. 1.

— **et clic !** V. *hop*, ex. 6.

2.2. "(bruit du déclic d'un appareil photographique)".

23. Il ne sait pas appuyer... Il va la voir, elle lui explique... Il se remet près de moi... « Adesso ! »...**Clic**... Je la vois, cette photo... (Ph. Sollers, *Le Cœur absolu*, 1987, FXT.)

24. – [...] Un sourire, madame ! On lit ! On ne bouge plus ! On lit en me regardant ! Attention ! **Clic !** Bravo ! Splendide ! [...] / La photo montrait maman qui lisait en regardant le photographe. (J.-M. Gourio, *Chut !*, 1998, 59.)

— **et clic !**

25. **Et clic !** Arlette [...] réussit la photo du jour. (H. Bazin, *Le Matrimoine*, 1988 [1967], 226.)

— Répété.

26. **Clic, clic, clic, clic, clic, clic**... En quelques brefs déclics de mitrailleuse-miniature, le Leica venait de prendre pour la postérité six images du charcutier. (M.-É. Grancher, *Le Charcutier de Mâchonville*, 1945 [1942], 145.)

27. Et tout à coup, à trois pas de nous, un photographe est là, qui nous mitraille avec un Leica muni d'un pare-soleil. **Clic-clic-clic-clic**, inlassablement, une rafale. (M. Lebrun, *Comme des fous*, 1972, 149.)

28. J'ai vu un enfant de 4-5 ans qui avait un appareil-photo simulant la forme exacte d'un Kodak [...]. Ce garçon intelligent faisait « **clic-clic** » toute la journée sans avoir un bouton à presser. (F. Dolto, *La Cause des enfants*, 1985, FXT.)

2.3. "(bruit d'une gâchette actionnée lorsque le magasin d'une arme à feu est vide)".

29. Tout à coup le chien du fusil part, avec un **clic** retentissant. (M. Pagnol, *Cigalon*, 1935, *Œuvres complètes*, 1995, t. 2, 373.)

30. J'ai appuyé sur la gâchette. Ça a fait « **clic** », rien d'autre. Le chargeur était vide. (J. Hougron, *La Gueule pleine de dents*, 1970, 313.)

31. Il appuya sur la détente. **Clic**. Il y avait pas de balle dans le chargeur. (H. Prudon, *Mardi-gris*, 1978, 43.)

32. « **Clic** » fit l'arme qui n'avait pas été approvisionnée en munitions. (J. Failler, *À l'aube du troisième jour*, 1999, 226.)

— Répété.

33. [...] et puis le 38 a fait **clic, clic, clic** et il était vide [...]. (Cl. Néron, *Max et les ferrailleurs*, 1968, 62.)

34. La mitraillette a fait **clic, clic**. Plus de munitions. (P. Frémiot, *La Pompe à bière ne répond plus*, 1992, 141.)

2.4. Redoublé "(bruit de menottes qui se ferment)".

35. – Tends tes poignets.
J'obéis.
Clic-clic ! (San-Antonio, *Sérénade pour une souris défunte*, 1968 [1954], 168.)

2.5. N. m.

— [Phonétique] "(bruit – ou phonème, dans certaines langues – qui se réalise en relâchant brusquement l'occlusion antérieure de telle façon que l'air extérieur pénètre dans le vide réalisé entre les deux occlusions)" (d'après A. Martinet, *Éléments de linguistique générale*, 1973 [1960], 55). □ VAR. ***click, klik***.

36. M. de Charencey partage ces ***kliks*** en ***kliks*** palatal, cérébral, dental et latéral. (P. Larousse, *Grand dictionnaire universel*, 1873, t. 9, 407, s.v. *Hottentotie*.)

37. En hottentot et en bochiman existe à titre de phonème le **clic** qui, répété, sert en français à signaler une légère irritation et se note, selon les auteurs, *taratata* [v. *taratata*[2]] ou *tststs* [v. *tss*], c'est-à-dire que les langues de l'Afrique du Sud attribuent une fonction distinctive à ce qui a, en français, valeur expressive. (A. Martinet, *Éléments de linguistique générale*, 1973 [1960], 63.)

38. Zone sud-est [du bantou] : [...] phonétique compliquée avec implosives, fricatives latérales et parfois **clicks** [...]. (É. Benveniste, « La classification des langues », 1952-1953, *Problèmes de linguistique générale*, 1971 [1966], 104.)

39. [...] le bushman, dialecte d'Afrique australe[,] caractérisé par [...] ses « **kliks** », consonnes produites par le truchement de divers claquements de langue. (*Télérama*, 19 septembre 2001, 119.)

V. encore *taratata*[2], ex. 7.

REM. Malgré l'autorité de l'auteur de l'ex. 37, on voit confondues dans ce texte deux productions bien différentes : *taratata* et *tss*, ce dernier pouvant seul être qualifié de clic ; cette observation reste valable même si l'on suppose que *taratata* est ici une coquille pour *ta ta ta*[2]*.

— [Informatique] "pression exercée par un doigt sur le bouton d'une souris d'ordinateur ; *par métonymie*, consultation de données informatisées établie à partir de ce geste".

40. Un simple **clic** sur la souris de l'ordinateur. (*Le Monde*, 24 décembre 1992, 32.)

41. Banques en mal de **clics** / La fréquentation des sites de banques en

ligne par les internautes américains a baissé de 8 % entre juillet 2000 et juillet 2001 [...]. (*Libération*, 30 août 2001, 17.)

42. Un **clic** pour la définition, un autre pour l'étymologie, un troisième pour une citation [...] : la facilité d'utilisation de ce dico sur CD-Rom est un bonheur total. (*Télérama*, 28 novembre 2001.)

3. "(pour marquer la soudaineté d'un procès)".

43. – Elle chantait *La Tosca*, expliqua Fernand, tous les matins que faisait le Bon Dieu, mais attention, elle la chantait vraiment, à pleine voix ; c'était horrible, horrible, le chat se cachait sous les meubles. [...] Et un matin, **clic**. Au milieu du grand air. Le silence. (P. Cauvin, *C'était le Pérou*, 1989 [1980], 143.)

♦♦ Attesté dep. 1473 (« J'ay advisé ung autre don / d'une autre bague bien doulcete : / je luy donray une hochete / si tres bien faicte que merveille, / qui dira **clic clicq** a l'oreille. / Au moins, quant le petit plourra, / la hochete l'apaisera / et se taira pour une pose » A. Gréban, *Le Mystère de la Passion*, 1965, 76) ; avant 1529 (« Saint George, hau, veci la bourse / Mais elle sera cy secousse : / **Clicq, clicq, clicq**, hau, vecy de quoy ! / L'aniel d'or sera en mon doy ! / Veez grant tas d'argent, / Richesse, hahay, bonne gent [...] » *Le Mystère de saint Remi*, 1997, 137) ; 1578 (« Arbres, buissons, herbettes et boccages, / Murmurez mon destin, / Et du doux **clicq** que vous donne Zefire, / En bas accord mettez vous tous a dire, / Boyssieres a prins fin » Boyssières, *Les Premières Œuvres amoureuses*, dans Huguet, v. TLF). Le sens **2.5.** est attesté av. 1873 (v. ici ex. 36 ; Rob indique « 1866, Larousse » pour la forme *klik*, mais nous ne l'avons pas trouvée sous la lettre *B* du *Grand dictionnaire*) ; il est probablement emprunté à l'anglais (ou à l'allemand). — Enregistré seulement aux sens 1 et 2 dans les dictionnaires : GLLF *clic !* ; TLF ; Rob 2001 ; NPR 2000 ; PL 2000 ; TraitDu 1989, 119-120 ; aj. à FEW 2, 780a, KLIKK-, où ce mot manque.

CLIC-CLAC □ VAR. *clic et clac.*

1. "(bruit répété ou à deux temps, souvent d'origine métallique)".

1. BRINDOSIER. – Voyez-vous ces boutons ? Il n'y a qu'à pousser dessus, et clac* !
HÉLÈNE. – Que c'est ingénieux ! laissez-moi essayer. Moi-même. **Clic** je tire. **Clac** je pousse. **Clic clac, clic clac** !
BRINDOSIER. – On appelle cela des boutons à pression. (P. Claudel, *Protée*, 1re version, 1913, *Théâtre*, 1963, t. 2, 346.)

2. Et dès que la petite Céline Z... se met à battre des cils comme une ancienne actrice du muet, le voilà qui fait le beau ! Je fais semblant de ne rien remarquer, mais celle-là... si vous pouviez lui couper ses cils pendant qu'elle dort (ce ne serait rien ! **clic-clac**, deux petits coups de ciseaux) vous me feriez un rude plaisir. (N. de Buron, *Les Saintes Chéries*, 1992 [1964], 247.)

3. [...] les engrenages des lourds pressoirs à main, dont bientôt le « **clic-clac** » se ferait entendre dans toutes les caves [...]. (E. Maffre-Baugé, *Vendanges amères*, 1976, 17.)

4. [...] le **clic-clac** des tours de clé [...]. (P. Siniac, *Le Tourbillon*, 1996 [1976], 139.)

5. [...] soudain j'entends un **clic-clac**... comme si on ouvrait et fermait un couteau... un couteau ?... non un bic ! (V. Thérame, *La Dame au bidule*, 1976, 326.)

6. J'entendis le **clic-clac** de la minuterie. (R. Belletto, *Le Revenant*, 1981, 1971.)

7. Pourtant, je suis seul, comme entouré d'ombres. Seul avec le **clic-clac** ferraillant de ce gros réveil sur le faux marbre de la table de nuit. (P. Perrève, *La Burle*, 1984 [1981], 23.)

8. [...] une belle valise [...] aux fermetures hermétiques qui font un joli **clic-clac** quand je les libère d'un coup de pouce. (Cl. Couderc, *Le Petit*, 1998 [1986], 148.)

9. [...] le jardinier en train de tailler sa haie avec un sécateur. **Clic, clac** ! (San-Antonio, *Le trouillomètre à zéro*, 1987, 93.)

10. **Clic-clac**, j'ai bouclé ma valise. (J.-L. Benoziglio, *Tableaux d'une ex*, 1989, 180.)

11. Ils redescendent [après avoir visité la chambre d'hôtel], **clic-clac** la carte bleue [passée dans un "fer à repasser"], 350 francs, la confiance règne, et les voici de nouveau dans *leur* chambre. (Fr. Maspero, *Les Passagers du Roissy-Express*, 1990, 80.)

12. Sur la table traînent des ciseaux, et il me prend soudain une irrésistible envie de couper quelque chose. Victoire ! J'ai trouvé. Vite avant que maman ne rentre, la petite glace devant moi, d'un coup de peigne rapide je me couvre la figure de la moitié de mes cheveux jetés en avant, et **clic** ! **clac** ! au niveau des sourcils je coupe. (E. Rossignol, *Une enfance en Alsace*, 1990, 139-140.)

13. – Qu'est-ce que c'est ?
– Un stylo réclame [...].
Je joue au jeu agaçant (pour les autres) qui consiste à actionner le petit cliquet sortant et rentrant la bille d'écriture. **Clic, clac, clic, clac, clic, clac**... (San-Antonio, *Au bal des rombières*, 1990, 195.)

14. Car, de toutes vos cigarettes, maintenant que vous y réfléchissez, les meilleures, au goût, au toucher, disons-le, à l'âme, furent celles du voyage [...]. Dans les vols de nuit [...]. **Clic-clac** du briquet sur fond de ronronnement douillet des réacteurs. (*Le Monde*, 19 janvier 1991, 22.)

15. – Je prends un bain, leur annonce-t-elle ensuite en verrouillant la porte, **clic-clac**, pour les décourager de venir vérifier. (P. Lapeyre, *Ludo & compagnie*, 1992 [1991], 34.)

V. encore *Anthologie*, n° 29.

— Disjoint.

16. Gu jouait avec le cran de sûreté du Beretta. Il posait le cran sur le petit disque bleu et un petit disque rouge se découvrait derrière le cran : **clic**, de bleu à rouge, **clac** de rouge à bleu. (J. Giovanni, *Le Deuxième Souffle*, 1988 [1958], 63.)

17. [...] je joue avec un stylobille. J'appuie sur le rétracteur. **Clic** ! (la bille est sortie), **clac** ! (elle rentre). (San-Antonio, *Cocottes-minute*, 1990, 29.)

V. encore *Anthologie*, n° 34.

2. En part.
2.1. "(bruit de chaussures, notamment de chaussures à semelles de bois)".

18. Les socques de la vieille Marthe claquaient déjà sur les marches – **clic, clac** – et plus sourds, dans l'herbe

humide – floc*, floc. (G. Bernanos, *Sous le soleil de Satan*, 1926, FXT.)

19. Les deux Doucet qui étaient de Lamouray et descendaient de leur village à grands coups de galoches : « **clic** et **clac**, et **clic** et **clac** ». (M. Fombeure, *La Rivière aux oies*, 1983 [1932], 66.)

20. [...] une fille qui rentrait chez elle, qui cavalait sur ses semelles compensées en bois. On a entendu soudain le **clic clac** ! de ses pompes. (A. Boudard, *Les Combattants du petit bonheur*, 1990 [1977], 177.)

21. Griotte, en blue-jeans et sabots, allait et venait par la cuisine [...]. Et tout chantait sous ce **clic clac** joyeux [...]. (R.-A. Rey, *Griotte*, 1979, 87.)

22. [...] le **clic-clac** des galopades et les rires aigus des enfants libérés [de l'école]. (H. Noullet, *La Falourde*, 1996, 128.)

DÉR. **clique-claquer** v. intr. "faire *clic-clac*". « C'est le hasard qui l'a glissée devant lui. Alors, il suit ses talons-aiguilles qui **cliquent-claquent** sur le trottoir, s'attardent devant les devantures et poursuivent leur chemin point de croix » (J.-J. Dupuis, *Le Ventre de l'ombre*, 1989, 23).

2.2. "(bruit du fouet d'un cocher)".

23. JENNY, *courant à la fenêtre*. – Le **clic-clac** d'un postillon... une chaise qui entre dans la cour... (Ancelot et Duport, *Un mariage sous l'Empire*, 1835, 5.)

24. Oh ! je ne m'amuse point à prendre la diligence, moi... pas si simple ! ça coûte trop cher ; j'attèle la grisette du père, **clic** ! **clac** ! et en route [...]. (E. Vanderburch, *L'Avoué et le Normand*, 1837, 601.)

25. Le père Thomas est prêt ; une mèche neuve a été lestement ajoutée à son *fouet de malle* ; il part faisant à son tour résonner l'air de ses ***clics-clacs*** les plus harmonieux. (J. Hilpert, « Le Postillon », dans *Les Français peints par eux-mêmes*, 1840, t. 1, 290.)

26. Claquez les fouets,
Arrivons au relais !
Clic clac, clic clac, hue dia, hop là !
(A. Jarry, *Le Manoir enchanté*, 1974 [avant 1907], 17.)

V. encore *cric-crac*, ex. 4.

2.3. "(bruit des sabots d'un cheval)".

27. ROBERTE II : Les sabots, **clic clac, clic clac**, au galop, jettent des étincelles. **Clic... clac...clac...clac...**vr... (E. Ionesco, *Jacques ou la Soumission*, 1950, *Théâtre complet*, 1991, 110.)

28. Régulier, comme une mécanique bien réglée, le **clic-clac** des sabots des chevaux résonnait sur la route. (R.-A. Rey, *Frosine*, 1980, 26.)

2.4. "(bruit du déclic d'un appareil photographique)".

29. [...] **et clic, clac**, tous les officiers qui prenaient des photographies. (M. Barrès, *Mes Cahiers*, 1917-18, FXT.)

30. Il peut photographier à n'importe quelle distance ; de jour, de nuit, ça ne rate jamais. On vise, on tire, **clic-clac**, l'image est dans la boîte. (A. Vialatte, *La Maison du joueur de flûte*, 1989 [1943-1944], 110.)

31. [...] ces hordes qu'on voit débouler des cars pullmans pour photographier à la volée le paysage où on les largue. Rapidos : **clic, clic, clic, clac**. Le temps de régler l'objectif sur l'infini, de contrôler que l'aiguille de la cellule déconne pas. **Clic, clac** ! (San-Antonio, *Ma langue au chah*, 1978 [1956], 14.)

32. Vas-y tonton fais une photo **clic clac clic clac**
Fais-nous sortir le petit oiseau [...]. (P. Perret, « La photo », 1976, *Chansons de toute une vie*, 1995 [1993], 320.)

33. Ils étaient armés férocement d'appareils photographiques et vite, presque à la dérobée, **clic-clac**, prirent les deux flamants qui ne bougèrent pas d'un pouce. (J. Durand, *André Bouix, gardian de Camargue*, 1980, 233.)

34. [...] je lui [au photographe] ai demandé pourquoi il utilisait toujours ce vieux machin à plaques maintenant qu'il existait des petits appareils maniables, légers, **clic-clac**, servi à la seconde ? Il s'est mis à ricaner, l'œil luisant, le sourire amer :
– **Clic-clac** ! Ah oui, **clic-clac** ! [...] On en reparlera de ces photographies instantanées dans quelques années. **Clic-clac** oui ! (Cl. Duneton, *Le Diable sans porte*, 1981, 165.)

35. **Clic clac** photo souvenir de guerre. (G. Rondeau, *L'Âge-déraison*, 1982, 123.)

36. Allez ! une deuxième photo, souriez... **Clic, clac** [...]. (Cl. Sarraute, *Maman coq*, 1989, 212.)

37. – [...] avec quoi qu'on vivrait tous les trois, hein ? Je vous pose la question. Pas avec votre retraite, ça c'est sûr, sans compter que vous en gaspillez la moitié avec ces conneries [des photos], **clic clac**, bonsoir le fric. (T. Topin, *Le Jinome de Casablanca*, 1990, 85.)

38. Photo-souvenir. [...] Au centre, Geneviève. On sourit. **Clic** ! **Clac** ! (J. Yvane, *Rue des mauvais-garçons*, 1992, 185.)

39. **Clic-clac**. « J'ai envie de prendre une photo du classement provisoire », confiait Shingo Katayama, à l'issue du deuxième tour de l'USPGA, sur les greens de l'Atlanta Athletic Club [...]. (*Le Journal du dimanche*, 19 août 2001, 20.)

40. Aujourd'hui, elle se sert de son appareil photo pour livrer la bataille. [...] Le 27 juin, un camion est reparti à vide, débâché. Le 30 octobre, un autre est arrivé, partiellement débâché, mais plein. **Clic-clac**. Dring*. Marie-Jeanne appelle le sous-préfet pour lui signaler toutes les irrégularités. (*Libération*, 20 novembre 2001, 17.)

— Disjoint.

41. [...] je les oblige à prendre la pose, une main sur la hanche et la tête de trois quarts et **clic**, je les photographie ; **clac**, au moment où ils s'y attendent le moins, une deuxième plaque. Et **clic** et **clac**, quelques fois, trois, quelquefois quatre. (A. Vialatte, *La Maison du joueur de flûte*, 1989 [1943-1944], 64.)

— **clic-clac (merci Kodak)** "id.".

42. – Fais-moi confiance ! [...] On aura vite retrouvé le monsieur. Ensuite, nous n'aurons plus qu'à le suivre, et attendre le moment où il retrouvera ta femme dans un hôtel tranquille, ou sur un bateau... alors **clic-clac, merci Kodak** ! (M. Lebrun, *Comme des fous*, 1972, 155.)

43. Les portiers, le personnel de la RATP, les agents, les pompiers, les facteurs, les CRS, les marins et les paras [...] se prêtèrent à l'admiration de ces dames et aux nombreux flashes **clic-clac merci Kodak** [...]. (J.-L. Bory, *Le Pied*, 1978 [1977], 307.)

• "(rapport sexuel rapidement imposé ou rapidement conclu)".

44. On s' retrouve au pieu. L'est pressé le raoul. **Clic clac. Merci Kodak.** Et

moi j'ai plus qu'à regarder les mouches voler. (E. Hanska, *Les Raouls ou la vie comme au ciné*, 1976, 182.)

45. Faut dire ce qui est, question bagatelle, M. Paul s'y entendait, pour sûr. Lui, c'était pas le genre du coq sur la poule, **clic-clac** et hue cocotte, c'est parti. Ben non. (J. Bialot, Cl. Courchay, *L'Annonce faite à Matcho*, 1981, 50.)

2.5. "(bruit de menottes qui se ferment)".

46. On avait dû lui lier les mains avec des bracelets de fer. **Clic-clac.** (G. Dormann, *Je t'apporterai des orages*, 1973 [1971], 216.)

47. – **Clic... Clac...**
Les menottes se refermèrent sur ses poignets sans qu'il eût abaissé son regard insolent. (R.-A. Rey, *Griotte*, 1979, 119.)

48. **Clic-clac** ! C'est pas Kodak mais une paire de menottes. (San-Antonio, *Buffalo Bide*, 1991, 77.)

♦♦ **1.** Attesté dep. *ca* 1480 pour exprimer un bruit de gifles (« Son maistre vint ; j'ouyz le bruit. / "D'ont viens tu ?" **Clic clac**, sur ses joues / Il frappe, il cogne » G. Coquillart, *Le Monologue Coquillart, Œuvres*, 1975, 294 ; v. TLF) ; dep. 1612, pour exprimer un bruit de raquette (*Anthologie*, n° 4, str. 3) ; dep. 1651, pour exprimer le claquement d'un fouet, d'abord sous la forme *clic et clac* (« Le cocher faizoit **clic et clac**, / Le cœur des dames, tic et tac [...] » J. Loret, *La Muze historique*, 1878, t. 1, 144a) ; 1668 (« Desja le tin tin des sonnettes / Le drelindindin des clochettes, / Des voituriers le **clic & clac** / Et des mulets chargez le trac / Luy retentissoit à l'oreille [...] » *Guerre comique*, 84) ; 1785 (« **Clic-clac** – **clic-clac** – Quel train tu fais ! Comme s'il importoit à ces bonnes gens d'être avertis qu'un homme pâle & vêtu de noir a l'honneur d'entrer à Paris, vers les neuf heures du soir, conduit par un Postillon en veste bleue avec des revers de calemande rouge ! – **Clic-clac** – **clic-clac**. – Je voudrois que ton fouet... Mais c'est le génie de la nation : ainsi claque, claque à ton aise » Trad. : L. Sterne, *Suite de la vie et des opinions de Tristram Shandy*, t. 4, 11) ; 1788 (« [...] je ne doute pas que les postillons ne m'accompagnent dans toute la route de quelque chanson amoureuse ou joviale & de ce ***clic-clac*** de leur fouet qui réjouissoit si fort le courrier de notre *Tristram Shandy* [...] » *Lettre d'un Anglois*, dans *Chefs-d'œuvre politiques et littéraires*, t. 2, 115) ; entretemps, dep. 1779, pour exprimer le bruit d'un cliquetis (*Anthologie*, n° 8). **2.1.** Attesté dep. le début du 16e siècle sous la variante *clac-clic* (« Plus ne portez les pantoufles bridées, / Mais desbridées pour mieux faire **clac-clic** ; / Par ce point là sont plustost deschaussées, / Des pieds ostées, pour estre tost montées, / Bien eschauffées, dessus quelque challit [...] » *La Réformation des dames de Paris*, dans *Recueil de poésies françoises*, t. 8, 346). **2.2.** Attesté dep. 1835 (v. ici ex. 23). **2.3.** Attesté dep. 1950 (v. ici ex. 27). **2.4.** Attesté dep. 1917-1918 (v. ici ex. 29) ; la loc. *clic clac, merci Kodak* est reprise d'un slogan publicitaire pour les appareils photographiques de cette marque, lancé au début de la seconde moitié du 20e siècle (« [...] l'excellent slogan [...] de Kodak : / "***Clic... Clac...*** **Merci.** ***Kodak***" (1952) » (M. Galliot, *Essai sur* *la langue de la réclame contemporaine*, 1955, 532). — GLLF ; TLF ; Rob 2001 ; NPR 2000 ; PL 2000 ; TraitDu 1989, 120 ; aj. à FEW 2, 780a et 781b, KLIKK-.

CLIC-CLOC

1. "(bruit répété ou à deux temps, produit par de petits chocs)".

1. Il n'entend pas le « **clic-cloc** » de son réveil. (R. Madec, *L'Abbé Garrec aux mains des durs*, 1958, 26.)

2. [...] le petit **clic-cloc** rassurant des glaçons sur les parois d'un verre. (Ph. Djian, *37°2 le matin*, 1985, FXT.)

— Disjoint. V. *cloc*, ex. 13.

2. En part. "(bruit des sabots d'un cheval)".

3. On entame le quatrième kilomètre. À ce moment, **clic, cloc, clic, cloc, clic, cloc**. On se retourne. Une charrette arrive derrière nous, traînée par un gros dada. (J. Anglade, *Le Voleur de coloquintes*, 1972, 354.)

♦♦ Attesté dep. 1958 (v. ici ex. 1). — Absent des dictionnaires consultés.

CLING □ VAR. *clinc, clink, kling* (peu usuel).

1. "(bruit léger et ponctuel, souvent d'origine métallique ou résultant d'un choc contre un verre)".

1. Le déclic, le signal que j'attendais, c'était donc cette fois-ci le minuscule « **clink** » au bout d'une ligne dactylographique. (A. Sarrazin, *La Traversière*, 1970 [1966], 176.)

2. Mon vieux [en servant à boire] heurtait légèrement le verre avec le goulot : **clinc** ! (J. Anglade, *Le Voleur de coloquintes*, 1972, 132.)

3. Elle se couchait, et le lit grinçait ; elle ôtait son dentier, et j'attendais chaque fois le **cling** que faisait l'émail en heurtant les bords du verre d'eau [...]. (Cl. Menuet, *Une enfance ordinaire*, 1992 [1972], 14.)

4. Je raccroche [le téléphone, dans une cabine téléphonique], assez déprimé. **Cling** ! C'est mon jeton qui est redescendu. (Gébé, *Reportages*, 1973, 20.)

5. **Cling** [...]. Je posai le combiné sur la fourche. (A.D.G., *Juste un rigolo*, 1977, 157.)

6. – Allô ? C'est toi ?... C'est moi [...] C'est ça. Même heure, même endroit. J' t'embrasse.
– **Cling** ! (Fr. Caradec, *La Compagnie des zincs*, 1986, § 63.)

7. [...] au moment où j'ai cogné mon verre de champagne contre celui de Mme Richard, ç'a fait **cling** [...]. (J. Cans, *Drôles d'oiseaux*, 1990, 97.)

8. Champagne !!! [...] on trinque, on retrinque, on contretrinque et ça n'arrête plus... **Cling** ! (M. Sergent, *Normal*, 1991, 116.)

— Redoublé ou répété.

9. **Kling, kling, kling** ! – Pas de réponse. – Est-ce qu'il n'y serait pas ? dit la jeune fille. Elle tira une seconde fois le cordon de la sonnette [...] (Th. Gautier, *Les Jeunes-France. Onuphrius*, 1833, 25, DDL.)

10. [...] Les gros sous qu'il reçoit

Vont dans un sac en cuir qu'il porte en bandoulière [...]
Vite il boit. L'omnibus s'ébranle.
Clinc, clinc, clinc
Pour chaque voyageur. (J. Laforgue, *Poésies complètes*, 1970 [1887], 382.)

11. Le Toubib fit tomber dans sa paume droite la pince qu'il tenait entre ses dents. D'un geste sec, il sectionna deux fils. **Cling** !... **Cling** ! (J. Risser, *Casse, cavale et bascule*, 1961, 81.)

12. L'anneau accroché au bois du milieu tinte, **cling**, tinte deux fois, **cling, cling** [...]. (Chr. de Rivoyre, *Le Petit Matin*, 1987 [1968], 68.)

13. Madame Agnès remonte ses bracelets qui font **cling** et parle posément [...]. (J. Vautrin, *À bulletins rouges*, 1980 [1973], 123.)

14. [...] je les [pièces de monnaie] mets dans ma fouille [= poche]. Et [...] je fais **cling-cling** avec elles, pour rire. (Chr. Dechavanne, *La Fièvre du samedi soir*, 1992 [1991], 134.)

— Dans une succession d'onomatopées.

15. **Kling, kling**, drelin*, drelin !
RODOLPHE, *effaré*. – Qu'est-ce ? (Th. Gautier, *Les Jeunes-France. Celle-ci et celle-là*, 1833, 154, DDL.)

16. Elle se baisse, elle ramasse le billet. Elle écarte Pomme sans ménagements et elle se retrouve derrière sa caisse, où elle enferme le fric, crac*, **cling**. (J. Vautrin, *À bulletins rouges*, 1980 [1973], 68.)

— Associé à *clang**.

17. Tope ! Tope ! **Cling** ! **Clang** ! résonnaient à l'entour [...]. (G. de Nerval, *Faust*, 1828, FXT.)

18. Plus de **clink clank** de tramway, pus de grosses limousines te crachant au nez comme si t'avais la peste, pus de boucane [= fumée], pus rien. T'étais chez vous [...]. (G. Roy, *Bonheur d'occasion*, 1945, FXT.)

DÉR. **clinguer** v. intr. "faire *cling*". « [...] les doigts étaient raides et froid[s] et quand un croisillon échappait on l'entendait longtemps **clinguer** avant de se retrouver par terre [...] » (Fr. Bon, *Le Crime de Buzon*, 1986, 163).

2. "(pour exprimer la soudaineté d'un procès)".

19. Un matin, **clinc** ! une autre idée tombe dans la cervelle de la jeune Gerzatoise. (J. Anglade, *Un temps pour lancer des pierres*, 1974, 248.)

♦♦ 1. Attesté dep. 1828 (v. ici ex. 17). 2. Attesté dep. 1974 (v. ici ex. 19). — Absent des dictionnaires consultés, à l'exception de TraitDu 1989, 121 ; aj. à FEW 2, 785b, KLINK-, où ce mot manque.

CLIP

Le plus souvent redoublé ou comme premier élément.

1. **clip clap***.

2. **clip clip** "(bruit léger, qui se répète, produit par un mécanisme)".

1. Les lumières [de la salle de cinéma] se sont éteintes presque tout de suite, j'ai vu jaillir le faisceau du projecteur bien à l'aplomb au-dessus de ma tête, puis j'ai perçu le **clip-clip** de la machine. Les gosses se sont calmés d'un coup. Pas de bande annonce. Pas de réclames. Le film. Direct. (T. Benac-

quista, *La Machine à broyer les petites filles*, 1993, 36.)

3. clip clop "(bruit léger, à deux temps, produit par un petit choc, une chute)". □ VAR. *klop klip* (rare).

2. **Klop, klip, klop, klop, klip, klop,**
Goutte à goutte égrenant son rythmique sanglot
Aux vasques du bassin où l'eau dort immobile
Un jet d'eau trouble seul la nuit calme et tranquille. (J. Laforgue, *Poésies complètes*, 1970 [1880], 407.)

3. [...] la liturgie de Roland-Garros [...] douce torpeur de ces longues parties – **clip, clop, clip, clop**, 30-15... – [...]. (*Le Monde*, 6 juin 1988, 31.)

♦♦ Attesté sous la forme simple, en un sens indécidable, en 1987 (*Anthologie*, n° 33). 2. Attesté dep. 1989 (TraitDu, 121, pour exprimer le bruit d'une paire de ciseaux). 3. Attesté dep. 1880 (v. ici ex. 2). — Absent des dictionnaires consultés, à l'exception de TraitDu 1989, 121.

CLIP CLAP

1. "(bruit sonore produit par des chocs ; bruit à deux temps produit par un mécanisme)".

1. GUILLAUME. – Entends-tu le carillon qu'ils font ? Paf*, les portes ! **Clip-clap** les assiettes, les plats, les fourchettes, les bouteilles ! Il me semble que j'entends chanter. (A. de Musset, *Le Chandelier*, 1835, FXT.)

2. Dunkerque tripote la salière, un outil **clip ! clap !** qui a de quoi épater, avec un couvercle à ressort, armé de pointes qui débouchent les trous chaque fois, clop* ! ça claque agréable. (J.-P. Chabrol, *La Folie des miens*, 1977, FXT.)

2. "(bruit produit par des pas)".

3. J'entends le bruit des pas sous la petite voûte [de la chapelle], **clip-clap-clip-clap** [...]. (K. Pancol, *Les Hommes cruels*, 1991 [1990], 38.)

4. Je la revois allant à la messe, **clip, clap**, avec ses ramasse-clous en raquette [...]. (H. Cueco, *Le Journal d'une pomme de terre*, 2001 [1993], 69.)

♦♦ Attesté dep. 1835 (v. ici ex. 1). — Absent des dictionnaires consultés.

CLOC □ VAR. *clock* (rare).

1. "(petit bruit sec et sonore, produit par un déclic, par une légère explosion, par un petit choc)".

1. [...] soudain, tournant son visage, – **cloc** ! – elle le baise sur la joue. Le bruit d'une rainette qui saute à l'eau. (H. de Montherlant, *Les Jeunes Filles*, 1936, FXT.)

2. [...] gros pavot écarlate qui force ses sépales verts un peu poilus avec un petit « **cloc** », puis se hâte d'étirer sa soie rouge [...] ! (Colette, *Flore et Pomone*, 1943, *Œuvres complètes*, 2001, t. 4, 529.)

3. Mon plastron [de garçon de salle] (qui était acheté d'occasion, comme toute ma garde-robe) appartenait au genre dit « sauteur ». C'était un simple couvre-poitrine amidonné, qu'une patte fatiguée retenait, par le bas, à un bouton de mon pantalon noir. Quand la patte était vraiment fatiguée d'être fatiguée, on entendait « **cloc !** » et je

finissais mon trajet dans la salle de restaurant, avec un plastron gentiment retroussé, qui voletait devant ma poitrine au rythme de mes pas, et que mes bras encombrés ne pouvaient remettre en place. (J. Faizant, *Allez vous rhabiller !*, 1956 [1953], 18.)

4. Habilement, de la pointe du canif, il éplucha un tortillon du papier d'étain qui encapuchonnait le goulot, replia la rondelle supérieure sans la détacher du reste. Puis il planta la vrille dans le liège, tourna. Le bouchon céda avec un « **cloc** » de bon augure. (M. Lebrun, *Autouroute*, 1993 [1977], 78.)

5. Il a pris son bol et a bu quelques bruyantes gorgées en cognant ses Ray-Ban sur le bord du bol. Ça a fait « **cloc** ». (P. Merle, *Le Déchiros*, 1991, 241.)

6. Un tour de clé de contact et c'est à peine si l'on perçoit le léger « **cloc** » du relais qui met le moteur sous tension. (*Le Monde*, 23 juillet 1994, VIII.)

7. [...] la deuxième sonnerie [du téléphone] a été suivie d'un **cloc**, un déclic qui fait **cloc**, déclenchement mécanique, la fameuse machine à répondre, la cassette déroule sa bande dans le silence. (N. Ancion, *Quatrième étage*, 2000, 85.)

— **et cloc** !

8. [...] il [...] attrapa une bouteille d'une main, son tire-bouchon de l'autre **et cloc** ! (M. Lebrun, *Autoroute*, 1993 [1977], 197.)

REM. **clouc** "id.". « [TINTIN.] – Sapristi ! ce diable de bouchon ne veut pas sortir... / Ah !... Ça y est !... **clouc** » (Hergé, *Coke en stock*, 1958, 22).

— Répété.

9. Comme une pendule qui bat, lentement d'abord, puis plus vite, toujours plus vite : « **Cloc**... **cloc**... **cloc**... » [...] l'écoulement du glacier [...] s'infiltrait de nouveau entre les pierres [...]. (C.-F. Ramuz, *Derborence*, 1934, FXT.)

10. Le robinet gouttait, **cloc**, **cloc**, **cloc**. (J.-M. Gourio, *Autopsie d'un nain*, 1987, 161.)

11. Il actionna l'arrêtoir du pistolet et chassa le chargeur. [...] Il saisit le chargeur et, de son gros pouce, il fit glisser le reste de la charge. Les petites masses de cuivre et d'acier tombaient sur la table, **clock**, **clock**. (J.A. Lion, *Les Truands du temple*, 1987, 253.)

12. Le poulailler [...] continuant à picorer, **cloc-cloc** et glouglouter de concert [...]. (Bayon, *Les Animals*, 1990, 118).

— Associé à *clic**.

13. Et les filets de liquide rose [purée de tomates destinée à faire du coulis] n'en finissaient pas de devenir goutte à goutte dans l'odeur aigre-douce de la purée s'épaississant avec des clics* et des **clocs** jusqu'au milieu de la nuit. On attendait toujours en vain le dernier **cloc** pour se rendormir car il y en avait toujours un de plus. (G. J. Arnaud, *Les Moulins à nuages*, 1988, 12.)

2. Redoublé "(bruit des sabots d'un cheval)".

14. Voyant un jeune cheval s'ébattre dans une prairie, Olivier fit le mouvement de tenir des rênes et caracola avec des **cloc-cloc** de la langue contre le palais pour imiter le bruit des sabots. (R. Sabatier, *Les Noisettes sauvages*, 1988 [1974], 239.)

V. encore *tch*, ex. 13.

3. "(pour marquer la soudaineté d'un procès)".

15. CLAUDINE [...]. – [...] Le médecin a dit : « C'est une espèce de bouchon qui se met dans les artères. » Et tout d'un coup, **cloc** ! Ça s'éteint comme si on coupait le gaz ! (M. Pagnol, *César*, 1936, *Œuvres complètes*, 1995, t. 2, 411.)

♦♦ Attesté dep. 1736 (« Quelquefois, quand tu te piques, / Tu bois razade à Philis, / *Bis* ; / Mais les gosiers Germaniques / Sablent, d'un trait, un plein broc ; / **Cloc** » Ch.-Fr. Pannard, *Les Epoux réunis*, *Théâtre*, 1763, t. 3, 67). Mais le mot est antérieur, dans la mesure où le dérivé *clocloquer* est attesté dep. 1632 (v. E. Binet, sous *cocorico*, dér.). — Absent des dictionnaires consultés, à l'exception de Rob 2001 et de TraitDu 1989, 122 ; cf. l'attestation égarée dans FEW, 4, 160b, GLOCIRE.

CLONG □ VAR. *clonc, klonk.*

1. "(bruit ponctuel et sonore, produit par un mécanisme, par un appareil)".

1. **Klong** ticket, les odeurs du bus m'assaillent [...] (*La Vie, tu parles*, 1984 [1983], 226.)

2. **KLONK**. Fin de bande. La musique s'arrête. (Fr. Lasaygues, *Back to la zone*, 1992, 60.)

3. Nous ne sommes plus à l'époque de la pointeuse qui fait **clong** ! avec le carton. (*Libération*, 23 février 1998, 29.)

— **clanc* clonc.**

2. "(bruit ponctuel et sonore, produit par un coup violent, par un choc)".

4. Il pose la bouteille de Butagaz sur le ciment. Ça fait un **KLONK** ! sonore et funèbre qui monte jusqu'aux poutrelles du toit. (Fr. Lasaygues, *Back to la zone*, 1992, 93.)

♦♦ Attesté dep. 1979 (v. *clang*, ex. 6), mais probablement antérieur dans la bande dessinée (qui l'a emprunté à l'anglais). — Absent des dictionnaires consultés, à l'exception de TraitDu 1989, 122 (*clong*), 123 (*clonk*) et 239 (*klong*).

CLOP

1. "(bruit ponctuel, léger et sonore, produit par une chute, un choc, un arrêt brutal)". □ VAR. *klop* (rare).

1. Vibration du néon, de plus en plus énervante. Et puis il y a aussi ce bruit d'appareillage électrique qui chauffe. Et l'odeur très particulière... / **Clop** ! Le tube s'éteint. Il est mort. (A. Demouzon, *Château-des-rentiers*, 1982, 183.)

2. Je tends l'oreille et perçois le **clop** étouffé mais continu d'un robinet mal fermé. (M. Villard, *Démons ordinaires*, 1992, 143.)

V. encore *clip clap*, ex. 2.

— Redoublé "(bruit à deux temps)".

3. Impossible de résister au **clop-clop** lancinant [d'un match de tennis] [...]. (*Le Monde*, 1er juin 1987, 8.)

2. Répété
2.1. "(bruit de pas)".

4. [Un homme avance] **CLOP CLOP CLOP** (Hergé, *Tintin en Amérique*, 1932, 98.)

REM. **cloup** "id.". "**Cloup, cloup, cloup.** Ça, c'est le bruit des genoux de Serge, dans la flaque d'eau qui couvre le parquet" (N. Ancion, *Quatrième étage*, 2000, 140).

2.2. “(bruit des sabots d’un cheval)”.

— [pas ou trot] **clop clop.**

5. Le véhicule [une carriole] gémit, communiqua à ses occupants quelques soubresauts. Une trépidation continue lui succéda lorsque Balthazar eut atteint son régime de croisière, un « **clop ! clop !** » allègre qui n’était certes pas une vitesse folle [...]. (J. Rosset, *Porteurs de terre,* 1990, 183.)

— [galop] **clop clop clop.**

6. [...] frappant de la langue contre mon palais, j’imite le bruit d’un cheval au galop, CLOP CLOP CLOP [...]. (J.-L. Benoziglio, *Béno s’en va-t-en guerre,* 1976, 274.)

3. clip* clop.

♦♦ 1. Attesté dep. 1880 dans *klip klop* (s.v. *clip,* ex. 2). 2. Attesté dep. 1932 (v. ici ex. 4). — Absent des dictionnaires consultés, à l’exception de TraitDu 1989, 123 (autres sens).

COA, COAC, CROA, CROAC

Souvent répété et associé à d’autres onomatopées “(bruit du cri de la grenouille)”.

1. coa. □ VAR. *coi* (rare).

1. Un certain jour les grenouilles,
Après mille **coi, coi, coi,**
Se prosternent, s’agenouillent,
Priant pour avoir un Roi. (Pluchonneau et Maillard, dans *Album comique,* 1846, t. 6, 140.)

2. Des points noir et or, au ras du vert tendre, entre les nénuphars [...]. Un « **coa** », puis d’autres, bulles de loisir, appels de ventriloques. (R. Hardellet, *Les Chasseurs,*1977 [1966], 88.)

V. encore *brek brek,* ex. 2 ; *crr-crr*[2], ex. 20.

— Par plaisanterie.

3. Et pourquoi
Quoi – quoi – quoi ?
Quoi – quoi – quoi – quoi – quoi – quoi
Quoi – quoi – quoi – quoi – quoi – quoi ?...
Pourquoi boirions-nous de l’eau ?
Sommes-nous des grenouilles ? (« Les Grenouilles », dans H. de Sarrepont, *Chants et chansons militaires de la France,* 1887, 145.)

2. coac. □ VAR. *coâc, côâc, coaque.*

4. Nos grenouilles parlent notre langue, nous avons noté les cris : ***coaque****, coéque, quéquête, que re r’ai haut, cara, cara, cate, cate,* et aussi *couique* [v. *couic*]. On leur attribue : *ololo, brekekex** que nous n’avons pas entendus. (J.-P. Brisset, *Les Origines humaines,* 1980 [1913], 94-95.)

5. LES RAINETTES. – Crr... Crrrr... etc... **Côâc, côâc,** kékékéké [v. *kékéké*]... **côâc**... etc...
Honhin, honhin, honhin... etc... (Colette, *L’Enfant et les sortilèges,* 1925, *Œuvres,* 1991, t. 3, 1345 [Livret du disque]).

V. encore *brek brek,* ex. 3.

VAR. **couac** “id.”. « LA GRENOUILLE : Oh ! **Couac,** tiens. / DEUX : Comment ? / LA GRENOUILLE : Je vous dis **couac**. À tous » (R. Dubillard, « La grenouille », *Les Nouveaux diablogues,* 2000 [1988], 180).

3. croa.

6. [...] les grenouilles qui font **croa-croa** dans les herbages du marais. (J. Vallès, *L'Enfant*, 1879, FXT.)

V. encore ici ex. 7.

4. croac. □ VAR. *croax.*

7. Le peuple vert des grenouilles avait presque suspendu dès l'aurore son concert : seules encore, dans le matin, quelques solistes enragées, au goître blanc, [...] avaient lancé leur chant monotone de croa, **croax**, corex, croex. (L. Pergaud, *De Goupil à Margot*, 1910, *Œuvres complètes*, 1987, 67).

8. grenouille / **croac croac** (*Le Cri des animaux*, 2001, 3.)

♦♦ Attesté dep. le 16e siècle : (« [...] le plaisir du chant des oiseaux, du **coax** des grenouilles, qui seront au ruisseau [...] » B. Palissy, *Recepte veritable*, 1988 [1563], 155) ; « [...] **coâc** des grenouilles [...] » Joubert, 1578, v. *Zeitschrift für romanische Philologie*, 106, 251) ; « Le dimanche 30e may, le Curé de Saint-André déclama contre la paix ; dit que les Politiques ressembloient aux grenouilles qui font ***coac***, ***coac***, et grenouillent tousjours *paix*, *paix*, *paix* [...] » P. de L'Estoile, *Mémoires-journaux*, 1982 [*ca* 1593], t. 6, 16 ; « Le **coac-coac** importun des raines paresseuses [...] » Cl. Gauchet, *Le Plaisir des champs*, 1869 [1604], 206). — Accueillie dans la lexicographie française par Cotgrave 1611 (*coäc*, v. FEW 2, 1599a, KWA-) et, sous la forme *croac*, par A. Oudin, *Seconde partie des recherches italiennes et françoises*, 1642 « **Croac**, *crocitamento di rane* »), cette onomatopée est absente des dictionnaires contemporains.

COCORICO

1. "(bruit du chant du coq)".

1. [...] derrière les pupitres [lors de la répétition d'un concert de Berlioz] se sont fait entendre les cris de divers animaux avec des explications bouffonnes : – COCORICO, *le coq, armes de France ;* – MIAOU*, *la chatte amoureuse* [...], etc. (A. Karr, *Les Guêpes*, 1858 [1840], t. 2, 101.)

2. PLUMICHON, imitant le chant du coq.
– **Cocorico** ! (Galuchet imite l'aboiement d'un chien. Les écoliers rient.) (Lockroy et Bourgeois, *Le Maître d'école*, 1841, 5.)

3. CÉBÈS. – Le froid matin violet
Glisse sur les plaines éloignées, teignant chaque ornière de sa magie !
Et dans les fermes muettes, les coqs crient :
Cocorico ! (P. Claudel, *Tête d'or*, 1re version, 1889, *Théâtre*, 1960, t. 1, 88.)

4. CHANTECLER.
[...]
Je ne fais pas : « **Cocorico !** » pour que l'écho
Répète un peu moins fort, au loin : « **Cocorico !** » [...]. (E. Rostand, *Chantecler*, 1910, 110.)

5. Quel est dans le bois ce lumineux coquelicot
C'est le soleil plus matinal que tes jolis yeux ma chérie
Quel est dans le ciel cet écho ce **cocorico**
C'est la chanson d'un jeune coq qui chante sur la prairie [...]. (Ch. Trenet, « Ah dis Ah dis Ah dis Ah Bonjour », 1939, *Le Jardin extraordinaire*, 1993, 106.)

6. Un coq fait **cocorico**
Un autre lui fait écho

Tin-tin-tin-tin-tin
C'est le matin ! (P. Claudel, « Matin », 1944, *Œuvre poétique*, 1977, 767.)

7. Le coq du gars Deflandre habitait la ferme près de la gare : dès qu'il « sonnait le clairon », celui de Le Rouzic, un breton égaré en Beauce, lui donnait la réplique. Et alors la fanfare des **cocoricos** résonnait au-dessus des toits. (L. Bériot, *La Canne de mon père*, 1986, 9.)

8. Au premier **cocorico** de l'aube [...]. (Y. Audouard, *Les Cigales d'avant la nuit*, 1988, 102.)

9. Soudain, dressé sur une souche morte, un coq s'égosilla ; une horloge déréglée qu'on bouscule et qui sonne en plein midi.
– **Cocorico** ! cria aussitôt Anne-Marie, imitant l'oiseau vert et noir, crête flamboyante, qui se jeta stupidement dans leurs jambes. (G. Mordillat, *L'Attraction universelle*, 1990, 99.)

10. *« **Cocorico, cocorico !** »* : l'indicatif de la première radio ondes courtes française n'est pas *la Marseillaise*, mais le chant du coq. Tout simplement. (*Télérama*, 29 janvier 1992, 130.)

11. [...] quatre marins du *Foch* ont été condamnés pour avoir violemment frappé un jeune matelot dont le nom de famille « Coq » suscitait d'interminables boutades. Tout le monde l'appelait « ma poule » ou poussait des **cocoricos** à son passage. (*La Provence*, 19 juin 2001, 9.)

V. encore *kss kss*, ex. 26 ; *léon*, ex. 1 ; *prout*, ex. 12.

REM. **1. cocorikè** "id.". « Dix à douze personnes de Cléry, près d'Orléans, réunies pour me donner des renseignemens, m'ont assuré que, d'après un usage ancien, dans la commune rurale de la même ville, le soir ou le lendemain des noces, je ne me rappelle pas lequel des deux, les pères et mères des époux, après les avoir conduits dans la chambre nuptiale, et fermé la porte sur eux, faisaient asseoir le nouveau marié, le derrière dans un bassin plein d'eau, lui faisaient chanter trois fois le chant du coq, ***cocorikè !*** faisaient mettre en mêmetems la mariée à genoux devant lui, et lui faisaient répondre trois fois, *cocodè !* qui est le chant de la poule, après qu'elle a pondu. / Cet usage, presque incroyable, est cependant dans l'esprit de l'ancienne religion druidique [...] » (Éloi Johanneau, dans *Mémoires de l'Académie celtique* 3 (1809), 309). **2. coquerico / kokeriko** "id.". « ANTOINOU, imitant le coq. – **Ko ke ri ko** ! Ka ka ra ka ! » (É. Ourliac, « La Tribu des charabias », *Proverbes et scènes bourgeoises*, 1868 [av. 1848], 173) ; « [...] après avoir lancé aux frontières de son fumier un mâle **coquerico**, il se précipita [...] sur la poule la plus prochaine, qui déféra fort complaisamment à son désir » (L. Pergaud, *La Revanche du corbeau*, 1911, *Œuvres complètes*, 1987, 175) ; « Var. **coquerico** – s. m. – Prononcer cocrico » (A. Maugarny, *La Banlieue sud de Paris*, 1936, 122) ; v. encore *cot cot*, ex. 1. **3. coqueléqué** "id.". « [...] la volaille venait le narguer [...] alors qu'il fumait sa pipe. Y avait toujours ce grand dépenaillé de coq. / "**Coqueléqué !** lui criait-il sous les moustaches" » (J. Anglade, *Une pomme oubliée*, 1969, 12). **4. ka ka ra ka** "id.". « ANTOINOU, imitant le coq. – Ko ke ri ko ! **Ka ka ra ka !** » (É. Ourliac, « La Tribu des charabias », *Proverbes et scènes bourgeoises*, 1868 [av. 1848], 173) ; « Minuit sonnèrent sur ces entrefaites. Et tout à coup, un coq chanta. / – **Ka ! kara ! ka !... ka ! kara ! ka !** / Perçant, rauque, crevant le silence de la nuit, et là encore, tout près, dans la rue, tout contre les fenêtres du café, on eût dit le "**ka ! kara ! ka !**" d'un vrai coq. Ni les joueurs, ni le cafetier, ne sourcillèrent, en gens qui n'éprouvaient aucune surprise. Et, aussitôt, de formidables éclats de rire retentirent » (P. Alexis, *Les Femmes du Père Lefèvre*, 1892, 156-157).

2. Au fig., emploi subst. m. "attitude triomphaliste d'un nationalisme naïf (par allusion au coq gaulois, symbole de la France) ; cri de victoire exprimant cette attitude".

12. Pour le solide : la Maginot ! le Répondant : le Génie de la Race ! **Cocorico** ! **Cocorico** ! Le vin flamboye ! On est pas saouls mais on est sûrs ! (L.-F. Céline, *Les Beaux draps*, 1942 [1941], 19.)

13. Au « Rex », *Le Père Tranquille* de Noël-Noël, plaisant film sur les exploits d'un pantouflard, héroïque chef de réseau. Et Dieu merci, ni morceaux de bravoure ni **cocoricos** ! (J. Galtier-Boissière, *Mon journal dans la grande pagaïe*, 1950, 21.)

14. [...] pousser des « **cocorico** » de supporter du XV de France [...]. (R. Fallet, *Y a-t-il un docteur dans la salle ?*, 1986 [1977], 116.)

15. Les médias s'en emparèrent, de grosses manchettes parurent dans les journaux, la justice française, la seule, la vraie, la plus pure était en passe de régler son [*sic*] sort aux gangs de la cocaïne. / **Cocorico** lamentable ! (Fr. Joly, *L'Homme au mégot*, 1990, 138.)

DÉR. [Correspondant à *cocorico* au sens 2]. **1. cocoriquer** v. intr. "faire *cocorico*". « [...] **cocoriquer** dans les micros [...] » (L.-F. Céline, *Bagatelles pour un massacre*, 1937, 11, dans DDL) ; « Le clairon **cocoricant** » (*ibid.*, 146) ; « Soupçonnée à juste titre de "**cocoriquer**" sans cesse, la France [...] » (E. Ollivier, *Sur les chemins de France*, 1994, 19). — Déjà en 1632, au sens concret : « Chaque Oyseau a son ramage à part, et ses cris propres, la Colombe roucoule, le Pigeon caracoule, la Perdrix cacabe, le Corbeau croaille et croasse. On dit du Coq **coqueliquer**, du Coq d'Inde glouglotter, des Poules clocloquer, cracqueter, clouser, du Poulet pepier ou pioller, des Cailles carcailler, du Geay cageoler, du Rossignol gringotter, du Grillon gresillonner, de l'Harondelle gazouiller, du Milan huyr, du Jars jargonner, des Grues cracquer ou trompetter, du Pinçon frigotter, babiller, du Hibou huer, de la Cigale claqueter, des Huppes pupuler, des Merles siffler, des Perroquets, et des Pies causer, des Tourterelles gemir, du Paon on dit qu'il a la teste de serpent, la queue d'un Ange, la voix de diable ; de l'Allouette tirelirer, Adieu Dieu, Dieu Adieu. De façon que les uns crient, les autres chantent, ou gemissent, pleurent, caquettent, effrayent, et en cent mille façons de ramages ; le Moineau dit pillery » (E. Binet, *Essay des merveilles de nature*, 1987, 111). **2. cocoricotter** v. intr. "faire *cocorico*". « Quelle ivresse, quelle envolée ! On bat des ailes, on **cocoricotte**, cot, cot, on se pâme, on pavoise, on jouit intensément » (M. Raphaël, *Le Festival*, 1950, 211).

♦♦ **1.** Attesté dep. 1840 (v. ici ex. 1), mais déjà *ca* 1480 (« **Coquericoq.** / Qu'esse cy ? J'ay oüy poullaille / Chanter » *Le Franc archier de Bagnolet*, 1966, 30) ; avant 1525 « El y va de si grant estoc / Que les cogs au long d'une lieue / Chantent de peur, **coquericog** » *Sotie nouvelle*, dans *Le Recueil Trepperel*, 1966, XIV, f. Aiii r° [Les deux *g* doivent sans doute être lus *q*] ; 1605 « Je luy dis : "Mr, vous chanterés comme un coq puis que vous mangés les crestes". Il la porte sur son bonnet, disant : "**coquerico**" et la mange, chantant : "**coquerico**" » J. Héroard, *Journal*, 1989, t. 1, 609 ; 1653 v. le commentaire sous *coucou*). Entre-temps, au 16e siècle, on relève, pour renforcer un serment burlesque (allusion au serment de l'apôtre Pierre et à son reniement, v. par ex. Marc 13, 30 et 72) : « Vous la prinstes, par la croix bieu ! / Alleluya, **coquelicoq** ! / Et puis vous tuastes mon coq » *Colin, fils de Thévot le maire*, 1542, dans *Recueil de farces (1450-1550)*, 1989, t. 5, 199 ; « Par la chair bieu, vieille mastine, / **Quoquelicocq**, alleluya ! / Je vous tueray » *Les Deux maris et leurs deux femmes*, av. 1550, *ibid.*, 1986, t. 1, 449 ; « Ha ! par le ventre bieu, non a. / **Coquelicoq** ! » *Le Pardonneur, le triacleur et la tavernière*, mil. 16e siècle, *ibid.*, 1989, t. 5, 256 ; « Je vous jure, **coquery coq**, / Je le gecteroys aulx orties » *Les Malcontentes*, 16e siècle, *ibid.*, 1995, t. 9, 355). **2.** Attesté dep. 1941 (v. ici ex. 12), mais le dérivé *cocoriquer* est attesté dep. 1937 (v. ci-dessus) ; peut-être sous l'influence de *cocardier*. — GLLF ; TLF ; Rob 2001 ; NPR 2000 ; PL 2000 ; TraitDu 1989, 124 ; FEW 2, 860a, KOK-.

COIN-COIN □ VAR. *couin-couin*.

1. Souvent répété "(bruit du cri du canard, parfois de l'oie)".

1. Quand les canards vont deux à deux
[...]
Ils s' dis'nt comm' ça des jolis riens
Couin couin couin couin couin couin
Couin couin couin couin (Cogniard frères, « Les Canards tyroliens », 1869, dans M. Pénet, *Mémoire de la chanson*, 1998, 533.)

2. **Coin ! coin ! coin !** Et de toutes parts, aux environs, puis successivement jusqu'au Jardin d'Acclimatation, là-bas, tous les canards de la ville répondirent à l'invite du Bismarck des canards. **Coin ! coin ! coin !** (E. Bergerat, *Figarismes de Caliban*, 1888, 16.)

3. [...] Ferdinand [...] était un jeune canard [...]. / Dès que j'arrivais, c'étaient des **coincoins** de bon accueil, des frémissements d'ailes. (A. Allais, *À se tordre*, 1891, *Œuvres anthumes*, 1989, 5-6.)

4. RAPÉTAUX. – Des voyous, postés au paradis, imitaient le cri du canard à chaque pas que je faisais sur la scène.
M. RÉFLÉCHI. – **Couin ! Couin ! Couin !**
RAPÉTAUX. – **Couin ! Couin ! Couin !** Parfaitement. Mais je ne tardai pas, allez, à les réduire au silence. Simplement je les regardai [...] et je leur décochai cette flèche : « Qu'importe à l'aigle qui plane les gloussements des oiseaux de basse-cour. » (G. Courteline, *Mentons bleus*, 1906, *Théâtre...*, 1990, 220.)

5. D'une grande caisse d'osier d'où sortaient des « **coin-coin** » la maîtresse lâcha une demi-douzaine de canards. (L. Pergaud, *La Revanche du corbeau*, 1911, *Œuvres complètes*, 1987, 187.)

6. Sur son cheval de bois, le canard dévalait la côte en criant à tue-tête : « **Coin ! Coin !** » (M. Aymé, *Les Contes du chat perché*, 1978 [1939], 309.)

7. – Ce n'est pas un chien, c'est un canard !
Alain fit « **coin-coin** », tandis que Loulou et Capdeverne aboyaient. (R. Sabatier, *Alain et le nègre*, 1985 [1953], 57.)

8. [...] moi, dans mon rêve, j'étais un canard et je faisais **coin-coin**, tu crois que c'est normal comme rêve ? (J.-M. Gourio, *L'Eau des fleurs*, 1999, 82.)

V. encore *meuh*, ex. 2 ; *ra*, ex. 11 ; *Anthologie*, n° 49.

REM. VX **1. couan couan** "id.". « Quand la cane était à l'eau, nous lui faisions faire le tour de la mare en la suivant avec des petits cailloux. La cane agitait désespérément ses petits battoirs. "**Couan, Couan, Couan**" » (M. Fombeure, *La Rivière aux oies*, 1983 [1932], 211). **2. couéan couéan** "id.". « Tout en passant près d'un étang, / Tous les canards chantaient, / Et dans leur joli chant disaient : / **Couéan couéan, couéan, couéan**, / Et moi je croyais qu'ils disaient : / L' cou dans l'étang, l' cou dans l'étang » (« Le Peureux », dans J. Bujeaud, *Chants et chansons populaires des provinces de l'Ouest*, 1980 [1865], t. 1, 51). **3. couen couen** "id.". « [...] il commença à chatouiller ces animaux sous le bec, en leur tenant des discours drôles pour dérider la société : "Nous avons quitté notre petite ma-mare ! **Couen ! Couen ! Couen** [...]" » (G. de Maupassant, *Contes et nouvelles*, 1881, FXT). **4. cuin-cuin** "id.". En contexte métaphorique. « Comme les canards s'en vont toujours par deux, il avait fait signe à sa petite cane fidèle, Dauphin (y sont aussi d'Amiens l'un que l'autre) de venir pousser des **cuins-cuins** sur le budget » (*Le Petit pioupiou*, 1887, n° 3, 1).

2. "(bruit d'un avertisseur sonore)".

9. [Une automobile au loin] COIN ! COIN ! (Hergé, *Les Aventures de Tintin [...] au pays des soviets*, 1999 [1930], 10.)

10. Clémence partit à onze heures passées. On entendit s'éloigner dans la nuit les **coincoins** de la petite trompette qui ornait le guidon de son vélocipède. (R. Queneau, *Les Enfants du limon*, 1993 [1938], 97.)

11. Et **coin ! coin ! coin !** [...]. C'était horrible, les sons des cornes d'auto. (G. Chevereau, *Une enfance à la campagne*, 1988, 41.)

12. Le wagon s'emplit, le **coin-coin** annonçant la fermeture automatique des portes retentit, et la rame de métro redémarra, bourrée à bloc. (M. Gotlib, *J'existe, je me suis rencontré*, 1994 [1993], 48.)

V. encore *cuicui*, ex. 12 ; *pouet-pouet*, ex. 13.

REM. **coin-cou** vieilli "id.". « Chacun sait que les voitures des pompiers jouissent d'une priorité tapageuse dans les rues de la ville, et dès qu'on entend le "**coin-cou ! coin-cou !**" sinistre avertisseur, on s'empresse à se garer et à ne pas laisser le moindre petit orteil sur la chaussée » (M. Bailly, *Petits Pavés stéphanois*, 1987 [1958-1959], 49).

3. "(son nasillard, parfois musical, produit par une personne ou un objet manufacturé)".

13. Je le trouvai en pleine liaison radio avec Kersauson. Réception hachée et nasillarde : « **Coin, coincoin, coin**, à vous ! » Avec, en réponse, les murmures de confesseur du routeur : « Ron*, ronron, ron, à vous ! » (Gébé, *Un dimanche au frais*, 1996, 133.)

REM. **couen couen** rare "id.". « [...] jé peins les larmes d'une veuve avec un solo dé grossé caissé, pom* ! pom ! Sentez-vous la larme qui se répand ? Le cri de l'innocence avec un accord dé basson, **couen ! couen !**... vous entendez la jeune vierge » (Langlé et Devilleneuve, *Un bas bleu*, 1842, 7).

DÉR. **coincoin(n)er** v. intr. "faire *coin-coin*". a) [Correspond à *coincoin* 1]. « [...] le Canard Donald se mit à cancaner, caqueter, **coincoiner**, nasiller en yankee [...] » (A. Vialatte, *Chroniques de La Montagne*, 2000, t. 1, 716 [20 janvier 1959]). – Avec compl. d'obj. interne. « M. le secrétaire comte perpétuel Henri Canard Delaborde **coincoinne** une prolixe Notice sur Chapu où, si j'en crois un voisin assez courageux pour écouter jusqu'au bout, le nasillard orateur n'omet pas de parler de lui-même » (Willy, *Notes sans portées*, 1896 [1895], 10). **b**) [Correspond à *coincoin* 2]. « Elles [de vieilles voitures] revenaient triomphalement [...] en **coincoinant** dans la poussière comme des oies qui vont au pré [...] » (A. Vialatte, *Salomé*, 1992 [*ca* 1930], 91).

♦♦ **1.** Attestée dep. le 16e siècle pour représenter le cri du cochon (« COI, & ***coin***, voix de petis gorets, ou cochons [...] » L. Trippault, *Celt-hellénisme*, 1580, 85, repris dans Cotgrave 1611 : « **Coin** [...] *also, the cry, or grunting off* [sic] *pigs, and yong Swine* [...] ») et au 18e siècle dans un contexte métaphorique (« On dit que l'Esthomac, s'il avoit un langage / Crieroit **coin coin coin** en termes exprès [...] » Fontenelle, v. DDL), l'onomatopée renvoie dep. 1865 au cri du canard (« Ma cane fait **coin, coin, coin** » v. *glou glou*[2], rem., exemple de J. Bujeaud). **2.** Attesté dep. 1930 (v. ici ex. 9). **3.** Attesté dep. 1842 sous la forme *couen couen* (v. ici rem.). — GLLF (cri du canard) ; TLF (cri du cochon ; cri du canard ; avertisseur) ; Rob 2001 (« pour évoquer le grognement du porc, le cri du canard, etc. ») ; NPR 2000 et PL 2000 (cri du canard) ; TraitDu 1989, 125 (cri du canard et de la cane) ; FEW 14, 650a, WIN-.

COT COT □ VAR. *côt côt, quot quot* (rare).

"(bruit du cri de la poule)".

1. [poule qui caquette]

1. Mon *coque* fait coquerico*,
Ma poule fait **cot', cot', cot'**,
Mon violon fait zin'*, zin', zin' [...].
(« Ma mèr' m'envoie-t-au marché », dans J. Bujeaud, *Chants et chansons populaires des provinces de l'Ouest*, 1980 [1865], t. 1, 45.)

2. Et aussitôt, avec un art parfait, une sûreté d'exécution à tromper un coq, Sallaux imite la poule :
– Tenez, la voilà qui se promène : ***coo-ot coo-ot***... elle pond : *cot, cot, cot, codek* !... quelqu'un entre, elle a peur : ***cot, cot, cot, cot, cot***... ; je la prends par le cou : *cooâk cooâk* ; maintenant je l'étouffe sous ma tunique : *oâk..., oâk...* (Willy et A. Cocotte, *L'Argonaute*, 1897, 58.)

3. [...] une rue qui portait le nom de Bec-de-Lièvre. Je n'avais jamais compris ce que cela voulait dire. Bec-de-Lièvre ? [...] j'imaginais vaguement un lapin avec une tête de poule, ce qui soulevait mille questions : faisait-il **cot-cot-cot** ! comme les poules, ou était-il muet comme les lapins ? (M. Bernard, *Pareils à des enfants*, 1994 [1941], 195.)

4. Autour de la place du Monument, dans les ruelles, des paysannes étalaient leurs produits. Olivier remua le nez avec les lapins des paniers à couvercle, fit **cot cot cot** avec les poules, roucoula avec les pigeons, joua avec des chiots. (R. Sabatier, *Les Noisettes sauvages*, 1988 [1974], 101.)

5. J'aim' pas la mer ni la montagne'
J'aim' pas le calm' de la campagn' [...].
Les « cui-cui-cui »* et les « glouglou » [v. *glou glou*[2]]
Les « **cott'cott'cott'** » et les « miaou »*
Tous ces petits bruits bucoliqu's
M' font l'effet d'un soporifiqu'.
(R. Barrier, « Ma Maison de rêve », 1975, *Les Frères Jacques*, 1987, 216.)

6. LE DIRECTEUR. Mais oui, monsieur. Vous dormez comme un bébé. Vous

êtes en train de rêver que je fais la poule.
LE CLIENT *(sidéré)*. Qu'est-ce que vous dites ? *(Le directeur se met à sauter sur une jambe en gloussant* ***quot ! quot ! quot !****)* Ah, exact. (J.-M. Ribes *et al.*, *Palace*, 1999 [1989], 278.)

7. – **Côt, côt, côt**... dans un brouhaha, mais aussi tout naturellement, comme si rien n'était, les poules s'étaient mises à caqueter [...]. (P. Arnoux, *Les Loups de la Mal'Côte*, 1991, 33.)

8. **cot cot** / poule (*Le Cri des animaux*, 2001, 10.)

V. encore *miaou*, ex. 10.

— En contexte métaphorique.

9. Ça n'empêche pas que je n'aie des instincts de poule et que quand je n'y songe pas, je ne me mette à crier ***cot cot cot***, c'est-à-dire, venez, revenez, marmaille, prenez garde à l'oiseau de proie [...]. (G. Sand, 9 septembre 1861, *Correspondance*, 1981, t. 16, 565.)

2. [poule, surtout quand elle a pondu] **cot cot codec** (et var.).

10. [...] ***cocodè !*** qui est le chant de la poule, après qu'elle a pondu. (Éloi Johanneau, dans *Mémoires de l'Académie celtique* 3 (1809), 309.)

11. J'entends la poule qui chante
Cocodex, cocodex près de nous [...]. (« La Dénicheuse d'œufs », dans *Le Nouveau Caveau pour 1822*, 1821, 115.)

12. Voici les noms de plusieurs oiseaux, avec l'imitation de leurs cris [...] La poule : **Coccodèque**. (Celnart, *Manuel complet des jeux de société*, 1827, 180.)

13. Je fouille à la poche et prends une poignée de poudre, la poule chante : **Coth... coth... coth... coodaite... coodaite**... et voilà un œuf [...]. (*Les Grotesques*, 1838, 146.)

14. LA POULE NOIRE. **Cott ! cott ! codott !**
PIERROT. Oh ! Il y a quelqu'un ! On a parlé. (L.-E. Duranty, « La Poule noire », *Théâtre des marionnettes*, 1995 [1862], 418.)

15. Les poules font **cotcotdac**
Et pondent dans mon bissac. (J. Richepin, « Ballade du rôdeur des champs », *La Chanson des gueux*, 1883 [1881], 82.)

16. LA POULE. – **Cot, cot, cot, codec !... Cot, cot, cot, codec !...**
Mme ROUSSEAU, ton ordinaire. – Tiens ! V'là la noire qui chante son œuf ! (L. Trézenik, *Le Ménage Rousseau*, 1898, 8.)

17. [...] les poules s'approchaient avec prudence de l'huis en faisant **cococo !...cocodê !** [...]. (L. Pergaud, *Le Roman de Miraut*, 1913, *Œuvres complètes*, 1987, 299.)

18. Elle est zazou, cette poule-là...
Qu'est-ce que c'est donc que ça !!!
Ben vrai !!...
Cot cot ca dett. (Ch. Trenet, « Poule zazou », 1941, *Le Jardin extraordinaire*, 1993, 125.)

19. Peu à peu, à force de donner du sel pour du sucre et de la poudre de café pour du poivre moulu, j'en vins à me familiariser avec mon nouvel état, et les gens de l'hôtel en vinrent à s'habituer à moi. On ne me présentait plus les commandes qu'accompagnées de beaucoup de renseignements sur la nature des produits demandés. Si le chef ne me commandait pas des œufs en faisant : « **cot... cot... codet** ! » je suis sûr que c'est parce qu'il ne savait pas faire ce bruit-là. (J. Faizant, *Allez vous rhabiller !*, 1956 [1953], 38.)

20. Elles [les poules] ont fait tant de bruit avec leur **Cot, Cot Codé** ! qu'elles ont ameuté tout le poulailler [...]. (J. Jaussely, *Deux Saisons en paradis*, 1979, 28.)

21. De l'étable, le « paradis des poules », me parvenaient des **cot codec**, qui mettaient une note d'harmonie [...]. (P. Chevrier, *La Haute-Bigue*, 1996, 78.)

V. encore ici ex. 2 ; *meuh*, ex. 2.

DÉR. **cotcotcodoquer** v. intr. "faire *cot cot codac*". « Une poule [...] **cott-cott-codoque** en inclinant la tête » (J. Vautrin, *Typhon-Gazoline*, 1987 [1978], 11).

♦♦ **1.** Attesté dep. *ca* 1525 (« LES TROIS SOCTES. – **Coc, coc, coc, coc, querecte.** / [...] LES SOCTES. – **Coc, coc, coc, coc, querecte.** / LE PREMIER. – Saint Jehan, vous aurez sur la teste / Se je vous puis huy rencontrer » *Sotie nouvelle*, dans *Le Recueil Trepperel*, 1966, XV, Aii r°) ; déb. 16e siècle (« Je me fourray en ung pouillier, / Dieu sçait qu'il y eut bel effroy ! / **Coco, coco, coco, co quoy**, / Faisoient ces deables de guelines », *Le Monologue du baing*, dans G. Coquillart, *Œuvres*, 1975, 350-351) ; 1606 (« Le jour jà approchoit, et la lueur du matin, ensemble le coq desjuché chantoit par la place son ***quo quo quo***, et la poulle luy respondoit par son ***que que que*** [...] » ([Trad. de Folengo], *Histoire maccaronique de Merlin Coccaïe*, 1859, 36) ; 1695 (« Pendant le choq, / La Poule en colere, / Faisoit, **coq, coq** (*contrefaisant la Poule.*) » Dufresny, *Attendez-moy sous l'orme*, dans Gherardi, *Le Théâtre italien*, 1701, t. 5, 402). **2.** Attesté dep. *ca* 1525 *querecte* v. ci-dessus ; 1661 (« Le Coq a jour et nuit son haut coqueliquais / **Cocodaste** a la poule [...] » Abbé de Marolles, cité par Ch. Nodier, *Dictionnaire raisonné des onomatopées françaises*, éd. 1828, 376) ; 1757 (« Le cocq, près de sa poulette, / Va s' ragaillardir, / Elle fait **codette**, / Et c'est de plaisir » Favart et Guérin, *Les Ensorcelés*, 1759, 28) ; 1760 (« Galans, / Séduisans, / Lui content fleurette ; / La Poulette / D'abord les rejette / Puis elle y prend goût ; / Elle plante là son hibou, / Et s'en va chanter **cocodette**, / Tandis qu'il fait seul le coucou » Anseaume, *Le Soldat magicien*, 10). — Absent des dictionnaires consultés, à l'exception de TLF, Rob 2001 et TraitDu 1989, 125 ; aj. à FEW 2, 860b, KOK-, où ces formes manquent.

COUA □ VAR. *couâ*.

Souvent répété "(bruit du cri rauque du corbeau et des corvidés)".

1. Le corbeau : **Coua, coua, coua.** (*Les Amusemens du bel âge*, 1816, 45.)

2. Mais, brusquement le cercle des oiseaux noirs s'élargit. Il y eut sur leur ligne de bataille un flottement. Sur un « **coua** » particulier de l'un d'eux, la bande disciplinée, docile au signal ou à l'ordre donné, s'abattit sur des chênes [...]. (L. Pergaud, *De Goupil à Margot*, 1910, *Œuvres complètes*, 1987, 83.)

— Souvent répété.
• Dans un jeu de mots.

3. Le Corbeau [...].
– **Quoi** ? **quoi** ? **quoi** ?
– Rien. (J. Renard, *Histoires naturelles*, 1967 [1896], 173.)

• Dans une comparaison.

4. Félix, comme un corbeau, fit : « **Quoâ** ! **Quoâ** ! De **quoâ** ? » (R. Sabatier, *Les Fillettes chantantes*, 1986 [1980], 195.)

• Associé à une autre onomatopée.

5. **Couâ, couâ,** croâ* ! une bande de corbeaux rentrant en forêt passèrent [...] en jetant, étonnés, une rafale de cris. (L. Pergaud, *La Guerre des boutons*, 1912, *Œuvres complètes*, 1987, 683.)

REM. **coa** "id.". « LE ROI NOIR. [...] Corbeau ! Corbeau ! / LA VOIX DU CORBEAU. **Coa, coa** ! » (L.-E. Duranty, « La Fortune du ramoneur », *Théâtre des marionnettes*, 1995 [1862], 377).

♦♦ Attesté dep. 1563 (« [...] le renard d'une vistesse soudaine empongna la grole [= corbeau], laquelle ne seut tenir autre contenance, sinon de faire **coua** [...] » B. Palissy, *Recepte veritable*, 1998, 169) ; 1606 (« Il est seulement accompagné des corneilles chantans ***qua, qua***, et des corbeaux avec leur *cro, cro*, et aussi des choucas » [Trad. de Folengo], *Histoire maccaronique de Merlin Coccaïe*, 1859, 248). — Absent des dictionnaires consultés, à l'exception de TLF qui, s.v. *couac*[1], fait référence à *coua* chez L. Pergaud ; FEW 2, 1599a, KWA-.

COUAC □ VAR. *kouac* (rare).

1. [Domaine concret]

1.1. Parfois répété "(bruit du cri rauque d'un oiseau, particulièrement du corbeau et des corvidés)".

1. Le corbeau : **Kouac.** (Celnart, *Manuel complet des jeux de société*, 1827, 180.)

2. Les canards font **couac** ! **couac** ! jour et nuit !
Bê*... bê... bê... bê... répond'nt les brebis... (L. Boyer, *Dans mon pays*, 1912, dans M. Pénet, *Mémoire de la chanson*, 1998, 1189.)

3. **Couac** ! Dans un bruissement sec, un butor, de son vol horizontal, raye le paysage. (G. Guèvremont, *Le Survenant*, 1945, FXT.)

V. encore ici ex. 4.

— "(marque d'anticléricalisme primaire)".

4. COUAC [...] Interjectiv. Cri dérisoire dont on poursuit les ecclésiastiques, à cause de la couleur de leur vêtement, qui rappelle le plumage du corbeau, dont le mot *couac* imite le cri. (P. Larousse, *Grand dictionnaire universel*, 1869, t. 5, 284.)

DÉR. **1. couac-couer** v. intr. "faire *couac couac*". « L'heure des canards. [...] le bec volumineux, **couac-couant** avec une conscience rare – une vraie conscience de palmipèdes » (J. Delteil, *En robe des champs*, 1934, 86-87). **2. couaquer** v. tr. "insulter en faisant *couac*". « En tout cas Auguste, il nous engageait dans sa lutte contre la calotte, en nous faisant **couaquer** le curé lorsqu'il passait [...] « Croa* ! croa ! » Là, on y allait de bonne gorge... Croa ! croa ! ça nous réjouissait d'imiter le corbeau » (A. Boudard, *Mourir d'enfance*, 1995, 28).

1.2. Répété, vieilli "(bruit d'une trompe d'automobile)".

5. Cela [une automobile] s'était mis à rouler dans un nuage de fumée et un tintamarre de ferraille avec des **couac-couac** de trompe. (A. Dupin, *Pierric*, 1953 [1948], 210.)

1.3. N. m. "son faux et discordant produit par une voix ou par un instrument de musique (souvent un cuivre)".

6. Mais, pour l'amour de Cantié, soignez vos instruments à vent. C'est cacophonique parfois, confus presque toujours ; rien ne sort, les **couacs** abondent. ([Willy], *Lettres de l'ouvreuse*, 1890, 90.)

7. [...] ce grand affolement de cuivre, ces **couacs** d'un clairon qui, là-bas, sonne l'incendie. (H. Bazin, *L'Huile sur le feu*, 1954, 16.)

8. Ayant fait tournoyer l'instrument dans le soleil, il attaqua la sonnerie aux morts, difficile entre toutes. Elle ne fut pas trop mal envoyée sauf, dans la dernière note filée, un **couac** déchirant et lugubre à souhait. (J. Perret, *Les Biffins de Gonesse*, 1978 [1961], 51.)

9. – [...] Toute la journée, elle jouait de l'harmonium...
– Et pas bien, l'a coupé l'Hector des Boués qui sait sa musique, je suis son plus proche voisin et des **couacs**, j'en entendais dans la journée... (A.D.G., *La Nuit des grands chiens malades*, 1990 [1972], 33.)

— Au figuré "propos ou acte malencontreux, qui a un effet négatif".

10. **Couac** interdit. Laurent Fabius a préparé minutieusement son affaire. (« Cadeaux fiscaux : Jospin mise gros », *Le Journal du dimanche*, 19 août 2001, 11.)

11. Lipietz refuse de se faire oublier / Nouveau **couac** médiatique sur la Corse alors qu'il tente de lisser son image. (*Libération*, 25 août 2001, 10.)

12. Le **couac** des couloirs de bus s'explique par la volonté des nouveaux élus à la Mairie de Paris d'obtenir au plus vite des signes visibles du changement engagé à l'Hôtel de Ville. (*Le Monde*, 31 août 2001, 10.)

13. Dans un communiqué publié jeudi soir, Bercy parle d' *« une erreur dans le système de routage [des feuilles d'impôts] »*. Vendredi matin, c'était une certitude : il s'agit surtout d'un **couac** dans la filière d'impression [...]. (*Le Monde*, 8 septembre 2001, 36.)

2. "(pour marquer une mort soudaine et violente)".

14. LAVEMAS [...]. – Il est mort et bien mort ?
CUIRVERNI. – Oh! ça, je vous le jure,
C'est un certain Idiot qui lui donna son sac.
Il a reçu le coup, et puis il a fait : ***couac***.
Bonsoir, plus personne. (F.-A. Duvert, *Marionnette*, 1831, *Théâtre choisi*, 1877, t. 1, 272.)

15. Or, tout dernièrement m'étant trouvé sur le point de faire le dernier ***couac !*** j'ai songé à rechercher la clef du festin ancien, où je reprendrais peut-être appétit. (A. Rimbaud, « Une saison en enfer », 1873, *Œuvres*, 1990, 195.)

— Associé à *couic**.

16. « LENGLUMÉ, *très gaiment.* – [...] Tu sais bien, Potard... le témoin à charge ?
MISTINGUE. – Oui.
LENGLUMÉ, *riant.* – Couic* !
MISTINGUE. – Bon ! très bon !
LENGLUMÉ. – Et Justin ! *(Même geste).* **Couac** ! (E. Labiche, *L'Affaire de la rue de Lourcine*, 1857, *Théâtre* 1991, t. 1, 503.)

◆◆ 1. Sous la forme *quac*, l'onomatopée a d'abord évoqué un bruit sec (13e siècle « Juignet li fait sembleir fevrier : / La dent dit : "**Quac**", / Et la griesche dit : “Eschac” » Rutebeuf, « La Griesche d’esté », *Œuvres complètes*, 1989, t. 1, 190 [l’éditeur, M. Zink, traduit : “Clac”]), puis le cri du corbeau (1544, Cl. Marot, v. TLF). **1.3.** Le sens “fausse note” est attesté dep. 1800 (« Je lâche aussitôt deux ***koacks*** aigus qui font crier : *chut ! chut !* » J.S. Quesné, *Les Folies d’un conscrit*, t. 1, 62, dans DDL) ; 1834 (« [...] les accidens qu’on nomme vulgairement des ***couacs*** [...] » F.-J. Fétis, *La Musique mise à la portée de tout le monde*, 212, dans DDL, et, même date, « Silvia, placée devant son piano, chantait en s’accompagnant [...] ; elle jetait au vent les gammes les plus fabuleuses [...], sans paraître plus s’en soucier que des **couacs** criards que laisse échapper la clarinette d’un aveugle » Vidocq, *Les Vrais Mystères de Paris*, t. 6, 99, v. TLF s.v. *couac*[2]) ; 1843 (« *Le chef de chœurs.* – Amenda, vous êtes à l’amende de 10 fr. *Première choriste.* – Bien, merci, au premier *opéra* que vous ferez représenter je vous revaudrai ça ; un **couac** anonyme » Marquise de Vieuxbois et L. Lespès, « Les Mystères du grand Opéra », dans *Gazette des Femmes*, dans DDL). 2. Déjà au 16e siècle, sous la forme *coac*, pour marquer la soudaineté d’un procès (« Quand les petites vilotieres / Trouvent quelcque hardy amant, / Qui vueille mectre ung dyamant / Devant leurs yeulx riants, et vers, / **Coac**, elles tombent à l’envers » Cl. Marot, « Dialogue nouveau », *Œuvres poétiques*, t. 2, 49). — Diversement enregistré par les dictionnaires : GLLF (1.3.) ; TLF (1.1. et 1.3. ; l’ex. de Labiche, ici ex. 16, est présenté comme « *péj.* [!] onomatopée de cri d’homme ») ; Rob 2001 (1.3. et *faire couac* “émettre un cri discordant”) ; NPR 2000 et PL 2000 (1.3.) ; TraitDu 1989, 126 (« cri d’alarme du canard ; fausse note ») ; FEW 2, 1599b, KWA-.

COUCOU

Souvent répété “(bruit du chant du coucou)”.

1. C’est la marchande de primevères et de jonquilles, qui annonce ses fleurs jaunes, en imitant les deux notes plaintives du coucou. Notes à la fois plaintives et railleuses, mais en mineur sûrement :
– **Coucou** ! **coucou** ! les coucous ! (J. Richepin, *Le Pavé*, 1883, 119.)

2. Eh bien, et vous ? Avec ça que vous ne déposez jamais vos petits dans le lit des autres ! Mais vous n’avez pas la loyauté de chanter : « **Coucou !** » pour prévenir. (J. Renard, 14 juin 1899, *Journal*, 1990, 420.)

3. **Cou cou** ! **cou cou** ! là-bas ! là-bas !
Chante, chante, coucou !
Comme il fait bon ! comme il fait doux !
(P. Claudel, « Le Chant du coucou », 1936, *Œuvre poétique*, 1977, 901.)

4. Le coucou, un matin, traversa l’air frais de son chant en écho lointain, invisible au cœur des bois perdus. Du nid caché où s’était installé le profiteur partaient des : **Coucou**... **Coucou**... dispersés, tantôt ici, tantôt là-bas, toujours moqueurs. **Coucou**... **Coucou**... (R.-A. Rey, *Griotte*, 1979, 181.)

5. Soudain, par un jour de printemps, on entend net, rond, comme découpé dans le silence, **coucou, coucou, coucou**, un chant qui a l’air d’un appel ou d’une moquerie. (Ch. Forot, *Odeurs de forêt et fumets de table*, 1987, 120.)

6. Le chant du coucou porte loin [...]. Parfois le chant subit quelques variantes : « **coucoucou** », « **cou-c...** », pour finir dans un enrouement. (Alain Bougelot, dans *La Bouinotte. Le Magazine du Berry*, n° 73, automne 2000, 68.)

— "(sonnerie de la pendule appelée *coucou*)".

7. COUCOU !... COUCOU !... COUCOU !...
– Tu es stupide ! Mais non, ce n'est pas Tintin : c'est un coucou qui sonne l'heure. (Hergé, *Le Secret de la licorne*, 1947 [1943], 42.)

8. DEUX : Alors, qu'est-ce qu'il a, ce coucou ?
UN : [...] on pourrait, ce coucou, l'empêcher de dire : **coucou**. D'abord, puis, pourquoi pas, le modifier à l'intérieur, qu'il dise autre chose que **coucou**. Par exemple pour qu'il dise [...] Pimpon [v. *pinpon*]... Pimpon : ça me plairait assez, un coucou qui ferait pimpon. Ou... Ding*, ding [...]. (R. Dubillard, « Boutique 7 : L'Horlogerie », *Les Nouveaux diablogues*, 2000 [1988], 188-189.)

◆◆ Attesté dep. 1578 (« **Coku, Coku, Coku, Coku** : / Tous mes Cocus à moy s'en viennent / Qui espars dans ce boys se tiennent : / **Coku, Tacoku, Tacoku** : / Sus, sus, que chacun d'eux s'envole, / Branlant ses deux ailes en l'air. [...] **Coku, Coku**, Torolilings. [...] **Cokou, Cokou**, clac, clac, clac. [...] **Cokou, Cokou, Cokou, Cokou**, / **Cokou, Tacokou, Tacokou** » P. Le Loyer, *La Néphélococugie*, 1869, 35-36 [Les derniers fragments sont des espèces de refrains en fin de strophes]) ; 1584 (« [...] un bel oiseau qu'on appelle le cocu, les autres l'appellent **couqou**, ainsi nommé de son chant » Guillaume Bouchet, *Les Serées*, éd. 1614, t. 1, 275) ; 1653 « Son gosier parmy les bocages, / Dans les prez & sur les rivages, / Fait retentir tous les echos / De **Coucous**, de Coquericos, / Et de mille autres cris encore / Dont il [*Dilucule* ou "Le Point du Jour"] va réveillant l'Aurore [...] » (Les Frères Perrault et Beaurain, *Les Murs de Troye*, 2001, 85) ; 1660 (Oudin, v. GLLF) ; 1683 (« Un miserable Oiseau pensa me rendre fou, / À force de crier ***coucou, coucou, coucou***. / Enragé contre lui, mon fusil sur l'épaule, / J'entre dans la forêt, & je cherche le drôle, / Fortement résolu pour venger mes soupçons, / De lui faire éprouver le sort des Limaçons. / Mais zeste ! Le coquin de branchage en branchage, / De son maudit ***coucou*** redoubla le ramage [...] » E. Boursault, *La Comédie sans titre*, *Théâtre*, 1746, t. 2, 374). — L'emploi primaire "(bruit du chant du coucou)" est absent des dictionnaires consultés, à l'exception de GLLF, TLF et TraitDu 1989, 126.

COUCOUROU □ VAR. *couroucou ; roucoucou.*

1. "(bruit du roucoulement de la tourterelle, de la colombe)".

1. Voici maintenant les noms et les cris qui composent ordinairement cette volière : [...] Le Pigeon : ***Roucou-ou, roucou ou.*** (*Les Amusemens du bel âge*, 1816, 45.)

2. Piou*, piou, piou,
Cou, cou, cou,
Couroucou,
Aux dindons,
Aux chapons,
Aux pigeons,
Aux oisons,

À foison,
D'Alison
La légère main
Fait voler le grain [...]. (E. de Pradel, *Les Étincelles*, 1822, 85.)

3. Voici les noms de plusieurs oiseaux, avec l'imitation de leurs cris [...]. La tourterelle : **Rou, cou, cou.** (Celnart, *Manuel complet des jeux de société*, 1827, 180.)

4. L'agneau bêle après sa maman
La tourtre fait **roucoucou** !
Le canard son petit cancan*
Chante, coucou ! (P. Claudel, « Le Chant du coucou », 1936, *Œuvre poétique*, 1977, 901.)

5. [...] le **roucoucou** du ramier / Jamais plus ne l'a réveillé / Ni le merle et son chant sonore (M. Genevoix, « Les Vieux Messieurs du Luxembourg », 1954, dans *Les Frères Jacques*, 1987, 75.)

6. Je remis mon texte au pigeon :
– **Couroucoucoucou** ! me dit-il en guise d'adieu. (R. Devos, *Un jour sans moi*, 1998 [1996], 170.)

— Comme surnom d'une personne.

7. Le coiffeur portait le sobriquet de **Coucourou**, parce qu'il imitait merveilleusement les cris des oiseaux, spécialement des tourterelles [...]. (J. Anglade, *Un lit d'aubépine*, 1997 [1995], 91.)

— Par métaphore.

8. Même la torrentielle Catherine Nay qu'anime un formidable sentiment de passion-répulsion pour François Mitterrand n'a pu, dans *Le Noir et le Rouge*, nous servir sur les fiançailles rompues de Marie-Louise Terrasse (future Catherine Langeais) et François, ou la première rencontre avec Danielle Gouze, qu'un récit à l'eau de rose... **Coucouroucoucou**. (L. Fournier, *Crac crac*, 1989, 116-117.)

DÉR. **couroucouler** v. intr. (croisé avec *roucouler*) "faire *couroucou*". Dans une comparaison. « Mon mainate s'était enroulé dans une feuille blanche et "**couroucoulait**" comme une véritable colombe » (R. Devos, *Un jour sans moi*, 1998 [1996], 26).

2. "(bruit du cri du furet)".

9. **coucourou** / furet (*Le Cri des animaux*, 2001, 3.)

♦♦ **1.** Attesté dep. 1816 (v. ici ex. 1) ; « Coucou roucoucou » est le titre d'une chanson interprétée par Dario Moreno (puis par Nana Mouskouri) ; absent des dictionnaires consultés, à l'exception de TraitDu 1989, 333 *rrroucoucoulou* ; cf. FEW 22/2, 21a 'roucouler'. **2.** Attesté dep. 2001 (v. ici ex. 9) ; absent des dictionnaires consultés.

COUIC □ VAR. *couik* (rare), *couique* (rare).

1. Souvent répété [Domaine concret]. **1.1.** "(petit bruit aigu produit par un animal, particulièrement un petit oiseau, une souris)".

1. Le front limpide et le cœur épanoui, le romancier fit, à cette occasion, trois pages de style sur la nature, – les feuillages, – et les petits oiseaux. **Couic ! couic** ! (Ch. Monselet, *Monsieur de Cupidon*, 1858, 164.)

2. [...] les moineaux me donnent un concert, et, dominant leurs grêles et joyeux « **couic-couic** », un brave baryton de merle chante son grand air de

tout cœur. (Fr. Coppée, *Souvenirs d'un Parisien*, 1910, 224.)

3. Les yeux fermés, elle essayait de parler, mais n'y arrivait pas ; elle faisait des petits **couic-couic** de souris dans un piège. (A. de Saint-André, *L'Ange et le réservoir de liquide à freins*, 1994, 197.)

V. encore *brek brek*, ex. 1 ; *coa*, ex. 4 ; *Anthologie*, n° 24.

1.2. "(petit bruit de couinement produit par un objet manufacturé)".

4. MONTAUDON. – Qu'est-ce que tu veux ! tous mes souliers font **couic** ! **couic** ! **couic** ! ça prévient, on ne peut pas surprendre son monde. (E. Labiche, *Les 37 sous de monsieur de Montaudon*, 1862, *Théâtre*, 1991, t. 2, 66.)

5. [...] ce truc en plastique qui faisait **couic couic** quand on lui appuyait dessus [...]. (R. Forlani, *Gouttière*, 1989, FXT.)

V. encore *Anthologie*, n° 36.

REM. **scouic** ou **skouic** "id.". « [...] le couinement de quelques paires de chaussures qui n'avaient été portées qu'une fois, un jour de noces. [...] la démarche précautionneuse – pointes de pieds en général, sauf pour les propriétaires de chaussures sonores, qui s'escrimaient à bâillonner ces **skouic skouic**, cause de leurs tourments [...] » (J. Colombier, *Béloni*, 1992, 35-36) ; « Des chaussures neuves font souvent **scouic scouic** quand on marche » (Ph. Geluck, Supplément du journal *Le Soir*, 2001).

— N. m. "son faux et discordant produit par une voix ou par un instrument de musique (souvent un cuivre)".

6. [...] cette corde *ré* prit une harmonie d'une suavité qui me charmait l'oreille, et me permettait d'aborder les positions élevées [au violon] sans crainte des ***couics*** qui auparavant me faisaient d'avance frissonner [...]. (F.V. Raspail, dans *Revue complémentaire des sciences appliquées*, 1er décembre 1854, 161, dans DDL.)

2. "(pour annoncer ou pour marquer une mort brutale, notamment par strangulation)". □ VAR. *kouik* (rare).

7. LA CHAMADE. – Che te saurai bien rebrendre si tu t'en retournes barmi ces tiables de Vranzais... et alors, **couic** ! pentu sans miséricorte (*Il sort en chancelant.*) (É. Ourliac, dans *Journal des enfans*, 1838, t. 6, 335.)

8. (Il lui donne de la mort-aux-rats. Grincement comique à l'orchestre.) **Couic** ! ça y est ! (Grangé, Delacour et Thiboust, *Réduction et rédemption*, 1860, 12.)

9. LE MAÎTRE. – Assez sur cet incident. Eh bien, Mme de Saint-Hilaire est maintenant !...
PAILLASSE. – (*Vivement.*) Mme de Saint-Hilaire est maintenant ?...
LE MAÎTRE. – **Kouik**. (*Il fait un mouvement de la main.*)
PAILLASSE. – **Kouik** ?
LE MAÎTRE. – C'est-à-dire que tu l'as envoyée *ad patres*. (P. Larousse, *Grand dictionnaire universel*, 1866, t. 2, 359.)

10. Je meurs content. Vive la France ! **Couic** !... Ah ! ça y est puisque j'ai dit **couic** !... (J.-A. Nau, *Force ennemie*, 1903, 48.)

11. L'homme meurt en faisant « **couic** » sous le couteau (A. Vialatte, *Chroniques de La Montagne*, 2000, 164 [18 juin 1963].)

12. – Qu'est-ce que tu veux que je fasse ?
– Que tu marches devant moi, et que tu fasses ce que je te dis de faire, sinon,

couic ! Et **couic** ! Tu sais ce que ça veut dire ? Il passa derrière lui et lui colla le canon de son revolver dans le dos :
– Maintenant marche, et en silence. (H. Viard, B. Zacharias, *L'Embrumé*, 1966, 178.)

13. [...] Marie-France [...] s'est suicidée. **Couic**. (Bayon, *Le Lycéen*, 1987, 313.)

14. [...] il avait parfois [...] de terribles boutades : *Moi, je veux mourir en bonne santé,* **couic**, *comme un guillotiné.* (H. Bazin, *Le Démon de minuit*, 1990 [1988], 285.)

15. – Pour l'éléphant, mon vieux, rien ne vaut la sagaie. Dans le nerf sciatique, **couic** ! (Marie & Joseph, *Le Piège au jardinet*, 1990, 37.)

16. [...] les gardes, vigilants, lui passent un nœud coulant au cou et tiennent la corde à distance, prêts à faire **couic** si le phénomène récalcitrait. (San-Antonio, *Princesse Patte-en-l'air*, 1990, 198.)

17. Cravater un ennemi, l'étrangler dans un **couic**, lui briser les lombaires, était un jeu d'enfant pour lui. (J. Mondoloni, *Tenue de galère*, 1991, 84.)

V. encore *couac*, ex. 16.

— **et couic !**

18. – [...] Avec ces gars de la Légion, on ne sait jamais de quoi il retourne. Le cafard, un accès de fièvre chaude, un coup de bambou **et, couic** ! ils vous estourbissent une jolie femme... (B. Cendrars, *Emmène-moi au bout du monde*, 1987 [1956], 18.)

19. J'ai filé, j'ai su que je ne voudrais plus revoir Gabrielle. Après sur mon vélo je roulais n'importe comment, je souhaitais qu'un chauffard me prenne par derrière, ne rien sentir **et couic**. (A. Ernaux, *Ce qu'ils disent ou rien*, 1989 [1977], 122.)

— Par analogie.

20. Tu réincarnes Napoléon pour expier tes torts avec Joséphine que tu vas retrouver... Mais l'esprit [de la médium] va prendre son dernier train qu'y dit... **Couic**, c'est fini... (W. de Pawlowski, *On se moque de nous*, 1898, 105.)

21. On peut même assurer qu'y a pas pu traît' : c'est doux, c'est sucré comme tout ; t' te méfies pas, t' sirotes, t' sirotes, et pis, tout par un coup, c'est l' cheminée sus le crâne : **couic**, pus d'homme. (M. Stéphane, *Ceux du trimard*, 1928, 76.)

— Avec jeu de mots (sur *méthode Coué*).

22. Ne s'était-il pas rendu compte qu'en se retirant il devenait un danger pour les autres, ainsi qu'une source d'inquiétude dont il ne fermait le robinet que d'une seule façon ? La méthode **Couic** ! (J.-A. Varoux, *Ô combien de marrants*, 1974, 30.)

— Avec jeu de mots (combinant les emplois 1 et 2).

23. MADAME GROSEILLON. – Comment, est-ce que tu vas tirer sur ce crapaud ?
M. GROSEILLON. – Non, mon fusil n'est pas chargé d'ailleurs... mais à coups de crosse je vais me défaire de cette vilaine bête... Tiens, horrible animal... tiens... tiens... tu dois en avoir assez.
JOSÉPHINE. – Il a fait **couic, couic**...
M. GROSEILLON. – Il est bien mort ! (P. de Kock, *Mœurs parisiennes*, 1839, t. 3, 234.)

3. “(pour marquer une ablation brutale et violente, une décapitation)”.

24. – M. Michallon, on vous coupera les bras [...], **couic.** (B. Beck, *La Décharge*, 1988 [1979], 31.)

25. [...] on avait lu quelque part que sans ses moustaches, un chat est aveugle : **couic**, coupées, les moustaches. (Bayon, *Le Lycéen*, 1987, 137.)

V. encore *schlac*, ex. 12.

4. “(pour marquer une disparition soudaine)”.

26. MONSIEUR MOI [...] Ni vu ni connu ! Le tour est joué !
LE PARTENAIRE, *ravi, comme s'il escamotait un objet.* – **Couic** !... (J. Tardieu, « Monsieur Moi », *Théâtre de chambre*, 1955, t. 1, 101.)

V. encore *plouc*, ex. 4.

♦♦ **1.1.** Attesté dep. 1858 (v. ici ex. 1). **1.2.** Attesté dep. 1854 en emploi subst. (v. ici ex. 6). **2.** Attesté dep. 1809 (« [Une tuile] tombe sur la nuque d'un passant, et **couic** !... son affaire est toisée » [Leclair], *Les Méditations d'un hussard*, v. TLF). **3.** Attesté dep. 1979 (v. ici ex. 24). **4.** Attesté dep. 1955 (v. ici ex. 26). — Les emplois 1-2 sont enregistrés dans les dictionnaires généraux et TraitDu 1989, 126 ; l'emploi 4 dans TLF seulement ; FEW 2, 1600a, KWI-.

COUI COUI □ VAR. *koui koui, kouï kouï.*

1. “(petit bruit aigu produit par divers animaux)”.

1. LE SINGE. – **Kouï, kouï** ! (*Il le pince.*)
PAILLASSE. – Holà ! hé ! comme tu pinces ! ([Roederer], *Comédies, proverbes, parades*, 1824, t. 1, 248.)

2. Sylvain veut allonger un coup de fouet à un gros cochon qui se trouvait sur le chemin ; la mèche du fouet se roule et se noue à la queue du cochon qui veut se sauver en faisant ***coui coui.*** (G. Sand, 15 janvier 1858, *Correspondance*, t. 14, 599.)

3. [...] barbotant parmi les canetons déplumés qui font **koui, koui** [...]. (G. Droz, *Monsieur, madame et bébé*, 1884 [1866], 296).

4. hamster / **coui coui** (*Le Cri des animaux*, 2001, 10.)

2. “(petit bruit grinçant, crissement)”.

5. MISTINGUE. – [...] je l'ai mis [un soulier] sur le gril... il se tortille... il se retourne, et il fait **coui ! coui** ! (E. Labiche, *L'Affaire de la rue de Lourcine*, 1857, *Théâtre*, 1991, t. 1, 503.)

6. [...] la semelle bâillante de ses souliers faisait ***coui-coui*** dans la boue. (E. et J. de Goncourt, 24 novembre 1889, *Journal*, 1989, t. 3, 351.)

♦♦ **1.** Attesté dep. 1824 (v. ici ex. 1), mais déjà en 1580 *coi* représentant le cri du cochon (v. le commentaire s.v. *coin-coin*, cf. FEW 14, 650) et à la fin du 18e siècle en occitan (« **couî-couî**, cri des jeunes pourceaux » Abbé de Sauvages, *Dictionnaire languedocien-françois*, 1785, t. 1, 190). **2.** Attesté dep. 1857 (v. ici ex. 5). — Absent des dictionnaires consultés, sauf FEW 2, 1600a, KWI-.

COURLI □ VAR. *corlui, coureli.*

“(bruit du cri du courlis)”.

1. Le courlis : **Corlui, corlui.** (Celnart,

Manuel complet des jeux de société, 1827, 180.)

2. Autour de chez moi tout n'est que soleil et musique ; j'ai des orchestres de culs-blancs, des orphéons de mésanges ; le matin, les courlis qui font : « **Coureli ! coureli !** » [...]. (A. Daudet, *Lettres de mon moulin*, 1869, *Œuvres*, 1986, t. 1, 325.)

3. Le courlis qui lance son cri le soir, aussi : « **Courrrli, courrrli !** » (L. Chaleil, *La Mémoire du village*, 1989 [1977], 198.)

♦♦ Attesté dep. 1827 (v. ici ex. 1). — Absent des dictionnaires consultés ; aj. à FEW 2, 1188a, KORLI.

CRAC

1. [Domaine concret]
1.1. "(bruit de craquement ou de grincement, de cassure, de déchirure)".

— Simple.

1. Au bout d'une minute d'efforts, la bicoque s'effondra, entraînant ses destructeurs en un grand **crac** de planches vermoulues. (R. Fallet, *Banlieue sud-est*, 1947, 185.)

2. **CRRAC**
[HADDOCK.] – Tonnerre de Brest !... La foudre n'a pas dû tomber loin d'ici. (Hergé, *L'Affaire Tournesol*, 1956, 3.)

3. [...] l'air terrible, la tête d'un monsieur qui peut casser un fer à cheval entre ses doigts d'une seule pression. **Crrrac** !... (A. Vialatte, *Chroniques de La Montagne*, 2000, t. 2, 21 [6 mars 1962].)

4. Plantin s'était battu jadis, dans des bals suspects du samedi soir. Il retrouva les réflexes des vieux tangos. Son pied fit « **crac** ! » sur le tibia de l'adversaire. (R. Fallet, *Paris au mois d'août*, 1972 [1964], 72.)

5. Sans prendre le temps de souffler, il marcha résolument sur la porte, leva la jambe droite, et **craaaaaaaac** !, la serrure sauta et la porte se mit à battre comme un volet dans la bourrasque. (R. Belletto, *Le Revenant*, 1981, 299.)

6. Aïe* ! les chevaux s'élancent. **Craaac** ! le limon se brise par la moitié. (G. Chevereau, *Une enfance à la campagne*, 1988, 170.)

7. Un jour, **crac** ! la planche cassée, je fus précipitée à l'eau. (E. Rossignol, *Une enfance en Alsace*, 1990, 161.)

8. – **Crac** ! Elle est tombée comme une pierre. Le col du fémur ! Ça fait un de ces bruits !
Le facteur me raconte.
– Je lui apportais son mandat. Elle me sert un coup de rouge, et... **crac**. (D. Picouly, *Le Champ de personne*, 1995, 193.)

• **et crac !**

9. La première truite que pêcha Olivier se prit seule à la ligne de Victor. La gaule en cerceau, il l'amena lentement au bord du ruisseau, tira légèrement, puis plus fort, **et crac** ! le fil cassa et le poisson sauta dans l'herbe comme un resssort. (R. Sabatier, *Les Noisettes sauvages*, 1988 [1974], 256.)

Par plaisanterie.

10. Une suédoise,
Très mince et très jolie,
Aimait à la folie
Un p'tit gars de Bougie.
Le soir venu,
Quand l'usine fermait,
De leur boîte ils sortaient

Et crac, ils se frottaient. (J. Le Seyeux et A. Willemetz, « Allumett' polka », 1958, dans *Les Frères Jacques*, 1987, 106.)

— Répété.

11. Blanche coupait en fines rondelles des carottes [...]. De temps en temps, elle mangeait un morceau de légume et cela faisait **crac-crac** entre ses dents. (R. Sabatier, *Trois sucettes à la menthe*, 1986 [1972], 33.)

12. – Et du chocolat aux noisettes, encore ! Ça faisait **crac, crac**, sous ses dents. (J. Anglade, *Le Tilleul du soir*, 1975, 68.)

13. DEUX : [...] et les voilà qui entrent : **crac, crac**, ça c'est leurs chaussures qui font ça. (R. Dubillard, « Tragédie classique », *Les Diablogues*, 2000 [1976], 115.)

14. [...] on casse du bois en morceaux : **crac, crac, crac, crac**, t'entends ? (J.-P. Carminati, *La Concordance des dents*, 2001, 31.)

• **et crac !**

15. **Et crac, et crac**, elle déchire [...] le testament. (H. Bazin, *Le Cri de la chouette*, 1987 [1972], 38.)

— Dans une succession d'onomatopées.

16. **Cra...ac !** pata-tras* ! le châlit ébranlé crie et s'abat avec fracas sur le parquet retentissant. (« Les Chevilles du lit nuptial », dans *Almanach des prosateurs*, 1802, t. 2, 97.)

17. Veut-il remonter sa pendule ? **crac** c'est l' grand ressort qui part ; Veut-il écrire ? pan* ! c'est une belle écritoire de porcelaine qui tombe par terre [...]. (Sewrin, *Jocrisse-maître et Jocrisse-valet*, 1810, 3.)

18. MONSIEUR, *entré le premier au lit.* – Allons, bon ! **Crac** ! Poum* !
MADAME. – Qu'est-ce qui vous prend, mon ami ?
MONSIEUR. – Le sommier ! l'horrible sommier ! Il est plein de montagnes et de ravines ; n'as-tu pas remarqué ? (Ch. Monselet, *Une troupe de comédiens*, 1879, 207.)

V. encore *badaboum*, ex. 16 ; *bling*, ex. 3 ; *chtac*, ex. 5 ; *cling*, ex. 16 ; *hi hi*, ex. 22 ; *ouah*[1], ex. 3 ; *paf*, ex. 11 ; *pif paf*, ex. 15 ; *zim*, ex. 3 ; *Anthologie*, n° 30, 35-36, 47 et 52.

— Associé à une autre onomatopée. V. *criss-criss*, ex. 3.

1.2. "(bruit d'un tour de clé dans une serrure)".

19. [...] un seul garçon de ferme couche dans le corps de logis où nous sommes : je sais où est sa porte, la clef est après : **crac** ! un tour, et il est enfermé... (E. Sue, *Les Mystères de Paris*, 1989 [1843], 349.)

20. [...] une petite clef qui fit **crac** dans la serrure. (H. Fèvre, L. Desprez, *Autour d'un clocher*, 1992 [1884], 78.)

— Redoublé "(bruit d'un double tour de clé dans une serrure)".

21. [...] se retournant juste à temps, [il] claqua la porte au nez de Vic... Dieu merci, il y avait encore une serrure garnie d'une clef : **crac et crac**, le pêne se déclarait complice et grinçait jusqu'au fond de la gâche. (H. Bazin, *Le Bureau des mariages*, 1951, 50.)

22. Cellule 197... La mienne... Double tour... **crac, crac**... (A. Boudard, *La Cerise*, 1973 [1963], 477.)

2. [Domaine figuré]

2.1. "(pour exprimer la soudaineté d'un procès)".

23. Au premier signal
Du bal
Et de la contredanse,
On saute, et d'un bond,
Crac, on prend sa place au grand rond
[...]. (Cogniard frères et Jaime, *La Tirelire*, 1835, 6.)

24. À peine ai-je les talons tournés que, **crac**, il est ici sur le dos de mon vieux chéri, qui n'a pas plus de défense qu'un enfant. (E. Sue, *Les Mystères de Paris*, 1989 [1843], 893.)

25. Autre exemple : je sollicite la croix... **crac**... tu la demandes aussitôt... Je me décide à venir à Paris pour appuyer mes titres... **crac** ! tu t'y décides aussi... Je retiens la première classe du coupé... **crac** ! tu te cramponnes à la seconde... Je m'enrhume du cerveau... **crac** ! tu te mouches. (E. Labiche, *On dira des bêtises*, 1853, *Théâtre*, 1979, t. 2, 592.)

26. En arrivant près de la mairie de Bafouilly, **crac**, mon pneu crève !... (A. Allais, « Amours, délices et orgues », 1898, *Œuvres anthumes*, 1989, 795.)

27. Puis [...] ses lettres cessèrent brusquement de nous parvenir, le silence, **crac** [...]. (A. Sarrazin, *La Traversière*, 1970 [1966], 59.)

28. On venait à peine [...] de sortir le mégot, **crac** ! il commence à nous engueuler ce con-là ! (B. Blier, *Les Valseuses*, 1978 [1972], 37.)

29. C'est quand même terrible, juste le jour où je reviens à l'école après huit jours de maladie, **crac**, je tombe sur une rédac. (P. Cauvin, *Monsieur papa*, 1987 [1976], 97.)

30. [...] les militaires ça a parfois des idées mais c'est négligent, et alors, **crac**, ça perd la guerre [...]. (Fr. Cavanna, *Les Ritals*, 1981 [1978], 85.)

31. Aux pupitres alors, quelque chose changea,
L'école buissonnière eut plus jamais un chat.
Et les pauvres marchands de bonnets d'âne, **crac** !
Connurent tout à coup la faillite, le krach,
La faillite, le krach. (G. Brassens, « La Maîtresse d'école », 1982, *Poèmes & Chansons*, 1991, 319.)

32. Le sucre aussi, c'est dur. On en met un morceau dans le thé, **crac**, c'est mou. Et le thé devient sucré. (R. Topor, *Journal in Time*, 1989, 66.)

33. – Qu'est-ce que tu t'es fait, Michel ? [...]
– Rien, c'est mon chat. Un petit coup de griffe sans faire exprès, **crac** ! (R. Belletto, *Ville de la peur*, 1997, 199.)

V. encore *boum*, ex. 48 ; *Anthologie*, n° 51.

— En part. "(pour exprimer une mort soudaine)".

34. Il me semble que c'est si facile !... quand on le tient bien [un amant infidèle]... là... qu'il ne se doute de rien... qu'il croit qu'on veut le serrer tendrement... **crac** !... c'est fini ! ([Roederer], *Comédies, proverbes, parades*, 1825, t. 2, 60.)

35. – Parce que... Blaque...
– Oui, Blaque... **crac** ! (Il fit un geste éloquent.) On a retrouvé son corps dans une écluse... (A. Dominique, *Gaffe au gorille !*, 1954, 93.)

36. – [...] Elle a traversé la route sans regarder. Un camion. **Crac** ! Elle est morte sur le coup. (P. Pelot, *L'Été en pente douce*, 1987 [1981], 22.)

— **et crac !**

37. [...] elle se plante le derrière sur une chaise, en d'dans d' sa porte, **et crac**, sitôt qu'elle entend quet' chose dans les escaliers, la v'là à r'garder c' qui s' passe. (H. Monnier, *Scènes populaires*, 1835, t. 1, 114.)

38. Elle dit deux mots en pleurant à l'oreille du prince, **et crac** !... au lieu de monter dans le fiacre... la voilà partie avec le prince dans un bel équipage. (A. Dinaux et E. Sue, *Les Mystères de Paris*, 1844, 28.)

39. Je tâtonne pour trouver le commutateur **et crac** : la lumière jaillit à flots. (San-Antonio, *Berceuse pour Bérurier*, 1994 [1960], 50.)

40. J'avais seize ans. **Et, crac**, vous savez ce que c'est, je me suis retrouvée enceinte d'Olivier, et il a bien fallu me marier. (R. Fallet, *Comment fais-tu l'amour, Cerise ?*, 1973 [1969], 108.)

41. Il a vite fait de sortir son crayon, son papier **et crac** ! le procès-verbal [...]. (M. Scipion, *Le Clos du roi*, 1980 [1978], 216.)

42. – **Et crac** ! la machine à calculer tombe en panne : c'était le bouquet. (R. Brock, *Ceux du canal*, 1980, 255.)

43. [...] une estafette s'était arrêtée à leur hauteur **et crac**, ça y était, contrôle d'identité messieurs dames. (V. Ravalec, *Wendy*, 1996, 64.)

44. [...] il est venu tranquillement [...] à la gare de Lyon. **Et crac** : une belle inconnue se fait poignarder presque sous ses yeux ! (*Télérama*, 9 janvier 2002, 111.)

— **(et) crac boum** "id.".

45. [...] Montescourt [...] s'assoit [*sic*], disant : « Pour moi, ce sera un petit Ricard. Oh ! la belle chienne comment s'appelle-t-elle ? Elle a quel âge ? » **et crac boum** ! le voilà en trois secondes copain comme cochon avec la grosse [...]. (M. Lebrun, *Loubard et Pécuchet*, 1996 [1982], 77.)

46. [...] je sortais habillé, certes, mais dès que l'occasion s'en faisait sentir, **crac, boum**, j'enlevais le bas, et dans le fond c'était plutôt sympa de se voir bronzé intégral. (V. Ravalec, *Cantique de la racaille*, 1994, 250-251.)

— **crac zim (bada)boum** "id.".

47. Alors qu'on ne l'attendait plus, **crac zim badaboum**, une lettre de Marcelle. (R. Fallet, *Carnets de jeunesse [1]*, 1990 [1947], 313.)

48. Le démon de midi, ou de minuit, ou de j'ignore quelle heure... **Crac, zim, boum** ! Les gugus se dérèglent. (San-Antonio, *Ma langue au chah*, 1978 [1956], 23.)

2.2. "(rapport sexuel rapidement imposé ou rapidement conclu)".

49. On était pas fixé depuis quarante-huit heures dans un bled qu'il avait déjà basculé deux bergères minimum, parfois la mère et la fille, les deux sœurs assez souvent. Un coup, il s'était même farci la grand-mère en supplément, **crac**, pour décevoir personne ! (A. Simonin, *Touchez pas au grisbi !*, 1953, 75.)

— **et crac !**

50. [...] elle a fini par venir s'asseoir au coin du lit. Je me suis dit : « C'est le moment... Tu t'approches, tu la prends dans tes bras, tu lui roules un patin **et crac.** » (J. Hougron, *La Gueule pleine de dents*, 1970, 26.)

51. – Faut que je vous dise, les gars, que [...] j'ai une secrétaire, pour la

paperasse. Vingt-deux ans. Je te l'attrape sur le bord du bureau **et crac** ! C'est bien gentil de s'échiner sur le boulot mais faut quand même se garder cinq minutes pour la rigolade ! (R. Fallet, *Le Beaujolais nouveau est arrivé*, 1978 [1975], 233.)

— Redoublé.

52. Papaandréou, mamaandréou, **crac crac** (P. Desproges, d'après L. Fournier, *Crac crac*, 1989, 121.)

— **(et) crac boum (hue) !** "id.".

53. Une dame de peu, à la vertu assez mal placée, m'a dit : « Monte-moi dessus et tu verras Montmartre ! »
Vous connaissez la chanson, je ne suis qu'un homme **et crac, boum**, descendez, voilà le facteur ! (R. Pierre et J.-M. Thibault, *Laissez-nous rire*, 1986, 44 [texte de *ca* 1950].)

54. [...] je te jure qu'elles se ramènent dare-dare de mauvaise humeur ou tout excitées, à la sortie du boulot tu les as devant la porte, une fois que t'es en face, t'as gagné, parce qu'à ce moment-là, toi, tu es là, t'as des bras, des lèvres, ton piège à filles qui fait ***crac boom huue*** [...]. (Fl. Delay, *Le aïe aïe de la corne de brume*, 1999 [1975], 123.)

55. J'avais emménagé [dans une pension de famille] en même temps qu'un jeune couple [...] en voyage de noces [...]. À peine arrivés, ils s'enfermèrent dans leur chambre **et crac, boum, hueueueu U** ! Ils n'en ressortirent que vingt-quatre heures après, pour se mettre à table. (J. de Bougues-Montès, *Chez Auguste. Histoires truculentes et vraies du Bassin d'Arcachon*, 1982, 136.)

56. C'est une bite de champion [...]. Ça allait faire **crac-boum-hue** dans les bastingages ! (L. Chalumeau, *Fuck*, 1991, 213.)

57. [...] Mouflette m'a demandé de venir chez elle, pour réparer une lampe de chevet, eh ben, j'y suis allé. Et puis voilà... **Crac boum hue** !... (J.-M. Villemot, *Abel Brigand*, 2002, 218.)

GRAPHIE. Graphie anglaise dans l'ex. 54.

♦♦ La plus ancienne attestation de l'onomatopée renvoie au cri du faucon ayant des vers intestinaux (1492, v. TLF). **1.** Attesté dep. fin 15e-début 16e siècle (« Adieu Venus et Mars, de moy est pic. / Je suis proscript et jà passé au bac : / Car quant je veulx à bauldryer ou à cric / Tendre l'engin, j'ay mal en l'esthomac ; / Les reins me tirent ; les nerfs me dient **crac** » *Le Parnasse satyrique du quinzième siècle*, 1905, 161) ; dep. 1553 pour exprimer le bruit du tonnerre « Bré bré bré bré, voyci le foudre, / **Craq craq craq**, n'oyez-vous decoudre / Le ventre d'un nuau ? j'ay veu, / J'ay veu, **craq craq**, j'ay veu le feu, / J'ay veu l'orage, & le Tonnerre / Tout mort me brise contre terre » Ronsard, *Œuvres complètes*, 1968, t. 5, 52 et 1601 « **Crac, crac, crac**, oyez comme il tonne ! / Monsieur sainct Herme, sauvez nous ! » *Le Royaume de la febve*, dans *Les Muses gaillardes*, 1864 [1609], 15). **2.1.** Attesté dep. 1502 (« Sus, de par Dieu, **crac**, à l'esvent / Bon pied, bon œil » Collerye, *Dialogue des abusez du temps passé faict l'an mil cinq cens et deux*, dans *Œuvres*, 1855 [1536], 96). **2.2.** L'expression *crac boum hue* a son origine dans la chanson de J. Dutronc et J. Lanzmann, *Les Play-boys* (1966) « j'ai un piège à filles qui fait **crac boum hue** ». — Enregistré seulement dans les emplois 1 et 2.1. dans les dictionnaires généraux ; TraitDu 1989, 127-128 ; FEW 2, 1268b, KRAKK-.

CRIC

"(bruit produit par un léger craquement ou par un grincement)".

1. ÉLECTRE. – Et il a frappé plusieurs coups ?
PREMIÈRE ÉRINNYE. – Une bonne dizaine. Et chaque fois, l'épée faisait « **cric** » dans la blessure. (J.-P. Sartre, *Les Mouches*, 1943, TLF).

— Répété.

2. Les rhumatismes logeaient principalement dans les genoux. Certains jours, en marchant, elle entendait le gauche faire **cric cric cric**, comme une charnière mal huilée. (J. Anglade, *Une pomme oubliée*, 1969, 119.)

3. Une belle armoire en noyer [...]. On l'a placée près de mon lit et la nuit, je l'entendais craquer. Elle émettait un petit « **cric, cric** » régulier. (Cl. et J. Jeury, *Le Crêt de Fonbelle*, 1981, 22.)

♦♦ Attesté dep. 1698 (« PASQUARIEL. – Elle aussitôt prend un poulet : & **criq criq**. *Il fait la démonstration de couper & de déchirer.* / ARLEQUIN. – Comment, elle lui chatouille le corps ? / PASQUARIEL. – Non, elle lui coupe le col, & aprés cela elle le plume » *Scenes françoises dans les Vendangeurs*, dans *Suplement du theatre italien*, t. 2, 291) ; 1722 (« ARLEQUIN *contrefaisant le bruit que font les rideaux.* – On va vous tirer les rideaux, **cric, cric, cric.** / TRIVELIN *de l'autre côté.* – **Cric, cric, cric.** Ho ça, Monsieur, vous voilà bien couché, nous vous souhaitons une bonne nuit » M.-A. Legrand, *Le Ballet des XXIV heures, Théâtre*, t. 3, 90). — Enregistré seulement dans TraitDu 1989, 132.

CRIC CRAC

1. [Domaine concret]
1.1. "(bruit produit par un craquement ou un grincement)".

1. La porte susdite, ébranlée, oscillait, accompagnant Rachel d'un mélodieux **cric crac** très-divertissant. (P. Mérimée, 3 janvier 1843, *Correspondance générale*, 1943, t. 3, 270.)

2. Hop* ! Je l'ai ! Sale bébête, vilaine pupuce, vilaine tique ! **Cric, crac.** Et d'une et de deux. (B. Duhamel, *Les Jolis mois de May*, 1994, 95.)

V. encore *plan*, ex. 3.

1.2. "(bruit de clé, souvent un double tour, dans une serrure)".

3. Et ce disant, le père Roquille sortit, poussa la porte, qui cria lourdement sur ses gonds rouillés ; et fit résonner aux oreilles de Jean-Paul le quadruple **cric-crac** d'une grosse serrure. (L. Desnoyers, *Les Illusions maternelles*, dans *Journal des enfans*, 1832, t. 1, 55.)

4. **Cric ! crac !**... on ferme la porte à double tour... et puis clic-clac*... nous voilà partis... (Ch. Lautour-Mézeray, dans *Journal des enfans*, 1834, t. 2, 261.)

5. On entend fermer à double tour la porte de l'extérieur.
COLADAN. – **Cric ! crac !**
CHAMPBOURCY. – On nous enferme ! (E. Labiche, *La Cagnotte*, 1864, *Théâtre*, 1991, t. 2, 275.)

6. [...] une porte d'air dont la serrure dit « **cric, crac** » [...]. (Colette, *La*

Chambre éclairée, 1920 [1918], *Œuvres*, 1986, t. 2, 888.)

7. Heureusement que j'ai mon petit ami sésame sous la main. **Cric, crac !** Cette serrure est moins rétive qu'une fille de joie. (San-Antonio, *Ménage tes méninges*, 1995 [1962], 68.)

1.3. "(bruit du mécanisme d'une pendule qu'on remonte)".

8. Le lampiste décrocha d'un clou une clef, une énorme clef aussi grosse que celle de saint Pierre, et se mit en devoir de remonter la machine.
– ***Cric, crac, cric, crac, cric, crac.*** (Champfleury, « Simple histoire », 1847, *Feu Miette*, 1989, 68.)

2. "(pour exprimer la rapidité d'un procès)".

9. Une galette n'avait pas le temps de paraître, et le pâtissier n'avait qu'à couper. **Cric... crac...** de tous côtés on tendait la main, pour recevoir une part de deux sous ou d'un sou. (P. de Kock, dans *La Grande ville*, 1844 [1842], t. 1, 54.)

10. On lui apporte deux œufs [à la coque]. / **Cric ! crac !...** Deux coups de couteau, et il décoiffe le premier. (E. Dulac, *Histoires gasconnes*, 1925, 172.)

11. « Appelons un électricien. Et **cric** et **crac**, qu'il me fasse une épissure ! » (H. Bazin, *Lève-toi et marche*, 1952, 156.)

— Disjoint.

12. METTERNICH. [...]
Ah ! mais c'est qu'il me sert à diriger la France,
Mon petit colonel ! Car de sa boîte – **cric !** –
Je le sors aussitôt qu'oubliant Metternich,
On penche à gauche, et – **crac !** – dès qu'on revient à droite,
Je rentre mon petit colonel dans sa boîte. (E. Rostand, *L'Aiglon*, 1900, 12.)

— "(rapport sexuel rapidement imposé ou rapidement conclu)".

13. ARIEL [...]. Le père a consommé sans savoir, un salaud : maman est sortie, dit la mignonne, regarde j'ai mis ses vêtements, même les dessous que tu aimes, il se laisse aller, **cric-crac**, un inceste vite fait... (M. Quint, *Le Bélier noir*, 1997 [1991], 1999.)

3. Vx [Parfois disjoint, chaque élément étant dit par un locuteur distinct] "(formule précédant un conte folklorique ou traditionnel)".

14. Brulin va conter un conte !
– Ça y est-il ?
– Oui !
– **Cric !**
– **Crac** (3), répète l'auditoire ! [Note] (3) Acclamations dans les casernes et les prisons, quand un individu se prépare à raconter une histoire. (*Mémoires d'un forban philosophe*, 1829, 86.)

15. Conteur : *Cric !*
Auditeurs : **Crac !** (« La Fille de Gand » [conte recueilli en 1947], dans P. Delarue et M.-L. Tenèze, *Le Conte populaire français : contes-nouvelles*, 2000, 57.)

— Dans des séquences stéréotypées.

16. [...] attention ! **cric ! crac !** sabot ! cuiller-à-pot ! sous-pied de guêtre ! en route ! (Ch. Colmance, *Chansons*, 1862, 216.)

17. **Cric ! crac !** sabot, cuiller à pot, sous-pieds de guêtre marche avec ! À

force de marcher, on fait beaucoup de chemin, surtout si on ne tombe pas le nez dans... *Et caetera !...* C'est le boniment règlementaire par lequel on commence les contes à la chambrée. (*Le Petit pioupiou*, 1887, n° 5, 9.)

18. **Cric, crac**, carnac, patatraque ! [v. *patatrac*] une mocque dans mon sac, une chique dans ton hamac ! (*Le Régiment illustré*, 1897, n° 68, 2.)

♦♦ Attesté dep. *ca* 1500 [ms *ca* 1575] « Et, après cinq ou six bons mos, / Feist entrer Geufray au bisaq. / Le chalic faisoyt tic et taq, / **Cric crac, cric croq** ; c'estoyt merveille » *L'Official*, dans *Recueil de farces (1450-1550)*, 1987, t. 2, 122-123). **2.** Attesté dep. 1842 (v. ici ex. 9). **3.** Attesté dep. 1829 (v. ici ex. 14). — GLLF ; TLF ; Rob 2001 ; NPR 2000 ; PL 2000 ; aj. à FEW 2, 1336b, KRIKK-.

CRICRI

"(bruit du chant du grillon, de la sauterelle ou de la cigale)".

1. On entend le chant d'un grillon sous les bancs. – ***Cri-cri-cri-cri***. (É. Ourliac, *Physiologie de l'écolier*, 1841, 44.)

2. Tapi dans son coin noir, mélancoliquement,
Un grillon solitaire, en son **cri-cri** sonore,
Regrette son cher trou, dans les prés, à l'aurore [...]. (J. Laforgue, *Poésies complètes*, 1879, 384.)

3. Il disait souvent : « S'il plaît à Dieu. » Il tenait cela du séminaire. Alors, comme le cri-cri qu'on appelle « cricri » parce qu'il crie : « **Cri cri** », « S'il plaît à Dieu » qu'on avait dit. (A. Baillon, *Zonzon pépette*, 1979 [1923], 131.)

4. Des grillons invisibles soutenaient leur crissement aigu, comme suspendu horizontal au-dessus du silence noir, formant un accompagnement continu et vaste qui couvrait toute la campagne d'une nappe vrillante, traversant sa tête d'un tympan à l'autre, sa tête creuse traversée d'une oreille à l'autre par la ficelle vibrante, **criririrrrrrrrri**, et bourdonnante, comme lorsqu'on lui avait mis ce masque suffocant sur la figure [...]. (Cl. Simon, *Le Tricheur*, 1945, 124.)

5. Dans la cheminée, tout près, un grillon a lancé son **cri-cri**. C'était clair comme les flammes et ça donnait chaud au cœur. (J. Amila, *Le Grillon enragé*, 1970, 167.)

6. Dès la sortie de l'école, le jeu continuait. Nous allions courir dans les champs, ou plutôt dans les prés, car c'est là que chante le grillon. Nous allions très lentement, en retenant le souffle, guidés par le **cri-cri**. (P. Gougaud, *L'Œil de la source*, 1978, 235.)

7. Avez-vous écouté le chant du grillon dans la cheminée, ce **cricri** menu, le son de ce petit grelot ? (G. Chevereau, *Une enfance à la campagne*, 1988, 143.)

8. J'accueille le **cri-cri** des sauterelles, le pépiement de l'oiseau, le ronron* de l'avion [...]. (M. Chatelain, *Alpages, terres de l'été*, 1996, 187.)

V. encore *piou piou*, ex. 3.

REM. **1. cree** "id.". « [...] un petit frémissement dans les feuilles comme (*presque à voix basse*) le souffle de quelqu'un qui dort / Et le cri / Des locustes dans l'herbe haute : **Creee !** » (P. Claudel, *L'Échange*, 2e version, 1954, dans DDL). **2. crincrin** "id.". « [...] l'odeur de thym et le **crincrin** des cigales » (P. Reumaux, *Chasses fragiles*, 1997, 17). **3.** Par plaisanterie **cricrite** n. f. « Le cricri qui avait crié comme un chantre [...] rencontra une **cricrite** et se tut » (H. de Balzac, *La Dernière fée*, *Premiers romans*, 1999 [1823], t. 2, 20).

2. N. m., vx "jouet émettant un bruit grinçant".

> 9. LA REVUE. – Quoi ?
> LE RÉGISSEUR. – Un joujou... *(Il fait aller un cri-cri.)*
> LA REVUE ET LE RÉGISSEUR [*sic*] *(se bouchant les oreilles)*. – Taisez-vous ! (Ch. Monselet, *La Revue sans titre*, 1877 [1876], 15.)

♦♦ **1.** Attesté dep. 1559 pour exprimer le chant de la cigale (« Même mourant son importun **cricri** » J. Doublet dans DG) et dep. 1804 pour celui du grillon (Duméril, v. TLF). **2.** Attesté dep. 1876 (v. ici ex. 9). — GLLF ; TLF ; Rob 2001 ; NPR 2000 ; PL 2000 ; TraitDu 1989, 132 ; FEW 2, 1337a, KRIKK-.

CRINCRIN

Surtout comme n. m. "(bruit grinçant et répétitif)".

> 1. **Crin, crin, crin,** fait le violon !
> Ta ra ta ta [*taratata*[1]], fait la trompette ! (C. du Locle, « La Foire de Bayeux », dans *La Mère Godichon*, 1863, 261.)

> 2. Le **crincrin** paisible de la scie berçait Dolly, lui caressait à rebrousse-poil les oreilles. Elle entendait aussi le bruit des bûches tombant à terre. (R. Fallet, *Rouge à lèvres*, 1977 [1955], 198.)

V. encore *léon*, ex. 12 ; *Anthologie*, n° 15.

— En part., souvent péj. "(sons que l'on tire d'un violon ; violon)".

> 3. On entendait déjà le **crin-crin** des violons. (A. Blondin, *L'Europe buissonnière*, 1978 [1949], 393.)

> 4. On s'est marié le 27 octobre 1919. [...] On a été une trentaine à faire la noce dans la grange, chez mon beau-père [...]. Le sabotier du pays nous a fait danser avec son **crin-crin**. (E. Grenadou, A. Prévost, *Grenadou, paysan français*, 1978 [1966], 144.)

♦♦ Attesté dep. 1788 (« Les vers durs, les vers lâches, [...] tout cela passe à l'Opéra ; grace aux *rom rom* des contrebasses, aux ***crin crin*** des violons, aux *flou flou* des flûtes, aux *rapata ta pan* des timballes, aux *tara tantara* des trompettes, et aux *piano-forté* du tonnerre » [Haudart], *Vie et amours d'un pauvre diable*, 1788, t. 2, 211). — Enregistré dans les dictionnaires généraux surtout au sens de "mauvais violon" (dep. 1661, Molière, v. TLF) ; Rob 2001 ; TraitDu 1989, 133 ; FEW 2, 1343a, CRINIS.

CRISS-CRISS

"(bruit de crissement)".

> 1. [...] il ne pleut plus. Les gouttes ont cessé de chanter sur le toit, le pare-brise et le capot. Les essuie-glaces ont rangé leur « **criss-criss** » jusqu'à la prochaine fois. (L. Chalumeau, *Fuck*, 1991, 143.)

> 2. [...] je vais me servir un petit verre de bourbon. Je dévisse le goulot, qui fait **criss-criss**. (H. Prudon, *Nadine Mouque*, 1995, 17.)

— Associé à une autre onomatopée.

3. Ses chaussures en cuir tressé crissaient sur le gravier. Elle arriva en se dandinant **criss** crac* **criss** crac. (G. Mordillat, *L'Attraction universelle*, 1990, 36.)

DÉR. **kriskisser** v. intr. "faire *criss-criss*". « Un soleil radieux se levait sur les vignes et les cigales **kriskissaient** dans les oliviers gris [...] » (R.-A. Rey, *Frosine*, 1980, 113).

♦♦ Attesté dep. 1990 (v. ici ex. 3). — Absent des dictionnaires consultés.

CROA □ VAR. *croâ, kra.*

1. "(bruit du cri du corbeau et des corvidés)".

1. Un immense vol de corbeaux passe au-dessus de la scène. Ils restent tous, bouche béante.
SUEUR. **Croâ** !
PETIT-MOREL. Jamais je n'ai vu passer de corbeaux si tôt.
POMARON. Et de telles bandes au-dessus de Paris. (P. Claudel, *La Ville*, 1re version, 1893, dans DDL.)

2. Les corbeaux [...] s'appelant en « **croas** » affolés [...]. (L. Pergaud, *La Revanche du corbeau*, 1911, *Œuvres complètes*, 1987, 146.)

V. encore *brek brek*, ex. 3 ; *coua*, ex. 5.

— Répété.

3. La jubilation des corbeaux de l'endroit ne connut plus de borne.
– **Kraa** !... **kraa** !... **kraa** !... croassait l'un, battant des ailes. **Kraa** !... **kraaa** !... **kraaa** !... Longo [la vipère noire], la terreur des oisillons, a trouvé son maître. **Kraa** !... **kraa** !... **kraa** !... (R. Maran, *Batouala*, 1950 [1938], 209.)

4. [...] les corbeaux, en accent circonflexe à l'envers, qui passaient au-dessus de nous en poussant leurs **croa-croa** lugubres. (A. Boudard, *Les Combattants du petit bonheur*, 1990 [1977], 191.)

V. encore *Anthologie*, n° 10.

• Avec jeu de mots (sur *croire*).

5. Dans les *grimpeurs* signalons le *perroquet*, bavard comme un perruquier ; le *corbeau* au corps laid, qu'on ***croa, croa***... capable de vivre cent ans. (A. Joly, « Le Professeur de zoologie », dans *Almanach de la jeune chanson française*, 1876 [1875], 18.)

6. Le train repartit vers le Craonnais, terre des choux, des chouans, des chouettes et des choucas, qui crient autour des clochers : « **Je-croa, je-croa !** » (H. Bazin, *Vipère au poing*, 1948, 225.)

7. [...] des pylônes électriques géants où étaient perchés des corbeaux à l'œil trouble, qui disaient « **croa croa** » sans y croire vraiment (H.-Fr. Blanc, *Jeu de massacre*, 1993 [1991], 53.)

2. "(marque d'anticléricalisme primaire)".

8. C'est la fille de Garnier, un rouge. Il crie « **croa** » devant la procession. (A. Druelle, *Saga*, 1972, 269.)

— Répété.

9. I tombe des hallebardes, comme disait Paolo. Ou des curés. **Croa croa.** (R. Guérin, *L'Apprenti*, 1945, FXT.)

10. Quelques farouches partisans de la laïcité, lecteurs de *La Calotte*, ne manquaient jamais, au passage du curé, de lancer à pleine gorge le « **croa ! croa !** » imité du cri du corbeau. (A. Simonin, *Confessions d'un enfant de la Chapelle*, 1984 [1977], 48.)

11. Sa vieille soutane rapiécée [...], la tête couverte par son grand chapeau noir aux larges bords [...]. Il ressemblait ainsi de loin à un gigantesque corbeau noir préparant son envol. / Ce qui lui valait souvent de percevoir l'écho des « **Croa**... **Croa**... **Croa** » provenant de certaines voix de personnes mal intentionnées [...]. (Cl. Julien, *Chronique villageoise*, 1980, 280.)

12. Il [le père] avait du savoir-vivre. Il ne sortait en face d'elle [la tante religieuse] aucune de ses vannes favorites sur les curés, les bénitiers, les grenouilles et le reste ! Au contraire : avenant, toujours bien disposé, drôle mais avec urbanité, pas de « **croâ, croâ** » déplacés ! (Cl. Duneton, *Le Diable sans porte*, 1981, 292.)

13. Avec véhémence, il [le curé] se mit à tracer de grands signes de croix dans l'air en regardant tous ces hommes alignés contre le mur d'un œil sévère, n'y voyant que des mécréants qui pouvaient se mettre à ricaner ou à lancer des « **croa croa** ». (G. J. Arnaud, *Les Oranges de la mer*, 1990, 174.)

DÉR. **croasser** v. intr. “faire *croa*” [Correspond à *croa* 2]. « Garnier, c'était un rouge. Il montait dans le grenier [...] et **croassait** sur le passage du saint-Sacrement » (A. Druelle, *Saga*, 1972, 60).

♦♦ **1.** Attesté d'abord sous la forme *cras* dep. fin 13e siècle (« Or font [li princhе] par crastination / Et crient com corbiel “**Cras ! Cras !**” / Pour chou qu'il y a pau de cras / Contre le commun dit qui sonne / “Chils donne deus fois qui tost donne” » (*L'Hystore Job*, éd. Joseph Gildea, Liège, 1974, v. 424-428, v. FEW) ; au 16e siècle sous les formes *cra* (« BELZEBUS [...] Diable y ait part en la departie ! / **Cra, cra, cra, cra !** » *Le Mystère de saint Remi*, 1997 [avant 1529], 191 ; l'éditeur, J. Koopmans, note : « Belzebus part en croassant comme un corbeau. L'iconographie représente la possession diabolique souvent par un oiseau noir »), puis *croc* (« [...] briefvement je te ditz / Qu'aultres prestres ne veulx que les corbeaulx, / Qui messagiers sont de maulvais nouveaulx. / Je veux qu'iceulx voisent incontinent / Vers celle-là qu'est cause de ma mort / Luy annoncer tost mon definement / Pour veoir au moins s'en aura desconfort, / Criant ***croc, croc***, luy en faisant rapport ; / En payement je leur laisse mes yeulx, / Qui cause sont que je suis malheureux » *Le Testament d'un amoureux qui mourut par amours*, déb. 16e siècle, dans *Recueil de poésies françoises*, t. 4, 202) et *crouas* (« [...] au mugir des bœufz, au béesler des brebis, au miauler des chatz, [...] au **crouäs** des corbeaux [...] » Joubert, 1578, v. *Zeitschrift für romanische Philologie* 106, 251) ou *cro* (« [...] regarder voler en l'air les corbeaux, ou les corneilles après le Milan, avec leur ***cro, cro, cro*** [...] » et « Il est seulement accompagné des corneilles chantans *qua, qua*, et des corbeaux avec leur ***cro, cro***, et aussi des choucas » [Trad. de Folengo], *Histoire maccaronique de Merlin Coccaïe*, 1859 [1606], 196 et 248) ; dep. 1875 (v. ici ex. 5). **2.** Attesté à Nuits-Saint-Georges (Côte-d'Or) dep. 1899 (FEW), ce sens est fondé sur l'emploi figuré de *corbeau* “prêtre” (en raison de la soutane noire) ; on notera que *couac** lui est antérieur. — Accueilli dans la lexicographie française dep. Cotgrave 1611 (*croüas*), le mot est absent des dictionnaires consultés, à l'exception de Rob 2001 *(croacroa)* et TraitDu 1989, 134 ; FEW 2, 1265a, KRA- et 1355b, KRO-.

CROC

1. "(bruit d'un craquement, d'un coup violent)".

1. Hue ! cocotte ! hurle le cocher, on va rigoler [...]. Ah ! chouette, enfin ! voilà un vélo ! ous qu'est le trottoir que j'· te serre... Patatras*... il y est bien celui-là... **Croc-croc**, c' que ses pneus sont mous, on les sent à peine en passant dessus... Hue ! cocotte ! (W. de Pawlowski, *On se moque de nous*, 1898, 60.)

2. TOBY-CHIEN [...]. Oh ! la belle bête, dorée et verte, qui court dans le mouillé ! La rattraperai-je ? Gratterai-je de mes pattes onglées sa carapace métallique jusqu'à ce qu'elle crève en faisant « **croc** » ? (Colette, *Douze dialogues de bêtes*, 1930, *Œuvres*, 1986, t. 2, 47.)

3. « [...] Ils te le mèneront, rondo, à Agen, le planteront devant des juges et **croc**, ils le couperont en deux avec une guillotine. » (R. Blanc, *Clément, Noisette et autres Gascons*, 1984, 171.)

2. En part., souvent répété "(bruit d'une chose qui croque sous la dent)".

4. « [*C'est une chatte qui parle*] Vous riez, quand j'apporte auprès de vous, à l'heure du repas, un gros hanneton [...]. Mais je le mange – **croc, croc** – avec une telle férocité, je vide son ventre gras avec tant d'immonde gourmandise que vous éloignez l'assiette où refroidit votre potage... » (Colette, *Douze dialogues de bêtes*, 1930 [1911], *Œuvres*, 1986, t. 2, 76.)

5. [...] **croc-croc**, ça croustillait. Et puis, avec une grimace, ayant avalé le café amer, de deux doigts, je retirai la miette de pain dégueulasse de ma bouche. C'était une mouche noyée [...]. (Bayon, *Les Animals*, 1990, 183-184.)

6. [...] la femme en noir saisissait l'os [de poulet] le plus gros, broyait le cartilage entre ses dents [...]. **Croc, croc** et elle aspirait d'un trait la moelle amère de la volaille. (G. Mordillat, *L'Attraction universelle*, 1990, 23.)

7. CROC !
– C'est bon, hein ? (J.-M. Gourio, Bl. Jeanroy, *Chiens de comptoir*, 1997 [1996], 146.)

♦♦ **1.** Attesté dep. *ca* 1500, associé à *cric* (*L'Official*, v. commentaire s.v. *cric crac*) ; 1650, à la rime et associé à *crac* (« Il voulut jouer de son reste, / Et se couler le long du roc ; / Sa galère aussitôt fit **croc**, / Et puis crac ; le bout de la proue / Se fracasse tout et s'échoue » P. Scarron, *Le Virgile travesti*, 1858, 180). **2.** Attesté dep. 1669 « LUBIN *fait un long jargon en couppant les viandes, & les presentant aux autres.* / JOLICŒUR. **Cracq.** / LA MONTAGNE. **Cricq.** / LUBIN *en avalant, il baragoüine.* **Crocq.** / JOLICŒUR. Le cochon est, dit-il, admirable » R. Poisson, *Les faux Moscovites*, *Les Œuvres*, 1687, t. 1, 187) ; 1694 (« CROC. Mot servant à exprimer le bruit que les choses seches et dures font sous la dent quand on les mange. *Cela fait croc sous la dent* » Ac, v. GLLF). — GLLF ; Rob 2001 ; TLF ; NPR 2000 ; PL 2000 Ø ; TraitDu 1989, 134 ; aj. à FEW 2, 1359a, KROKK-.

CROU-CROU □ VAR. *grou-grou*.

"(bruit du roucoulement de la tourterelle, de la colombe)".

1. PIGEON (en Europe) : **grou grrroue, grroue**, roucoulement qui se change en glou-glou [v. *glou glou*[2]] chez le pigeon-tambour ainsi nommé parce que son

roucoulement ressemble au bruit du tambour entendu de loin. (G. P. Philomneste, *Amusemens philologiques*, 1808, 235.)

2. Je l'apercevais [un pigeon] gonflant son cou changeant et moiré, piétinant sur la branche et lançant son **crou, crou**, grave, puissant et rauque. (Ch. Forot, *Odeurs de forêt et fumets de table*, 1987, 112.)

♦♦ Attesté dep. 1605 (« Il y avoit sur le couvercle du pasté, deux oyseaux qui s'entrebaisoint : "E vela deux oiseau, dict-il, qui se baise (ent), i (ils) chante (ent) ***grouou, grougrouou***", comme les tourterelles » J. Héroard *Journal*, éd. 1989, t. 2, 610). — Absent des dictionnaires consultés, à l'exception de TraitDu 1989, 136 ; FEW 22/2, 21a 'roucouler' et 10, 555a, RUK-.

CROUIC □ VAR. *crouik*.

Souvent répété "(bruit de grincement, de crissement, de craquement)".

1. LA SERRURE : **Crouic, crouic.** (R. Dubillard, « Ma nouvelle voiture », *Les Diablogues*, 2000 [1976], 128.)

2. Au premier jour des vacances, je me suis retrouvé devant une fraiseuse, dans un atelier de décolletage [...] / Trois mille pièces par jour. [...] Prendre à gauche, serrer, embrayer, **crrrouiiikk**, débrayer, desserrer, poser à droite. Trois mille fois. (Fr. Cavanna, *Les Ritals*, 1981 [1978], 278-279.)

3. [...] j'ai réussi à un peu bouger la tête, les os, à l'intérieur de la calebasse, faisaient **crouik crouik** [...]. (J.-B. Pouy, *L'Homme à l'oreille croquée*, 1987, 20.)

4. Son tee-shirt rejoint le jean dans le tambour de la machine à laver. Elle écope la dose de lessive nécessaire et **crouic-crouic-crouic** le programme. [...] rotopo-rotopo-rotopo la machine se met à tourner [...]. (L. Bénégui, *Caramelle*, 1989, 86.)

5. [...] une machine infernale [...] composée de deux roues de fer dentelées [*sic*] qui font « **crouic-crouic** » [...]. (*Le Monde*, 22 août 1994, 21.)

6. Tout fout le camp ! Au lieu du divin « ploc »* qui résonne comme une promesse dans toutes les oreilles, l'ouverture des bouteilles de vin pourrait bientôt ne plus produire qu'un vulgaire « **crouic** ». Pechiney Emballage Alimentaire a déjà réussi à convaincre certains fabricants d'alcools et spiritueux d'utiliser le « bouchage par capsule à vis en aluminium ». (*Libération*, 8 février 1995, 25.)

— Associé à une autre onomatopée.

7. Un pas résonna sur le parquet [...]. D'ailleurs c'était un pas étrange, un pas qui faisait : « bang*! **crouiiic**, bang ! **crouiiic**, bang ! **crouiiic...** ». Ce bruit intéressant était produit par le concierge du château [...], un grand invalide de guerre qui avait oublié sa jambe gauche à Dien-Bien-Phu. (J. Failler, *Le Manoir écarlate*, 1996 [1994], 12).

♦♦ Attesté dep. 1976 (v. ici ex. 1). — Absent des dictionnaires consultés.

CRR-CRR[1] □ VAR. *cra cra, crc cr.*

"(bruit produit par des ciseaux, par un couteau)".

1. De geste en réflexe, Mariette (regardez-la, **cra-cra-cra**, couper les pommes

de terre) parvient à des virtuosités [...]. (H. Bazin, *Le Matrimoine*, 1988 [1967], 288.)

2. Il [l'acquéreur de cheveux] la [= chevelure] caressait d'une main, puis la saisissait dans son poing gauche comme une queue de cheval, levait ses ciseaux, **cra, cra, cra**, elle tombait toute [...]. (J. Anglade, *Les Ventres jaunes*, 1991 [1979], 101.)

3. **Crcc-crr**, le fer [des ciseaux du tondeur de brebis] mordait, tranchait, dans le poil résistant qui deviendrait balle, écheveau filé, vêtement [...] et... bêêêh* ! une distraction ou une maladresse : la pointe des couteaux croisés perçait. (Bayon, *Les Animals*, 1990, 107.)

REM. **crac crac** "id.". « Et si on a trop de ventre, **crrac, crrac**, ayant pincé d'une main un gros pli qu'il [le docteur] tire tant qu'il peut, il vous le coupe de l'autre avec ses grands ciseaux » (A. Vialatte, *Chroniques de La Montagne*, 2000, t. 1, 978 [1er août 1961]).

♦♦ Attesté dep. 1967 (v. ici ex. 1). — Absent des dictionnaires consultés.

CRR-CRR² □ VAR. *cra cra.*

1. [Bruit produit par un inanimé]
1.1. "(bruit de grincement, de crissement, de craquement, de grattement)".
□ VAR. *crin crin.*

1. Un grand bel ange [...] écrivait, **cracra**, dans un grand livre [...]. (A. Daudet, *Lettres de mon moulin*, 1869, *Œuvres*, 1986, t. 1, 303.)

2. **Crr... Crr...** Le panier d'osier, à fond rond, grince en cadence. **Crr... Crr...** (G. Duhamel, *Les Plaisirs et les jeux*, 1922, 133.)

3. [...] le **crin-crin** de ma plume sur le papier [...]. (B. et Fl. Groult, *Il était deux fois...*, 1968, 40.)

4. Les écrevisses attirèrent mon regard. Leurs pinces raclaient les bords de la caisse. Dans cet instant de silence on entendait seulement « **crr... crr** ». (J. Varéla, *Spécial purée*, 1979, 169.)

V. encore *Anthologie*, n° 20.

REM. **grr grr** "id.". « Que fait ma main ? [...] Pan*, pan, pan... elle frappe. / **Grr, grr**, grr... elle gratte. / Guilli*, guilli, guilli... elle chatouille, / Ouïe, ouïe, ouïe... elle pince, / Clap*, clap, clap... elle applaudit » (O. Trémouroux-Kolp, *Le Chemin des comptines*, 1997, 20).

— Associé à d'autres onomatopées.

5. [...] arrivés à peu près à moitié chemin, un grand bruit s' fait entendre (1) **cr... cr...** ps... sch... [v. *pch¹*] c'était l' wagon qui sortait du sérail... [Note] (1) Imiter le frottement de plusieurs choses l'une contre l'autre. (E. Clément, « Une journée d'émotions au chemin de fer », dans *La Mère Godichon*, 1863, 277.)

6. [...] un motocycliste passe en retenant sa machine à pleins bras.
– **Crr**, toc*, toc, toc, **crrr**, bing* ! Et l'imposant gentleman, avec les yeux languissamment tournés vers le ciel, se décide à changer de vitesse. (G. de Pawlowski, *Polochon*, 1909, 185.)

— Simple.

7. Hier et aujourd'hui, les mêmes hannetons, le ventre en l'air et les pattes raides, jonchent les rues, crevés. On marche dessus et ça fait « **crrr** ». (J.-P. Sartre, 1937, *Lettres au Castor*, 1983, t. 1, 131.)

8. Elle remonte le manicrac [la manivelle] à plein poignet, pique un disque, l'aiguille fait **crrrr** et c'est Al Jolson, *Mamy*... (M. Quint, *La Belle Ombre*, 1995, 190.)

1.2. "(bruit de parasites sur une ligne téléphonique ou lors d'une émission de radio ; bruit de grincement d'un disque rayé)". □ VAR. *krr krr; xrr xrr.*

9. Une radio-poêle à frire nasillait dans l'immeuble d'en face :
« Ici, Londres... Le chameau vert jouera au bilboquet. À l'aube une nuée de puces s'abattra sur ton lit. Je n'aime pas les oignons... **crrr...crrr...** » (R. Fallet, *Banlieue sud-est*, 1947, 118.)

10. Sonnerie [du téléphone] plus nette. Pas un **cra-cra** sur la ligne. Seconde voix de femme, pimpante, celle-là et qui chante allô comme *alleluia*. (H. Bazin, *Lève-toi et marche*, 1952, 45.)

11. Un effet larsen lui fit grincer des dents. Il se frictionna le tympan avant d'écouter la réponse de Ben se frayant un passage à travers les crachotements de la radio :
– ... **Crrrrrr...** Roy Barnes, un acteur... **Crrrrrr...** figuration... **Crrrrrr...** un type l'a braqué à la sta... **Crrrrrr...** kidnappé sa femme [...] **Crrrrrr....** (Ph. Le Roy, *Pour adultes seulement*, 2001 [1997], 288.)

12. Et, comme le disque était rayé [...], la chanteuse répétait sa ritournelle : « Allez, venez Milord..., **crrr...** Allez, venez Milord..., **crrrr....** Allez, venez Milord, **crrr...** » (R. Vernanchet, *Le Temps des marrons*, 2000, 150.)

— Associé à une autre onomatopée.

13. MM. de Traz se ruent au téléphone [...] Couix, **krrrrr...x...xr** ! interruption du courant – bruit de pélican dans le cornet – furieux coup de sonnette – **Xrrrrr...Xr** !... – plus rien. (Ch.-A. Cingria, « Considérations sur l'actualité », 1911, *Œuvres complètes*, t. 1, 300.)

2. [Bruit produit par un animé]
2.1. "(bruit de grignotis d'un animal qui ronge)".

14. Et tout en rongeant – **cra, cracracra, cracra** – Queue-Courte [le lapin] rapporta au Castor [...] la conversation qu'il avait entendu les taureaux tenir entre eux [...]. (J. d'Arbaud, *La Sauvagine*, 1929, dans *Gens de Provence*, 1997, 688.)

15. Quand on est rat de pharmacie ;
Crrrr, crrrr, la vie est cruelle,
Oui, car les chats qu'ont pas d' frichti,
Bouffent les souris dans les pharmacies.
Mais quand on est rat de charcut'rie,
Cra, cra, cra, la vie est belle,
Oui, car les chats, pleins d' salami,
Sont trop bouffis pour prendr' les souris. (J. Estérel, « Des souris et des chats », 1958, dans *Les Frères Jacques*, 1987, 123.)

16. C'est l'histoire d'un ver qui ronge une poutre. [...] Sur toutes les pages une seule onomatopée « **Crrr !** » est indéfiniment répétée : **Crrr** ! **Crrr** !... (J.-M. Ribes *et al.*, *Merci Bernard*, 2001 [1984], 229.)

— Simple.

17. [MILOU.] – **CRR.**
[TINTIN.] – Encore une fois en train de ronger un os !... D'où vient-il, celui-là ? (Hergé, *Le Crabe aux pinces d'or*, 1941, *Archives Hergé*, 1980, t. 4, 262.)

REM. **1. crac crac / cric crac** "id.". « [...] ces petits vers qui se logent dans le bois des chaises et des meubles dont j'entends le **crac-crac** dans ma chambre quand ils travaillent et mettent leur loge en poussière » (E. de Guérin, *Journal*, 1837, FXT) ; « La nuit est pleine de ces bruits, **cric cric crac**, des carias [= termites] dans les cloisons [...] » (Ananda Devi, *Rue La Poudrière*, 1989, 112). **2. gre gre** "id.". « [...] nous songions tristement, écoutant machinalement sur nos têtes un cussou, autrement un ver, qui faisait grincer sa tarière dans une poutre : **gre, gre, gre**... [...] » (E. Le Roy, *Jacquou le croquant*, 1899, 276).

2.2. "(bruit de crachement du chat en colère)". □ VAR. *krr krr*.

18. Le pion appelait le portier du collège, l'ineffable Barbaroux ; ce subalterne qu'on avait appelé « le matou » à cause de sa moustache hérissée de chat maigre [...]. / Le matou ne pouvait entrer dans une étude sans être accueilli aussitôt par d'unanimes : kssr !... **krrr** !... phhh !... phhh ! [v. *fff*[1]] (*Le Jeudi de la jeunesse*, 28 avril 1910, 4.)

V. encore *ffi*[2] , ex. 1 ; *mrouin*, ex. 1.

2.3. "(bruit du cri du crapaud ou de la grenouille)".

19. Le « **crraaa-crraaa** » monotone que vous entendez autour des mares, c'est le crapaud. La grenouille rousse fait « grouou-grouou » [v. *grr*[2]], et la verte "brékèke-brékèke" [v. *brek brek*]. Rien à voir non plus avec la rainette qui fait « crac-crac » (Chr. Bravo, *Les Petites Bêtes*, 1991 [1988], 74.)

— Croisé avec *coa**.

20. – Coa*... Coa... **Crrrcoa... Crrrcoaa**.../ Les grenouilles répondaient, enhardies, toute la tête maintenant hors de l'eau [...]. (M. Genevoix, *La Boîte à pêche*, 1926, FXT.)

REM. **crac-crac** "id.". Voir ici ex. 19.

♦♦ **1.1.** Attesté dep. 1863 (v. ici ex. 5). **1.2.** Attesté dep. 1911 (v. ici ex. 13). **2.1.** Attesté dep. 1929 (v. ici ex. 14). **2.2.** Attesté dep. 1846 (v. *mrouin*, ex. 1). **2.3.** Attesté dep. 1926 (v. ici ex. 20). — Absent des dictionnaires consultés.

CRUNCH

"(bruit de grignotis)".

1. Quand ça gueule à la maison, je mange une biscotte, ça fait **crunch** dans les oreilles, j'entends plus rien. (J.-M. Gourio, *Brèves de comptoir 4*, 1996 [1995], 230.)

— Répété.

2. Et je repartais me coucher en rêvant à ce pauvre Job [...], à la vermine qui grignotait son corps, **crunch, crunch, crunch** [...]. (K. Pancol, *Les Hommes cruels ne courent pas les rues*, 1991 [1990], 31.)

3. L'insupportable grignotis **crunch crunch** de rongeurs swinguant qui émane des baladeurs qui fuient [...]. (A. Schifres, *Les Parisiens*, 1990, 264.)

4. [...] la nuit, lorsqu'il [le cafard] se réunit en bande, le **crunch crunch** de ses mandibules étant multiplié par le nombre d'invidus qui composent la bande finit par produire un bruit qui, sans atteindre au vacarme, peut empêcher d'honnêtes gens de dormir. (Ph. Meyer, *Chroniques matutinales*, 1993, 117.)

♦♦ Attesté dep. 1978 (v. *Anthologie*, n° 38), mais probablement antérieur dans la bande dessinée ; emprunt à angl. *(to) crunch* "grignoter". — Absent des dictionnaires consultés, à l'exception de TraitDu 1989, 135 *(crounch-crounch).*

CUIC

1. [Domaine concret]
1.1. Souvent répété "(petit bruit aigu produit par un animal, et particulièrement un petit oiseau)". □ VAR. *cuik.*

1. [...] les canetons battaient des ailes, les oies blanches ricanaient, les poussins faisaient : **cuik, cuik** [...]. (G. Droz, *Monsieur, madame et bébé,* 1884 [1866], 309.)

2. Quand il dit : « **Cuic** ! », le moineau croit tout dire. (J. Renard, *Journal,* 1er avril 1907, 1990, 874.)

3. Oh ! quelles heures j'ai passées, dans l'intérieur de mon arbre, avec mes moineaux ! Leur continuel « **cuik cuik** » ne m'empêchait nullement de travailler. (Fr. Coppée, *Souvenirs d'un Parisien,* 1910, 214.)

4. Le soir tombe, [...] les souples hirondelles passent et repassent continuellement en poussant leur petit « **cuik** ». (Fr. Coppée, *Souvenirs d'un Parisien,* 1910, 221.)

5. ... **Cuic** !... / Les **cuics** ! montent de toutes parts comme des fusées ; **cuics** tendres et tourterellesques, **cuics** aigus comme des poignards, **cuics** offensifs, **cuics** abandonnés, pour le principe, pour des prunes, **cuics** organiques, râleurs, éthérés, **cuics** brefs, uniques, cascadeurs ou interminables, **cuics** d'angoisse, de terreur, de douleur, de lâcheté, de volupté peut-être si cette garce se mêle de tout ! **Cuic** ! **cu-i-i-ic** !... **cui-cui-cuic**! / Depuis des milliards d'années, ils vont aux trousses les uns des autres. Ils vont, piste à piste, pas à pas. La belette au cul du mulot, la buse au cul du lapin. (J. Delteil, *En robe des champs,* 1934, 108.)

2. Vx "(pour annoncer ou pour marquer une mort brutale, notamment par strangulation)".

6. L'AUTOMATE. – **Cuic** ! **cuic** ! **cuic** !
GILLES. – [...] Je suis un pauvre diable aussi, épargnez-moi !
L'AUTOMATE. – **Cuic** !
GILLES. – Cela est vrai.
L'AUTOMATE. – **Cuic** !
GILLES. – Vous avez raison.
L'AUTOMATE. – **Cuic** ! **cuic** ! **cuic** ! » (É. Ourliac, *Gilles magicien,* dans *Journal des enfans,* 1838, t. 7, 159).

♦♦ **1.** Attesté [peut-être, en 1666, à travers la forme *quiquique* (« *Passeraux* [...] j'en prenois à des trappes et les apprivoisois, c'est un animal quelquefois ennuyeux avec son **quiquique** » *Scaligeriana,* 1669, 248)] dep. la fin du 18e siècle (« Mimi [un serin] ne fut pas ingrat à tant d'attentions : il apprit à distinguer Joséphine, et au premier pas qu'elle faisoit dans la chambre, c'étoit des battemens d'ailes et des ***cuic, cuic,*** qui ne finissoient pas. Joséphine le mangeoit de baisers. [...] Son pere lui fit un jour présent d'un livre d'estampes. Elle en fut si agréablement occupée, que Mimi en fut un peu négligé. ***Cuic, cuic,*** disoit-il toujours d'aussi loin qu'il voyait Joséphine : Joséphine ne l'entendoit plus » A. Berquin, *L'Ami des enfans,* 1792 [février 1782], t. 1, 83) ; 1841 (« Le maître quitte sa place, et alors commence une véritable chasse, une battue de pupitres, jusqu'à ce que de nouveaux ***cuics*** le guident au gîte » É. Ourliac, [*Physiologie de l'écolier,* 1841, 116], cité dans Lar 1869) ; enregistré, comme variante de *cuicui,* dans Rob 2001. **2.** Attesté dep. 1838 (v. ici ex. 6) ; absent des dictionnaires consultés.

CUICUI

1. "(bruit du cri d'un petit oiseau ou d'un jeune oiseau)". □ VAR. *cuit cuit* (rare).

1. Un rossignol, d'une voix nette,
Chanta, sur un arbre perché :
« **Cui** ! **cui** ! je le répète,
Prenez garde à vous, ô fillette !
Dans l'ombre est un amant caché. » (A. de Châtillon, *Les Poésies*, 1866, 169.)

2. De l'oiseau qui roucoule,
Entends-tu le doux bruit !
Ah ! comme lui ma poule,
Faisons **cuit, cuit, cuit**... (Delormel et Richard, « Mon Oscar », dans *Almanach de la jeune chanson française 1869*, 1868, 50.)

3. Mis en gaîté par ces folles agapes,
Notre oiseau chanta un petit
Cui, cui, cui,
Et prrt*... il s'envola, – faut-il que je le dise? –
Il s'envola non sans avoir
Laissé choir
Le petit caca que produisent
Les meilleures friandises. (Franc-Nohain, *Flûtes*, 1898, 15.)

4. *C'est la vie :*
L'oiseau cru fait **cui-cui,**
L'oiseau cuit ne le fait plus. (R. Queneau, *Les Œuvres complètes de Sally Mara*, 1993 [1950], 356.)

5. [...] passer du clocher d'une église à la plus haute branche d'un tilleul en agitant les bras et en faisant « **cui-cui** » est au-dessus de mes forces. J'ai essayé. Pas du haut d'un clocher mais du haut d'un petit mur. Je n'ai pas réussi. J'ai même eu le pied dans le plâtre pendant quarante jours, particularité que je n'ai jamais observée chez les oiseaux que je fréquente. (J. Faizant, *Ni d'Ève ni d'Adam*, 1959 [1954], 65.)

6. Si vot' concierge fait **cui-cui** sur son balcon
Avec ses perruches importées du Japon
Ses canaris jaunes et ses bengalis
À votre tour faites-leur guili-guili*
Sournoisement exclamez-vous Dieu quel plumage [...]. (P. Perret, « Ouvrez la cage aux oiseaux », 1971, *Chansons de toute une vie*, 1995 [1993], 230.)

7. [...] des oiseaux gris / Se reposent en faisant « **cui-cui** » [...]. (Ch. Trenet, « Pain beurré et pain doré », 1976, *Le Jardin extraordinaire*, 1993, 452.)

8. Là [dans l'étable], il y a la mule, toujours douce, digne et sage dans sa loge, sous le **cui-cui** d'hirondelles qui nichent au plafond. (J. Jaussely, *Deux saisons en paradis*, 1979, 128.)

9. Histoire de montrer à ce canari que j'étais attentif à son problème je lui glissai quelques miettes de pain Jacquet. Comme ça n'avait pas l'air de l'intéresser, je fis « **cui-cui** » du mieux que je pus afin d'établir un contact. Rien n'y fit. C'était plus grave. Sa tête gigotait dans tous les sens. (J. Varéla, *Spécial purée*, 1979, 17.)

10. Un petit poussin !
Vous avez déjà vu un petit poussin ?
C'est mignon à croquer !
C'est une petite boule jaune...
Ça fait : **cui-cui**... (R. Devos, *À plus d'un titre*, 1989, 64.)

11. Un canari que je n'avais pas encore remarqué fait soudain **cui-cui** dans sa petite cage au-dessus de l'évier. (San-Antonio, *Y en avait dans les pâtes*, 1992, 91.)

V. encore *bip*, ex. 3 ; *cot cot*, ex. 5 ; *miaou*, ex. 10 ; *piou piou*, ex. 5 ; *Anthologie*, n° 20 et 24.

REM. **hui hui.** « – **Hui, huihuihui ! hui !** chanta soudain un canari, bien réveillé et qui s'épouillait à plein bec » (H. Bazin, *Le Bureau des mariages*, 1951, 232).

DÉR. **cuicuiter** v. intr. "faire *cuicui*". « L'autre [un serin] **cuicuitait** doucement » (M. Raphaël, *Le Festival*, 1950, 86) ; « Les oiseaux peuvent bien continuer à **cuicuiter** et à virevolter, les deux greffiers [= chats] n'ont plus la tête à ça » (R. Forlani, *Papa est parti maman aussi*, 1988 [1986], 233).

2. "(petit bruit grinçant, crissement)".

12. [...] une auto fait coincoin*, la bicyclette du facteur **cuicui** et la brouette du jardinier **cuicui**. (R. Queneau, *Le Chiendent*, 1993 [1933], 331.)

13. Ce genre de salon [de coiffure] de troisième zone [...] où le bavardage au rythme du **cui-cui** du ciseau a nettement plus d'importance que la coupe [...]. (P. Siniac, *Les Enfants du père Eddy*, 1984, 20.)

♦♦ **1.** Attesté dep. 1783 (« Et soudain il [un serin] se mit à crier à plein gosier : **Cuit, cuit, cuit, cuit !** [...] J'ai trouvé le discours du matou assez adroit : mais le ***cuit, cuit*** de Favori bien plus éloquent [...] » A. Berquin, *L'Ami des enfants*, 1792 [décembre 1783], t. 4, 372 et 374) ; 1882 (« le **cui-cui** d'un rouge-gorge » P. Arène, v. TLF) ; 1919 (« le **cui-cui** pointu des rats » R. Dorgelès, v. TLF) ; enregistré dans GLLF ; TLF ; Rob 2001 ; NPR 2000 ; PL 2000 ; TraitDu 1989, 137. **2.** Attesté dep. 1933 (v. ici ex. 12) ; absent dans cet emploi des dictionnaires consultés.

D

DILING □ VAR. *diligne, dilink, dling.*

Souvent redoublé.

1. "(bruit de tintement d'une sonnette, d'une clochette)".

1. [...] le « **diligne-diligne** » de l'enfant de chœur. (H. Prudon, *Mardi-gris*, 1978, 118.)

2. [...] « **diling, diling !** » un gosse, un copain à moi, courait dans les rues du Cailar en agitant une sonnette. (J. Durand, *André Bouix, gardian de Camargue*, 1980, 61.)

3. La patronne se tenait droite comme un I derrière la caisse. Ses journées, sauf le lundi, jour de fermeture, étaient rythmées par le « **diling-diling** » du tiroir-caisse. (Fr. Maubert, *Petit Guide*, 1990, 165-166.)

4. À l'église. [...] Mes yeux, au lieu de rester baissés au signal (**dlling-dlling**), papillonnent au hasard des travées [...]. (Bayon, *Haut fonctionnaire*, 1993, 249.)

5. Chaque fois que quelqu'un entre ou sort du café, j'entends le « **Diling** » de la sonnette et je sens une bouffée d'air chaud qui vient de l'intérieur. (D. Picouly, *Le Champ de personne*, 1995, 234.)

REM. **di li ling** "id.". « **Di li ling !... Di li ling !...** Mon Dieu, que c'est beau ! Il est cinq heures du matin et nous traversons Saint-Gervais avec nos vaches et nos moutons » (M. Chatelain, *Alpages, terres de l'été*, 1996, 13).

2. "(bruit de verre brisé)".

6. [...] il se divertit, une nuit durant, à casser les vitres aux maisons [...] coup de bâton à celle-ci, coup de pierre à celle-là, ***dilink, dilink***, toutes en miettes [...]. ([Trad. de l'éditeur ; le texte breton porte aussi *dilink, dilink*] « Oraison funèbre de Michel Morin », G. Esnault, *La Vie et les Œuvres comiques de Claude-Marie Le Laé (1745-1791)*, 1921, 229.)

♦♦ Attesté dep. 1921 (v. ici ex. 6). — Absent des dictionnaires consultés, à l'exception de TraitDu 1989, 146.

DING □ VAR. *dig, dign, digne, din.*

1. Redoublé ou répété "(bruit de tintement)".

1. De plus il lui [= conducteur d'omnibus] faut déployer un véritable génie de comptable, recevoir l'argent, se méfier des pièces n'ayant plus cours, rendre rapidement la monnaie, faire sonner exactement le **ding, ding, ding** de son compteur, sans se tromper d'un coup de timbre [...]. (Fr. Coppée, *Souvenirs d'un Parisien*, 1910, 273.)

2. [...] un autre gougnafier tripotait une machine à sous [dans un café]. Pendant un instant, il n'y a eu que le **ding-ding** de son outil, pour mettre un peu d'ambiance dans le secteur. (A. Bastiani, *Polka dans le champ de tir*, 1973 [1955], 28.)

3. La chaînette de la boîte à lait faisait **dinn-dinn** [...]. (R. Sabatier, *Trois sucettes à la menthe*, 1986 [1972], 76.)

4. UN : Eh bien moi, je dis **ding ding**, parce que pour appeler le garçon, on prend son couteau et on frappe sur son verre. Ça fait **ding ding**. Seulement, comme je n'ai pas de couteau, et que je n'ai pas de verre non plus, je fais **ding ding** tout seul, avec ma bouche. **Ding ding**. (R. Dubillard, « Au restaurant », *Les Diablogues*, 2000 [1976], 47.)

5. Il reste à chialer au bord du lit, près d'une lampe garnie de perles qui font **ding-ding** dès qu'on bouge un orteil [...]. (S. Japrisot, *La Passion des femmes*, 1986, 433.)

6. [...] ça me plaisait de passer l'écouvillon dans les bouteilles, j'appuyais, les crins se pliaient au passage du goulot et après j'agitais mon instrument jusqu'au fond de la bouteille, ça sonnait, **ding ding**, une musique bien agréable [...]. (Chr. de Rivoyre, *Crépuscule, taille unique*, 1989, 107.)

V. encore *Anthologie*, n° 32.

2. Souvent redoublé ou répété "(bruit de sonnerie, de sonnette, de clochette, de grelot)".

7. **Ding** !... C'est la concierge qui monte une lettre. (A. Allais, *Vive la vie !*, 1892, *Œuvres anthumes*, 1989, 93.)

8. – **Ding ! ding !**
Maurice Marsy posa sa palette et courut à la porte qu'il entrebâilla doucement. (G. Doré, dans *Le Petit journal, Supplément illustré*, 2 juillet 1894, 211.)

9. Blanche, seule à l'office, qui mettait la dernière main aux hors-d'œuvre. Puis le **ding-ding** d'une sonnette. (R. Sabatier, *Trois sucettes à la menthe*, 1986 [1972], 39.)

10. « Ils [les gens du cirque] parcourent la rue principale marchant au pas derrière la grosse caisse, dans le fracas des cymbales et le roulement du tambour. **Ding... ding**, scande le tambourin agitant ses grelots. (R.-A. Rey, *Griotte*, 1979, 38-39).

11. Vraoum* ! il le propulse sur le trottoir... il reclaque la lourde [= porte]... **Digne-digne** ! les clochettes chinoises ! Il pousse le verrou de sûreté. (A. Boudard, *Le Banquet des léopards*, 1990 [1980], 153.)

12. [...] **ding-ding**, clochette : vous pouvez débarrasser [la table], Valère [...]. (Bayon, *Les Animals*, 1990, 206.)

13. **Diiing** ! La sonnette de la porte d'entrée [...]. (Ph. Carrese, *Trois Jours d'engatse*, 1995, 77.)

V. encore *léon*, ex. 12.

— En part. "(bruit de cloche d'un moyen de transport : tramway, bateau, etc.)".

14. [...] le petit troquet arrivait par derrière [la fillette] et lui tirait sa natte en faisant ***dign, dign, dign***, comme si sa

natte était la corde d'une cloche de bateau à vapeur. (A. Allais, *À se tordre*, 1891, *Œuvres anthumes*, 1989, 71.)

15. **Ding-ding** : [...] Sonnerie de tramway ou de porte d'entrée. (J. Tardieu, *Un mot pour un autre*, 1951, 94.)

16. [...] le tramway [...] ah voici !... **dig** !... **dig** !... le n° 11 [...]. (L.-F. Céline, *Rigodon*, 1973 [1961], 298.)

17. J'étais assis dans le bus Orléans-Denfert bondé, je somnolais frileusement... **Ding-ding**, régulièrement, la chevillette du contrôleur marquait les arrêts... (Bayon, *Le Lycéen*, 1987, 230.)

V. encore *brr*², ex. 10 ; *vroum*, ex. 3.

3. "(bruit de sonnerie d'une horloge, d'une pendule)".

18. **Ding !** C'est le timbre du petit cartel en porcelaine de Saxe que je viens d'hériter de ma grand'tante [...]. **Ding ! Ding !** Deux heures ?... Déjà ?... C'est impossible ! (Rita, « Sonnerie Louis XV », dans *Les Gaîtés du Chat Noir*, 1894, 180.)

19. L'HORLOGE COMTOISE, *sonnant et chantant.*
Ding, ding, ding, ding, ding, ding...
Et encore **ding, ding, ding !**
Je ne peux plus m'arrêter de sonner ! (Colette, *L'Enfant et les sortilèges*, 1925, *Œuvres*, 1991, t. 3, 155.)

V. *coucou*, ex. 8.

DÉR. **dinguer** v. intr. "faire *ding*". « [...] huit *plombes* (heures) de la *sorgue* (du soir) ***dinguaient*** (sonnaient) à la cathédrale de *Pantruche* (Paris) » (Verteuil de Feuillas, *Un an de prison*, 1840, 222).

4. "(signal sonore imitant un coup de timbre)".

20. Dupont se dirige vers le tiroir-caisse ; on entend le « **ding** » de sécurité dudit tiroir [...]. (M.-É. Grancher, *Le Temps des « colonels »*, 1955, 267.)

21. Ascenseur. [...] **Ding**. Cabine. (J.-H. Oppel, *Zaune*, 1991, 94.)

22. [...] le **ding** du tabulateur [d'une machine à écrire] [...]. (M. Quint, *Les Grands ducs*, 1991, 10.)

23. **Ding** ! les portes de l'ascenseur s'ouvrirent. (D. Picouly, *Nec*, 1992, 29.)

24. **Ding** !... Je sursaute, c'est le micro-ondes... (Ph. Carrese, *Trois Jours d'engatse*, 1995, 133.)

25. **Ding !**
– On a sonné.
– C'est le four à micro-ondes. (N. Ancion, *Quatrième étage*, 2000, 142.)

V. encore *bong*, ex. 3.

5. Souvent dans une succession d'onomatopées "(bruit produit par un coup, par un choc)".

26. On s'explique, en douceur naturellement, **ding**, bing* ! v'li, v'lan*, scandale, bazar, chambardement général, conduite au poste, et ce qui s'ensuit. (*Le Régiment illustré*, 26 mai 1897, 4.)

V. encore *Anthologie*, n° 47.

— "(bruit de verre brisé)".

27. Et ce caillou qui était parti nulle part est arrivé dans une vitre du labo. / Elle n'a pas plié. Pas résisté. Elle a dit : Bing* ! Badading*... / Et un peu après, un autre petit **ding**. (G. Coulonges, *Pause-café*, 1984 [1980], 220.)

♦♦ Attesté dep. 1535 (« **Din din, din**, les clochettes » *La Fleur des noëls*, v. *Anthologie*, n° 1, str. 7) ; cf. *din din* "bruit de pièces de monnaie" et "argent" dep. 1530 « Amours ont changé de façon, / Sy d'argent n'entendent le son : / Reculez vous arrière, / **Din din din**, c'est la façon / Qui veult monter dessus l'arson / Et donner tost arrière ; / Ne bailles rondeau ne chanson, / Car pour **din din**, gentil garson / On choqua la barrière » (chanson, dans J.-B. Weckerlin, *L'Ancienne chanson populaire en France*, 1887, 23) et encore en 1666 « [...] ils étoyent Gens sans Conscience / Et qui, sans doute, avoyent dessein / De les décharger du **Dindin** » (Robinet, dans *Les Continuateurs de Loret*, 1883, t. 2, 154), cf. *tin tin* ; pour désigner un bruit de vitres cassées, en 1650 « Leur rage en des quartiers est telle / Qu'ils foncent portes et panneaux, / (Appellez-vous çà des moineaux ?) / Le Bourgeois demande à quels tiltres, / On fait faire **din** à ses vitres » (Saint-Julien, *Le Courier burlesque*, 123). V. aussi *ding dong*. — Rob 2001 ; NPR 2000 ; PL 2000 ; TraitDu 1989, 146.

DING DONG

1. "(bruit d'une sonnerie de cloche(s) d'église)". □ VAR. *ding dom*.

1. Justement, les cloches, là-bas, du côté du village, écrivaient leur chanson de métal. **Ding-dom ! Ding-dom !** (P. et V. Margueritte, *Zette*, 1903, 72.)

2. **Ding ! dong ! ding ! dong !** La prière sonna. (L. Pergaud, *La Guerre des boutons*, 1912, *Œuvres complètes*, 1987, 646.)

3. [...] sur un coup de baguette magique, les cloches de l'église qui se mettent à valser, **ding-dong** [...]. (J. Vautrin, *La Vie ripolin*, 1986, 227.)

4. Écoute le Mistral qui t'apporte le **ding-dong** des cloches de l'église jusqu'au fond de ta maison. (E. Boissin, *Le Minot*, 1988, 251.)

— Avec jeu de mots (cf. *sonner les cloches à qqn*).

5. [...] il se rue sur moi [...] et raoom [v. *ran*, rem.], il m'en fout une en travers de la gueule. **Ding-dong** dans la tempe : je me suis retenu une seconde à la ronde – cloches tous azimuts –, j'ai titubé, nagé un peu dans les cordes, et tapis. (Bayon, *Le Lycéen*, 1987, 16.)

REM. **ding-dang** "id.". « Nous l'attendons [le sacristain], nous le guettons quand sonne le **ding-dang** du glas » (M. Mauron, *Le Quartier Mortisson*, 1967 [1951], 229).

DÉR. **diguedondonner** v. intr. "faire *digue don don*". « Le monde halète !... pâme... se rend !... farceur d'ivoires !... façon friponne !... rêche et caline !... brute et toucheuse ! à dig ! dong !... débraille notes !... sorcière des mains ! conquiert et sonne !... **diguedondonne** !... emporte tout !... le monde vogue !... tout ensorcelle, dissolve, papille ! » (L.-F. Céline, *Guignol's band*, 1944, 177).

— **ding ding dong / dig ding dong / dig din don** "id.".

6. **Dig, ding, don** !... quand on carillonne
Pour célébrer le renouveau [...] (A. de Châtillon, *Les Poésies*, 1866, 185).

7. Des cloches, **ding ding dong** ! / Une idée : si j'allais à la messe. (A. Allais, « Notes de voyages », 1903, *Œuvres posthumes*, 1990, 759.)

8. **Ding-ding-dong** (prononcez « dinn'g-daingue-dongue ») : Carillon d'un clocher de village. S'oppose à

« baoum »*. (J. Tardieu, *Un mot pour un autre*, 1951, 94).

9. **Dinn din don** ! les matines sonnent
En l'honneur de notre bonheur,
Ding ding dong ! faut l' dire à personne :
J'ai graissé la patte au sonneur. (G. Brassens, « Il suffit de passer le pont », 1953, *Poèmes & Chansons*, 1991, 27.)

10. ... Pâques ! **Ding ding / ding dong**... (A. Breffort, *Les Contes du grand-père Zig*, 1990 [1955], 102.)

V. encore *bim*, ex. 2 ; *Anthologie*, n° 20 et 25.

• Avec variante du second élément.

11. **Ding-dong-dong, ding-dong-dong.**
Ding-dong-dong, ding-dong-dong
Les cloches sonnaient en folie
L'entrée d'un mioche en paradis. (F. Leclerc, « Les Nouveaux-nés », 1945, *Cent chansons*, 1994 [1988], 69.)

— Associé à une autre onomatopée.

12. Dans des villages [italiens] pas plus grands que Saint-Loup ils avaient deux ou trois curés. Les messes sonnaient toute la journée : **Ding Dong Badadi, Ding Dong Badada**. (E. Grenadou, A. Prévost, *Grenadou, paysan français*, 1978 [1966], 120.)

REM. **(di) din don** "id.". « Et la cloche déjà sonne : / **Din, don, din, don** (*bis*.) » (Gentil, « Les Cloches de bon conseil, ou Les din, don », dans *Le Caveau moderne*, 1815 [1814], t. 9, 68) ; « LE SONNEUR. – Pourquoi, mes bons messieurs ? dites-le moi vite, je vous en prie, car voici bientôt l'heure de l'angelus... et si je n'étais pas là... pour... **din... don... di, din, don...** » (Saint-Amand et Lefebvre, *Le Réveillon dramatique*, 1838, 7).

2. "(bruit d'une sonnerie de cloche(s), d'un carillon de clochettes, d'une sonnette électrique)". □ VAR. *dig dong*.

13. [...] le son d'une cloche me réveilla subitement. C'était la cloche de Sarlande, l'horrible cloche de fer qui sonnait comme autrefois : « **Dig ! dong** ! réveillez-vous ! **dig ! dong** ! habillez-vous ! » [...] Puis [...] je partis d'un grand éclat de rire [...]. Ce que j'avais pris pour la cloche de Sarlande, c'était la cloche d'un atelier du voisinage, qui sonnait sec et féroce comme celle de là-bas. (A. Daudet, *Le Petit Chose*, 1868, *Œuvres*, 1986, t. 1, 112.)

14. **Ding ! Dong !**
Écoutez la cloche
Enfants en galoches
Aïe* donc !
La cloche a fait
Ding ! Dong ! la cloche de l'école [...]. (Ch. Trenet, « Ding ! Dong ! », 1945, *Le Jardin extraordinaire*, 1993, 176-177.)

15. Jusqu'à la cloche, qui paraissait un truc invisible, lointain, qui grelotte de temps en temps dans son coin, un truc minable, à peine plus fort que la sonnette de l'épicerie. Mais celle-là, elle tintait avec la cliente, c'était la cliente, les commissions, les sous dans la caisse. De la fantaisie à côté, la cloche de l'école, des **ding-dong** pour le plaisir. (A. Ernaux, *Les Armoires vides*, 1989 [1974], 55.)

16. Je me suis glissé vers la grande porte [d'une boutique] qui faisait « **ding-dong** » en s'ouvrant. (Cl. Duneton, *Le Diable sans porte*, 1981, 165.)

17. [...] le **ding-dong**, les clochettes de la lourde [= porte]. (A. Boudard, *L'Éducation d'Alphonse*, 1987, 20.)

18. Escalier D, cinquième étage face à l'ascenseur : Sandrine Maltès ! / **Ding-dong** ! / J'attends... [...] **Ding-dong** ! **Ding-dong** ! / Le parquet craque. Des pas s'approchent. La porte s'ouvre enfin. (L. Chedid, *40 berges blues*, 1991, 182-183.)

19. **Ding dong**. / Quel poète chantera jamais le doux tintement annonciateur des boutiques anciennes ! Clochettes des hauts de porte effleurant à peine les silences préalables... (P. Cauvin, *Menteur*, 1993, 117-118.)

V. encore *Anthologie*, n° 28.

— Par analogie “(bruit d'éléments qui s'entrechoquent)”.

20. Des kilos de colliers, de bracelets, de colifichets, qui s'entrechoquent, qui se tamponnent, glingling [v. *gling*], dans les bagouses en bouchons de carafe, **ding dong**. (G. Bedos, *Inconsolable et gai*, 1991, 35.)

— **di(n)g ding dong** “id.”.

21. **Dig ding dong, dig ding dong**, drelin*, drelin... L'entrée des caravanes... Le carillon, qui est ici la musique habituelle de l'aube, me réveille [...]. (P. Loti, *Vers Ispahan*, 1904, FXT.)

22. Les grelots du cheval dansaient. **Ding, ding, dong, ding**. (R. Rolland, *L'Aube*, 1904, FXT.)

• Avec variante du second élément.

23. Frrrtt* !... C'est parti !... Le bateau glisse tout doucement... presque à stopper... vire à l'écluse... le pilote trifouille son cadran... « **Ding** ! **Dang** ! Derang ! **Dong** !... » Seconde ! Un souffle !... (L.-F. Céline, *Guignol's band*, 1944, 48.)

♦♦ Attesté dep. le déb. 16ᵉ siècle (« Et voicy couvre-feu sonner : / **Din, don, dan** » *Sermon joyeux d'un depucelleur de nourrices*, dans *Recueil de poésies françoises*, 1857, t. 6, 204) ; 1606 (« [...] le son des cloches quand elles sonnent ***din don*** » et « [...] Messire Jacob appelle tous ses paroissiens au ***din don*** de la cloche » [Trad. de Folengo], *Histoire maccaronique de Merlin Coccaïe*, 1859, 147 et 161) ; av. 1615 (« Quant nous sommes semonds [=avertis] par les Cloches d'aller à nos Parroisses prier Dieu, si à petit bruit nous l'appelons *Tintin de la Cloche*, si à tour de bras des Sonneurs, le son quin [*sic*] s'insinuë dans les aureilles de nos petits enfans faict qu'il l'appellent ***Dindan*** » E. Pasquier, *Les Recherches de la France*, éd. 1632, 693) ; 1732 (« [...] l'heure du Berger se repète, / **Din don dan**, / **Don din dan don**, / O l'agréable Carillon » (Branle, dans *Nouveau recueil de chansons*, t. 5, 156) ; 1791 **din don din don** (v. Le Cousin Jacques s.v. *bim*) ; 1813 (« **Digue, digue, dig, din, dig, din don**, / Ah ! que j'aime / À sonner un baptême ! / Aux maris j'en demande pardon. **Dig, din, don, din, digue, digue, don** » P.-J. de Béranger, *Le carillonneur*, dans M. Pénet, *Mémoire de la chanson*, 1998, 371). — Absent des dictionnaires consultés, à l'exception de Rob 2001 et NPR 2000 *ding ding dong* s.v. *ding* et de TraitDu 1989, 146 *ding dong* et *ding deng dong* ; FEW 3, 81b, DIND-.

DONG

1. “(bruit d'une cloche ou d'une horloge qui sonne)”.

1. Un seul coup sonna. « Quoi ? » Le son clair descendant, ailé, l'arrondi de

la colline. Mécanique qui marche. Teuctacteuctacteuctacteuctac [v. *tic-tac*]. Crèvera pas, la vieille ? Déclenchement, rouages grignotants. « Temps de rappeler aux humains. » **Dongg** et puis de nouveau teuctacteuctacteuctacteuctac qui continue, rongeur. De là il pouvait voir le cadran sur le clocher, mais pour distinguer les fines aiguilles brouillées dans les chiffres... Il plissa les yeux. (Cl. Simon, *Le Tricheur*, 1945, 43).

— Répété.

2. LA MÈRE. – [...] On entend de temps en temps les cloches d'Arcy. **Dong** ! **Dong** ! (P. Claudel, *L'Annonce faite à Marie*, 1912, FXT.)

3. Ils écoutent tous la Bibici [...] **dong** ! **dong** ! **dong** ! [...]. (L.-F. Céline, *D'un château l'autre*, 1957, 273.)

REM. **dan** "id.". « Puis, en route pour l'usine, où sonnait une cloche mélancolique, infatigable, prolongeant ses "**dan**... **dan**... **dan**..." comme si elle eût à réveiller [...] le port de Paimbœuf et celui de Saint-Nazaire » (A. Daudet, *Jack*, 1876, *Œuvres*, 1990, t. 2, 207) ; v. encore *Anthologie*, n° 20).

2. "(bruit produit par un gong)".

4. DONG DONG DONG DONG DONG
– C'est le châtiment !... Faites pénitence ! La fin des temps est venue !... (Hergé, *L'Étoile mystérieuse*, 1947 [1942], 7.)

5. [...] si c'est moi qui domine, tout de suite, il dit « **dong** », alors ça, ça ne va pas. Parfois le round dure pas dix secondes, et d'autres fois c'est des heures. Alors, je lui dis, mais lui, toujours étonné : « Ah ! tu crois que c'est trop court ? » Tu parles... Et évidemment, il ne veut pas que ce soit moi qui fasse « **dong** ». (P. Cauvin, *Monsieur papa*, 1987 [1976], 14.)

6. **Dong** ! / Si j'arrive à cent ans, je me souviendrai encore de ce bruit. / Je suis au milieu du ring et ils crient tous autour de moi. (A. Joffo, *Baby-foot*, 1983 [1977], 124.)

V. encore *top*, ex. 6.

3. "(bruit d'un signal sonore introduisant un message aux voyageurs dans une gare ou un aéroport)".

7. DONG Les passagers du vol Qantas n° 714, à destination de Sydney, sont priés de se présenter à l'exit n° 3. (Hergé, *Vol 714 pour Sydney*, 1968, 5.)

4. "(bruit d'un choc sourd, d'une déflagration sourde, qui résonne)".

8. L'arme [une carabine] quitta les mains de son utilisateur, décrivit une grande courbe en virevoltant, frappa l'un des montants métalliques de la baie de lavage avec un **dong** grave. (H. Pagan, *La Mort dans une voiture solitaire*, 1992, 120.)

9. À la fin toujours la même, elles [des actrices] tombent sur la tête d'épuisement, **dong** ! (Ph. Sollers, *Le Secret*, 1993, FXT.)

10. [...] mon pied bute contre un objet métallique. Ça fait ***dong*** comme les armoires en métal à l'école quand on les referme trop fort. (N. Ancion, *Les Ours n'ont pas de problème de parking*, 2001, 37.)

— Associé à d'autres onomatopées.

11. Mais Triaucourt fut honoré d'une sonnerie de clairons, du pas cadencé, et de l'arme sur l'épaule. Les boumbou-ou-oum*, **dong**, boum, **dong**, **dong**, de l'horizon contribuaient à créer l'atmosphère, mais ne tombaient jamais juste avec le clairon et le croac,

croac, croac... des pas. (J. Romains, *Verdun*, 1938, FXT.)

4. En composition. V. **ding dong**.

♦♦ **1.** Attesté dep. 1912 (v. ici ex. 2). Déjà *don* dep. le 16e siècle (dans des exemples référant à l'horloge du Palais) : « La nuit vint, qu'il n'y a personne / Par les rues ; l'orloge sonne / Au Pallais et partout, **don, don** ! / Ce sont neuf heures, ce sont mon » (« Le Monologue du baing », dans G. Coquillart, *Œuvres*, 1975, 346) ; « J'entends la cloche du Palais / Dés le matin qui tinte [...] O que j'ayme ce carrillon, qu'il tinte doucement, / Et que l'accord en est charmant / Avec le tin tin tin du verre ! / Ah qu'il est doux cét aymable **don don**, / Au prix du patapatapon, / Qu'on entend sonner dans la guerre ! » (P. Perrin, *Les Œuvres de poésie*, 1661, 262) ; cf. aussi 1668 « Mais à peine ont-ils en chambrette, / Commencé de fumer pipette, / Que d'un **dandan** remply d'effroy, / La grosse cloche du Geffroy [*sic pour* beffroy], / Leur fit quitter Petun et Bierre, / Pour prendre chacun la Rapiere » (*Guerre comique*, 31). **2.** Attesté dep. 1942 (v. ici 4). **4.** Attesté dep. 1938 (v. ici ex. 11). — Absent des dictionnaires consultés, à l'exception de TraitDu 1989, 148.

DRELIN

1. "(bruit de sonnette, de clochette, de grelot ; bruit d'une sonnerie, notamment celle du téléphone)".

1. [...] son grelot tintait toujours, égrenait sans une pause son **drelin** précipité [...]. (M. Genevoix, *Raboliot*, 1925, FXT.)

2. [...] je m'endors comme une souche. S'il n'y avait pas le **drelin** de la sonnerie, je crois bien que je resterais là jusqu'à midi. (R. Guérin, *La Peau dure*, 1982 [1948], 13.)

3. Le **drelin** du téléphone résonna dans la piaule. (A. Le Breton, *Du rififi chez les hommes*, 1976 [1953], 192.)

4. **Drelinnnnnnn** ! Je vais ouvrir. (Ph. Manœuvre, *L'Enfant du rock*, 1986, 151.)

5. Aux lumières plus hautes, frisées, à mes battements de cœur, aux noms bretonnants des villages traversés à petite vapeur, au **drelin** des passages à niveau, je savais que l'on arrivait à l'ouest [...]. (Y. Queffélec, *Le Soleil se lève à l'Ouest*, 2001 [1994], 30.)

— Répété.

6. Voici la mienne d'où qu' ma femme appellera avec une sonnette, **drelin, drelin, drelin**, si elle se trouvait mal dans la nuit et ous' qu'on lui donnerait de l'eau de Colonne. (Sewrin, *Jocrisse-maître et Jocrisse-valet*, 1810, 11.)

7. Quand ça commence à mordre, v'là la ligne qui remue, et quand c'est pris tout à fait, le grelot fait sa musique... **Drelin, drelin, drelin**, c'est comme si le poisson criait : Cordon, s'il vous plaît. (D'Ennery et Grangé, *Les Bohémiens de Paris*, 1843, 11.)

8. *(L'autobus s'arrête.)*
LE RECEVEUR. – Laissons descendre. [...] C'est complet. **Drelin, drelin, drelin**. (R. Queneau, *Exercices de style*, 1947, 81-82.)

9. « **Drelin, drelin** ». Le téléphone. (L. Malet, *Micmac moche au Boul'Mich*, 1985 [1957], 711.)

10. Et elle aimait bien aussi, malgré tout, le carillon du marchand de glaces. Surtout quand le son devenait de plus en plus fort et qu'on savait ainsi qu'il ne tarderait pas, **drelin-drelin**, à passer juste sous le balcon. (J.-L. Benoziglio, *Le Jour où naquit Karikanaky*, 1986, 55.)

11. Le téléphone sonne. **Drelin-Drelin**. (J.-H. Oppel, *Barjot !*, 1988, 128.)

— Associé à d'autres onomatopées.

12. **Drelindin din !... Drelindin din !...** / C'est la messe de minuit qui commence. (A. Daudet, *Lettres de mon moulin*, 1869, *Œuvres*, 1986, t. 1, 338.)

13. Bref, nous avons fait installer le téléphone à la caserne Sainte-Geneviève [...].
Drin*, drin... **drelin, drelin**... drrrrrrrrin...
Tistin Bagasse, qui est très vif, saute sur l'appareil.
– Allo ! (*Le Petit pioupiou*, 1887, n° 32, 3.)

V. encore *baoum*, ex. 15 ; *cling*, ex. 15 ; *ding dong*, ex. 21.

REM. **1. derling** "id.". « J'attends une minute... deux minutes... **derling ! derling !** on sonne !... l'employé ferme la portière » (E. Labiche, *Maman Sabouleux*, 1852, *Théâtre*, 1979, t. 2, 319). **2. direling** "id.". « [...] au moment, là juste... "toc* ! toc ! toc !" des coups à la porte... et **direling ! direling !** la cloche !... la clochette !... qui est-ce qui frappe ?... qui sonne ?... » (L.-F. Céline, *Normance*, 1989 [1954], 420). **3. dreline** n. f. rare "sonnette". « Ou bien quelqu'un avait tiré la **dreline** d'alarme [...] » (J.-L. Degaudenzi, *La Lamentable Épopée de Doris et Alexandre*, 1990, 35). **4.** [Croisé avec *dring**] **dreling/driling** "id.". « [...] il [un petit chien] appuie le bout de sa mignonne patte sur le bouton électrique de la porte du cottage. / **Driling, driling, driling, driling, driling, driling...** » (A. Allais, *Deux et deux font cinq*, 1895, *Œuvres anthumes*, 1989, 482) ; « Drin* ! / Et même « **Dreling ! Dreling !** » car la sonnette a un faux contact et fonctionne presque à contretemps [...] » (San-Antonio, *Maman, la dame ne fait rien qu'à me faire des choses*, 1994, 175).

DÉR. **drelindreliner / drelidreligner / dreliner-drelinguer** v. intr. "faire *drelin-drelin*". « Du café où Zavatter nous a laissés, j'appelle à plusieurs reprises le domicile de la comtesse. Pour **drelindreliner**, ça **drelindreline**. Mais nul ne décroche » (L. Malet, *L'Envahissant cadavre de la plaine Montceau*, 1985 [1959], 985) ; « Puis j'allai au bistrot-tabac pour acheter "la République du Val-de-Loire". La porte **drelidreligna** [...] » (A.D.G., *Juste un rigolo*, 1977, 48) ; « Dehors, Joseph s'impatiente. Il enfonce une dernière fois la sonnette et laisse son doigt appuyé dessus. Ça **dreline-drelingue** à tout va » (J.-J. Dupuis, *La Gigue des féroces*, 1988, 167). □ **drelindrelinette** « Il avait à peine raccroché que, boum* ! **drelindrelinette** » (L. Malet, *Nestor Burma court la poupée*, 1989 [1971], 964).

2. "(bruit produit par le tintement de glaçons dans un verre)".

14. Guidé par le **drelin** des glaçons, je fusillai les deux pastis coup sur coup. (Y. Queffélec, *Le Charme noir*, 1985 [1983], 97.)

15. Le taulier remet sa tournée. Le **drelin** des glaçons contre les tempes le ragaillardit [...]. (P. Delbourg, *Un certain Blatte*, 1989, 31.)

16. Un **drelin** de glaçons qui se bousculaient dans un verre retint mon attention. (A. Jardin, *Fanfan*, 1990, 126.)

♦♦ Attesté dep. [1605 *drlo drlo drlo*, dans DDL)] 1612 (« Il estoit un bon homme, / Joüant de la cymballe, / **Drin relin din din relin din din** [...] » *Chansons folastres et prologues*, v. *Anthologie*, n° 4, str. 2) ; 1630 (« Son luth faisant **dre lin din din** / Et sa voix faisant ton ton ton » Neufgermain, dans *Bizarre*, n° IV, 61 ; v. TLF et DDL) ; 1652 (« Et le ravissant clavecin / Faizant **din, din, drelin din, din** » J. Loret, v. DDL) ; 1668 (« Le **drelindindin** des clochettes » voir *clic clac*, citation de la *Guerre comique*) ; 1673 (Molière, v. *Anthologie*, n° 5). — GLLF ; TLF ; Rob 2001 ; NPR 2000 ; PL 2000 ; TraitDu 1989, 149 *dreling* ; FEW 3, 159b, DRIN-.

DRIN ou DRINN

Souvent répété "(bruit d'une sonnerie ou d'une sonnette)".

1. [...] le timbre répond par une courte sonnerie : « **Drin** ! **Drin** ! **Drin** ! » (G. Feydeau, *Le Dindon*, 1896, *Théâtre complet*, 1988, t. 1, 547-548 [Indication scénique].)

2. Pour un oui, pour un non, madame vous fait monter et descendre les deux maudits étages... On n'a même pas le temps de s'asseoir dans la lingerie, et de souffler un peu que... **Drinn** !... **Drinn** !... **Drinn** !... Il faut se lever et repartir... [...] **Drinn** !... **Drinn** !... **Drinn** ! [...]. (O. Mirbeau, *Le Journal d'une femme de chambre*, 1900, FXT.)

3. J'étais couché [...] quand **DRRRRRIIIIINNNNNN** le téléphone a hurlé. (Ph. Manœuvre, *L'Enfant du rock*, 1986, 179.)

4. Les bicyclettes existent. **Drin** ! **drin** ! Rangez-vous les piétons. (G. Chevereau, *Une enfance à la campagne*, 1988, 22.)

V. encore *drelin*, ex. 13.

DÉR. **drinner** v. intr. "faire *drin*". « Elle rigolerait aux garçons qui font semblant de te barrer la route ou d'enfourcher ton porte-bagages. Elle ferait **drinner** sa sonnette [...] » (A. Perry-Bouquet, *La Rangée des bourriques*, 1988, 99). — Emploi impers. « Et en avant le téléphonus [...] Drinn* !... Drinn !... [...] Mais ça **drinnait**, ça **drinnait** de plus en plus. Pas le moment d'avoir ses jambes dans ses poches » (R. Guérin, *L'Apprenti*, 1946, 208).

♦♦ Attesté dep. 1542 (« Quant nous fusmes dedens la place, / Je ouys sonner **drain, drain, drain** » *Colin, fils de Thévot le maire*, dans *Recueil de farces (1450-1550)*, 1989, t. 5 ; v. DDL) ; 1612 (v. *drelin*, citation des *Chansons folastres* dans le commentaire). Cf. diverses formules de refrain : *ca* 1502 (« La **dinderindine**, la **dinderindene**, la **dinderindin** » *Chansons des XVe et XVIe siècles*, 1986, 89) ; 1572 (« **Derin**, din, din, din, din » J.-B. Weckerlin, *L'Ancienne chanson populaire en France*, 1887, 418) ; 1852 (« AIR *nouveau de M. J. Nargeot*. / Adieu, **drinn drinn**, la chanson folle ! / **Drinn drinn** fait son paquet et part !... / Amis, puisque **drinn drinn** s'envole, / Avec moi replacez-le par / Turlututu ! (*bis*.) / Ce refrain est moins rebattu » Delacour et Lambert-Thiboust, *Paris qui dort*, 35). — Enregistré dans Rob 2001 comme var. de *dring* ; FEW 3, 159b, DRIN-.

DRING □ VAR. *drng* (rare).

1. "(bruit d'un grelot, d'une sonnerie ou d'une sonnette, notamment d'une sonnette électrique)".

1. [Une sonnerie électrique] DRRRRING [MÜLLER.] – Oh ! oh !... Il y a quelqu'un pris au piège n° 9 !... Allons voir... (Hergé, *L'Île noire*, 1938, *Archives Hergé*, 1980, t. 4, 44.)

2. Je remonte l'allée et gravis le perron. Une sonnette fait de l'œil à mon index qui répond à ses avances. J'entends un **drrring** de bon ton dans la demeure endormie. (San-Antonio, *Y' a bon, San Antonio*, 1961, 151.)

3. Les durs d'oreille choisiront des modèles [de réveil] classiques au **dring** percutant, style marteau piqueur. (*20 ans*, octobre 1990, 88.)

4. On sonna chez le commissaire Lomron. Un petit **dring** désuet qui ressemblait au sous-sol bricolage du B.H.V. (D. Picouly, *Nec*, 1992, 68.)

5. [...] la sonnette de la porte d'entrée a retenti **driiinng**, assez longtemps, à la manière de quelqu'un sûr de nous trouver, alors que les lumières étaient presque toutes éteintes. [...] la sonnette a refait **driiiinnng**, encore plus longtemps [...]. (V. Ravalec, *Cantique de la racaille*, 1994, 281.)

V. encore *bip*, ex. 3 ; *tui-tui*, ex. 4.

— Répété.

6. **Dring-dring-dring**, debout. (A. Sarrazin, *La Cavale*, 1969 [1965], 296.)

7. [...] le **dring-dring** riquiqui de la sonnette [de l'épicerie]. (A. Ernaux, *Les Armoires vides*, 1989 [1974], 93.)

8. [...] deux coups de sonnette. Impérieux et brefs. **Dring, dring.** (K. Pancol, *Les Hommes cruels ne courent pas les rues*, 1991 [1990], 27.)

9. Mais **dring ! Dring ! Dring !** C'est la sonnette ! [...] Le spectacle va reprendre. On est prié de regagner ses places. (J.-P. Verheggen, *Les Folies-Belgères*, 1990, 91.)

10. [...] à cet instant le carillon de la porte a refait **dring dring** [...]. (V. Ravalec, *Le Cantique de la racaille*, 1994, 212.)

11. Les accouchements se faisaient à la maison, du pays venait une sage-femme, sans diplôme, mais qui avait l'habitude des mioches, et, en effet la plupart du temps, le « travail » était fait lorsque son vélo « **dring dring** » pointait sur le chemin. (P. Chevrier, *La Haute-Bigue*, 1996, 111.)

V. encore *vlouf*, ex. 5.

• Associé à d'autres onomatopées.

12. **Dring** ! **Dring** ! boum* ! boum !
rangez-vous
Tous.
Le Cirque déménage :
Portant son bagage,
Il voyage,
Ailleurs installons-nous. (A. Guénée, Delacour et Lambert-Thiboust, *Les Variétés de 1852*, 1852, 63).

2. "(bruit de la sonnerie du téléphone)". □ VAR. *drigne* (rare), *ring* (rare), *tring* (rare).

13. RRRING RRRING
[TINTIN.] – Allo ? (Hergé, *Tintin en Amérique*, 1947 [1945], 9.)

14. ***Drrrng !*** [...] Nimier veut me voir ! (L.-F. Céline, *Rigodon*, 1973 [1961], 20.)

15. TRRING
[HADDOCK.] – Allo ? (Hergé, *Les Bijoux de la Castafiore*, 1963, 12.)

16. – [...] j'aurais décroché le téléphone au premier **dring**. (Chr. de Rivoyre, *Les Sultans*, 1964, 190.)

17. *(**Drigne** !)*
MIREILLE. – Yal [*sic*] téléphone qui sonne [...] ! (J. Godbout, *D'amour, P.Q.*, 1991 [1972], 51.)

18. Le téléphone émit sa musique charmeuse. Boul grogna. Il n'aimait pas ce raffinement. Un téléphone est un objet utile, et ça doit faire **dring** ! quand ça sonne. (J. A. Lion, *Les Corbillards reviennent à vide*, 1989, 85.)

19. [...] le téléphone a lancé un **dring** retentissant. (N. Ancion, *Quatrième étage*, 2000, 199.)

V. encore *clic-clac*, ex. 40 ; *Anthologie*, n° 51.

— Répété.

20. « **Dring, dring, dring**... » Le téléphone, encore. (L. Malet, *Du rébecca rue des Rosiers*, 1991 [1958], 869.)

21. **Drrrring** ! **Drrrring** ! **Drrrring** ! **Drrrring** ! **Drrrring** ! La sonnerie du téléphone résonne dans l'appartement pour la première fois depuis quinze jours. (L. Bénégui, *Caramelle*, 1989, 73.)

22. **Dring, dring**, huit heures du mat. Je décroche. (D. Pennac, *La Petite Marchande de prose*, 1989, 144.)

23. [...] le Rapido avait récolté l'ancien numéro de téléphone d'un salon de coiffure et, toutes les cinq minutes, **dring dring**, ce serait pour une permanente [...]. (M. Embareck, *2–1 = 0*, 1991, 100.)

24. Le lendemain matin, à l'instant pile où mes tartines jaillissaient, finement dorées, du grille-pain, la sonnerie [du téléphone] retentissait, **dring dring**, ô ma quiétude perdue [...]. (V. Ravalec, *La Vie moderne*, 1996, 40.)

DÉR. **dringuer** v. intr. "faire *dring*". « Le téléphone qui **dringue**, l'arrache à son défaitisme » (J.-J. Dupuis, *Le Ventre de l'ombre*, 1989, 94).

3. "(bruit d'un petit signal sonore)".

25. La machine à écrire, on n'osait plus. / La seule fois où on avait appuyé sur une touche [...] le chariot, **dddriiing** ! il était parti très fort sur la gauche. (R. Bacri, *Le Beau Temps perdu*, 1978, 188.)

♦♦ **1.** Attesté dep. 1852 (v. ici ex. 12). **2.** Attesté dep. 1945 (v. ici ex. 13). **3.** Attesté dep. 1978 (v. ici ex. 25). — GLLF ; TLF ; Rob 2001 ; NPR 2000 ; PL 2000 ; TraitDu 1989, 151.

DZIM

1. "(bruit ponctuel, souvent d'origine métallique, ou bruit de verre brisé)".

1. Tout à coup, les manifestants [...] ramassent des pierres, des bouteilles vides, les lancent contre les fenêtres [...], les carreaux font **dzim** [...]. (J. Anglade, *Les Ventres jaunes*, 1991 [1979], 247.)

— Associé à une autre onomatopée.

2. **Dzim**, balaba**dzim** ! **dzim** ! **dzim** !... Ce sont les gamelles qui fichent le camp, qui se battent, qui font des cabrioles de clowns autour du bidon de la chambrée. (*Le Régiment illustré*, 26 mai 1897, 5.)

3. – [...] Un méchant casse [= cambriolage]. Piqué comme un cave en plein turbin : j'avais laissé tomber ma pince :

dzim, baoum* ! Les hirondelles [= agents de police] passaient juste à ce moment-là [...]. (F. Raynal, *Faubourg*, 1950, 96.)

2. "(bruit de cymbales)".

4. Le **d'zim** d'une cymbale qui vient de syncoper l'ascension d'une valse [...]. (A. Vialatte, *La Maison du joueur de flûte*, 1989 [1943-1944], 49-50.)

— Associé à d'autres onomatopées.

5. Les caisses battent, les clairons sonnent ! On entend à peine la voix des naufragés de la première barque ! Foule ingrate ! *Et* ***dzimm*** *et boum*, et* ***dzimm !*** *ra ta ta, ta ta, ta, ta ta !* [v. *taratata*[1] rem.] (J. Vallès, *La Rue*, 1866, *Œuvres*, 1975, t. 1, 710.)

6. [...] une façon de marche triomphale qu'il avait jadis composée en l'honneur du ministre de l'Instruction publique venu poser la première pierre du lycée de Vanne-en-Lorraine.
– Écoutez un peu ça, Cozal. Tra la la, broum*, broum ! Très chouette, hein ? **D'zim** !... Amusant, le coup de cymbale ! Broum ! Broum ! (les bassons). Tu tu tu... (Entendez-vous les clarinettes ?) Broum !... Et toujours la mélodie !... (G. Courteline, *Les Linottes*, 1912, *Théâtre...*, 1990, 493.)

• En contexte métaphorique.

7. Ah ! c'est qu'on est pas muff' en France,
On n' s'occup' que des malheureux ;
Et **dzimm** et boum* ! La Bienfaisance
Bat l' tambour su' les Ventres creux !
(J. Rictus, *Les Soliloques du pauvre*, 1897, 13.)

8. C'est l'été, **dzim** boum* ! Ça chauffe partout ! Ça bouge ! Ça sieste ! Ça nage ! (S. Rezvani, dans *Libération*, 28 juillet 2001, 4.)

• V. aussi **zim* boum boum**.

♦♦ **1.** Attesté en 1555 sous la forme *zin* (« Chippe choppe, torche lorgne / **Zin zin** patipatac... A mort à mort... » Clément Janequin, « La Bataille de Marignan », *Anthologie*, n° 3, 2e version). **2.** Voir *zim* boum boum*, et aussi : 1866 (v. ici ex. 5) ; 1868 (« Quand ces beaux pompiers vont à l'exercice [...] **Tzim** la i la, **tzim** la i la, les beaux militaires » Philibert et Burani, *Les pompiers de Nanterre*, dans M. Pénet, *Mémoire de la chanson*, 1998, 528) ; 1889 (« Derrièr' la musique militair' / En marchant ell' faisait comm' ça / **Zim** la **zim** la, **zim** la la » *Derrièr' la musique militaire*, *ibid.*, 690). — Absent des dictionnaires consultés, à l'exception de FEW 23, 195b 'bruit ; tapage'.

DZING □ VAR. *dzin, dzingue, zing.*

1. "(bruit brusque et cinglant, produit notamment par un coup, par un choc)".

1. FANFAN. – [...] Et puis il y a donné l' fouet...
TOUS. – Voyez-vous ça !
FANFAN. – Ah ! faut dire aussi, elle avait été méchante, gourmande et bavarde. Il lui en a donné, **zing, zing, zing** !... (E. Vanderburch, *Le Petit Poucet*, dans *Théâtre de Mr. Comte*, 1828, 22.)

2. HERMANCE. – Son corps fut relevé... percé de cinq coups de couteau... **Dzingue** !
BUFQUIN. – Cinq coups de couteau ! **Dzingue** !... Pour un pot de fleurs !

(E. Labiche, *Le Papa du prix d'honneur*, 1868, *Théâtre*, 1991, t. 2, 673.)

3. **Dzzing**, la balle fracassa une vitre de côté, là où était ma tête une seconde auparavant. (A.D.G., *Juste un rigolo*, 1977, 104.)

4. Et d'un coup, **dzing**, deuxième secousse, je venais d'accoster son ménisque gauche. (Bayon, *Le Lycéen*, 1987, 161.)

5. Je le [l'instituteur] vois encore [...] tracer des lignes au tableau avec une ficelle pleine de craie et qu'il faisait tenir à chaque bout par des grands. Lui, au milieu, il pinçait un coup. **Dzing** ! Et il y avait dessous la ligne blanche, bien droite. (Y. Gibeau, *Mourir idiot*, 1988, 16.)

6. [...] je tape bien droit [sur un punching-ball électronique], aidé par mon nouvel orgueil et par un mouvement de torsion des hanches... **Dzing** ! Cent soixante ! Le tour du cadran. (Fr. Céresa, *Le Carnaval des grenouilles*, 1989, 195.)

7. Les balles, **dzinn** ! zziu [v. *zzz*] ! et les rafales de mitrailleuses, tactactactac [v. *tac*] ! (E. Rossignol, *Une enfance en Alsace*, 1990, 123.)

— **et dzing.**

8. Gérard était planté au milieu de sa carpette, une ceinture à la main et cinglait de toutes ses forces la Solange qui rampait à ses pieds [...]. **Et zing**, ça tombait sur le ventre, la boucle arrachait un morceau d'étoffe [...]. (A.D.G., *La Nuit des grands chiens malades*, 1990 [1972], 165.)

V. encore *pif*, ex. 2.

— Répété.

9. Toinette, la première fois que je vous ai vue, vous m'avez chatouillé le cœur, la seconde fois la flèche du petit dieu m'a perforé, et aujourd'hui quand vous me parcourez du regard, ça me brûle ! vos yeux me font **d'zing, d'zing** ! comme des allumettes chimiques allemandes. (Cogniard frères, *Les Enfans du délire*, 1838, 2.)

10. Et toute la journée, il [le rémouleur] pédalait pour actionner sa meule, **zzzing ! zzzing** ! ça aiguisait. (L. Chaleil, *La Mémoire du village*, 1989 [1977], 138.)

11. Il y eut [...] de grandes étincelles bleues aux dérapages des roues sans pneus, des rayons voilés, arrachés, **dzing, dzing** [...]. (M. Quint, *Les Grands ducs*, 1991, 104.)

— Par analogie.

12. CHAMPBOURCY. – C'est mon mal de dent... ça m'élance. **Dzing ! dzing** ! (E. Labiche, *La Cagnotte*, 1864, *Théâtre*, 1991, t. 2, 241.)

2. "(bruit d'instruments de musique, notamment de cymbales)".

13. (*Bruit du chapeau chinois.*) Assez ! assez ! (*Faisant le simulacre d'en jouer.*) **Dzing, dzing** ! En langage chapeau chinois, ça veut dire : À toi pour la vie ! (E. Labiche, *La Femme qui perd ses jarretières*, 1851, *Théâtre*, 1979, t. 2, 180.)

DÉR. **zinguer** v. intr. "faire *zing*". « [...] le presto galope, les cymbales **zinguent**, les flûtes rient à trilles déployées » (Willy, *Notes sans portées*, 1896 (1895], 40).

— Souvent associé à d'autres onomatopées, notamment à *boum**.

14. **Dzing** ! Boum* !
Dzing, ba la boum ! boum ! boum !
Ba la boum ! **dzing, dzing** ! boum !
C'est la fanfare

Rare. (Ch. Monselet, *La Revue sans titre*, 1877 [1876], 39.)

15. Boum* ! boum ! et **zing, zing** ! Voici celui qui, né en 1786, a vu passer plus de gouvernements qu'un préfet dégommé n'en rêve ! À moi, les cuivres et les peaux d'ânes ! (E. Bergerat, *Le Livre de Caliban*, 1887, 315.)

16. Attention ! Danbé lève son bâton. Une, deux. **Zing** ! Boum* ! Tra la la ! (E. Bergerat, *Les Figarismes de Caliban*, 1888, 263.)

V. encore *baoum*, ex. 15-16 ; *ran*, ex. 30 ; *taratata*[1], ex. 3.

• En contexte métaphorique.

17. Surtout ne m'y traite pas trop de rédacteur et tâche que les quelques lignes d'en-tête soient ainsi conçues « [...]. » Boum* ! **Dzing** ! Pas plus je t'en prie. (Ch. Monselet, 10 août 1846, *Lettres de Monselet à Lesclide*, 1927, 65.)

• V. aussi **zim*** **boum boum**.

— "(pour marquer la rapidité d'un procès)".

18. Lucie Fortier de l'Alhambra, elle, avait un truc épatant ; elle n'y allait pas par quatre chemins ; elle donnait dix francs au garçon de bureau, [...] il chipait le cachet sur le bureau d'un censeur et **zing** ! ça y était. (E. Héros, *Les Lyriques*, 1898, 196.)

3. "(bruit de scie électrique)".

19. **Dziiiiiiiiinnnnng**, c'est le bruit de la scie, tu entends ? (J.-P. Carminati, *La Concordance des dents*, 2001, 31.)

◆◆ Attesté dep. 1758 (« Chacun d'estoc et de taille / Bravement s'escrimera, / Eh ! **zingue, zingue, zingue** ; / Ils vont tous à la Bataille / Ainsi qu'au Bal de l'Opéra » [Favart], *La Soirée des boulevards*, 1759, 45) ; cf. aussi tel refrain de 1725 (« Profitons du moment heureux. / Et **zing, zing, zing**, etc. » A. Piron, *Les Huit Mariannes*, *Œuvres complettes*, 1776, t. 7, 76) et, pour exprimer un coup, en 1754 (« Sans parde de tems je recule six pas pour prende du champ ; et pis, **zin**, zon, (tou ou de volée) je l'y sarvons par-ci par-là queutes suçons sus la gueulle » P. Boudin, *Madame Engueule*, 17) ; 1808 (« DUBOULEAU, *à part, après avoir ramassé la verge*. [...] Marmots, faites du tapage, / Mais, dès demain à l'ouvrage, / Les Pinsum, le Rudiment... / Et **zing**, et **zing**, et **zing**, et **zing**, / Et clic, et clic, et clac, / Tout cela n'ira pas mal / Après la noce le bal [...] » Francis et Coster, *Comme ça vient et comme ça passe*, dans DDL) ; dep. 1838 *dzing* (v. ici ex. 9). — Absent des dictionnaires consultés, à l'exception de TraitDu 1989, 152 et FEW, 23, 195b 'bruit ; tapage'.

DZZ □ VAR. *dzee, dzi, dzie.*

1. "(bruit de bourdonnement d'un insecte ailé : abeille, frelon, guêpe, mouche, moustique, etc.)".

1. Les mouches n'ont peur de rien ! Elles bourdonnent, **dzzz** ! (P. et V. Margueritte, *Zette*, 1903, 47.)

2. **Dzie...dzee** [titre] Un moustique / **dzie... dzie** / un moustique / **Dzee... dzee** / tournait tournait tournait / **Dzee** / Bourdonnait bourdonnait bourdonnait / **dzee**... / autour de mes oreilles / **dzii... dzii**... / comme pour me dire / **dzii** / comme pour me dire / **dzee** / qu'il fallait bientôt en finir / **Dziiii**... paf* ! / bruit commun / main sadique

/ Mort. (Yves, de Mâcon, dans *Actuel par Actuel,* 1977, 154.)

2. "(bruit de bourdonnement ou de sifflement d'un appareil, d'un moteur)".

3. **Dzz** ! **Dzz** ! a lâché la sonnette de l'ouvre-porte.
J'ai traversé la pièce.
Dzz ! **Dzz** ! À nouveau, l'ouvre-porte.
J'ai décroché. (N. Ancion, *Les Ours n'ont pas de problème de parking,* 2001, 73.)

♦♦ Attesté dep. 1903 (v. ici ex. 1). — Absent des dictionnaires consultés.

E

EURK □ VAR. *er(c)k, heurque* (rare).

1. "(bruit du rot)". □ VAR. *heurgh, hurk.*

1. **Heurrghh !** / Et un rot. (Cl. Lucas, *Suerte*, 1998 [1995], 224.)

2. BEURP ! [v. *burp*] EURK ! [...] / La jeune maman est émue par le rot de son bébé. Elle est beaucoup moins émue quand le bébé a 15 ans et qu'il continue de roter à table. (J.-L. Fournier, *Je vais t'apprendre la politesse...*, 2000 [1998], 63.)

V. encore *hug*, ex. 2.

2. "(marque la nausée physique)".

3. **Eurk** ! J'ai à peine le temps d'ouvrir la portière. Je n'ai rien offert à mon estomac, mais il se vide quand même... **Eurk** !... (*Le Livre de Flemming*, Bibliothèque du Canada, 1998, Collection électronique resAnet, Internet.)

REM. **ouerk** "id.". « Évidemment, Denis aurait arrêté la voiture pour le laisser vomir [...], **ouerk** ! [...] » (G. Dormann, *Le Bateau du courrier*, 1974, 47).

3. "(marque le dégoût, la répugnance)".

4. Et je me frotte les mains. **Heurrrrque** ! L'impression d'avoir touché à des choses sales. (P. Siniac, *Luj Inferman' ou Macadam Clodo*, 1982, 9.)

♦♦ Attesté dep. [1852 « HÈQUE ! exclamation qui exprime le dégoût » (J.-E. Decorde, *Dictionnaire du patois du pays de Bray*, 1993, 91)] 1912 (« **Herque** interj. Exclamation manifestant le dégoût, toujours mise en valeur par une contorsion du visage des plus accentuées » Henry Cormeau, *Terroirs mauges. Miettes d'une vie provinciale*, Paris, t. 1, 236). — Absent des dictionnaires consultés, à l'exception de TraitDu 1989, 59 (« beurk ! [...]. *eurk !* (en Belgique), *erk !* ») ; aj. à FEW 22/1, 30b 'dégoût'.

F

FFF[1] □ VAR. *feh, ffh, fu, fue, fuh, fui, ph, phou, phouh, phu.*

1. [Domaine concret]
1.1. [La source est un animé] "(bruit produit par un souffle d'air)".

— "(bruit produit par l'expiration)".

1. PETYPON, *bondissant en le voyant approcher son allumette enflammée de sa cigarette.* – Hein ! Ah non ! **ffue** ! *Il souffle l'allumette.* (G. Feydeau, *La Dame de chez Maxim*, 1899, *Théâtre complet*, 1988, t. 1, 730.)

2. Il rejeta d'une main ses gros cheveux bouclés en arrière, souffla "**phuu**" d'un air las. Fanny pensa qu'il devait dire : « Quelle chaleur ! » (Colette, *La Seconde*, 1929, *Œuvres*, 1991, t. 3, 416).

3. Clara Cellerier fumait, virile comme un collégien, en soufflant, « **phuu** ». (Colette, *La Seconde*, 1929, *Œuvres*, 1991, t. 3, 432).

4. [HADDOCK.] – **Fffh** !... Quelle chaleur dans ces studios ! (Hergé, *Le Crabe aux pinces d'or*, 1941, *Archives Hergé*, 1980, t. 4, 353.)

5. Je souffle de fantasques bougies, **ff ff ff ff**... (H. Pichette, *Les Épiphanies*, 1989 [1948], 72.)

6. [...] Joseph ramassa les miettes, chassant les dernières [...] à grands **fff** joyeux qui tenaient plus du rire que du souffle, précédés d'une profonde inspiration. (M. Quint, *Billard, à l'étage*, 1993 [1989], 65.)

7. Et ouais, ça va, je les souffle, mes bougies !
– **Fffffffffff** ! (M. Albertini, *Les Merdicoles*, 1998, 173.)

• Associé à une onomatopée exprimant le bruit de l'inspiration.

8. [...] expirer [...], **fuuuuuu**, inspirer à nouveau, uuuuuuuuf [...]. (J.-M. Gourio, *Chut*, 1998, 44.)

V. encore *ron*, ex. 10 ; *rrr*, ex. 4.

— "(bruit d'essoufflement)".

9. Au troisième étage, il croisa le père Henri qui montait péniblement. [...] À chaque marche gravie, il soupirait : « **fuiii**... » (F. Raynal, *Faubourg*, 1950, 16.)

10. [TINTIN.] – Et Rastapopoulos ? [HADDOCK, *qui est tombé en courant.*] – Sais pas... **fffh**... Ma carabine... **fffh**...

accrochée... **fffh**... dans un arbre... **fffh**... Navré ! (Hergé, *Vol 714 pour Sydney*, 1968, 36.)

11. **Phouh**. Je souffle comme un phoque. (Benatar, *Un ange, pas deux*, 1991, 163.)

— "(bruit de sifflet, de sifflement)".

12. THOMMEREUX. – À la grâce de Dieu !... **ffue ! ffue ! ffue ! ffue ! ffue ! ffue ! ffue !** *Il sort en sifflotant par le fond.* (G. Feydeau, *Le Système Ribadier*, 1892, *Théâtre complet*, 1988, t. 1, 67.)

13. Quand ce bouillon délectable
Eut paru dessus la table, [...]
Tous les convives dirent : **Phuuu**...
Ce qui, comme on sait, des convives
Marque l'allégresse très vive [...].
(Franc-Nohain, *Le Dimanche en famille*, 1902, 252.)

V. encore *Anthologie*, ex. 32.

REM. **hu** "id.". « Eh ! coquin de sort, Bézuquet, ne sifflez donc pas comme ça pendant qu'on vous parle. [...] / – **Hu-hu-hu**, sifflotait le pharmacien emporté par sa manie [...] » (A. Daudet, *Tartarin sur les Alpes*, 1885, *Œuvres complètes*, 1930, t. 10, 21.)

1.2. [La source est un inanimé concret] Répété.

— "(bruit produit par un pétard, une fusée".

14. [...] des marches, *pan*, pan, pan*, des danses, *trala déridéra* ; des canons, *pon, pon* [v. *poum* rem.] ; des pétards, des fusées, ***feh, feh, feh***, et vous m'en direz des nouvelles. (Moreau, Rougemont et Jules, *Relâche pour la répétition générale de Fernand Cortez*, 1810 [1809], 9.)

— "(bruit produit par un soufflet)".

15. Mais déjà leur maître ressortait, brandissant ce soufflet d'horticulture qui lui servait à distribuer, selon les saisons, la fleur de soufre ou le D.D.T. [...] Michel pencha la tête du [*sic*] côté, considéra sa mélisse avec amitié, puis lui envoya soudain un petit nuage de poudre blanche. Il fit alors quatre pas. « **Phh, phh** », répéta le soufflet, poudrant à frimas une clématite chevelue. « **Phh, phh** » insista-t-il en s'intéressant à la pommette d'une rose. (H. Bazin, *Le Bureau des mariages*, 1951, 206.)

— "(bruit d'une locomotive à vapeur)".

16. [...] Poum [...] s'était mis [...] à faire la locomotive : « **Phou ! Phou ! Phou !** » en entrant dans la salle à manger [...]. (P. et V. Margueritte, *Poum*, 1897, 80.)

17. [...] Louise demandait s'il n'était pas plus simple qu'elle prît le premier train avec Pierre ; mais le petit avait peur des machines qui font **fu fu**, comme il disait en se bouchant les yeux de ses deux mains. (E. Droz, *Au Petit-Battant*, 1983 [1905], 301-302.)

18. [...] Le train va partir... *(Elle imite soudain, avec sa bouche, le bruit d'une locomotive et avec ses mains le mouvement des roues.)* **Fû... fû... fû**... (Ch. Fole et A. de Lorde, *Un concert chez les fous*, 1910, dans *Le Grand Guignol*, 1995, 346.)

2. "(marque d'indifférence, de désinvolture, de dédain ; marque de lassitude)".

19. En s'éventant, il grommelait : « **Fuh** ! en voilà, une vermine ! » (J. d'Arbaud, *La Sauvagine*, 1929, dans *Gens de Provence*, 1997, 689.)

20. – Et y en a des cons, hein ? Y en a de plus en plus, hein ?
– Y en a de plus en plus. Deplus en plus. Dpluzenpluss. **Fff**. Des cons... (F. Caradec, *La Compagnie des zincs*, 1986, § 34.)

REM. **fouf** “id.”. « – Ouais, mais c'est ma quatrième leçon [de conduite], hé, tordu ! Je voudrais t'y voir à ma place ! Combien t'as mis de temps, toi, pour apprendre ? / – Moi ? **Fouff** !... Deux ans ! » (V. Thérame, *Bastienne*, 1986, 10).

♦♦ Attesté, pour exprimer [le souffle d'un soufflet, dep. début 16e s., sous la forme *hou* (« Sur la court, la petite fille / Tenoyt un soufflet, **hou, hou, hou,** / Et souffloyt, mais je ne sçay ou », *Le Monologue du baing*, dans G. Coquillart, *Œuvres*, 1975, 298)] le souffle du vent, dep. 1535 sous la forme *fou* (« **Fou, fou, fou**, si faict le vent » *La Fleur des noëls*, v. *Anthologie*, n° 1, str. 2) ; 1674 (« PLUTON. – Quoy ! vos ombres téméraires m'osent répliquer, moy, qui puis vous faire évanouir d'un souffle seulement ? / LES MÉDECINS. – Nous demandons justice, justice. / PLUTON. – Encore ? Ah ! je m'en vay souffler. **Fu ! fu !** » Brécourt, *L'Ombre de Molière*, 1880, 87). — Absent des dictionnaires consultés, à l'exception de TraitDu 1989, 167-169.

FFF[2] □ VAR. *ph.*

Souvent répété “(bruit de crachement du chat en colère)”.

1. LE CHAT *(jure et lève la patte)*. **Fff** !!! **fff** !!! (L.-E. Duranty, « Les Plaideurs malgré eux », *Théâtre des marionnettes*, 1995 [1862], 355.)

2. Par des courbes savantes, insensiblement le chat s'est rapproché de Polichinelle qu'il a reconnu.
Fffff !
Tel est le cri de guerre dont il salue son adversaire. (Champfleury, « Polichinelle et le chat », 1863, *Pantomimes*, 1995, 92.)

V. aussi *crr-crr*[2], ex. 18 ; *rrr*, ex. 5.

♦♦ Attesté sous la forme *fu* dep. 1691 « MEZZETIN, *contrefaisant le chat.* – Mgnao, **fu, fu** » (L.A.D.S.M., *Ulisse et Circé*, dans Gherardi, *Le Théâtre italien*, 1701, t. 3, 518). — Absent des dictionnaires consultés.

FFT[1] □ VAR. *fut, futh, phut.*

1. [Domaine concret]
1.1. “(bruit de l'expiration)”.

1. [TINTIN, *relevant la visière d'une armure.*] – **Ffuut** !... Je commençais à avoir chaud... (Hergé, *Tintin en Amérique*, 1932, 103.)

2. Les femmes fument. On entend le **fft** plus ou moins long de leurs haleines qui soufflent la fumée. (Chr. de Rivoyre, *Les Sultans*, 1964, 89.)

1.2. Répété “(bruit d'une locomotive à vapeur)”.

3. **Futh** ! **futh** ! v'là le convoi qui repart ! (E. Labiche, *Maman Sabouleux*, 1852, *Théâtre*, 1979, t. 2, 319).

1.2. “(bruit d'absorption rapide d'une boisson)”.

4. UN : [...] Tenez, goûtez, j'en ai acheté une demi-bouteille.
DEUX : Je veux bien [...]. **Fft**...
UN : Pas si vite. (R. Dubillard, « L'apé-

ritif », *Les Diablogues*, 2000 [1976], 103.)

2. [Domaine abstrait]
2.1. "(pour marquer ou accompagner un départ rapide, une disparition)".

5. JUSTIN [...]. Prends cette malle et porte-la dans la chambre bleue... quand ce sera fait, tu reviendras... Allez, **ffutt** !... (*Il lui envoie un coup de pied au bon endroit* [...]). (G. Feydeau, *Dormez, je le veux !*, 1897, *Théâtre complet*, 1988, t. 1, 676.)

6. « LE GÉNÉRAL. – [...] si seulement j'avais eu encore ma femme !... [...] Mais, ma pauvre générale, comme vous savez, n'est-ce pas, **ffutt** !... (*D'un geste de la main il envoie la générale au ciel.*) Ah ! je ne l'ai jamais tant regrettée !... (G. Feydeau, *La Dame de chez Maxim*, 1899, *Théâtre complet*, 1988, t. 1, 759.)

7. Et demain, demain il sera trop tard ! Plus personne ! **Ftt** ! Partis, les *Yang koui tze* ! Envolés ! (P. Claudel, *Partage de Midi*, 1re version, *Théâtre*, 1906, dans DDL.)

8. Il s'est abandonné au désespoir : sur un élan de détresse, il a enfilé une bouche d'aération, **fffftt**, pour sauter dans le vide de dix mètres de haut. (Bayon, *Le Lycéen*, 1987, 313.)

9. Mais Jules, **ffft** ! disparu ! (O. Deck, *Les Chopines*, 2002, 101.)

V. encore *zim*, ex. 3.

2.2. "(pour marquer l'indifférence)".

10. Les parents, vieux messieurs, dames d'âge, **phutt**, abolis, supprimés... (P. et V. Margueritte, *Zette*, 1903, 212.)

♦♦ Attesté dep. 1852 sous la forme *futh* (v. ici ex. 3). — Absent des dictionnaires consultés.

FFT[2] □ VAR. *fout, fut.*

Souvent répété "(bruit de crachement du chat en colère)".

1. [...] *(imitant le chat)* Miaou* ! miaou ! miaou ! Crrr' [v. *crr-crr*[2]] **futt'**. (Meilhac et Millaud, « Le Soldat de plomb », 1883, dans M. Pénet, *Mémoire de la chanson*, 1998, 627.)

2. FOUT', FOUT. ***Fout', fout'***, *c'est le jurement des chats.* (Nizier du Puitspelu, *Le Littré de la Grand' Côte*, 1894, 158.)

V. encore *Anthologie*, n° 14 et 23.

— Avec jeu de mots.

3. MINET. – Partez vite... ou je vous rends votre forme primitive... ou je vous change en chat.
GATTIÈRES. – **Futt**... ichtre ! mais non !... j'aime mieux m'en aller. (P. Siraudin, *Le Chat de Cendrillon*, 1855, 13.)

— [Par analogie]

4. – Demande pardon au monsieur, dit la jeune femme.
Le guépard me regarda haineusement. La peau jaune de son mufle se fronça autour de sa moustache noire.
– **Fftt**, grogna-t-il, à la façon d'un gros chat. (P. Benoit, *L'Atlantide*, 1919, FXT.)

♦♦ Attesté dep. 1855 (v. ici ex. 3). — Absent des dictionnaires consultés.

FLA

1. "(bruit produit par un choc)".

1. Elle détourna la tête, tendit la main, ferma la porte. / ***Fla !*** fit la porte. Tout était fini. [...] Ce ***fia*** [*sic*] ***!*** était la fin

de tout ça. C'était comme un glas qu'on vous sonnerait au cœur. Ce ***fla !*** c'était le bruit de la pelletée de terre sur la boîte de bois blanc : ***fla !*** (E. et J. de Goncourt, 1853, *Journal*, 1989, t. 1, 89-90.)

— Redoublé.

2. [...] un doux silence, dans lequel on perçoit le clapotement de l'eau, le ***flafla*** mouillé du filet qu'on ramasse, les querelles à voix basse des deux pêcheurs [...]. (E. et J. de Goncourt, 21 juillet 1871, *Journal*, 1989, t. 2, 461.)

2. Le plus souvent associé à *ra** "(bruit de la frappe d'un double coup de baguette sur un tambour, d'abord légèrement de la main droite, puis fortement de la main gauche)".

3. Il y avait une place vacante d'élève tambour.
Peau-de-Balle la prit.
Dispositions étonnantes ! Les ***fla*** et les *ra** vibrèrent bientôt sous ses doigts exercés. (A. Allais, « Peau-de-balle », 1887, *Œuvres posthumes*, 1990, 125.)

4. Le tambour de ville, pour suivre le progrès, dut se faire motoriser : il n'opère plus qu'à bicyclette, avec une caisse inamovible et des baguettes à manivelle [...]. En revanche, il y a perdu ses rra* (le moelleux du grondement, le crescendo du tonnerre, le filé, le mourant du son, tout ce qui charmait si fort les oreilles délicates). Il ne donne plus que des **fla**. Le char du progrès avance sur le cadavre de l'art. (A. Vialatte, *Profitons de l'ornithorynque*, 1991, 169-170 [Passage d'abord publié en décembre 1951].)

V. encore *ra*, ex. 1-11.

— **et fla.**

5. Et **ffla**, et ra*, et **ffla**, et mes Pandours vont au pas ! (G. Lemoine, « Le Major Schlagmann », dans *Album du ménestrel*, 1849, t. 1, 76.)

— Répété.

6. [...] si on avait le malheur de battre un **fla fla fla**, pour un r r r ra*, il vous flanquait sur les doigts, mais je dis ferme. (A. Martainville, *Tapin, ou le tambourineur de Gonesse*, 1809 [1807], 23.)

7. [...] vlà qu'ensuite je regarde le capitaine, y ne pouvait pas se tenir sur les jambes, qui battait des **fla fla** mieux que notre meilleur tambour-maître [...]. (E. Suau, *Scènes de France et d'Afrique*, 1834, 292.)

3. Redoublé, n. m.
3.1. Vieilli "recherche de l'effet ; manifestation d'un comportement qui manque de naturel".

8. Bon Dieu ! comme y fait du **flafla** ;
C'te plac' là n' f'rait pas mon affaire ;
Je n' sais pas m' courber à propos,
D'vant l' ministère [...]. (P.E. Debraux, « Jean-Pierre », *Chansons nationales nouvelles et autres*, 1832 [1827], t. 2, 191.)

9. [...] ce soir, le bal de madame est raté, – ratatibus ! – ça va-t-être une pêle-mêle où on ne retrouverait pas son père. – C'est trop petit ici pour faire des ***fla-fla*** pareils : – la société y sera comme les *avantages* de madame dans son corset. (A. Villemot, *La Vie à Paris*, 2e série, 1858 [1856], 203.)

10. RATINOIS. – Ce sont ces dames...
ROBERT. – Pour faire de l'embarras, du genre, du **flafla** ! Aujourd'hui, c'est la mode ; on se jette de la poudre aux

yeux, on fait la roue... on se gonfle... comme des ballons... (E. Labiche, *La Poudre aux yeux*, 1861, *Théâtre*, 1991, t. 1, 852.)

11. Elle nous présente avec grand **flafla** à la maîtresse de Fiorentino, la fameuse Nelly [...]. (E. et J. de Goncourt, 7 novembre 1861, *Journal*, 1989, t. 1, 745.)

3.2. “ornements de toilette”.

12. En voilà ! En voilà des ajustements ! des **flaflas** ! Comment ! De la soie pour doublure, à deux francs !... (G. Flaubert, *Madame Bovary*, 1857, FXT.)

13. On me livra un carton plein de robes à pompons, à frou-frou*, à **flafla**. (B. Bardot, *Initiales B.B.*, 1998 [1996], 536.)

V. encore *froufrou*, ex. 8.

♦♦ **1.** Attesté dans un emploi proche de *flic flac* en 1605 (« Je luy demande où est son fouët. “Il est invisible, **fla, fla**” ; faict du bras et de la main, comme s'il eust foueté sur ung cheval » J. Héroard, *Journal*, 1989, 692) ; enregistré dans TLF et Rob 2001. **2.** Attesté dep. 1807 (v. ici ex. 6) ; enregistré dans GLLF, TLF et Rob 2001. **3.1.** Attesté dep. 1827 (v. ici ex. 8). **3.2.** Attesté dep. 1857 (v. ici ex. 12). Comme l'indique justement TLF, *flafla* est une réduplication de *fla*, le rattachement à *FLAT (FEW 3, 609b) ne s'impose pas ; enregistré dans GLLF ; TLF ; Rob 2001 ; NPR 200 et Lar 2000.

FLAC □ VAR. *flaque* (rare).

1. [Domaine concret]
1.1. “(bruit d'un coup brutal, notamment d'une gifle)”.

1. **Flaac** !... **flaac** !... / Nora encaisse les deux mandales [= gifles], chancelle, [...] ! (A. Simonin, *Le Hotu*, 1968, 179.)

2. **Flac** ! fait la matraque en s'abattant sur la casquette. (M. Lebrun, *Loubard et Pécuchet*, 1996 [1982], 125.)

V. encore *zouip*, ex. 1.

— **et flac !**

3. [...] le chien rose remuait la queue [...], rêvant de faire ami-ami, **et flacc**, la caillasse lui cinglait les pattes. Il était remercié et vivement convié à aller se faire canarder ailleurs si j'y suis. (Bayon, *Les Animals*, 1990, 165.)

— Répété.

4. Et il lui envoyait des coups de godasse, **flac** ! **Flac** ! (Gébé, *Reportages*, 1973, 115.)

— Associé à d'autres onomatopées.

5. Les Africains nous apprenaient patiemment à tirer. À la main. Aussi violemment et droit qu'avec un lance-pierres. À longueur de temps, **flac**-clac*-plac* : dans des boîtes de conserves, dans les poules, les clebs, cabris, oiseaux... (Bayon, *Le Lycéen*, 1987, 172.)

V. encore *pflaf*, ex. 2 ; *zip*, ex. 8.

1.2. “(bruit d'un objet, ou d'un liquide, jeté ou projeté ; bruit d'une chute ; bruit d'une progression dans un élément liquide)”.

6. [...] c'est commode... On entre, on ne sait où placer son chapeau... (*Il fait le geste.*) **Flac** ! (E. Labiche, *Deux papas très bien*, 1844, *Théâtre*, 1979, t. 1, 172.)

7. Ses pieds se prirent dans une branche et il s'étala dans la boue du chemin avec un **flac** retentissant. (P. Gerrard, *La Dame de fric*, 1997 [1960], 91.)

8. Enfin, il avait nettoyé le carrelage [...]. Il a été chercher un balai brosse, un seau... la serpillière. **Flac** ! à grande eau, il s'active [...]. (A. Boudard, *Le Banquet des léopards*, 1990 [1980], 141.)

9. Quand les avions des Anglais ont tout bombardé [...] ma mère est partie en courant [...]. Quand elle courait, elle a reçu un cerveau dans le ventre. C'était chaud et mou et ça a fait **flaque** quand je l'ai reçu, a dit ma mère [...]. (R. Clauteaux, *Sous le Pont des Corbeaux*, 1994, 80-81.)

10. Au courrier du mardi, il y avait une grande enveloppe postée en Italie. [...] / [...] Ce mardi, Laura n'avait pas la vedette. Son enveloppe *republica italiana*, **flac**, sur le buffet [...]. (M. Quint, *Lundi perdu*, 1997, 66 et 68.)

— Redoublé.

11. Cinq minutes plus tard, la voilà [la marée montante] qui bat le mur de la terrasse, d'un **flac-flac** doux et rapide, d'un mouvement soumis et content de chienne qui remue la queue... (Colette, *Les Vrilles de la vigne*, 1908, *Œuvres*, 1984, t. 1, 1046.)

12. Les gens se mettaient à courir. Ils barbotaient dans l'eau. Ils s'aspergeaient. Le **flacflac** de leur course se mêlait aux salves. (R. Queneau, *Saint Glinglin*, 1981 [1948], 240.)

13. Le bruit des vaches tirant le fourrage du râtelier, la chaîne rongeant le bois, les coups de cloches, les **flac-flac** d'une bouse dans la rigole. (R. Sabatier, *Les Noisettes sauvages*, 1988 [1974], 283.)

• "(bruit de coït)".

14. [...] dans cette posture qui faisait **flac-flacc** [...]. (Bayon, *Les Animals*, 1990, 263.)

• (bruit de battements accélérés du cœur)".

15. SAINT-FLORIMOND [...]. – [...] Tenez, mon cœur fait **flac** ! **flac** ! on l'entend battre. Oh ! un homme qui a un commencement d'hypertrophie ne devrait jamais se lancer dans des escapades amoureuses. (G. Feydeau, *Champignol malgré lui*, 1892, *Théâtre complet*, 1988, t. 1, 995-996.)

— En contexte métaphorique.

16. – Écrire un livre ! La maladie du siècle ! « J'ai été le pédicure de Farah Dhiba » **et flac** ! 858 pages ! 59,25 F hors taxes. Quelle misère ! (Fr. Hébrard, *Un mari c'est un mari*, 1986 [1976], 178.)

2. "(pour marquer la soudaineté d'un procès)".

17. Je m'élance, je déferle à travers les marches, les espaces... **Flac** ! Comme ça ! D'un coup pile !... En plein au milieu de l'escalier ! Mon sang fait qu'un tour !... La réflexion qui me saisit. (L.-F. Céline, *Mort à crédit*, 2000 [1936], 281.)

♦♦ Attesté dep. 1464 comme équivalent de l'actuel *glou glou*[1] (« Et ma bouteille a fait **flac** » *Mystère de saint Cristofle*, dans Gdf s.v. *flat*, v. TLF) ; *ca* 1480 (« Je vous sailly dedans le puy / Qui estoit devant la fenestre : / Je fiz ung grand **flac** dans l'eau » *Le Mono-*

logue du puys, dans G. Coquillart, *Œuvres*, 1975, 314) ; 1830 pour exprimer le bruit de coups de fouet (« **Flaflaflac** » Ch. Nodier, *Anthologie*, n° 12). — GLLF ; TLF ; Rob 2001 ; NPR 2000 ; PL 2000 ; TraitDu 1989, 171; FEW 3, 597b, FLAK-.

FLAF

"(bruit d'un coup, notamment d'une gifle)".

1. **Flaf** ! [...] La gifle avait claqué comme un coup de feu. (M. Lebrun, *Autoroute*, 1993 [1977], 284.)

2. Et puis, trêve de rigolade, à l'attaque : elle m'en met trois. Une (**flaff**), deux (**flaff**), trois (**flaff**) : trois beignes spéciales pète-sec bien serrées dans le portrait. (Bayon, *Le Lycéen*, 1987, 316.)

♦♦ Attesté dep. 1977 (v. ici ex. 1). — Absent des dictionnaires consultés.

FLAP

"(bruit léger et ponctuel)".

1. Mais **flap** ! une saute de vent lui décrocha la lettre des doigts [...]. (P. Siniac, *Mystère en coup de vent*, 1990, 42.)

2. Par moments, un petit « **flap** » trahit la fuite d'une grenouille ou le sursaut d'un poisson. (H. Abert, *Le Saut-du-diable*, 1993, 13.)

— Répété ou redoublé.

• [chaussures]

3. [...] il est vêtu d'un complet bleu marine qui a connu des jours meilleurs et de babouches de cuir rouge qui font **flap** ! **flap** ! quand il marche. (J. Faizant, *Au lapin d'Austerlitz*, 1962, 57.)

4. J'ai détalé encore plus vite, toc-toc*, tapait mon cœur, **flap-flap**, répétaient mes sandales claquant le bitume. (M. Chaillou, *La Croyance des voleurs*, 1990 [1989], 100.)

• [préparation alimentaire]

5. De la cuisine, on entendait la Siffreine qui battait les œufs de l'omelette dans une jarre de bois : **flap, flap, flap**, tandis que l'huile grésillait dans le poêlon. (R. Sabatier, *Les Enfants de l'été*, 1986 [1978], 16.)

Dans une comparaison.

6. Ça faisait **flap flap**, un gros bruit mou de pâte que l'on pétrit et repétrit. Ce n'était que les joues de Dickie sur lesquelles s'abattaient les mains de Lambert. (A. Page, *Tchao pantin*, 1987 [1982], 227.)

• [pales d'un hélicoptère, d'un ventilateur]

7. [...] ce **flap-flap** de l'hélicoptère de police qui balaye les alentours. (*Libération*, 6 janvier 1995, 56.)

8. [...] le vol des perroquets verts et le **flap-flap** des ventilateurs [...]. (*Le Point*, 15 avril 1995, 92.)

• [vol d'un oiseau]

9. Un pigeon s'envole d'une corniche, fait **flap flap** et puis s'en va. (*Libération*, 20 mai 1995, 27.)

10. [...] l'envol de la poule d'eau et le **flap-flap** majestueux du grand héron. (*Libération*, 10 mai 1997, 24.)

♦♦ Attesté dep. 1924 (« Puis le plancher du gaillard d'avant disparut sous des hommes sautés de leurs couchettes avec un **flap** ! de pieds nus » J. Conrad, *Le Nègre du Narcisse*, trad. de l'anglais, Paris, dans Kr. Nyrop, v. FEW). — Absent des dictionnaires consultés, à l'exception de TraitDu 1989, 172 et FEW 3, 606b, FLAPP-.

FLIC FLAC □ VAR. *flique-flaque* (rare).

1. [Bruit de coups]
1.1. "(bruit de coups répétés, en particulier d'une double gifle)".

1. Un jour, dans la *Maison isolée*, il se battait comme ça au sabre, **flic, flac, flic, flac**. Il met le pied sur la rampe, qui n'était soutenue que par une ficelle. (*Les Aventures plaisantes de M. Bobêche*, 1813, 174.)

2. V'là Sans-Quartier qui dit qu' ça ne se passera pas comm' ça ; ils avaient tous les deux leur sabre. Nous allons derrière la maison, et là, **flic, flac, flac, flic, flac**. Ah mon dieu ! queu malheur ! (C.O.D., *La Belle-mère, ca* 1818, 103.)

3. – Tais-toi, pécore... D'ailleurs, voici pour toi... Il y a trop longtemps que la main me démange...
– Et, **flic-flac**, à tour de bras, devant tout le monde, elle souffleta Sabine, qui fondit en larmes. (M.-É. Grancher, *Le Charcutier de Mâchonville*, 1945 [1942], 217.)

4. Elles lancent à droite et à gauche des coups de chasse [= coups d'œil] furibards, et badaboum*, badaboum, **flic, flac**, c'est un p'tit vieux bien propre qui disait rien à personne et qui prend un bon aller-retour, à toute volée [...]. (J. Guernec, *Les Propos de Coco-Bel-Œil*, 1947, 83.)

5. [...] et **flic, flac, flic, flac**, les fléaux tombent et se relèvent en cadence. (N. Calmels, *L'Oustal de mon enfance*, 1985, 137.)

6. Se retournant
Incontinent,
Ell' souffleta, **flic-flac** !
L' garçon d'honneur
Qui par bonheur
Avait un' tête à claque' [...]. (G. Brassens, « Tonton Nestor », 1962, *Poèmes & Chansons*, 1991, 121.)

— **et flic et floc et flac**. V. *flic floc*.

1.2. "(bruit de coups de fouet)".

7. Doucement, mes agneaux, doucement, dit le cocher, pas d'émeute... [...] mais enfin nous partons... **Flic, flac** !... ça ne va pas vite, mais ça va ! (Cogniard frères, *Le Café des comédiens*, 1837, 6.)

8. **Flic flac**, Cousard fouailla son âne, cogna du manche [...]. (H. Fèvre, L. Desprez, *Autour d'un clocher*, 1992 [1884],153.)

9. **Flics-flacs** de fouet. Vociférations du postillon. (J. Rosset, *Les Porteurs de terre*, 1990, 172.)

V. encore *Anthologie*, n° 12.

2. "(bruit d'eau, de clapotis ; bruit d'une marche dans l'eau)".

10. [...] des sabots qui font ***flic flac*** dans les ruisselets filtrant sur le chemin. (E. et J. de Goncourt, 10 juin 1869, *Journal*, 1989, t. 2, 227.)

11. On n'entendait plus rien, juste là-bas le **flic-flac** des guernouilles [*sic*] qui se jetaient dans la « Gironde » à nos bruits, sous le pont. (A.D.G., *La Nuit*

des grands chiens malades, 1990 [1972], 113.)

12. Quand il traverse les flaques,
flic, flac, flic, flac,
le sabot de ma jument
va plus vite que le vent ! (« Le sabot de ma jument », *60 poésies et 60 comptines*, 1975, n. p.)

13. Aux passages étroits, peu profonds [du ruisseau], l'eau [...] murmurait avec ravissement. Puis, Rontompain retrouvait un cours plus large où la vague ondulante qu'il déplaçait dans sa marche se lançait à l'assaut des bords. Elle créait des clapotis ou des **flic flac** plus sonores, révélateurs de surplombs sous lesquels se creusaient des grottes minuscules et des petits trous étayés par les racines. (A. Nicoulin, *Les Prisonniers du bacul*, 1987, 20.)

14. Il pleut [...]. De grosses gouttes, une à une séparément [...]. Se suivent et se ressemblent, **flic flac**, s'assemblent, flaque, ruissellent. (E. Chevillard, *Le Démarcheur*, 1988, 86.)

15. [...] le **flic-flac** apaisant de la pluie [...]. (*Le Monde*, 27 février 1999, Supplément, 3.)

16. Voilà le premier K-Way de la journée. Totalement détrempé. [...] Un monsieur [...] dont les sandalettes font **flic-flac**. La pluie toujours et encore. (*La Croix*, 7 août 2000, 10.)

V. encore *flic floc*, ex. 8 ; *Anthologie*, n° 25.

— **flic à flac.**

17. Ces beaux sabots bordés de rouge qui faisaient **flic à flac** dans les bouses [...]. (R. Sabatier, *Les Noisettes sauvages*, 1988 [1974], 164.)

— **flic, floc, flac.** V. *flic floc.*

— En part. "bruit de coït".

18. L'odeur (suave, ô Montesquiou) de kérosène
Qui envahit la turne après qu'ils l'ont, leur nerf,
Retiré en **flic-flac** du con qu'il faubertait. (A. Blavier, *Le Mal du pays*, 1993, vers 1975-1977.)

DÉR. **flicflaquer** v. intr. "faire *flic flac*". « L'herbe était spongieuse, **flicflaquait** sous les pieds [...] » (R. Fallet, *Banlieue sud-est*, 1947, 122) ; « Alertée par ses cris, Lucienne [...] accourt, jupes relevées sur ses bottes caoutchouc. Elle **flique-flaque** jusqu'à la porcherie » (J.-J. Dupuis, *La Gigue des féroces*, 1988, 12). — Attesté dep. Lar 1877 (FEW 3, 598a, FLAK-).

3. "(bruit d'éléments qui s'entrechoquent)".

19. Je retrousse ma moustache
À ce bruit, sur mon talon,
D'un **flic-flac** de sabretache
Qui me pend tout de son long ! (A. de Châtillon, *Les Poésies*, 1866, 330.)

20. – Et alors, disait la tante, le cercueil s'est mis debout, avec ses os dedans qui faisaient **flique-flaque** ! (P. Magnan, *L'Amant du poivre d'âne*, 1988, 182.)

21. [...] la peau du cou qui fait **flic-flac** sur sa robe à fleurs. (Y. Rouquette, *La Mallette*, 1994, 100).

4. N.m.

4.1. "pas de danse".

22. J'ai contribué par une pirouette au bonheur de deux jeunes époux ; j'ai secouru l'innocence, en faisant un battement, et j'ai assuré l'avenir d'une famille respectable, par un rond de jambe, un **flicflac**, ou un jeté-battu... (Théaulon et Étienne, *Le Bénéficiaire*, 1825, 37.)

23. [...] si je ne dansais pas, je me trouverais mal. Eh ! **flic, flac** ! et cette passe, et cette autre, et cet entrechat, lanlère, lan la ! (É. Ourliac, *Qui casse les verres, les paie*, dans *Journal des enfans*, 1839, t. 7, 309.)

24. Je suis sûre que vous admirez le **flic-flac**, le jeté battu et la queue de chat ! (Leuven et Brunswick, *La Foire aux idées*, 1849, n° 1, 27.)

4.2. "saut de main par renversement arrière".

25. [...] si elle réussit un **flic flac** sur une main, sa sortie un peu hésitante en raison d'un problème à son pied gauche bandé ne lui laissa que la médaille de bronze [...]. (« Mondiaux 2001 », *Agence France-Presse*, 4 novembre 2001.)

REM. **flip-flap** "id.". « Un mois d'entraînement quotidien pour jongler et réaliser des **flip-flap** crédibles devant la caméra » (*Libération*, 9 janvier 1999, 40).

♦♦ **1.1.** Attesté dep. *ca* 1610 (« Il y en a qui ont des pantoufles qui vont faisant **flique flaque**, et chantent : Revange-moy, prens la querelle [...] » (Béroalde de Verville, *Le Moyen de parvenir*, dans DDL) ; 1647 (« Nous avons dégaigné [*sic*], nous sommes en presence, / Tâchons de luy donner au milieu de la pance. / Bon pied bon œil ; **et flisc** [*sic*] **et flac** ; tien, c'est pour toy » Scarron, *Les Trois Dorotées*, 1648, 99) ; 1756 (« FLIN-FLAN, ***flic flac*** ; mots inventés pour représenter les coups drus & menus qu'on donne à quelqu'un » Abbé de Sauvages, *Dictionnaire languedocien-françois*, 208). **1.2.** Attesté dep. 1643 (« Vos bons chevaux, hastez du **flic** et **flac**, / Avanceront » P. Scarron, *Poésies diverses*, 1947, t. 1, 114) ; 1690 (« AFFLIGER [...] Ce mot vient du vieux Latin *fligere*, qui represente le bruit que font les coups de main, et de fouët ***flic flac*** » A. Furetière, *Dictionaire universel*, 1984, t. 1). **2.** Attesté dep. 1869 (v. ici ex. 10) ; cf. déb. 16ᵉ siècle « Ceste eau degoute, **flic**, tric, trac, / Sur le lit en bas, c'est merveille ! » (*Monologue du baing*, dans G. Coquillart, *Œuvres*, 1975, 349). **3.** Attesté dep. 1650 (« Quand j'y repense, je te jure, / Que le cœur me fit tic et tac / Et la fressure **flic et flac** » Ch. d'Assoucy, *L'Ovide en belle humeur*, FXT) ; 1706 (« Qu'il se montre donc, qu'on l'étrille ! / Mon cœur en fait déja **flic flac**, / Allons ! Volsques faites un trac ! » J. Moreau, *La Suite ou tome III du Virgile travesty*, 264). L'emploi particulier "bruit de coït" est attesté dep. 1865 (**faire flic-flac**, Alfred Delvau, *Dictionnaire érotique moderne*, 2ᵉ éd.). **4.1.** Attesté dep. 1800 (« La gaieté m'engage à danser : je fais des entrechats [...] ; mais au malheureux **flic-flac**, je perds l'équilibre » J.S. Quesné, *Les Folies d'un conscrit*, dans DDL). **4.2.** Attesté dep. 1941 (*flig flag*) et 1960 (*flic flac*), dans G. Petiot, *Dictionnaire de la langue des sports*, 1982). — GLLF ; TLF ; Rob 2001 ; NPR 2000 ; PL 2000 ; TraitDu 1989, 171; FEW 3, 598a, FLAK- (et 23, 204a 'claquer').

FLIC FLOC

1. "(bruit de coups répétés, en particulier d'une double gifle)".

1. Dans le tumulte d'enfer, on entend les gnons dans la bidoche, **flic, floc**, les petits pains de la montagne. (J. Guernec, *Les Propos de Coco-Bel-Œil*, 1947, 56.)

2. Elle fonce sur moi et, **flic et floc**, une à gauche, une à droite, à la volée, voilà Céline giflée. (H. Bazin, *L'Huile sur le feu*, 1954, 236.)

— **et flic et floc et flac.**

3. [...] elle ne s'était pas fait scrupule de rosser son ennemi du jour. « Ah, la belle tournée que je lui ai passée à celui-là ! **Et flic et floc et flac** ! Il a dû s'en souvenir longtemps, n'est-ce pas, Michel ? » (L. Guilloux, *Le Pain des rêves*, 1942, FXT.)

2. "(bruit de chute ou d'éléments qui s'entrechoquent)".

4. **Flic** ! **floc** !... C'est une paire de godillots qui tombe sur le nez de Landremol. (*Le Régiment illustré*, 26 mai 1897, 5.)

5. Des fois, tu croises aussi leurs copines, qui courent à petits pas dans leur survet' Chanel avec plein de colliers de perles et de pendants d'oreilles en or. Ça fait « **flic-floc** » à chaque pas [...]. (Ph. Carrese, *Trois jours d'engatse*, 1995, 54.)

— **et flic et floc.**

6. [...] a se tortillait que ses longs nichons en claquaient pire que des banderoles, **et flic et floc** [...]. (J. Giono, *Colline*, 1929, FXT.)

3. "(bruit de clapotis)".

7. [...] on entend le **flic-floc** des pieds lourds dans les flaques. (M. Genevoix, *Ceux de 14*, 1950, FXT.)

8. [...] il [...] avait enfourché l'engin flambant neuf [une moto] [...]. Le réservoir faisait un joli petit bruit flic flac* un petit clapotis clapota **flic floc** une présence rassurante. (D. Rondeau, *L'Âge-déraison*, 1982, 28.)

— En contexte métaphorique.

9. Il embrouillait tout. Dans sa mémoire, il déplaçait les choses. Ça devait faire **flic-floc** dans son crâne. Il pédalait dans le yaourt. (B. Dary, *Beaux Bars*, 1973, 205.)

— **flic floc flac.**

10. Elle marchait vite en cognant ses talons hauts contre l'asphalte miroitant sous la pluie. **Flic** ! **Floc** ! Elle ralentit en voyant le reflet d'un néon clignoter dans une flaque. **Flac** ! (Ph. Le Roy, *Pour adultes seulement*, 2001 [1997], 144.)

◆◆ Attesté en un sens indécidable en 1786 (« **flic flac floc** » (Le Cousin Jacques, v. *Anthologie*, n° 9). **1.** Attesté depuis 1947 (v. ici ex. 1). **2.** Attesté depuis le début du 16ᵉ siècle (« Ma robe, **flic, floc**, tant est redde / Il me sembloit des brigandines [= cotte de mailles] » et « **Fli, flo, fla**, faisoient mes habis ! La glace y estoit si très dure / Qu'il me souvenoit de rubys » *Le Monologue du baing*, dans G. Coquillart, *Œuvres*, 1975, 350). **3.** Attesté dep. le déb. 16ᵉ siècle (« Et moy de courir, dare dare ; / **Flic, floc**, faisoie je par ces boes » *Le Monologue du baing*, dans G. Coquillart, *Œuvres*, 1975, 344). — Absent des dictionnaires consultés, à l'exception de Rob 2001 (s.v. *flic flac*) et de FEW 3, 627a, FLOK-.

FLOC

1. "(bruit d'une chute, d'un choc, souvent d'un corps mou qui heurte une surface dure)".

1.1. Simple.

1. Zacharie [un coq de combat] bavait de rage ; il prit donc un dernier élan et, tête baissée, il fonça sur son adversaire. On entendit un « **floc** » terrible et Zacharie s'écroula sur le sol, assommé, la face aussi plate qu'une carte de visite. (P. Mac Orlan, *Les Bourreurs de crâne*, 1918, 16.)

2. [...] il se remettait à crépir, **floc** ! à truelles bien égales, bien raccordées, le mur mangé par le gel et les eaux de neige [...]. (J. Peyré, *Matterhorn*, 1992 [1939], 37.)

3. Julien continua de pétrir. La pâte adhérait à ses mains, giclait entre ses doigts lorsqu'il serrait le poing, et faisait des **flocs** sonores quand il la frappait sur le marbre. (B. Clavel, *La Maison des autres*, 1991 [1962], 489.)

4. [...] le **floc** humide du gant [de toilette] giflant la peau [...]. (A. Sarrazin, *La Traversière*, 1970 [1966], 50.)

5. Il laisse glisser sa vieille canadienne derrière lui, le long de ses bras tendus. Le vêtement tombe sur la moquette avec un **floc** mou. (M. Lebrun, *Le Géant*, 1996 [1979], 11.)

6. Il ramassa un fil de fer rouillé qui traînait par terre, le plia en forme de crochet et détacha les biftecks qui s'écrasèrent avec un grand **floc** sous le museau d'Agamemnon [un chien]. (M. Courbou, *Les Chapacans*, 1994, 194.)

7. [...] le **floc** mou des bouses sur la litière neuve. (H. Noullet, *La Destalounade*, 1998, 310.)

V. encore *Anthologie*, n° 47.

1.2. Redoublé ou répété.

8. **Floc** ! **Floc** ! le son devenait plus mat, la mémé continuait de battre sa crème [dans la baratte], une goutte de sueur coulant sur le cuir de sa joue. (R. Sabatier, *Les Noisettes sauvages*, 1988 [1974], 117.)

9. [...] la Théo [concierge] dans sa canfouine, mamelles en **floc floc** sur le bide... (A. Boudard, *L'Éducation d'Alphonse*, 1987, 18.)

10. [...] les « **floc-floc** » de la baratte maniée par Rose devenaient plus mats et le moment de goûter approchait. (Chr. Signol, *Les Chemins d'étoiles*, 1988 [1987], 119.)

1.3. En part., souvent répété.

— "(bruit d'une goutte d'eau ou de la pluie qui tombe)".

11. Au sortir de Brou, la pluie creva, clapota, sautilla en globules dans les flaques, pétilla sur les toits, le village navré s'égouttant avec des sanglots de chanlatte [= gouttière]. / Et **floc**, **floc**, jusqu'à Vicq elle tourbillonna autour de l'abbé ; **floc**, **floc**, lui ploya l'échine ; **floc**, **floc**, lui cracha au nez ; **floc**, **floc**, lui rinça les oreilles ; **floc**, **floc**, lui colla sa soutane aux côtes ; **floc**, **floc**, le fit barboter dans ses souliers aqueux, **floc**, **floc**, tambourina sur son parapluie qui pissait piteusement des baleines. (H. Fèvre, L. Desprez, *Autour d'un clocher*, 1992 [1884], 93.)

12. [...] d'énormes canalisations qui s'enfonçaient sous un tunnel [...]. Des joints fuyaient, et dans les petites mares qui s'étaient formées dessous, les gouttes tombaient avec leur énervant « **floc** ». (L. Malet, *Les Rats de Montsouris*, 1985 [1955], 938.)

13. Au dehors, d'énormes gouttes de pluie étoilaient çà et là la poussière dans laquelle elles s'écrasaient en produisant un « **floc** » mou. (R. Vuillemin, *La*

Chasse aux doryphores, 1989 [1973], 138.)

14. Tandis qu'elle regardait le vide, j'ai regardé, **floc-floc**, dégouliner son imperméable. (J.-L. Benoziglio, *Tableaux d'une ex*, 1989, 193.)

15. [...] j'écoutais le silence s'infiltrer en moi goutte à goutte comme l'eau d'un robinet qui fuit, **floc, floc, floc, floc**. (Cl. Lucas, *Suerte*, 1998 [1995], 254.)

16. Le jeune homme se redresse [...]. L'eau ruisselle sur ses poignets, lâchant des **floc, floc**, sur l'eau répandue au sol. (N. Ancion, *Quatrième étage*, 2000, 141.)

REM. **fliouc** "id.". « Je consultai le menu. [...] Sur lequel tomba une grosse goutte de sueur, **fliouc** [...] » (R. Belletto, *Le Revenant*, 1981, 284-285).

— "(bruit d'un clapotis)".

17. Sur ma fesse droite, mon bidon rempli de vin faisait **floc-floc** (J. Anglade, *Le Voleur de coloquintes*, 1972, 237.)

DÉR. **flocfloquer** v. intr. "faire *floc floc*". « [...] tout ce sang [...] qui coulait et **flocfloquait** sur le béton du parterre » (M. Quint, *Cake-walk*, 2001 [1993], 14).

— "(bruit de bulles qui éclatent à la surface d'une préparation en train de cuire)".

18. Le tout [= une soupe] bouillonnait en ondes épaisses et irisées avec des **floc floc** pesants de coaltar [...]. (Samivel, *L'Amateur d'abîmes*, 1971 [1963], 121.)

19. Dans sa marmite, sous le couvercle posé de guingois, la soupe épaisse faisait des **floc-floc**, lourdauds, à intervalles réguliers. (M. Donadille, *Pasteur en Cévennes*, 1989, 19.)

2. "(bruit ponctuel d'un corps dur qui heurte une surface molle ou qui plonge dans un liquide)".

20. Et il sourit [...], les yeux fixés sur la suspension verte, après avoir reposé sa cuiller dans son potage qui fit « **floc** » mollement. (A. Vialatte, *Salomé*, 1992 [*ca* 1930], 34.)

21. On avait réservé les mi-lourds pour la fin. L'heure tournait et le patron s'affolait. Ce serait plus lent, comme un film au ralenti, mais chaque coup contre la chair ferait « **floc** », les souffles seraient plus forts, ponctués de temps en temps par un « han »* de boucher. (R. Sabatier, *Boulevard*, 1986 [1956], 163.)

22. « Non ! » crie Loulou qui **floc** ! d'un coup de cuiller au mitan de l'assiette éclabousse son attentive aïeule. (H. Bazin, *Le Matrimoine*, 1988 [1967], 304.)

23. UN : Ah, mon vieux, je te l'attrape par les cheveux et rhan ! [v. *ran*] je te lui refile un grand coup de genou dans le bide, [...] je te lui saute dessus, je te lui prends sa tête à pleines mains, et **floc** ! Je te lui enfonce son nez dans le goudron ! [...] À peine avait-il décollé sa tête de dedans le goudron, le voilà-t-il pas qui me fait : ouin ouin* ! (R. Dubillard, *Les Diablogues*, 2000 [1976], 200.)

— En part. "(bruit d'un corps qui tombe à l'eau ; bruit d'un plongeon ; bruit d'un animal qui saute hors de l'eau)".

24. Elle est allée s'asseoir sur la margelle après avoir dit quelques mots à quelqu'un qui passait. Elle a noué la

chaîne ; puis, l'embolie. Elle est tombée en arrière. Un petit gars qui était sur un chariot, tout près, l'a vue. La bonne d'Amélie a entendu « **Floc** ! » Elle l'a vue, dit-elle, dans le puits, sur le dos, et elle a crié. (J. Renard, août 1909, *Journal*, 1990, 983.)

25. Il saisit Purpulan par le col de son veston et le traîna jusqu'au bord de la berge. Du pied il le poussa. Purpulan bascula et fit **floc** en s'étalant dans l'eau. (R. Queneau, *Les Enfants du limon*, 1993 [1938], 329.)

26. On n'entendait [au bord de l'étang], de loin en loin, que le **floc** d'une carpe qui sautait après une mouche. (J.-J. Brochier, *Un cauchemar*, 1965, 38.)

27. Puis une rainette apparut au bord de la source et **floc** ! plongea. (R. Sabatier, *Les Noisettes sauvages*, 1988 [1974], 111.)

28. Le curé tomba en tournoyant, sans un cri, comme une mouette foudroyée et s'écrasa en faisant « **floc** ! » sur un amas de rochers. (P. Siniac, *Les Congelés*, 1974, 79.)

29. Mais qu'elle [la grenouille] entende le moindre bruit : une détente brusque – **floc** ! – et vous ne voyez plus que deux longues pattes s'évanouissant dans un reflet glauque parmi les cercles du point de chute. (Ch. Forot, *Odeurs de forêt et fumets de table*, 1987, 176.)

30. Ensuite, le grand a jeté le couteau par-dessus la rambarde du pont. Il n'a pas entendu le « **floc** » dans l'eau. (J.-Cl. Aschero, *Scoops*, 1992, 61.)

V. encore *glou glou*[1], ex. 8.

REM. **flouc** "id.". « J'ai cependant bien fait de changer de place ! La nuit dernière, je me suis réveillé parce que j'avais vraiment plus froid que d'habitude. Quand je me suis assis, cela a fait "**flouc**" : j'étais assis dans le Danube ! Il avait monté doucement depuis le soir, et comme ma tente était la première du côté du fleuve... » (R. Vercel, *Capitaine Conan*, 1934, FXT).

— [Par analogie]

31. Elle [une lettre] fit **floc** au fond de la grosse boîte bleue portant armes des P.T.T. (R. Fallet, *La Fleur et la souris*, 1948, 245.)

3. Répété.

3.1. "(bruit de sabots d'un cheval)".

32. [...] le **floc-floc** mou d'un trot de cheval [...]. (P. Antoine, *La Malatière*, 1951, 150.)

3.2. "(bruit d'une marche)".

— [pantoufles]

33. C'est le rite du soir : trotte-menu, elle quitte la chambre, traverse l'antichambre, **floc-floc-floc** [...]. (A. Simonin, *Du mouron pour les petits oiseaux*, 1973 [1960], 50.)

34. [...] elle [la concierge] fit « **floc floc** » dans ses pantoufles, et rentra dans son trou. (R. Fallet, *Paris au mois d'août*, 1972 [1964], 25.)

— [dans l'eau ou dans la boue]

35. Ardu de progresser dans cette gadoue, **floc**, **floc**... Nous qui, pour arracher ainsi que des carottes nos jambes à la boue énorme des chemins, devions les empoigner quelquefois à deux mains... (R. Guérin, *Les Poulpes*, 1983 [1953], 16 ; la seconde phrase est un emprunt de trois vers à la fameuse tirade de Flambeau dans E. Rostand, *L'Aiglon*, 1900, 92 [Acte II, scène 9].)

36. Julien remit ses vêtements trempés après les avoir tordus et secoués [...].

Sa veste et son pantalon lui collaient au corps, ses espadrilles faisaient des « **flocs** » à chaque foulée. (B. Clavel, *La Maison des autres*, 1991 [1962], 453.)

37. Nous avançons dans les champs de riz inondés. Ça fait **floque-floque** sous nos pas. (San-Antonio, *Tango chinetoque*, 1966, 220.)

38. [...] on s'enfonce encore les panards dans la gadoue... **floc** ! **floc** ! ventouse ! (A. Boudard, *Le Banquet des léopards*, 1990 [1980], 98.)

V. encore *clic-clac*, ex. 18.

4. "(bruit de coït)".

— En contexte métaphorique.

39. Moi, ces « parties de jambes en l'air », j'aime ça. Il y en a qui parlent d'électricité, de batteries déchargées [...]. Moi, c'est le côté aqueux de la chose qui me plaît, les mouvances marines, le **floc-floc** des vagues, la lente respiration de l'huître, la chaloupe à l'eau, le désir qui se gonfle comme une voile. (H. Lacroix, *Zizanie dans le métro*, 1979, 29.)

5. "(bruit d'un coup soudain)".

40. Ce disant, **floc** ! au passage, il lui envoyait une grande claque sur le cul. (A. Boudard, *Le Banquet des léopards*, 1990 [1980], 45.)

41. [...] une armée de tueurs déguisés en vendangeurs décapite les artichauts [...]. Je passe, ils sabrent, **floc** ! **floc** ! deux têtes artichauts [*sic*] roulent dans la hotte. (J.-Cl. Bourlès, *Une Bretagne intérieure*, 1998, 153-154.)

V. encore *bang*, ex. 12.

— "(bruit d'une bouteille que l'on débouche)".

42. « **Floc** ! » / Les yeux s'abaissèrent sur Verdun qui venait de déboucher sa fiasque et aussi sec, commençait à en jouer du clairon. « Glou, glou, glou [v. *glou glou*[1]]... » Il avait la dalle en pente le grand blessé ! (A. Le Breton, *Fortifs*, 1982, 245.)

♦♦ Attesté dep. *ca* 1480 pour exprimer le bruit des sabots d'un cheval (« **Floc**, **floc**, faisoit ma hacquenee / Quant elle vouloit marcher doulx » G. Coquillart, *Le Monologue Coquillart*, *Œuvres*, 1975, 278) ; 1543 (« [...] tout soudain, voici sortir un gros je ne sais quoi, qui me vient frapper si grand coup sur les mains, **floc**, et moi devant » Ch. Estienne, *Comédie du Sacrifice*, dans *Théâtre français de la Renaissance*, 1994, 1re série, t. 6, 163). — Enregistré dans GLLF ; TLF ; Rob 2001 ; NPR 2000 ; PL 2000 ; TraitDu 1989, 173 ; FEW 3, 627a, FLOK-.

FLOCH □ VAR. *floche*.

"(bruit produit par un corps dur qui heurte une surface molle ou par la projection d'un liquide)".

1. Y n' rechignait pas ; c'était un bon, celui-là. Ça ne fait rien, quand le couteau [de la guillotine] a fait ***floche***, ça m'a tapé dans le cœur. (J. Lermina, *Propos de Thomas Vireloque*, 1868, 67.)

2. Une main énorme [...], une main largement ouverte fendit l'air et s'écrasa sur le visage de la fille. Il y eut un gros « **floch** ! », un peu le bruit d'un battoir aplatissant un paquet de linge mouillé. (P. Siniac, *Les Mal lunés*, 1995, 19.)

REM. **1. flotch a)** "id.". « [...] j'ai envoyé mon pied contre la table basse, qui a vacillé, mon verre de vin a perdu l'équilibre, **et flotch !**, le vin sur ta jambe » (N. Anvion, *Quatrième étage*, 2000, 191). **b)** Répété "(bruit de coït)". « [...] et y plongeais [dans la femme] et replongeais au maximum, comme si je devais périr cinq heures après, en faisant des **flotch-flotch** et des anh [v. *han*] » (Bayon, *Les Animals*, 1990, 304). **2. floutch**. "bruit de pataugeage dans la boue". « Jouant à fond l'atmosphère d'époque, le film [*Guns 1748*] sacrifie à ce qui est devenu un cliché du genre : la surenchère à l'ordurier vériste. Écran et bande-son ne lésinent pas sur les porcs (*groin-groin**), la fange (***floutch***), les vents et la ripaille (*burp**), l'étripage (*slurp**) [...] » (Br. Bayon, *Libération*, 15 septembre 1999, 37).

♦♦ Attesté depuis 1868 (v. ici ex. 1). — Absent des dictionnaires consultés.

FLONFLONS

N. m. pl. "accords ronflants de musique populaire".

1. On y beugle le *Tantum ergo* sur l'air national autrichien, ou, ce qui est pis encore, on l'affuble de **flons-flons** d'opérette ou de glous-glous [v. *glou glou*[1]] de cantine. (J.-K. Huysmans, *En route*, 1895, FXT.)

2. Le Tour de France fit étape le lendemain à Nantes. L'événement suscita une émotion considérable. Il y eut les **flons-flons** patriotiques, les oriflammes, les bouquets de fleurs de circonstance [...], les sourires satisfaits, les majorettes... (J.-L. Dana, *En attendant le matin du grand soir*, 1979, 46.)

3. On entendait au loin les **flonflons** du bal. (S. Japrisot, *La Passion des femmes*, 1986, 163.)

4. Nous entendîmes des **flons-flons**, de maigres applaudissements, une vague rumeur [...]. (Ph . Labro, *Le Petit Garçon*, 1990, 283.)

5. Chroniques muettes aux sons des **flonflons** [titre d'article sur le film *le Bal* d'Ettore Scola] (*Libération*, 23 août 2001, 25.)

— Au sing.

6. Peu avant minuit, il y eut une pause où la braillerie remplaça le **flonflon**. L'orchestre quitta l'estrade [...]. (M. Quint, *Les Grands ducs*, 1991, 69.)

♦♦ Attesté dep. 1680 "onomatopée que l'on trouve dans certains refrains" (Richelet, v. TLF). Au sens analysé ici, dep. 1849 (« FLON FLON. Une des formes les plus généralement admises pour exprimer le son des instruments à cordes et en particulier du violon. On en a fait un substantif en l'appliquant, par dénigrement, aux airs de vaudeville usés ou à tout autre musique de peu de valeur » G. Kastner, « Onomatopées et mimologismes », *Revue et Gazette musicale de Paris* 16, 414) ; Lar 1872 (« Air trivial, d'une banalité ridicule : *En fait de musique, le peuple préfère les* FLONS-FLONS »). — GLLF ; TLF ; Rob 2001 ; NPR 2000 ; PL 2000 ; TraitDu 1989, 176 ; FEW 3, 627, FLON-.

FLOP

1. [Domaine concret]
1.1. "(bruit ponctuel produit par une chute (dans l'eau), par un choc léger, par une petite détonation)".

1. Et il se mit à verser des larmes. Elles tombent une à une dans la mare, ça fait

flop à chaque coup. (R. Queneau, *Saint-Glinglin*, 1981 [1948], 224.)

2. J'ai tiré la bouteille de l'eau [...]. Je l'ai tendue à Roger. Le petit **flop** du bouchon [...]. (J. Cordelier, *À l'arraché*, 1990, 145.)

3. L'officier de manœuvre me donne l'ordre de m'apprêter à lancer un filin vers les naufragés à l'aide d'un fusil lance-amarre. / [...] J'entends à peine le **flop** du coup de départ dans la furie des vagues et du vent. (G. Fleury, *Rond comme la mer*, 1992, 177.)

DÉR. **floper** v. intr. "faire *flop*". « [...] deux larmes slalomaient silencieusement entre ses rides ; elles **flopèrent** sur la table avec un petit bruit mouillé » (E. David, *Cavale*, 1992, 24).

REM. **floup** "(bruit ponctuel produit par un choc étouffé)". « Le véhicule chevauche parmi les cônes de neige descendus des pentes abruptes. Tangage et roulis... **Floup** ! voilà le traîneau coincé contre le mur blanc. Les voyageurs embarquent quelques pellées de neige » (J.-E. David, *Le Tunnel du Simplon*, 1905, 107).

1.2. "(bruit mat d'un corps qui s'écrase)".

4. Ma mère tâtait une escalope, méditait sur l'âme d'un melon, rejetait avec mépris une pièce de bœuf dont le « **flop** » mou sur le marbre prenait un accent d'humiliation, pointait sa canne vers des salades que le maraîcher protégeait immédiatement de son corps, avec un « Je vous dis de ne pas toucher à ma marchandise. » (R. Gary, *La Promesse de l'aube*, 1960, FXT.)

1.3. Redoublé ou répété "(bruit d'un moteur, d'un appareil, d'un objet en mouvement)".

5. Et vers quatre heures du matin, c'est le **flop-flop** diesel du départ [des chalutiers] au boulot. (J.-P. Chabrol, D. Faure, *La Felouque des copains*, 1987, n. p.)

6. Le **flop-flop** d'un hélicoptère brouille le ciel sur nos têtes. (D. Pennac, *La Petite Marchande de prose*, 1989, 63.)

7. [...] le son d'un boomerang tournoyant dans les airs (« **flop, flop, flop** ») [...]. (*Le Monde*, 5 mai 2001, 27.)

2. "(pour exprimer la soudaineté d'un procès)".

8. [...] mourir comme ça, **flop**, d'une overdose de solitude [...]. (H. Prudon, *Mardi-gris*, 1978, 155.)

9. UN : [...] Ma femme et moi tous les deux on a des difficultés, ces temps-ci. Nous qui étions le couple idéal et tout, **flop** ! et c'est pas fini la rigolade, vous verrez. (R. Dubillard, « La retombée des fêtes », *Les Nouveaux Diablogues*, 2000 [1988], 106.)

♦♦ Attesté [en 1841 sous la forme *v'laup* (« Hardi, laisse-toi tomber pard'sus bord ; là, une, deux, **v'laup**, le v'la à l'eau, ni vu ni connu ; au s'cours, au s'cours, un enfant qui s' noie ; à mon tour, à l'eau canard ; piquons une tête là, **v'laup** ; qué bonne eau » A. Deschamps, « Têtard au bateau à vapeur », dans *Album comique*, t. 1, 138)] dep. 1948 (v. ici ex. 1). — Enregistré dans Rob 2001, NPR 2000 et TraitDu 1989, 176.

FLOU FLOU

"(bruit de barbotement dans l'eau)".

1. Le matin, je me réveille ; un temps superbe ; j'avais un rayon de soleil dans

le nez. / Je bondis, tra, la, la, la, la ; je plonge ma tête dans l'eau, **flou**, **flou**, **flou**, **flou**. (Ch. Cros, « L'Obsession », 1879, *Monologues, Œuvres complètes*, 1970, 303-304.)

♦♦ Attesté dep. le déb. 16e siècle (« Je me couche / En ce boing vestu, bien et beau : / **Flou, flou, flouflou, flouflou, flouflouche,** / Vous fist mon cul dedans cest eau ! » *Le Monologue du baing*, dans G. Coquillart, *Œuvres*, 1975, 348).

FROM FROM □ VAR. *froum froum* (rare), *fron fron*.

Vx "(son produit par divers instruments de musique, notamment guitare, tambour de basque, violon)".

1. L' CHIFFON [titre], Avec accompagnement de tambour de basque et de castagnettes. [...]
Les autres marchands vous surfont,
Fron, fron, fron, fron, (*bis*.)
Les autres marchands vous surfont,
Moi, je donne l' *chiffon*. (E. de Pradel, *Les Étincelles*, 1822, 230.)

2. [...] sois l'orchestre à toi seul, allons ! – **Froum**, la gala ! dzoun la gala ! **froum**, dzoun, dzoun, la gala ! (*Vie politique, civile, militaire et privée de Mr Mayeux*, 1831, 96.)

3. LES MUSICIENS. – **From** ! **from** ! **from** ! [...] Je me sens bourdonner à l'oreille les **fronfrons** de ces musiciens. (É. Ourliac, *L'Hôpital des fous*, dans *Journal des enfans*, 1838, t. 7, 175b et 179a.)

4. Les jolis glouglous [v. *glou glou*[1]],
Les glouglous si doux,
Les glouglous, glouglous d' la bouteille
Me plaisent bien plus que tous les **fron, fron**
D'un violon [...]. (*La Fête du village*, paroles de Sewrin, musique de Boïeldieu, dans G. Kastner, « Onomatopées et mimologismes », *Revue et Gazette musicale de Paris*, 16 (1849), 415.)

V. encore *baoum*, ex. 16.

REM. **vroum vroum** "id.". « Nous convînmes que [...] Murger, caché derrière la riche tapisserie, jouerait un air de tambour de basque [...] – ***Vroumm – vroumm – vroumm*** *!...* (C'était Murger qui, fidèle à la consigne, frictionnait de son pouce mouillé le parchemin de l'instrument.) » (A. Schanne, *Souvenirs de Schaunard*, 1887, 212).

♦♦ Attesté dep. 1775 (« FIGARO / [...] Et prenez ma guitare. LE COMTE / Que veux-tu que j'en fasse ? j'en joue si mal ! FIGARO / Est-ce qu'un homme comme vous ignore quelque chose ? Avec le dos de la main ; **from, from, from...** » Beaumarchais, *Le Barbier de Séville*, *Théâtre*, 1980, 57-58). — Absent des dictionnaires consultés.

FROU-FROU ou FROUFROU

1. "(bruit léger de froissement, de frottement)".

1. Une nuit... vrai tuyau de poêle... pour la clarté... **Frou frou**, que j'entends... c'est quèque Bédouin, que je m' dis... (Brisebarre et Nyon, *La Modiste au camp*, 1846, 3.)

2. [...] Ils [les oiseaux] remontent vers vous et, **frrou, frrou** ! vous les entendez contre votre oreille battre l'air en sens contraire du vent. (J. Aicard, *Maurin des Maures*, 1908, dans *Gens de Provence*, 1997, 398.)

3. La *Beaulieu* vert amande arriva sans

bruit, moteur calé, par le boulevard du front de mer. Le **frou-frou** de ses pneus s'entendait à peine. (P. Gerrard, *La Dame de fric*, 1997 [1960], 154.)

4. [...] des **frous frous** de lézards effarouchés, des volettements d'insectes bizarres [...]. (Alain-Chedanne, *Un freak*, 1974, 57.)

5. Seuls, arrivaient du jardin la trille d'un oiseau et le **frou-frou** du vent dans les feuilles du cerisier. (J. Bialot, *Le Royal-bougnat*, 1981, 132.)

2. En part. "(bruit de froissement d'une étoffe)".

6. On dit vulgairement le ***froufrou*** d'une robe de satin, d'un vêtement de taffetas. (Ch. Nodier, *Dictionnaire raisonné des onomatopées françaises*, 1808, 92.)

7. [En jouant à colin-maillard] les dames vêtues de soie pour faire cesser les ***frou frou*** de cette étoffe indiscrète, se couvrent de mouchoirs de soie ou de schals. (*Les Amusemens du bel âge*, 1816, 10.)

8. Beaucoup de **frou frou**, beaucoup de fla*, fla
Du blanc par ici, du rouge par là.
À défaut de vrai, le postiche est là,
Voilà les attraits qu'offre Paméla. (S. Tostain, « Les Ficelles de Paméla », dans *Almanach de la jeune chanson française*, 1864 [1863], 45.)

9. Cette jeune femme [...] toujours envolée dans le ***frou-frou*** de ce que le chiffon parisien a de plus nuageux, de plus éthéré [...]. (E. et J. de Goncourt, 31 juillet 1871, *Journal*, 1989, t. 2, 461.)

10. Mlle Delafosse entra dans une révérence précieuse qui secoua un **frou-frou** de jupes. (H. Fèvre, L. Desprez, *Autour d'un clocher*, 1992 [1884], 55.)

11. **Frou-frou Frou-frou**
Par son jupon la femme
Frou-frou Frou-frou
De l'homme trouble l'âme...
Frou-frou Frou-frou
Certainement la femme
Séduit surtout
Par son gentil **frou-frou** ! (Monréal et Blondeau, *Froufrou*, chanson-valse, 1897, dans M. Pénet, *Mémoire de la chanson*, 1998, 845.)

12. Entendant un **frou-frou** de jupons le voyageur se retourna et se leva respectueusement pour la saluer, comme il l'eût fait pour une reine. (R.-A. Rey, *Griotte*, 1979, 100-101.)

13. La robe est étalée sur le lit. Elle la saisit comme une cape, un drapeau, la fait tournoyer sur sa tête, lève les bras, plonge en fermant les yeux dans le **frou-frou** de la toile fraîche. (A. Demouzon, *Paquebot*, 1989, 21.)

V. encore *fla*, ex. 13 ; *tac*, ex. 29 ; *toc*, ex. 7 ; *Anthologie*, n° 13.

— Emploi adj.

14. Je sais une jolie robe d'intérieur pouvant servir de robe de dîner ; je l'ai trouvée fort nouvelle et fort jolie, en un pékin rose glaïeul et paille ; en un taffetas **froufrou** et parleur, tout à fait délicieux. (*Le Monde moderne*, janvier 1895, 158.)

15. Elle était en peignoir **froufrou**... (L.-F. Céline, *Mort à crédit*, 2000 [1936], 181.)

REM. **frou** [Correspond à *frou-frou* 2.] « La séance était très animée... Puis un silence, un "**frou**" de jupes, et l'artiste, s'approchant de son modèle, lui rabattit d'un geste familier son col de toile [...] » (A. Daudet, *Le Nabab*, 1877, *Œuvres*, 1990, t. 2, 571). — [Par analogie] « Il [un avion] se voltige... s'élance... balance... Il se rapproche dans son cyclone... **Ffrrou** !... il glisse encore !... Il tourbillonne dessus-dessous... Un bruit de soie ! » (L.-F. Céline, *Guignol's band*, 1944, 20).

♦♦ Attesté dep. 1738 (FEW 3, 822b-823a, FRU-). — GLLF ; TLF ; Rob 2001 ; NPR 2000 ; PL 2000 ; TraitDu 1989, 180.

FRR[1]

Le plus souvent répété.

1. "(bruit de froissement, de frottement)".

1. Il se fit alors un bruissement continu, comme un frémissement, un **frrrr**, dont les r se prolongeaient à l'infini [...]. (J. Verne, *Robur-le-Conquérant*, 1886, dans DDL.)

2. Il a pris des papiers, **frr-frr** [...]. (Bayon, *Le Lycéen*, 1987, 327.)

3. [...] le **frr-frr** des pales de ventilateur [...]. (Bayon, *Haut fonctionnaire*, 1990, 84.)

4. Ce petit frôlement [de la dynamo d'un vélo] qui freine en ronronnant contre la roue [...]. Le petit **frr frr** rassurant [...]. (Ph. Delerm, *La Première gorgée de bière*, 1997, 22.)

— En part. "(bruit de vol ou d'envol d'un oiseau ou d'un insecte)".

5. Allez oiseaux ! dit Dieu le quatrième jour et, en hébreu, il prononce : **Frrrrrr** ! (J. Cocteau, *Le Potomak*, 1924 [1914], 330.)

6. *Elle m'a fait lire* : / Il fait froid, / L'oiseau s'envole. / *« C'est bien, Ridi-dine, mais ça ne rime pas. / – Oh ! s'il n'y a que cela ! » / Et elle a corrigé comme ceci :* / Il fait froid, br [v. *brr*[1]]... / L'oiseau s'envole, **fr** ! (A. Breffort, *Les Contes de grand-père Zig*, 1990 [1955], 86.)

2. "(bruit de déchirure)".

7. [...] il pinçait ses tomates [...], il déchirait, dans l'ombre du garage, des chiffons pour les attacher [...]. **Frr**, **frr**, faisait le chiffon déchiré. (M. Jacobi, *Trésor*, 2001, 173.)

♦♦ Attesté [dans un sens incertain en 1552 (« **frr**, **frrr**, **frrr** » Rabelais, v. *Anthologie*, n° 2)] dep. 1886 (v. ici ex. 1). — Enregistré seulement dans Rob 2001 (*frr...*) et TraitDu 1989, 168 (*ffrrrr*).

FRR[2] □ VAR. *frou.*

Le plus souvent répété.

1. "(bruit de crachement du chat en colère ou en rut)".

1. Représenter [...] les ombres de deux chats qui se guettent, s'éloignent, se rapprochent, et font entendre successivement des *miaou** de tendresse et des ***frou frou*** d'enragés. (Ch. Monselet, *Les Femmes qui font des scènes*, 1865 [1864], 346.)

2. Après une accalmie de dix minutes, la situation se corse : ce sont de courtes alternatives de ronron furieux (***Frrr, frrr***) et de clameurs terribles (*Môôô, môôôô*). (Colette, *Claudine à Paris*, 1901, *Œuvres*, 1984, t. 1, 342.)

3. [...] le matou hystérique [...] d'un coup s'envolait, avec un **fffrrr** ! de dépit. (Bayon, *Les Animals*, 1990, 255).

V. encore *Anthologie*, n° 14.

REM. **frut** “id.”. « Dans les greniers et sur les toits, / J'y vois chiffonner Nicette, / J'y vois pourchasser Minette, / Et j'entends / De temps en temps : / **Frutt ! frutt ! frutt ! frutt !** / Ah ! c'est indigne ! / **Frutt ! frutt ! frutt ! frutt !** / Ah ! laissez-nous ! » (L. Festeau, « Les Amants et les chats », *Les Égrillardes*, 1842, 337).

2. “(bruit que fait le chat pour manifester un grand contentement)”.

4. KIKI-LA-DOUCETTE, mâchant : C'est du blanc de poulet. **Frrrr**... Allons bon ! je fais ronron* sans m'en apercevoir ! (Colette, *Douze dialogues de bêtes*, 1930, *Œuvres*, 1986, t. 2, 20.)

♦♦ Attesté dep. 1864 (v. ici ex. 1). — Absent des dictionnaires consultés.

FRRT

1. “(bruit léger signalant une apparition ou une disparition rapide d'un animal sauvage)”.
1.1. [animal sauvage] □ VAR. *frout*.

1. La nuit de mon arrivée, il y en avait bien [des lapins], sans mentir, une vingtaine, assis en rond sur la plate-forme, en train de se chauffer les pattes à un rayon de lune... Le temps d'entrouvrir une lucarne, **frrt** ! voilà le bivouac en déroute [...]. (A. Daudet, *Lettres de mon moulin*, 1869, *Œuvres*, 1986, t. 1, 246.)

2. Alors, comme je ramassais un rondin pour l'envoyer sur le râble de l'oreillard, lui qui n'avait jamais bougé les fois d'avant... tout d'un coup, avant que j'aie seulement levé le bras.... **frrt**, se mit à détaler [...]. (L. Pergaud, *Dernières histoires de bêtes* [av. 1915], *Œuvres complètes*, 1987, 937.)

3. Un écureuil [...] **frttt** ! disparut dans les branches. (R. Madec, *L'Abbé Garrec et le rouge à lèvres*, 1956, 91.)

4. [...] je m'apprête à tirer, quand, **froutt**... un magnifique renard débouche du trou [...]. (Ch. Forot, *Odeurs de forêt et fumets de table*, 1987, 75.)

— En part. “(bruit d'envol ou de vol d'un oiseau ou d'un insecte)”.

5. Une autre fois, **frout**... Trois ou quatre perdreaux s'envolaient lourdement sous leurs pas [...]. (L. Massé, *Les Grégoire. Le Livret de famille*, 1984 [1944], 102.)

6. – [...] elles [les abeilles] se posaient sur moi, elles me couvraient la figure, les cheveux, les mains, j'avais la paix, personne n'osait plus m'approcher, et puis je faisais un geste, allez-vous-en petites (geste) et **fffrrrttt** elles s'envolaient. (J.-L. Bory, *La Peau des zèbres*, 1981 [1969], 167.)

7. La Bête à Bon Dieu [...] s'est juste posée sur le bout de son nez, de ses petites pattes l'a chatouillé – comme ça... –, puis, **fffrtt**, s'est envolée ! (Bayon, *Les Animals*, 1990, 35.)

— Dans une comparaison.

8. Alors le petit se lève [...], sourit de toutes ses dents blanches, et **frrtt**... comme un oiseau sauvage qui apprend encore à voler, s'enfuit par le portail ouvert. (R.-A. Rey, *Griotte*, 1979, 154.)

1.2. Par analogie [personne].

9. PAUL. – [...] Il pousse la porte, elle pousse un cri, et nous, par l'autre porte... **frtt** ! (E. Pailleron, *Le Monde où l'on s'ennuie*, 1869, FXT.)

10. Léonard s'approche de la voiture et va aider la mère Charlemaine à y monter quand... **frrrrt** !... la folle dégage son bras, fait un petit bon [*sic*] de côté et prend sa course dans la direction du bas-

sin. (J.-A. Nau, *Force ennemie*, 1903, 129.)

11. Et puis, au moment de la douille [= paiement], c'était toujours le même bidon, de l'entourloupe et du nuage !... **Froutt** ! Madame disparaissait ! Y avait plus personne subito... (L.-F. Céline, *Mort à crédit*, 2000 [1936], 285.)

— En contexte métaphorique.

12. *Son corps* est là ! Mais son âme ? **Frrout**... son âme passe par la fenêtre. (A. Vialatte, *Badonce et les créatures*, 1982 [1937], 148.)

2. "(bruit produit par un froissement, un frottement, un glissement)".

13. NABUCHO. – Par le soleil, messeigneurs ! c'est une plaisanterie qui vous coûtera cher !... Vous aurez tous la tête tranchée ! **Frrrt** ! (A. Vanloo et E. Leterrier, *Nabucho*, 1871, 54.)

14. [...] la jeune fille calme et lumineuse qui reculait, ses pieds glissant sur les carreaux. Pendant un long moment on n'entendit que le bruit de ce glissement, **frtt, frtt** [...]. (Chr. de Rivoyre, *Le Petit Matin*, 1987 [1968], 92.)

15. [...] **frrrrt, frrrrt, frrrrt**, le buisson épineux soufflé par un coup de vent très bref. (*Libération*, 2 mai 1989, 38.)

V. encore *ding dong*, ex. 23.

— En part.

• [allumette] □ VAR. *frit.*

16. ERNEST. – J'avais heureusement dans ma poche une boîte d'allumettes-bougies. *(Faisant le geste d'allumer.)* Alors toute la nuit... **frrit** ! (E. Labiche, *Madame est trop belle*, 1874, *Théâtre*, 1991, t. 2, 922.)

17. Il a sorti une allumette de la boîte [...]. Il a, avant de frotter le soufre contre le grattoir, reniflé deux ou trois fois. [...] « **Frrtt** !... » Une explosion terrible alors a eu lieu. (J.-Cl. Aschero, *Scoops*, 1992, 316.)

• [vaporisateur] □ VAR. *frout.*

18. [...] j'essuie quelques ombres, je dessine ma bouche, je m'habille. **Frout** ! **frout** ! **frout** ! un nuage de parfum... (Fr. Hébrard, *Un mari c'est un mari*, 1986 [1976], 128.)

3. "(bruit pour chasser un animal)".

19. S'enfonçant bravement dans le Sud, il passait ses journées à battre le maquis, fouillant les palmiers nains du bout de sa carabine, et faisant « **frrt** ! **frrt** ! » à chaque buisson. (A. Daudet, *Les Aventures de Tartarin de Tarascon*, 1872, *Œuvres*, 1986, t. 1, 543.)

◆◆ **1.** Attesté dep. 1869 (v. ici ex. 1). **2.** Attesté dep. 1871 (v. ici ex. 13). **3.** Attesté dep. 1872 (v. ici ex. 19). — Enregistré seulement (dans l'emploi 1) par GLLF.

G

GLA GLA

1. "(marque une sensation de froid)".

1. La salle de bain étant inoccupée, Olivier se savonna le corps et se frotta au gant de toilette, prit une douche brûlante suivie d'une autre glacée, fit **gla-gla-gla** et s'essuya énergiquement avec la serviette qui sentait l'eau de Cologne. (R. Sabatier, *Les Fillettes chantantes*, 1986 [1980], 270.)

2. Ça et ces shorts tyroliens effrayants sur ses genoux rouges, crevassés, en janvier, **gla-gla**. (Bayon, *Le Lycéen*, 1987, 27.)

3. Nous pénétrons dans les lieux réfrigérés dont une fenêtre est restée ouverte. [...].
– **Gla, gla**, les salauds, y vont nous faire crever. (D. Guirous, N. Galan, *Si la Cococour m'était contée*, 1987, 112.)

4. Ils suivirent avec difficulté la trace de ses pas que la neige effaçait bientôt. C'était comme dans un rêve. « Brr ! Brr ! [v. *brr*[1]] » faisait Olivier. « **Gla-gla !** » répétaient les autres. (R. Sabatier, *Olivier et ses amis*, 1993, 188.)

REM. **agaga** "id.". « Le corps pris dans une chemise rouge tachée d'étoiles de peinture, il se frottait les vertèbres contre le tuyau tiède du poêle. / – Et Victor Hugo dit dans sa barbe : "**Agaga agaga**, il neigeait toujours, j'veux pas qu'y neige, na !" sourit-il » (R. Fallet, *Banlieue sud-est*, 1947, 59).

DÉR. **glaglater** v. intr. "avoir très froid". « J'ai déjà **glaglaté** pas mal aux mitards, à la guerre aussi, la prise de Colmar et ses environs » (A. Boudard, *L'Hôpital*, 1972, dans DDL). — Emploi impers. "faire froid". « [...] en hiver, quand **ça glaglate** [...] » (J.-L. Degaudenzi, *Zone*, 1987, 18).

2. "(marque la peur)".

5. **Gla-gla.** La terreur était telle, et peut-être aussi le sentiment de mal faire, que je n'osai jamais [...] m'aventurer au-delà du seuil fatidique de cette maison rabougrie. (Bayon, *Les Animals*, 1990, 70.)

— **a gla gla.**

6. Je rentre à pinces [= à pied] dans la nuit de Paris. J'ai failli me faire attaquer. **Aglagla**... (R. Fallet, *Carnets de jeunesse 2*, 1992 [1947], 117.)

7. Yvan était sonné, **a gla-gla** elles font ses guibolles... (R. Lageat, *Robert des Halles*, 1980, 89.)

8. La Margaret, c'est bien simple : elle castagnette des crochets [= claque des dents]. C'est le grand **à glagla** intégral dans son corps mignon.
– Mais n'ayez pas peur, ma chérie ! (San-Antonio, *Buffalo Bide*, 1991, 218.)

♦♦ Attesté dep. 1947, au sens **2** (v. ex. 6), et dep. 1956 au sens **1** (« les avoir **a glagla** » P. Guth, dans Rob 2001) ; déjà en 1897 *cla cla* (« elle ne fait que grelotter [de fièvre], *cla cla* » A. Daudet, dans Nyrop 1919, 10). — Absente des dictionnaires généraux, à l'exception de Rob 2001 *(à glagla)* et de TraitDu 1989, 25 *(agla... agla...)*, l'onomatopée (qui évoque le claquement des dents) est enregistrée dans RichLex 1995.

GLING

"(petit bruit ponctuel, souvent d'origine métallique, produit par un choc)".

1. Bernadette [une "brocantiquaire"] m'a raconté qu'un dimanche elle entendait de temps en temps un **gling** bizarre. Soudain elle comprit : un visiteur crachait ses noyaux de cerise sur des poteries. (Jean-Charles, *La Foire aux antiquités*, 1985, 39.)

2. Après chaque phrase, elle soufflait sur la paille pour faire tinter les glaçons, et un **gling !** jaillit sous sa langue entre deux notes. (D. Van Cauwelaert, *L'Orange amère*, 1988, 204.)

3. Il prend une brochette [...] et va à la fenêtre. Il n'a pas faim [...]. / Il défait un à un les petits cubes de mouton, qu'il laisse tomber dans la cour. Ça fait juste ploc*, ploc, ploc...
– Ploc !...
Elle rit.
Farid, surpris, lâche la tige en métal.
– **Gling !**
Elle rit encore plus. (M. Camillieri, *Touche pas à Rita*, 1991, 82.)

4. [...] Bruel, à chaque fois qu'un de ses admirateurs achète un tee shirt, **gling**, les royalties tombent. (Cl. Frisoni, *Frisoni soit qui mal y pense*, 1993 [1992], 111.)

— Redoublé ou répété.

5. Je n'ai plus qu'à me procurer un ticket de parking au distributeur. [...] J'appuie sur ce gros bouton, là... et aucun ticket de parking ne sort. Saloperie de machine !... Tiens, prends un bon coup de poing ! Ah ! voilà toutes mes pièces qui ressortent dans un **gling-gling** de ferraille. (N. de Buron, *Les Saintes Chéries*, 1992 [1964], 48.)

6. LES CLEFS : **Gling, gling**. (R. Dubillard, « Ma nouvelle voiture », *Les Diablogues*, 2000 [1976], 128.)

7. [...] elle fait « **gling gling** » avec la sonnette de sa bécane et me double en m'adressant un geste gracieux. (San-Antonio, *Au bal des rombières*, 1990, 125.)

8. Il sert deux rations [de whisky] importantes, me présente l'un des verres.
– Avec ou sans glace ?
– Avec.
Gling ! Gling ! (San-Antonio, *Princesse Patte-en-l'air*, 1990, 215.)

9. Tous ces bateaux, c'est un beau spectacle... Avec le zef [= vent], ce soir, ça bouge et ça fait ce bruit caractéristique des drisses contre les mâts. **Gling, gling**... (Ph. Carrese, *Trois jours d'engatse*, 1995, 56.)

10. Les murs tremblaient, le lustre faisait **gling-gling** [...]. (G. Mordillat, *Rue des Rigoles*, 2002, 205.)

V. encore *ding dong*, ex. 20 ; *Anthologie*, n° 36.

• **gling-glang**.

11. L'autre jour y m'ont accroché des boîtes de bobines [de films] en fer-blanc sous ma bagnole, quand je roulais ça faisait « **gling-glang** » [...]. (Renaud, *Renaud bille en tête*, 1994, 28).

— Dans une succession d'onomatopées. V. *zim*, ex. 11.

REM. **guiling** "id.". « [...] des bottes de cow-boy [...] sur lesquelles, détail coup de grâce, Blanchette a bouclé des éperons qui, **guiling, guiling**, tintinnabulent gaiement à chacun de ses pas » (L. Chalumeau, *Fuck*, 1991, 36).

♦♦ Attesté [dans un sens incertain en 1833 (« **glin glin** » Th. Gautier, v. *Anthologie*, n° 13)] dep. 1964 (v. ici ex. 5). — Absent des dictionnaires consultés, à l'exception de TraitDu 1989, 190 (et 239 *kling kling*).

GLOU GLOU[1] ou GLOUGLOU

1. [Bruit de liquide, bruit de bulles]
1.1. "(bruit d'une source, d'un cours d'eau, d'une fontaine, d'une gouttière)".

1. À la corniche des toits, c'est une cascade [lors du dégel]. Les murs suent. Les balcons pleurent. Le zinc suinte. On n'entend que clapotis, **glouglous** et gargouillades. (J. Richepin, *Le Pavé*, 1883, 259.)

2. [...] un **glouglou** de source bavarde [...]. (H. Fèvre, L. Desprez, *Autour d'un clocher*, 1992 [1884], 49.)

3. À la suite d'Augustin, je marchai [...] le long du bâtiment. Le **glou-glou** du Beuvron [un cours d'eau] proche couvrait bien sûr nos pas [...]. (A.D.G., *Le Grand Môme*, 1977, 37.)

4. Plus de toits rouges, plus de figuier vert, plus de **glou-glou** sortant de la fontaine. (R.-A. Rey, *Griotte*, 1979, 212.)

1.2. "(bruit d'un récipient qui se vide ou qui se remplit de liquide)".

5. Le Maître d'école est loin de la noyée, et pourtant [dans son rêve] elle lui murmure à l'oreille : « **Glou... glou... glou...** » en accompagnant ces mots bizarres du bruit singulier que fait un flacon submergé en se remplissant d'eau. (E. Sue, *Les Mystères de Paris*, 1989 [1843], 356.)

6. J'étais là, cloué sans rien pouvoir faire, qu'attendre, à déguster tous les bruits de la volière [= maison close], le **glouglou** étranglé des bidets [...]. (A. Simonin, *Touchez pas au grisbi !*, 1953, 173.)

7. [...] j'entends un bruit familier : une cuiller qui fait valser le couvercle d'une boîte de Nes. [...] **glou, glou, glou**, c'est la flotte bouillante, tin, tin, tin [v. *tin tin*], c'est la cuiller qui touille. (A. Sarrazin, *La Cavale*, 1969 [1965], 35.)

8. Alors elle [...] lance la bouteille à l'eau. Ça fait Floc*. Et puis **Glouglou**. (K. Pancol, *Les Hommes cruels ne courent pas les rues*, 1991 [1990] , 285.)

9. La cafetière italienne émet sa série de « **glous-glous** ». (J.-Chr. Pinpin, *Toulouse au bout du siècle...*, 1999, 128.)

V. encore *pop*, ex. 3 ; *rha*, ex. 8 ; *tin tin*, ex. 10.

REM. **gli-gli** "id.". « La Louise ayant disposé quatre petits verres sur la table, durant quelques secondes, on n'entendit que le

gli-gli-gli du filet de liqueur clair brunâtre [de l'eau de noix] » (J. Rosset, *Les Porteurs de terre*, 1990, 85.)

1.3. "(bruit de bulles dues à une personne qui a la tête sous l'eau)".

10. Je me jette à l'eau, je me noie, **glou, glou, glou, glou**. (Ch. Cros, « L'Obsession », 1879, *Monologues, Œuvres*, 1970, 305.)

11. DEUX : Je ris à cause des bulles qui me remontent le long du dos. Ça chatouille. Je ne rirai plus longtemps. Ma tête est sous l'eau. **Glou glou.**
UN : Ah oui, oh ben ! la mienne aussi, vous savez.
DEUX : Zut alors. **Glouglou.**
UN : Et puis, croyez-moi, c'est pas la peine de répéter tout le temps **glouglou**, sous prétexte que vous avez la tête sous l'eau. C'est conventionnel. Pourquoi pas : hélas ! pendant que vous y êtes ?
DEUX : Je dis **glouglou**, parce que papa et maman ils m'ont appris que quand on avait la tête sous l'eau, fallait dire : **glouglou**. Moi, je tiens à rester civilisé.
UN : Vous avez raison. Puisque nous nous noyons, que ce soit du moins en français. **Glou glou.**
DEUX : **Glouglou.**
UN : **Glouglou** (*etc.*) (R. Dubillard, « Marée montante », *Les Diablogues*, 2000 [1976], 289-290.)

V. encore *brr*[2], ex. 3.

1.4. "(bruit produit par une préparation culinaire qui mijote)".

12. CIGALON (*solennel*). – Pieds et paquets à la mode provençale. Silence. D'abord, approchez votre oreille : écoutez [...] **Glou... Glou... glouglou...** C'est le petit bouillonnement, à peine indiqué, mais continu, qui mitonne la tripe et ramollit la chair du pied de mouton. **Glou... glou...** (*À mi-voix.*) Il y a là-dedans de la tripe fraîche, nettoyée et cuite par moi, du pied de mouton échaudé par moi, à une température spéciale, et dont personne n'a le secret. **Glou, glou, glou, glou.** (M. Pagnol, *Cigalon*, 1935, *Œuvres complètes*, 1995, t. 2, 341.)

2. "(bruit produit par l'absorption, souvent goulue, d'un liquide)". □ VAR. *gloux gloux* (rare).

13. Je dis : Vive l'amour !
Mais le *parfait amour*,
En bouteille !...
Gloux, gloux, gloux !
Que c'est bon, que c'est doux ! (Th. Sauvage, *Le Caïd*, 1849, 18.)

14. **Glou, glou, glou, glou**, bouteille chérie,
Glou, glou, glou, glou, viens me mettre en train.
Glou, glou, glou, glou, pour charmer ma vie,
Glou, glou, glou, glou, vive un gai refrain ! (A. Saclé, « Mes glous glous », *Le Gai compagnon*, 1867, 50.)

15. GUADALENA [...]
Il n'est pas de cabaret où
L'on fasse plus gaîment **glouglou**
Qu'au cabaret des *Trois cousines*.
CHŒUR.
Ah ! qu'on y fait gaiment **glouglou**,
Au cabaret des *Trois cousines* ! (H. Meilhac et L. Halévy, *La Périchole*, 1868, dans *L'Avant-scène opéra*, n° 66, 1984, 22.)

16. Après un silence où l'on ne vit que coudes levés et têtes renversées et où l'on n'entendit que le **glou-glou** des gosiers, Quilgars s'essuya les lèvres du dos de la main, cligna de l'œil et claqua de la langue. Il avait quelque chose à raconter. (H. Fèvre, L. Desprez, *Autour d'un clocher* 1992 [1884], 78.)

17. [...] sa main plonge dans la poche gauche de son veston [...], en retire un flacon plat qu'il élève très haut comme on porte un toast avant de siffler, **glou glou**, d'un seul coup, le reste de sa ration quotidienne de « poire flambante ». (H. Bazin, *L'Huile sur le feu*, 1954, 38.)

18. [HADDOCK.] – Il y a déjà assez de dégâts comme ça sans encore casser cette bouteille ! [...] Voilà [*il boit*]... **Glou**... **Glou**... (Hergé, *L'Affaire Tournesol*, 1956, 27.)

19. La bière était d'une tiédeur rare [...]. / Il y eut un silence peuplé de **glouglous**. (M. Lebrun, *Le Géant*, 1996 [1979], 218.)

20. Et toi, tu avais mis ton nez farfouilleur dans le buffet et, **glou glou glou**, siroté tout le contenu du flacon. (M. Bailly, *La Jarjille, c'est la sœur du Piosou !*, 1980, 59.)

V. encore *clap*, ex. 6 ; *floc*, ex. 42 ; *flonflons*, ex. 1 ; *from from*, ex. 4 ; *pop*, ex. 1.

— **et glou et glou.**

21. [...] sa pomme d'Adam monte et descend, **et glou, et glou, et glou, et glou**, eh oh : il ne va quand même pas... s'arrête pour reprendre son souffle, **et glou, et glou. Et glou**. (J.-L. Benoziglio, *Cabinet portrait*, 1980, 50.)

• Dans le refrain d'une chanson à boire.

22. **Et glou et glou et glou**
Il est des nôtres
Il a bu son verre comme les autres !
(F. Dupuy, *L'Albine*, 1978, 105.)

— Par comparaison.

23. Heureusement Febvre jouit d'un nez que Parmentier aurait pu présenter à Louis XVI. Seulement, il ne sait pas s'en servir. La voix de ce nez fait **glouglou**, comme la voix des bouteilles. (E. Bergerat, *Vie et aventures du sieur Caliban*, 1886, 340.)

REM. La forme simple est rare (voir cependant *zzz*, ex. 3) ; dans l'exemple suivant, le mot exprime aussi la soudaineté d'un procès : « [...] M. Heaume sort son flacon. **Et glou !** (c'est du marc de pommes aujourd'hui) » (H. Bazin, *L'Huile sur le feu*, 1954, 198).

♦♦ **1.** Attesté [indirectement par le dérivé *glouglouter*, dep. 1569, Ronsard, v. TLF] dep. 1612 (v. *Anthologie*, n° 4, str. 5) ; 1619 (« Te chanteront en leurs plans plans ; Le fri fri de nos lichefrites, et le **glou glou** de nos marmites » Claude d'Esternod, v. TLF). **2.** Attesté dep. 1619 ([Des archers boivent] « Le Tymbre marmitier d'un **glou glou** rend sa Basse ; / Le dessus d'un glic glic, qui tout autre surpasse ; / L'Haute-contre d'un gloc ; et le Tenor d'un glouc, / Et tous pesle-meslez disent, gloc, glic, glou, glouc » G. Giboin, *Amours de Philandre et Marisée*, d'après H.C. Lancaster, *A History of French Dramatic Literature in the Seventeenth Century*, 1929, t. 1, 125) ; 1666 « Qu'ils sont doux, Bouteille jolie, Qu'ils sont doux Vos petits **glougloux** ! » Molière, *Le Médecin malgré lui*, v. Rob 2001). — Enregistré dans les dictionnaires généraux et TraitDu 1989, 190-191 ; FEW 4, 169a, GLU-.

GLOU GLOU[2] ou GLOUGLOU

“(bruit du cri du dindon, parfois du pigeon)”.

1. La dinde : **Glou, glou, glou.** (Celnart, *Manuel complet des jeux de société*, 1827, 180.)

2. **Glou glou glou glou glou** ! (*bis.*)
J' gardons mes dindons, (*bis.*)
Mes jolis p'tits, mes jolis p'tits dindons. (E. Grangé et L. Thiboust, « La Gardeuse de dindons », dans *La Mère Godichon*, 1863, 238.)

3. [...] les six gros dindons qui se gonflent pour l'amour de leurs dindes et s'avancent noirs et écarlates, **glou glou glou**, tous de front. (J. Jaussely, *Deux saisons en paradis*, 1979, 61.)

4. Les pigeons allèrent déguster ailleurs leurs suffisants **glouglous**. (D. Boulanger, *Mes Coquins*, 1990, 125.)

V. encore *cot cot*, ex. 5 ; *crou-crou*, ex. 1 ; *pia-pia*, ex. 1 ; *Anthologie*, n° 25.

REM. **1. giou giou** "id.". « Mon âne fait : hi han*, hi, han, / Ma dinde fait **giou, giou, giou,** / Ma cane fait coin*, coin, coin » (« Ma mèr' m'envoie-t-au marché », dans J. Bujeaud, *Chants et chansons populaires des provinces de l'Ouest*, 1980 [1865], t. 1, 45). **2. glo glo** "id.". « Une bande de dindons [...] avec leurs longs cous d'assassinés et leur gloussement extrême-oriental **glo** ! **glo** ! **glo** ! [...] » (J. Delteil, *En robe des champs*, 1934, 80). **3. goulou-goulou** "id.". « [...] les animaux sont au rendez-vous, et ce sont eux, les vedettes du lieu [un marché normand] ! [...] Les plus hiératiques : les dindons, dont les **goulous-goulous** horrifiés entament un peu la majesté stupide » (Ph. Delerm, *Les Chemins nous inventent*, 1997, 117-118).

♦♦ Attesté dep. 1721 pour exprimer le cri du dindon (« faire **glouglou** » Trévoux s.v. *glouglouter*, v. TLF) et dep. 1770 pour exprimer celui du pigeon (« ce pigeon pattu [...] se nomme aussi pigeon **glouglou** parce qu'il répète continuellement ce son » Buffon, v. Rob 2001). Mais le mot est antérieur, dans la mesure où le dérivé *glouglotter* est attesté dep. 1632 (v. E. Binet, sous *cocorico*, dér.). — Enregistré dans les dictionnaires généraux et TraitDu 1989, 191 ; cf. FEW 4, 161a, GLOCIRE.

GLOUP

1. "(bruit ponctuel de succion rapide, de déglutition soudaine)". □ VAR. *glop, glup*.

1. Une grosse boule de mie de pain roulée entre des doigts tout noirs, et le Sénateur engloutit la chose avec un « **glop** ! ». (B. Vian, *L'Herbe rouge*, 1950, FXT.)

2. On boit. Lui, d'un formidable coup de gosier. **Glouрр** ! Moi, plus voluptueusement, à la française, c'est-à-dire à la gourmande. (San-Antonio, *En avant la moujik !*, 1992 [1969], 122.)

3. – A trois on avale tout !
– **Glup**.
– **Glup**. (Alain-Chedanne, *Un freak*, 1974, 94-95.)

4. Avant de répondre à mes signes, Clod' termine de mâcher ce qu'il a dans la bouche, et ensuite seulement – après son « **glop** ! » ça y est, c'est avalé – il daigne jeter sur moi ses petits yeux de vautour [...]. (P. Siniac, *Luj Inferman' ou Macadam Clodo*, 1982, 95.)

5. [...] mon grand-père a rendu son dernier souffle dans ce clairon !
Sur le champ de bataille, s'il vous plaît !
Il sonnait l'attaque... et...
L'ennemi a attaqué...
Il a pris un boulet dans le pavillon...
Sloup ! [v. *slurp*]
Il a avalé l'embouchure...

Gloup !
Et il a rendu l'âme...
Rhaah* ! (R. Devos, *À plus d'un titre*, 1989, 57.)

6. Il s'appelle Roger Souza [...]. [...] avec un seul geste, cette façon de resserrer le nœud de sa cravate, de faire **gloup** de la glotte, de remonter le menton, de renifler dans la foulée, il atteint au grandiose. (*Télérama*, 21 juin 1989, 65.)

7. Le petit morceau de pain que Bergère [une chienne] – **gloup** ! – avale sans même le croquer. (P. Sogno, *Le Serre aux truffes*, 1997 [1993], 27.)

8. Nausée. Gélule. **Gloup** ! Coincée dans la gorge. (J.-P. Carminati, *Concordance des dents*, 2001, 78.)

V. encore *brr²*, ex. 3 ; *chtac*, ex. 4.

— Répété.

9. J'en prenais une pleine poignée [de cacahuètes] dans ma main gauche et hop * ! je lançais la petite graine violette en l'air, **et glop** ! la gobais. Une autre, **glop**, une autre, **glop**, deux, trente, cinquante d'affilée – sans un seul coup à côté. (Bayon, *Les Animals*, 1990, 163.)

10. **Gloup ! Gloup** ! Le Badinguet [un cochon] semblait aimer ça. / Grognant de joie, il avalait goulûment sa pâtée ; **gloup** ! **gloup** ! (P. Arnoux, *Les Loups de la Mal'Côte*, 1991, 62-63.)

11. Assiettes remplies, les invités avalaient leur soupe à grands renforts de **gloup** ! **gloup** ! (P. Arnoux, *Les Loups de la Mal'Côte*, 1991, 162.)

REM. **1. gloups** "id.". « Alors, il y allait dur de la dent, **gloups**, il en avait presque digéré un » (Bayon, *Le Lycéen*, 1987, 310). **2. goulp** "id.". « [...] il [le chat] revint tout de suite et se jeta sur la nourriture. [...] Il continua son **goulp-goulp-goulp** sans se déranger » (J. Anglade, *Une pomme oubliée*, 1969, 85). **3. gulp** "id.". « Y se sert un coup de rouge dans un verre de moutarde. **Gulp** ! cul-sec ! » (Fr. Lasaygues, *Vache noire*, 1985, 77) ; v. encore *slurp*, ex. 1.

— En contexte métaphorique.

12. À travers les baies larges ouvertes sur l'ombre [du café] où luisent les glaces des murs, je peux suivre le trajet d'Agathe vers l'escalier qui va l'avaler à la façon d'une trappe, **glop**, pour la diriger (la digérer) vers les lavabos et vers le téléphone. (J.-L. Bory, *La Peau des zèbres*, 1981 [1969], 97.)

V. encore *berk*, ex. 22.

— Par analogie.

13. Vous secouez frénétiquement, rien ne sort, et puis brusquement, avec un **gloup** dégoûtant, tout le ketchup se déverse et recouvre la barquette [de frites] d'une marée rouge. (N. de Buron, *C'est quoi, ce petit boulot ?*, 1989, 56.)

14. [...] mes sabots, un peu trop grands, faisaient à chaque pas un **gloup** de succion. (M. Jeury, *Une odeur d'herbe folle*, 1989, 218.)

DÉR. **glouper** v. tr. "avaler gloutonnement". « [...] quand il s'agit de **glouper** des belons, cette souris [= jeune femme] est toujours partante » (J. Houssin, *Comme un rat*, 1984, 52) ; « Il a sorti un sandwich pain de mie-jambon-tomate de sa poche, l'a débarrassé de sa cellophane protectrice et le **gloupe** énergiquement » (San-Antonio, *Les Morues se dessalent*, 1988, 185).

2. "(pour marquer la surprise, l'étonnement, la stupeur)". □ VAR. *glup*.

15. Il y a exactement deux ans [...], une formule-choc couvrait les murs, occupait des pages entières des quotidiens :

« Chaque Français travaille un jour sur deux pour l'État. » Une autre prenait d'ailleurs le relais : « L'État s'approprie la moitié de la richesse nationale. » **Gloup !** (*Le Monde*, 13 octobre 1987, 2.)

16. Lorsque les yeux de Mathieu se détachent enfin des maquettes qui garnissent tout un panneau, et qu'il panoramique jusqu'à l'angle opposé de l'immense table, il a un choc. Un dessinateur de bande dessinée aurait mis « **Glup !** » dans la bulle censée traduire son sentiment profond à l'instant précis où son regard finit par se poser sur elle. Et « **Glup** » résumerait assez bien la commotion cérébrale qu'il encaisse sans piper. Face à lui [...] se tient une créature bleu intense pour la vêture, ocre pâle tacheté de son pour le visage et cuir fauve pour la crinière de cheveux [...]. (L. Chouchon, *Par 35' de lassitude nord*, 1992, 36-37.)

REM. **1. glups** "(pour souligner un énoncé et marquer une distance à son égard)". « Lendemain, le juge d'instruction me dit : "Vous, prenez un avocat... passerez devant un tribunal bientôt..., z'avez pas le droit de sortir du département sans mon autorisation" **Glups** » (*Actuel par Actuel*, 1977 [1973], 197) ; v. encore *Anthologie*, n° 52. **2. glurps** "id.". « Mais méfions-nous de l'eau qui dort : les rêves d'inondation témoignent, paraît-il, d'un débordement incontrôlé des instincts sexuels. **Glurps** » (*20 ans*, octobre 1992, 5).

♦♦ 1. Attesté dans cet emploi dep. 1950 sous la forme *glop* (v. ex. 1) ; absent des dictionnaires consultés, à l'exception de Rob 2001 (*glop*, var. *glub, glup*) et de TraitDu 1989, 190 ; cf. FEW 4, 169a, GLUP-. **2.** Attesté dep. 1973 sous la forme *glups* (v. rem.), mais probablement antérieur dans la bande dessinée (cf. ici ex. 16) ; absent des dictionnaires consultés, à l'exception de TraitDu 1989, 190.

GOUZI-GOUZI

"(accompagne un chatouillement, notamment sur un bébé)".

1. Quant à leur tante Yvette, tout occupée à langer la merveille, c'est bien simple, elle déparlait complètement avec des **gouzi-gouzi** et des arheux* ridicules. (Cl. Michelet, *Les Palombes ne passeront plus*, 1980, 92.)

2. On s'enlace on s'embrasse on se fait des **gouzi-gouzi** ça commence à chauffer terrible. (E. Hanska, *J'arrête pas de t'aimer*, 1981, 35.)

♦♦ Attesté dep. 1950 dans une métaphore (« Alors, ça lui a fait un **gouzi-gouzi** au cœur, quelque chose comme du sentiment filial » R. Nimier, v. Rob 2001). — GLLF Ø ; TLF « fam. » ; Rob 2001 « fam. et rare » ; NPR 2000 « fam. » ; PL 2000 Ø ; TraitDu 1989, 194.

GROIN-GROIN □ VAR. *grouin.*

1. "(bruit de ronflement d'un dormeur)".

1. Frissonnantes sous le brouillard glacé, les brigades de la sûreté [...] s'adossent contre les portes cochères où une torpeur les envahit traîtreusement (rrrron*... rrrron.... rrrron **groin groin** rrrron). (*Le Petit pioupiou*, 1887, n° 30, 2.)

2. "(bruit de grognement du porc ou du sanglier)".

2. Metz en visiteur hérisson hargneux devant son but ; Sedan à la baïonnette offensive [...]. Et puis ça fait **grouin-grouin** chez Césarine [laie mascotte de l'équipe de football de Sedan] quand Brogno est, semble-t-il, séché par Régis. (*Le Journal du dimanche*, 26 août 2001, 16.)

3. cochon / **groin groin** (*Le Cri des animaux*, 2001, 6.)

4. **Groin-groin** / Le cochon n'est pas sale, le cochon a de l'instinct, le cochon trouve les truffes, le cochon est un peu... sanglier. (Supplément de *Télérama*, 24 octobre 2001, 34.)

♦♦ 1. Attesté dep. 1887 (v. ici ex. 1) ; absent des dictionnaires consultés. **2.** Attesté dep. 1698 sous la forme *gran gron* (COLOMBINE. – Quoi ! tu as été si long tems à me voir, moi qui voudrois tous les jours rester auprés de toi, & qui pour cet effet ai souhaité plusieurs fois être une trufe & que tu fusse [*sic*] un cochon, pour te donner occasion de me chercher. / ARLEQUIN. – Je le souhaiterois de tout mon cœur, car cherchant avec mon groüin, **gran, gron**, je te dirois en effet : Mon aimable Colombine [...] » *Arlequin, dogue d'Angleterre*, dans *Suplement du theatre italien*, 236) ; absent des dictionnaires consultés, à l'exception de TraitDu 1989, 197 ; aj. à FEW 4, 251a-b, GRUNDIRE.

GROUIC □ VAR. *grouïk*.

1. "(bruit produit par un borborygme)".

1. **Grouïk,** émit mon estomac ! (H. Pagan, *Les Eaux mortes*, 1986, 126.)

2. Ma hantise, c'est de faire « **grouic** » dans l'estomac quand je suis au théâtre. (J.-M. Gourio, *Brèves de comptoir 5*, 1997 [1996], 210.)

2. "(bruit du cri du porc)".

3. Un éleveur et ses porcs héros d'une fiction en plein Salon de l'agriculture. **Grouiiic** ! (*Télérama*, 12 mars 1997, 73.)

4. **Grouik grouik** / [...] Beatty [un acteur] jouit d'un titre de gloire un peu moins glorieux. C'est lui qui se retrouve sommé [...] de faire le cochon. (*Télérama*, 29 mai 2002, 139.)

♦♦ Attesté dep. 1986 (v. ici ex. 1). — Absent des dictionnaires consultés, à l'exception de TraitDu 1989, 198.

GRR[1]

1. "(bruit de grognement du chien)".

1. – Silence, sale cabot !
[MILOU.] – **Grrr**... (Hergé, *Les Aventures de Tintin [...] au pays des soviets*, 1999 [1930], 18.)

2. Nul aboiement [...]. Juste **grrrrrr**... (Bayon, *Les Animals*, 1990, 73.)

3. Au passage, du mufle, les chiens frottèrent le grillage. Pas un **grrr**, pas un aboi pourtant. (M. Quint, *Les Grands ducs*, 1991, 121.)

4. – Elle aime pas qu'on l'appelle Poupette...
– **Grrr**...
– Hein que tu l'aimes pas ton prénom ?
– Poupette.
– **Grrr**... (J.-M. Gourio, Bl. Jeanroy, *Chiens de comptoir*, 1997 [1996], 177.)

REM. **greu** "id.". « Tant que l'éleveur fut là, ce furent des "petit Kapi" par-ci, des petits câlins sur la tête en enlevant la main prestement, des "oh ! qu'il est mignon", réponse "**Greu, greu, greu**, rrrrrrrrwaaaa !" [v. *rouaf*] et en avant les dents à la retrousse et la lueur jaune ! » (B. Bardot, *Initiales B.B.*, 1998 [1996], 312).

2. "(bruit de grognement du lion, du tigre)". □ VAR. *grou, groaw.*

5. Le lion : **Grou, grou, ou, ou**, hi. (Celnart, *Manuel complet des jeux de société*, 1827, 181.)

6. lion / **grroaw** (*Le Cri des animaux*, 2001, 1.)

REM. **raow** "id.". « [...] Lion, comme l'animal a redit Philippe, et peut-être inquiet que l'autre n'ait pas encore compris il a fait **raooww** à deux centimètres du visage de Jean-Edern [...] » (V. Ravalec, *La Vie moderne*, 1996, 37).

3. "(marque l'irritation, l'agressivité d'une personne)".

7. Une lettre philosoconnique de Fouchet. Ah ! celui-là ! **grrr !** [...]. (R. Fallet, *Carnets de jeunesse [1]*, 1990 [1947], 160.)

8. Râler, ça se dit « **grr** » en version originale, comme dans les bandes dessinées. (*L'Événement du jeudi*, 23 janvier 1992, 62.)

9. Quand je rentre, le soir, je trouve toujours dans le micro-z-ondes quelque chose qui me fait coucou [...]. Si je vois de la lumière sous la porte, je lui crie « Merci, Geneviève ! » Elle grogne « **Grrr** ». (Fr. Cavanna, *Cœur d'artichaut*, 1997 [1995], 114.)

REM. **crr** "id.". « LE DIABLE *(le menaçant).* **Crrrr, crrrr !!** » (L.-E. Duranty, « Les Boudins de Gripandouille », *Théâtre des marionnettes*, 1995 [1862], 272).

♦♦ **1.** Attesté dep. 1883 sous la forme *crr* (« *(grognement du chien)* **Crrrrrrr** ») H. Meilhac et A. Millaud, *Le soldat de plomb*, dans M. Pénet, *Mémoire de la chanson*, 1998, 627) ; absent des dictionnaires consultés, à l'exception de Rob 2001, NPR 2000 et TraitDu 1989, 198. **2.** Attesté dep. 1827 (v. ici ex. 5) ; absent des dictionnaires consultés. **3.** Attesté dep. 1862 (v. ici la forme *crr* en rem.) ; absent des dictionnaires consultés, à l'exception de Rob 2001, NPR 2000 et TraitDu 1989, 198.

GRR[2]

Répété "(bruit du cri de la grenouille rousse)". □ VAR. *grou.*

1. C'est que le chant des grenouilles rousses au printemps n'est pas du tout comparable au concert sonore que donnent, les nuits d'été, les fées vertes qui se pavanent sur les nénuphars des étangs. C'est un appel d'amour, un « **gr...grr...** » tendre, doux et ténu. (L. Pergaud, *Nouvelles villageoises posthumes* [av. 1915], *Œuvres complètes*, 1987, 984.)

V. encore *crr-crr*[2], ex. 19.

♦♦ Attesté av. 1915 (v. ici ex. 1). — Absent des dictionnaires consultés.

GUILI-GUILI □ VAR. *guiliguili, guilli-guilli.*

"(accompagne un chatouillement, le plus souvent sur un bébé)".

1. [...] il a voulu lui faire "**guiliguili**" sous le cou, comme ça. Elle [une chatte] l'a mordu [...]. (Colette, *La Paix*

chez les bêtes, 1916 [1914], *Œuvres*, 1986, t. 2, 119.)

2. Mon père, ce satyre au sourire si doux
Faisait **guili-guili** aux petites filles sages [...]. (P. Perret, « Mon père ce satyre », 1964, *Chansons de toute une vie*, 1995 [1993], 84.)

3. Il engloutit dix centilitres de whisky d'un seul coup, s'essuya la bouche, sourit et taquina le menton de Cléo :
– **Guili guili**... Faites pas cette tête-là, tout va s'arranger.. (J.-A. Varoux, *Globule à l'heure Hasch*, 1975, 159.)

4. Ma mère se précipita [...] et entreprit de m'extraire [du landau] [...]. « **Guiliguili** », me disait-elle. (A. de Saint-André, *Papa est au Panthéon*, 2001, 39.)

V. encore *cuicui*, ex. 6 ; *hang*, ex. 4.

— Fréquent en emploi subst. m.

5. – Il [un bébé] est beau ! dis-je sans réfléchir.
Et je fus bien heureux d'avoir les mains pleines de savon pour n'être pas tenu de lui faire les **guiliguili** de circonstance. (Y. Gibeau, *Et la fête continue*, 1988 [1950], 189.)

6. Mieux valait opter en faveur du « **guili-guili** » sous toutes ses formes. Après m'avoir évalué, le mioche, d'ailleurs, se mit à pleurnicher [...]. (R. Fallet, *L'Amour baroque*, 1990 [1971], 42.)

7. Berçant l'enfant, lui faisant des **guillis-guillis**, le maître chanteur n'a même pas vu passer Poinçon. (P. Siniac, *Bazar bizarre*, 1982, 102.)

8. Richard [...] avait installé les berceaux dans sa chambre, et il faisait moins l'amour, par crainte de réveiller les bébés. [...] / À part les a-reu*, les **guili-guili**, Richard ne parlait presque plus. (D. Van Cauwelaert, *L'Orange amère*, 1988, 230.)

♦♦ Attesté av. 1910 (« Du bout des ongles je fais "**guili guili**" à la plante de ses pieds » J. Renard, v. GLLF). — GLLF ; TLF ; Rob 2001 ; NPR 2000 ; PL 2000 ; TraitDu 1989, 201.

H

HA □ VAR. *ah.*

1. Souvent répété ou avec effet d'écho "(bruit d'un bâillement)".

1. (*Le refrain de chaque couplet doit se chanter en étendant les bras et en bâillant.*)
Ah ! ah ! ah ! ah ! ah ! comment faire,
Hélas !
Pour s'amuser sur cette terre ?
Ah ! ah ! ah ! ah ! ah ! comment faire,
Hélas !
Pour ne point bâiller ici-bas ? (M.-A. Désaugiers, « Le Bâilleur », *Chansons et poésies fugitives*, 1816, 92.)

2. M. PRUDHOMME *s'éveillant en bâillant.* – **Ah ! ah ! ah ! ah !** (H. Monnier, *Scènes populaires*, 1835, t. 1, 85.)

3. PIERROT (*bâillant.*) – **Ha ! ha ! ha !** (É. Ourliac, *Le Jour de l'an*, dans *Journal des enfants*, 1839, t. 7, 254.)

4. – Ce que j'ai encore de mieux à faire, c'est d'aller me coucher, comme les poules, suivant mon habitude. **Aââââh !**
– Je n'ai jamais vu personne bâiller avec la grâce qu'y met Votre Majesté. (P. Véron, *L'Année comique*, 1862, t. 2, 20.)

5. « **Aââh !...** » bâille tout haut la belle Bastienne ! (Colette, *L'Envers du music-hall*, 1913, *Œuvres*, 1986, t. 2, 230.)

6. **Ah ! aha... Ahhh !...** fit en bâillant Fernande, qui s'éveillait. (F. Carco, *Jésus-la-Caille*, 1914, 139.)

7. « **A-â-â-âh !** bâilla une grande voix joyeuse [...]. » (Colette, *La Seconde*, 1929, *Œuvres*, 1991, t. 3, 478).

8. Il se leva lentement, étira ses grands bras qui touchèrent presque les poutres, bâilla en rugissant comme un lion :
– **Hâââââ !** (J. Anglade, *Une pomme oubliée*, 1969, 166.)

V. encore *ouah*[3], ex. 4.

— Avec variante de la finale.

9. **HAAAAAAAAAA... HEU** [...] / Le bâillement indique que vous êtes fatigué ou que vous vous ennuyez [...]. (J.-L. Fournier, Je *vais t'apprendre la politesse...*, 2000 [1998], 62.)

REM. **hem** "id.". « SECOND MAÇON, *bâillant.* – **He-e-e-em !** / TROISIÈME MAÇON. – Le contremaître ne viendra pas [...]. SECOND MAÇON, *bâillant.* – Houa ! [v. *ouah*[3]] » (P. Claudel, *La Ville*, 1re version, 1890, *Théâtre*, 1960, t. 1, 338).

2. Répété
2.1. "(bruit d'une personne qui pleure)".

10. PÉTRONILLE. [...] (*pleurant.*) et c'est à mon pauvre oncle Cliquot que j' devrai tout ça... **ah, ah, ah**... (Villeneuve, Dupeuty, Langlé, *La Dette d'honneur*, 1827 [1826], 15.)

11. ISOLINE, *pleurant tout à coup.* – **Ah** ! **ah** ! **ah** !... monsieur, vous me trompiez... vous m'aviez promis de m'épouser, vous êtes marié... **ah** ! **ah** ! (E. Labiche, *La Chasse aux jobards*, 1847, *Théâtre*, 1979, t. 1, 432.)

2.2. "(bruit d'un rire souvent fort ou d'un ricanement)".

12. LE CHEVALIER, *riant aux éclats.* – **Ah** ! **ah** ! **ah** ! **ah** ! (Roederer, *Comédies, proverbes, parades*, 1825, 80.)

13. CLAUDINET. – Eh ! bien, vous riez à cette heure.
JAVOTTE. – **Ah** laissez-moi ! **Ah** ! **ah** ! **ah** ! j'étouffe. **Ah** ! **ah** ! je vais rouler par terre. **Ah** ! **ah** ! **ah** ! **ah** ! mon pauvre m'sieu Claudinet **ah** ! **ah** ! **ah** ! (É. Ourliac, *La Foire Saint-Nicolas*, dans *Journal des enfans*, 1838, t. 7, 88.)

14. LE CHŒUR.
Ha ! **ha** ! **ha** ! **ha** ! **ha** ! **ha** !
Elle est bien bonne, celle-là ! (H. Meilhac et L. Halévy, *La Périchole*, 1868, dans *L'Avant-scène opéra*, n° 66, 1984, 56.)

15. CRIS DE JOIE
Il est chauve !
Bravo les pages !... **Ha** ! **ha** ! **ha** !... [...]
RIRES ET CRIS [...]
Ha ! **ha** ! **ah** ! **ah** ! **ah** ! **ah** ! (E. Rostand, *Cyrano de Bergerac*, 1983 [1898], 88.)

16. PETITE-CHOSE, *se tordant* : **Ah** ! **ah** ! **ah** ! (Colette, *Mitsou*, 1919, *Œuvres*, 1984, t. 1, 669.)

17. UN : **Ha** ! vous me faites rire ! **Ha** ! **ha** ! **ha** ! (R. Dubillard, « Altercation », *Les Diablogues*, 2000 [1976], 311.)

18. – Ne buvez pas, je vous dis !... Ce whisky est un véritable poison !
– Bien sûr : un poison qui tue lentement ! C'est bien connu ! **Ha** ! **Ha** ! **Ha** !
– Et ça tombe bien ; justement, nous, on n'est pas pressés. **Ha** ! **Ha** ! **Ha** ! (Hergé, *Tintin et les Picaros*, 1976, 7.)

19. Leur rire fit tinter les mauvais carreaux des fenêtres. Qui eût cru qu'il y eût tant de **ah** ! **ah** ! en Joseph et Zé ? (M. Quint, *Billard, à l'étage*, 1993 [1989], 20.)

20. À l'aide d'une gymnastique mentale inhumaine, il parvint à grimacer un sourire niais :
– **Ha, ha, ha** [...]. (M. Villard, *Du béton dans la tête*, 1990, 88.)

21. Je suis parti d'un grand éclat de rire. / **HA** ! **HA** ! (R. Devos, *Un jour sans moi*, 1998 [1996], 63.)

V. encore *patatrac*, ex. 14.

— Associé à d'autres onomatopées. V. *hi hi*, ex. 10, 12-14 ; *ho ho* ex. 4-5 ; *hou hou*, ex. 28.

♦♦ 1. Attesté dep. 1724 (« LISETTE. – Oui, oui, des Livres, voilà de beaux amusemens pour une fille. Et quels Livres encore lui donnez-vous ? des Livres de Philosophie, des Livres de Morale. **Haaaa**, cela me fait bailler » J. Autreau, *La Fille inquiette*, *Œuvres*, 1749, t. 2, 8) ; 1775 (« L'ÉVEILLÉ *arrive en bâillant, tout endormi.* **Aah, aah, ah, ah**... » Beaumarchais, *Le Barbier de Séville*, *Théâtre*, 1980, 69) ; absent des dictionnaires consultés, à l'exception de TraitDu 1989, 23 (*âââh*). **2.1.** Attesté dep. [*ca* 1170 sous la forme simple *ha*, comme « introduisant une plainte » (DEAF)] 1667 (v. le commentaire s.v. *hi hi*), cet emploi est absent des dictionnaires consultés ; aj. à FEW 4, 361a, HA. **2.2.** Attesté dep. 1535 (« Joseph riet : **ha ! ha ! ha ! ha !** » *La Fleur des noëls*, v. *Anthologie*, n° 1, str. 8) ; déb. 16e siècle (« Bricet en riant. **Ha ha ha ha ha ha ha ha** » *Le Mystère de la vie et hystoire de monseigneur sainct Martin*, 1841, Sii r°) ; 1566 (« **Ha ha ha** » H. Estienne, v. ici *tin tin*) ; 1609 (« Hi hi hi [espagnol], *Interiection de risee, ah, ah, ah* [français], ha, ha, ha, suono di riso [italien] » (H. Victor, *Tesoro des las tres lenguas [...] Thresor des trois langues*, non paginé). Cet emploi « ne semble pas attesté en afr., malgré TLF 9, 622a » (DEAF, H 5) ; enregistré dans les dictionnaires généraux et TraitDu 1989, 205 ; aj. à FEW 4, 360a, HA.

HAM

“(bruit d'une personne ou d'un animal qui avale un aliment d'une seule bouchée ; pour exprimer la soudaineté de ce procès et/ou la voracité)”.

1. Elle [...] signale l'heure des repas, quand par hasard elle se fait attendre, d'un impérieux « **Ham !** » (P. et V. Margueritte, *Zette*, 1903, 13.)

2. Ah ! mon Dieu !... donne-moi vite quelque chose à mordre... ce que tu voudras... une cuisse de poulet... ou une aile, ma pauvre Nini, plutôt une aile... Sinon... **ham ! ham !**... je sens que je vais mordre quelqu'un !... **Ham, ham, ham !** (M. et A. Fischer, *A.Z.11. poste restante*, 1910, 244.)

3. Alors je plaçai d'un seul coup mes deux jaunes [d'œuf] dans ma bouche en faisant « **ham !** » (G. Chevereau, *Une enfance à la campagne*, 1988, 38.)

4. [...] avec mon couteau je pratiquais un trou [dans une pomme de terre rôtie sous la braise], je le remplissais de beurre salé ou de rillettes, je remettais le morceau pour fermer et **ham !** je mettais la pomme de terre tout entière dans ma bouche. (G. Chevereau, *Une enfance à la campagne*, 1988, 125.)

5. [...] j'ai commandé un poussin rôti. J'ai vu arriver un petit poussin... dans une assiette... **Hamm !** !! Je n'en ai fait qu'une bouchée [...]. (R. Devos, *À plus d'un titre*, 1989, 64.)

REM. **wham** “id.”. « On passe à travers Bar-le-Duc comme dans une verrerie sidérale, échappant une fois de plus à la gueule insondable qui happe au-dessus de chaque gare pulvérisée, **wham, wham** » (J. Réda, *PLM et autres textes*, 1982, 37).

♦♦ Attesté dep. 1873 (« HAM' ! Exclamation pour exprimer l'acte d'attraper avec la bouche ou la gueule » Coudereau, « Sur le dialecte berrichon [Charost, Cher] », dans *Mémoires de la Soc. d'anthropologie de Paris*, 2e s., 1, 370, v. FEW). — Absent des dictionnaires consultés, à l'exception de FEW 4, 379a, HAM.

HAN

1. [Bruit humain]

1.1. “(accompagne un effort physique)”.

1. [...] des hommes demi-nus [...] soulevant entre leurs bras nerveux une pâte épaisse et pesante, puis la rejetant au pétrin avec le *Han !* d'angoisse arraché par l'effort.
Ces hommes sont les geindres. Ils pétrissent le pain. (A. Gill, *Vingt années de Paris*, 1883, 234.)

2. Durand déféquait. À force de pousser, ses abdominaux étaient devenus énormes [...]. Il s'encourageait, claquait des doigts, tapait des pieds, faisait « **han, han** ». (Ph. Canal, *L'Homme qui a vu Durand*, 1987, 237.)

3. – Qu'est-ce que vous insinuez ?! Que je suis trop grosse ?! Aidez-moi au lieu de raconter ces salades ! **Han... Han...** je vous jure que ça va rentrer... **Han...** – Au nom du ciel, rentrez le ventre ! – Mais enfin, je n'ai pas de ventre ! **Han...** Ouhhh ! (Faye et Serrano, *Le Guide de l'engueulade*, 1993 [1992], 131.)

REM. **hein** "id.". « La nuit, en longeant les trottoirs, on entend quelquefois, par des soupiraux étranges, des cris plaintifs [...] le *geindre*, ce travailleur nocturne, Ixion de la pâte ferme et du pain quotidien, est la cause innocente de tout ce bruit. [...] Son dernier soupir se confond avec le ***hein !*** éternel que lui arrache incessamment sa vocation » (L. Roux, dans *Le Prisme*, 1841 [1840], 123). — Répété. « LE PÂTISSIER *(roulant [la pâte] et faisant comme les geindres).* **Hhein ! hhein !** » (L.-E. Duranty, « Pierrot et le pâtissier », *Théâtre des marionnettes*, 1995 [1862], 177).

1.2. "(accompagne un élan lorsqu'on porte un coup)".

4. Elle s'est emparée d'un gros bâton qui traînait à côté du matelas et elle a hurlé. [...] Elle frappait le matelas en faisant **han han**, elle pleurait et trépignait [...]. (V. Ravalec, *Les Clefs du bonheur*, 1999 [1969], 77.)

5. [...] il s'était précipité de tout son poids, en prenant son élan de l'autre côté de la rue, en poussant un cri **haaaaaannnnnn** !!!!! et [...] il s'était à moitié démonté l'épaule contre la porte close [...]. (D. Rondeau, *L'Âge-déraison*, 1982, 149.)

6. J'ai vu un type avec un grand bâton. Un bâton de presque un mètre. Il le tenait d'une main au-dessus de sa tête, et **han** ! À grands coups dans des cartons posés là, près d'un arbre du boulevard. **Han** ! **han** ! Jusqu'à les défoncer complètement. (Berroyer, *Je vieillis bien*, 1995 [1983], 59.)

V. encore *floc*, ex. 21.

— [abattage d'un arbre]

7. L'homme se crache dans les mains, devant un tronçon d'arbre noueux. [...] Nous arrivons à quelques pas de lui quand avec un « **haaaan** » terrible il abat sa hache. (A. Vers, *Misère du matin*, 1953, 206.)

8. [...] les « **han** ! » de poitrine d'un bûcheron. (G. Chevereau, *Une enfance à la campagne*, 1988, 137.)

• Répété.

9. Je commence par un petit chêne. Je vais le faire tomber là. J'entaille à l'opposé, **han, han**, par en haut, par en bas ; j'insère le coin, je cogne, maintenant, j'entaille à fond de l'autre côté, **han, han** [...]. (J. Perry, *La Vie d'un païen*, 1984 [1965], 191.)

• Dans une comparaison.

10. Des gouttelettes de sueur jaillissaient de son beau visage doré et, quand il frappait la balle de toutes ses forces, comme pour se venger du moniteur [de tennis] , il émettait un « **han** » de bûcheron, répercuté par la grande fosse vide. (San-Antonio, *La Vieille qui marchait dans la mer*, 1991 [1988], 71.)

— [lutte]

11. Quel choc !
Les catcheurs ont bondi d'un même élan,
Et v'lan* ! [...]
Han... han... han... han...
La foule crie : « Bravo ! » (J. Mareuil, « Les catcheurs », 1961, dans *Les Frères Jacques*, 1987, 139.)

12. [...] il la plaqua violemment sur l'immense capot. Au prix de bien des efforts, il réussit à s'insinuer entre ses jambes, mais elle se débattait comme un diable. Sans vraiment crier, elle poussait des « **han** » d'effort en essayant de se libérer. (Fr. Fossaert, *Prouvez-le !*, 1985, 150.)

— [tennis]

13. Il émit un « **Hhhan !** » d'effort, comme le font certains tennismen lorsqu'ils engagent et frappent la première balle. (San-Antonio, *Tarte aux poils sur commande*, 1989, 95.)

V. encore ici ex. 10.

REM. **1. ah** "id.". V. *plap* ex. 2. **2. ahan** "id.". « [...] deux quadragénaires échangeaient des balles avec l'entrain des cadres supérieurs qui s'obligent à surveiller leur forme. À chaque coup de raquette, on entendait leurs "**ahans**" » (M. Del Castillo, *Une femme en soi*, 1991, 298).

1.3. "(accompagne un élan lorsqu'on soulève, lorsqu'on hisse)".

14. Avec un « **han** », Asperge charge une des caisses sur son épaule. Fichtre. J'aurais jamais cru qu'il en serait capable. (J.-L. Benoziglio, *Cabinet portrait*, 1980, 47.)

15. Il soulève sa prise. Un effet de balancement. Et il fait **han**, tellement le butin est lourd en le jetant sur son épaule. (J. Vautrin, *Canicule*, 1983 [1982], 34.)

1.4. "(accompagne la jouissance)".

16. LA GRISETTE (*Jouissant, et ne pouvant retenir ses soupirs de bonheur, qui ressemblent au cri du geindre.*) **Han** !... **han** !... **han** !... Que c'est bon !... Je jouis !... Va !... **Han** !... Ah ! que c'est bon... (H. Monnier, *La Grisette et l'étudiant*, 1864, dans *Théâtre érotique français du XIXe siècle*, 1994, 203.)

1.5. "(marque la douleur physique)".

17. ANDOCHE. – [...] Et vous, la maîtresse, toujours ed' même ? Pas ed' mieux ?
LA BIQUE. – Du mieux ? Malédiction ! Tu vois coume ej' suis ahan... J'estoupe... **Han ! han han** !... (R. Martin du Gard, *La Gonfle*, 1928, 23.)

18. La fusillade fut courte et rapide. / Une vitre de la Mercedes éclata en morceaux, une balle troua le capot et Schultz poussa un « **han** » en portant la main à son épaule. (Georgius, *À toi de donner*, 1959, 129.)

1.6. Rare "(marque une sensation de froid)".

19. Il quitte son manteau en poussant des « **HAN** » de froid. (J.-N. Fenwick, *Les Palmes de M. Schutz*, 1989, 5.)

2. "(bruit d'un coup violent et soudain)".

20. Le couteau venait de tomber. **Han** !... la justice des hommes était satisfaite. Les aides et le bourreau se disposaient à terminer leur œuvre. (J. Lermina, *Propos de Thomas Vireloque*, 1868, 74.)

♦♦ 1. Attesté dep. 1552 (« à un fendeur de bois faict grand soulaigement celluy qui à chascun coup près de luy crie "**Han**", à haulte voix » Rabelais, *Quart Livre, Œuvres complètes,* 1994, 586 ; cf. TLF). Attesté dep. 1520-1525 pour marquer l'affliction (« **An, an, an** ! j'ey le cœur marry » *La Veuve,* dans *Recueil de farces (1450-1550),* 1995, t. 9, 281). — Enregistré, seulement dans les emplois 1.1.–1.3., par les dictionnaires généraux et TraitDu 1989, 206 ; une entrée HAN manque au FEW (cf. 24, 243b, *AFANNARE).

HANG □ VAR. *hagn, hagne.*

"(bruit de morsure)".

1. Le chien est sur lui [...].
MORIN. – *A'ez coucher !* et il cogne dessus.
Le chien, ***hagn, hagn,*** lui rentre dedans [...]. ([Trad. de l'éditeur] « Oraison funèbre de Michel Morin », G. Esnault, *La Vie et les Œuvres comiques de Claude-Marie Le Laé (1745-1791),* 1921, 245.)

2. Maintenant c'est elle qui domine !... À coups de crocs qu'elle lui mord les joues, comme ça... **haggn** ! et **haggn** ! (L.-F. Céline, *Guignol's band,* 1944, 104.)

3. [La fillette, saisissant la main de Haddock] – **HANGGG** !
[HADDOCK.] – Non, mais regardez-moi ça ! Elle m'a mordu jusqu'au sang, cette diablesse ! (Hergé, *Les Bijoux de la Castafiore,* 1963, 2.)

4. Je fais guili-guili* [...] à un chat [...], la sale bête me harponne le doigt d'un coup de patte [...] et puis, **hagne,** me le mord, fort et profond. (Fr. Cavanna, *Cœur d'artichaut,* 1997 [1995], 26.)

◆◆ Attesté dep. 1921 (v. ici ex. 1). — Absent des dictionnaires consultés.

HÉ HÉ

1. "(bruit d'une personne qui pleure)".

1. COCO, *pleurant.* – **Hé** ! **hé** ! ma bonne ne m'amuse jamais. (Brazier et Dumersan, *Les Bonnes d'enfans,* 1825 [1820], 10.)

2. BARNABÉ, *pleurant.* – **Hé-é-é-é-é.**
LAMBREQUIN. – Qu'as-tu, Barnabé ?
BARNABÉ. – **Hé-é-é-é.** (E. Labiche, *Les Prétendus de Gimblette,* 1850, *Théâtre,* 1979, t. 2, 141.)

3. LE PETIT AUBIN. – **Hé ! hé ! hé !**
MARA. – Aubin, pourquoi est-ce que tu pleures ? (P. Claudel, *La Jeune Fille Violaine,* 2e version, 1898, *Théâtre,* 1956, t. 1, 624.)

V. encore *ouin,* ex. 6.

2. "(bruit de rire)". □ VAR. *ehé é, ehehé.*

4. LA MÔME, *rires et courbettes.* – **Ehehé !... ehehé !...** Vous êtes un rigolo, vous !... (G. Feydeau, *La Dame de chez Maxim,* 1899, *Théâtre complet,* 1988, t. 1, 760.)

5. Ses huit compagnes éclatèrent de rire.
– **Ehé** ! **éééé**... (R. Maran, *Batouala,* 1950 [1938], 37.)

6. Et ces imbéciles qui se croient tirés d'affaire !... **Hé ! hé ! hé** !... Laissez-moi rire !... (Hergé, *Coke en stock,* 1958, 39.)

◆◆ **1.** Attesté dep. *ca* 1209 (DEAF, H 313) ; 1563 (« **He he,** pauvre Adonis, tous les Amours te pleurent » P. de Ronsard, « L'Adonis », *Œuvres com-*

plètes, 1946, t. 12, 119) ; v. aussi *hi hi*, rem. Absent dans cet emploi des dictionnaires consultés. **2.** Enregistré seulement dans TLF (*eh*[2]) et TraitDu 1989, 209 ; aj. à FEW 4, 394b, HE, où ces emplois manquent.

HEU

Souvent répété.

1. "(bruit d'une personne qui pleure)". □ VAR. *euhe, heue.*

1. SABOULEUX. – Jamais ! jamais ! (*Pleurant.*) **Heue** !!! (E. Labiche, *Maman Sabouleux*, 1852, *Théâtre*, 1979, t. 2, 339.)

2. Marie gémit et sanglote tout haut : « Voyons, voyons, ma petite fille, dit Mademoiselle [...].
– **Hheu** ! se lamente l'autre, inconsolable. » (Colette, *Claudine à l'école*, 1900, *Œuvres*, 1984, t. 1, 163.)

3. – Ma culotte ! ma culotte ! **heu** ! **heue** ! Ma culotte ! gémit Tintin, se dégonflant un peu dans une crise de sanglots et de larmes.
– Hein, quoi ? ben on te la recoudra, ta culotte ! la belle affaire ! Gambette est allé chercher ta sœur et Boulot prépare le fil.
– **Heue** !... **euhe** ! Ma culotte ! Ma culotte ! (L. Pergaud, *La Guerre des boutons*, 1912, *Œuvres complètes*, 1987, 715.)

V. encore *hi hi*, ex. 4.

2. "(bruit de toux d'une personne qui a avalé de travers)". □ VAR. *euh.*

4. BERTRAND, qui s'étrangle. – **Euh** ! **euh** !... [...] C'est quelque chose que je ne pouvais pas avaler. (Benjamin, Saint-Amant et Paulyanthe, *L'Auberge des Adrets*, 1832, 49.)

5. Mme Bien avala de travers une gorgée de café.
– **Heu** ! **Heu** ! Hrr ! Comme ça tout de même ! Cinq cent mille francs ! (A. Machard, *Titine*, 1913, *L'Épopée au faubourg*, 1946, t. 1, 203.)

♦♦ **1.** Attesté dep. *ca* 1160 (DEAF, H 442) ; v. aussi *hi hi*, rem. **2.** Attesté dep. 1668 (« PETIT JEAN. L'Intimé... / L'INTIMÉ. Laissez-nous... / PETIT JEAN. S'enroue. / L'INTIMÉ. Hé. Laissez-nous. **Euh, euh.** / DANDIN. Reposez-vous, / Et concluez » J. Racine, *Les Plaideurs*, v. TLF). — Absent dans ces emplois des dictionnaires consultés, à l'exception de TLF s.v. *euh*[2].

HI

"(bruit de hennissement du cheval)".

1. [...] je saute sur le sol et m'avance jusqu'aux naseaux de la brave bête. / Empoigne la bride. / Il renâcle. Fait un **hhhhiiiiiihhhiiiii** qui n'en finit pas. / Je tire plus fort. Le mors est arraché de la bouche du bourrin. (San-Antonio, *Maman, les petits bateaux...*, 1980 [1975], 27.)

2. Le Passe-lacet poussa une sorte de hennissement :
– **Hiiiiiiiiiii** ! [...]. (A. Gerber, *Le Faubourg des Coups-de-trique*, 1982 [1979], 319.)

3. cheval / **hi hiiiii** (*Le Cri des animaux*, 2001, 17.)

♦♦ Attesté dep. 1606 (« Quant à l'I, [...] la prononciation luy fut apprinse par le hennissement d'un cheval ou d'un poulain, quand il dit *I, i, i* » ([Trad. de Folengo], *Histoire maccaronique de Merlin Coccaïe*, 1859, 147). Dans des graphies indiquant une nasalisation, dep. 1535 « **Hain, hain, hain,** font les poulains, / Par les champs couroient les chevaux » (*La Fleur des noëls*, v. *Anthologie*, n° 1, str. 9) ; 1558 (« [...] elle achepteroit une jument, qui porteroit un beau poulain. Lequel croistroit et deviendroit tant gentil. Il saulteroit et feroit ***hin***. Et en disant ***hin***, la bonne femme, de l'aise qu'elle avoit en son compte, se print à faire la ruade que feroit son poulain » B. Des Périers, *Nouvelles récréations et joyeux devis*, 1980, 64) ; 1830 (« **Ouhiyns ouhiyns** » Ch. Nodier, v. *Anthologie*, n° 12). — Absent des dictionnaires consultés, à l'exception de TraitDu 1989, 216 ; aj. à FEW 4, 418a HI-, où cet emploi manque.

HIC

1. "(bruit de hoquet)".

1. [MILOU, s'étant trop vite goinfré.] – HIC (Hergé, *Le Sceptre d'Ottokar*, 1939, *Archives Hergé*, t. 4, 154.)

2. Un peu d'alcool lui ferait du bien :
– À la mienne, dit-il en buvant une longue rasade.
– Et si je vous donnais l'argent de mémé ? demanda anxieusement Cléo.
– Combien ... hic... elle avait ? (J.-A. Varoux, *Globule à l'heure Hasch*, 1975, 158.)

3. [...] mourir subitement, sur un dernier **hic** de vie, désintégrés de douleur. (Bayon, *Les Animals*, 1990, 189.)

4. De l'universitaire assidue aux colloques,
– On la sympose (ou la composte)
entre deux « **hic** ! »
Ponctuant le ronron* du gus qui décortique
L'œuvre d'un défuncté [...]. (A. Blavier, *Le Mal du pays*, 1993, vers 588-591.)

5. HIC, HIC, HIC... [...] / Si vous avez le hoquet, buvez lentement et à petites gorgées un verre d'eau sans respirer. (J.-L. Fournier, *Je vais t'apprendre la politesse...*, 2000 [1998], 63.)

REM. **1. hk** "id.". « Au déjeuner [...], Yvonne prend le hoquet. [...] Mamoune allonge le bras, glisse une pièce de cent francs dans le dos de la patiente, qui s'écrie : "**Hkk** ! c'est froid" » (H. Bazin, *Le Matrimoine*, 1988 [1967], 374). **2. hok** "id.". « Ça finit vite par dégénérer en un général hoquet, bien scandé, très régulier. [...] **hoc** ! un renvoi gazeux vous parcourait le corps et on repiquait du nez dans son godet... » (M. Raphaël, *Le Festival*, 1950, 196).

2. "(bruit de hoquet d'une personne qui a trop bu)".

6. [...] sans le hoquet qui le [un homme ivre] secouait dangereusement à intervalles réguliers, il aurait roupillé. Mais dès qu'il se laissait aller, **hic** ! Tête haute ! (L. Malet, *Le Soleil n'est pas pour nous*, 1989 [1949], 154.)

7. Mesdam'oiselles (**hic**), messieurs. En tant que délélé... / En tant que dé... gué... lé ! délégué... de la ligue antialcoolique, je vous parlerai de l'eau minérale. (R. Pierre et J.-M. Thibault, « L'Eau ferrugineuse », 1950, *Laissez-nous rire*, 1986, 37.)

— [Par analogie].

8. [MILOU, *ayant bu du champagne*.] – **Hic... Hic...** (Hergé, *Les Aventures de*

Tintin [...] au pays des soviets, 1999 [1930], 121.)

9. Des rats faisant **hic**, voyant double, des rats pétés à mort. (R. Forlani, *Quand les petites filles s'appelaient Sarah,* 1989 [1987], 199.)

♦♦ Attesté dep. 1930 (v. ici ex. 8) ; mais déjà, pour exprimer le bruit d'un vomissement, en 1687 (« [...] ma tête traversée / Est en un tourne main à tes pieds renversée, / Et mon pauvre estomach devoyé d'un tel choc / Degorge incessamment hec et hac, **hic** et hoc » *Les Yvrongnes,* 44), ainsi que *hoc* "bruit du hoquet" en 1716 (« Monsieur Ulysse à ce banquet / Prit un très importun hoquet ; [...] Il but à la santé du dieu, / Fit un **hoc**, et puis dit adieu » Marivaux, *L'Homère travesti, Œuvres de jeunesse,* 1972, 997). — Absent des dictionnaires consultés, à l'exception de TraitDu 1989, 214 ; aj. à FEW 4, 451b, HOK-, auprès de *hik̲*, de même sens (dans le parler breton de Cléguérec, Morbihan).

HI-HAN

"(bruit du cri de l'âne)".

1. ANTOINOU. – **Hi... han ! Hi... han an han !... hi, hi !**
LE COMMISSAIRE. – Ah ! je vous connais, vous ! C'est celui de la casquette avec du poil.
ANTOINOU, mettant sa casquette dans sa poche. – Bèe*, bèe, bèe ! (É. Ourliac, « La Tribu des charabias », *Proverbes et scènes bourgeoises,* 1868 [av. 1848], 173.)

2. L'âne est tombé dans un fossé,
La pauvre bête est morte.
Et son cher fils qui court après ;
Hi, hi, hi, han, han, han,
Maman, êtes-vous morte ?
Hi han ! (« Le Testament de l'âne », dans J. Bujeaud, *Chants et chansons populaires des provinces de l'Ouest,* 1980 [1865], t. 1, 61.)

3. Un majestueux silence que perçait en vrille la criaillerie d'une ménagère fessant son marmot ou le jappement acharné d'un roquet, mêlés à des huedia et au **hihan** d'un âne [...]. (H. Fèvre, L. Desprez, *Autour d'un clocher,* 1992 [1884], 9.)

4. Le gitan [*sic,* sans majuscule] cria quelque chose dans sa langue. Le sapajou exécuta un soleil sur le museau de l'âne et se retrouva sur l'épaule de son maître. Panpan poussa un **hi-han** de délivrance et s'en alla au pas [...]. (R. Fallet, *Les Vieux de la vieille,* 1996 [1958], 161.)

5. [...] des galeries étroites où des jeeps et des ânes se croisent et tracent leur chemin à force de klaxons, d'imprécations et de **hi-han**. (Fr. Hébrard, *Le Harem,* 1988 [1987], 164.)

6. [...] des **hi-han** racoleurs doux et sucrés [...]. Cet âne est une coquette de village. (M. Quint, *Le Bélier noir,* 1997 [1991], 54.)

7. Cornichon, en tête, piquait parfois un cent mètres genre rodéo, en bottant sa joie de coups de pied heureux ponctués de ***hi-han*** péremptoires. (B. Bardot, *Initiales B.B.,* 1998 [1996], 574.)

V. encore *kss kss,* ex. 26 ; *pinpon,* ex. 9.

DÉR. **hi-haner** v. intr. "faire *hi-han*". « [...] les ânes **hi-hanaient** ; les vaches beuglaient ; un vacarme et une hilarité carillonnante » (H. Fèvre, L. Desprez, *Autour d'un clocher,* 1992 [1884]).

♦♦ Attesté sous cette forme dep. 1748 (« **hihan** » *Mercure* dans Richelet 1759,

v. TLF). Autres formes, antérieures : 13ᵉ siècle *ihan ihan* "âne" (DEAF, I 54) ; *ca* 1300 *hinhan* (DEAF) ; *ca* 1510 « En faisant de l'asne [...] / **Hin, han, hin, han, hin, han** » (*Chansons des* XVᵉ *et* XVIᵉ *siècles*, 1986, 160) ; 1535 *hona* (*La Fleur des noëls*, v. *Anthologie*, n° 1, str. 2) ; 1604 *hin-ha* (FEW) ; 1606 *hi ha* (*Journal* d'Héroard, dans DDL) ; 1606 *hin hen/han* (« L'asne aussi par six fois avoit repeté son ***hin hen*** » et « [...] la mule et le mulet ensemble brayent, l'asne dit, ***hin han, hin han*** ; en somme toute beste exerçoit la propriété de sa voix » [Trad. de Folengo], *Histoire maccaronique de Merlin Coccaïe*, 1859, 362 et 367) ; 1725 (« on entend un chœur d'Asnes [...] CHŒUR. – **Hi-hon, hi-hon, hi-hon, hi-hon, hans-hans** [...] **Hi-hon, hi-hon, hi-hans, hi hans** » M.-A. Legrand, *L'Impromptu de la Folie*, *Théâtre*, 1731, t. 4, 59). — GLLF ; TLF ; Rob 2001 ; NPR 2000 ; PL 2000 ; DDL ; TraitDu 1989, 214 ; FEW 4, 394b, HE- et 22/1, 271b.

HI HI

1. "(bruit d'un rire souvent niais, contraint ou égrillard)".

1. BERTRAND, riant. – **Hi ! hi ! hi !** (Saint-Amand, Antier et Lemaître, *Robert Macaire*, 1835, 293.)

2. TATA, *riant.* – **Hi !... hi !... hi !... hi !...** (Grangé, Delacour, Thiboust, *Réduction et rédemption*, 1860, 24.)

3. PITON. – [...] (Riant.) **Hi !... hi !... hi !...** y sont si bêtes, les militaires ! (E. Grangé et L. Thiboust, *La Demoiselle de Nanterre*, 1862, 4.)

4. Je ne suis pas de ces gens qui rient **hi ! hi ! hi** sans savoir pourquoi, ni qui pleurent heu ! heu ! heu* ! sans savoir pourquoi non plus. (Ch. Cros, « L'homme raisonnable », *Monologues*, 1878, *Œuvres complètes*, 1970, 299.)

5. **Hihi**, dit Annette, ce qu'il est vache. (R. Queneau, *Un rude hiver*, 1939, 58.)

6. Elle se tordit : **Hihihihihi** ! (J. A. Lion, *Poulets et perroquets*, 1986, 99.)

7. [...] les chanteurs filmés à leur insu, par surprise, à qui on fait plein de niches, **hi hi hi**, je me marre tout seul rien que d'y penser [...]. (A. Rémond, *Mon Œil*, 1993, 20 [11 avril 1990].)

8. Belphégor éclata d'un rire sinistre. Stella, tremblante, lui répondit par un petit **hi-hi** [...]. (A. de Saint-André, *L'Ange et le réservoir de liquide à freins*, 1994, 287.)

9. « **Hi, hi, hi** ! » Je l'entends dans ma tête rire à gorge déployée. (G. Del Pappas, *Du soleil plein la tête*, 2001, 10.)

V. encore ici ex. 14.

— Associé à d'autres onomatopées.

10. LE MARI, riant aux éclats, et faisant avec son nez plus de bruit que les sept trompettes devant Jéricho. – **Hi ! hi !** ho ! Ho* ! ah ! ah [v. *ha*] ! Mais c'est qu'il a un air d'innocence, ce jeune scélérat ! les plus matois s'y tromperaient ! **Hi ! hi !** (Th. Gautier, *Les Jeunes France*, 1974 [1833], 169.)

11. BLAISEAU (*Avec un gros rire.*) – **Hi, hi, hi**, euh, oh, **hi, hi** ! (É. Ourliac, *Chacun sa croix*, dans *Journal des enfans*, 1838, t. 6, 293.)

12. **Hi hi** ha ha* Bijou rit de la voir ainsi.
– Arrête de rire comme un idiot !

(G. Mordillat, *L'Attraction universelle*, 1990, 37.)

13. Et nous voilà partis à rire [...] ça fait **hihi** et haha* [...]. (M. Quint, *Le Bélier noir*, 1997 [1991], 40.)

14. Elle fait [...] « Ah ! » quand elle le découvre ruisselant et « Hi ! hi ! » quand il lui raconte son odyssée. Ils finissent par faire « **Hi-hi**-ah-ah [v. *ha*] ! » tous les deux. (L. Chouchon, *Par 35' de lassitude nord*, 1992, 101.)

2. "(bruit d'une personne qui pleure)".

15. GILLES. – [...] (*Il les secoue d'un grand coup de poing.*) Ils m'ont estropié, ces vermines-là... C'est-il bête, ça !
PIERROT. – **Hi ! hi ! hi !** j'ai l'œil tout poché.
PIERRETTE. – **Hi ! hi ! hi !** j'ai une bosse au front. (É. Ourliac, *Le Jour de l'an*, dans *Le Journal des enfans*, 1839, t. 7, 254.)

16. Qu'est-ce qui a fait le ciel et la terre ?... (*l'enfant pleurant.*) Ce n'est pas moi, Monsieur, ce n'est pas moi... **hi hi hi**... (P. de Kock, « Le Maître d'école », dans *Album comique*, 1841, t. 2, 27.)

17. NANETTE, *pleurant bêtement.* – Pauvre monsieur Mathias !... **hi** !... **hi** !... (M. Carré et L. Battu, *Jobin et Nanette*, 1849, 5.)

18. Elle est en larmes ; [...] elle nous dit entre ses sanglots qu'elle ne fait que penser à ce pauvre intendant Dubut, tué en Chine : « On lui a arraché le nez... **hi ! hi ! hi !** Et les oreilles... **hi ! hi ! hi !** » (E. et J. de Goncourt, 1er janvier 1861, *Journal*, 1989, t. 1, 657.)

19. Et la demoiselle lâcha tout, coupant ses phrases de : **hi ! hi !** désolés, dans une danse de seins sanglotants. (H. Fèvre, L. Desprez, *Autour d'un clocher*, 1992 [1884], 112.)

20. Je vis si confortablement, **hi, hi** ! sanglotait-elle. Et j'ai tout ce que je veux, **hi, hi** ! (J.-P. Sartre, 1943, *Lettres au Castor*, 1983, t. 2, 318.)

21. JACQUES fils *pleure* : **Hiiii ! Hiiii ! Hiiii ! Hiiii ! Hiiii !** (E. Ionesco, *L'Avenir est dans les œufs*, 1951, *Théâtre complet*, 1991, 125.)

22. « Et pouf [v. *pouf*], c'est Nicolas qui tombe, **hi hi** qui pleure, toc* qui cogne, crac* qui casse, tu-tu [v. *tut*[1] rem.] qui fait le train » (H. Bazin, *Le Matrimoine*, 1988 [1967], 260.)

V. encore *ho ho*, ex. 6 ; *hu hu*, ex. 2.

REM. Comme le suggère la citation de 1667 dans le commentaire ci-dessous, de nombreuses voyelles et combinaisons vocaliques ont à l'occasion servi à noter les pleurs, parfois avec un effet d'écho ; en dehors de *hi hi*, v. *ha*, *hé hé*, *heu*, *hou hou*, *hu hu*, *ouin* et encore : « Polichinelle (*pleure*). – **Hihan, hihan**, pardon, mon cher Compère » (*Histoire et recueil des lazzis*, 1996 [1732], 135) ; « TOUS, *pleurant.* – **Hin... hin... hin...** » (E. Vanderburch, *Le Petit Poucet*, dans *Théâtre de Mr. Comte*, 1828, 25) ; « HÉRACLITE. – [...] (*Il pleure.*) **hui ! hui ! hui ! hui !** » (Delosme, *Le Phenix*, 1691, dans Gherardi, *Le Théâtre italien*, 1701, t. 3, 369) ; « AGATHE, *pleurant.* – **Hun, hun** » (B. Saurin *Le Mariage de Julie*, 1772, 3) ; « LE GROS MONSIEUR *pleurant dans son coin* : **Hiii !... Han !... Hiii ! Han !...** » (E. Ionesco, *Le Vicomte*, *ca* 1950, *Théâtre complet*, 1991, 1391) ; « J'ai pleuré, pleuré, avec des sanglots, qui me secouaient au maximum, qui me faisaient une vacherie de bien, inavouable, et que je laissais venir, que j'appelais, que j'exagérais : « **Huuu... Hinnn... Hiii...** » (Bayon, *Le Lycéen*, 1987, 17). — Avec jeu de mots sur les voyelles de l'alphabet : « La grosse douleur se débonde, / Et l'on entend que tout le monde / Fait, en ce malheur impreveu, / **Ah ! ah ! hé ! hé ! hei ! hei ! ô, heu !**

/ Bref, tout le Palais est en larmes » ([L. de Laffemas], *Virgile goguenard*, 1652, 132).

♦♦ 1. Attesté dep. *ca* 1480 (« Ce vous la voyés quant elle rit / Vous diriés : "Vela ung enfant !" / Sans faire noise, **hy, hy, hy,** / Se fait elle tout bellement », *Le Monologue du puys*, dans G. Coquillart, *Œuvres*, 1975, 306, v. TLF) ; *ca* 1515 (« Et tenoit la plus sottes contenances du monde, car en tenant sa teste en bas comme font les enfans, disoit "**Hy, hy**" comme une personne qui rit en enfans » Ph. de Vigneulles, *Les Cent nouvelles nouvelles*, 1972, 364) ; 1566 (« **hi hi hi** » H. Estienne, v. ici *tin tin*). **2.** Attesté dep. 1667 (« BÉATRIX. – Quoy donc, il est tout mort ? Ah ! je m'en desespere ; / Je le servois en Maistre et je l'aimois en Pere. / Voilà ce qu'en dormant, l'autre nuit, je révois. / Ah, ah, ah, ah ! / CRISPIN. – **Hy, hy, hy, hy ! /** DAME JEANNE. – Hay, hay, hay, hay ! / CRISPIN. – Je croy que nous pleurons de toutes les maniéres : **/ Hy, hy !** Hay, hay ! Ah, ah ! » Donneau de Visé, *La Veuve à la mode, Trois comédies*, 1940, 92) ; 1688 (« ARLEQUIN *pleurant.* – Je n'auray pas Colombine ! **Hi, hi, hi !** » J.-Fr. Regnard, *Le Divorce*, dans Gherardi, *Le Théâtre italien*, 1701, t. 2, 116). — GLLF ; TLF ; Rob 2001 ; NPR 2000 ; PL 2000 ; TraitDu 1989, 215 (emploi 2) ; aj. à FEW 4, 418a-b, HI, où ces emplois manquent.

HIPS

1. "(bruit de hoquet)".

1. – Raconte !
Et **hips** encore. Le hoquet sur place, Vieille Olga [...] **Hips** ! Luttant contre la nausée, elle essaya d'une ultime phrase d'inspirer la confiance :
– Je pense, quant à moi, **hips**, que je vais m'offrir un voyage en Corse. **Hips !** Je m'enverrai en l'air avec mon patron. **Hips, hips, hips !**
– Hourra ! Vieille Olga ! hurla Julie-Berthe pour lui faire peur et que le spasme s'arrête. (J. Vautrin, *Billy-ze-Kick*, 1985 [1974], 174.)

2. Finalement, mon hoquet [...] attire [...] l'attention de ces bonnes gens. **Hips** ! [...]. (H. Lacroix, *Zizanie dans le métro*, 1979, 127.)

2. "(bruit de hoquet d'ivrogne)".

3. Dans le métro, à peu près vide à cette heure et silencieux, Bébert se cramponne à la barre. Il lâche, d'une voix tonitruante :
– **Hips** !... J'ai envie d' dé-dégueuler ! Une légère inquiétude parcourt le wagon.
– C'est l' café qu' j'ai bu... **Hips !** [...] C'est pas qu' ça m'embête d' dégueuler... j'ai l'habitude. **Hips** !... Mais, c'est c' café ! Saloperie... Saloperie d' café... Ça vaut pas un coup d' rouge. (Fr. Caradec, *La Compagnie des zincs*, 1986, § 57.)

4. [...] l'abus soudain d'alcool lui fouette les neurones et lui fait voir le futur paré de jolies couleurs ambrées vieillies en fût de chêne.
– Ouais, **hips** ! vieux [...] On va faire [...] comme je dis ! (J.-H. Oppel, *Brocéliande sur Marne*, 1994, 164.)

♦♦ Attesté dep. 1974 (v. ici ex. 1). — Absent des dictionnaires consultés.

HO □ VAR *hô*.

"(bruit produit par une forte expiration)".

1. À côté de moi, M. Heaume respire long, respire frais, puis fait la locomotive et souffle chaud, **hô** ! livrant à l'hiver qui la condense un jet de vapeur bleue. (H. Bazin, *L'Huile sur le feu*, 1954, 194.)

2. [...] contracter le ventre en soufflant, **hho, hho**, par la bouche comme sur une bougie [...]. (H. Bazin, *Le Matrimoine*, 1988 [1967], 113.)

REM. **houa** "id.". « Des gars s'entraînaient [à la boxe], d'autres sautaient à la corde en tenant leur tête sur leur poitrine et en laissant échapper des expirations saccadées et brutales. Un **houa-houa-houa-houa**, un peu comme une locomotive qui grimperait une côte » (J. Douassot, *Nœud coulant*, 1971, 113).

♦♦ Attesté dep. 1954 (v. ici ex. 1). — Absent des dictionnaires consultés.

HO HO □ VAR. *oh oh*.

1. "(bruit de rire)".

1. NICOIS, riant. – **Oh ! oh ! oh !** (E. Vanderburch, *L'Avoué et le Normand*, 1837, 602).

2. NANETTE, *riant*. – **Oh ! oh ! oh !** Oui, m'sieu. (M. Carré et L. Battu, *Jobin et Nanette*, 1849, 8).

3. Un rire un peu faux, mauvais, secoue ses bajoues... « **Ho-ho-ho**... j'en étais sûr, tôt ou tard ça devait arriver [...]. » (N. Sarraute, *Le Planétarium*, 1959, FXT.)

— Associé à d'autres onomatopées.

4. VAUTRIN, *riant*. – Ah ! ah ! ah ! ah ! [v. *ha*]
SAINT-CHARLES, *riant*. – **Oh ! oh ! oh ! oh !** (H. de Balzac, *Vautrin*, 1840, 21).

5. [HADDOCK.] – De l'eau !... HAHAHAHAHA* !... Laissez-moi rire ! HAHAHAHA !... C'est trop drôle, vraiment !... **HOHOHOHO** ! HAHAHAHA ! / HAHAHAHA !... **HOHOHOHO** !... (Hergé, *Les 7 boules de cristal*, 1948, 6.)

V. encore *hi hi*, ex. 10.

2. "(bruit d'une personne qui pleure)".

6. **Ho ! ho ! ho ! ho ! Ho !**
Hi ! Hi ! hi ! hi ! hi* !
Laissez-moi pleurer [...]. (Ch. Cros, « Paquita », *Œuvres diverses*, 1877, *Œuvres complètes*, 1970, 392.)

♦♦ **1.** Attesté dep. 1532 (« [...] mais tout soubdain ryoit comme ung veau [...] **Ho**, mon petit filz (disoit il) [...]. **Ho, ho, ho, ho**, que je suis ayse » Rabelais, *Pantagruel*, *Œuvres complètes*, 1994, 226). **2.** Cf. *ca* 1480 « **Hon, hon, hon !** » (G. Coquillart, *Le Monologue Coquillart*, *Œuvres*, 1975, 295). — Absent des dictionnaires consultés, à l'exception de TraitDu 1989, 217-218 ; aj. à FEW 4, 441b, HO.

HOMPF ou OMPF □ VAR. *hmpf*, *houmpf*, *humpf*.

"(bruit d'un cri étranglé)".

— [d'une personne qui s'étouffe en mangeant avec gloutonnerie]

1. LES POÈTES, *la bouche pleine*.
Exquis ! Délicieux !
UN POÈTE, *s'étouffant*.
Homph ! (E. Rostand, *Cyrano de Bergerac*, 1983 [1898], 143.)

2. [...] les digestions redoutables gorgées de renvois de desserts à la crème et de plats de résistance trois fois repris

à pleine panse – beurk [v. *berk*], beurk, **hmpf** [...]. (Bayon, *Le Lycéen*, 1987, 203.)

— [à la suite d'un coup ou d'une course qui coupe le souffle].

3. Le petit Lentraille (qui avait horreur des méthodes policières) balança un séchard coup de tatane dans la trogne violette à sa portée.
Roger accusa le coup, fit « **Homphf** ! » et tomba sur les genoux. (J. Amila, *À qui ai-je l'honneur ?*, 1974, 165.)

4. – Mon Dieu, c'est vous, Rima ? Pfff [v. *pff*]... Hooo... je ne respire plus... Vous m'avez coupé les pattes, il faudra que je vous raconte... Ah là là... **Hompff**... Si vous saviez ! (A. Vergne, *L'Innocence du boucher*, 1984, FXT.)

5. François, suffisamment énervé pour être imprudent, s'est dégagé brusquement de la patte du Rital en glissant de sa chaise. Dans le même mouvement, son poing partait comme une fusée, droit dans le bide du bouffeur de spaghettis. Le type a fait « **Ompff** ! », mais il est resté debout. (L. Simon, S. Michael, *L'Été des ripoux*, 1985, 75.)

6. [...] un direct en plein thorax – **houmpff** ! [...]. (Bayon, *Le Lycéen*, 1987, 23.)

V. encore *Anthologie*, n° 33.

♦♦ Attesté dep. 1898 (v. ici ex. 1). Cf. dans un sens indécidable *ca* 1525 « TESTE CREUSE. – **Homp homp** » (*Sotie des coppieurs et lardeurs*, dans *Le Recueil Trepperel*, 1966, pièce VIII, Aiii v°) ; cf. aussi 1833 « **Humph** ! fit Théodore, comme un homme dont la conviction est tout-à-fait troublée » (Th. Gautier, *Les Jeunes France*, 1974, 41) et « **Humph** » (v. *Anthologie*, n° 13) et 1854 « **Humph** ! **humph** ! **humph** ! / C'est le grognement du vieux Cassandre, que son catarrhe tient éveillé » (Champfleury, *Contes d'automne*, 306). — Absent des dictionnaires consultés ; cf. TraitDu 1988, 216 *hmmff*, *houmpff*.

HOP

1. "(marque un élan, un saut, une escalade, un geste rapide)".

1. [...] je n'arrivais pas à m'endormir en comptant des moutons qui sautent des barrières, et [...] cela redoublait mon insomnie. [...] j'ai essayé de compter des barrières sautant des moutons. Mais elles y mettaient une mauvaise volonté manifeste.
– Qu'est-ce que tu as à dire « **hop** ! **hop** ! » protestait Ève, en se retournant rageusement sur son oreiller. (J. Faizant, *Ni d'Ève ni d'Adam*, 1959 [1954], 60.)

V. encore *cric crac*, ex. 2 ; *splach*, ex. 4.

REM. **1. hap** "id.". « [...] les souffles des gradins [du cirque] suspendus aux "*hap !*" des acrobates [...] » (B. Poirot-Delpech, dans *Le Monde*, 14 novembre 2001, 19). **2. houp** "id.". « Je suis Robin... votre voisin... donnez-moi du feu pour allumer ma pipe... allons, **houp** ! et plus vite que ça ! » (E. Sue, *Les Mystères de Paris*, 1989 [1843], 765) ; « – Maintenant, madame n'a plus qu'à retourner [l'omelette dans la poêle, dit-elle [...]. / D'un seul coup ; **houp** ! » (G. Droz, *Entre nous*, 1883 [1867], 10) ; « **Houp** ! **houp** ! L'institutrice voletait en sauterelle dans les hautes herbes, par-dessus le dos des buissons, dans un froufrou* de feuillages, le curé courant en taupe à ses trousses » (H. Fèvre, L. Desprez, *Autour d'un clocher*, 1992 [1884], 131) ; « DEUX : [...] Vous allez voir. Eh **houp** ! Ouille* ?

Zut, je me suis fait mal » (R. Dubillard, « À tabac », *Les Diablogues*, 2000 [1976], 212).

— Répété.

2. Puis Joseph sauta de poutre en poutre, **hop**, **hop**, comme on traverse un ruisseau de caillou en rocher [...]. (M. Quint, *Billard, à l'étage*, 1993 [1989], 65.)

— **et hop !**

3. Voilà les yaourts. J'attrape le paquet, à la cosaque : grimpé sur le chariot qui roule dans la travée, on tend son bras, on se penche **et hop**, enlevé. (P. Cauvin, *Monsieur papa*, 1987 [1976], 44.)

V. encore *gloup*, ex. 9 ; *mè*, ex. 9 ; *schlac*, ex. 15.

2. "(marque la soudaineté ou la rapidité d'un procès)".

4. LES KHAGNEUX. – Allez **hop** !
LES AUTRES. – Au boulot ! (*Les Kharnabalesques*, 1938, 5.)

5. **Hop**, il enfonce un autre trocart, qui contient un cautère. Le salaud veut me sectionner des brides en douce. [...]
Il rase le mur et, **hop**, disparaît. (A. Paraz, *Le Gala des vaches*, 1948, 39.)

6. D'un coup de briquet vite fait, **hop**, je me repère, **hop**, je grimpe après le poteau, malin comme un singe et clic* ! Plus de ligne [téléphonique] ! (R. Fallet, *Un idiot à Paris*, 1990 [1966], 38.)

7. Un jour, il m'a fait enlever les amygdales [...] et les végétations avec, tant qu'on y était, **hop**. (Fr. Cavanna, *Les Ritals*, 1981 [1978], 235.)

8. À six ans, elle me demande ce que c'est que l'avortement ! **Hop !** Au lit sans manger. (J.-M. Gourio, *Brèves de comptoir*, 1987, 82.)

V. encore *pflaf*, ex. 2 ; *Anthologie*, n° 51.

— Répété.

9. Mouche-toi donc, Pingot, et au galop... **hop**... **hop**... plus fort la grosse caisse... **hop**... **hop**... tiens, en marchant d'ssus j' viens d' faire un claque d'un chapeau neuf... **hop**... **hop**... gare les cors, j'écrase les oignons... **hop**... **hop**... (E. Bourget, « Pingot au bal Musard », dans *Album comique*, 1841, t. 1, 79.)

10. Alors qu'il commençait à dégrafer la môme, celle-ci sans un mot s'était allongée. Faut croire que ça se passait vite, dans le coin, et qu'on ne s'embarrassait pas de préliminaires. **Hop** et **hop**, comme dans les poulaillers. (R. Fallet, *Banlieue sud-est*, 1947, 242.)

11. [...] **hop, hop**, au travail, pas l' moment de rêver. (M. Embareck, *2–1 = 0*, 1991, 116.)

— **et hop !**

12. On va s'en fourrer jusque-là ! De tout, des gâteaux et du foie gras et du caviar. **Et hop et hop et hop** là ! (R. Queneau, *Le Chiendent*, 1993 [1933], 161.)

13. [...] quand le P.M.U. n'avait pas été trop dur, il y allait de son coup de rosé Cabernet et là, pas en imagination. Une bonne station sur la langue, un renvoi contre le palais **et hop !** une descente en vrille dans l'estomac. (R. Sabatier, *Boulevard*, 1986 [1956], 32.)

14. Il a juste repris conscience pour amorcer une gueulante au moment de l'extraction de la bastos [= balle], que le toubib a opéré, **et hop !** façon vir-

tuose. (A. Simonin, *Le Hotu*, 1968, 237-238.)

15. [...] j'ai montré à papa comment faire avec les timbres, qu'il y avait juste à leur lécher un peu le cul, à peine, à peine, ça faisait de la colle, **et hop**, t'appuyais, c'était collé. (Fr. Cavanna, *Les Ritals*, 1981 [1978], 338.)

16. En tout cas je l'aurais volontiers portée loin et longtemps. [...] Maman sur mon dos **et hop !** en route pour l'amour, fouette cocher ! (L. Janvier, *Monstre, va*, 1988, 37.)

V. encore *boum*, ex. 47 ; *clac*, ex. 43 ; *poum*, ex. 20.

♦♦ Attesté [dans un sens incertain *ca* 1525 (« TESTE CREUSE. – **Houp** », *Sotie des coppieurs et des lardeurs*, dans *Le Recueil Trepperel*, 1966, pièce VIII, Aiii r°)] dep. 1637 (« BEAUROCHER (*A part soy.*) / Il n'aura pas osé tenter cette adventure ; / Clarimand m'aura fait le cercher à credit ; / Son humeur m'en asseure, et le cœur me le dit. / TAILLEBRAS. **Hop** ! fea ! / BEAUROCHER. Toutefois je le voy qui m'appelle, / Et qui se tient déjà sur sa garde mortelle : / Me voicy, Compagnon ; à l'approche » A. Mareschal, *Le Railleur*, dans DDL). — GLLF ; TLF ; Rob 2001 ; NPR 2000 ; PL 2000 ; TraitDu 1989, 220; FEW 4, 467a, HOPP-, n. 1.

HOU □ VAR. *ouh.*

"(pour marquer une vive douleur)".

1. À un moment, la vieille me tourna le dos. Je lui plantai le coup [de couteau], très fort et très droit, à une place que je sais. [...] Quand elle eut poussé son dernier ***hou*** rauque, quand l'hémorragie interne eut achevé de l'étouffer [...], je m'en allai [...]. (A. Allais, « Vive la vie ! », 1892, *Œuvres anthumes*, 1989, 147.)

— Associé ou joint à *aïe** ou à *ouille**.

2. Ta ga dam, ta ga dam [v. *tagada*], voilà les Daltons, les villas défilent sur la gauche, je suis la foudre de la prairie, les flèches sifflent. **Ouaïe**, blessé. Couché sur l'encolure, Trinita échappera-t-il aux Cherokees déchaînés et hurlants ? (P. Cauvin, *Monsieur papa*, 1987 [1976], 32.)

3. – Calmez-vous, monsieur Paul, vous allez finir par vous faire du mal. Vous êtes tout rouge.
– Oui, oui, j'essaie, mais c'est dur ! **Ouh**, j'ai mal. Ouille*, ouille, ouille, qu'est-ce que j'ai mal au ventre ! (L. Chedid, *40 berges blues*, 1991, 125.)

REM. **ahou** "id.". « *Elle lui donne une chiquenaude sur le museau. /* L'OURS, *criant.* – **Ahou !** » (P. Claudel, *L'Ours et la lune*, 1919, FXT).

♦♦ Attesté dep. 1892 (v. ici ex. 1). — Enregistré, dans cet emploi, seulement par TLF s.v. *hou*[1].

HOU HOU

1. [Bruit d'un cri d'oiseau]

1.1. "(bruit du cri d'un oiseau de nuit)". □ VAR. *ouh ouh.*

1. UN HIBOU. – **Hou ! Hou ! Houch !** (Ch. Monselet, *Les Femmes qui font des scènes*, 1865 [1864], 192.)

2. Il [un vieux hibou] m'a regardé un moment avec son œil rond ; puis, tout effaré de ne pas me reconnaître, il s'est mis à faire : « **Hou ! Hou !** » [...]

(A. Daudet, *Lettres de mon moulin*, 1869, *Œuvres*, 1986, t. 1, 247.)

3. [...] le grand-duc [...] a crié dans la nuit « **Hou-hou** ». (M. Mauron, *Le Quartier Mortisson*, 1967 [1951], 20.)

4. [...] à la plus haute branche de trois hêtres la chouette fit : « **Hou... hou** » comme pour repousser un étranger. (J. Amila, *Motus !*, 1974 [1953], 36.)

5. [...] ce garnement d'Hippolyte qui me suivait de loin, s'esclaffant, soufflant entre ses pouces : « **Houhou-hou** ! » selon la vieille méthode des bracos et des chouans dont le cri de ralliement était la chouette. (H. Bazin, *L'Huile sur le feu*, 1954, 90.)

6. Nous marchons, silencieux, mais l'oreille saturée par les grenouilles et par les vingt espèces de chouettes qui se disputent l'empire nocturne du bocage. Nous marchons, entourés par les ricanements du petit-duc, les huées du hibou, les cris perçants d'écorché vif de l'effraie, et le « **hou-hou**-j'imite-le-loup » des hulottes [...]. (H. Bazin, *L'Huile sur le feu*, 1954, 170.)

7. – Merde, une chouette !...
– C'est elle qui faisait ce bruit.
– Elle n'en fera plus, je te le dis.
Le Chevillard saisit sa pioche [...] et l'abattit sur le crâne de l'oiseau de nuit. / Un battement d'ailes, un dernier **hou-hou**, un peu de sang noir : le Chevillard, d'un coup de pied, rejeta la bestiole au loin. (Georgius, *À toi de donner*, 1959, 11.)

8. Les chouettes s'interpellaient : **hou-hou-hou-hououououou...**
(J. Anglade, *Le Tilleul du soir*, 1975, 216.)

9. [...] hiboux [...] qui lançaient le soir leurs « **hou, hou, hou** » dans les grands bois. (*Aguiaine* 22 (1990), 148.)

10. hibou / **ouh ouh ouh** (*Le Cri des animaux*, 2001, 19.)

REM. **1. ho ho** "id.". « L'appel d'un grand-duc – **ho, ho, ho** ! – tel qu'on se retourne, prêt à jurer que quelqu'un vous hèle » (H. Pourrat, *Gaspard*, 1922, FXT). **2. wou ouh ouh** "id.". « WOU-OUH-OUH / [LA CASTAFIORE.] – Mon Dieu !... ce cri ! [...]. / [TINTIN.] – Ça ? ... Mais c'est un oiseau de nuit, chouette ou hibou, tout simplement » (Hergé, *Les Bijoux de la Castafiore*, 1963, 15).

— Simple.

11. La nuit le surprend, **hou** fait le hibou [...]. (E. Chevillard, *Le Démarcheur*, 1988, 98.)

— Avec jeu de mots.

12. LE GRAND-DUC, *à son voisin*.
Le décor me semble bien choisi,
Oui, le coin le plus noir, l'arbre le plus moisi ;
À droite, des vieux pots de jardin hors d'usage ;
À gauche, entre les houx...
TOUS LES NOCTURNES.
Houx ! Houx !
LE GRAND-DUC.
... Le paysage ! (E. Rostand, *Chantecler*, 1910, 88.)

1.2. "(bruit du cri du coucou)".

13. Un rossignol froufroute dans un tas de fagots et se met à chanter. Il y a le coucou qui fait **hou-hou** ! dans les arbres du grand bois [...]. (J. Vallès, *L'Enfant*, 1879, FXT.)

— "(signal sonore, indiquant l'heure, de la pendule appelée *coucou*)". □ VAR. *ho hou*.

14. La lucarne du coucou évolua hors de son cadre, comme sous la poussée

d'une chiquenaude, et l'oiseau se montra un instant, le temps d'exécuter une courbette courtoise en chantant l'heure qu'il était.
– **Ho hou, ho hou.** (G. Courteline, *Messieurs les ronds-de-cuir*, 1893, *Théâtre...*, 1990, 454.)

2. "(bruit d'aboiement ou de hurlement)".

2.1. [chien] □ VAR. *oû, ouhe.*

15. Le chien : **Hou ! hou ! hou !** (Celnart, *Manuel complet des jeux de société*, 1827, 181.)

16. Le voilà parti, le quadrupède. Il jappe rageusement : « **Hou ! Hou ! Hou !** » (*Le Régiment illustré*, 14 avril 1897, 8.)

17. **Ouhe ! ouhe ! ouhe !** Et il reniflait : roun ! roun ! aroun ! au seuil de la caverne pour reprendre ensuite son aboi et avertir le maître [...]. (L. Pergaud, *Dernières histoires de bêtes* [av. 1915], *Œuvres complètes*, 1987, 532.)

18. [MILOU, *hurlant près de Tintin étendu.*] – **Oûûûû**
[Un policier.] – On dirait qu'il est mort ! (Hergé, *Les Aventures de Tintin [...] au pays des soviets*, 1999 [1930], 11.)

REM. **whou/wou/wouw** "id.". « Même le chien [...] y va de sa larme : **wou, wou,** fait-il sobrement » (Marie & Joseph, *Le Crime de la rue du Ciel*, 1988, 150) ; « [...] un jappement semblable à celui d'un chien agonisant : "**Whouououou !**" » (R. Vernanchet, *Le Temps des marrons*, 2000, 148). — Redoublé, en emploi subst. m. "chien". « Comment qu'il s'appelle, le **wouw-wouw** ?... Oh ! c'est pas permis, ça ! Ça ne devrait pas être autorisé, un petit **wouw-wouw** comme toi, dehors, par ce temps-là ! » (J.-P. Dopagne, *Un ami fidèle*, 1997, 19).

2.2. [loup] □ VAR. *ahou.*

19. Une nuit elle eut la bêtise
De m'imiter le loup-garou.
Hou ! hou ! hou ! (E. Bourget, « Monsieur Crédule », dans *Almanach de la jeune chanson française*, 1869 [1868], 24.)

20. Puis ce fut un hurlement dans la montagne : [...] « **Hou ! hou !...** » faisait le loup. (A. Daudet, *Lettres de mon moulin*, 1869, *Œuvres*, 1986, t. 1, 264.)

21. UNE BANDE, [...] à la poursuite d'un masque à tête de loup.
Quel est ce loup ?
LE LOUP, poursuivi, se retournant vers eux.
Hou ! hou ! (E. Rostand, *L'Aiglon*, 1900, 181.)

22. MADELEINE II : Où ? Où ? Hou-ou ! Hou-ou ! Il y a des nuages, il y a des loups ! **Hou ! Hou !** (E. Ionesco, *Amédée ou Comment s'en débarrasser*, 1953, *Théâtre complet*, 1991, 305.)

V. encore *pan*, ex. 34.

— Dans une comparaison.

23. Elle fait des « **ahou ou, ahou ou ou** » qu'on se croirait dans du Jack London, quand la horde de loups course le traîneau. Juste pareil : « **ahou ou, ahou ou ou** ». (San-Antonio, *Maman, les petits bateaux...*, 1980 [1975], 84.)

3. "(bruit du souffle du vent)".

24. Entendez-vous, comme moi, le vent du nord geindre dans les combles de la maison, sous les portes mal closes, dans les fissures de la croisée inhermétique-

ment fermée, se lamenter, et gémir, et hurler, comme plusieurs générations à l'agonie ? **Hou ! hou ! hou** ! Quel *crescendo* ! (H. Berlioz, *Les Grotesques de la musique*, 1871 [1859], 295.)

25. **Hou ! hou ! hou !**
Le vent souffle dans les branches. (Ch. Cros, « L'orgue », *Le Coffret de santal*, 1873, *Œuvres complètes*, 1970, 51.)

26. Ainsi, une bonne plaisanterie à faire à une cheminée, c'est de se retirer dans une pièce voisine de celle où elle est située et d'y imiter la plainte du vent par de lugubres « **Hou ! hou ! hou !** » La cheminée devient attentive.
– Mais, se dit-elle, soudain, c'est la bourrasque !... Fumons. (G. Courteline, *Les Miettes de la table* [début 20e siècle], *Théâtre...*, 1990, 331.)

27. **Ouhououou** !... Enfin ! Un grand vent chaud se lève, venu on ne sait d'où. [...] Le vent souffle. Un hurlement le précède. (R. Maran, *Batouala*, 1950 [1938], 60.)

28. **Houou**... pang* ! Un' cheminée !
Houou... Atchoum* ! Un enrhumé !
Houou... Qu'est-c' qui rigol' ?
Ha* ! Ha ! Les fils d'Eol' ! (R. Barrier et B. Lelou, « Les Quatre Vents », s.d., dans *Les Frères Jacques*, 1987, 237.)

V. encore *tip tip*, ex. 1 ; *Anthologie*, n° 25.

— Associé à *bzz**. V. ce mot, ex. 19.

— Simple.

29. – [...] on aurait cru que le vent de terre et le vent de mer s'étaient donné rendez-vous [...]. **Hou**, ça soufflait : taureau contre buffle ! (G. Mordillat, *L'Attraction universelle*, 1990, 40.)

REM. **hu/hû** "id.". « – [...] sans compter la plainte du vent qui dit "**hûûû**" sous la porte [...] » (Colette, *La Seconde*, 1929, *Œuvres*, 1991, t. 3, 432) ; v. encore *Anthologie*, n° 20.

4. "(bruit d'une personne qui pleure, qui sanglote)".

30. S'asseoir chialer un coup. Chialer oui. **Houou-ouououou** ! [...] **Hououououououou** ! Chialer fait du bien. (J.-P. Carminati, *Concordance des dents*, 2001, 79.)

V. encore *bouh*, ex. 5-6.

5. "(bruit produit par un engin manufacturé)".

— [jouet]

31. Quoi ! reprit-il, en s'approchant d'un jeune homme qui conduisait le sien avec beaucoup d'adresse, ces deux espèces de boules collées ensemble qui font si sottement : ***hou, hou, hou, hou !*** s'appellent le diable ?
– Oui, Monsieur. [...] le plus beau de l'affaire, c'est quand on peut entendre ce ***hou, hou*** qui vous déplaît si fort, et qui n'est qu'une imitation des anciennes toupies d'Allemagne. (*Les Aventures plaisantes de M. Bobêche*, 1813, 179-180.)

— [éolienne]

32. À peine l'appareil [une harpe éolienne] posé, ce fut sinistre. Au moindre souffle, on entendait des gémissements, des modulations déchirantes, des airs lamentables... **houoûou**... [...]. (A. Daudet, *Jack*, 1876, *Œuvres*, 1990, t. 2, 153.)

— [sirène d'alarme]

33. [...] l'alarme s'était déclenchée, **hou-ou-ou-hou hou** et la poulaille [=

> les policiers] était arrivée. (G. Rondeau, *L'Âge-déraison*, 1982, 149.)

REM. **1. hiou hiou** "id.". "[...] il colle le bout incandescent de la cigarette tout près d'une cellule [de détecteur d'incendie]. La retire juste avant que les sirènes hurlent, ajoute : "**Hiou-hiou-hiou** !" à la place des sirènes » (G. Mérague, *Les Hostos du cœur*, 1995, 41). **2. vouivoui / woowoo** "id.". « En France, la police fait "pin-pon-pin" [v. *pinpon*]. Pourquoi les fictions françaises nous rebattent-elles les oreilles de "**voouiiivvvouiii**" ? » (*Télérama*, 21 mars 2001, 7, lettre d'un lecteur) ; « Le "tatatata"* d'un marteau piqueur, le "**woowoowooo**" d'une sirène de police, le "pouetpouet"* d'un Klaxon, le crissement de pneu d'un taxi [...] » (*Télérama*, 21 mars 2001, 157).

♦♦ **1.** Attesté d'abord pour d'autres oiseaux en 1555 (« Oïons la tourterelle, / Oïons la pâtourelle / Qui chante son **houhou** » J. Vauquelin de La Fresnaie, *Les Foresteries*, 1869, 57 r°-v°) ; dep. 1582 (« Et observant le temps que panche vers sa couche / Le soleil abaissé, son nocturne **hou, hou** / Du haut d'un toit chaumeux, n'entonne le Hibou » A. et R. Le Chevalier d'Agneaux, *Œuvres de Virgile Marron*, f° 38) ; 1583 (« [...] Le japper du renard, le heurlement des loups, / Le drill' des gresillons, le **houhou** des hiboux » Cl. Gauchet, *Le Plaisir des champs*, 1869, 213). **2.1.** Attesté dep. 1732 (« Tout beau lorsque l'amant chéri / Entre sans bruit chez Claudine ; / Mais si vous sentez le mari, aboyez (**hou hou**), / Aboyez (**hou hou**), / Aboyez, aboyez, Badine » *Histoire et recueil des lazzis*, 1996, 106). **2.2.** Attesté dep. 1650 (« Et quoy que Lycaon son pere, / Par un detestable impropere, / Fut maintenant le Roy des Loups, / Dés qu'elle entendoit leurs **houhoux**, / C'estoit lors que, pour faire gilles, / Elle passoit les plus agilles » L. Richer, *L'Ovide bouffon*, t. 2, 87). **3.** Cf. les attestations de *ca* 1480 et 1535 sous *fff*[1] ; dep. 1859 (v. ici ex. 24). — Enregistré dans l'emploi 1 par Rob 2001 (s.v. *houhou*[1], avec ex. de Verlaine correspondant à l'emploi 2 : « Il va rôdant comme un loup / Et s'élance tout à coup / Poussant un sombre **hou-hou** » et s.v. *ouh*) et TLF s.v. *hou*[2] (avec ex. de Loti intéressant aussi l'emploi 3) ; par ailleurs, TLF s.v. *hou*[1] indique « Dans les jeux d'enfants, *hou* note le cri conventionnellement attribué au loup » et Rob 2001 s.v. *hou* « représente un son, un appel sourd, prolongé » ; TraitDu 1989, 221 indique les emplois 1.1, 2 et 3 ; FEW 4, 503a HÛ- (emploi 1).

HOUPS □ VAR. *oups*.

"(bruit produit par le hoquet)".

> 1. Les extases cruelles du passé, pfuit ! [v. *pft*] envolées ! Aigreurs d'une vie de patache, **houps** ! annihilées. (J. Mondoloni, *Tenue de galère*, 1991, 217.)

> 2. **Oups**. / J'avais le hoquet. Le handicap tout con, un soubresaut toutes les vingt secondes, impossible de jouer, mal à l'estomac, le diaphragme coincé [...]. Le joueur de hockey qui a le hoquet. Plus nul, tu meurs. [...] / [...] **Oups**. [...] À raison d'une moyenne de trois hoquets par minute et comme ça faisait cinq heures que ça durait, ça faisait exactement neuf cents **oups**. (J.-B. Pouy, *Les Roubignoles du destin*, 2001, 19 et 21 [Passage déjà paru en 1997].)

♦♦ Attesté dep. 1991 (v. ici ex. 1). — Absent des dictionnaires consultés.

HUG □ VAR. *ugh.*

1. "(bruit d'un hoquet, le plus souvent d'un hoquet d'ivrogne)".

1. Il fallut bien arroser ça... Et discuter... Et reboire... Mais l'agent d'affaires surveillait l'horloge. À vingt heures, il se leva, parlant avec difficulté, mais avec autorité toutefois :
– Les potes... **hug**... c'est pas pour vous plaquer... **hug**... Mais v'là qu'il est l'heure [...]. (M.-É. Grancher, *Le Charcutier de Mâchonville*, 1945 [1942], 119.)

2. – S' te dis que... **hug**... le vin blanc... **hug**... il fait moins de mal que le rouge, affirmait Adrien [...].
– Et moi... hurk [v. *eurk*]..., ripostait « Max », s' te dis que tu n'y connais rien... Hurk... Le blanc saoûle plus vite... (M.-É. Grancher, *Le Temps des « colonels »*, 1955, 245.)

3. – **Ugh**...
Ulysse rota à nouveau [...]. (P. Dessaint, *On y va tout droit*, 2001, 197.)

2. Par jeu de mots **appeler Hugues** loc. verb. "avoir des hoquets ou des spasmes préludant au vomissement ; vomir".

4. Fernand est devenu d'un joli vert-olive.
– Mais...
Il n'a pas pu en dire davantage... Au pas de course, il caltait [= courait] à l'intérieur de la maison [...] pour **appeler « Hugues »**. (San-Antonio, *Les Doigts dans le nez*, 1972 [1956], 27.)

♦♦ Attesté dans l'emploi 2 dep. 1824 (« HUGUES **(appeler)**, faire des efforts pour vomir. Cette locution triviale n'est qu'un jeu de mot » D. Monnier « Vocabulaire de la langue rustique et populaire du Jura », *Mémoires de la Société des Antiquaires de France*, t. 6, 165) ; cf. déjà Oudin 1640 : « Appeller Huet i. *vomir. La voix de celuy qui rend gorge approche du mot : D'autres disent,* Huguet apporte la jatte, *pour vn qui vomit.* vulg. ». — Absent des dictionnaires consultés, à l'exception de FEW 4, 506a HUE (emploi 2).

HU HU

1. "(bruit qui accompagne souvent les pleurs)".

1. PÉTRONILLE, *pleurant.* – Il m' laisse 20 000 francs en écus... **hu, hu, hu** ! (Villeneuve, Dupeuty, Langlé, *La Dette d'honneur*, 1827 [1826], 12).

— Associé à d'autres onomatopées.

2. TONNELLIER. – C'est pas moi qui... hi* hi hi ? **hu hu** !
LE MAÎTRE. – À genoux !... obstiné ! (É. Ourliac, *L'Ecole primaire*, dans *Le Prisme*, 1841 [1840], 136.)

2. "(bruit de rire)".

3. [HADDOCK.] – Comment « nous » ?... Vous êtes plusieurs ?...
[LA CASTAFIORE.] – Hé ! oui, bien sûr !... Irma, mon habilleuse voyage toujours avec moi... ainsi que mon accompagnateur, Igor Wagner, qui, forcément m'accompagne toujours... **Hu ! Hu ! Hu !** (Hergé, *Les Bijoux de la Castafiore*, 1963, 8.)

♦♦ **1.** Attesté dep. 1579 (« GOTARD. – Mais vous l'avez veue, **uh ! uh ! hu ! u ! u !** / JHEROSME. – Tu pleures, maintenant ! » P. de Larivey, *Les Jaloux*, dans *Ancien théâtre françois*, 1855, t. 6, 67). **2.** Attesté dep. 1963 (v. ici ex. 3). —

Absent dans ces emplois des dictionnaires consultés, à l'exception de TraitDu 1989, 224 (emploi 2) ; aj. à FEW 4, 501a, HŪ-, où ces emplois manquent.

HUM

1. "(bruit que l'on fait pour s'éclaircir la gorge ou pour attirer discrètement l'attention)".

1. Me GIRARD. – Coco, tu vas rester avec ta bonne.
JEAN-JEAN, *faisant signe à Marguerite.* – **Hum** !...
MARGUERITE. – Oui, mdame, le petit va rester avec moi. (Brazier et Dumersan, *Les Bonnes d'enfans*, 1825 [1820], 1.)

2. CORYDON, *toussant avec intention.* – **Hum** ! heu ! heu ! (E. Labiche, *En manches de chemise*, 1851, *Théâtre*, 1979, t. 2, 219.)

3. CONTRESCARPE. – Monsieur ! – **hum** – Si jamais quelqu'un m'a inspiré de la confiance, c'est certainement bien vous ! (E. Durandeau, *Civils et militaires*, 1880, 181.)

4. Poussez un « **hum** ! » énergique au moment où le médecin vous le commandera [...]. (Monthabor, *La Vie au régiment*, 1897, 15.)

5. UN, *respiration sifflante* : Sss... sss... sss...
DEUX, *tousse* : Monsieur ! Monsieur le professeur... **hum** !... (R. Dubillard, « L'examen », *Les Diablogues*, 2000 [1976], 219.)

— Répété.

6. (*Il tousse comme pour se donner de l'assurance.*) **Hum** ! **hum** !... madame. (Ch. Desnoyer et Adrien, *Chérubin*, 1835, 11.)

7. SCARAMOUCHE. – **Hum** ! **hum** ! brumm ! [v. *broum*] approchez, mon petit ami. (É. Ourliac, *Tel maître, tel écolier*, dans *Journal des enfans*, 1838, t. 7, 62.)

8. Il fait doucement, comme chaque matin [...] « **hummm, hummm** », une sorte de petite toux, une toux machinale ou chronique. (J. Douassot, *La Perruque*, 1969, 62.)

V. encore *Anthologie*, n° 32.

— Associé à une autre onomatopée.

9. DARDOUILLET, s'éveillant et se frottant les yeux. – **Hum** !... brr ! [v. *brr*[3]]... **hum** !... ah ! cette soirée chez les Crepinet m'a bien agité !... (Siraudin et A. de Beauplan, *Un mari qui ronfle*, 1854, 6.)

REM. **1. ham** "id.". « Le notaire a toussé, **ha-ham, ha-ham**, il a fait sauter les cachets et il a lu » (Colette, *La Cire verte*, 1941, *Œuvres*, 2001, t. 4, 394). **2. hem** "id.". « MINA, *étonnée, à part.* – Eh bien !... est-ce qu'il va se mettre à compter son linge ? (*Haut et toussant.*) **Hem** ! **hem** !... Dites donc, monsieur Jonas, je suis par ici... » (Mélesville, *Le Fil de la vierge*, 1849, 27) ; « [...] la dame [...] toussotait **hem** ! **hem** ! d'un air entendu et m'envoyait des coups de pied sous la table » (A. Daudet, *Le Petit Chose*, 1868, *Œuvres*, 1986, t. 1, 141).

2. Répété "(bruit produit par un accès de toux)".

10. Comment ça va ? Moi, voici le bulletin de ma santé, **hum** ! **hum** ! **hum** !... Ceci est un fichu rhume que j'ai attrapé à Bordeaux... (Cogniard frères, *Le Café des comédiens*, 1837, 6.)

11. Un jour l'un de nos camarades, voulant renchérir, jeta dans la flamme un cornet de soufre ; un moment après,

l'élève qui récitait se met à tousser : **hum, hum !** Le maître tousse : **hum, hum !** Nous toussons aussi : **hum, hum !** et l'on n'entendait que râles et toussailleries de tous côtés. (É. Ourliac, *Physiologie de l'écolier*, 1841, 82.)

12. GAUDRION, *allumant sa pipe.* – Merci ! *Il fume.*
FRISETTE, *toussant.* – **Hum ! hum !**... pouah ! (E. Labiche, *Frisette*, 1846, *Théâtre*, 1979, t. 1, 356.)

REM. **heum** "id.". « BISCOTIN, *toussant.* – **Heum heum !** / LOUISON. – Mais tais-toi donc. / BISCOTIN. – Dam', j'étouffe, moi ; donn' moi à boire » (Francis, *Le Gâteau des rois*, 1809, 26).

♦♦ **1.** Attesté av. 1522 (« Mais si elle est ung peu rusade / Commencera fort à toussir : **HEM !** » *Sermon joyeux de tous les fous*, dans *Recueil de sermons joyeux*, 1988, 274) ; *ca* 1616 (« [...] ainsi que voulant annoncer quelque grande chose avec un accent admirable, va dire : "**Hem, hem, hem.** JE SUIS" » Béroalde de Verville, *Le Moyen de parvenir*, 1896, t. 1, 221) ; 1750 (« Y ne me voyoit pas, j' ly fais chit chit, **heum !** » *Le Paquet de mouchoirs*, 31) ; 1796 (« BLAISE. (*Il tousse fort.*) – [...] **Heum, heum**... Eh ben ?... (*Il recommence.*) **Heum, heum, heum**... Est-c' que vous n' voyez pas que j' tousse exprès pour afin d' vous avertir que j' sis là ? » Le Cousin Jacques, *La Petite Nannette*, 1797, 12). **2.** Attesté dep. 1596 (« *M.* S'ensuyt le coup de la mort, et le dernier qui assomme tout ; or sus que la tour d'Anuers me suyve, **hum, hum** ; ce meschant rheume m'estouffe » R. Mortier, *Le "Hochepot ou Salmigondi des folz"*, dans DDL). – Les accès de toux ont pu être diversement transcrits par le passé : 1579 (« LAZARE. – Or sus donc ! ferme l'huys. **Ohé ! co o hé ! co o hé !** [...] **Cohé é ! co ohé co !** De mal'heur, pour m'achever de peindre, il m'est ceste nuict passée tombé un caterre qui me penètre le cerveau » P. de Larivey, *Le Morfondu*, dans *Ancien théâtre françois*, t. 5, 310-311) ; 1666 (« GERONTE. – Madame, de mon Fils vous sçavez l'inconstance, / *Il tousse.* Et je viens, **hais, hais, hais**, pour vous, **hais, hais**, vous, vous... » Donneau de Visé, *La Mère coquette*, *Trois comédies*, 1940, 65). — Enregistré, dans l'emploi 1, par GLLF, TLF, Lar 2000 et TraitDu 1989, 225.

K

KAÏ KAÏ

"(bruit du cri de douleur d'un chien)".

1. [...] pour le plaisir d'entendre [...] le molosse lancer le classique « **kaï ! kaï ! kaï !** » et tourner en rond, fou de douleur. (Bayon, *Les Animals*, 1990, 97.)

2. – Attention sa patte !
– **Kaï ! Kaï ! Kaï !**
– [...] Qu'est-ce qui lui est arrivé à sa patte ? (J.-M. Gourio, Bl. Jeanroy, *Chiens de comptoir*, 1997 [1996], 130.)

3. [...] le caillou glissa avant de chuter lourdement sur le museau du clébard, qui recula d'un coup et s'en alla – **kaï kaï** ! – vers la porcherie, où il reprit ses aboiements intempestifs. (G. Alle, *Il faut buter les patates*, 2001, 104.)

4. [...] un chien qui poussait des « **kaï kaï** » terrifiés [...]. (*Le Monde*, 7 juillet 2001, 3.)

— Dans une comparaison.

5. Le Youg a pris le coup sur l'épaule et il est parti à quatre pattes, tout à fait comme un chien au sortir de la bastonnade, en poussant des cris yougoslaves qui ressemblaient, à s'y méprendre, aux ***kaï-kaï*** du cador [...]. (A.D.G., *La Divine surprise*, 1971, 102.)

♦♦ Emprunté aux bandes dessinées de Morris et R. Goscinny, où les chiens, notamment le chien Rantanplan, font entendre ce cri.

KÉKÉKÉ

"(bruit du coassement de la grenouille)".

1. – **Kékéké** ! **Kékéké** ! ne me tue pas ! criait la grenouille qui s'était trouvée pincée, non par le milieu du corps, comme le héron aurait dû le faire [...], mais juste saisie par une patte et qui gigotait, épouvantée, à la pointe du robuste bec. **Kékéké** ! Héron, épargne-moi. (J. d'Arbaud, *La Sauvagine*, 1929, dans *Gens de Provence*, 1997, 667.)

V. encore *coa*, ex. 5.

— Par jeu de mots.

2. LA RAINETTE / **Kekekekekekecekça** ? (Colette, *L'Enfant et les sortilèges*, 1925, *Œuvres*, 1991, t. 3, 165.)

♦♦ Attesté dep. 1925 (Colette, v. *coa*, ex. 5). — Absent des dictionnaires consultés.

KSS KSS □ VAR. *acz acz, css css, cx cx, cz cz, kci kci, kis kis, ksi ksi, x x, xi xi, xie xie, zi zi.*

1. "(pour exciter un chien à attaquer, à mordre)".

1. *Un gamin faisant les cornes au chien* : Brrrr [v. *brr*[3]]... **Kcikci**... – *Le chien* : Houp ! houp ! [v. *ouap* rem.] (*La Lanterne magique*, mai 1834, 101.)

2. Et « **kiss** ! **kiss** ! » les voilà à agacer leur chien en lui criant : « Pille ! pille ! » (E. Sue, *Les Mystères de Paris*, 1989 [1843], 54.)

3. LE CHIEN *(furieux et sautant après Gribiche, qui se sauve tout autour de la place).* Ouah ! ouah ! [v. *ouah*[1]].
POLICHINELLE. **Xi** ! **xi** ! mords-le, mords-le ! (L.-E. Duranty, « Les Deux amis », *Théâtre des marionnettes*, 1995 [1862], 518-519.)

4. – [...] papa ! qu'est-ce qu'il me ferait ce chien si je lui faisais : **acczz, acczz**... (L. Massé, *Les Grégoire. La Fleur de la jeunesse*, 1985 [1946], 75.)

5. [...] Agar les reniflait, c'est tout... j'avais beau ***kss ! kss !*** tant et plus ! il refusait d'aboyer ! [...]. (L.-F. Céline, *D'un château l'autre*, 1957, 91.)

6. C'est un briard haut comme un veau [...].
– Allez, « Barbichet », qu'elle commande, attaque !... **Ksss** !... **Ksss** !... **Kss** !... (M.-É. Grancher, *La Souris de l'abbé Jouvence*, 1965, 142.)

7. Je lève mes bras, le maître fait **ksiksi**, le chien [...] me saute dessus, j'ai juste le temps de l'éviter. (J. Douassot, *Nœud coulant*, 1971, 47.)

V. encore *ouah*[1], ex. 7.

2. "(pour exciter une personne contre une autre)".

8. FRANÇAIS. – Hein ! plaît-il ? est-ce que vous espérez qu'il descende chez vous, ma chère ?
CHARLOTTE. – Tiens, pourquoi pas, mon cher ?
DUJOUR, *riant à part.* – C'est ça ! **x** ! **x** ! **x** ! (Varner et Bayard, *Marino Faliero à Paris*, 1829, 6.)

9. ABEL. – Excite-moi donc encore ! **ksss** ! **ksss** ! (Bourgeois, Dumanoir, Brisebarre, *Le Porte-respect*, 1837, 23.)

10. Cerfbeer, **kis** ! **kis** !... Crosnier, **kis** ! **kis** !... Apporte ! (*Courrier des théâtres,* 23 février 1840, 4.)

11. Alfred ! riposta Mme Pipelet [...]. Tape dessus à grands coups de balai... Dis à l'écaillère et au rogomiste de t'aider... À vous ! à vous ! à vous ! au chat ! au chat ! au voleur !... **Kiss** ! **kiss** ! **kiss** ! Brrrrr [v. *brr*[3]]... Hou... hou... Tape dessus !... vieux chéri ! Boum* ! boum ! (E. Sue, *Les Mystères de Paris*, 1989 [1843], 449.)

12. BUCHOT, les excitant. – **Csz** ! **csz** !... bravo ! Ne vous embrassez pas, et que ça ne finisse pas encore ! (F. Soulié, *Les Etudians*, 1845, 32.)

13. LE GAMIN. – Tiens ! moi qui avais pris ça pour un énorme, ÉNORME chien ! (Il renfle sa voix sur le second énorme.)
LA VIEILLE. – Sacré moutard ! si j'avais pas été penchée, je t'aurais joliment f... mon pied au cul.
LE GAMIN, à distance. – **Csss** ! **csss** ! après ça, je me suis peut-être pas trompé. (V. Hugo, *Choses vues*, 1846, *Œuvres complètes, Histoire*, 1987, 617.)

14. ANTOINOU. – Ohé, Bolivard !
LES CHARABIAS. – Ohé ! Bolivard, té, té, **cx**... **cx**...

[...]
LE COMMISSAIRE. – Qu'est-ce qu'a dit ça ?
LE PARTERRE. – **Cx, cx, cx** ; allez coucher, Azor. (É. Ourliac, « La Tribu des charabias », *Proverbes et scènes bourgeoises*, 1868 [avant 1848], 163 et 173.)

15. J'apprends le duel de de Pène, avec un détail qu'on ne dira pas. Pendant l'affaire avec Hyenne, les ouvriers terrassiers accourus criaient : « **Kiss, kiss** ! Tue le militaire, tue le pantalon rouge ! » (E. et J. de Goncourt, 12 mai 1858, *Journal*, 1989, t. 1, 355.)

16. POLYTE. – **Kis... kis...** ils vont se casser ; espérons qu'ils ne se raccommoderont pas ; en voilà deux turcos de carton. (H. Thiéry, *Un brelan de turcos*, 1859, 7.)

17. – Vous êtes une voleuse ! – vous êtes une insolente ! J' vous dois qu'un sac de charbon ! – Fichtra vous m'en redevez deux ! J' vous chitrai [= citerai] chez l' jug' de paix ! (*les excitant*) **xi ! xi ! xi ! x** !! (E. Lhuillier, « Les Bourgeois, c'est du drôl' de monde », dans *Almanach de la jeune chanson française*, 1865 [1864], 34.)

18. Dès lors, tous les repas furent l'occasion d'objurgations qui exaspéraient Claude, de réponses furieuses qui navraient la mère et Joseph, tandis qu'Augustine s'en amusait prodigieusement, disant en elle-même ***xie, xie***, quand la dispute chauffait ferme. (E. Droz, *Au Petit-Battant*, 1983 [1905], 74-75.)

19. Puis, carrément il annonça :
– Au premier d' ces messieurs.
– Bravo ! **Kiss** ! **Kiss** !... Épatant l' môme... (F. Carco, *Jésus-la-Caille*, 1914, 105.)

20. « Mais vous dites oui, et encore oui. Si encore ça vous servait à quelque chose [...] ... les femmes, vraiment...
– **Kss** !... **Kss** !... » siffla Fanny. (Colette, *La Seconde*, 1929, *Œuvres*, 1991, t. 3, 387.)

21. LES GOSSES. – **Kss kss** ! Tue-le, Zidor... Tamponne-z'y la bouillotte ? Hardi Tatave... Hue... hue... (G. Lenclos, *Notre-Dame de la Mouise*, 1932 [1930], 17.)

22. Le Professeur / **Cz...cz...cz...cz...** Un élève / Phonème strident par lequel on excite au combat, contre un adversaire, quelqu'un pour qui l'on prend parti. Exemple : « **Cz...cz** !... » faisaient les Romains pendant le combat des Horace et des Curiace. (J. Tardieu, *La Comédie du langage*, 1987, 56-57.)

V. encore *pan-pan*, ex. 2.

— **kss kss mords-le/la/les** “id.”.

23. TORTILLARD, frappant sur les carreaux. – **Kis** ! **kis** ! **kis** ! **mords-les**, ma vieille, mords-les ! (A. Dinaux et E. Sue, *Les Mystères de Paris*, 1844, 3.)

24. En v'là là-bas qui s' bûchent. Hardi ! eh ! là-bas ! **Mords-les, mords-les ! Zi, zi** ! (H. Monnier, *Les Bas-fonds de la société*, 1862, 82.)

25. Une voix d'homme [...] : Vas-y Martine ! Te laisse pas faire. **Kss ! Kss ! Mords-les** ! (J.-M. Ribes *et al.*, *Merci Bernard*, 2001 [1984], 136.)

— Simple.

26. LE PARTERRE
Kss ! – Montfleury ! – Cyrano !
CYRANO
Silence !
LE PARTERRE, *en délire.*
Hi han* ! Bêê* ! – Ouah, ouah ! [v. *ouah*[1]] – Cocorico* ! (E. Rostand, *Cyrano de Bergerac*, 1983 [1898], 93.)

♦♦ Attesté dep. 1546 sous la forme *gzz gzz* (« Aux ouailles, mastins. [...] Estez vous encores là ? Je renonce ma part de Papimanie, si je vous happe. **Gzz. gzzz. gzzzzzz.** Davant davant ! Iront ilz ? » Rabelais, *Le Tiers livre, Œuvres complètes*, 1994, 352) ; 1745 (« Et pendant qu'on travaille ainsi, / Les Prêtres font **xi xi xi xi,** / Comme on fait aux chiens dans la ruë, / Lorsque l'un sur l'autre se ruë » [Fougeret de Monbron], *La Henriade travestie*, dans DDL) ; 1789 (« [...] elles ne sont occupées qu'à faire les cornes avec les doigts de leurs deux mains, en disant toujours : *Xss, xss, xss, xss*... précisément comme nos polissons des rues excitent l'animosité des chiens qui se battent, ou comme certains critiques *honnêtes* entretiennent par plaisir la zizanie entre les auteurs ; ce qui revient au même... » Beffroy de Reigny, *Courrier des planètes*, dans DDL) ; 1790 ***xixxxxxxxi***, 1795 ***czy ! czy !*** et 1840 ***xsi, xsi*** (v. DDL). — France 1910 (« KISKIS (faire). Envenimer une discussion, une dispute ; exciter à la bataille comme l'on fait pour les chiens qui se mordent. ***Kiskis*** est une corruption de *xi, xi*, aphérèse d'*occi*, tue [!] ») ; GLLF Ø ; TLF ; Rob 2001 ; NPR 2000 *kss kss* ; PL 2000 Ø ; TraitDu 1989, 240 ; FEW, 2, 711a, KIS-.

L

LÉON

"(bruit du cri du paon)".

1. Pourquoi l' paon dit-il « **Léon** »
Le coq « Cocorico »*
N'y pensez pas, n'y pensez pas, n'y pensez pas trop. (Ch. Trenet, « N'y pensez pas trop », 1947, *Le Jardin extraordinaire*, 1993, 195.)

2. Un paon qui faisait la roue [...] se mit à pousser des « **Léon** » éperdus. (P. Magnan, *Le Tombeau d'Hélios*, 1985 [1980], 7.)

3. Il a hurlé d'un drôle de cri strident. Le cri du paon. **Lé-on** ! (J.-B. Pouy, *La Clef des mensonges*, 1988, 45.)

4. Elle me répondait d'un ton agacé : « Va, va écouter si le paon crie **Léon** ! » Encore un dicton sur la pluie et le beau temps : *Si le paon crie : **Léon** – Reste à la maison.* Une façon de me dire aussi : « Va voir dehors si j'y suis ! » (M. Jeury, *Une odeur d'herbe folle*, 1989, 79.)

5. Au lieu de crier « **Léon** ! »
Comme les autres paons font
Celui-ci pris dans la glace
Tomba d'un sapin hélas !
Lorsqu'il heurta le gazon
Le choc fit « Pan* » pas « **Léon** »
Étrange mésaventure
Qui rectifie la Nature (R. Topor, *Pense-bêtes*, 1992, 72.)

— Par plaisanterie.

6. Les cris d'un paon, appels désespérés à l'adresse d'un certain **Léon**, interrompirent un moment notre dialogue. (R. de Obaldia, *Exobiographie*, 1995 [1993], 380.)

7. Dans les jardins du Vatican,
Je me reposais sur un banc,
Devant le buste de Lucrèce,
Tandis qu'un paon, PIEusement,
BENOÎTement,
Criait **Léon**, **Léon**,
LÉON XIII
Évidemment. (J. Aron, *Petite philosophie portative*, 2001, 77.)

— Répété.

8. Le paon. [...].
Léon ! **Léon** !
C'est ainsi qu'il appelle sa fiancée. (J. Renard, *Histoires naturelles*, 1967 [1896], 43.)

9. Il [un paon] peut faire tous les dégâts qu'il voudra et crier sans cesse d'une voix stridente : « **Léon** !... **Léon** !... » comme s'il voulait évoquer la grande ombre de Gambetta [...]. Je lui par-

donne tout d'avance, en faveur de sa beauté. (Fr. Coppée, *Souvenirs d'un Parisien*, 1910, 229.)

10. « **Léon** ! **Léon** ! » criait le paon. (C. Colomb, *Le Temps des anges*, 1962, 172.)

11. Et le pauvre paon [...] traînait sa longue queue mouillée sur l'herbe boueuse en nasillant à plein bec **léon-léon** ! (A.-L. Grobety, *Infiniment plus*, 1989, 68.)

12. Les jardins du casino sont remplis de paons. Ça fait joli, je vous l'accorde, mais gare aux oreilles ! [...] / Depuis le début de l'exposé, j'ai l'oreille régulièrement agacée par un petit bruit de grelot qui vient de derrière [...] un participant assis deux rangs plus loin [...] porte un bracelet équipé de deux petites clochettes. Chaque fois qu'il bouge, elles émettent un grésillement aigu, comme celui que produisent les colliers des chats siamois. / [...] son crincrin* lancinant ajouté aux cris des paons donne à l'espace sonore une texture très particulière qui ne facilite pas la tâche de l'orateur. Si l'on ajoute à cela les bouffées de parfum fleuri que le conditionnement d'air diffuse à intervalles réguliers, on aura une bonne idée de la séquence sensorielle qui rythme la conférence : ***Léoooon**-ding-ding*-pchhhhht*-**Léoooon**-ding-ding-pchhhhht*, du matin au soir. (É. Bruna, *Les Jupiters chauds*, 2002, 53 et 56-57.)

REM. **éon** "id.". « *À ce moment*, LE PAON, *au loin, pousse un cri.* / **É...on** ! » (E. Rostand, *Chantecler*, 1910, 37). — Avec jeu de mots. « Aux aboiements insultants, répétés, de la brabançonne, les paons indignés dressent le col pour appeler du ciel les génies gnostiques qu'ils révèrent, puisqu'ils crient ensemble : "**Éons** ! **Éons** !" » (Colette, *Prisons et paradis*, 1932, *Œuvres*, 1991, t. 3, 661).

♦♦ Attesté dep. 1896 (v. ici ex. 8). — Absent des dictionnaires consultés.

M

MÉ ou **MÈ** ou **MÊ** □ VAR. *mée, mêe, mêh.*

Souvent répété ou avec effet d'écho "(bruit du bêlement des ovins et des caprins)".

1. L'ennui lui vint. Elle [la chèvre] maigrit ; son lait se fit rare. C'était pitié de la voir tirer tout le jour sur sa longe, la tête tournée du côté de la montagne, la narine ouverte, en faisant *Mê !...* tristement. (A. Daudet, *Lettres de mon moulin*, 1869, *Œuvres*, 1986, t. 1, 261.)

2. Alors il [Tartarin] se souvint que, dans ses livres, les grands tueurs de lions n'allaient jamais à la chasse sans emmener un petit chevreau, qu'ils attachaient à quelques pas devant eux et qu'ils faisaient crier en lui tirant la patte avec une ficelle. N'ayant pas de chevreau, le Tarasconnais eut l'idée d'essayer des imitations, et se mit à bêler d'une voix chevrotante : « **Mê ! Mê !...** » (A. Daudet, *Les Aventures de Tartarin de Tarascon*, 1872, *Œuvres*, 1986, t. 1, 511.)

3. Et la petite brebis se mit en face de lui, et, baissant les oreilles, elle se mit à bêler ainsi :
« **Mé-hé-hé-hé-hé !** » (P. Claudel, *La Jeune Fille Violaine*, 1re version, 1892, *Théâtre*, 1960, t. 1, 508.)

4. **Mêe-êe-êe-êe-êe-êe.** Il [le bouc] en fait une gueule quand il voit la bique s'amener. (L. Pergaud, *Les Rustiques* [av. 1915], *Œuvres complètes*, 1987, 906.)

5. L'agneau dit : **Méé ! méé !**
Cognosco meas oves et cognoscunt me meæ [...]
La brebis entend son pasteur et répond par un petit **méé** ! (P. Claudel, « L'agneau dit : Méé ! méé !... », 1938, *Œuvre poétique*, 1977, 988.)

6. – Vous feriez mieux de manger quand c'est le moment, au lieu de vous battre [...].
– **Mêêêê...** répondaient les chèvres [...]. (J. Anglade, *Une pomme oubliée*, 1969, 39.)

7. [...] cri rauque de mouton malheureux. Un enfant, courant à son plaisir, le refera : « **Mé-é-é...** » (Th. Monnier, *Nans le berger*, 1997 [1970], 920.)

8. Pourtant, la chèvre blanche avait une drôle de voix. Ses **mê... mê...** étaient des bêlements de chèvre qui souffre. (R.-A. Rey, *Frosine*, 1980, 182.)

9. La tonte [...] s'effectuait [...] aux ciseaux. [...] On voyait régulièrement un de ces coiffeurs sommaires aller pio-

cher un mouton dans la grange, le tirer, avec des **mêêh-mêêh**, par son collier de bois poli, jusqu'aux tréteaux, et hop* ! sur la table, cette grosse bête. (Bayon, *Les Animals*, 1990, 105-106.)

10. **mêêêê** / agneau (*Le Cri des animaux*, 2001, 6.)

— Associé à *bé**. V. *bé*, ex. 7.

— Par jeu de mots.

11. LES MOUTONS. – **Mée... Mée... Mée...**
LE CHIEN DE BERGER. — Il n'y a pas de mais ! (J. Renard, *Histoires naturelles*, 1967 [1896], 79.)

♦♦ Attesté dep. fin 13e siècle (« Et sur ce dient li plusor que la voiz du [mouton] noir est devisée de cele dou blanc, en tele maniere que li pastor le sevent bien cognoistre, à ce que li noirs dit ***meh !*** et li autres dit *beh !* » Bruno Latini, *Li Livres dou Tresor*, DDL) ; 1535 (« **Maiz, maiz**, [faict] la brebiette » *La Fleur des noëls*, v. *Anthologie*, n° 1, str. 4). — Absent des dictionnaires consultés ; FEW (1, 317a, BELARE et) 6/1, 566a, ME-, où cet emploi est à ajouter.

MEUH □ VAR. *meu* (rare), *mheuw* (rare).

1. "(bruit du cri des bovins)".

1. [...] il [...] répondit à la jeune fille qui voulait savoir si le cri du lion lui avait fait peur : « Non, mademoiselle... Mon chameau, lui, tremblait la fièvre entre les jambes ; mais je visitais mes amorces, aussi tranquille que devant un troupeau de vaches... À distance, c'est à peu près le même cri, comme ceci, *tè !* »
Pour donner à Sonia une exacte impression de la chose, il poussait de son creux le plus sonore un « **Meuh...** » formidable, qui s'enfla, s'étala, répercuté par l'écho de la roche. (A. Daudet, *Tartarin sur les Alpes*, 1885, *Œuvres complètes*, 1931, t. 10, 56.)

2. Ils se mirent alors à imiter les vaches, les moutons, les canards et les poules. Toute la rue retentit de ***Meuh !*** de *Bééé* !* de *Coin-coin*, coin !* et de *Cot Cot* Cot Codec !* (R. Sabatier, *Les Allumettes suédoises*, 1988 [1969], 254-255.)

3. Comme il se levait, Brunette eut un puissant « **meuh** » d'adieu qui fit sursauter Globule, lequel s'éloigna en abreuvant le bovidé d'injures, de malédictions et de menaces [...]. (J.-A. Varoux, *La Bête de Trouffignac*, 1983 [1974], 178.)

4. [...] seul dans le brouillard, gardant les bêtes qui [...] font **meuh** de temps en temps [...]. (A. Gerber, *Le Faubourg des Coups-de-trique*, 1982 [1979], 359.)

5. Je voudrais rappeler, avant qu'il ne soit trop tard, avant qu'on en ait perdu le souvenir, que les vaches n'existent pas seulement à l'état de cadavres, en feu ou en tas. Mais qu'il arrive encore, de nos jours, qu'on les trouve à l'état d'animaux vivants. Qui mangent de l'herbe. Qui font **meuh**. Qui font du lait. Qui font des veaux. (A. Rémond, dans *Télérama*, 4 avril 2001, 218.)

V. encore *beuh*, ex. 3 ; *bip*, ex. 3.

— Avec jeu de mots.

6. [...] la sélection a jusqu'ici porté essentiellement sur les bovidés mâles. Mais patience, la vache n'a pas dit son dernier **meuh**. (F. Gruhier, *Les Délices du futur*, 1988, 138.)

— Répété.

7. Sa chanson [du bœuf] commençait ainsi :
Un veau seulet
Buvant son lait
Meuh, meuh, meuh,
Vit une vachette
Qui broutait l'herbette,
Meuh, meuh, meuh. (M. Aymé, *Les Contes du chat perché*, 1978 [1939], 98.)

8. JACQUELINE : Oh ! qu'ils sont gentils les veaux ! **Meuh ! Meuh ! Meuh !** (E. Ionesco, *Jacques ou la Soumission*, 1950, *Théâtre complet*, 1991, 88.)

9. Quand il vit des vaches dans un pré, il fit pour lui tout seul **meu-meu**, comme au lointain de son enfance. (R. Sabatier, *Les Noisettes sauvages*, 1988 [1974], 12.)

10. [...] elle [une vache] nous a carrément foncé dessus en disant « **meuh meuh** », les yeux ronds comme des enjoliveurs. (H.-Fr. Blanc, *Jeu de massacre*, 1993 [1991], 101.)

• Par plaisanterie.

11. Comment font les vaches, les bœufs ?
– **Meuh ! Meuh !** –
Comment font
Les chiens, les poules, les moutons ?
Comment fait la locomotive ?
– **Meuh ! Meuh !** –
On ne peut mieux,
Parfait pour la locomotive ! –
Mais si l'on ajoute, d'hasard,
– Et comment fait le chef de gare ?
– **Meuh ! Meuh !** –
Répondra encore le moutard :
Il est des limites à l'art,
Et voilà pour les questions intempestives ! (Franc-Nohain, *Le Dimanche en famille*, 1902, 69.)

— Redoublé, emploi subst. f. "vache".

12. [...] une série de cartes postales peuplées de blanches **meuh-meuh**. (D. Percheron, *Vachement meuh-meuh*, 2002, 76.)

2. "(bruit du cri du lion)".

13. J'avais imaginé l'homme à la tête de lion. [...]
On le présentait couvert d'un voile et rugissant lamentablement, à la demande.
– Lion, rugis !
Le lion : « **Meuh !** »
– Bien rugi, lion (Shakespeare). (A. Paraz, *Le Gala des vaches*, 1948, 42.)

V. encore ici ex. 1.

3. Vieilli "(bruit d'un avertisseur sonore)".

14. Les tramways à vapeur font « **Meuh !** » – la corne ! (P. et V. Margueritte, *Zette*, 1903, 14.)

◆◆ **1.** Attesté sous les formes *meun* en 1864 et *meuve* en 1874 (v. *ouah*[1], rem. 2 et note), *meuh* dep. 1885 (v. ici ex. 1). **2.** Attesté dep. 1885 (v. ici ex. 1). **3.** Attesté dep. 1903 (v. ici ex. 14). — Enregistré, dans l'emploi 1, par ROB 2001, NPR 2000, et TraitDu 1989, 253.

MFF[1]

"(bruit produit par un baiser appuyé)".

1. J'y embrasse encore la fesse, la cuisse, le dos [...] **mff** !... **mff** ! [...]. (L.-F. Céline, *D'un château l'autre*, 1957, 271.)

2. Embrassade. On se serre, s'étreint. Bisous [...]. **Mmmff** ! **Mmmff** ! (Fr. Lasaygues, *Vache noire*, 1985, 83.)

♦♦ Attesté dep. 1957 (v. ici ex. 1), mais probablement antérieur dans la bande dessinée. — Absent des dictionnaires consultés.

MFF² □ VAR. *humpf, mph.*

"(sons indistincts émis par une personne dont l'élocution est entravée par un corps étranger, qui est dans l'impossibilité d'ouvrir la bouche)".

1. J'y plaque une paluche sur son trou à jacter. « **Mmmmph Mmmmph...** » qu'y fait seulement. (Fr. Lasaygues, *Vache noire,* 1985, 132.)

2. J'enlève le bout du tuyau de ma bouche :
– Je sais pas.
– N'enlevez pas l'embout ! Vous fichez tout en l'air, là !
Je le remets vite fait.
– **Humpfumphu,** je dis. (R. Eyraud et J. Caumer, *J'ai oublié qui j'étais,* 1995, 70.)

3. Sonner l'infirmière. Bouton. Bouton. Sonner. Sonner. Sonner. Sonner.
– Vous êtes réveillé ?
– **Mmmfff** quyo mmm anlfé quyo **mmmfff.** (J.-P. Carminati, *La Concordance des dents,* 2001, 122-123.)

♦♦ Attesté dep. 1985 (v. ici ex. 1), mais probablement antérieur dans la bande dessinée. — Absent des dictionnaires consultés, à l'exception de TraitDu 1989, 257 *(mmmph).*

MIAM-MIAM □ VAR. *myam myam* (rare).

1. "(marque une appréciation gustative favorable)".

1. [...] Dans la Cannibalie, un cannibal'
Se dit un jour, avant d' quitter la vie,
Je veux croquer un' bell' horizontal' !
[...]
Mmiam ! mmiam ! mmiam ! mmiam ! mmiam ! (G. Feydeau, « La Lycéenne », 1887, *Théâtre complet,* 1988, t. 1, 350.)

2. – Le riz au lait de monsieur ! dit le cuisinier.
Il fit mine de souffler dessus avant de le poser sur la table et dit :
– **Miam ! miam !** que c'est bon ! (P. et V. Margueritte, *Poum,* 1897, 125.)

3. Je sors la fine... et puis les gros verres !... Ça va déjà mieux !... Je vois sa tête !... il fait « **myam ! myaam !** » Il se suce la langue ! (L.-F. Céline, *Guignol's band,* 1944, 138).

4. [...] on mangeait un relief de cassoulet en boîte, froid et gélatineux, et on gloussait : « Mmm [v. *mmm¹*] ...**Miam ! Miam !** » (*Actuel par Actuel,* 1977, 51.)

5. Olivier qui fait « **miam miam** » en se frottant le ventre. (R. Sabatier, *David et Olivier,* 1989 [1985], 43.)

6. – [...] Gisou a fait des œufs à la neige pour un régiment. **Miam-miam.** Il y aura aussi une de ces volailles... Re-**miam-miam !** (R. Forlani, *Tous les chats ne sont pas en peluche,* 1990 [1988], 53.)

7. C'est bon, le chocolat, hein, Max ? **Miam miam** ! (J.-P. Carminati, *La Concordance des dents,* 2001, 117).

V. encore *Anthologie,* n° 45.

REM. **1. mgnam mgnam / mniam mniam**
« LA MÔME. – Mais embrasse-moi donc, imbécile ! / LE DUC, *absolument annihilé.* – Euh !... Oui, madame ! / *Il jette un regard d'angoisse vers le public puis, se décidant lentement, il tourne la tête pour embrasser la Môme sur la joue : mais, en même temps que lui, la Môme a fait de la tête le même*

mouvement en sens contraire, de sorte qu'ils arrivent à se trouver face à face et, avant que le duc ait eu le temps de s'y reconnaître, il reçoit entre les lèvres [...] la langue alerte de la Môme. Le duc a un petit soubresaut de la tête, puis, face au public, médusé, reste l'œil angoissé, avec un petit ***"mniam, mniam"*** *dégustation de la bouche* » (G. Feydeau, *La Dame de chez Maxim*, 1899, *Théâtre complet*, 1988, t. 1, 826) ; « [...] elle lui [au chat] propose au creux de sa main une forte boulette de viande hachée... lui hésite pas... ***mgnam ! mgnam !*** lui a de l'appétit ! » (L.-F. Céline, *Rigodon*, 1973 [1961], 272). **2. mieum-mieum** "id.". « Mettre une cuillerée de beurre sur chaque pomme de terre et cuire au four. **Mieum, mieum**, que c'est bon ! » (H. Cueco, *Le Journal d'une pomme de terre*, 2001 [1993], 188). **3. niam-niam** "id.". V. *Introduction*, p. 18, note 1.

— Simple.

8. Le lion, voyant le dompteur pas plus grand qu'un poussin... **Miamm** ! Dans son gros ventre ! (R. Devos, *À plus d'un titre*, 1989, 125.)

9. Un poulpe, c'est pas mal. Et en sauce tomate piquante sur une tranche de pain. **Miam** ! (G. Del Pappas, *Du soleil plein la tête*, 2001, 140.)

V. encore *zzz*, ex. 3.

— En contexte métaphorique.

10. C'était une blonde bien roulée [...] une blonde **miam-miam** [...] (*Actuel par Actuel*, 1977, 132.)

2. "(pour inviter à manger ; pour exprimer le désir ou le fait de manger)".

11. [...] Tous les jours églises photos musées **miam-miam** pipi dodo [...]. (P. Perret, « Les voyages organisés », 1970, *Chansons de toute une vie*, 1995 [1993], 210.)

12. Donc, on banquette. Voilà, **miam, miam**. Caviar, poulet... (San-Antonio, *Maman, les petits bateaux...*, 1980 [1975], 162.)

13. DEUX : Dis, mon petit minet, qui c'est qui va faire **miam, miam**, hein ? C'est bon, ça, les fraises. (R. Dubillard, « Violences », *Les Diablogues*, 2000 [1976], 306.)

14. On m'a trouvée bébé près de ma mère morte [...]. Elle m'avait mise au monde toute seule. Je braillais **miam-miam** depuis si longtemps que j'en pouvais plus. (S. Japrisot, *La Passion des femmes*, 1986, 65.)

REM. **mien mien** vx "id.". « L'ARCHEVÊQUE. – Chère mignonne ! je n'ai pensé qu'à elle tout le temps de la messe. Tiens, Lolotte, c'est ton maître qui te le donne ; mange. ***Mien, mien, mien***. Faites-lui donc ***mien, mien, mien***, madame Bouvard. / MADAME BOUVARD *se met à genoux, prend une assiette, et a l'air de vouloir manger dedans pour exciter la chienne.* – ***Mien, mien, mien***, oh ! que c'est bon, ***mien, mien, mien***. Elle est dans ses caprices. Lolotte, regarde-moi donc, ***mien, mien, mien*** » (Th. Leclercq, *La Matinée d'un prélat*, dans *Revue de Paris*, 1830, t. 17, 43).

♦♦ Attesté dep. 1784 sous la forme *mian mian* (« (*Il mange.*) **Mian ! mian ! mian !** La bonne chose, que du bon chocolat, avec de bonnes tartines rôties ! » *Le Ramoneur prince, et le prince ramoneur*, 1785 [1784], 20). — GLLF ; TLF ; Rob 2001 ; NPR 2000 ; PL 2000 *miam* ou *miam-miam ;* TraitDu 1989, 253.

MIAOU □ VAR. *miaoux* (rare), *miaw* (rare), *myaoû* (rare).

1. "(bruit du cri du chat)".

1. Par trois fois, le cou tendu, les yeux anxieux, elle [= la chatte] a clamé distinctement, en trois syllabes : « **Mi-ya-oû** ! » Appel sacré suivi de cris d'oiseau, moins faciles à noter et à interpréter. (Colette, *La Retraite sentimentale*, 1907, *Œuvres*, 1984, t. 1, 861.)

2. – **Miaou**, répondit le chat qui était sans doute un peu distrait ou ému. (M. Aymé, *Les Contes du chat perché*, 1978 [1939], 44.)

3. [...] ces chattes et ces chats qui hurlent la nuit sur les toits et font savoir à tout l'univers qu'ils ont le feu au cul : – **Miaouououououououououououou** ! (J. Anglade, *Une pomme oubliée*, 1969, 71.)

4. [...] les **miaous** impérieux de Matou [...]. (M. Quint, *La Belle Ombre*, 1995, 142.)

V. encore ici ex. 9 ; *cocorico*, ex. 1 ; *cot cot*, ex. 5 ; *frr*[2], ex. 1 ; *mrouin*, ex. 1 ; *ouap*, ex. 3 ; *pinpon*, ex. 9 ; *Anthologie*, n° 39.

— Répété.

5. LE CHAT. – **Miaoux, miaoux** ! ([Roederer], *Comédies, proverbes, parades*, 1824, t. 1, 248.)

6. **Mia-mia-ou** ! Que veut Minette ? **Mia-mia-ou** ! c'est un matou. (Béranger, « La chatte », *Chansons*, 1829, FXT.)

7. Mais quand on est chat de charcut'rie, **Miaou, miaou, miaou**, la vie est belle [...]. (J. Estérel, « Des souris et des chats », 1958, dans *Les Frères Jacques*, 1987, 123.)

8. Elle imita le chat d'une voix pointue : **miaou-miaou**. (M. Jeury, *Une odeur d'herbe folle*, 1989, 360.)

9. Le miaulement d'un chat peut s'écrire, sans grande dénaturation, ***miaou, miaou***. Tel est en tout cas celui de la chatte que l'on entend dans le jardin, sous la fenêtre. C'est un *miaou* d'anthologie [...]. On croirait entendre un chat imitant un chat. (H. Cueco, *Le Journal d'une pomme de terre*, 2001 [1993], 32.)

10. Cot cot* / Dit la poule / Cui, cui*, / Dit l'oiseau / **Miaw, miaw** / Dit le chat / Ouaw [v. *ouaou*], ouaw / Dit le chien. Et moi... / Je n' dis rien. (O. Trémouroux-Kolp, *Le Chemin des comptines*, 1997, 163.)

V. encore *fft*[2], ex. 1 ; *Anthologie*, n° 14.

— Emploi subst. m. "chat". □ VAR. *miamiaoux*.

11. Et puis, je n'ai jamais vu un si gros **miamiaoux** ; j'en suis tout effrayé. ([Roederer], *Comédies, proverbes, parades*, 1824, t. 1, 249.)

12. Michel poussa la porte de l'habitation, gonflée par les pluies. Le chat entra en même temps, réclamant sa pitance. Vilain **miaou**... (G. Alle, *Il faut buter les patates*, 2001, 27.)

REM. **1. iaou** "id.". « [...] cet "**iaou**" dépourvu d'un m, ce miaulement incomplet du chat qui ne demande rien de précis, qui se rappelle seulement à votre bienveillance et vous prodigue apparemment la sienne » (H. Bazin, *Le Bureau des mariages*, 1951, 213). **2. miao** "id.". « Il fait nuit et jour : / "**Mia, mia, mia oh ! mia, mia, mia oh ! mia, mia, mia oh ! mia, mia, mia oh !**" / Car c'est ainsi que mon / Raton, / Fait carillon » (Belle, « Mia, mia, mia oh ! ou Voilà comme fait mon chat », dans *Le*

Caveau moderne, 1812, t. 7, 133) ; « Le chat, la chatte : **Miao, miao**, Pierrot » (Celnart, *Manuel complet des jeux de société*, 1827, 181). **3. miou** "id.". « LE CHAT *(entrant)*. **Mi-ou, mi-ou** ! » (L.-E. Duranty, « Les Plaideurs malgré eux », *Théâtre des marionnettes*, 1995 [1862], 355) ; v. encore *tui-tui*, ex. 4. De nombreuses variantes datant de 1836 et de 1925 figurent dans l'*Anthologie*, n° 14 et 23.

DÉR. **miaouter** v. intr. "faire *miaou*". « Ce traître de Matou l'accompagnait, **miaoutait** tendre » (M. Quint, *La Belle Ombre*, 1995, 66).

2. Vx "(bruit du sifflement d'un obus, d'une grenade, d'une balle)". □ VAR. *miou.*

13. De nombreux obus sifflent. **Miaou**, les explosions se font plus proches. Par pleins seaux, le plâtre dégringole dans le couloir. (J. Vautrin, *La Vie ripolin*, 1986, 233.)

— Associé à une autre onomatopée. V. *zzz*, ex. 17.

REM. **miou** "id.". « **Miououou**... crac* **Miououou**... crac... Coup sur coup deux autres obus, mieux ajustés, éclatèrent [...] ». (M.-É. Grancher, *5 de campagne*, 1938, 118.)

— Emploi subst. m. "grenade à fusil".

14. Les Allemands répondent à notre bombardement par des grenades à fusil, ce qu'on appelle des « miauleuses » ou des « **miaous** » à cause du bruit particulier qu'elles produisent dans l'air. (G. Bacconnier *et al.*, *La Plume au fusil*, 1985, 218 [Passage daté de 1915].)

♦♦ 1. Attesté dep. [1552 *myault* (Rabelais, *Quart Livre*, *Œuvres complètes*, 1994, 665 ; cette attestation, pourtant invoquée par plusieurs, notamment FEW et TLF, ne semble pas renvoyer au cri du chat] 1576 (« Quand tu sentiras qu'il estendra ses mains sur toy pour te manyer le ventre, il faudra que tu contrefaces la voix du chat et cryes sans cesse : "**Myaou, myaou**" » P. de Larivey, trad. : Straparole, *Les Facétieuses nuits*, 1882, t. 4, 162) ; 1611 « **Miault** [...] *a mewing* » Cotgrave ; 1616 (« [...] ils commencerent à crier de tous les costez et à diverses reprinses, ***Miaut, Miaue, Miaut***, faisant si grand bruict que [...] les autres prindrent l'effroy, croyans que c'estoit le sabbat de Madame la Mareschalle qui se devoit faire en ce lieu et que les cris des chats y faisoient l'office des cloches » *Le Catolicon françois*, 54) ; 1619 (« Et les chats en leur **miaou** / Et les oyseaux en leur tirelire » Cl. d'Esternod, *L'Espadon satyrique*, FXT) ; 1655 (« Ils contrefont ou chien ou chate, / Crians, avec des tons fort hauts / Niauf, niauf, niauf, niauf, ou **miaus, miaus, miaus** » J. Loret, *La Muze historique*, 1877, t. 2, 8a) ; 1785 (« MIÂOU : Terme inventé pour exprimer le cri, ou le miaulement du chat : mieux imité dans la bouche d'un Languedocien, que par un Parisien qui diroit *miô* » Abbé de Sauvages, *Dictionnaire languedocien-françois*, t. 2, 80). **2.** Attesté dep. 1915 (v. ici ex. 14). — Enregistré, seulement dans l'emploi 1, par les dictionnaires généraux, TraitDu 1989, 253, et FEW 6/2, 66a, MIAU-.

MMM[1] □ VAR. *hmm, meuh* (rare), *mmh* (rare).

1. "(marque une appréciation gustative favorable)".

1. [...] Akibou l'avale [la soupe] devant moi avec des **mmm** soupirés, des sourires. (Chr. de Rivoyre, *Le Petit matin*, 1987 [1968], 45.)

2. Blanche mangeait une nonnette à l'orange. La bouche pleine, elle faisait : « **Mmmm** ! **Mmmm** ! Qu'est-ce que c'est bon ! » (R. Sabatier, *Trois sucettes à la menthe*, 1986 [1972], 148.)

3. – Stop, ne buvez pas !... Il doit y avoir une erreur ! Ce whisky est imbuvable !
– Imbuvable ? Mais il est excellent, au contraire !
– Délicieux !
– **Mmmm**... (Hergé, *Tintin et les Picaros*, 1976, 7.)

4. Elle n'avait pas faim. Il faisait trop chaud. Ça ne passait pas. Elle préférait boire sa bière avec de petits **mmm** de plaisir à chaque gorgée qu'elle avalait.
– Tu fais **mmm**, dit Bijou, tu fais toujours **mmm**...
– Je fais **mmm**, parce que c'est bon.
– On dirait une vache ! (G. Mordillat, *L'Attraction universelle*, 1990, 65.)

5. Tartines mal équarries, beurre, confiture de rhubarbe, des œufs pour qui en voulait, lait frais, café [...]. La compagnie avait ribouldingué en silence avec des **mmmm**, et des succions baveuses [...]. (M. Quint, *Les Grands ducs*, 1991, 145-146.)

6. Cet hiver, nous aurons de la bonne confiture de myrtilles sur nos tartines. **Mmmm**... quel délice ! (M. Chatelain, *Alpages, terres de l'été*, 1996, 83.)

7. – [...] Elle [la tartine] a une belle forme, hein ? Épaisse mais pas trop, du beurre sur toute la surface, une bonne couche mais pas trop, pareil pour la confiture, une bonne couche mais ça ne déborde pas... **mmmmmm** ! (R. Belletto, *Ville de la peur*, 1997, 180.)

8. Autour de la table, c'est un concert de...
– **Mmmm** !
– **Mmmm** !
– **Mmmm** ! (G. Del Pappas, *Du soleil plein la tête*, 2001, 68.)

V. encore *miam miam*, ex. 4.

REM. **hum** "id.". « Elle s'extasia sur les boulettes [de viande], faisant des "**Hum**", claquant de la langue et salivant » (D. Goldenberg, *Papa poule*, 1989 [1980], 292) ; « DIRECTEUR. [...] *Le directeur s'éponge le front puis, avisant l'assiette, prend la fourchette et goûte.* **Huuummm**, pas mauvais ! / *Il se met à manger avec appétit* [...] » (J.-M. Ribes *et al.*, *Palace*, 1999 [1989], 23).

2. "(marque une appréciation olfactive favorable)".

9. [TOURNESOL.] – Chère madame, permettez-moi de vous offrir cette modeste « Crimson Glory » [une rose]... euh... en attendant mieux ! [...]. [LA CASTAFIORE.] – **Mmmmm** ! quel parfum suave !... (Hergé, *Les Bijoux de la Castafiore*, 1963, 24.)

10. [...] je ne sais trop ce que me font ses cheveux qui croulent, son parfum, **mmmm**, et le rauque de sa voix [...] de violon alto [...]. (M. Quint, *Le Bélier noir*, 1997 [1991], 161.)

3. "(marque une appréciation gustative et olfactive favorable)".

11. – [...] Rien que d'avoir flairé ces belles dindes, l'odeur des truffes me suit partout... **Meuh** !... (A. Daudet, *Lettres de mon moulin*, 1869, *Œuvres*, 1986, t. 1, 337.)

12. Il s'approcha d'une casserole où mijotait une sauce au vin blanc [...].
– **Mmmmm** ! apprécia-t-il. (J. Houssin, *Le Dobermann et le phénix*, 1981, 48.)

13. Josette pose un plat de sauce tomate sur la table. [...] **Mmh**, ça sent rudement bon [...] ! (O. Deck, *Les Chopines*, 2002, 105.)

4. En contexte métaphorique.

14. Une vraie blonde, presque. Ce ventre duveteux... **Hmmmm** ! Et ces seins. (San-Antonio, *Maman, les petits bateaux...*, 1980 [1975], 83.)

15. [...] la p'tite Chinoise, elle a des cuisses **mmmm** ! (J.-P. Demure, *Découpe sombre*, 1988, 196-197.)

16. – **Mmmm**... elles [des jeunes filles] sont drôlement mignonnes, pourtant. (G. Del Pappas, *Du soleil plein la tête*, 2001, 82.)

♦♦ Attesté dep. 1869 (v. ici ex. 11). — Absent des dictionnaires consultés, à l'exception de TraitDu 1989, 256 (*mmhmmh !*).

MMM² □ VAR. *hmm, meuh.*

1. "(sons indistincts émis par une personne qui est dans l'impossibilité d'ouvrir la bouche)".

1. [TOURNESOL.] – Ah ! Nestor, je vous cherchais. Pourriez-vous me donner un petit coup de main ? [...]
[NESTOR, *bâillonné.*] – **Hmmm** !... **Hmmm** !... (Hergé, *Coke en stock*, 1958, 29.)

2. Roger était [...] soigneusement bâillonné et ligoté. **Meuh** ! Sa bouche tentait d'émettre des paroles intelligibles à travers le sparadrap, en pure perte. (P. Dessaint, *La Vie n'est pas une punition*, 1995, 214.)

2. "(bruit de grognement d'une personne mal réveillée)".

3. – David, tu dors ?
– **Mmmm**... (R. Brock, *Ceux du canal*, 1980, 208.)

4. – Tu dors, Jean ?
– **Mmmmm**... (Cl. Courchay, *L'Embellie*, 1988, 193.)

3. "(bruit de marmonnement)".

5. L'employé, indifférent, parcourt des yeux la liste des colis :
Mmmmm... une lessiveuse... deux bancs de jardin... une caisse de lapins vivants... c'est tout, messieurs, je ne vois pas de buste. (P. Veber et Willy, *Les Enfants s'amusent*, 1894, 42.)

6. Hermine approuvait par des hochements de tête énergiques, faisait « **Mm**... **Mm**... » à temps égaux. (Colette, *Le Toutounier*, 1939, *Œuvres*, 1991, t. 3, 1260.)

7. Elle [la postière] est en train de faire des additions [...]. Elle est impatiente d'en connaître le résultat. C'est son plaisir à elle. Elle **mmmmmmmmmmm** ! et retient deux. Elle **mmmmmmmmmmm** ! et retient quatre, elle pose trente-deux et recommence tout parce qu'elle s'est trompée. (J. Faizant, *Ni d'Ève ni d'Adam*, 1959 [1954], 142.)

8. – On dit les grâces, dit Albert.
On se lève, il fait le signe de la croix, Louise commence et, tous, on fait **Mmm** avec la bouche et le nez jusqu'à l'ainsi soit-il. (Y. Rouquette, *La Mallette*, 1994, 78.)

9. Il a fermé ses yeux et il a fait :
– **Mmhhmm**...

Ça voulait dire : « Parlez encore », ça s'entendait dedans. J'avais rien d'autre à dire. J'ai attendu. Il me regardait. J'ai regardé ses rideaux, son lampadaire, ses chaussures sous le bureau.
– **Mmhhmm**, il a dit dans un autre genre, plutôt comme un : « Je vois ». (R. Eyraud et J. Caumer, *J'ai oublié qui j'étais*, 1995, 56.)

10. [...] je ne voyais plus le reste de mes jours sans elle, [...] désormais elle seule m'importait. Mais je n'ai pas pu lui dire, rien que faire **mmm** et serrer les dents. (M. Quint, *Aimer à peine*, 2002, 60.)

REM. **mene / mne / mn** "id.". « CRAPOUILLOT *lisant la feuille qu'il a collée sur la chaire*. – Examiner une à une les actions de quelqu'un **mne... mne... mne... mne...** c'est... c'est... c'est épiler sa vie » (E. Martin, *Collégiens, étudiants et mercadets pour rire*, 1853, 29) ; « Après un roulement de tambour, le commissaire commençait à marmonner quelque chose. Comme il était loin de nous, malgré le grand silence, sa voix s'en allait dans l'air, et on n'entendait que ça : "**Mn... mn... mn...**" » (A. Daudet, « *Les Trois sommations* », 1871, *Contes du lundi*, 1875, *Œuvres*, 1986, t. 1, 729) ; « Ma mère marmonne son chapelet. [...] la vieille fait "**me ne me ne me ne me ne...**" avec les lèvres » (J. Anglade, *Le Voleur de coloquintes*, 1972, 86).

3. "(bruit d'une personne qui pleure)".

11. La voyant partir, Jacques tend vaguement les bras vers elle, esquisse une grimace comme un enfant qui aurait envie de pleurer et fait : « **Mm...Mm...Mm...** » (E. Ionesco, *L'Avenir est dans les œufs*, 1951, *Théâtre complet*, 1991, 129 [Indication scénique].)

12. [...] Paulin qui avait eu peur et qui pleurait sous sa couverture et on ne le voyait pas, mais on l'entendait et ça faisait : « **Hmm hmm hmm** » (Sempé, Goscinny, *Les Vacances du petit Nicolas*, 1985 [1962], 126.)

♦♦ Attesté dep. 1853 sous la forme *mne* (v. ici rem.) ; 1894 (v. ici ex. 5). — Absent des dictionnaires consultés, à l'exception de Rob 2001 (*hm* ou *hmm*) et TraitDu 1989, 256-257.

MROUIN □ VAR. *merrouin, mrrou, mrraw, mrrouing.*

"(bruit de miaulement du chat, notamment du chat en chaleur)".

1. [...] on gratte, et puis on fait : mi-a-ou*, krrr, krrr [v. *crr-crr*[2]], mi-a-ou, c'était pas des chats... car le vrai chat, si vous l'avez remarqué, fait **mrrrouinng, mrrrouinng...** (Lefort, dans *Album comique*, 1846, t. 6, 67.)

2. Du jardin vint la voix de la chatte : "**Me-rrouin... Rrr-rrrouin.** / – Écoute la chatte ! Elle doit être en chasse [...]" » (Colette, *La Chatte*, 1933, *Œuvres*, 1991, t. 3, 815).

3. [Un chat] MRRAW (Hergé, *Les Bijoux de la Castafiore*, 1963, 6.)

4. [...] Henri, avec un amoureux « **Mrrou** », [...] s'installe, bien à l'aise, papattes repliées sous lui comme des mains de moine dans des manches de bure, et m'envoie à bout portant tout l'amour de ses yeux en ronronnant le grand ronron* d'extase. (Fr. Cavanna, *Cœur d'artichaut*, 1997 [1995], 73.)

V. encore *Anthologie*, n° 23 (plusieurs variantes).

♦♦ Attesté dep. 1846 (v. ici ex. 1). — Absent des dictionnaires consultés.

O

OUAF[1] □ VAR. *wouaf.*

Souvent redoublé ou répété.

1. "(bruit du cri du chien)".

1. Des bruits à côté !... les chiens aussi !... **wouaf** !... (L.-F. Céline, *D'un château l'autre*, 1957, 157.)

2. [...] encore les clébards, toujours eux animaux maudits ! de partout... **ouaf** ! **ouaf** !... de toutes les cours. (A. Boudard, *Bleubite*, 1988 [1966], 167.)

3. [...] on a entendu un aboiement de clebs, tout près, [...] un **ouaf** presque intelligent, celui des clébards quand ils te reconnaissent [...]. (J.-B. Pouy, *L'Homme à l'oreille croquée*, 1987, 31.)

4. C'est un bon chien. Un bon Toufou. [...] S'il a faim ? C'est pas avec sa queue qu'il répond oui, Toufou, C'est en disant « **ouaf-ouaf** ». (R. Forlani, *Tous les chats ne sont pas en peluche*, 1990 [1988], 214.)

V. encore *Anthologie*, n° 46.

REM. **1. wharf** "id.". « – Qu'en penses-tu, Moïse [...] / L'animal [un chien] répondit par un "**wharf** !" baveux et imprécis » (Y. Ellena, *Prêcheur en eau trouble*, 1988, 25). **2. wouf** "id.". « Il faisait le chien... **Wouf** ! **Wouf** ! qu'il aboyait, il cavalait comme un clebs, on le sifflait, il arrivait, il aimait ça qu'on le commande... » (L.-F. Céline, *Mort à crédit*, 2000 [1936], 240) ; « Rex, un berger on ne peut plus allemand. **Wouf** » (*Le Soir*, 26 janvier 2001).

2. [La source est un inanimé]

2.1. "(bruit de bateau à vapeur)".

5. C'est un bâtiment petit, mais qui marche supérieurement, et un tiers plus vite que les nôtres. Seulement la vapeur, quand on la dégage, fait une suite de **ouaf** ! **ouaf** ! **ouaf** ! épouvantables, tout en vous enveloppant d'une nuée humide et chaude [...] Il s'agit de scruter ce **ouaf** ; de se rendre bien raison de ce **ouaf**. / Pourquoi des **ouaf** ici, et pas sur les nôtres ? Cette haute pression, cher ami, n'est-elle pas une très alarmante invention ? / Ces **ouaf**, chère amie, proviennent, je pense, des soupapes de sûreté. (R. Töpffer, *Derniers voyages en zigzag*, 1911 [1836], t. 2, 181.)

2.2. "(bruit de batterie de D.C.A.)".

6. [...] au moins deux batteries de D.C.A... ***Wouaf ! Wouaf !***... je compte

les explosions... (L.-F. Céline, *Normance*, 1989 [1954], 50.)

♦♦ **1.** Attesté dep. 1936 sous la forme *wouf* (v. ici. rem. 2) ; 1966 (v. ici ex. 2). Formes antérieures : *ca* 1616 (« [...] lui dit : “Or çà, mon ami chien, voulez vous pas mourir en chien de bien ?” et lui pressant l'oreille, le chien huchoit assez haut, **Ouan, ouan, ouan** » Béroalde de Verville, *Le Moyen de parvenir*, 1896, t. 2, 159) ; *ca* 1714 (« [...] mon Ennemi n'est qu'un Chien. Tout en pensant ces choses, je pris en main la Perche de mon Effigie, et je lui en baille un bon coup sur le museau, et **houac, houac** ; crie **houac** tant que tu voudras, répondis-je, tu es cuit » Marivaux, *Le Télémaque travesti*, 1956, 97) ; 1781 (« ARLEQUIN, *abboyant*. – **Ouac, ouac, ouac, ouac** » [Carmontelle], « Arlequin chien enragé », *Proverbes dramatiques*, t. 8, 348) ; 1874 (« **ouach-ouach** » v. *ouah*[1] rem.). **2.** Attesté dep. 1836 (v. ici ex. 5). — Absent des dictionnaires consultés, à l'exception de TraitDu 1989, 278 *waf waf*.

OUAF[2] □ VAR. *waf, wouaf*.

Souvent redoublé “(marque soit un mépris goguenard, soit le recul que l'on entend prendre par rapport à ce qu'on observe ou à ce qui vient d'être dit)”.

1. Le tout ce n'est pas de gagner le Prix Goncourt (« Tiens, cette année le Prix Goncourt a été gagné par Jean-Louis Bory. – Ah ? Monté par qui ? » **Ouaf ouaf** chez les humoristes), le tout, c'est de se le faire pardonner. (J.-L. Bory, *Un prix d'excellence*, 1979, FXT.)

2. – [...] C'est réglé... Allez, prenez pas la mouche (du coche, **waf**) ! — une jolie fille comme vous. (J. Folly, P. Job, *Le P'tit Jésus*, 1982, 39.)

3. – [...] Tu fais la tambouille de mieux en mieux, tu devrais venir t'installer chez nous les soirs où on donne des dîners.
Wouaff, wouaff, drôle de mec hein avec son côté tout s'achète, tout se vend. (Ph. Adler, *C'est peut-être ça l'amour*, 1987 [1986], 14.)

4. Sur un grand mur gris, une femme perchée,
les jambes pendantes,
rigolait et me disait : **ouaf, ouaf**, cette chanson, elle est pas possible. (J.-B. Pouy, *Cinq Nazes*, 1990, 38.)

5. [...] ils partent carrément d'un rire cavernesque :
– **Ouaff** ! C'est pas un cran d'arrêt !
– C'est un Laguiole ! Jamais ça s'ouvrira tout seul !
– **Ouaffa-fa-fa** ! C'est pas un cran. (V. Thérame, *Scorpion, yeux bleus*, 1991, 112.)

6. – Qu'est-ce que tu peux lire comme comme conneries... *Lettres à un jeune poète*, **ouaf** ! **ouaf** ! ça te va bien. (Ph. Hermann, *Technicien chair*, 1998, 150.)

7. Et les blagues [...] sur lesquelles il vaut mieux glisser, et du pied gauche ça porte bonheur ! **Ouaf** ! **Ouaf** ! (*Le Monde*, 14 septembre 2000, 38.)

8. Aziz [...] est en larmes. « **Ouaf, ouaf** », se tord de rire Sara. (*Le Monde*, 12 mai 2001, 19.)

REM. **ouarf** “id.”. « Regardez donc ce que PaCa a eu pour la fête des Secrétaires ! Une cafetière ! OUARF ! OUARF ! OUARF ! » (P. Pellerin, *Tout va bien*, 2001, 71).

♦♦ Attesté dep. 1979 (v. ici ex. 1). — Absent des dictionnaires consultés.

OUAH[1] □ VAR. *houa* (rare), *houâ* (rare), *houah* (rare), *oua, ouâ.*

Souvent répété "(bruit du cri du chien)".

1. **Oua ! oua ! oua ! oua ! oua !** c'est ma chienne,
Hélas !
Dieux ! quelle douleur est la mienne !
Oua oua ! oua ! oua ! oua ! c'est ma chienne,
Hélas !
Qui vient de subir le trépas ! (J.A. Jacquelin, dans *L'Enfant lyrique du carnaval*, 1817, t. 2, 161.)

2. **Oua ! oua ! oua ! oua !**
Holà !
Les chiens sont là. (E. de Pradel, *Les Étincelles*, 1822, 86.)

3. PAULINE. – C'est donc bien beau Paris ?
PÉTRONILLE. – Ah ! j' vous en réponds... un bruit, une foule, les militaires qui passent, pan*, pan, pan, les carosses qui roulent br, br, br [v. *brr*[2]], les chiens qui aboient, **ouah, ouah, ouah...** les essieux qui cassent, crac*... (Villeneuve, Dupeuty, Langlé, *La Dette d'honneur*, 1827 [1826], 4.)

4. (Il imite le cri des chiens.) **Ouah ! ouah !** (*La Cuisine au salon*, 1828, dans *Théâtre de l'enfance et de la jeunesse*, 1879, 357.)

5. UN CHIEN, *aboyant*. – **Houâ ! houâ ! houâ !** (Carmouche, Varin, Huart, *Le Puff*, 1838, 11.)

6. LE BOULE-DOGUE. – **Ouah ! ouah ! ouah !** (Th. Gautier, *Le Portrait de madame Jabulot*, dans *L'Âne d'or*, 1845, prospectus, 5.)

7. LE PÂTISSIER. – Allons, cherche là ! Xi, xi, xi ! [v. *kss kss*] Pierrot ! Pierrot !
MÉDOR *(cherchant)*. – **Ouah ! ouah !** (L.-E. Duranty, « Pierrot et le pâtissier », *Théâtre des marionnettes*, 1995 [1862], 174.)

8. [...] quand je lui disais : oui, tu es la plus belle, la plus chérie, la plus mimite !... tout de suite elle me faisait avec le sourire sur les lèvres (*imitant l'aboiement du chien*) **Ouah ouah, ouah...** (E. de Richemont, « L'Amour des bêtes », dans *Almanach de la jeune chanson française*, 1883 [1882], 53.)

9. Hamond s'écrie : « Enfin ! » Fossette : « **Ouah !** » et Dufferein-Chautel ne dit rien, mais il a bien failli aboyer aussi... (Colette, *La Vagabonde*, 1910, *Œuvres*, 1984, t. 1, 1139.)

10. TOBY-CHIEN : Insupportable toi-même ! Prends garde, je vais te charger, comme Elle fait quand elle est gaie, et qu'Elle crie : « hà chat ! »
KIKI-LA-DOUCETTE [...] : Si tu oses !...
TOBY-CHIEN, *délirant* : Oui, j'ose ! **Houah ! Houah !** hà chat, hà chat ! (Colette, *Douze dialogues de bêtes*, 1930, *Œuvres*, 1986, t. 2, 28.)

11. JULOT. – J' la verrai longtemps c'te niche que tu t'étais fabriquée les premiers jours, là, sur le terrain. Tout l' pat'lin v'nait aboyer autour. **Ouah ! ouah ! ouah !** (G. Lenclos, *Notre-Dame de la Mouise*, 1932 [1930], 59.)

12. Il aboyait surtout parce qu'il était masqué en chien, avec une tête de chien, et qu'il fallait aller au bout du rôle... Il faisait : **ouah ! ouah !** comme un vrai chien [...]. (L. Massé, *Le Mas des oubells*, 1981 [1933], 128-129.)

13. Le chien du notaire est un caniche blanc [...] qui ne sait que dire **ouah**

ouah de temps à autre et s'asseoir sur le derrière pour obtenir un bout de sucre. (R. Queneau, *Le Chiendent*, 1993 [1933], 71.)

14. Le chien allongea le cou [...] sa queue se mit à frétiller, tandis qu'il faisait avec une petite voix : « **Oua, oua, oua !** » (M. Aymé, *Les Contes du chat perché*, 1978 [1939], 59.)

15. Il [un chien] avait la manie aussi de rentrer faire un petit tour dans les maisons, chaque fois qu'il trouvait une porte entrouverte. Nous ne pouvions pas l'en faire sortir. Mais, fermions-nous la porte sur lui, qu'il se mettait à aboyer douloureusement pour laisser entendre que nous étions de mauvais plaisants.
Un jour, nous l'enfermâmes ainsi dans le temple anglais de Nice.
– Wow ! fit Pigus [...]. Dans les maisons françaises, il faisait « **Ouah !** » comme tout le monde. (J. Faizant, *Allez vous rhabiller !*, 1956 [1953], 145.)

16. L'épicière est une sorcière
Je l'ai vue, je l'ai vue quand ell' changeait
En vieux toutou de berger
Le grand-père du sacristain
En disant : « Fais **ouah... ouah** eh vieux crétin » (Ch. Trenet, « L'Épicière », 1965, *Le Jardin extraordinaire*, 1993, 362.)

17. Pieds-Blancs, la queue basse, gravissait à toute allure un promontoire pour mieux observer son troupeau. Il haletait quelques coups puis, après un bref **ouâ-ouâ**, il rejoignait la colonne, jetant encore quelques aboiements pour affirmer sa présence de gardien vigilant et actif. (R. Sabatier, *Les Noisettes sauvages*, 1988 [1974], 109.)

18. Elle attache son chienchien au radiateur.
– Pas bouge, elle lui gazouille [...].
– **Ouâ, ouâ !** que répond le trésor, en remuant la queue [...]. (San-Antonio, *Maman, les petits bateaux...*, 1980 [1975], 177.)

19. Toufou [un chien] va bien, lui. Il s'approprie la queue à coups de langue. Il fait **ouah-ouah-ouah** à une mouche [...]. (R. Forlani, *Tous les chats ne sont pas en peluche*, 1990 [1988], 269.)

V. encore *kss kss*, ex. 3 et 26 ; *ouille*, ex. 2 ; *pff*, ex. 3 ; *tui-tui*, ex. 4 ; *wraou*, ex. 3 ; *Anthologie*, n° 39 et 46.

— Emploi subst. m. (langage enfantin ou bêtifiant) "chien".

20. Toutes ces dames étaient après lui [un chien], le choyant, le caressant, l'appelant leur bon toutou, leur beau Totor, leur petit **oua-oua** chéri. (A. Allais, *Vive la vie !*, 1892, *Œuvres anthumes*, 1989, 157.)

• Dans une comparaison.

21. Il fait le triste, le chien battu, le **ouah-ouah** aux yeux penauds et pleurnichards. (Ph. Labro, *Des bateaux dans la nuit*, 1982, FXT.)

REM. **1. oa** "id.". « [...] (*aboiement*) **Oa ! oa !** » (Meilhac et Millaud, « Le Soldat de plomb », 1883, dans M. Pénet, *Mémoire de la chanson*, 1998, 627). **2. ouach**. Répété, en emploi subst. m. "chien". « On raconte qu'un Anglais voyageant en Chine, et désirant savoir si un plat qui lui était servi était du canard, demanda à un Chinois : *Quack-quack ?* et qu'il en reçut immédiatement cette réponse très-claire et nette : *Ouah-ouah !* Cette demande et cette réponse valaient bien sans doute la conversation la plus éloquente sur le même sujet entre un Anglais et un garcon d'hôtel français ; mais je doute qu'elles méritent le nom de langage. En effet, nous disons un chien et non un *ouach-ouach*, une vache et non une *meuve*[1], un agneau et non un *bêê** [...] » ([trad.] M. Müller, d'après P. Larousse, *Grand dictionnaire universel*, 1874, t. 11, 1354, s.v. *onomatopée*). **3. vouah / wouah** "id.". « ABOIEMENS TRES-FORTS. – **Vouah ! vouah ! vouah !** » (Carmouche, Varin, Huart, *Le Puff*, 1838, 11b) ; « [MILOU] WOUAH ! WOUAH ! » (Hergé, *Les Aventures de Tintin [...] au pays des soviets*, 1999 [1930], 127).

♦♦ Voir le commentaire s.v. *ouaf*[1]. La forme *oua* est attestée dep. 1721 (« ARLEQUIN *contrefait la Chienne et le gros Mâtin.* – Je l'ai fait passer devant moi, elle a été amoureusement agacer votre Mâtin, **oua, oua, oua** ! Monsieur Cerbere aussi-tôt lui a répondu tendrement, aou, aou, aou » M.-A. Legrand, *Belphégor*, 1732, 38) ; 1785 (« LE DOGUE [...] *il aboie* Ouo ! ouo ! ouo ! ouo !... [En note : Si c'étoit un petit chien, nous aurions mis, ***oua ! oua ! oua !*** mais un gros ! ah ! c'est une autre histoire. Il faut imiter la Nature !] » Beffroy de Reigny, *Les Lunes du Cousin Jacques*, dans DDL). — Enregistré seulement dans Rob 2001 (*houa* et *ouah* ou *ouah ouah*), NPR 2000 (*ouah*) et TraitDu 1989, 278 (*ouah ouah*).

OUAH[2]

1. Vieilli, répété parfois avec effet d'écho "(marque l'enthousiasme)". □ VAR. *oua*.

1. [...] il y a le **oua-ouaou**, c'est le bravo poussé au paroxysme. (A. de Villiers de L'Isle-Adam, *Contes cruels*, 1883, FXT.)

2. LE JEUNE HOMME. – Monsieur, je débute demain à l'Alhambra [music-hall] et je voudrais que vous me chauffiez.
LE CHEF DE CLAQUE. – Voulez-vous du ***ouah ! ouah ! ouah !*** ?
LE JEUNE HOMME. – Qu'est-ce que le ***ouah ! ouah ! ouah !***
LE CHEF DE CLAQUE. – Au lieu de crier *bravo*, on prononce ***ouah ! ouah ! ouah !*** c'est tout ce qu'il y a de mieux. (E. Héros, *Les Lyriques*, 1898, 285.)

2. "(marque le contentement, l'admiration, l'enthousiasme, la joie, la surprise)". □ VAR. *ouaw, wah, whouah, woua, wouah*.

3. PINGLET, *la regardant sortir, très excité.* – Oh ! cette femme-là !... **Ouah** !... ah ! là là !... [...] vraiment une jolie femme tout de même ! (G. Feydeau, « L'Hôtel du libre échange », 1894, *Théâtre complet*, 1988, t. 1, 352.)

4. La mère Prudhon [...] mordit avec lenteur, presque avec religion, dans le feuilleté délicat : « **Ouah** ! que c'est bon ! prononça-t-elle [...]. (E. Droz, *Au Petit-Battant*, 1983 [1905], 193.)

5. **Ouah** super la rouquine
Hé salut toi ça va (Renaud, « Viens chez moi j'habite chez une copine », 1981, *Le Temps des noyaux*, 1988, 48.)

6. C'est Jenny. Elle entre. *« **Wouah**, se* dit Raoul (in petto) : *elle est mettable cette poule. Je lui mettrais bien une brioche au chaud* [...] *»*. (A. Schifres, dans *Le Nouvel Observateur*, 4 décembre 1982, 62.)

---

1. Mais dans la traduction, faite par G. Harris et G. Perrot, de Max Müller, *La Science du langage*, Paris, 1864, 389, on lit en fait *meun* (même forme dans la 2e éd. de cette traduction en 1867, 453) ; l'original anglais offre, pour les trois onomatopées, respectivement *bow-wow, moo et baa*.

7. Voilà. Tirons-nous. Allez Farid. Tu vas voir. Ça va être le grand panard. **Ouaw**. (Sapho, *Ils préféraient la lune*, 1986, 133.)

8. Mes amis s'extasient : « **Wouah** ! Tu as un vrai Chirico ? » (R. Topor, *Journal in Time*, 1989, 177.)

9. – [...] une tarte au citron.
– **Wouaah**, ça fait plus d'un mois que je n'en ai pas rencontré ! (E. David, *Cavale*, 1992, 70.)

10. [...] un « **whouah** » admiratif et prolongé. Du genre : « **whouaaaaaah**... » *L'Est républicain*, 3 décembre 1994, 15.)

11. – Eh là, t'as vu ça ? **Wah**, c'est cher ! Oh, ça sert à quoi ce machin ? (M.-A. Murail, *Tête à rap*, 1994, 59.)

12. – **Ouah**, il neige, c'est super ! (Cl. Aubrun, *Photos à mateurs*, 2001, 124.)

13. Guy Goffette [...] clôt le débat : « Je ne suis pas survêtement, plutôt sous-vêtement, voire sans vêtement... » Un énorme « **ouah** » d'approbation, quelques sifflets... (*Le Journal du dimanche*, 28 octobre 2001, 29.)

♦♦ **1.** Attesté dep. 1883 (v. ici ex. 1). **2.** Attesté dep. 1894 (v. ici ex. 3), cet emploi a été réactivé « vers 1970 » (NPR 2000) sous l'influence de l'anglo-américain *wow* ; entre-temps, on le rencontre en 1930 dans une traduction de l'anglais « "**Wha** ! **wha** ! vous, enfants, on peut dire que vous savez chanter," cria Tom Johnson, ses compliments arrivant du bout de la cour » (G. Limbour, trad. de L. Hughes, dans *Bifur*, numéro 6, 61, dans DDL), cf. en 1860 « Non, dit-il, je ne veux pas retourner auprès des hommes de ma couleur, ils m'ont rejeté, proscrit, je les hais : c'est au désert que désormais je veux habiter. / – **Ooah** ! s'écria l'Indien avec étonnement, mon père n'a plus de nation ? » (G. Aimard, *Balle-Franche, Les Trappeurs de l'Arkansas*, 2001, 300). — Enregistré seulement dans NPR 2000 et Rob 2001.

OUAH[3] □ VAR. *aouah, ha hou ha, houa.*

1. Souvent avec un effet d'écho "(bruit produit par le bâillement)".

1. Tout à coup un long et bruyant bâillement se fait entendre venant de la pièce du fond.
LA VOIX. – **Ahouahouahahah** ! (G. Feydeau, *La Dame de chez Maxim*, 1899, *Théâtre complet*, 1988, t. 1, 734.)

2. Elle bâillait énormément, à se décrocher la mâchoire... **Ouah** ! **Ouah** ! qu'elle grognait à travers la nuit. (L.-F. Céline, *Mort à crédit*, 2000 [1936], 222.)

3. **Aaaouaaah** !... Voilà le soir qui tombe... Je vais essayer de dormir puisqu'il n'y a rien d'autre à faire... » (Hergé, *Le Sceptre d'Ottokar*, 1939, *Archives Hergé*, 1980, t. 4, 191.)

4. Avant de se lever, Séverine fit entendre un bâillement annonciateur : « Ha ha ha »*, puis plus fort : « **Ha hou ha hou**, que j'ai faim ! » (Chr. de Rivoyre, *La Mandarine*, 1972 [1957], 21.)

V. encore *ha*, REM.

2. "(bruit produit par le suffoquement)".

5. Elle était complètement sur lui ! Elle lui rebondissait sur le bide ! « **Ouah** ! **Ouah** ! **Ouah** ! qu'il suffoquait ! Tu m'étouffes, grande garce ! Tu me crèves ! Tu m'étrangles !... » (L.-F. Céline, *Mort à crédit*, 2000 [1936], 427.)

3. "(bruit d'une personne qui pleure, qui sanglote)".

6. LA DÎNEUSE *(au maître d'hôtel).* C'est insupportable ces hurlements.
LE MAÎTRE D'HÔTEL. Je vais voir, madame.
LE PETIT GARÇON *(pleure toujours).* **Ouaah**... ! (J.-M. Ribes *et al.*, *Palace*, 1999 [1989], 111.)

REM. **wouah** "id.". [Un bébé, pleurant dans les bras de sa mère.] – WOUAAAAH (Hergé, *Tintin en Amérique*, 1932, 97).

♦♦ **1.** Attesté dep. 1899 (v. ici ex. 1) ; absent des dictionnaires consultés, à l'exception de TLF s.v. *ahou*, Rob 2001 s.v. *ahou* et TraitDu 1989, 277 *ouâââh*. **2.** Attesté dep. 1936 (v. ici ex. 5) ; absent des dictionnaires consultés. **2.** Attesté dep. 1989 (v. ici ex. 6) ; absent des dictionnaires consultés.

OUAOU □ VAR. *ouaw, wao.*

"(bruit du cri du chien)".

1. ADRIEN. – Quand ma mère me portait dans son sein, elle a été mordue par un chien... **ouaou... ouaou** !... et depuis, toutes les fois que j'ai une grosse émotion... **ouaou... ouaou**... il faut que j'aboie... **ouaou... ouaou.** (René Berton, *Après coup !... ou tics*, 1908, dans *Le Grand Guignol*, 1995, 304.)

2. **Waoo** ! **wao... waooo** ! geint Papillon.
Un moment, l'instinct le stimule. Il va tenter de fuir, mais une nouvelle mitraille l'arrête dans son élan, lui casse deux pattes et le jette sur le côté, le ventre sanglant. (A. Machard, *Les Cent gosses*, 1912, *L'Épopée au faubourg*, 1946, t. 1, 66.)

V. encore *bou bou²* , ex. 1 ; *miaou*, ex. 10.

REM. **1. bouaoue** "id.". « Miraut [...] relança une bordée terrible de **bouaoue** !... **bouaoue** !... et [...] vint donner ferme à l'entrée du trou où Goupil s'était retranché » (L. Pergaud, *Dernières histoires de bêtes* [av. 1915], *Œuvres complètes*, 1987, 532). **2. mouaoû** "id.". « Savez-vous parler chien ? Il y a deux dialectes : le *chien*, pour les chiens qui ont l'âge de raison, le *toutou* pour les petits. Voilà pour vous donner une idée, un échantillon de ma conversation : – O quieu pôv petit mimi joli donc ! Monguieu, Monguieu [...]. – Ouapp* ! Ouapp ! Ouapp ! [...] **Mouaoû** ! **Mouaoû** ! Ouapp ! Ouapp ! » (E. Mouton, *Nouvelles et fantaisies humoristiques*, 1872, 33, dans DDL). **3. vouaou** "id.". « "Boui ! boui ! **vouaou** !" s'exclama plaintivement et en sautant de côté le petit chien » (L. Pergaud, *Le Roman de Miraut*, 1913, *Œuvres complètes*, 1987, 275). **4. waw** "id.". « Le chien, ***waw, waw***, accourait » ([Trad. de l'éditeur ; le texte breton porte *aou, aou*] « Oraison funèbre de Michel Morin », G. Esnault, *La Vie et les Œuvres comiques de Claude-Marie Le Laé (1745-1791)*, 1921, 245).

♦♦ Attesté av. 1848 (v. *bou bou²*, ex. 1) ; cf. 1535 (« **Vou, vou, vou,** faict le mastin » *La Fleur des noëls*, v. *Anthologie*, n° 1, str. 4) et 1785 (« **ouo** », Beffroy de Reigny, v. commentaire sous *ouah¹*). — Absent des dictionnaires consultés.

OUA OUA¹ □ VAR. *wouahah.*

"(bruit de gros rire)".

1. Tout le monde rigole... **oûa** ! **oûa** !

oûa ! (L.-F. Céline, *Guignol's band*, 1944, 278.)

2. À l'étalage de puissance et au roulage de mécaniques nous préférerons briller par la culture et l'intelligence, et la sensibilité, et... **wouahahah** ! *(il éclate de rire)*. (*Le Canard enchaîné*, 19 septembre 2001, 5.)

REM. **ouar ouar** "id.". « **Ouarouarouar.** (Ça, c'est le rire de Baptiste.) » (J. Guernec, *Les Propos de Coco-Bel-Œil*, 1947, 69).

♦♦ Attesté dep. 1944 (v. ici ex. 1). — Absent des dictionnaires consultés, à l'exception de TraitDu 1989, 404 *(wâ ! wâ ! wâ ! wâ !)*.

OUA-OUA[2] ou WA-WA ou WAH-WAH

"(son d'une trompette, d'un trombone de jazz ou d'une guitare électrique muni(e) d'une sourdine)".

1. Et quel bel effet produit Johnny Hodges émergeant des cuivres jouant « **wa-wa** » dans *Echoes of the jungle* [...]. (*Jazz-hot*, n° 2, 1945, 19.)

2. Tricky-Sam jouant « **oua-oua** » avec des inflexions simples et poignantes [...]. (*Jazz-hot*, n° 3, 1945, 31.)

3. [...] la surprise d'entendre Cootie Williams en **oua-oua** [...]. (*Jazz-hot*, n° 4, 1946, 16.)

4. La porte de la voisine diffuse des airs swing. Un musicien anonyme arrache de sa trompette bouchée d'éblouissants bouquets de « **oua-oua** » [...]. (A. Vers, *Misère du matin*, 1953, 254.)

— Emploi adj.

5. Il lui expliqua qu'il voulait qu'il jouât certains morceaux en growl, ou avec la sourdine **wa-wa**. (*Jazz-hot*, n° 4, 1946, 13.)

6. Introduit puis soutenu par une sombre déambulation du tuba et des anches, énoncé par Miley avec la sourdine ***wa-wa***, le thème initial se divise classiquement en quatre parties [...]. (J. Réda, *L'Improviste*, 1980, 32.)

7. La frime est à la personnalité ce que la pédale **wah-wah** est à la guitare. (F. Lasaygues, *Vache noire*, 1985, 43.)

8. La sourdine ***wa wa*** ferme entièrement le pavillon et le son sort par le tube de la sourdine ; celle-ci est en deux parties : un bulbe qui se fixe dans le pavillon et un tube qui s'évase en entonnoir ; l'effet **wa wa** s'obtient en approchant plus ou moins la main de l'entonnoir. **Wa wa**, en français **oua oua**, est une onomatopée qui décrit les sons ouverts ou fermés qu'on peut obtenir en masquant plus ou moins le pavillon avec divers objets ou simplement la main. (Ph. Carles, A. Clergeat, J.-L. Comolli, *Dictionnaire du jazz*, 1988, 958.)

9. En 1971 paraît un drôle de disque, avec des guitares triturées à la pédale **wa wa** et enrobées de violons. Son auteur, Isaac Hayes vient d'inventer la soul symphonique. (*L'Événement du jeudi*, 11 janvier 1996, 97.)

♦♦ Attesté dep. 1945 (v. ici ex. 1) ; emprunt à l'anglais *wa-wa* (attesté dep. 1926, v. OED). — Absent des dictionnaires consultés.

OUAP □ VAR. *ouab* (rare).

Le plus souvent répété, vx "(aboiement d'un chien)".

1. CÉSAR. – Oui, je l'entends qui me

dit à demi-voix : (aboyant sourdement.) **Ouab, ouab, ouab !** (E. Scribe et Varner, *César*, 1837, 6.)

2. BOURDON, *à part.* – Comment lui dire que c'était un caniche... Oh ! une idée !... (*Il jappe.*) **Ouap ! ouap ! ouap !...** (Varin et Lubize, *Le Muet de Saint-Malo*, 1837, 5.)

3. [...] derrière les pupitres se sont fait entendre des cris de divers animaux avec des explications bouffonnes : – [...] MIAOU*, *la chatte amoureuse* ; – OUAP, OUAP, *le petit chien qu'on lui marche sur la patte*, etc., etc. (A. Karr, *Les Guêpes*, 1858 [1840], t. 2, 101.)

4. GODARD. – Ils aboieront. [...] Quand l'adjoint aura queuqu'un à mariais, et qu'au lieu d' di ce qui doit di, y s' mettra à faire : **ouap, ouap, ouap !**
SOPHIE. – Et le juge de paix ?
GODARD. – **Ouap ! ouap !** (Royer, Vaez et Narrey, *La Dame de trèfle*, 1850, 5.)

5. Oui, il se sent devenir chien, il voudrait laper une écuelle de soupe, se coucher en rond, se gratter les puces, courir aux lièvres, aboyer :
– **Ouap ! Ouap !** (P. et V. Margueritte, *Poum*, 1897, 111.)

6. Un cri retentit : « **Ouap !** » / C'est le petit chien Toto [...]. (A. France, *Pierre Nozière*, 1899, *Œuvres*, 1991, t. 3, 510.)

REM. **houp** "id.". « Car ça a un chien ! [...] et qu'est toujours à faire **houpp, houpp !** veux-tu t' taire vilaine bête ! **houpp, houpp !** » (E. Lhuillier, « Les bourgeois, c'est du drôl' de monde », dans *Almanach de la jeune chanson française*, 1865 [1864], 32) ; v. encore *kss kss*, ex. 1.

♦♦ Attesté dep. 1837 (v. ici ex. 1). Cf. antérieurement : 1558 « Adonc il s'en vint peu avant les dix heures, et fit le petit chien à la porte de la dame : "**hap : hap** :" [...] ainsi que Clairet faisoit encores : "**hap : hap**" luy va respondre en un abboy de ces clabaux de village : "**Hop : hop : hop.**" » (B. Des Périers, *Nouvelles récréations et joyeux devis*, 1980, 209) ; 1607 « Se invente des jeus, faict jetter une bale a jouer, dict que c'est une brebis ; faict courir Bompar après pour la prendre, luy disant qu'il fist le loup, et luy est le dogue qui court au loup et le prend et delivre la brebis. Indret est le valet qui le tient, auquel il commande : "*Dite haup haup*" et se faict lascher » (J. Héroard, *Journal*, dans DDL) ; 1651 « Cerbere [...] en faisant **houp** / Fit trois abois tout en un coup » (L. Richer, *L'Ovide bouffon*, t. 4, 75) ; 1726 « ZACORIN, *se reveillant en sursaut aboye comme un Chien* [...] **Houp, houp** ; mais le Perdreau s'est envolé » (M.-A. Legrand, *La Chasse du cerf*, *Théâtre*, 1731, t. 4, 215). — Absent des dictionnaires consultés, à l'exception de TraitDu 1989, 278 (« aboiement de chien débonnaire »).

OUF

1. [Bruit]
1.1. "(bruit de soupir étouffé manifestant une douleur soudaine, une sensation d'étouffement ou d'oppression, la lassitude)".

1. [...] elle se laisse tomber dans un des fauteuils de rotin, soupire « **ouf !** » et s'essuie le front... Goûtera-t-elle un repos bien mérité ? (Colette, *La Chambre éclairée*, 1921 [1918], *Œuvres*, 1986, t. 2, 889.)

2. AMÉDÉE, [...] *s'arrête pour souffler,*

s'éponge le front : **Ouf !** (E. Ionesco, *Amédée ou Comment s'en débarrasser*, 1953, *Théâtre complet*, 1991, 316.)

3. Antoine ne fait pas le détail. Sa droite part sèche comme un coup de marteau. Un des types s'écroule dans un **ouf**. (J. Vautrin, *Typhon-Gazoline*, 1987 [1978], 66.)

4. Il changea de position dans son fauteuil.
– **Ouf !** Je suis moulu. (C. Vlérick, *Le Brodeur de Pont-l'Abbé*, 2000 [1999], 244.)

V. encore *Anthologie*, n° 51.

— **ne pas crier/dire/faire ouf ; sans dire/faire ouf** loc. verb. "ne pas / sans pouvoir reprendre sa respiration".

5. Ensuite [dans une séance de torture], c'était la tête dans le baquet, jusqu'à ce que le type **ne** puisse **plus dire « ouf »** ! (*Le Monde*, 11 novembre 2000, 20.)

• Au fig. "ne pas réagir, ne pas riposter ; sans avoir ou sans prendre le temps de réagir, de riposter".

6. Tous les ploucs dehors, dans l'attente, ils ont rien dit de nous voir partir... Ils **n'ont pas fait ouf !**... Pas un mot ! (L.-F. Céline, *Mort à crédit*, 2000 [1936], 601.)

7. HONORINE. – [...] il peut nous claquer dans les mains **sans dire « ouf »**. (M. Pagnol, *César*, 1936, *Œuvres complètes*, 1995, t. 2, 399.)

8. Dès son arrivée à la criminelle, Tortona, **sans avoir le temps de crier ouf**, fut maîtrisé, menotté et conduit sans ménagement dans un bureau où deux inspecteurs questionnaient un suspect. (J. Risser, *Sérénade corse*, 1969, 142.)

V. encore *pif paf* ex. 31.

• Par plaisanterie.

9. LE DOCTEUR. – [...] Tu resteras couché bien tranquille, pendant plusieurs jours ; parce que si tu as la prétention de te lever [...], tu peux mourir brusquement **sans** avoir le temps de **dire « ouf »**.

PANISSE. – Ça, ça commence à m'agacer. Ça fait quatre ou cinq fois que je l'entends dire, par toi, par César, par M. Brun. Et pourquoi je dirais « **ouf** » ? Et pourquoi je ne le dirais pas ? Si c'est ça qui vous inquiète, je te le dis tout de suite « **Ouf ! ouf ! ouf !** » Et maintenant je ne risque plus de mourir **sans avoir dit « ouf »**. (M. Pagnol, *César*, 1936, *Œuvres complètes*, 1995, t. 2, 415.)

1.2. "(bruit d'échappement produit par un mécanisme à air comprimé)".

10. [...] les portes s'ouvrirent dans un gros "**ouf**" et le bus pila au milieu de la chaussée. (J.-Cl. Schineizer, *Pépère et l'omnibus*, 2001, 52.)

2. "(pour exprimer le soulagement)".

11. [...] enfin j'obtiens la voix de Dany. **Ouf**, ça va déjà mieux de l'entendre. (A. Bastiani, *Des immortelles pour mademoiselle*, 1972 [1956], 99.)

12. On ne répétera jamais assez qu'un train peut en cacher un autre, selon l'avertissement consacré. Il [le garde-barrière] ne put que se ruer sur la barrière, au dernier moment, **ouf !** (G. Boutet, *Les Gagne-misère*, 1987, t. 3, 242.)

13. Dimanche : repos. **Ouf !** la semaine est finie. (M. Chatelain, *Alpages, terres de l'été*, 1996, 63.)

V. encore *tac*, ex. 5.

DÉR. **oufer** v. intr. « [...] j'**oufe**, je respire... » (A. Boudard, *Bleubite*, 1988 [1966], 94).

♦♦ Attesté [les formes *hauf* en 1548 (N. Du Fail, *Baliverneries*, v. TLF) et *haof* en 1565 [1573] (J. de Baïf, *L'Eunuque*, v. Gdf) semblent exprimer une sorte d'oppression] sous la forme *of* en 1579 (« SEVERIN. – **Of !** le cœur me tremble [...] » et « SEVERIN. – Je le fais affin que voyez que je ne suis tant avare comme l'on crye. Or à Dieu, jusques à ce soir. / M. JOSSE. – À Dieu donc. / SEVERIN. – Je me recommande. **Of !** qu'il faict bon quelques fois donner du plat de la langue ! Je l'ay envoyé aussi content comme si je luy eusse donné ce ruby, que jamais autre que les espritz ne m'eust peu tirer des mains » P. de Larivey, *Les Esprits*, 48 et 73, FXT) ; dep. 1642 *ouff* (« **Ouff** hui, hoi » A. Oudin, *Seconde partie des recherches italiennes et françoises*) ; 1650 (« Le foudre en carreaux esclattant, / Il dit **ouf**, et puis courrut tant, / Que je pense qu'il court encore » Saint-Julien, *Le Courier burlesque*, 1650, 127) » ; 1651 (« Et s'efforce de s'en percer, / Non toutefois sans grimasser, / Ny dire **ouf**, haye [*Note marginale* : Interjections dont usent les delicats en sentant quelque douleur] » L. Richer, *L'Ovide bouffon*, IV, 32) ; 1736 (« Une balle malhonnête, / Qui fait faire, **sans dire ouf**, / Pouf » Pannard, *Les Epoux réunis*, *Théâtre*, 1763, III, 67). — Enregistré dans les dictionnaires consultés (sauf en emploi 1.2).

OUILLE □ VAR. *oye*.

Souvent répété.

1. "(pour marquer la douleur)".

1. Il court à Vinet et le secoue par les oreilles. *Vinet*. – Holà, holà, c'est pas moi, c'est lui qui vous appelle cha-a-a-a-meau, chaaaameau, **hou you you you you !** (É. Ourliac, *Physiologie de l'écolier*, 1841, 39.)

2. Un individu, avec une petite valise à la main, entre ; ouah, ouah [v. *ouah*[1]], fait le caniche avec intelligence [...]. Puis arrive un autre messieu très grand et très gras. Les salutations recommencent ; Jupiter veut prendre part au palabre, mais le grand-et-gras lui marche sur les ongles. **Ouïye, ouïye**, fait Jupiter qui va se cacher sous une chaise. (R. Queneau, *Le Chiendent*, 1993 [1933], 71.)

3. Un morceau de verre lui est rentré dans la paume, le sang jaillit, elle pousse un ridicule petit : « **Ouille !** » (H. Bazin, *L'Huile sur le feu*, 1954, 109.)

4. [...] sans effort apparent, il [Tarzan] le propulsa à une bonne dizaine de mètres de là. Globule [...] se releva en se frottant et en glapissant « **ouille ouille ouille** » [...]. (J.-A. Varoux, *La Bête de Troufignac*, 1983 [1974], 100-101.)

5. Les « **ouille** » de Kayané me signalaient qu'elle se cognait aux meubles, et les chaises renversées par notre tournoiement désordonné prouvaient que nous ne savions danser ni l'un ni l'autre [...]. (H. Verneuil, *Mayrig*, 1987 [1986], 282.)

6. **Ouille-ouille-ouille !** » [...] mes chaussures sont neuves et me martyrisent les pieds. (D. Picouly, *Le Champ de personne*, 1995, 170.)

7. « **Ouille !** » dit Marianne, assise à côté du chauffeur [...] : la partie supérieure de la vitre [d'une 2 CV], ouverte, venait de se rabattre sur le coude qu'elle

avait sorti à la portière. (*Le Monde*, 16 mai 1998, 12.)

V. encore *brr*[1], ex. 16 ; *pouic*, ex. 2 ; *Anthologie*, n° 40.

— Associé ou joint à *aïe** ou à *hou**.

8. « Ça pleut dans tous les sens. Des centaines de cailloux et de pavés qui volent. [...] Des voitures st... **Ouille** ! Aïe*, la vache » (*Le Monde*, 22 avril 1998, 3, Reportage du 6 mai 1968).

9. On parle toujours du « troisième degré » dans les bouquins policiers. / Ce qu'on m'inflige, mes bien chers frères, relève d'un quatrième, voire d'un cinquième degré ! / Ah yayaïe [v. *aïe*] ! **Hou youyouille** ! (San-Antonio, *En avant la moujik !*, 1992 [1969], 198.)

10. Rouquin brûla le feu rouge de la rue Caulaincourt et tourna à droite dans la rue Ganneron en frôlant une femme poussant un landau qui traversait au même moment. La femme fit « **Ouyaiiiiie** ! », la foule horrifiée fit « ohooooo ! », Rouquin fit « merde ! » et accéléra comme un forcené. (J.-A. Varoux, *Ô combien de marrants*, 1974, 94-95.)

V. encore *aïe*, ex. 6 ; *hou*, ex. 3 ; *Anthologie*, n° 36.

2. "(pour marquer une situation fâcheuse, une surprise désagréable, une contrariété)".

11. ANET, *à part*. – Partir ce soir !... **oye** ! **oye** ! **oye** ! (Sewrin, *La Ferme et le château*, 1817 [1809], 31.)

12. **Ouillouillouille**, cette femme a vilain caractère ! (S. Japrisot, *La Passion des femmes*, 1986, 303.)

13. On regarde : l'hélico est en flammes. Le zig qui s'y tenait assis est tout déchiqueté. **Youyouille**, ce travail ! (San-Antonio, *Les Morues se dessalent*, 1988, 204.)

14. [...] je raccroche. Et aussitôt reforme le numéro. Demande à parler à Mlle... Mme ! **Ouille** ! Ça commence pas bien ! On me met en attente. Je mâche mon crayon. (L. Chouchon, *Par 35' de lassitude nord*, 1992, 40.)

— Associé ou joint à *aïe**.

15. HONORÉ. – [...] Alors, le Diable m'a tenté... [...] Il avait pris la forme d'une de mes ouvrières. [...] quand elle a plus voulu, j'en ai pris une autre...
CÉSAR (*à voix basse*). – **Oyayaïe**... (M. Pagnol, *César*, 1936, *Œuvres complètes*, 1995, t. 2, 408-409.)

— Par antiphrase "(pour exprimer une surprise agréable, l'admiration, l'enthousiasme)".

16. [...] [...] jupe drapée, croisée à peine, et un seul bouton à la taille. Là, on voit que le genou, mais si elle fait un pas [...], **ouilleouilleouille** ! (M. Quint, *Lundi perdu*, 1997, 181.)

GRAPHIE. On observe diverses graphies ponctuelles, surtout lorsque le mot est répété (v. par ex. ici ex. 1-2, 9-10, 12-13).

♦♦ 1. Attesté dep. 1525 (« Et fut le plus ferme et constant en son mertir que jamais on vit : car, cen dire "**Oye** !", ny "Aye !", ne mot du monde [...] ce laissait araichiez le nef » Philippe de Vigneulles, *La Chronique*, 1933, IV, 544 [ponctuation de l'éd.]) ; 1914 (« Souris [dans l'ascenseur] jette de petits cris nerveux. / – **Houille** !... ça m' chatouille dans l'estomac... ça va trop vite ! **Houille** ! **Houille** ! » A. Marchand, *Souris l'arpète*, 169, dans DDL). **2.** Attesté dep. 1809 (v. ici ex. 11). — Enregistré, seulement en emploi 1, dans GLLF (*ouïe !* ou *ouille !*), TLF, Rob 2001, NPR 2000 ; PL 2000 (*ouïe* ou *ouille*) ; TraitDu 1989, 281.

OUIN

1. "(bruit d'une personne qui pleure, qui sanglote)". □ VAR. *houin, oin, wouin.*

1. BERTHE, dans l'alcôve, comme un enfant qui se réveille. – **Houin !** (E. Labiche, *La fille bien gardée*, 1850, *Théâtre*, 1991, t. 1, 138.)

2. [...] la puissance des sérénades offertes par les nourrissons et les chats. Les premiers **ouin**, faiblement geignards, vous laissent de l'espoir : cela peut se terminer sur un rot ou quelque bruit plus sourd, libérant on ne sait quoi. (H. Bazin, *Le Matrimoine*, 1988 [1967], 174.)

3. Elle [la mère] essayait de le raisonner.
[...]
Ouiiinnn ! Pas d'accord. Mais alors, pas d'accord du tout, le bébé. (L. Chedid, *40 berges blues*, 1991, 166-167.)

4. – **Oiiiiiiiiiiiiiiiin...**
– Paf* ! Comme ça tu pleures pour quelque chose au moins. (J.-M. Gourio, *Brèves de comptoir 3*, 1996 [1994], 285.)

5. [...] le torrent [de larmes] redoublait de vigueur, **ouin** [...]. (V. Ravalec, *Cantique de la racaille*, 1994, 369.)

— Répété.

6. ARLEQUIN. – [...] (*Il pleure.*) [...] J'ai couru du côté que l'on m'a indiqué... hé ! hé* ! hé ! mais il était tombé mort dans un coin... **ouin ! ouin ! ouin !** (C.O.D., *La Belle-mère*, *ca* 1818, 43.)

7. Et me v'là en chemin de fer avec la môme... [...] Au premier tour de roue... **houin ! houin !**... v'là Suzanne qui commence à chanter. (E. Labiche, *Maman Sabouleux*, 1852, *Théâtre*, t. 2, 318.)

8. – Mille millions de tonnerres de Brest !... Si tu crois que ça va se passer ainsi !...
– WOUIN !... WOUIN !...
– Halte !... Toi pas toucher au fils de mon Émir ! (Hergé, *Coke en stock*, 1958, 5.)

9. [...] les bébés [...] ... ***ouin !... ouin !...*** (L.-F. Céline, *Rigodon*, 1973 [1961], 94.)

10. « **Ouin, ouin** », il [le mouflet] me fait. Tu parles : pif, paf * ! et ma main ? je lui réponds, tu la connais ? (R. Dubillard, « Monologue 1 : Elle », *Les Nouveaux Diablogues*, 2000 [1988], 30.)

V. encore *floc*, ex. 23.

2. Répété "(son d'une cornemuse)".

11. [...] une chanson écossaise que nous reprenions en refrain avec des « **Ouin... ouin...** » suprêmement cornemuseux. (J. Faizant, *Allez vous rhabiller !*, 1956 [1953], 174.)

12. [...] tous les matins, quand elle [la reine d'Angleterre] s'installe pour prendre son petit déjeuner, il y a un type qui se pointe pour jouer de la cornemuse. [...] Vous imaginez ça ? Condamnée au **ouin-ouin** quotidien *ad vitam aeternam*. (A. Rémond, *Mon Œil*, 1993, 90 [24 avril 1991].)

♦♦ **1.** Attesté dep. *ca* 1818 (v. ici ex. 6) ; cf. déjà, pour exprimer (1) le grognement du porc, en 1651 (« Vn innocent cochon de lait, / Qui (tant est pitié qu'on le perde) / N'auoit point encor mangé merde : / Et dont le tendre et ieune groin / Béguayoit en disant, **oin-oin.** / On vous leur tire les entrailles, /

On prend et boudins et tripaille [...] » C. Petit-Jehan [L. de Laffemas], *Virgile goguenard*, 45-46, dans DDL) ; 1655 (« Ledit cochon avec son groin, / En grondant et faizant **hoin, hoin** » J. Loret, *La Muze historique*, 1877, t. 2, 2), et 1663 (« **oüin**, qui est le cry du cochon » A. Oudin, *Dictionnaire italien et françois*, 226), et (**II**) les cris d'un enfant, en 1694 (« ARLEQUIN [...] *Il fait le petit enfant* [...] Je crierai comme un petit démon, / **Oüais, oüais, oüais,** / Si maman tetonne / Ne me donne / Du jus de la tonne, / Je ne me tairai jamais, / **Oüais, oüais, oüais** » L. Bordelon, *Arlequin comédien aux Champs elisées*, 52) et 1726 (« [...] je trouve une Servante / Sur une borne assise, interdite et tremblante, / Qui dans son tablier tenoit certain paquet, / D'où j'entendis crier **hoët, hoët, hoët** » M.-A. Legrand, *Le Chevalier errant*, dans *Les Parodies du nouveau théâtre italien*, 1731, t. 2, 406). **2.** Attesté dans la chanson *Le Cornemuseux* (19e siècle) « Vous avez ben tous connu / L' pé Larue et sa musette / **Ouin, ouin, ouin, ouin, ouin** » dans M. Pénet, *Mémoire de la chanson*, 1998, 58) ; cf. un refrain (imitation musicale ?) en 1827 « AIR : *Du petit Capucin,* ***woin-woin*** » (Celnart, *Manuel complet des jeux de société*, 15). — Absent des dictionnaires consultés, à l'exception de TraitDu 1989, 281 (emploi 1) ; aj. à FEW 14, 648, WIN-.

OUPS

1. "(pour s'excuser d'un geste malencontreux ; pour parer à une chute, à un faux mouvement)".

1. – **Oups**, pardon ! (*Themroc,* film de Claude Faraldo, 1972.)

2. On arrive à St-Hyacinthe, annonça la jeune femme d'une voix curieusement chevrotante. **Oups** ! excusez-moi, fit-elle en donnant un coup de freins [*sic*] qui projeta Frisette contre le dossier de son siège tandis que Norbert heurtait le tableau de bord. (Beauchemin, *Pomerleau,* 1989, dans TLFQ.)

3. [Un groupe de randonneurs qui se suivent à la queue-leu-leu] Elian s'arrêta net – Nono, qui faillit le percuter, dit « **oups**-là ! » en posant sa main au centre de son dos. (P. Pelot, *Ce soir, les souris sont bleues*, 1993, 229.)

4. La longue canne [d'aveugle] balaie le trottoir de la rue Joseph II. ***Oups****, pardon,* lâche Jeanne-Françoise en heurtant le pied d'un passant. (*Le Soir*, 17 janvier 2001.)

— Répété.

5. Marée humaine... **Oups**... **Oups**, je me fais bousculer, et suis entraînée par une vague sismique au creux de la mêlée... (M. Sergent, *Normal*, 1991, 24.)

REM. **whoops/whoups/woops/woups** "id.". « Anita se mit à pleurer. **Whoops** ! On a perdu Roxy pour une mèche » (J.-J. Richard, *Centre-ville*, 1973, dans Émile Seutin *et al.*, *Richesses et particularités de la langue écrite au Québec*, Université de Montréal, 1982, 2452) ; « Elle se rendit compte du chemin parcouru par les mains de Julien, qui continuaient et caressaient maintenant ses cuisses. Elle le repoussa légèrement. / – **Woops** !... Oh... oh... les mains... (M. Cabay-Marin, *Grande ville*, 1975, 16, *ibid.*) ; « C'est "elle" ! Chargée de boîtes et de sacs, madame Tupperware fait une entrée triomphale en trébuchant dans la petite carpette [...] que madame

Robichaud a mis [*sic*] près de la porte pour éviter de salir son beau tapis vert pomme... / – **Woups** ! Faites attention, là, vous ! » (Claudais, *Beau*, 1985, dans TLFQ) ; « Assise sur le bord du trottoir, elle s'est assurée que les patins étaient bien fixés à ses chaussures et a mis dans sa poche la clé servant à serrer les écrous. Elle s'est redressée, **whoups** : ça glisse, a fait quelques pas encore prudents, battant l'air de ses bras, bon [...] » (J.-L. Benoziglio, *Le Jour où naquit Kary Karinaky*, 1986, 113).

2. "(pour introduire une rectification)".

6. Du coup, le téléspectateur se surprend à couver les premiers pas de Ricky dans l'équipe... **Oups** ! Pas Ricky, Rick ! Schroder ne veut plus être affublé du diminutif sous lequel il a entamé sa carrière. (*Télérama*, 5 mai 1999, 92.)

7. Ainsi vont les troisièmes hommes. **Oooops** ! J'allais oublier François Bayrou. (*Le Monde*, 11 septembre 2001, 36.)

GRAPHIE. Graphie américaine dans l'ex. 7.

♦♦ Attesté dep. 1972 (v. ici ex. 1) ; emprunté à l'anglais *oops* (1933, et déjà 1922 *hoopsa !* chez J. Joyce, s.v. *upsidaisy*, OED). — Rob 2001 ; NPR 2001 ; TraitDu 1989, 282.

P

PAF

1. [Domaine concret]
1.1. "(bruit sec d'un claquement, d'un coup, notamment d'une gifle, d'une détonation)".

1. [...] au moment où j'y pense le moins... **paf** !... il m'arrive dans la jambe... juste au-dessus de la cheville, un énorme gros sou... aplati sur les bords... je suis sûr que j'en ai la marque... (Bayard et Vanderburch, *Le Gamin de Paris*, 1836, 2.)

2. [...] ce grand niais de Coquillon qui bâillait [*sic*] aux corneilles en rigolant du bon tour. **Paf** ! M. le curé le calotta et lui décolla les oreilles. (H. Fèvre, L. Desprez, *Autour d'un clocher*, 1992 [1884], 268.)

3. **Paf** ! un coup de fusil juste au-dessus de sa tête. (E. Grenadou, A. Prévost, *Grenadou, paysan français*, 1978 [1966], 213.)

4. – P'tit con, répète-le que je suis un p'tit con.
– P'tit con, p'tit con et p'tit con.
Et en plus, **paf**, je lui colle une gifle [...]. (P. Cauvin, *Monsieur papa*, 1987 [1976], 140.)

5. – Bon. Premier temps : diversion ! On fait une diversion, on se sauve, et si quelqu'un s'interpose, **paf**, je tire ! (J.-A. Varoux, *Pas ce soir chérie*, 1979, 46.)

V. encore *broum*, ex. 13 ; *dzz*, ex. 2 ; *ouin*, ex. 4.

— Répété.

6. Quand z'ai été grand, z'ai fait une première communion républicaine (*sourires incrédules, l'orateur s'échauffe, **paf paf** sur la table*) [...]. (*Le Petit pioupiou*, 1887, n° 17, 4.)

7. [...] **paf** encore une gifle **paf** une autre [...]. (Cl. Menuet, *Le Pensionnaire*, 1993 [1972], 39.)

8. Dans les cours, on crie après les bêtes qui doivent rentrer. **Paf** ! **paf** ! Ça claque, les coups de bâton sur les côtes. (G. Chevereau, *Une enfance à la campagne*, 1988, 147.)

9. Il se souvient du film documentaire qu'il a vu hier à la télé, où des gars emmitouflés cognaient sur des petits phoques [...]. Deux coups à l'endroit pour assommer, **paf**, **paf** !, un coup avec la lame pour sectionner le bulbe, fini, plié. (Chr. Nicolas, *Dehors et pas d'histoires*, 1998, 102.)

V. encore *Anthologie*, n° 41.

— Dans une succession d'onomatopées.

10. **Paf** ! une flèche ! Pich ! une autre ! L'épouvantail pousse un cri terrible et tombe dans le jardin. (*Le Jeudi de la jeunesse*, 11 août 1910, 247.)

11. Il se vit en train de foutre une raclée a une demi-douzaine de malabars.
Paf ! Chtock* ! Crac* !
Les membres se brisaient, les corps se tordaient de douleur. (J.-P. Bastid, M. Martens, *Bille de clown*, 1979, 156.)

V. encore *badaboum*, ex. 15 ; *bang*, ex. 12 ; *clip clap*, ex. 1 ; *pan*, ex. 39 ; *patapan*, ex. 3 ; *pof*, ex. 10 ; *pong*, ex. 1 ; *prout*, ex. 15 ; *Anthologie*, n° 13, 47 et 52.

• V. **pif paf**.

1.2. "(bruit mat d'une chute, d'un corps qui s'écrase)".

12. Soudain, **paf** ! on me laisse tomber ! Les quatre salops me jettent sous une tente, comme un paquet de sottises... (Monthabor, *La Vie au régiment*, 1897, 165.)

13. En cuisine, Hippolyte se chargeait des dernières assiettes.
– Riquet ! La terrine... là... tu m'en coupes une autre tranche [...] !
– Oui, chef !
Bang* ! fait la porte de la chambre froide qui se referme.
Paf ! La terrine atterrit sur le billot.
Psssui..., psssui..., fait la lame qui tranche au cœur du pâté. (L. Bénégui, *Au Petit Marguery*, 1991, 181.)

V. encore *pouf*, ex. 2.

— Dans une comparaison.

14. Il posait toujours des questions, s'attendant à des réponses extraordinaires et jamais il n'avait la moindre surprise, la conversation tombait toujours, **paf** ! comme une omelette. (R. Sabatier, *Boulevard*, 1986 [1956], 60-61.)

2. "(pour exprimer la soudaineté d'un procès)".

15. Il me semble que Veauminet peut raconter son histoire pendant toute la pièce. Il commence, mais **paf** ! voilà un monsieur qui arrive de la part des *Petites-Affiches*. (A. Scholl, *La Foire aux artistes*, 1859 [1858], 51.)

16. – [...] Figurez-vous, monsieur, qu'ils n'étaient pas mariés depuis un an, **paf** ! voilà la femme qui part en Espagne avec un marchand de chocolat. (A. Daudet, *Lettres de mon moulin*, 1869, *Œuvres*, 1986, t. 1, 251-252.)

17. Dans la même année il fut exproprié et son beau-père mourut. **Paf** ! tous les bonheurs à la fois. (J. Noriac, dans *Almanach comique*, 1871, t. 30-31, 98.)

18. – Tu comprends, quand il regardait l'une de ses propres toiles [...] **paf** ! le verdict tombe comme s'il s'agissait d'un autre. (J.-L. Bory, *La Peau des zèbres*, 1981 [1969], 308.)

19. – La vérité, chef, c'est qu'on a perdu la tête... Vous savez ce que c'est : on est des petits fonctionnaires, et tout à coup, **paf** ! vingt millions devant vous ! Qu'est-ce que vous faites ? Vous les gardez !... Merde, chef, c'est humain ! (J.-A. Varoux, *Globule à l'heure Hasch*, 1975, 20.)

20. Un autre problème d'Alger, à six heures du matin, **paf** ! on vous coupe l'eau. (R. Bacri, *Le Beau Temps perdu*, 1978, 96.)

21. Les planques, c'est comme ça, il se passe rien [...] et puis tout d'un coup... **Paf** ! Une fille correspondant au signa-

lement sort de l'immeuble. (C. Breillat, *Police*, 1986 [1985], 23.)

22. On déjeunait souvent ensemble. Au bout de deux semaines, il [le patron] m'a emmenée essayer une voiture. Et là, **paf**, il me sort le grand jeu [...] : « Venez le plus vite possible dans mon lit ! » (*20 ans*, septembre 1990, 78.)

23. – [...] les gens qu'on allait débrancher parce qu'ils étaient morts cliniquement, et puis **paf** ! ils sont revenus. (D. Van Cauwelaert, *La Vie interdite*, 1999 [1997], 235.)

V. encore *Anthologie*, n° 51.

— **et paf.**

24. – [...] Hier, c'est le hasard. J'enquête, **et paf** ! je tombe sur un cadavre. [...] Je décide de poursuivre mes interrogations. J'arrive, **et repaf** ! deux zigotos qui se sont fait éventrer. (J.-J. Dupuis, *Le Ventre de l'ombre*, 1989, 173.)

25. BICHRO On ne peut pas envisager de grandes découvertes sans matériel approprié !
SCHUTZ Ah ! vraiment ? Et Archimède ? Et Copernic ? Et Galilée ? Et Newton ?! Une simple pomme **et paf** : la gravitation universelle ! Deux siècles après on en parle encore. (J.-N. Fenwick, *Les Palmes de M. Schutz*, 1989, 10.)

26. On mettait un de nos pieds dans un établissement, **et paf**, un gars débarquait et me disait bonjour et mon nom, ou même il me filait une tape dans le dos, content de me revoir et tout. (R. Eyraud et J. Caumer, *J'ai oublié qui j'étais*, 1995, 46.)

◆◆ **1.** Attesté dep. 1666 (« D'abord, et clic et clac et **paffe**, / La maudite poutre s'agraffe / Aux fenestres du Magazin » Subligny, dans *Les Continuateurs de Loret*, 1883, t. 2, 347) ; 1716 (« Prends donc garde à ce coup d'épée ; / **Paf**, ah ! mon attente est trompée » Marivaux, *L'Homère travesti*, *Œuvres de jeunesse*, 1972, 1033) ; 1717 (« [...] je lui applique un soufflet aussi pesant qu'un balot de laine, **paf** » [Th.-S. Gueullette, trad. :] *Adamire*, dans *Nouveau théâtre italien*, 1718, t. 2, 13) ; v. aussi *pif paf*. **2.** Attesté dep. 1782 (« Il arrangera ça ; nous signerons, et pis **paf**, tout de suite la noce... Heim ! » Ch.-J. Guillemain, *Le Faux talisman*, 1791, 8). — Enregistré dans les dictionnaires généraux et TraitDu 1989, 286 ; aj. à FEW 1, 203b, *PAFF.

PAM

1. "(bruit soudain, bref, plus ou moins intense, produit notamment par un choc, une détonation, une explosion)".

1. [Coups de revolver] PAM PAM PAM (Hergé, *L'Île noire*, 1938, *Archives Hergé*, 1980, t. 4, 110.)

2. La lumière s'éteignait. On commençait à entendre le ronronnement de l'appareil [de projection]. La salle s'apaisait, s'enfonçait sur les chaises et là, généralement, **pam** ! les plombs du pays sautaient. (J. Durand, *André Bouix, gardian de Camargue*, 1980, 60.)

— **et pam.**

3. [...] **et pam**, un grand coup de pied dans le ventre. (V. Ravalec, *Recel de bâtons*, 1995, 93.)

— Répété.

4. Re-**pam-pam** au carreau, re-Simone [...]. (A. Sarrazin, *La Cavale*, 1969 [1965], 250.)

5. Il tira au jugé, quatre fois, dans le noir. **Pam ! Pam ! Pam !** (J. Vautrin, *Bloody Mary*, 1979, FXT.)

6. Rachel était heureuse. Et quand elle était heureuse, elle avait ses gaz. Elle lâchait une rafale de pets sonores : **papapam !** (M. Albertini, *Les Merdicoles*, 1998, 50-51.)

— Associé à une autre onomatopée. *pim* (et) pam ; pim* (pam) poum.*

7. Je tire [...]. **Pam !** Poum* ! (J.-M.G. Le Clézio, *Le Déluge*, 1966, FXT.)

2. Répété ou associé à d'autres onomatopées "(sons produits par un instrument de musique)".

8. Elle étudiait [au piano] son Beethoven : **Pam... pam-pam !** (A. Baillon, *Délire*, 1927, FXT.)

9. Sur la place, la fête continuait. Le trombone me tenait longtemps éveillé. Il martelait doucement, obstinément, le village. Poum*, **pam**, poum poum **pam**, poum ! (L. Massé, *Les Grégoire*, 1985 [1945], t. 2, 293.)

♦♦ Attesté dep. 1927 (v. ici ex. 8). — Absent des dictionnaires consultés, à l'exception de TraitDu 1989, 286 (« coups de marteau. *Pam ! pam !* »).

PAN

1. Souvent redoublé ou répété [Domaine concret].

1.1. "(bruit soudain, bref, plus ou moins intense, produit par un coup, un choc, une chute, une explosion)".

1. Lorsque le Champagne
Fait en s'échappant
Pan, pan,
Ce doux bruit me gagne
L'âme et le tympan. (M.-A. Désaugiers, « Le panpan bachique », *Chansons et poésies diverses*, 1812, t. 2, 101.)

2. Toute la société se mit donc à gobelotter et à gobichonner comme dans le temps le plus calme du monde, et au ***pan pan*** des bières que l'on clouait au-dessus de leurs têtes, les satanés farceurs répondaient par le ***pan pan*** du champagne. (Ch. Philipon et L. Huart, *Parodie du Juif errant*, 1845, 250.)

3. Bruit charmant,
Doux à mon oreille,
Pan pan pan pan pan pan pan,
Bruit charmant
Du bouchon sautant. (J. Moinaux, « Pépito », dans *La Mère Godichon*, 1863, 116.)

4. M. Pintard [le cordonnier] plantait ses clous d'un geste bref – **pan** – **pan !** – sans lever la tête. (M. Bernard, *Pareils à des enfants*, 1994 [1941], 31.)

5. Les batteurs [au fléau], en chaussons de droguet bleu, se faisaient face, avançant, reculant ; ils brandissaient le fléau en cadence alternée : **pan, pan-pan, pan.** (J. Cressot, *Le Pain au lièvre*, 1977 [1943], 108.)

6. [...] le fonctionnaire se foule le poignet à donner des coups de tampon, **pan pan pan pan,** on ouvre quatre passeports à la fois et on ne vérifie pas. (A. Paraz, *Une fille du tonnerre*, 1984 [1952], 84.)

7. **Pan, pan, pan,** à intervalles réguliers, le volet battait, battait. (R. Sabatier, *Canard au sang*, 1985 [1958], 147.)

V. encore *léon*, ex. 5.

— Dans une succession d'onomatopées. V. *crac*, ex. 17 ; *pif*, ex. 1 ; *vroum*, ex. 17 ; *Anthologie*, n° 13, 29, 40 et 52.

— En part.

• "(son produit par un instrument de musique, notamment par un tambour)".

8. Aux **panpans** du tambour de basque Sautons, en dépit de l'hiver [...]. (« La Saint-Momus », dans *Gymnase lyrique*, 1833 [1832], t. 9, 21.)

9. PAN ! fit la grosse caisse solo. [...] Cette simple note de grosse caisse est un trait de génie. (Champfleury, *Contes d'automne*, 1854, 257.)

V. encore *fff*[1], ex. 14 ; *ouah*[1], ex. 3.

• "(début – les quatre premières notes – de la *5e symphonie* de Ludwig van Beethoven)".

10. UN : **Pan pan pan pan !** *(C'est la 5e symphonie.)* (R. Dubillard, « L'île déserte », *Les Diablogues*, 2000 [1976], 291.)

• "(bruit de coups frappés à une porte par une personne pour signaler sa présence et/ou se faire ouvrir)".

11. Frappons doucement à la porte : **Pan, pan, pan !** ouvrez, Gymnasiens [...]. (Claudel, dans *Gymnase lyrique*, 1833 [1832], t. 9, 208.)

12. Tout à coup on entend frapper à la porte. **Pan !... Pan !... Pan !...** (E. Sue, *Les Mystères de Paris*, 1989 [1843], 1055.)

13. – **Pan ! pan !**
– Qui est là ?
– Le vieux père Noël de 1848. (*Revue comique*, 1848, 100.)

14. Mais à propos de *pan pan pan*, est-ce qu'on ne frappe pas à la porte ? (A. Schanne, *Souvenirs de Schaunard*, 1887, 218.)

15. Quand le vieux satyre Pan
Convoite quelque dryade,
De grand matin galopant,
À sa porte il va frappant :
Pan, pan, pan, pan, pan, pan, pan, pan
[...]. (P. Claudel, « Pan et Syrinx », 1934, *Œuvre poétique*, 1977, 779.)

16. La reine Victoria, le soir, alla frapper à la porte de son mari :
Pan, pan, pan (aujourd'hui, Messieurs, on dirait : Toc*, toc).
– Qui est là ? (*L'Ebat khâgnal 37*, 1937, 32.)

17. – **Pan ! Pan ! Pan !**
Qui frappe à ma porte ?
– **Pan ! Pan ! Pan !**
C'est un jeune faon
Pan ! Pan ! Pan !
Ouvre-moi ta porte
Pan ! Pan ! Pan !
Je t'apporte un paon
Pan ! Pan ! Pan ! (R. Desnos, « Le Gnou », dans *Poésie 44*, 1944, 1er cahier, 18.)

DÉR. Par plaisanterie **panpanpanner** v. intr. "faire *pan pan pan*". « Un beau jour, impatienté, ce commerçant monta chez le jeune homme et **panpanpana** à sa porte [...]. / – Pan*, pan, pan ! insista le tailleur. [...] / Ses panpanpan demeurèrent sans écho » (A. Allais, *Pas de bile !*, 1893, *Œuvres anthumes*, 1989, 206).

• "(bruit produit par des applaudissements)".

18. TOUS. – Un ban !... (*Tapant des mains.*) **Pan ! panpan ! panpan !... pan ! panpan! Panpan !... pan ! panpan ! panpan** ! hip hip ! hip ! hourrah ! (G. Feydeau, *La Duchesse des Folies-Bergères*, 1902, *Théâtre complet*, 1988, t. 2, 996.)

1.2. “(bruit d’un coup que l’on porte, le plus souvent à une personne)”.

19. UN OUVRIER, *montant sur la croupe du cheval.* – Attends... attends... (*Il frappe la statue à la figure.*) Laisse faire, il va saigner du nez tout à l’heure. – **Pan**... **pan** !... Ça a-t-il la tête dure, un tyran. (A. Duchatellier, *La Mort de Louis XVI*, 1830 [1828], 200.)

20. JULIEN. – En v’là un, je le tire à l’oie... **pan** (*le reverbère est brisé*) ! Je crois qu’il est un peu fêlé... (P.E. Debraux, *Les Barricades de 1830*, 1830, 95.)

21. POLICHINELLE. [...] *(les tapant).* Allons, qu’on obéisse !... **Pan** ! **pan** ! **pan** ! (L.-E. Duranty, « Polichinelle et la mère Gigogne », *Théâtre des marionnettes*, 1995 [1862], 131.)

22. Il a vite fait de lever la main. **Pan** ! **Pan** ! Des gifles à me jeter par terre, surtout que je ne suis pas bien solide. (R. Guérin, *La Peau dure*, 1982 [1948], 114.)

23. Ah ! tu m’énerv’s
Ah ! c’en est trop
Tiens : **pan pan pan** boum*, toc* il tombe
Ell’ l’a tué à coup [*sic*] d’ marteau [...]
(B. Lapointe, « L’Hélicon », 1963, *Intégrale*, 1994, 149.)

24. Le maître d’école aussi était sévère, il nous donnait des coups de règle, **pan** ! sur les doigts [...]. (L. Chaleil, *La Mémoire du village*, 1989 [1977], 141.)

25. [...] les ridicules « **pan-pan** » qu’elle répétait en frappant le sol pour le punir d’avoir fait « bobo à bébé » (L. Nucéra, *Avenue des Diables-Bleus*, 1982 [1979], 76.)

26. Araignée, rien que l’araignée apparue sur le mur. Qu’est-ce qu’elle était noire, et grosse. Et **pan** ! avec ma belle hachette. (L. Janvier, *Monstre, va*, 1988, 73.)

27. En primaire, nous avions une institutrice [...]. 8 fois 8 ? Réponse correcte. Pas de coups de règle. 8 fois 8, raté. **Pan** sur les doigts. (S. Caster, dans *Libération*, 4 août 2001, 4.)

V. encore *pof*[1], ex. 10 ; *ran*, ex. 1 et 12 ; *zon*, ex. 3.

— **pan-pan***.

1.3. “(bruit d’un coup de feu)”.

28. **Pan** ! **pan** !
Deux coups de fusil se font entendre, on crie à la garde ! au voleur ! (Ch. Philipon et L. Huart, *Parodie du Juif errant*, 1845, 130.)

29. Ausitôt fait, mes loustics alignent leurs flingots sur les deux nouveaux Watrin, et, **pan, pan, pan** !... ils les foutent par terre comme des cochons. (E. Pouget, « Watrinades », 1892, *Le Père Peinard*, 1976, 229.)

30. On passe, et on entend : **Pan** ! **pan** ! **pan** ! C’est Jarry qui, à coups de revolver, tue les araignées ; mais il garde les toiles : ça orne. (J. Renard, 18 janvier 1906, *Journal*, 1990, 811.)

31. C’est la mort. On les flingue. **Pan-pan**. Fini. (J. Guernec, *Les Propos de Coco-Bel-Œil*, 1947, 23.)

32. [...] un enfant de sept ou huit ans surgit devant elle, avec un revolver de bois, criant :
– Je te tue ! **Pan** ! **Pan** ! Tu es mauvaise ! Je te tue ! (S. Japrisot, *Les Mal partis*, 2001 [1950], 208.)

33. À la troisième, quand les animaux commencent à passer... **pan** ! Un coup de flingue, tout seul. (M. Hauriac, *Émile et son flingue*, 1952, 32.)

34. La première fois qu’il avait vu la souris, Rochette avait pointé deux doigts dans sa direction, il avait tiré,

pan ! **pan** ! la souris n'était pas morte, elle était revenue. (H. Prudon, *Mardi-gris,* 1978, 7.)

35. DEUX : [...] Et ça donne un résultat, quand vous appuyez dessus, cette détente ?
UN : Oui. Ça fait **pan**.
DEUX : **Pan** ?
UN : Oui. **Pan**.
DEUX : Et l'autre ?
UN : Elle fait **pan** aussi.
DEUX : Ah, elles font **pan** toutes les deux. Oui. Ce doit être bien monotone.
UN : Pas pour les pigeons. Ils n'ont pas le temps de s'y habituer.
DEUX : J'ai entendu : boum*, tout à l'heure. Qu'est-ce que c'était ?
UN : Boum ? Je ne sais pas. Je n'ai pas remarqué.
DEUX : Mais si.
UN : Alors, c'est que vous appelez boum ce que j'appelle **pan**. (R. Dubillard, « Le fusil et le violon », *Les Nouveaux diablogues,* 2000 [1988], 218-219.)

36. Grand-père est-ce le vent
qui gémit à la porte ?
Non, c'est pas lui, attends
C'est le loup, mes enfants.
Mon fusil, que je sorte
Pan-pan, je l'ai tué
Dormez tous à présent
Je pousse le verrou.
Hou, hou, hou, hou, hou [v. *hou hou*]...
(F. Leclerc, « Grand-papa panpan », 1969, *Cent chansons,* 1994 [1988], 171.)

37. Le gros Maurice, lui, a pris ses responsabilités : fusil à pompe ! Et la première chose qui bougera dans la pénombre, **pan** !... (J.-Ch. Aschero, *Scoops,* 1992, 317.)

38. « Je dormais la fenêtre ouverte, ça m'a réveillé. J'ai entendu une rafale et puis trois coups : **pan, pan, pan** ! » confie un habitant. (*Le Monde,* 19-20 août 2001, 4.)

V. encore *brr*[2], ex. 6 ; *pan-pan,* ex. 1.

— Associé à d'autres onomatopées.

39. Un moment après on entendit ***pan,*** *pif**, *paf**, *pouf** ! c'étaient les quatre fusils rouillés qui venaient de partir. (M. Fitz-Clarentz, dans *Journal des enfans,* 1833, t.1, 312.)

V. encore *bzz,* ex. 29 ; *pft,* ex. 1 ; *pif paf,* ex. 10, 12, 15-16, 23-24 ; *piou,* ex. 2 ; *pouf*[1], ex. 9 ; *vlan,* ex. 20 ; *vroum,* ex. 17 ; *vzz,* ex. 1 ; *zim,* ex. 1-2.

REM. **pah / pâh** "id.". « JEAN-MARC *(confus)* Mais je ne sais pas très bien faire les coups de feu, moi... [...] ROGER *(complaisant)* Je vais vous montrer [...] *(les lèvres sur le micro)* **Pâh** !... **Pâh** !... **Pâh** !... » (R. Pierre et J.-M. Thibault, *Laissez-nous rire,* 1986, 25-26) ; « Jaune d'œuf fait "**Pah ! Pah ! Pah** !" avec un pistolet imaginaire. Un petit brun à lunettes saisit une mitraillette invisible et répond par "Ta-ta-ta-ta-ta-ta-ta*... " et Jaune d'œuf s'écroule [...] » (R. Sabatier, *La Mort du figuier,* 1986 [1962], 37).

2. [Domaine abstrait]

2.1. "(pour exprimer la soudaineté d'un procès)".

40. Très épatantes les tartines de [Maximilien] Luce. On est d'abord dans le Midi [...]. **Pan** ! Le copain nous transporte ailleurs. Plus de soleil : du brouillard. (E. Pouget, « Balade chez les artisses indépendants », 1893, *Le Père Peinard,* 1976, 316.)

41. Tombe sur Jo dans la rue. Filons prendre un pot chez Doudou. **Pan**, rencontrons Minou toute propre et étonnamment belle. (R. Fallet, *Carnets de jeunesse 3,* 1994, 29 [1949].)

42. [...] pas de feux de position, **pan** : un P.V. sous l'essuie-glace. (A. Dominique, *Gaffe au gorille !*, 1954, 155.)

2.2. "(pour marquer la vivacité d'une réplique)".

43. Nous disons à Rivet que Barrès est le plus grand écrivain du siècle. Léon Daudet crie que Boileau est le plus grand poète de tous les temps. **Pan ! pan ! pan !** (J. Renard, 31 mars 1895, *Journal*, 1990, 216.)

44. LE PRÊTRE (*l'arrêtant et blagueur*). – Non mais, tu vas pas comparer ? Tu n'es que le bistro, ici. Moi, je leur pardonne, je suis le curé !
JULOT (*touché*). – **Pan** ! c'est pas la riposte qui t' manque ! (G. Lenclos, *Notre-Dame de la Mouise*, 1932 [1930], 60.)

♦♦ D'abord attesté comme élément d'onomatopée (1604 « pa tan pa tan **pan** » "roulement de tambour" (?) *Le Capitaine au soldat françois*, dans DDL, s.v. *patapan* ; 1649 « pata-pata-**pan** » "coups de feu" (?) *Agréables conférences de deux paysans*, 1999 [1649], 47). **1.1.** Attesté dep. 1749 (« [...] nous vla ben ! j' veux ravirer à mont tout d'même, c'est énutile, et puis tout d'suite la gueule du bacheau **pan !** s'écalvantre contre la pile » Vadé, *Poésies et lettres familières, Lettres de la Grenouillère*, dans DDL) ; 1780 (« (*Les Paysans en dehors.*) – **Pan, pan,** / Ouvrez-nous en diligence, / **Pan, pan** » Piis et Barré, *Cassandre oculiste*, *Théâtre*, 1785, t. 1, 13). **1.2.** Attesté dep. 1753 (« GRINGOLE. – Mais si j' tiens ce galant, **Pan...** » *Raton et Rosette*, 1755, 16) ; 1756 (« GILLES *battant Léandre.* Sa marchandise, oui ; **pan**, la voilà payée. Hérite mon garçon. / LÉANDRE. Si c'étoit zune épée, Je me revancherois ; mais ce n'est qu'un bâton » *L'Amant cochemard*, dans DDL) ; 1803 (« **Et pan** » v. commentaire sous *vlan*). **1.3.** Attesté, en contexte métaphorique, dep. 1729 (« **Pan, pan, pan,** / La poudre prend, / L'amour renaît au même instant » [Dominique et Romagnesi], *Hésione*, dans *Les Parodies du nouveau théâtre italien*, 1731, t. 3, 360) ; 1731 (« *Refrain.* **Pan, pan, pan,** / La poudre prend, / Son cœur est en feu dans l'instant » Fagan, *La Fausse ridicule*, dans DDL). **2.** Attesté av. 1861 (Scribe, d'après GLLF) ; 1892 (« **Pan !** Voilà que maman veut mettre la bonne à la porte, maintenant ! » J. Renard, *Journal*, 3 août, 107). — GLLF ; TLF ; Rob 2001 ; NPR 2000 ; PL 2000 ; TraitDu 1989, 287.

PANG

"(bruit produit par un coup, une chute, une détonation)".

1. [LA CASTAFIORE.] – Et maintenant, Irmââ, mon champagne [...] / Tenez, colonel, rendez-vous utile : débouchez la bouteille [...].
PANG (Hergé, *L'Affaire Tournesol*, 1956, 54-55.)

2. [...] l'agresseur avait donné un coup, **pang**, bien appuyé [...]. (V. Ravalec, *La Vie moderne*, 1996, 157.)

V. encore *bing*, ex. 15 ; *hou hou*, ex. 28.

REM. **peng** "id.". « On l'a entendu qui tirait : **Peng ! Peng ! Peng !...** Il prenait son temps, ça claquait, ça faisait un énorme écho » (L.-F. Céline, *Mort à crédit*, 2000 [1936], 79).

♦♦ Attesté dep. 1944 (« **pang !** à bing ! » L.-F. Céline, v. *bing*, ex. 15). Sous la forme *pagne* en 1876 (« Jérôme Blutois accourt, j'accours itou !... y n'était qu' temps !... pigne ! **pagne** !... c' pauvre Magloire avait déjà attrapais une trépignée qui comptait » E. Bourget, « Le Témoin Giblou », dans *Almanach de la jeune chanson française 1877*, 50). — Absent des dictionnaires consultés, à l'exception de TraitDu 1989, 288.

PAN-PAN

1. [Seul ou premier élément]
1.1. Langage des enfants.

— "(bruit d'une fessée ; fessée)".

1. Baïe demande ce que font les sergents à la guerre.
– **Pan** ! **pan** ! lui dis-je.
– Ah ! on les fouette ? (J. Renard, 22 avril 1899, *Journal*, 1990, 413.)

2. – Sauf de te... **pan, pan** ! mime l'homme [...].
Très animée, la môme Picrate, friande de tumulte et de rixes, essaie d'aiguillonner :
– Kss ! Kss* !
– *Kiss my bottom*, indique Maugis en se soulevant à demi. (Willy, *En bombe*, 1904, dans DDL.)

3. **Pan** ! **Pan** ! sur le cul à Doudouce. C'est bien fait pour Doudouce. Elle n'a que ce qu'elle mérite. (G. Bienne, *Marie-Salope*, 1976, 69.)

• **pan pan (cu)cul** "id.".

4. Vaisselle cassée
C'est la fessée
Vaisselle foutue
Pan-pan cul-cul. (P. Perret, « Vaisselle cassée », 1976, *Chansons de toute une vie*, 1995 [1993], 332.)

5. Mon enfance gratinée de tartes dans la gueule [...]. **Panpan cul**. (E. Hanska, *J'arrête pas de t'aimer*, 1981, 30.)

6. Je l'outrageais vengeusement [...] finissant [...] par fesser mon institutrice retraitée. Je lui faisais **pan-pan cul** comme elle s'était permis de me le faire naguère [...]. (Bayon, *Les Animals*, 1990, 317.)

— Emploi subst. m. rare "fesses, postérieur". V. *patapan*, ex. 7.

1.2. faire pan-pan à/avec qqn. loc. verb. "avoir avec une personne un rapport sexuel rapidement imposé ou rapidement conclu".

7. Si du paon dépend
Mon plaisir, c'est qu'un paon,
Cet animal pimpant,
À Vénus **fit pan pan** ! (J. du Boys, dans A. Delvau, *Dictionnaire érotique moderne*, 1997 [1864], 235.)

8. À Gibraltar, les Anglais ont fouillé le *Pandora* [...]. Mon chéri était planqué dans un tuyau d'aération. Ensuite, il lui a fallu trois jours pour se remettre d'avoir été enfermé. Croyez-moi, c'est pas avec lui que j'aurais pu **faire pan-pan** dans un ascenseur. (S. Japrisot, *La Passion des femmes*, 1986, 242.)

2. ta-tagada*-ta pan-pan ; tutu-pan-pan*.

3. zizi-panpan.
3.1. langage des enfants "(fessée)".

3.2. "pour évoquer un rapport sexuel".
☐ VAR. *zizi-pampan* (rare).

9. Près d'Ève Satan déguisé,

Avec deux mots fit sa conquête ;
En les prononçant, le rusé
Brandillait la queue et la tête.
Voici les deux mots du serpent :
Zi, zi, pan, pan. (L. Festeau, « Zi, zi, pan, pan » dans *La Gaudriole*, 1849, 11.)

10. 1er Joyeux – [...] les poules, ouq' c'est qu'elles perchent ?
Ali. – Li poules ?
1er Joyeux. – Les gonzesses, quoi ? **Zizi panpan ?** (H.-R. Lenormand, *Le Simoun*, 1921, FXT.)

11. Un truc pareil aux Jeux Olympiques la ferait classer champion du monde de **zizi-pampan**, catégorie dames. (San-Antonio, *Messieurs les hommes*, 1976 [1955], 35.)

12. Le succès [d'une revue] a été immédiat, c'est une bombe, car on y cautionne le **zizi-panpan**, on le déculpabilise à tour de bras. (J. Mondoloni, *Tenue de galère*, 1991, 205.)

— Par plaisanterie.

13. [...] une belle et jeune personne employée à la brasserie du ***Zi-zi Panpan***. (A. Allais, *Œuvres posthumes*, 1990, 80 ; orthographié *Zizi-Panpan* à la page suivante.)

DÉR. **zizi-panpanter** v. intr. "faire *zizi-panpan*". « Il fila la fille à bonne distance. Si elle se rend compte de quelque chose, c'est râpé, pensa-t-il. Pas question de lui faire croire que je cherche à **zizi-panpanter** avec elle » (P. Siniac, *Femmes blafardes*, 1997 [1981], 131).

♦♦ **1.1.** Attesté dep. 1899 (v. ici ex. 1). **1.2.** Attesté av. 1864 (v. ici ex. 7). **3.2.** Attesté dep. 1820 (« ZIZI. ***Faire zizi panpan***, *far l'atto* » De l'Aulnaye, *Erotica verba*, dans Rabelais, *Œuvres*, 1835, 601). On notera cette curieuse phrase, datée de 1819 : « Adieu, Laure-Dusseck-Balzac-Grétry-charmante-sœur-**riri-pan-pan**-croque-note » (H. de Balzac, *Correspondance*, FXT), où l'on serait tenté d'imaginer une mauvaise lecture. — Enregistré dans Rob 2001 (3.1.).

PATAPAN, PATAPON, PATAPOUM

1. patapan. □ VAR. *pataplan*.
1.1. "(bruit produit par un tambour, une grosse caisse)".

1. Et boum*, **pata plan,**
Grosse caisse en avant !
Boum, en avant la grosse caisse ! (M. Patez, dans *Almanach de la jeune chanson française*, 1870 [1869], 56.)

1.2. Souvent répété "(bruit produit par les sabots d'un cheval)".

2. [...] Et il part aussitôt [à cheval] à fond de train.
Pataplan ! pataplan ! pataplan ! pataplan ! (*Le Petit Pioupiou*, 1887, v. *Anthologie*, n° 19.)

— **pan patapan.**

3. Pif* paf* **pan patapan.** [...] Dès la première ligne, vous entendez piaffer les coursiers impatients. (Ch. Nodier, *Histoire du roi de Bohême et de ses sept châteaux*, 1979 [1830], v. *Anthologie*, n° 12.)

4. Le sabot de ma jument,
pan, patapan, patapan,
Va plus vite que le vent,
pan, patapan, patapan. (« Le sabot de ma jument », *60 poésies et 60 comptines*, 1975, n. p.)

2. patapon.
2.1. Vx “(sons produits par le tambourin)”. V. *ron*, ex. 13.

2.2. Souvent répété “(bruit produit par les sabots d’un cheval)”.

5. [...] Il part au galop.
Patapon ! patapon ! patapon ! patapon ! (*Le Petit Pioupiou*, 1887, v. *Anthologie*, n° 19.)

3. patapoum.

— Associé à d’autres onomatopées.

6. Entrez, entrez, Messieurs ! Entrez ! suivez le monde !
Hurrah, la grosse caisse, en avant ! **Patapoum** !
Zizi [v. *zim*], boumboum ! Zizi, boumboum ! Zizi, boumboum ! (Th. de Banville, *Odes funambulesques*, 1859 [pièce datée de janvier 1846], 121.)

• **poum patapoum.**

7. Arrivée à l’école, elle avait couru si vite, Chiffonnette, que poum **patapoum**, elle tombe sur le panpan*. (Cl. Mauriac, *La Marquise sortit à cinq heures*, 1961, FXT.)

♦♦ **1.1.** Attesté [dep. 1649, peut-être pour désigner des coups de feu, v. commentaire sous *pan*] dep. 1680 (« **pata pata pan** Mots imaginez pour représenter le son du tambour » Richelet) ; 1742 (« LÉANDRE. AIR *Je suis un bon soldat, titata.* / Moi comme le Dieu Pan / **Patapan.** / Aussi je me déguise, / Mais sans sçavoir pourquoi / Car ma foi / Je n’ay point l’âme éprise » Romagnesi, *Les Oracles*, 4) ; 1769 (« PATA PATA PAN. Mots populaires, imaginés pour représenter le son du tambour [...] *Tarapatapan, suono del Tamburro* » (Antonini, *Dictionnaire françois, latin et italien*, t. 2, 476) ; 1771 (« **pata pata pan** Mots factices, imaginés pour représenter le son du tambour » Trév, v. FEW) ; absent des dictionnaires consultés, à l’exception de FEW 8, 46a, PATT-. **1.2.** Attesté dep. 1830 (v. ici ex. 3) ; absent des dictionnaires consultés. **2.** Attesté dep. 1605 (« Tenant la coupe a la bouche dict : “***Patapatapon, prlaprlatoun***” » J. Héroard, *Journal*, 1989, t. 2, 699) ; 1654 (« Le choc faizoit un bruyant son, / Les tambours, **pata, patapon,** / Les clairons, fanfare, fanfare, / Les trompettes, taran-tarare, / Et les flûtes, tur-lu-tu-tu » J. Loret, *La Muze historique*, dans F. Brunot, *Histoire de la langue française*, Paris, Armand Colin, 1966, t. 3/1, 225) ; 1661 (P. Perrin, v. le commentaire s.v. *dong*) ; 1690 (« **Pata pata pata pon** / Amis je m’en vais à la guerre, / J’ay pour épée un flacon, / Et pour mousquet un grand verre » Regnard, *Arlequin homme à bonne fortune*, dans Gherardi, *Le Théâtre italien*, 1701, t. 2, 415) ; 1779 en un sens incertain « **patapom** pom **patapom** » Le Cousin Jacques, v. *Anthologie*, n° 9) ; dep. 1827 dans un refrain de chanson (« Et ron et ron petit **patapon** », v. le commentaire s.v. *ron*) ; enregistré comme régionalisme [!] dans Rob 2001 (« Patapon : nom propre plaisant et expressif [*sic* !] ») et TLF, à partir d’un unique exemple de Proust. **3.** Attesté dep. 1604 (« Esveillé a sept heures trois quarts, doucement. S’entretient tout seul, bat tout bat [*sic*] en soys mesme la baterie des Landsquenets : “**Patha pata poun, patha patha patha poun**” » J. Héroard, *Journal*, 1989, t. 1, 499) ; 1605 (« [...] tenant ses deux baguetes, bat en l’air : “**patatapatoun**” » (*Ibid.*,

688) ; absent des dictionnaires consultés, à l'exception de TraitDu 1989, 290.

PATATRAC, PATATRAS, PATATRA(T)

1. patatrac. □ VAR. *patatraque.*

— "(bruit d'une chute, d'un coup soudain)".

1. **Patatraque** ! juste, Auguste ! Le gaillard d'avant f...iche son camp avec les biques, que le diable les emporte [...]. (*Le Régiment illustré*, 26 mai 1897, 4.)

2. **Patatrac** !... un bruit formidable !... Et des pétards qui se renforcent ! (L.-F. Céline, *Mort à crédit*, 2000 [1936], 135.)

3. Monsieur Houdard [l'instituteur] voulait qu'on tienne le porte-plume les doigts allongés ; pour celui qui pliait les doigts, la baguette ne tardait pas. Un jour la baguette tombe sur mon porte-plume et la plume traverse le cahier. Voilà une tache [...]. Monsieur Houdard regarde mon cahier : « Qu'est-ce que c'est que ce machin-là ? » Et **patatraque**, deux trois gifles. Je veux lui dire : « C'est vous, Monsieur. » « C'est moi ? » Et **patatraque** encore. Comme la plume avait traversé le cahier, à chaque page il retrouvait la tache, et à chaque page, **patatraque**, encore deux, trois gifles tant que le cahier-là soit fini. (E. Grenadou, A. Prévost, *Grenadou paysan français*, 1978 [1966], 27-28.)

4. Pendant ce temps-là, **patatraque** ! Un obus tombe [...]. (E. Grenadou, A. Prévost, *Grenadou, paysan français*, 1978 [1966], 123.)

5. Viens t'allonger sur l'herbe tendre des prés
(**patatrac**)
Je te ferai des gentillesses
J' t'enivrerai de langueur, de volupté
(Tra la la) (B. Lapointe, « Le Troubadour », 1970, *Intégrale*, 1994, 142.)

6. [...] ni maison ni roseau seul un chant a c
Appella dans le noir en chutant **patatrac**
(R. Belletto, *Loin de Lyon*, 1986, XX.)

7. Badaboum*. Et on lui défonçait le corps, **patatrac**, en mille morceaux [...]. (Bayon, *Le Lycéen*, 1987, 401.)

8. Je parie une tournée que « **patatrac** » vient du latin « badabum ». (J.-M. Gourio, *Brèves de comptoir*, 1987, 178.)

V. encore *cric crac*, ex. 18 ; *ping*, ex. 7.

REM. **paratatrac** "id.". « [...] il se fout en l'air ! culbute la table ! toute la verrerie ! **Paratatrac** ! » (L.-F. Céline, *Guignol's band*, 1944, 104).

— "(pour exprimer la soudaineté d'un procès)".

9. [...] allez tout bonnement trouver votre amoureuse au lit, quand elle y est, fourrez-vous d'dans sans rien dire, et **patatrac**, vous v'la guéris. (*Le Grand et nouveau catéchisme poissard*, 1832, 117.)

10. **Patatrac**... Voilà qu'au moment précis où, le chef de gare ayant sifflé, le train se met en marche, toutes les espérances de monsieur s'écroulent d'un seul coup. (M.-É. Grancher, *Le Conteur de nuit*, 1948, 12.)

11. **Patatrac** ! Les gendarmes s'amenèrent alors que retentissait, ponctué de olé ! le chant immortel de Valencia. (R. Chabaud, *Un si petit village*, 1990, 286.)

12. [...] je me moquais toujours du boulevard en disant : « *Oh ! la la ! vivement que je me repose. [...] vivement une*

pièce avec une moquette et un téléphone blanc. » **Patatrac** ! pour *La Jalousie*, il y a de la moquette et un téléphone blanc. Mais quelle difficulté ! (M. Piccoli, d'après *Le Monde*, 30 août 2001, 23.)

2. patatras. □ VAR. *patatra.*

— "(bruit d'une chute)".

13. ***Patatra***. Interjection populaire ; espèce d'exclamation ironique que l'on fait lorsqu'on voit tomber quelqu'un. (D'Hautel, *Dictionnaire du bas-langage*, 1808, t. 2, 203).

14. (*En se retournant, il se heurte rudement contre Jocrisse-valet, et le reste des assiettes s'échappe de ses mains.*)
JOCRISSE-valet, *riant.* – **Patatra**... Ah ! ah, ah, ah, ah, ah, ah [v. *ha ha*]. (Sewrin, *Jocrisse-maître et Jocrisse-valet*, 1810, 22.)

15. Tu tires, c'est bien ; mais regarde donc, garçon, tu te places mal [...] ; tu ajustes ton homme, tu lâches ton coup ; **patatras**, il descend la garde, toi, tu rentres ta tête dans ta coquille... (P.E. Debraux, *Les Barricades de 1830*, 1830, 141.)

16. Pour commencer... je m'en vais semer des pois secs sur le chemin de l'Église : ceux qui passeront par là... **patatras** ! (E. Vanderburch, *Robert le diable, Théâtre de la jeunesse*, 1841, t. 1, 107.)

17. LONGASPERGE. – **Patatras** ! c'était sûr.
FARAUD. – Un fiacre de renversé. (Boisselot et Hugot, *Le Carnaval des blanchisseuses*, 1859, 6.)

18. Le choc le fit osciller sur sa base...
Puis, **patatras** !...
Il chavira...
Et exécuta par-dessus son guidon une magnifique culbute qui dans un cirque lui eût valu les applaudissements unanimes des spectateurs. (*Le Jeudi de la jeunesse*, 12 mai 1910, 37.)

19. Il fallait descendre jusqu'à un camion les caisses de bouteilles vides et remonter les caisses de bouteilles pleines. [...] j'ai obéi et, en montant l'escalier, fait un faux pas, **patatras**, voilà toutes les bouteilles en bas et une mare de bière qui cascadait sur les marches. (J.-P. Sartre, 14 mars 1940, *Lettres au Castor*, 1983, t. 2, 134.)

20. [...] **patatras** ! La chocolatière échappa soudain à Bertille, pour aller se fracasser sur le parquet [...]. (H. Bazin, *Le Cri de la chouette*, 1987 [1972], 64.)

21. [...] ce gars qui avait scié la branche sur laquelle il était assis. **Patatras** ! dans la rivière. (L. Chaleil, *La Mémoire du village*, 1989 [1977], 143.)

22. Ce que Théo préfère, pourtant, c'est le casseur d'assiettes. [...] / L'homme attrape tout son bazar et le hisse au-dessus de sa tête. « La meilleure affaire de la journée ! À la une ? À la deux ? À la trois ? Trop tard ! » Quelqu'un a timidement levé le doigt, mais il a déjà tout lâché par terre, hurlant : « **Pattatrass**, et voilà le travail ! Les morceaux n'ont pas de mal !!! » (A. Gerber, *Le Faubourg des Coups-de-trique*, 1982 [1979], 124-125.)

23. La malchance dépendait souvent d'un simple madrier qui, mal arrimé sur sa plate-forme, glissait en saillie, heurtait un platane du boulevard et **patatras** ! flanquait tout le chargement par terre. (G. Boutet, *Les Gagne-misère*, 1986, t. 2, 200.)

24. Le lendemain vers 13 h 30, **patatras** ! le faux plafond du couloir, constitué de lamelles métalliques, s'écroule

sur plus de 20 m [...]. (*Le Canard enchaîné*, 14 août 2001, 4.)

V. encore *croc*, ex. 1.

• Dans une succession d'onomatopées.

25. UGÈNE, *entre ses dents*. – Boum*, **patatras** ! Qué pétard ! Nom d'une pipe ! Qué pétard ! (M. et A. Fischer, *A.Z.11. poste restante*, 1910, 79.)

V. encore *brou*, ex. 1 ; *crac*, ex. 16 ; *poum*, ex. 7-8 ; *Anthologie*, n° 20 et 52.

— "(pour exprimer la soudaineté d'un procès, à propos de quelque chose de fâcheux)".

26. PIERROT. – [...] À peine y étions-nous, que Va-de-bon-Cœur voit partir un lièvre ; il l'ajuste ; **patatras**...
GALIMAFRÉ. – Voilà le lièvre mort.
PIERROT. – Non, pas tout-à-fait, il court encore. (C.O.D., *La Belle-mère*, *ca* 1818, 98.)

27. Je présente ma fille et **patatras** ! l'exhibition de ce produit de 1804 fait tout manquer ! (E. Labiche, *Les Suites d'un premier lit*, 1852, *Théâtre*, 1979, t. 2, 405.)

28. Et mes melons, mes pauvres melons [...]. **Patatra** ! la gelée vient de me les tuer. (*Le Régiment illustré*, 2 juin 1897, 6.)

29. [...] j'aperçois Mlle Sergent qui nous écoute, sur le seuil. **Patatras** ! qu'est-ce qu'elle va dire ? (Colette, *Claudine à l'école*, 1900, *Œuvres*, 1984, t. 1, 98.)

30. *« Le rôle du Petit Prince doit être tenu par un enfant blond de sexe masculin. »* **Patatras** : sur les traces du renard qui rappelle que *« l'essentiel est invisible pour les yeux »*, les petits comédiens amateurs avaient choisi pour incarner le personnage, deux fillettes... brunes. (*Télérama*, 22 août 2001, 15.)

3. Vieilli **patatrat / patatra** "(bruit de galop)".

31. [...] dans dix ans j'irai à l'armée sur un beau cheval, ô un cheval ! (*Il court autour du salon*.) **Patatrat**, – **patatrat**, – **patatrat**. (E. Ourliac, *Tout ce qui luit n'est pas or*, dans *Journal des enfans*, 1838, t. 6, 327.)

32. Elle riait [...] et tenant haut dans ses bras maigres son poupon léger, lui prédisait l'avenir :
– Tu ne seras point verrier comme ton père : tu seras gendarme, avec un beau cheval, et tu feras **patatra**, **patratra**, devant les corons. (P. Hamp, *Marée fraîche et vin de Champagne*, 1909, FXT.)

REM. **patatrot. a)** "id.". « Puis, au galop : / **Patatrot** ! **patatrot** ! » (E. Donvé, dans *Gymnase lyrique*, 1833 [1832], t. 9, 252). **b)** argot "(courses de chevaux, turf)". « T'achètes ton journal et qu'est-ce que tu lis en premier... la page des courtines [= courses] bien sûr parce que tu es un mordu du **patatrot** [...] » (R. Giraud, *La Coupure*, 1966, FXT).

♦♦ **1.** Attesté dep. 1832 (v. ici ex. 9) ; enregistré seulement dans TLF (avec un exemple de M. Aymé, 1957). Cf. *ca* 1579 *patrac* « [...] vint un tourbillon de vent qui esleva un monceau de poudre, laquelle (portée et poussée par sa grande violence) luy vint donner contre les deux jambes, et les luy rompit en pieces, **patrac**, feit cela » (Ph. d'Alcripe, *La Nouvelle fabrique des excellents traicts de verité*, 1983, 151). **2.** Attesté dep. 1651 (« On a mis le grand corps par terre, / Qui, trêbuchant par gros plâtrats, / Fit horriblement **patatras** » J. Loret, *La Muze historique*, 22 octobre ; v. TLF) ;

enregistré dans tous les dictionnaires consultés. **3.** D'abord dans un sens mal déterminé de "vacarme guerrier" sous la forme *patata* en 1544 (« patatin, **patata** » *Le Franc archier de Cherré*, dans *Le Franc archier de Baignollet*, 1966, 51), puis dep. 1604 (« Mis en son seant, se joue a ses eschets, faict courir par dessus le chevet un chevallier : "***Pata ta, patata***" » J. Héroard, *Journal*, 1989, t. 1, 516) ; 1680 (« PATATA PATATA. Mots imaginez pour réprésenter le galop d'un cheval » C.-P. Richelet, *Dictionnaire françois*) ; 1779 (Dorvigny, v. *Anthologie*, n° 8), et au moins jusqu'en 1887 (*Le Petit Pioupiou*, v. *Anthologie*, n° 19). — Enregistré sous la seule forme *patatras* dans GLLF, Rob 2001, et TraitDu 1989, 291, sous les formes *papatras, patatrac, patatra* dans TLF, qui donne aussi *patatrot* ; FEW 8, 45b-46a, PATT-.

PCH[1] □ VAR. *pchi, psch, pschi, psheu.*

Souvent répété.

1. "(bruit d'un gaz ou d'un liquide qui fuse)".

1. Ça [une réaction chimique] moussait ! ça moussait ! Et ça faisait ***pschi, pschi, pschi, pschi.*** (A. Allais, *Deux et deux font cinq*, 1895, *Œuvres anthumes*, 1989, 455.)

2. C'est toi, Claudine, qui as bu. Trois grands verres d'Asti [...] ! Comme c'est bon... Les oreilles font ***pch, pch...*** (Colette, *Claudine à Paris*, 1901, *Œuvres*, 1984, t. 1, 358.)

3. Il entendait, en bas, le **pch... pch...** crachouteur [*sic*] de la pipe de M. de Coëtquidan. En effet, le vieil homme avait l'habitude de saliver continuellement dans sa pipe [...]. (H. de Montherlant, *Les Célibataires*, 1934, FXT.)

4. PCHH PCHH
[HADDOCK.] Sales bêtes ! [...] Heureusement que j'ai apporté ceci [un vaporisateur de fly-tox] !
BZZZ* BZZZBZZZ
[HADDOCK.] – Attendez, encore quelques salves !
PCHH (Hergé, *L'Affaire Tournesol*, 1956, 29.)

5. Il s'arrêta devant le *Pressing du Faubourg*. Un homme, derrière un large appareil, donnait un pli aux pantalons dans des jets de vapeur dont Olivier imita les **pchch**, **pchch** en grimaçant. (R. Sabatier, *Trois sucettes à la menthe*, 1986 [1972], 77.)

6. [...] les lolos de Gina heurtant les pointes d'une fourche fusent **psch psch** se dégonflent [...]. (J.-L. Bory, *Le Pied*, 1978 [1977], 252.)

7. – [...] Il utilise des bombes de peinture, des aérosols de toutes les couleurs [...].
– [...] **pch-pch-pch**, l'œuvre d'art jaillit d'une bombe en fer-blanc. (M. Lebrun, *Le Géant*, 1996 [1979], 30.)

8. De temps en temps, ils lampaient une bière que Bertolt [le chat] finissait. Il accourait au **pschhh** de la capsule [...]. (M. Quint, *Billard, à l'étage*, 1993 [1989], 52.)

9. [...] qu'ajouter
Ais-je hors mon souffle rien si où est la valve
Pchchch nulle part nom de Dieu me voilà bien malv
Enu **pchchch** l'incident fut fatal à ma mère (R. Belletto, *Loin de Lyon*, 1986, XLIII.)

10. J'attrape un tournevis [...] et m'approche de la guimbarde [...]. Divers enjoliveurs proclament que c'est

une Lada série spéciale : j'en suis navré. **Pschh**, fait le pneu quand je retire mon tournevis [...]. (D. Van Cauwelaert, *Un objet en souffrance*, 1991, 63.)

11. [...] sa bombe lacrymogène à deux centimètres de mon visage [...], **psssccchhh**, en une seconde l'atmosphère était irrespirable [...]. (V. Ravalec, *Cantique de la racaille*, 1994, 278.)

V. encore *blp*, ex. 3 ; *crr-crr*[2] , ex. 5.

REM. **psi** "id.". « [...] pneus dégonflés, pas crevés ! dégonflés ! on dévisse les quatre vis : **psiiii** ! et la bagnole à ras de jante ! » (V. Thérame, *La Dame au bidule*, 1976, 105-106).

2. "(bruit de respiration d'un dormeur)".

12. [...] on aurait dit qu'elle fronçait les sourcils et les lèvres exprès, pour mieux retenir le sommeil prêt à s'échapper ; par ses narines, on entendait **psch** ! **psch** ! le petit souffle de son âme engourdie. (P. et V. Margueritte, *Zette*, 1903, 34.)

REM. **pss** "id.". V. *ron*, ex. 9.

3. "(bruit d'une locomotive à vapeur)". □ VAR. *pou-chou.*

13. C'était [la locomotive] celle du P.L.M., une grosse, une de celles qui faisaient « **pou-chou-pou-chou-pou-chou** ». Pas d'anémiques « tchou-tchou-tchou » [v. *tch*]. (J. Durand, *André Bouix, gardian de Camargue*, 1980, 134.)

4. "(bruit d'un mécanisme à air comprimé)".

14. Un semi-remorque Mercedes vira lentement sur le parking, manœuvra, stoppa avec les gros « **psheu** » habituels. (M.-J. Naudy, *Côte sanguine*, 1984, 111.)

15. Le chauffeur du car cria quelque chose en refermant les portes pneumatiques. Ppa [*sic*] répondit :
– Merci !
Mais **pssschhh** il n'avait rien compris [...]. (G. Mordillat, *L'Attraction universelle*, 1990, 25.)

16. Le **psschch** sonore des freins [du bus] éveilla Fred et Cécile. (M. Quint, *Les Grands ducs*, 1991, 93.)

17. Les gens étaient sortis du métro parce qu'il ne partait pas du Terminus où tout le monde monte, sur l'autre quai. Le Fermeur avait rouvert les portes en arrêtant de faire **pchi-pchi** et les gens étaient sortis pour voir ce qu'il y avait. [...] / Après la lumière rouge s'est éteinte et c'est la verte qui s'est allumée alors le Fermeur a fait **pchi pchi** avec les portes et a sifflé et [...] le métro est parti. (R. Clauteaux, *Sous le Pont des Corbeaux*, 1994, 23-24.)

REM. **chu** "id.". « L'ascenseur ne fait toujours aucun bruit. Juste un petit... / – **Chuuuu**.... » (G. Del Pappas, *Massilia dreams*, 2000, 85).

♦♦ Attesté dep. 1760 sous la forme *pish* (« Mme d'Épinay reçoit des lettres de De Voltaire. Il disait dans une des dernières que le diable avait assisté à la première représentation de *Tancrède* sous la figure de Fréron, et qu'on l'avait reconnu à une larme qui lui était tombée des loges sur le bout du nez, et qui avait [fait] ***pish***, comme sur un fer chaud » D. Diderot, *Correspondance*, 1997, 225) ; 1895 sous la forme *pschi* (v. ici ex. 1). On rapprochera de *pch* cette attestation de 1738 « Il s'amusoit de tout, au point qu'il pissoit sur les chenets pour entendre **psssssss** » (Mme de Graffigny, *Correspondance*, 1985, t. 1, 43). — Absent des dictionnaires consultés.

PCH² □ VAR. *pchi, piche* (rare), *psch, pschi, psh.*

"(pour mettre en fuite un animal, notamment un chat ou un chien)".

1. **Piche, piche !**... Ah le maudit animal !... Il croit peut-être qu'il me fera peur, et que je me laisserai faire... Il m'a joliment mordu, malgré ça ; mais c'était en traître... (Scribe et Xavier, *L'Ours et le pacha*, 1820, 10.)

2. Les poules venaient picorer les miettes de pain à même le plancher et la vieille Marie de Labro faisait de temps en temps : « **Pch ! Pch !** » en agitant ses bras, ce qui les chassait pour quelques minutes. (J. Malègue, *Augustin ou le maître est là*, 1933, FXT.)

3. [...] il fit « **psssschhh !** » à l'adresse du chat rayé de jaune qui s'arrêta net dans sa progression vers la tarte [...]. (P. Pelot, *Ce soir, les souris sont bleues*, 1993, 119.)

4. Il tourna un peu autour de la voiture de Nono, chassa d'un vigoureux « **pssshhh !** » fusant entre ses dents le chat rayé de jaune qui s'était juché sur le toit. (P. Pelot, *Ce soir, les souris sont bleues*, 1993, 248.)

5. Il [un chien] vint vers moi familièrement et me regarda comme la première fois [...].
– Va-t-en, murmurai-je, allez. **Pschi !** (M.-A. Murail, *Tête à rap*, 1994, 79.)

— [Par analogie]

6. ZOÉ. – Li avoir peur, on dirait... ah ! figure à moi... (*Elle s'avance.*) Bon blanc.
TREMBLIN, *reculant.* – **Pchi ! pchi ! pchi !**
ZOÉ. – Li repousser moi ! (Sewrin, *Les Habitans des Landes*, 1811, 21.)

♦♦ Attesté dep. 1811, sous la forme *pchi* (v. ici ex. 6). — Absent des dictionnaires consultés, à l'exception de TraitDu 1989, 318 (*pschhhhh* et *pschiiiiiiie*).

PCH³ □ VAR. *psch.*

Souvent répété "(bruit de marmonnement ; bruit d'une conversation à voix basse)".

1. – **Pscch, pschch**, psss [v. *pss pss²*], psss, psss, pssss, pssss, **repschpchpch**, firent les lèvres du curé. (Fr. Boyer, *Jeux interdits*, 1979 [1947], 49.)

2. « Alors, **pchhhh**... on bavarde [...] ! » (Bayon, *Le Lycéen*, 1987, 164.)

♦♦ Attesté dep. 1947 (v. ici ex. 1). — Absent des dictionnaires consultés, à l'exception de TraitDu 1989, 291 (*pchu pchu pchu*).

PCHT¹ □ VAR. *pchit, pchite, pchut, pschit, pscht, pschut, psht, pshuit, pshut.*

1. [Domaine concret]
1.1. Parfois répété "(bruit d'un gaz ou d'un liquide qui jaillit, qui fuse)".

1. I n'y a rien d' si flatteur
Qu'un bateauz [*sic*] à vapeur.
Pchi.....te, pchitt. (A. Deschamps, « Têtard au bateau à vapeur », dans *Album comique*, 1840, t. 1, 133.)

2. Tous les jours, une partie de la journée à l'hydrothérapie, dans le petit pavillon de souffrance et de torture, où

se mêlent au jaillissement de l'eau, au *pscht* cruel de la douche les plaintes soupirantes et les petits cris suffoqués. (E. et J. de Goncourt, 19 janvier 1870, *Journal*, 1989, t. 2, 243.)

3. On marche dans la fumée [...] et de tous côtés, on entend le *pschit* des pompes. (E. et J. de Goncourt, 28 mai 1871, *Journal*, 1989, t. 2, 451.)

4. – C'est lui, j'en suis sûr !... Mais il ne va pas s'en tirer comme ça !... Nestor, allez me chercher la lance d'arrosage ! Voilà !... Dès qu'il sonnera, vous ouvrirez la porte, et alors moi : **pschhtt** !... Nous allons bien rire ! (Hergé, *Coke en stock*, 1958, 9.)

5. Une auto roule plutôt vite pour l'endroit et juste dans une flaque qui fait **pschtt**... sur les bas d'une très jolie dame [...]. (M. Bailly, *Petits Pavés stéphanois*, 1987 [1958-1959], 31.)

6. Saisissant sur une console un inhalateur [...], Irène en ajuste l'embout dans une narine.
– **Pschut** !... **pschut** !... **pschut** !... (A. Simonin, *Le Hotu s'affranchit*, 1973 [1969], 28.)

7. L'attrait du graffiti vous titille. Une surface blanche et **pschitt** ! (*20 ans*, octobre 1990, 103.)

8. Mon frère fait le compte à rebours [...]. Quand il dit zéro, j'allume [la fusée]. La mèche fait un gros **pchitt** plein d'étincelles. (Cl. Ponti, *Les Pieds bleus*, 1995, 119.)

9. Lorsque la soupape de fonctionnement [d'une Cocotte Minute] laisse échapper de la vapeur de façon continue, en émettant un son régulier (**PSCHHHT**), réduisez la source de chaleur. (*SEB. L'Authentique Cocotte Minute. Guide de l'utilisateur*, décembre 2001, 7.)

10. [...] j'entends le bruit du lait qui éclabousse le seau en métal, **pchitt, pchitt, pchitt**, pendant que Mémé Sanspeur écrase sa tête contre le flanc de la vache et qu'elle presse le pis avec les quatre doigts de sa main droite. (S. Lucet, *Poussin de haie*, 2002, 202.)

1.2. En part.
1.2.1. Parfois répété "(bruit produit par une locomotive à vapeur)".

11. Nanterre est un village coquet [...] et l'on y entend, mêlé au son des cornemuses, les ***pscht, pscht*** du chemin de fer. (Ch. Monselet, *Figurines parisiennes*, 1854, 31.)

12. Il fit si bien, il manœuvra tant de clavettes et repoussa tant de leviers, il agaça tellement ce patient mécanisme [d'une vieille locomotive] que finalement on entendit un « **pshuuutt** » terrible, la vapeur sortit en sifflant. (A. Vialatte, *Salomé*, 1992 [*ca* 1930], 25.)

13. Il [le train] s'approche... **pchutt** ! **pchutt** ! (L.-F. Céline, *Rigodon*, 1973 [1961], 57.)

1.2.2. "(bruit produit par une boisson gazeuse ou mousseuse)".

14. – [...] L'eau qui fait **pschitt** c'est pas tellement mon idéal. (San-Antonio, *Les Doigts dans le nez*, 1972 [1956], 229.)

15. Quelle soif ! **Pschitt** ! Au goulot, la limonade ! (E. Rossignol, *Une enfance en Alsace*, 1990, 236.)

16. PCHHHHTTT !
Le bruit d'une canette de Coca-Cola fit sursauter tout le monde. (Ph. Le Roy, *Pour adultes seulement*, 2001 [1997], 234.)

17. Tomato posa le sac en papier au centre, y chercha la boîte d'Orangina et l'ouvrit. Elle fit un **pschitt** qui fit se

tourner toutes les têtes. (Chr. Nicolas, *Dehors et pas d'histoires*, 1998, 160.)

18. Sandra revient avec une bouteille et un décapsuleur [...]. / **Pchitt** ! fait le gaz quand elle ouvre la cannette. (Cl. Aubrun, *Photos à mateurs*, 2001, 25.)

1.2.3. Souvent répété "(bruit produit par un vaporisateur)".

19. Le coiffeur me fit « **pschtt... pschtt... pschtt...** » sur la tête avec un vaporisateur [...]. (R. Barjavel, *La Charrette bleue*, 1989 [1980], 125.)

20. [...] un coup de peigne, resserrage du catogan velours noir, **pschitt-pschitt** Calèche [= marque de parfum] dans le cou et j' te dégrafe un bouton de plus au tee-shirt [...]. (Ph. Adler, *Bonjour la galère !*, 1985 [1984], 81.)

21. [...] ça s'appelle la Brillantine du Docteur Roja. [...] Faut un vaporisateur, **pchitt, pchitt**. Mais alors, magique. Tel ça te tombe sur les tifs, tels ils restent. (Fr. Cavanna, *L'œil du lapin*, 1988 [1987], 261-262.)

22. Je la vois [...] tirer de je ne sais où un petit flacon de plastique qui fait « **pschitt, pschitt** » et me souffle une poudre blanche sur les plaies. Entre deux hoquets [de rire], elle parvient à prendre un air docte pour me dire : / – Sulfamides. (Fr. Cavanna, *Cœur d'artichaut*, 1997 [1995], 76.)

23. De retour chez moi j'ai rouvert le canapé, il restait une odeur de vomi, [...] courageusement j'ai quand même fait **pschit, pschit** avec la bombe spéciale dénichée dans un placard [...]. (V. Ravalec, *Recel de bâtons*, 1995, 35.)

— Emploi subst.

• "giclée sortant d'un vaporisateur ; produit déodorant ; vaporisateur".

24. On s'est mis du sent bon et deux coups de « **pschitt** » qui fait froid sous les bras. (J.-Fr. Bourasseau, *Le Rosé de Pissotte*, 1988, 126-127.)

25. [...] il y a une sacrée différence entre un établissement qui a sa dame pipi et un établissement sans dame pipi. L'un fleure bon la lavande, la fougère ou la rose grâce aux nombreux « **pschitt pschitt** » que l'on trouve dans le commerce, l'autre, c'est bien simple, vous préférez vous retenir... (*L'Événement du jeudi*, 11 octobre 1990, 144.)

26. Pour vingt-cinq francs c'est un véritable parfum contenant de nombreuses essences d'origine naturelle qu'on peut s'offrir. Une aubaine. Avec cette concentration et leur nouvelle composition, pas question de s'inonder, un ou deux « **pschitt** » suffisent pour la journée. (*20 ans*, octobre 1990, 6.)

27. On croit souvent être propre comme un sou neuf alors qu'en réalité on s'appelle Piggy la cochonne et qu'on trompe son monde sous du **pschitt** et du sent-bon. (*20 ans*, mai 1995, 123.)

28. Rien que de sentir notre mère, ça se voyait tout de suite que les chanteurs ne savent pas parfumer. Il ressortait de ses **pschitts** des effluves assez proches de ceux du yaourt, le genre d'arômes artificiels dont on ne sait plus bien s'ils sentent bon ou s'ils donnent faim. (S. Joncour, *Vu*, 1998, 158.)

29. Un **pschitt**... et voilà ! [Titre] / Avant, pour avoir une douche nickel, il fallait passer des heures à la nettoyer. Souvent. Très souvent. Mais la nouvelle ère du nettoyage est arrivée. Un « **pschitt** » d'Ajax Shower Power et notre douche est protégée des salissures : elle reste propre... (Publicité, dans *Télérama*, 7 mars 2001, 87.)

V. encore *léon*, ex. 12.

• “bombe de peinture”.

30. – Et même [...] il peut redresser [le capot] lui-même à la masse et camoufler au **pchitt**. (J. Amila, *Terminus Iéna*, 1986 [1973], 142.)

DÉR. **pchiter** v. **a)** Emploi intr. “faire *pcht*”. « La fermeture crisse, les cheveux tombent bouclés, la poudre claque le nez, la laque siffle, le parfum **pschitte**. Elle est prête » (K. Pancol, *Les Hommes cruels ne courent pas les rues*, 1991 [1990], 55). **b)** Emploi pron. “se parfumer avec un *pcht*”. « – [...] Tous les parfums de bonne femme me rendent malade. Je suis allergique. [...] je m’abstiens de me **pschitter** avec mon bien-aimé muguet » (N. de Buron, *Arrête ton cinéma !*, 1996 [1995], 290).

1.2.4. “(bruit d’un mécanisme à air comprimé)”.

31. De sa main droite, il cherchait quelque chose sous son fauteuil, et soudain il y eut un « **Pschttt** » et le fauteuil remonta d’un quart de mètre. (J. Failler, *Mort d’une rombière*, 1997, 68.)

— Associé à une autre onomatopée.

32. Elle écoutait l’autobus 80 freiner sous ses fenêtres, s’ouvrir les portes automatiques pom*-**pschiitt** et se réenclencher la première. (K. Pancol, *Les Hommes cruels ne courent pas les rues*, 1991 [1990], 7.)

1.3. Dans une comparaison ou en contexte métaphorique.

33. DEUX : Toujours la plaisanterie qui fait **pchit** ! (R. Dubillard, *Les Diablogues*, 2000 [1976], 40.)

34. À Katmandou, il avait eu sa première alerte cardiaque, il avait eu les intestins en pourriture et des hémorroïdes à foison. Il savait qu’il ne tiendrait pas, qu’il allait crever et faire **pschtt** en plein milieu du chemin. (J. Lanzmann, *La Baleine blanche*, 1983 [1982], 183.)

35. Peut-être qu’elle était venue me rejoindre avec l’intention de me voir heureux de sa visite, et de resserrer les liens, et puis **pshuuuit**... le joli ballon enflé comme un cœur avait crevé. (J. Cans, *Drôles d’oiseaux*, 1990, 127.)

36. L’idéal, ce serait quand même que l’ex, la disparue, la précédente, reste complètement invisible, et rayée de l’annuaire. Dissoute, **pschitt**, d’un coup de Fly-tox. (*20 ans*, mai 1992, 112.)

37. UN JOURNALISTE. – Les sommes se dégonflent.
LE PRÉSIDENT J. CHIRAC. – Ce n’est pas qu’elles se dégonflent. Elles font **pschitt** !
(Entretien télévisé en direct du Palais de l’Élysée, 14 juillet 2001 ; l’onomatopée est orthographiée d’après la transcription de *Libération*, 16 juillet 2001, 3.)

V. encore *plof*, ex. 13.

2. “(marque la soudaineté ou rapidité d’un procès, le plus souvent une disparition soudaine)”.

38. – Où est Stavro ? demande Ollie en s’asseyant sur le bord de la table.
– Sais pas. **Psschitt** ! Envolé, fait Pezner. (R. Sabatier, *La Mort du figuier*, 1986 [1962], 258.)

39. Les gens croient que ça se déplace lentement, une tortue [...] Une tortue, je te défie de pouvoir la surveiller. La manière insidieuse qu’elle s’esbigne [...] ! Et puis, tout à coup, **psscht** ! Disparue. Salut les copains. (San-Antonio, *Maman, les petits bateaux...*, 1980 [1975], 124.)

3. "(marque le refus, l'indifférence)".

40. FERDINAND. – C'est un malentendu. DUPRÉ. – **P'cht**... et cette pendule, cette écritoire, cette montre, que l'on a apportées en votre absence, est-ce aussi un malentendu ? (Scribe et Mélesville, *L'Etudiant et la grande dame*, 1837, 9.)

41. Les règles du sport ? **Pchitt**... ce n'était pas une barrière. (*Le Monde*, 12 octobre 2001.)

♦♦ **1.** Attesté dep. 1840 *pchitt* (v. ici ex. 1) ; 1854 *pscht* (v. ici ex. 11) ; déjà en 1720, sous la forme *pst* (« Car l'eau bouillant sur sa face enflammée / Nous obombra d'une épaisse fumée. / Cela fit **pst**... Par la sambleu, j'eus peur / Que l'eau n'allât consumer l'orateur » Grécourt, *L'Œuvre badine, Philotanus*, 294, dans DDL). L'annonce publicitaire d'une marque de soda « Pour toi, cher ange, / **Pschitt** orange ! / Pour moi, garçon, / **Pschitt** citron ! » a paru dans *Marie-Claire*, en juin 1955 (*De Bébé Cadum à Mamie Nova*, Paris, 1999, 268) ; elle est calquée sur le célèbre slogan vantant une eau minérale, sous diverses variantes, « Buvez Perrier, et soyez **PSCHITT** ! », « Perrier, l'eau qui fait **PSCHTT** [*sic*] » (respectivement dep. 1949 et 1950, d'après M. Galliot, *Essai sur la langue de la réclame contemporaine*, 1955, 403 et 433). **2.** Attesté dep. 1652 (« **Peht** [*sic, lire* Pcht *comme dans les éditions ultérieures : le caractère italique de l'original peut aisément se confondre avec un* c], il a fait son escriture, / Viens en entendre la lecture » Berthod, *Paris burlesque*, 45). **3.** Attesté dep. 1837 (v. ici ex. 40). — Enregistré seulement dans l'emploi 1 : GLLF *pschitt* ou *pscht(t)* ; TLF *psch(i)t(t)* ; Rob 2001 *pschitt, pcht* et var. ; NPR 2000 *pschitt* ; PL 2000 Ø ; TraitDu 1989, 318-319.

PCHT[2] □ VAR. *pchit, pchut, pschit.*

"(pour mettre en fuite un animal)".

1. KAKAO. – Le misérable ! encore un qui nie la mouche, quand je la vois de mes deux yeux... **pchitt**... car ça me fait loucher... (Sauvage et de Lurieu, *Fich-Tong-Khan*, 1835, 8.)

2. L'ordre ne fut rétabli que très difficilement, grâce aux efforts d'un berger et de son chien. Catulle Mendès debout sur sa pierre levait les bras, les agitait en faisant : « **Pschitt** !... » à un bélier fonçant droit sur ce toujours jeune maître du vieux Parnasse contemporain. (A. Salmon, *Souvenirs sans fin*, 1955, t. 1, 208.)

3. – Faut pas avoir peur des serpents, enchaîna Louis qui brandissait un bâton. Où qu'il est ? Tu vas voir. / Il pénétra dans l'herbe sèche en tapant à grands coups de sa trique et en criant : « **Pschitt** ! **Pschitt** ! » (A. Nicoulin, *Les Prisonniers du bacul*, 1987, 154.)

4. – Surmontant ma hantise des vipères, je fonçai dans les arbustes après avoir manifesté ma présence à coups de « **pchut, pchut** » et de pierres. (A. Durand-Tullou, *Le Pays des asphodèles*, 1991 [1989], 210.)

♦♦ Attesté dep. 1835, sous la forme *pchitt* (v. ici ex. 1). — Absent des dictionnaires consultés.

PFF[1] □ VAR. *pfeu, pfeuh, pfhou, pfo, pfou, pfouh, pfu, pfuh, pfui.*

1. [Domaine concret] Souvent répété.

1.1. [Bruit produit par un fluide]

— "(bruit de l'expiration)".

1. CASIMIR. – [...] (Il aperçoit le fichu que madame Orthès a laissé sur la chaise, le prend machinalement, et s'en sert pour enlever la poussière qui couvre ses habits.) **Pfu**... en voilà ! et allez donc ?... **pfu** !... **pfu** !... qui est-ce qui en demande ?... si on ne dirait pas que je tape sur un sac de plâtre. (Duport et Laurencin, *Casimir*, 1838, 658.)

2. Il a fait comme ça : ***Pffuiii !*** Moi, je croyais qu'il avait trop mangé ; pas du tout, il rendait son âme. (E. Chavette, 1867, dans J.-L. Carrière, *Anthologie de l'humour 1900*, 1988, 337.)

3. [...] j' prends une grosse cuillerée d'haricots et j' l'approche d' sa bouche.
– Avale-moi ça, ma vieille.
– **Pfffuiii** ! **Pfffuiii** ! qu'i s' met à faire.
– Bougre d'andouille que t'es, t'as pas b'soin d' souffler d'sus, sont pas chauds. (G. Frison, *Les Aventures du colonel Ronchonot*, 1885, 806, DDL.)

4. LE BEC DE GAZ, *soupirant*. – **Pffffui**... **Pffffui**...
TOUS LES MEUBLES, *se bouchant le nez*. – Ah ! gaz... alors, veux-tu fermer ça. (*Le Petit pioupiou*, 1887, n° 30, 4).

5. JULOT. – [...] Ramona..., tra lalalala (*s'arrêtant*). **Pffouhh** !
(*Il regarde du côté du prêtre, s'éponge et se remet au travail.*) (G. Lenclos, *Notre-Dame de la Mouise*, 1932 [1930], 55.)

6. [...] Olivier [...] me faisait des discours passionnés sur les vertus du yoga. / [...] J'allais apprendre [...] surtout, surtout à respirer.
– Mais, dis-je faiblement, je *sais* respirer ! En fait, je respire depuis l'âge de...
– Ha ! fit Olivier sarcastique. Il appelle cela respirer ! Ha ! *personne* ne sait respirer, que les yogis. Tiens : souffle un peu, pour voir !
[...] je fis :
— **Pffuhh** !! (J. Faizant, *Ni d'Ève ni d'Adam*, 1959 [1954], 38.)

7. Au pas de charge, avec des **pffuh** ! **pffuh** ! pour souffler sportivement, le commissaire Verdier traçait le portrait de Charles-Évariste [...]. (J. Amila, *Terminus Iéna*, 1986 [1973], 122).

8. Avant qu'il ne disparaisse, on l'entendait quand même chuchoter sur un ton d'extrême lassitude :
– **Pfff** ! qu'y fait chaud ! (M. Quint, *Billard à l'étage*, 1993 [1989], 115.)

9. – [...] le yoga, **pfff**, **pfff**, la relaxation. (V. Ravalec, *Cantique de la racaille*, 1994, 207.)

V. encore *hompf*, ex. 4.

REM. **bff** "id.". « ***Bff***... Adolphe Courtin s'éveille. ***Bff, bff***... Adolphe Courtin fait du vent en poussant l'air, en l'air, vigoureusement avec sa bouche. Elle est pâteuse, mais les poumons sont bons. Il y a du bon. ***Bff***... » (Willy, *En bombe*, 1904, 71).

— "(bruit de gonflage, de soufflerie)".

10. ***Pfffu-pfffu-pfffu***. [...] Pilot soutenait la cadence à coups de soufflet. (G. Chérau, *Monseigneur voyage*, 1967 [1927], 90.)

11. [...] poupées gonflables. Ils soufflent dedans – **Pfff** ! **Pfff** ! Ils soufflent. **Pfff** ! **Pfff** ! (L. Chalumeau, *Fuck*, 1991, 159.)

— "(bruit de dégonflage, de crevaison)".

12. J'entends ici le **pfffff** des pneus crevés [...]. (San-Antonio, *San-Antonio chez les mac*, 1980 [1961], 69.)

13. Là encore, la verve insolente des gamines se donna libre cours : « Quand

on a épinglé la Légion d'honneur sur la poitrine de Mme X, cela a fait **pff.** Maigre comme elle est, elle a de faux seins en caoutchouc... » (E . Rossignol, *Une enfance en Alsace*, 1990, 264-265.)

• **et pff.** □ VAR. *pfeuf.*

14. – Un mort ! je crie, mais il doit être en plastique [...].
– C'est un machin en caoutchouc !
– On va de suite être fixé, dit Fulminator.
Il sort son canif [...] **et pfeuf !** le mort gonflable se déballonne. (V. Thérame, *Scorpion, yeux bleus*, 1991, 151.)

— "(bruit produit par un fumeur)".

15. [HADDOCK, *fumant un cigare.*] Eh bien... **Pff**... voilà... **Pff**... Je crois d'ailleurs vous l'avoir déjà dit... **Pff**... c'est à la fois très simple... **Pfff**... et très compliqué... (Hergé, *Tintin au pays de l'or noir*, 1963, 62.)

16. [...] il parlait doucement, car il est impossible de parler fort avec une pipe à la bouche. Mi-affectueux, mi-goguenard, entre deux bouffées qui étouffaient ses phrases par le milieu, il donnait au Panthéon les nouvelles du jour.
– On va peut-être avoir un nouveau pensionnaire [...], *pff*... [...]. Mais [...] il y a un os... *pff*... ils ont perdu ses os ! *pff*... (A. de Saint-André, *Papa est au Panthéon*, 2001, 45.)

V. encore *rha*, ex. 8.

— "(bruit d'une locomotive à vapeur)".

17. Depuis qu'on nous a dotés du chemin de fer de Lyon ! mon auberge était ruinée !... Placée entre deux stations, personne ne s'y arrêtait... les consommateurs nous passaient devant le nez à toute vapeur ! **pf ! pf ! pf !** (E. Labiche, *Les Prétendus de Gimblette*, 1850, *Théâtre*, 1979, t. 2, 134.)

1.2. "(bruit d'une mise à feu qui échoue)". □ VAR. *pfuf.*

18. Le jour où nous étions au CERCHAR, 75 grammes de charbon pulvérisé ont été lancés dans ce tuyau, la mise à feu a été faite à un bout... et rien ne s'est produit, si ce n'est un peu de bruit suivi d'un misérable « **pfuf** » et d'une bouffée de poussière noire sortant à l'autre bout. (Y. Rebeyrol, dans *Le Monde Aujourd'hui*, 4-5 novembre 1984, VI.)

1.3. "(bruit d'un rire contenu)".

19. Les dames, où sont-elles ?
– **Pffû !** ce n'est pas la confiance qui vous étrangle, énonce en riant Kernadeck. (Willy, *En bombe*, 1904, 156.)

20. L'OUVRIER *(rigolant)*. – **Pfff !** C'est-y vrai, c' qu'on dit ? Paraît qu'y voudrait s' faire curé ? (G. Lenclos, *Notre-Dame de la Mouise*, 1932 [1930], 158.)

1.4. "(marque un passage rapide, une disparition soudaine)".

— **et pff.**

21. [HADDOCK.] – C'est inouï ce que ces chauffeurs sont mufles ! Ils vous voient comme ça, tout seuls, sur une route, **et pfff**... ils passent !... Quelle époque, mille sabords, quelle époque !... (Hergé, *L'Affaire Tournesol*, 1956, 34.)

V. encore *vzz*, ex. 4.

2. [Domaine abstrait] "(marque d'indifférence, de désinvolture, de dédain ; marque de lassitude, d'impuissance)".

22. SEPTIÈME MÉDITATION. – **Pfff...** (A. Karr, *Les Guêpes*, 1858 [1840], t. 1, 251.)

23. HECTOR, avec indifférence. – **Pfou !** Il continue de faire ses arrangements de papiers. (F.-A. Duvert, *La Poésie des amours et...*, 1849, *Théâtre choisi*, 1878, t. 6, 54.)

24. DUJARDIN. – Non, Monsieur, et je ne sais comment vous exprimer ma reconnaissance.
LENOIR, *à lui-même en descendant vers la droite.* – Je le crois bien ! **Pfeu.** (F.-A. Duvert, *Riche de cœur*, 1856, *Théâtre choisi*, 1878, t. 6, 332.)

25. Si j'étais critique dramatique, j'objecterais à M. l'administrateur que ses officiers espagnols me paraissent exagérément sensiblards. Pour un ennemi tué, ils pâment, et en pleine guerre civile encore ! **Pfuh !** (Willy, *Notes sans portées*, 1896 [1895], 29).

26. MAGGY, *le sucrier dans la main.* – Un morceau ? deux morceaux ?
VATELIN, *modestement.* – Quatre !
MAGGY [...]. – C'est beaucoup !
VATELIN [...]. – **Pffo !** (G. Feydeau, *Le Dindon*, 1896, *Théâtre complet*, 1988, t. 1, 535.)

27. – Oui, mais il y a le gendarme qu'est par derrière.
– Le gendarme !... **pfff !...** dit dédaigneusement Fifi. (*Le Jeudi de la jeunesse*, 19 mai 1910, 53.)

28. NÉNESSE. – [...] J' leur entonnerai une de ces romances...
ZÉPHYRINE. – **Pfffou !** Tu fileras doux, comme d'habitude, mon pauv' vieux. (G. Lenclos, *Notre-Dame de la Mouise*, 1932 [1930], 10.)

29. Alors je lui ai fait ma théorie et il a seulement répondu : « **Pfff.** » (J.-P. Sartre, avril 1937, *Lettres au Castor*, 1983, t. 1, 95.)

30. – **Pffuh !** faisait Fumet, voulant être insolent.
– Je note votre attitude, gendarme ! J'en aviserai qui de droit. (J. Amila, *Motus !*, 1974 [1953], 70.)

31. – Et les sous pour bouffer ?
Liliane fait un **pfhhou** des deux joues, accompagné, de manière superfétatoire, d'un tourbillon de la main dans le vague :
– Les sous, ça peut toujours se trouver... (A. Sarrazin, *La Traversière*, 1970 [1966], 41.)

32. Ils ont donné *Les Trois Lanciers du Bengale* à l'Eldorado. Kransky était là et quand il s'est agi de supplicier Gary Cooper, il a crié, plein de dépit, pour décourager les tortionnaires : « **Pfou !** ça lui fera même pas mal ! » (A. Gerber, *Le Faubourg des Coups-de-trique*, 1982 [1979], 74.)

33. – Tu fais plein de fautes d'orthographe. T'es mal barré. À seize ans c'est grave pour un type qui veut devenir ministre.
– **Pff...** J'aurai qu'à signer. (A. Jardin, *Bille en tête*, 1986, 20.)

34. – Des flics ? À mon sujet ? Il y a longtemps ?
– **Pfouhh**, une semaine, quelque chose comme ça. (Kââ, *Rendez-vous à Forbach*, 1988, 177.)

35. – Léo, je vais foutre le feu à ta baraque et à tes statues de merde !
– **Pff**, dit Romaine. Il s'en fout de ses statues. (Marie & Joseph, *Le Piège au jardinet*, 1990, 153.)

36. – Madame votre mère est souffrante ? demandé-je [...].
– **Pffou !** Elle s'écoute, fait la douce Solange. (San-Antonio, *Maman, la dame ne fait rien qu'à me faire des choses*, 1994, 183.)

37. Les troubles du langage, **pfu**, tu te tais c'est soigné [...]. (J.-M. Gourio, *Brèves de comptoir 6*, 1998 [1997], 46.)

38. J'aurai tout fait pour être publiée dans le courrier des lecteurs... J'ai été grave, drôle, cynique, pertinente, lyrique et énervée. Rien n'y a fait ! Pourtant, les articles des autres ne sont pas mieux que les miens... **Pppffff** ! (*Télérama*, 2 janvier 2002, 4.)

V. encore *prout*, ex. 12.

— Répété.

39. Vendredi soir. *Caractères* [= émission de télévision]. Bernard Rapp : « Patrick Modiano, expliquez-nous d'abord le titre de votre dernier roman, *Un cirque passe*. – C'est parce que... vous savez bien... **pfff**... les cirques, jadis, dans les petits villages... **pfff**... alors voilà... le cirque... alors il passe... oui... **pfff**... comme ça... voilà... le cirque... oui... » Silence. Long silence. Rapp : « Comme presque toujours, votre livre est situé dans le passé. Pourquoi, cette fois, dans les années soixante ? – Oui... bien sûr... pourquoi... **pfff**... les années soixante [...] » (A. Rémond, *Les Mémoires de mon œil*, 1993, 168.)

♦♦ **1.1.** Attesté dep. 1794 sous diverses graphies, pour marquer le bruit produit par un fumeur (« Tous-quatre [des marins] avaient à Toulon, la même auberge. Le lendemain de leur arrivée, ils fumaient à la même fenêtre : Le Plûs-parlant des 4 confia aux 3 Autres, que c'était à ce sejour à-terre qu'il alait se marier. "**Peuhhff** ! Moi aussi (dit le Supercargue). "**Pff** ! Et moi ! (dit le 1er Contremaître) : "**Mpeff** ! Moi d' même ! (dit le 2d). "**Vheuff** : Où est la Prétendue ? "**Peuhhff** : A Stpont ; au couvent. "**Pff** : La Miénne aussi. "**Mpeff** : La Miénne ed' même. "**Vheuff** : Comment se nomme-t-elle ? "**Peuhhff**. *Afrodise-Lettu*. "**Pff** : La Miénne aussi ; "**Mpeff**. La Miénne ed' même. "**Vheuff** : De même » Restif de La Bretonne, *L'Année des dames nationales*, 1451) ; absent des dictionnaires consultés. **1.2.** et **1.3.** Absent des dictionnaires consultés. **1. 4.** Enregistré dans GLLF et Rob 2001. **2.** Attesté dep. 1726 (« HENRIETTE. – Insolent, vous me perdez le respect : regardez-moi s'il vous plaît dès ce moment comme votre Maîtresse... / ARLEQUIN. – **Pouf**... vous ne l'êtes pas encore » Th.-S. Gueullette, *L'Amour précepteur*, 1732, 10) ; 1832 (« Aller ainsi provoquer le plus fort tireur de la ville ! – **Pfff** » A. Karr, *Sous les tilleuls*, dans TLF) ; 1891 (« Ronsard ! **Pffif** ! Encore un qui a traduit le français en moldo-valaque ! » Verlaine, dans DDL) ; enregistré dans GLLF ; TLF ; Rob 2001 ; NPR 2000 ; PL 2000 ; TraitDu 1989, 293 et 294.

PFF[2] □ VAR. *pfeu*.

1. " (bruit de crachement)".

1. **Pff**, il cracha par terre en direction de l'arbre [...]. (G. Mordillat, *L'Attraction universelle*, 1990, 40.)

2. Je n'y ai jamais mis les petons de ma vie (je le jure et je crache : **pfff** ! **pfff** ! **pfff** !, et tous ceux qui diront le contraire ne diront que des menteries). (P. Pellerin, *Tout va bien*, 2001, 17.)

2. "(bruit de crachement du chat en colère)".

3. Il semble parfois que l'on naisse. On regarde. On distingue alors une chose dont le dessous des pieds a l'air d'un as de pique. La chose dit *oua-oua* [v. *ouah*[1]]. Et c'est un chien. On regarde à

nouveau. L'as de pique devient un as de trèfle. La chose dit ***pffffffff.*** Et c'est un chat. (Francis Jammes, 1905, préface à Colette, *Douze dialogues de bêtes*, 1930, *Œuvres*, 1986, t. 2, 3.)

— Dans une comparaison.

4. La silhouette sans fin fend la foule, s'arrête, tourne la tête et, comme une chatte en colère, lance un "**Pfeu**" très digne [...]. (É. Boissin, *Le Minot*, 1988, 161.)

♦♦ Attesté dep. 1905 (v. ici ex. 3). — Absent des dictionnaires consultés.

PFLAC □ VAR. *pflag.*

"(bruit d'un coup brutal, notamment d'une gifle)".

1. Il te lui envoie une de ces beignes [= gifles] ! **Pflac** ! à abattre un bourricot !... Sonnée elle s'assoit ! (L.-F. Céline, *Guignol's band*, 1944, 70.)

V. encore *bing*, ex. 15.

♦♦ Attesté dep. 1944 (v. ici ex. 1). — Ce croisement de *plac** et de *flac** est absent des dictionnaires consultés.

PFLAF

"(bruit produit par un coup brutal, un choc violent)".

1. Je vois sa lame !... **Pflaf** !... elle dérape !... elle plante traviole !... (L.-F. Céline, *Guignol's band*, 1944, 105.)

2. Le moindre prétexte [...] : hop*, bagarre. Échanges de jurons xénophobes obligés, coups, cailloux dans la figure et conclusion : pour faire chier les autres, chacun a bousillé, aplati à coups de semelle, tout le considérable et splendide boulot artistique commun accompli [= des figurines en terre représentant un « village »]. Raplaplapla. Le chef de village bossu avec sa pipe : flacc* ! Les mamas en train de piler le mil : **pflaff**. Les gosses, les poules, les animaux sauvages modelés tout en finesse : schlaff*... Tant pis. (Bayon, *Le Lycéen*, 1987, 173.)

♦♦ Attesté dep. 1944 (v. ici ex. 1). — Ce croisement de *plaf** et de *flaf** est absent des dictionnaires consultés.

PFLOC

1. "(bruit d'un corps qui plonge dans l'eau, bruit de plongeon)".

1. Des « **pflocs** » consécutifs entre les roseaux indiquaient que la vie palpitait sur la mare [...]. (L. Pergaud, *De Goupil à Margot*, 1910, *Œuvres complètes*, 1987, 69.)

2. "(bruit de chute, d'écrasement)".

2. La vieille lui vide sur le cassis, toute sa bassine entière de flotte... et de la glaciale... Il se refout à plaindre, à gémir... Alors ça va de mieux en mieux !... Mais il reflanche alors d'une seule pièce... Ah le [*sic*] sale enflure !... **Pfloc** !... Il s'étale !... (L.-F. Céline, *Mort à crédit*, 2000 [1936], 594.)

♦♦ **1.** Attesté dep. 1910 (v. ici ex. 1). **2.** Attesté dep. 1936 (v. ici ex. 2). Ce croisement de *ploc** et de *floc** est absent des dictionnaires consultés.

PFT □ VAR. *pfeuft, pfuit, pfuith, pfut, pfwit.*

1. [Domaine concret]

1.1. "(bruit de sifflement d'un projectile)".

— [balle d'arme à feu]

1. Puis, s'exaltant à son propre récit, il [Tartarin] se levait de table, bondissait au milieu de la salle à manger, imitant le cri du lion, le bruit d'une carabine, pan* ! pan ! le sifflement d'une balle explosive, **pfft** ! **pfft** ! gesticulait, rugissait, renversait les chaises... (A. Daudet, *Les Aventures de Tartarin de Tarascon*, 1872, *Œuvres*, 1986, t. 1, 493.)

— [flèche]

2. [...] **pfftt**... un sifflement tout juste audible troubla l'air et la pointe d'une minuscule fléchette s'enfonça au-dessus du col de la chemise de Bernard. (A. Le Breton, *L'As et l'ennemi public n° 1*, 1977, 11.)

1.2. "(bruit de l'air ou d'un gaz)".

— (qui fuse)

• [dégonflage, crevaison]

3. Je tire à nouveau sur le pneu [...]. La voiture s'affale sur le côté droit. **Pffffft**... (Ph. Carrese, *Trois jours d'engatse*, 1995, 142.)

Dans un contexte figuré "(pour exprimer une sensation d'affaissement)".

4. À une chef costumière, la journaliste demande si *« ça fait mal, un corset »*. Réponse très prosaïque : *« Non, ça maintient. Mais quand on délace,* ***pfft****, on a l'impression que tout s'écroule. »* (*Télérama*, 14 février 2001, 163.)

• [dispositif de mise à feu]

5. [TINTIN.] – Eh bien, mon vieux Milou, si ces grenades avaient été chargées au lieu d'être simplement amorcées, nous ne serions plus de ce monde...
[MILOU.] – Oui... ça a simplement fait « **pffuuithh** » et puis plus rien... (Hergé, *Les Cigares du Pharaon*, 1984 [1934], 44.)

6. Conan [...] saisit quelque chose qui fait « **pfuitt** », et une flamme éblouissante jaillit, s'allonge, se raccourcit, se fixe en une languette sifflante de lumière. (R. Vercel, *Capitaine Conan*, 1934, FXT.)

7. – Une cartouche a fait long feu. Ça a fait **pfuitt** ! (Cl. Lucas, *Suerte*, 1998 [1995], 17.)

• [bateau à vapeur]

8. [...] huit jours après, **pft** ! **pft** ! un joli yacht à vapeur et à voile vient se ranger au quai de Tom Lévis [...]. (A. Daudet, *Les Rois en exil*, 1879, *Œuvres*, 1990, t. 2, 948.)

— (qu'on insuffle pour gonfler, pour déboucher, pour nettoyer).

9. « **Pfeuft** ! **Pfeuft** ! » faisait mon père en soufflant dans le carburateur. (P. Guth, *Mémoires d'un naïf*, 1953, 28).

• En contexte métaphorique.

10. Soufflons sur nos souvenirs d'il y a vingt ans. ***Pft ! pft ! pft !*** La poussière s'élève en fin nuage [...]. (A. Daudet, *Trente ans de Paris*, 1888, 88.)

— (qu'on expire) V. *plap*, ex. 2.

1.3. "(bruit d'un moteur en difficulté)".

11. La Mob le lâcha sans prévenir [...]. Elle eut une sorte de **pfutt** lamentable et de véhicule mobile à deux roues devint un sale tas de ferraille pourri. (A. Page, *Tchao pantin*, 1987 [1982], 31.)

V. encore *ptt*, ex. 4.

2. [Domaine abstrait]

2.1. "(pour marquer un départ rapide, une disparition soudaine)".

12. Soudain, **pffffuit** !... Le gaz s'éteint, ou du moins il baisse comme s'il n'y en avait plus. (*Le Régiment illustré*, 10 mars 1897, 6.)

13. Le rythme surtout était étonnant. « Grande foule », puis **pftt**... rien, la plaine comme une dalle, puis ça renaissait... mais un temps strictement mesuré et implacable s'accomplissant les fauchait d'un coup jusqu'au dernier. (H. Michaux, *La Nuit remue*, 1935, 173.)

14. – [...] C'était [les avortements] sa spécialité. Il aurait fallu que tu voies ça... **pffuitt**, plus personne et un ange de plus au ciel. (Georgius, *Du bromure pour les gayes*, 1962, 104.)

15. – [...] Tes papiers ?
– **Pffft** ! En cendres. (P. Siniac, *L'Increvable*, 1970, 133.)

16. Depuis que je m'astreins à prendre quatre ou cinq verres de Sauvignon, je ne souffre plus. J'urine comme vous et moi. Finie, la cystite ! **Pfft** ! Envolée. (R. Fallet, *Le Beaujolais nouveau est arrivé*, 1978 [1975], 32.)

17. Et puis, pour éviter les représailles, peu de temps après elle a carrément fermé son commerce et elle s'est évaporée... **pfuit** ! disparue. (A. Boudard, *Les Combattants du petit bonheur*, 1990 [1977], 152.)

18. – C'est pas grave, dit David. J'ai eu un ulcère aussi, il y a longtemps de cela. On me l'a enlevé : et depuis, plus rien, **pft** !... Seulement une cicatrice. (R. Brock, *Ceux du canal*, 1980, 202.)

19. « Ces verres, on se les transmettait dans ma famille depuis quatre générations, de mère en fille..., sans une fêlure. Ils étaient pour Sophie quand elle se mariera... et voilà, **pft**... plus rien ! Qu'ai-je fait au Bon Dieu ! » (M. Denuzière, *Pour amuser les coccinelles*, 1983 [1982], 43.)

20. – [...] C'est plus possible, vous comprenez... Ma femme est partie dimanche avec les deux gosses. Toutes mes économies... **pfuitt** ! envolées ! (P. Siniac, *Bazar bizarre*, 1982, 184.)

21. – Je lui ai [...] appris la taxidermie. Il est adroit, il y arrivait assez bien, et puis, **pffuit** ! Il a tout abandonné. (J. A. Lion, *Poulets et perroquets*, 1986, 91.)

22. Au fait, comment t'appelles-tu ? Joseph ?... Éloi ?... César ?... **Pfuit !!** Plus personne ! (J. Tardieu, « La Triple mort du client », *La Comédie du langage*, 1987, 303.)

23. Les trois stewards que nous devions remplacer : **pfuitt** ! envolés ! disparus soudainement au cours de la traversée. (P. Frémiot, *La Pompe à bière ne répond plus*, 1992, 133.)

V. encore *houps*, ex. 1.

— **et pft.**

24. Groupés comme on est une petite rafale ou une petite bombe **et pffft** y avait plus personne. (J.-L. Benoziglio, *Béno s'en va-t-en guerre*, 1976, 194.)

25. – Je me suis brûlée aussi, il y a deux jours, à la cuisine. C'est marrant ! M'sieu Renaud m'a emmenée chez une bonne femme qui enlève le feu **et pffuit**, plus rien... (M. Jeury, *Une odeur d'herbe folle*, 1989, 279.)

26. Une invention, le stylo Bic effaçable. [...] Une main qui traîne sur la phrase, **et pfuit** ! plus rien, plus un mot, plus une virgule, le néant. (Chr. Bravo, *Maîtresse à Belleville*, 1993, 190.)

27. Un moment d'inattention **et pfuit** ! Une autre grande fille en imper avait pris la place de Cathy. Il n'y avait vu que du feu [...]. (J.-Cl. Schineizer, *Pépère et l'omnibus*, 2001, 43.)

2.2. "(marque l'indifférence, le dédain)".

28. DE GUICHE
[...] N'ayant pas l'habitude
Du canon, prenez garde au recul.
LE PREMIER CADET Ah ! **pfftt** ! (E. Rostand, *Cyrano de Bergerac*, 1983 [1898], 278.)

29. « Mortisson ? **Pffutt** ; la terre y vaut deux sous la portée de fusil [...]. Les Mortissonnais ? **Pffutt** ; des pauvres sans foi ni loi [...]. » (M. Mauron, *Le Quartier Mortisson*, 1967 [1951], 12.)

30. – La S.D.N....
– **Pfuitt** ! (P. Daninos, *Le Jacassin*, 1983 [1962], 50.)

31. Si j'avais cédé [...], Aurélie aurait pu plastronner dans les récréations : « Mon père est dur, mais ma mère **pffttt**, j'en fais ce que je veux... » (B. et Fl. Groult, *Il était deux fois*, 1968, 224.)

32. [...] un copain du frère de la belle-sœur de l'amie connaît un moniteur qui ferait des prix [...] qui, à huit, reviendraient à... **pffffttt**, [...] rien du tout. (N. de Buron, *Qui c'est, ce garçon ?*, 1986 [1985], 93-94.)

33. « Tu vois, se plaignait-elle, les autres ont pensé à faire leur pelote quand les denrées se vendaient si mal. Mais lui... **pffuit** ! » (R. Vincent, *L'Adieu aux champs*, 1989 [1987], 201.)

34. La tante [...] faisait négligemment remarquer que les pétunias du jardin de sa belle-sœur, qui soignait avec passion ses parterres, étaient moins beaux que ceux de monsieur le curé. À quoi Mathilde répondait qu'elle ne les arrosait pas avec de l'eau bénite. La petite tante haussait les épaules en émettant un « **pfft** » méprisant qui s'accompagnait d'une volée de postillons [...]. (J. Rouaud, *Les Champs d'honneur*, 1990, 83.)

35. – C'est un artiste, un vrai, plaide Léna.
– **Pffft** ! Les pires ! (Fr. Lasaygues, *Back to la zone*, 1992, 64.)

36. – Mais, le problème, vois-tu, c'est que t'as pas le choix. [...] **Pfft** ! T'es quoi, ici ? Une merde. Une sous-merde. (G. Alle, *Il faut buter les patates*, 2001, 15.)

2.3. "(marque l'aisance, la rapidité)".

37. Ah ! il a le nez creux, le jeune homme ! [...] il a mis dans le joint... du premier coup, là : **pfwitt** ! (A. Gill, *Vingt années de Paris*, 1883, 46.)

38. Savez-vous ce qu'elle fait voir ? – **p'fft** ! – elle ôte sa jupe, sa camisole, elle ôte tout, et se met nue, complètement nue, **p'fft ! p'fft ! p'fft** ! (A. Gill, *Vingt années de Paris*, 1883, 120-121.)

39. Maintenant, vous, vous avez la chance d'avoir des électrophones, vous les branchez, **pfut**, ça marche tout

seul... (F. Raynaud, « Grenoble », *Heureux !*, 1975, 241.)

40. DEUX : [...] Et le citron ?
UN : Pas besoin de l'ouvrir. C'est un citron en poudre. Ça se dissout tout seul, dans l'eau de l'huître.
DEUX : **Pfuit** !... (R. Dubillard, « Les huîtres », *Les Nouveaux diablogues*, 2000 [1988], 23-24.)

♦♦ **1.1.** Attesté dep. 1872 (v. ici ex. 1). **1.2.** Enregistré seulement dans TLF, qui cite *La Pédale*, 1927 : « **Pfft** ! j'éclate à l'arrière ». **1.3.** Attesté dep. 1938 (v. *ptt*, ex. 4) ; absent des dictionnaires consultés. **2.1.** Attesté dep. 1897 (v. ici ex. 12) ; enregistré dans TLF et Rob 2001. **2.2.** Attesté dep. 1898 (v. ici ex. 28) ; enregistré dans GLLF ; TLF ; Rob 2001 ; NPR 2000 ; PL 2000 ; TraitDu 1989, 293. **2.3.** Attesté dep. 1883 (v. ici ex. 37) ; absent des dictionnaires consultés.

PFUIT □ VAR. *pfût.*

Souvent répété "(bruit de sifflet, de sifflement)".

1. Léonard [...] siffle plutôt qu'il ne parle :
– **Pfûûûûtt** ! V'là l' grand patron ! (J.-A. Nau, *Force ennemie*, 1903, 88.)

2. [Une balle de revolver] PFUITT (Hergé, *Les Aventures de Tintin [...] au pays des soviets*, 1999 [1930], 52.)

3. PFFFUIT — **pfffuit** – PFFFUIT – **pfffuit** – PFFFUIT – **pfffuit** ... / Le sifflet à la bouche, Globule entra dans la classe au pas de gymnastique, en petites foulées [...]. (J.-A. Varoux, *La Bête de Trouffignac*, 1983 [1974], 108.)

4. – Putain de carrée [= appartement] ! **Pfuittt**... s'émerveilla René, j'en voudrais bien une pareille ! (H. Prudon, *Mardi-gris*, 1978, 115.)

REM. **pfui** "(bruit du sifflet d'une locomotive à vapeur)". « On l'entend qui gronde la rame... elle arrive !... là-bas dans le noir... dans le trou... à ma droite... Bon !... Bon !... Bon !... elle se rapproche la rame. Elle gronde énorme, fracasse, enfle... "Brrrr ! [v. *brou*] Brrrroum* !" [...] "BRRR !..." la loco débouche et "**Pfuuii** !... **fUUii** !" le sifflet... » (L.-F. Céline, *Guignol's band*, 1944, 268).

♦♦ Attesté dep. 1903 (v. ici ex. 1). — Absent des dictionnaires consultés.

PIA-PIA

1. Vx "(cri du dindon)".

1. Le dindon : ***Pia, pia, pia****, glou, glou, glou* [v. *glou glou*[2]]. (*Les Amusemens du bel âge*, 1816, 45.)

2. "(marque le commérage, le bavardage)".

2. ROSA [...]. – [...] Passés les premiers **pia-pia**, tu dois avoir le lit un peu triste. C'est déjà fini avec Sterman ? (J. Anouilh, *Chers oiseaux*, 1977, FXT.)

3. – Toujours qu'il parle, cet Isaac Zober, que sa langue vite vite elle court toute seule ! [...] et **pia pia pia** qu'il fait comme la poule... (R. Sabatier, *David et Olivier*, 1989 [1985], 150.)

4. [...] subir le **piapia** de la préposée aux problèmes humains [...]. (R. Forlani, *Tous les chats ne sont pas en peluche*, 1990 [1988], 40.)

5. Écoutez plutôt ce **pia-pia** devant la photocopieuse [...]. (Cl. Sarraute, *Maman coq*, 1989, 47).

6. [...] tu trouves pas, **pia-pia-pia**. (Bayon, *Les Animals*, 1990, 290.)

♦♦ **1.** Attesté dep. 1730 « (*Il contrefait le cocq d'Inde*) **pia, pia, pia**, glou, glou, glou, glou » H. Bougeant, *La Femme docteur*, dans A. Vulliod, *La Femme docteur, Mme Gottsched et son modèle français Bougeant*, 1912, 210). **2.** Attesté dep. 1977 (v. ici ex. 2). On relève antérieurement *piapia*, en un sens mal déterminé, en 1839 (« Mon bonhomme, nous avons fait un excellent voyage, malheureusement sans le moindre accident. Mme Chavannes [...] s'est emmaillottée la tête d'un énorme châle. Alors nous avons dit : "Fa ! Fa ! Fa !" "C'est à faire vomir les honnêtes [gens]" "**Pia, Pia** !" et nous nous sommes mis à la portière » Caroline Flaubert, 5 mai 1839, dans G. Flaubert, *Correspondance*, 1984, t. 1, 42) et une forme intermédiaire entre *patati patata* et *pia pia*, chez Colette (« Et **patiapatia** ! » *Claudine à Paris*, 1901, *Œuvres*, 1984, t. 1, 252 et « Pour bavarder, pour "faire **patiapatia**", comme tu dis » *Claudine en ménage*, 1902, *ibid.*, 422). — Enregistré dans le seul Jean-Paul Colin *et al.*, *Dictionnaire de l'argot*, Paris, 1990 (le dérivé *piapiater* est enregistré dans PL 2000) ; aj. à FEW 8, 415b, PI-.

PIF

Associé à d'autres onomatopées "(bruit produit par un coup, par une explosion)".

1. LARDILLON. – Tout mousse autour de moi !... **pif**... pan*... fust... (*Il imite le bruit du champagne qui part et mousse.*) (E. Labiche, *Un homme sanguin*, 1847, *Théâtre*, 1979, t. 1, 456.)

2. – Vous êtes un malotru !
– Et vous un grossier personnage.
Piff !... dsing [v. *dzing*] !... échange de soufflets. (*Almanach comique*, 1873, t. 34, 151.)

3. – [...] et tout d'un coup, **pif** ! ping* !... c'étaient les boches [...]. (R. Dorgelès, *Les Croix de bois*, 1919, FXT.)

V. encore *pan*, ex. 39 ; *patapan*, ex. 3 ; *Anthologie*, n° 47.

— V. **pif paf**.

♦♦ Attesté dep. *ca* 1714 (« & **pif** & paf » Marivaux, v. *pif-paf*). — Enregistré dans les dictionnaires consultés.

PIF PAF

1. [Domaine concret]

1.1. "(bruit de coups, notamment d'une paire de gifles)".

1. **Pif** ! **paf** ! **pif** ! **paf** ! ah ! crains ma colère,
Tiens ! par' celui-ci... toi, celui-là... toi, celui-là...
Pif ! **paf** ! **pif** ! **paf** ! non, t'auras beau faire,
Je n' cède jamais... nous verrons qui l'emportera. (Ch. Desnoyer et Adrien, *Chérubin*, 1835, 13.)

2. POLICHINELLE. Ah ! et toi, Gripandouille, ton dernier jour est arrivé ! *(Il les bat tous les deux.)* **Pif** ! **paf** ! **pif** ! **paf** !!! (L.-E. Duranty, « Les Voisines », *Théâtre des marionnettes*, 1995 [1862], 51.)

3. UN AUTRE. – **Pif** ! **paf** ! en voilà quatre d'assommés par ce grand bougre de

lieutenant. (A. Jarry, *Ubu roi*, 1896, *Tout Ubu*, 1962, 98.)

4. **Pif ! paf !** les gifles commencèrent à pleuvoir [...]. (L. Pergaud, *Les Rustiques* [av. 1915], *Œuvres complètes*, 1987, 971.)

5. – Tu ne veux pas parler ? Tiens, voilà qui va te rafraîchir la mémoire...
Et **pif, paf**... D'un aller-retour sur les gencives, il lui fit gicler trois dents. (M.-É. Grancher, *La Dame au fez rose*, 1954, 148.)

6. [...] d'une détente aussi sèche que soudaine, **pif-paf**, [il] souffletait l'ennemi. (P. Daninos, *Le Jacassin*, 1973 [1962], 32.)

7. **Pif ! Paf !** Mon père m'a giflé ! (M. Dalio, *Mes Années folles*, 1976, 16.)

8. – Vous regarderez ailleurs une seconde et...
Violente paire de baffes. **Pif. Paf.** (J.-L. Benoziglio, *Le Jour où naquit Kary Karinaky*, 1986, 99.)

V. encore ici ex. 19 ; *ouin*, ex. 10.

— Avec redoublement du second élément.

9. Il se mit en garde et jeta quelques coups de poing dans le vide : ***pif, paf, paf !*** (R. Sabatier, *Les Allumettes suédoises*, 1988 [1969], 243.)

— Associé à d'autres onomatopées.

10. Les voilà une troisième fois en garde, frappant d'estoc et de taille... **pif !** pan* ! pan ! **paf !** ah ! quel malheur ! (C.O.D., *La Belle-mère, ca* 1818, 104.)

11. Livrons leurs temples à l'enfer !
Terrassons-les, cernons-les,
Frappons-les, perçons-les !
Pif, paf, pouf [v. *pouf*[1]], cernons-les !
Pif, paf, pouf, frappons-les ! (E. Scribe, *Les Huguenots*, 1836, dans *L'Avant-scène opéra*, n° 134, 1990, 40.)

12. **Pif ! paf !** pan* ! un coup de pied par-ci, une giffle par-là... il a cassé dix-sept dents au marguillier d' la paroisse. (Saint-Georges et Leuven, *Riquiqui*, 1837, 15.)

13. – V'lan* !
C'est Pierre qui reçoit une paire de gifles !
– **Pif ! paf !**
C'est le tour d'Ernestine ! (J. Ajalbert, dans *Le Petit journal, Supplément illustré*, 26 février 1894, 69.)

14. – V'là pour ta gueule !
– Salaud !
– **Pif, paf,** pouf [v. *pouf*[1]] ! Une envolée de capuchons. Des bras levés. Des cris. (A. Machard, *Trique, Néness, Bout, Miette & Cie*, 1910, 92.)

15. [...] on entendit des triques tomber sur des caboches, des lances et des sabres craquer, des coups de poings sonner sur les poitrines, et des gifles qui claquaient, et des sabots qui cassaient, et des gorges qui hurlaient, **pif ! paf !** pan* ! zoum* ! crac* ! zop [v. *zoup*] ! (L. Pergaud, *La Guerre des boutons*, 1912, *Œuvres complètes*, 1987, 636.)

16. On commence à se bousculer. Et naturellement ça ne tarde pas à dégringoler, les gnons sur le coin de la gueule. Pan* ! Pan ! **Pif ! Paf !** Et je te rentre dedans. (R. Queneau, *Pierrot mon ami*, 1972 [1945], 116.)

V. encore *schlac*, ex. 8 ; *tagada*, ex. 4.

— Avec inversion des éléments.

17. CYRANO [...]
J'en estomaque deux ! J'en empale un tout vif !
Quelqu'un m'ajuste : **Paf !** et je riposte...

CHRISTIAN
Pif ! (E. Rostand, *Cyrano de Bergerac*, 1983 [1898], 176-177.)

— En contexte métaphorique.

18. À cheval sur la discipline,
Dans mon journal,
Je fends, je pourfends, j'extermine
Le radical ! [...]
Et **pif, paf, pouf**, tarata [v. *taratata*[1]], poum*,
Je suis, moi, le rédacteur Boum !
([A. Gill], *La Muse à bibi*, 1879, 14.)

1.2. "(bruit de détonation, d'explosion)".

19. **Pif, paf** Pour exprimer le bruit que l'on fait en frappant quelqu'un, en le souffletant, ou le bruit de quelqu'arme à feu que l'on décharge. (D'Hautel, *Dictionnaire du bas-langage*, 1808, t. 2, 231.)

20. Le tocsin sonne. **Pif** ! **paf** ! on tire des coups de fusil. Des hommes en caleçon et des femmes en camisole de nuit traversent le théâtre. – Le public rit beaucoup. (G. de Nerval, 1846, *Œuvres complètes*, 1989, t. 1, 1091.)

21. Au bout d'un moment : **pif-paf** !... le gars tirait ses deux coups, et mouchait salement un des birbes ; une balle lui cassait un abattis [...]. (E. Pouget, « Watrinades », 1892, *Le Père Peinard*, 1976, 228.)

22. **Pif**... **Paf**... Deux coups de feu trouèrent le silence [...]. (M.-É. Grancher, *Pas de bégonias pour madame Dugommier*, 1950, 133.)

— Associé à d'autres onomatopées.

23. On se battait comme des imbéciles ; on disait aux Français : allez là, y z'y allaient ; **pif, paf**, pan*, v'là vingt mille têtes cassées, et sans savoir seulement pourquoi on s'était battu... (P.E. Debraux, *Les Barricades de 1830*, 1830, 145.)

24. Droit à l'ennemi je m'avance,
Chacun admire ma vaillance,
Pif, paf, pan*, je reviens vainqueur [...].
(E. Vanderburch, *La Pendule*, 1830, dans *Théâtre de l'enfance et de la jeunesse*, 1879, 151.)

25. MARCEL.
C'était alors qu'au bruit des tambours, des cymbales,
Accompagné du **pif, paf**, pouf [v. *pouf*[1]] des balles
(*faisant le geste de tirer des coups de fusil*)
Je chantais : **Pif, paf, pif, paf** ! (E. Scribe, *Les Huguenots*, 1836, dans *L'Avant-scène opéra*, n° 134, 1990, 39.)

26. J'ai demandé la permission / De tirer trois coups de canon / **Pif paf** pouf [v. *pouf*[1]] ! (A. Bray, *Trésor des comptines*, 1961, 63.)

27. [...] cet homme doué mais nerveux allait devoir être enfin dûment ceinturé, 22 long rifle à l'épaule, en pleine crise de canonnage des murs de son appartement parisien décoré de ses huiles, **pif-paf**-zou ! [...] (Bayon, *Les Animals*, 1990, 77.)

V. encore *pan*, ex. 39 ; *ran*, ex. 25 ; *Anthologie*, n° 15.

1.3. "(bruit d'une chute)".

28. **Pif, paf**, pouf ! [v. *pouf*[1]] père Michaud vient de s'étendre tout de son long dans le ruisseau. (J. Arago, *Comme on dîne à Paris*, 1842, 252.)

1.4. "(bruit d'une bouteille, souvent de champagne, que l'on débouche)".

29. BERTHAUT. – Et pour tisane ?...
FANFINETTE, *continuant*. – Six bouteilles frappées !... **Pif** !... **paf** !... ça va être

amusant. (Mélesville et Carmouche, *Le Bonhomme Richard*, 1846, 27.)

30. Que le **pif paf** du bouchon qui s'échappe
Résonne seul au sein de la cité. (Desforges de Vassens, dans *Almanach de la jeune chanson française*, 1877, t. 15, 21.)

2. [Domaine abstrait] "(pour exprimer la rapidité d'un procès)".

— **et pif et paf.**

31. Il n'eut pas le temps de dire ouf* ; avant qu'il eût songé seulement à se mettre sur les genoux, douze gars se précipitaient derechef sur lui **et pif ! et paf** ! et poum* ! et zop [v. *zoup*] ! vous le saisissaient par les quatre membres tandis qu'un autre le fouillait, lui confisquait son couteau et le bâillonnait de son propre mouchoir. (L. Pergaud, *La Guerre des boutons*, 1912, *Œuvres complètes*, 1987, 571.)

32. [...] elle a arraché des cintres les vestes, les pantalons, elle a fait tomber les chemises et les tricots des étagères **et pif et paf**, tout a été empilé, entassé sans façon dans les valises et les sacs. (Chr. de Rivoyre, *Crépuscule, taille unique*, 1989, 258.)

— **pif paf pouf.**

33. Je ne suis pas de ces gens heureux qui peuvent bâcler deux pages, **pif, paf, pouf**, comme nous en connaissons [...]. (G. Sand, *Correspondance*, 1842, FXT.)

34. Du style tennis-ballon. Là il était l'as. Dribbleur expert. Il le gardait des demi-heures avant de bombarder. La pointe, les mollets, les talons, les cuisses, la tête, le nez, le dos – **pif, paf, pouf** –, il vous faisait gigoter ça, infernal, il jonglait comme un zigoto. (Bayon, *Le Lycéen*, 1987, 261.)

REM. **pif-pof** "id.". « Une fois le bébé pondu, les télégrammes reçus et les fleurs fanées, l'idéal pour eux [les employeurs], serait qu'on revienne, **pif pof**, comme si de rien n'était (bien contentes du reste quand on retrouve notre chaise) » (M. Fitoussi, *Le Ras-le-bol des SuperWomen*, 1988 [1987], 64).

♦♦ **1.** Attesté dep. *ca* 1714 (« Ah, Madame, si vous aviez vû le vieux Renard se démener comme un Possédé avec son Sabre [...] **& pif & paf**, il donnoit tantôt sur une tête, tantôt sur un bras [...] » Marivaux, *Le Télémaque travesti*, dans DDL) ; 1756 (« PIN-PAN, **Pif paf.** Mots inventés pour exprimer l'action de frapper quelqu'un & pour donner plus d'énergie au discours [...]. Il lui a donné une paire de soufflets **pif-paf** » Abbé de Sauvages, *Dictionnaire languedocien-françois*, 367). **1.2.** Attesté [en 1650 « Sur mon ame c'est grand' pitié / De n'ouyr plus que **piffe pouffe** / Que bedoudou, que crier ouffe » (Saint-Julien, *Le Courrier burlesque*, 135) ; 1729 « Le pistolet, **pif, pouf** » (Dominique et Romagnesi, v. *Anthologie*, n° 6)] dep. 1689 « [...] les Grenades, les Bombes, les Carcasses, les Boulets, c'est une gresle de coups. **Pif, paf**, zin, zan, bou dou dou ; tac » (Delosme, *Mezzetin grand sophy de Perse*, dans Gherardi, *Le Théâtre italien*, 1701, t. 2, 336) ; 1693 (« Mon Maître, allons à la guerre, il surviendra quelques coups de Mousquet, **pif, paf**, quelque volée de Canon pouf » *Les Souffleurs*, dans *Le Théâtre italien*, 1696, t. 2, 92) ; 1779 (« la petarade des fusils **pif paf, pif paf** » L.A. Dorvigny, v. *Anthologie*, n° 8). **2.** Attesté dep. 1842 *pif paf pouf* (v. ici ex. 33). — Enregistré dans les dictionnaires seulement au sens 1 : GLLF (seulement dans un exemple) ; Rob 2001 ; TLF ; PL 2000.

PILLE □ VAR. *pi-u.*

"(bruit du cri d'un oiseau de proie)".

1. [...] un rapace passait et rapaçait en criant : « **Piiiille !** » (Marie & Joseph, *Le Crime de la rue du Ciel*, 1988, 7.)

2. [...] les buses planaient en lançant leurs « **pi-u** » mélancoliques [...]. (S. Lavisse-Serre, *Les Locatiers de Beauvoir*, 1998, 65.)

♦♦ Attesté dep. 1929 (« *piiy*, interj. [...] imitation du cri de la buse ou d'un milan » F. Boillot, *Le Français régional de La Grand'Combe (Doubs)*, 241). — Absent des dictionnaires consultés.

PIM

Surtout Midi de la France "(bruit ponctuel produit par un coup, notamment une gifle, par un choc, par une détonation d'arme à feu, par une explosion)".

1. **Pim !** La porte du vestiaire se referme à la volée [...]. (A. Sarrazin, *La Cavale*, 1969 [1965], 28.)

— **pim (et) pam** "(bruit en deux temps ou bruit redoublé ou répété, produit par un choc, des coups, des détonations)". □ VAR. *pim pan.*

2. [...] j'entends papoter un moment dans le couloir, puis [...] le **pim pam** de la lourde [...]. (A. Sarrazin, *La Cavale*, 1969 [1965], 235.)

3. **Pim ! Pam !** Il assèche presque le chargeur de la Mannlicher. (J. Vautrin, *Bloody Mary*, 1979, FXT.)

4. Voyant cela, il se précipite sur la sentinelle [...]. **Pim, pam !** cet Allemand lui tira deux baffes [...]. (J. Durand, *André Bouix, gardian de Camargue*, 1980, 224.)

• Avec répétition du second élément.

5. La chasse était ouverte depuis peu [...], alors pensez si dès la pointe du jour et toute la matinée de ce dimanche, **pim et pam et pam et pam,** les fusils avaient travaillé. (Chr. de Rivoyre, *Crépuscule, taille unique*, 1989, 248.)

• **et pim et pam.**

6. **Et pim ! Et pam !** Les balles entraient comme dans du beurre dans le sapin et ça détonait en diable. (R. Guérin, *Les Poulpes*, 1983 [1953], 15.)

7. Francis [...] raconte comment un poulet lui a échappé cet après-midi. Il lui avait tranché la tête, pourtant. Il courait dans tous les sens [...] **et pim !** dans la brouette, il repart à toute berzingue dans l'autre sens, **et pam !** dans l'abreuvoir. (O. Deck, *Les Chopines*, 2002, 52.)

— **pim (pam) poum** "id.".

8. **Pim ! Pam ! Poum !** Champagne !!! Jaillissement [...] Flot de bulles... (M. Sergent, *Normal*, 1991, 115.)

9. **Pim ! Poum !** Il remet une tournée. Deux châtaignes [= coups de poing] cette fois. Je commence à déguster. (R. Frégni, *Le Voleur d'innocence*, 1996 [1994], 244.)

10. Nous réglions nos différends religieux, politiques, sportifs et culturels à coups de cartable [...]. Ce n'était pas bien méchant : **pim ! pam ! poum !**

[...] et tout le monde se sauvait en courant. (G. Mordillat, *Rue des Rigoles*, 2002, 124.)

— **pim pom pom** “(bruit de fredonnement d’un air de musique)”.

11. La Marche de Boudienny, **pim ! pom ! pom !** cet hymne nous soulevait. (J.-P. Chabrol, *La Folie des miens*, 1977, FXT.)

♦♦ Attesté dep. 1953 (v. ici ex. 6) ; dans l’ex. suivant, il s’agit peut-être de *pim* prononcé [pɛ̃] « Vous ne travaillez pas, voilà une écriture de chat et une orthographe de crocheteur ! **Pim**, pan ! Voilà pour vos oreilles, animal que vous êtes ! » (G. Sand, *Histoire de ma vie*, 1855, FXT). — Absent des dictionnaires consultés.

PING

“(bruit soudain, souvent d’origine métallique, produit par un coup, par un choc, par une détonation)”.

1. [...] *Pierrot éternue au fond du chaudron, qui fait :* **ping** ! (L.-E. Duranty, « La Poule noire », *Théâtre des marionnettes*, 1995 [1862], 421).

2. Cherchant ses mots en parlant pour faire croire à une impression curieuse, de la même façon qu’il retardait un accord plaqué ensuite en disant « **ping** », pour faire sentir les cuivres, il passait pour merveilleusement intelligent, mais ses idées se ramenaient à deux ou trois, extrêmement courtes. (M. Proust, *Sodome et Gomorrhe*, 1922, FXT.)

3. [...] l’un des petits vieux [...] était outillé d’une béquille et faisait le geste de m’assommer par-derrière : « Comme ça, **ping** ! un bon coup sur les oreilles. Et puis après, il n’y a qu’à s’enlever avec la caisse. » (J. Rolin, *L’Organisation*, 1996, FXT.)

— Répété.

4. [Dans un atelier de maréchal-ferrant] PING PING PING PING (Hergé, *L’Île noire*, 1938, *Archives Hergé*, 1980, t. 4, 24.)

5. Je braque Jo Meunier. Je fais semblant de tirer. Je mime le recul et les coups de feu [...].
– Comme au cinéma ! **Ping ! ping ! ping !** (J. Vautrin, *À bulletins rouges*, 1980 [1973], 135.)

6. Dans la pièce voisine [...] un carillon Westminster martèle ses cloches en zinc, et **ping** ! Et **ping** ! (Gébé, *Roman d’une année sabbatique*, 1988, 125.)

— Associé à d’autres onomatopées.

7. Je le [= un lance-pierre] charge avec un gros caillou. Je tire à fond sur le manche... À bout de caoutchouc... Je fais à Popaul : « Vise donc là-haut ! » et clac* ! **Ping** !... Patatrac* !... En plein dans l’horloge !... Tout vole autour en éclats... J’en reste figé comme un con. J’en reviens pas du boucan que ça cause... le cadran qui éclate en miettes ! (L.-F. Céline, *Mort à crédit*, 2000 [1936], 110.)

V. encore *pif*, ex. 3 ; *pong*, ex. 1.

♦♦ Attesté dep. 1862 (v. ici ex. 1). — Absent des dictionnaires consultés, à l’exception de TraitDu 1989, 296.

PINPON □ VAR. *pimpon*.

1. Souvent répété “(bruit de l’avertisseur à deux tons des véhicules d'urgence : pompiers, police, ambulances)".

1. Partout il y avait des ambulances avec leurs sirènes, des cars de police avec leurs **pim pon** et aussi des hélicoptères qu'atterrissaient sur les toits [...]. (J. Lanzmann, *Rue des Mamours*, 1973 [1955], 189.)

2. – [...] Évadons-nous des poncifs et des pompiers...
– **Pin-pon... Pin-pon... Pin-pon...** interrompit de nouveau (finement) Barbizon en faisant cette fois le bruit de la pompe à incendie. (M.-É. Grancher, *À cheval sur mon bidet !*, 1957, 38.)

3. **Pin pon, pin pon** et **pin pon**
Corne, corne, corne donc
Passe, passe, passe donc
Pompier au nez de carton (Marcelle Vérité, dans A. Bray, *Trésor des comptines*, 1961, 190.)

4. À peu de distance, retentit le **pin-pon** d'une ambulance. (A.D.G., *Le Grand Môme*, 1977, 55.)

5. Les deux motards avaient [...] ouvert la voie [...] à coups de **pin-pon**. (N. de Buron, *Qui c'est, ce garçon ?*, 1986 [1985], 175.)

6. Police-secours débarqua à fond les **pimpons** [...]. (Fr. Fossaert, *Prouvez-le !*, 1985, 51.)

7. Richard a couru téléphoner aux sapeurs. [...] Les **pin-pon** des avertisseurs ne se sont pas fait attendre. (J. Cans, *Drôles d'oiseaux*, 1990, 132.)

8. Ses oreilles résonnaient du **pin-pon** de l'ambulance. (G. Mordillat, *L'Attraction universelle*, 1990, 283.)

9. Le chat fera toujours « miaou »*, l'âne « hi-han »* et les pompiers « **pin-pon** ». C'est ce que je pense en entendant survenir un gros véhicule rouge par l'allée cavalière. **Pin-pon !** Deux notes ! / Les casques de cuivre brillent au soleil. (San-Antonio, *Le Silence des homards*, 1992, 194.)

10. C'est un vrai incendie, qui demande des spécialistes. / Ils arrivent, avec leur « **pin-pon** » qui réconforte déjà. (H. Abert, *Le Saut-du-diable*, 1993, 102.)

11. Avant de monter devant, dans le car [de Police secours], c'est lui le chef, il enlève son chapeau, il crache et il remet son chapeau et **pimpon** ils partent. (R. Clauteaux, *Sous le Pont des Corbeaux*, 1994, 87.)

12. On a entendu un **pin-pon** se rapprocher [...]. (V. Ravalec, *Cantique de la racaille*, 1994, 280.)

V. encore *coucou*, ex. 8 ; *pout*, ex. 5.

— En emploi subst. m. pl. "pompiers".

13. Les **pimpons** arrivent. Et les gens sortent avec eux dans la nuit. (A. Demouzon, *Bungalow*, 1981, 41.)

REM. **papoum** "id.". « [Enfants qui jouent] Torain ne bougea pas, mais Gamichel fit un bond en arrière, tourna deux fois autour de la clairière et revint sur ses pas, pilotant à toute allure, **papoum, papoum, papoum**, le side-car du Secours d'urgence » (H. Bazin, *Le Bureau des mariages*, 1951, 45).

DÉR. **pimponner** v. intr. "faire *pinpon*". « Une ambulance [...] part en **pimponnant** » (J. Vautrin, *À bulletins rouges*, 1980 [1973], 164) ; « Il n'y avait pas un chat dans les rues. On entendait juste les sirènes des pompiers ou des ambulances qui **pimponnaient** au secours de victimes » (K. Pancol, *Les Hommes cruels ne courent pas les rues*, 1991 [1990], 296) ; « Cinq minutes plus tard, l'ambulance arrivait. / [...] Et, en **pimponnant**, la Citroën s'est ébranlée [...] » (S. Loupien, *Sexties*, 1993, 72).

— **pin pan pon** "(bruit de l'avertisseur à trois tons d'une ambulance)".

> 14. – Faudrait voir à appeler l'ambulance... **pin... pan... pon... pin... pan... pon...** Sans ça y va clamser votre pote ! cria Ti-Pierre. (B. Deflandre, *La Soupe aux doryphores*, 1987 [1985], 49.)

> V. encore *pin-pon-pin* sous *vouivoui* (v. *hou hou* rem.).

REM. **papapa** "id.". « On l'a ramassé [un chien heurté par une voiture] sur le trottoir, la patte déchiquetée, il puait le gigot. Aaah ! *(Bruit d'ambulance)* **Papapa, papapa...** » (G. Bedos, *Inconsolable et gai*, 1991, 92).

2. "(bruit du signal sonore émis par une locomotive)".

> 15. À ce moment, le **pimpon** d'une micheline retentit et aussitôt la motrice apparaît. (J. Vautrin, *Typhon-Gazoline*, 1987 [1978], 32.)

♦♦ **1.** Attesté dep. 1955 (v. ici ex. 1) ; enregistré dans les dictionnaires généraux contemporains, à l'exception de GLLF, sous l'entrée *pin-pon* ; TraitDu 1989, 296 *id.* « figure la sirène à deux tonalités des voitures de pompiers françaises ». **2.** Attesté dep. 1978 (v. ici ex. 15) ; absent des dictionnaires consultés.

PIOU

Souvent associé à d'autres onomatopées "(bruit du sifflement d'une balle d'arme à feu)".

> 1. Clac* ! Un coup de lebel déchire le bois. Clac ! clac ! et c'est une pétarade ininterrompue. [...] **Pi-ou, pi-ou**, les balles sifflent. (J. Arène, *Les Carnets d'un soldat*, 1917, 185.)

> 2. [Échange de coups de feu] PAN* / **PIOUOUOU** / TACATACATACA* [...] PAN PAN / CLAC* **PIOUUUW** CLAC **PIOUUUW** (Hergé, *Vol 714 pour Sydney*, 1968, 34 et 38.)

♦♦ Attesté dep. 1917 (v. ici ex. 1). — Absent des dictionnaires consultés.

PI-OUIT □ VAR. *pi-huit, pil-ouit, pirouite.*

1. "(bruit de cri d'oiseau)".

> 1. Près du tronc lisse d'un hêtre, après un « **pirouitte !** », un vol de perdreaux s'éleva en claquant comme un fouet. (R. Sabatier, *Les Noisettes sauvages*, 1988 [1974], 172).

> V. encore *brek brek*, ex. 1.

DÉR. **pilouiter** v. intr. "faire *pilouit*". « La verdurette [cri de Paris], cela veut dire que les oiseaux volent les uns après les autres, se chamaillent, pépient [...]. L'entendez-vous, comme il chante allègrement dans la rue fourmillante ! Au-dessus de tous les bruits, de toutes les rumeurs, dominant le broum* broum des voitures, il s'élance et **pilouitte**, et vous rafraîchit l'esprit » (J. Richepin, *Le Pavé*, 1883, 118).

2. Vx "(bruit produit par un sifflement d'appel)".

> 2. TOUS, hélant. – Ohé ! Dugandin !... **Pi... huit !**
> DUGANDIN, en dehors. – **Pi, pi, pi, pi huit.** (E. Moreau et J. Dornay, *Les Hirondelles*, 1861, 13.)

3. On sifflait, on s'appelait : « Ohé !... **Pilouitt** ! Lala-itou ! » toutes les vociférations de la ménagerie parisienne... (A. Daudet, *Le Petit Chose*, 1868, *Œuvres*, 1986, t. 1, 201.)

4. J'app'lais papa par la fenêtre,
Et du plus loin que je l' voyais :
Pi... ouit !
Il n' se l' faisait pas dir' deux fois,
Et je ram'nais not' bourgeois. (Meilhac, Halévy et Millaud, « Pi... ouit ! », 1881, dans M. Pénet, *Mémoire de la chanson*, 1998, 610.)

5. Un camaro l'appell' de loin :
« **Pi... ouit** ! » [...]. (J. Jouy, « La Pierreuse », 1893, dans M. Pénet, *Mémoire de la chanson*, 1998, 767.)

6. L'air s'emplit de clameurs :
– **Piouit** ! **Piouit** ! ohé, Bastouille ! ohé, Bastouille ! (A. Machard, *Les Cent gosses*, 1912, *L'Épopée au faubourg*, 1946, t. 1, 57.)

V. encore *brr*[3], ex. 1.

♦♦ Attesté dep. 1859 (v. *brrr*[3], ex. 1). — Absent des dictionnaires consultés.

PIOU PIOU

1. "(bruit du cri d'un petit oiseau)".

1. Le Moineau : ***Piou, piou, piou.*** (*Les Amusemens du bel âge*, 1816, 45.)

2. Le moineau : **Pioù, pioù, pioù**. (Celnart, *Manuel complet des jeux de société*, 1827, 180.)

3. [...] des cailles que l'on garde dans des paniers d'osier à claire-voie, et qui varient agréablement par leur sempiternel **piou-piou** le cri-cri* des grillons. (Th. Gautier, *Voyage en Espagne*, 1843, FXT.)

4. Il est ridicule, le petit oiseau dont on a tué la mère. Sur sa branche, il fait son chant de mort, un **piou-piou** monotone et inefficace. (A. Cohen, *Le Livre de ma mère*, 1954, FXT.)

V. encore *Anthologie*, n° 20.

— Simple "(élément du cri du rossignol)". V. *tireli*, ex. 5.

2. "(bruit du cri du poussin)".

5. Pour le ballet, j'étais devenu poussin. Enculotté dans un caleçon jaune en peluche (pour faire duvet) et coiffé [...] d'une casquette canari à visière orange. Mon texte se limitait à quelques cui-cui* rythmés, alternés avec un **piou-piou** anxieux quand j'étais supposé chercher du grain. (J.-L. Bory, *Un prix d'excellence*, 1979, FXT.)

6. Un jour merveilleux pour nous était celui de l'éclosion. Un matin, l'on trouvait sous la couveuse de petites boules de duvet jaune [...] qui, dès qu'on les prenait, poussaient de vifs **piou, piou, piou** [...]. (Ch. Forot, *Odeurs de forêt et fumets de table*, 1987, 229.)

7. poussin / **piou piou** (*Le Cri des animaux*, 2001, 5.)

V. encore *coucourou*, ex. 2.

REM. **pi-u / pie-ü** "(bruit du cri d'un petit oiseau, en particulier d'un poussin)". « [...] un petit [poussin], s'attardant à muser derrière un caillou ou une touffe d'orties, perdait de vue le troupeau et faisait "**pie-ü**" » (L. Pergaud, *La Revanche du corbeau*, 1911, *Œuvres complètes*, 1987, 172) ; v. encore *Anthologie*, n° 43.

♦♦ Attesté dep. 1578 à propos du poussin (« [...] **piou-piou** des poulets » (Joubert, v. *Zeitschrift für romanische Philologie* 106, 251 et 266) ; 1784 à propos du rossignol (« [...] les airs ravissans et mélancoliques d'un rossignol caché sous une feuillée, et les **piou-piou** prolongés, qui traversent, comme des soupirs, le chant de cet oiseau solitaire » Bernardin de Saint-Pierre, *Étude de la nature*, FXT). — Accueillie dans la lexicographie française par Cotgrave 1611 (« **Piou piou** [...] *the voyce of chickins* », v. FEW 8, 414b, PI-), l'onomatopée n'est plus enregistrée dans les dictionnaires généraux contemporains ; TraitDu 1989, 296 *pioupiou*.

PI PI

"(bruit du cri aigu d'un petit oiseau)".

1. [...] un poulet effaré, qui jette des ***pi-pi*** plaintifs [...]. (E. et J. de Goncourt, 8 mai 1887, *Journal*, 1989, t. 3, 37.)

— Simple.

2. J'entends le petit oiseau ! Qui fait **pii** ! (Chanson, dans P. Claudel, *La Jeune Fille Violaine*, 2e version, 1898, *Théâtre*, 1960, t. 1, 653.)

— Comme élément d'un cri de petit oiseau.

3. Les petits moigneaux [*sic*] faisaient **pi pi** piri **pi pi pi pi** dans le feuillage, ma'me Rabischmoulle et moi étions assis dans un bosquet [...]. (G. Frison, *Les Aventures du colonel Ronchonot*, 1885, 820, DDL.)

4. canari / **pi pi** rri (*Le Cri des animaux*, 2001, 18.)

◆◆ Attestée sporadiquement au 13e siècle et au 15e siècle, sous la forme *pipeis* "(pour exprimer le pépiement des oiseaux)" et sous la forme *pippis* dans le même emploi (FEW), l'onomatopée a servi entre-temps, *ca* 1480, à exprimer le cri de la souris (« Je vous ouy tantost le cry / De petites souris, **pipis** [var. **pipy**, **pipi**], / Fort fuisans [= duisans ?] a mon oreille » G. Coquillart, *Le Monologue Coquillart, Œuvres*, 1975, 291) ; 1606 (« Prendre des oiseaux à la pipée [...] est quand un homme caché dedans un buisson et bien entouré de rameaux couvert[s] de gluons, ayant un chathuant ou hibou branché et attaché près de luy, contrefait le **pippis** des oiseaux, ou bien pressant les ailes ou les pieds d'un oiseau vif, le fait crier, car les oiseaux advolent à ce **pippis**, ou à ce cry, pour garantir leus semblables du chathuant [...] et se perchent sur ces rameaux et s'engluent » Jean Nicot, *Thresor de la langue françoyse*, s.v. *pippée*) ; 1611 (« **Pipis** : m. *The whistling, chirping, or peeping of small birds* » Cotgrave). — Absent dans cet emploi des dictionnaires consultés, à l'exception de FEW 8, 559a, *PIPPARE.

PLAC

"(bruit sec produit par un claquement, par un choc)".

1. Et **plac**... Elle [la main] se rabattit sur le front de P'tit Ro. Ça fit un bruit sec, comme en ferait un sac de papier qu'on fait éclater près l'avoir gonflé d'air. (A. Dominique, *Gaffe au gorille !*, 1954, 122.)

2. [...] le « **plac** » creux d'une arme à air comprimé. (H. Pagan, *La Mort dans une voiture solitaire*, 1992, 301.)

— Répété.

3. J'ai soulevé le petit marteau : **Plac** ! **Plac** ! Rien d'abord est survenu... alors j'ai sonné à l'autre porte. (L.-F. Céline, *Mort à crédit*, 2000 [1936], 227.)

— Associé à d'autres onomatopées. V. *plic plac*.

4. Il reste abruti devant un moment... toutes les boîtes en or... [...] il s'amuse à les faire claquer... Ploc* !... **Plac** !... Ploc !... **Plac** !... Ploc !... Puis ça l'agace... (L.-F. Céline, *Bagatelles pour un massacre*, 1937, 372.)

V. encore *flac*, ex. 5 ; *vlac*, ex. 1.

• "(bruit des sabots du cheval)".

5. [...] et, devant nous, sous les branches basses, « ploc*-**plac** », faisant sonner les pierres, « **plac**-ploc », le petit cheval blanc [...] balançait son cou, balançait sa croupe, balançait ses sacs. (A. de Châteaubriant, *Monsieur des Lourdines*, 1911, FXT.)

2. Répété "(bruit de pas)".

6. On entend dans l'escalier les pas du Ramoneur qui font **plac, plac** !
LE CORBEAU. – [...] Entends-tu ses pas qui font **plac, plac** dans l'escalier ? (L.-E. Duranty, « La Fortune du ramoneur », *Théâtre des marionnettes*, 1995 [1862], 388).

♦♦ Attesté dep. 1576 (« [...] ces canonnieres de mordondienne mon frere pierre qui font **plac**, ausquelles le dernier tampon pousse le premier » [L. Le Jars], *Lucelle*, dans DDL s.v. *mordondienne*). — Absent des dictionnaires consultés, à l'exception de TraitDu 1989, 298.

PLAF □ VAR. *plâf* (rare).

1. [Domaine concret]

1.1. "(bruit produit par une chute, par l'écrasement d'un corps)".

1. [...] il marche droit comme si le boulevard était à lui, il s'écarte même pas quand il y a une flaque, à chaque fois, **plaf**, la semelle en plein dedans. (P. Cauvin, *Monsieur papa*, 1987 [1976], 104.)

2. Il mettait son sac dessous [un essaim accroché à une branche], un coup de ciseau à la branche, **plaf** ! ça tombait. (L. Chaleil, *La Mémoire du village*, 1989 [1977], 28.)

3. [...] la maladie d'être malade du cœur que tu peux t'écrouler d'un seul coup dans la rue, **plâf** [...]. (Fr. Cavanna, *L'Œil du lapin*, 1988 [1987], 58.)

4. Ces œufs frais qui s'écrasent – **plaff** ! – sur ses murs, sur ses fenêtres [...]. (*Télérama*, 24 décembre 1997, 24.)

V. encore *plouc*, ex. 4 ; *tip tap*, ex. 8.

— Répété.

5. En un instant, ils [les cafards] se débandaient, filant vers les plinthes, plongeant dans les recoins, les fissures, sous le frigo, disparus. Et bêtement, **plaf-plaf-plaf** : on les écrasait. (Bayon, *Les Animals*, 1990, 188.)

— **et plaf** !

6. Au cirque, [...] un grand cri **et plaf** ! Puis le trapéziste plat que l'on emmène au trot pendant que la musique... (Gébé, *Reportages*, 1973, 47.)

1.2. "(bruit produit par un coup, par un choc)".

7. **Plaf** ! Sur le derrière, cette fois, elle reçut un coup de torchon [...].

(N. Ciravégna, *Le Pavé d'amour*, 1978 [1975], 72.)

8. [...] merde, fais gaffe avec tes ongles, **plaf**, une baffe, attrape, salope, c'est comme ça qu'on cause à son homme ? (Fr. Cavanna, *Les Ritals*, 1981 [1978], 110.)

9. **Plaf** ! Le premier coup de calibre venait d'exploser. Puis la salve crépita, lacérant la nuit. Et les cinq bastos [= balles] contenues dans le barillet du flingue à Julot les Belles Dents... **Plaf** ! **Plaf** ! **Plaf** ! **Plaf** ! **Plaf** ! Les détonations rapprochées n'en firent qu'une ou tout comme. (A. Le Breton, *Fortif's*, 1982, 292.)

10. **Plaf** ! / Le ballon de volley nous est arrivé en plein dessus. (R. Forlani, *Valentin tout seul*, 1994, 179.)

11. Andrzej tape du pied. Le plat de la semelle bat le pavé. Un grand **plaf** jaillit du contact, se propage instantanément dans toutes les directions, porté par l'air frais du matin [...]. (N. Ancion, *Les Ours n'ont pas de problème de parking*, 2001, 113.)

— **et plaf !**

12. Il [...] va tirer de l'eau au robinet des chiottes [...] **et plaf**, lui balance la flotte à la gueule [...]. (J.-P. Demure, *Découpe sombre*, 1988, 42.)

REM. **plaouf** "id.". V. *pong*, ex. 2.

2. "(pour exprimer la soudaineté d'un procès)".

13. **Plaf** !... il enfonce, plonge dans les Indes... on le voit plus ! (L.-F. Céline, *Bagatelles pour un massacre*, 1937, 102.)

14. J'étais heureuse. À la fin de l'été, **plaf** ! Maman se radine. (E. Hanska, *La Mauvaise graine*, 1978, 115.)

15. – T'es encore plus con que je croyais ! **Plaf** ! la réplique cingle. (A. Boudard, *Le Banquet des léopards*, 1990 [1980], 121.)

V. encore *Anthologie*, n° 39.

♦♦ Attesté dep. 1937 (v. ici ex. 13). — Absent des dictionnaires consultés, à l'exception de TraitDu 1989, 298.

PLAN

1. Le plus souvent redoublé ou associé à d'autres onomatopées "(bruit d'un roulement de tambour)".

1. Le **plan plan** de la caisse [...]. (Th. Gautier, *Les Grotesques*, 1835, dans DDL.)

2. Le seul bruit qui me pinçait là,
Plan, rataplan*, rataplan,
C'était ce bruit-là, mes enfants. (Delormel et Garnier, « Le Père la Victoire », 1888, dans M. Pénet, *Mémoire de la chanson*, 1998, 677.)

V. encore *boum*, ex. 29 ; *ra*, ex. 10-11 ; *rantanplan*, ex. 9 ; *zim*, ex. 11.

REM. **pla** "id.". Associé à *ra**. « COCO, *il s'en va en portant la badine comme un fusil.* – **Rapla**, **plapla**, rapla, **pla**... » (Brazier et Dumersan, *Les Bonnes d'enfans*, 1825 [1820], 13). V. aussi *ran* (*ran plan plan*) et *rantanplan*, où *plan* est un élément final.

2. plin plan "(bruit de coups, de chocs)".

3. **Et plin et plan**, et cric et crac [v. *cric crac*], la vaisselle vole en éclats... (*Physiologie du cocu*, 1841, dans DDL.)

♦♦ Attesté dep. 1589 (« [...] pendant le tems d'une blanche, on en peult battre deux noires ou quatre crochues : &

pour le mieulx remarquer appellons le son d'une minime blanche qui se faict par un coup de baston appellons le dis je Tan ou **Plan** » Thoinot Arbeau, *Orchesographie*, Paris, 1995, 9 r°, fac-similé). Pour exprimer un bruit de luth, en 1673 (« POLICHINELLE avec un Luth, dont il ne jouë que des lévres et de la langue, en disant plin tan **plan**, etc. » Molière, *Le Bourgeois gentilhomme*, *Théâtre 1672-1673*, 151) et un bruit de timbales, en 1729 (« **Plan**, **plan**, **plan**, **plan** » Dominique et Romagnesi, v. *Anthologie*, n° 6). Comme élément d'onomatopée, dep. 1725 (« Pour vos yeux une vive ardeur / Fait pretintin, pretantan, / Rite rita **plan**, / Pretan, tambouriner son cœur » *Le Temple de memoire*, dans Lesage et d'Orneval, *Le Théâtre de la foire*, 1731, t. 6, 36) ; 1728 (« Que le Tenare s'ouvre / Ram**plan**, pata**plan**, / Ram**plan** promptement ; / Que l'enfer se découvre / Dans ce même moment, / Ram**plan** » Dominique et Romagnesi, *Arlequin Bellerophon*, dans *Les Parodies du nouveau théâtre italien*, t. 3, 60) ; 1750 (« rlantan**plan** », v. *rantanplan*). — Attesté seulement dans GLLF (*pla*) et TLF (ce dernier offre une entrée *pla*, non exemplifiée, et cite *plan plan* n.m. sous *rataplan*).

PLAP

"(bruit ponctuel produit par un choc, par un claquement de langue)".

1. [...] moi je buvais du vin blanc. Ça nettoie l'estomac, le matin. Et Oscar a un vin blanc (**plapp**) ! (Ch. Cros, « L'ami de la maison », *Monologues*, 1881, *Œuvres complètes*, 1970, 329.)

2. Voici revenue la chanson de Roland-Garros. Cette symphonie des "**plap-plap**" d'échanges de fond de court, des "**plap**-pfuit-aaah [v. *han* et *pft*]" suivis d'applaudissements [...]. (B. Poirot-Delpech, dans *Le Monde*, 31 mai 2000, 36.)

♦♦ Attesté dep. 1881 (v. ici ex. 1). — Absent des dictionnaires consultés.

PLATCH

"(bruit d'un coup violent, d'une chute, d'un corps qui s'écrase)".

1. – Si vous tombiez là-dedans [une cuve à broyer de la viande], vous seriez aussitôt broyé par les énormes roues que vous voyez...
[TINTIN.] – Ce ne serait pas drôle.
[*Il tombe*] OH / AH ! / HA ! **PLATCH** (Hergé, *Tintin en Amérique*, 1932, 109.)

REM. **plaoutch** "id.". « Quand je vois un match moi, je me demande si, à la place d'être gangster, je ne serais pas ailier gauche. Ça gagne autant et là, en plus, il y a tout ce monde qui vous admire quand on fonce la balle au pied [...] et **plaoutch**, un tir dingue dans la lucarne [...] » (P. Cauvin, *Monsieur Papa*, 1987 [1976], 50).

♦♦ Attesté dep. 1932 (v. ici ex. 1). — Absent des dictionnaires consultés, à l'exception de TraitDu 1989, 294 (*plâtch*).

PLIC

1. Répété "(petit bruit ponctuel, d'origine métallique ou produit par des gouttes d'eau)".

1. [...] les balles, déjà, frappant l'arrière de la carrosserie. **Plic ! Plic ! Plic !** Comme des boîtes de conserve entrechoquées [...]. (G. Dormann, *Le Bateau du courrier*, 1974, 58.)

2. Pas de musique, seulement des bruits : **plic, plic, plic**, la goutte d'eau qui tombe avec la régularité d'une horloge sur le revers du chapeau de Woody Strode, bzzz*, bzzz, bzz, la mouche qui agace Jack Elam qui se balance sans conviction dans son fauteuil [...]. (*Libération*, 2 mai 1989, 38.)

3. Des myrtilles de sueur tombent de son front en faisant *« **Plic ! Plic ! Plic !** »* [...]. (J.-M. Villemot, *Abel Brigand*, 2002, 188.)

2. Associé à une autre onomatopée.

— **plic plac.**

4. La grande salle était pavée de dalles grossières sur lesquelles les sabots faisaient **plic-plac**. (J. Anglade, *Un lit d'aubépine*, 1997 [1995], 49.)

— **plic ploc.** □ VAR. *plik plok.*

5. Seul le **plik-plok** d'une goutte morveuse au nez du robinet. (R. Fallet, *La Fleur et la souris*, 1948, 116.)

6. [...] le **plic-ploc** implacable du robinet [...]. (*Libération*, 10 mars 2001, 44.)

• En contexte métaphorique.

7. La maison prend l'eau. Ce furent d'abord des gouttes de soupçon, qui perlaient sur les murs. Et tombaient par terre, en faisant des **plic** et des **ploc**. (*Le Monde*, 15 octobre 1996, 32.)

— **plic ploc plac.**

8. Il tomb' dè l'eau, **plic ploc plac**,
Il tomb' dè l'eau plein mon sac.
(J. Richepin, « Marche de pluie », *La Chanson des gueux*, 1883 [1881], 22.)

♦♦ Attesté dep. 1845 (« **plic et ploc** [...] Onomatopée du bruit que font les rameurs avec leurs rames » Bescherelle) ; 1881 (*plic ploc plac*, v. ici ex. 8), 1948 (*plik-plok*, v. ici ex. 5) et 1974 (*plic*, v. ici ex. 1). — Absent des dictionnaires consultés, à l'exception de TraitDu 1989, 299.

PLOC

1. [Domaine concret]
1.1 Simple ou répété "(bruit ponctuel sonore)".

— [goutte d'eau]

1. PLOC
[CARREIDAS.] – Çà alors ! il pleut sur mon crâne !... (Hergé, *Vol 714 pour Sydney*, 1968, 52.)

— [baiser ; ventouse]

2. Mais le premier baiser indiscutable,
Qui fait « **ploc** », – qui claque, – qui pète ! –
– Ah ! le premier baiser à travers la bavette !...–
Ce premier baiser, c'est le diable !... (Franc-Nohain, *Le Dimanche en famille*, 1902, 46.)

• Dans une comparaison.

3. Des les premières mesures de la *Valse dans l'ombre* et sans doute la Veuve Clicquot aidant, elle avait passé ses bras en couronne autour du col du commissaire, avait collé sa joue humide au cuir râpeux de son partenaire [...].
Sur un dernier arpège des violons, les danseurs se figèrent. La joue de la mai-

resse se détacha dans un **ploc** ! de ventouse. (J.-Fr. Coatmeur, *Les Sirènes de minuit*, 1987 [1976], 114).

4. Avec des « **ploc** » de ventouses qu'on détache, Mme Armand décollait les verres du comptoir. (G. Mordillat, *Vive la sociale !*, 1981, 103.)

— [claquement, produit notamment par une balle d'arme à feu]

5. Les pruneaux [= balles] s'écrasaient sur les montants métalliques avec des **plocs** sinistres [...]. (L. Malet, *Des kilomètres de linceul*, 1991 [1955], 622.)

6. [...] il perça consciencieusement deux trous de 8 sur la plaque minéralogique. Il rangea sa chignole et sortit sa pince à rivets et la nouvelle plaque qu'il avait préparée. Il la posa sur l'autre. / **Ploc** ! **Ploc** ! fit la pince à rivets. Parfait. Il passa à l'arrière. **Ploc** ! **Ploc** ! / Désormais, l'Estafette lui appartenait. Légalement. (J.-L. Dana, *En attendant le matin du grand soir*, 1979, 54.)

7. [...] tu t'es pris trois bastos [= balles] [...]. Tiens, je t'en [...] remets une quatrième. **Ploc**. (M. Villard, *Démons ordinaires*, 1992, 138.)

• Associé à *plac*. V. *plac*, ex. 4.

— [bouteille que l'on débouche]

8. Jean déboucha la bouteille de monbazillac. Le bouchon fit ***ploc !*** Il était très long et Élodie vit là un bon signe pour la qualité du vin. (R. Sabatier, *Les Allumettes suédoises*, 1988 [1969], 171.)

9. Un bruit de verres qu'on choque suivit le **ploc** ! d'un goulot débouché. (C. Tessier, *Eugénie du Château-vert*, 1988, 174.)

V. encore *crouic*, ex. 6.

DÉR. **ploquer** v. intr. "faire *ploc*". « La bouteille a été débouchée avant-hier. La bière est fatiguée. Morte. Pas tout à fait quand même. La bouteille refermée, elle se recharge un petit peu. Quand on la rouvre, le bouchon mécanique **ploque** un petit coup, et il remonte sur la bière une petite risée de mousse [...] » (A. Stil, *Beau comme un homme*, 1977 [1968], 82).

— [corps qui plonge ou est plongé dans l'eau]

10. Hans s'avançait vers Maurice et lui prenait le pistolet, sous l'aisselle, il faisait pareil pour Gérard, balançant les armes dans la source. **Ploc, ploc** ! (A.D.G., *La Nuit des grands chiens malades*, 1990 [1972], 130.)

11. Le facteur rejeta sa ligne dans l'eau ; on entendit le petit « **ploc** » liquide. (J. Carrière, *L'Épervier de Maheux*, 1972, 279.)

12. [...] on s'est baladé un peu sur la berge, à petits pas craintifs ; on a lancé quelques cailloux, **ploc, ploc, ploc**, trois ricochets [...]. (P. Cauvin, *C'était le Pérou*, 1989 [1980], 33.)

DÉR. **ploquer** v. intr. "faire *ploc*". « Bernard, tu ôtais une pierre qui te blessait le dos et l'envoyais **ploquer** dans l'onde » (R. Fallet, *Banlieue sud-est*, 1947, 218).

— [corps qui sort de l'eau]

13. LA RAINETTE / [...] Je connais la mouche qu'on me jette. *(Elle saute.)* **Ploc** ! Et le chiffon rouge. *(Elle saute.)* **Ploc** ! L'appât vient, je bondis, on me prend, je m'échappe, je reviens. **Ploc** ! (Colette, *L'Enfant et les sortilèges*, 1925, *Œuvres*, 1991, t. 3, 166.)

14. [...] la grenouille qui saute près d'elle sur la berge, **ploc** ! (J. Jaussely, *Deux saisons en paradis*, 1979, 188.)

V. encore *clap*, ex. 7.

1.2. Redoublé ou répété.

— [marche, démarche ; sabots d'un équidé]

15. Les brins d'herbe givrés pailletaient sous le soleil qui fondait la glace dans les flaques. Sur le sol gercé les gros souliers de l'abbé Chalindre faisaient **ploc ploc** [...]. (H. Fèvre, L. Desprez, *Autour d'un clocher*, 1992 [1884], 84.)

16. Je hais [...] ta démarche boiteuse **ploc-ploc**. (*La Vie, tu parles*, 1984 [1983],129.)

17. [...] divers grincements de porte et de roues, [...] **ploc ploc** des sabots du cheval sur les pavés [...]. (E. Orsenna, *L'Exposition coloniale*, 1990 [1988], 72.)

18. Tapis dans le foin de la boiteuse [...], Pierrot et moi n'osions même plus respirer. Nous entendions [...] le **ploc-ploc** ardoisé[,] si caractéristique, des sabots qui approchaient [...]. (Bayon, *Les Animals*, 1990, 70-71.)

19. Et si je me souviens de lui [un petit âne], c'est parce qu'il me réveillait tous les jeudis matin, en passant sous la fenêtre de ma chambre. Il me suffit de penser à lui pour entendre le « **ploc-ploc** » de ses sabots menus, pour me lever et ouvrir mes volets sur le monde paisible. (Chr. Signol, *Bonheurs d'enfance*, 1998 [1996], 48.)

• Associé à **plac** ou à **plic.** □ VAR. *ploque et plique.*

20. [...] une méchante carriole tirée par un[e] haridelle poussive menant un train somnolent, **et ploque** ! et plique [v. *plic*] ! **et ploque** ! (R. Blanc, *Clément, Noisette et autres Gascons*, 1984, 123-124.)

V. encore *plac*, ex. 5.

— [pluie, liquide]

21. Elle [la pluie] fait **ploc, ploc, ploc** sur le plancher des galetas, forme des flaques, traverse les plafonds [...]. (J. Anglade, *Le Tilleul du soir*, 1975, 88.)

22. On voyait en permanence au plafond ou contre la façade de la maison des paniers remplis de fromages qui séchaient ou... s'égouttaient : **ploc** ! **ploc** ! **ploc** ! (G. Chevereau, *Une enfance à la campagne*, 1988, 92.)

23. Derrière [sous l'orage], Cervoni allait tête basse, sentant l'eau faire **ploc-ploc** sur son képi. (J. Anglade, *Un lit d'aubépine*, 1997 [1995], 18.)

— [jeux de balle : tennis, pelote basque]

24. [...] le **ploc-ploc** des échanges du tennis [...]. (Ph. Labro, *L'Étudiant*, 1986, 199.)

25. Le silence qui était simplement ponctué par le **ploc-ploc** de la balle, se remplit maintenant de Oh ! et de Ah ! (*Le Monde*, 7 décembre 1988, 12.)

26. Contre le mur, la balle fait un bruit de ping-pong, on entend les voix des joueurs, qui se décident. Et **ploc**, la balle tombe dans le panier dans un son étouffé. Tac*. **Ploc**, et parfois un bruit de tôle, c'est le rythme de la cesta punta [...]. (*Le Monde*, 6 août 1992, 9.)

— **plic* ploc.**

1.3. "(bruit produit par un choc, par une chute, par un un écrasement)".

27. Du troisième étage, Toudjourian laissa tomber une bombe à eau en papier qui fit **ploc** ! en s'écrasant devant Mme Grosmalard, la concierge du 78, laquelle brandit le poing vers le

ciel. (R. Sabatier, *Les Allumettes suédoises*, 1988 [1969], 119.)

28. [...] la tante Pauline décrivait le récit du journaliste, la terreur du condamné, son ultime révolte devant la Veuve. Elle jubilait à l'idée que justice allait se faire. [...] Et quand enfin elle pouvait imiter le rapide glissement de la lame dans les rainures bien huilées et le grand « **ploc** » qui s'ensuivait, elle ne manquait jamais de s'exclamer le doigt levé :
– Caïn ! Souviens-toi d'Abel ! (P. Magnan, *L'Amant du poivre d'âne*, 1988, 162-163.)

— Répété. V. *gling*, ex. 3.

2. [Domaine abstrait] "(pour exprimer la soudaineté d'un procès)".

— **et ploc.**

29. – [...] et... **ploc** ! ton cœur se serait arrêté, comme une montre qui s'arrête. (R. Forlani, *Tous les chats ne sont pas en peluche*, 1990 [1988], 19-20.)

♦♦ Attesté dep. 1845 (Bescherelle, v. *plic*). — GLLF ; TLF ; Rob 2001 ; NPR 2000 ; PL 2000 ; TraitDu 1989, 300 ; aj. à FEW 9, 75b, PLOKK-.

PLOF □ VAR. *plôf* (rare).

1. [Domaine concret]
1.1. "(bruit léger et ponctuel, produit notamment par une chute dans l'eau ou par un saut hors de l'eau)".

1. [...] voilà qu'en traversant le pont d'Austerlitz, mon luron fait un écart, et puis, **plof** ! (F.-A. Duvert, *Heur et malheur*, 1831, *Théâtre choisi*, t. 1, 142.)

2. Le garçon pose la soucoupe. Moi, tout en ramassant la monnaie, je lui fais signe qu'une pièce... dans ma tasse... tombée, là ! Oui, dans ma tasse... **plof** !... Soucoupe... tasse... **plof** ! (Gébé, *Reportages*, 1973, 83.)

3. Il ajouta un glaçon à son verre. **Plof** ! (T. Topin, *Piano barjo*, 1983, 253.)

4. L'étang reflète le vol des nuages et double sa couronne d'arbres d'une autre couronne inversée à peine plus sombre, qui tremble avec les frémissements de l'eau. Des poissons sautent : **plof** ! (C. Bouchard, *La Bande des Pas-Beaux*, 1993, 55.)

1.2. "(bruit d'une petite détonation)".

5. À la main gauche, il tenait une grosse pomme de terre alvéolée de trous dans laquelle il planta le canon de son arme pour en extraire un cylindre de légume. Il tendit un ressort et visa un ennemi imaginaire. Cela fit **plof** ! et le tireur réarma aussitôt. (R. Sabatier, *David et Olivier*, 1989 [1985], 99.)

— Répété.

6. Je vois sortir de la portière dont la vitre est baissée, le mufle impressionnant d'une monstrueuse pétoire [...]. Un crépitement imperceptible, que tu croirais qu'on perce des ballons rouges à coups d'épingle. **Ploff, ploff, ploff, ploff** ! (San-Antonio, *Tarte aux poils sur commande*, 1989, 141.)

1.3. "(bruit mat d'un corps qui s'écrase)".

7. Je parvins enfin à lancer la balle [au cricket] dans la bonne direction. Elle ne parvint pourtant pas jusqu'à mon adversaire. Elle tomba tristement à égale distance de nous deux avec un « **plof** ! » mou et sans même se donner

la peine de rebondir un peu. (J. Faizant, *Allez vous rhabiller !*, 1956 [1953], 131.)

8. Le caoutchouc [matraque] a fait « **plof** » sur la gueule du bique [(terme injurieux) = Arabe], qui m'est retombé dessus, mou comme flanelle. (A. Simonin, *Touchez pas au grisbi !*, 1953, 147.)

9. Je revois encore sa main pousser le plateau hors du lit et j'entends le fracas qui suivit : la gelée de coing fit un **plof** affreux en s'écrasant sur le plancher. (Chr. de Rivoyre, *La Mandarine*, 1972 [1957], 12.)

10. **Plof !** une croûte de pain vint s'écraser sur ma joue. (Fr. Hébrard, *Un mari c'est un mari*, 1986 [1976], 182.)

11. J'ai dérapé vers la rampe d'escalier et me suis agrippé par un pur hasard à la main courante. Mon paquet d'abats s'est envolé puis a explosé **plof !** sur le miroir de cire. Deux kilos de foie d'agneau bien juteux. (J. Cans, *Drôles d'oiseaux*, 1990, 97.)

— **et plof !**

12. Je me suis préparé des œufs au bacon. Les œufs n'ont plus le moral, pauvres bêtes. Tu les poses amoureusement dans la poêle, **et plof**, ils s'étalent. (Cl. Courchay, *Le Chemin de repentance*, 1986 [1984], 88.)

— Redoublé. V. *clac*, ex. 48.

— En contexte métaphorique.

13. Mais le « *formidable pari technologique* » vanté par le lobby de l'armement a fait « pschitt ! » [v. *pcht*[1]] et même « **plof !** » (*Le Canard enchaîné*, 25 juillet 2001, 3.)

2. "(pour exprimer la soudaineté d'un procès)".

14. Ah ! c'est affreux à regarder !... et puis **plof** !... Il tourne cramoisi !... Lui, si blême, juste à la seconde !... (L.-F. Céline, *Guignol's band*, 1944, 168.)

15. Bon-papa marchait sur un chemin, en bordure du champ de bataille – ce que des *dames* faisaient sur ce chemin était un mystère que je n'arrivais pas à éclaircir – lorsqu'un boulet était arrivé traîtreusement, et **plof** ! avait emporté la jambe. (G. Dormann, *Le Chemin des Dames*, 1977 [1964], 19.)

16. [...] son verre, **plôf**, lui tomba des mains. (J.-L. Benoziglio, *Béno s'en va-t-en guerre*, 1976, 200.)

♦♦ Attesté dep. 1831 (v. ici ex. 1). — GLLF Ø ; TLF s.v. *plouf*, rem. ; Rob 2001 ; NPR 2000 Ø ; PL 2000 Ø.

PLOP

1. [Domaine concret]

— "(bruit sonore, ponctuel et discret, produit notamment par une petite détonation, une légère explosion)". □ VAR. *ploup*.

1. LECAMUS, *faisant claquer sa langue après la dernière cuillerée*. – **Plop** !... Ça commence à bien faire... j'avais besoin de ça... depuis ce matin. (É. Ourliac, *Les Noces d'Eustache Plumet*, av. 1848, *Proverbes et scènes bourgeoises*, 1868, 36.)

2. [...] les truites montent à la surface gober avec un « **plopp** » sonore les innombrables papillons venus des prés

[...]. (P. Mélon, *Montagnards*, 1949, 67-68.)

3. Elle [une femme] émit le **ploup** sec d'un brûleur qui s'éteint [...]. (H. Pagan, *Les Eaux mortes*, 1986, 120).

4. Il a crié. Pour rien, puisqu'il n'y avait personne pour l'entendre dans le coin, et les trois « **plops** » faits par le revolver au long canon silencieux ont fait comme le bruit de trois bouchons de champagne sautant pour une soirée de fête... (J.-Cl. Aschero, *Scoops*, 1992, 88.)

5. [...] des grands scratches zèbrent furieusement l'écran [de télé], les couleurs bavent lamentablement [...] et **plop**, d'un seul coup, tout s'arrête. (A. Rémond, *Mon Œil*, 1993, 53.)

6. Une fois, j'avais coupé une balle de tennis en deux. On pouvait retourner les deux demi-sphères, cela faisait « **plop** ». (J.-P. Carminati, *La Concordance des dents*, 2001, 51.)

• Répété.

7. Olivier s'assit sur une chaise et balança ses jambes en observant de côté le cousin Baptiste. Il tirait à petits coups sur sa pipe. À chaque **plop-plop** s'échappait un jet de fumée [...]. (R. Sabatier, *David et Olivier*, 1989 [1985], 175.)

— "(bruit d'une bouteille que l'on débouche)".

8. Puis le sommelier [...] déboucha la seconde bouteille – **Plop** ! (P. Gerrard, *La Dame de fric*, 1997 [1960], 72.)

9. Le **plop** d'un bouchon [...] annonça l'apparition d'une seconde bouteille. (Y. Queffélec, *Le Charme noir*, 1985 [1983], 108.)

10. Le bouchon sauta. **Plop**. Jo s'absorba un instant au remplissage des verres. (T. Topin, *Piano barjo*, 1983, 257.)

11. Le bouchon fit « **plop** ». (H. Pagan, *La Mort dans une voiture solitaire*, 1992, 75.)

12. [...] le « **plop** ! » caractéristique du bout de liège libérant le chemin du goulot. (J.-C. Pinpin, *Toulouse au bout du siècle...*, 1999, 23.)

V. encore *ron*, ex. 27.

2. [Domaine abstrait] "(pour exprimer la soudaineté d'un procès)".

13. Il te regarde comme un clodo un sandwich et tout d'un coup, **plop**, il te voit plus, il est parti, va savoir où. (J.-P. Demure, *Découpe sombre*, 1988, 16.)

14. Un soir le pédé était mort, **plop**, comme ça, d'un coup, sans vraiment prévenir [...]. (V. Ravalec, *La Vie moderne*, 1996, 118.)

◆◆ Attesté av. 1848 (v. ici ex. 1). — Absent des dictionnaires consultés, à l'exception de TraitDu 1989, 300.

PLOUC

1. "(bruit de plongeon)".

1. Faut bien mater à la seconde même... le hublot qui crache... Fluitt !... jaillit !... **Plouc** ! à l'eau !... Courrier des Ondes !... le complice !... le youyou qui fonce ! (L.-F. Céline, *Guignol's band*, 1944, 48.)

2. UN : **Plouc** ! le voilà [un poisson] qui se couche. Il va s'endormir. (R. Dubillard, « Le train de Belgrade », *Les Nouveaux diablogues*, 2000 [1988], 230.)

2. "(bruit produit par un pistolet à air comprimé ou par une arme à feu munie d'un silencieux)".

3. Le coup de revolver a fait un si drôle de bruit, idéal ; truqué. C'est la première fois qu'il se servait d'un « silencieux ». **Plouc** ! Comme un pistolet à air comprimé ; pas de quoi effrayer une mouche. (A. Robbe-Grillet, *Les Gommes*, 1952, FXT.)

3. "(bruit de déglutition)".

4. **Plouc** ! Il vient d'avaler une bulle d'air.
Plouf* ! / Il vient de plonger ainsi qu'un éclair.
Plaf* ! / Il cogne son nez contre son rocher.
Couic* ! On ne le voit plus, il a disparu.
(« Mon poisson rouge », *60 poésies et 60 comptines*, 1975, n. p.)

♦♦ Attesté dep. 1944 (v. ici ex. 1). — Absent des dictionnaires consultés.

PLOUF

1. "(bruit d'un corps qui plonge, qui tombe ou qui est jeté dans l'eau)".

1. On arrive au Havre [...]. **Plouf** ! je tombe dans la mer... (Ch. Cros, « L'homme aux pieds retournés », *Monologues*, 1880, *Œuvres complètes*, 1970, 317.)

2. La Seine, oui... L'eau ne doit pas être trop froide, en ce moment... **Plouf** !... Et, alors, finis les tracas, les ennuis, les soucis !... (M. et A. Fischer, *A.Z.11. poste restante*, 1910, 87.)

3. La grenouille se tut et, au même instant, elle sauta, **plouf** ! dans la roubine [...]. (J. d'Arbaud, *La Sauvagine*, 1929, dans *Gens de Provence*, 1997, 669.)

4. Le « **plouf** » de quelques rainettes [...]. (R. Fallet, *Le Triporteur*, 1991 [1951], 308.)

5. Quand j'ai lâché, la main s'est rouverte et le calibre [= revolver] a glissé jusqu'au ruisseau. Ça a fait un tout petit **plouf**. (A. Simonin, *Touchez pas au grisbi !*, 1953, 221.)

6. [...] le caillou tomba dans la flotte du bassin avec un « **plouf** » sonore. (L. Malet, *Pas de bavards à La Muette*, 1991 [1956], 161.)

7. Il contemple la chute tourbillonnante, le **plouf** et sa gerbe d'écume, la remontée du corps qui, comme une balle vient affleurer la surface de l'eau, puis redisparaît. (J.-P. Bastid, M. Martens, *Adieu la vie...*, 1977, 125.)

8. Ils avaient sauté [dans la baignoire] chacun leur tour, à pieds joints, avec des grands **ploufs**, des splashs [v. *splach*] de toutes les couleurs et des giclées d'eau dans tous les coins. (G. Rondeau, *L'Âge-déraison*, 1982, 133.)

9. Et ça n'est pas l'image des deux compagnons traînés jusqu'au lac le plus proche, ni le « **plouf** » des corps tombant à l'eau qui viendront, la nuit, rassurer son rêve. (J. Lanzmann, *Le Lama bleu*, 1984 [1983], 195.)

10. Après avoir attentivement inspecté les environs à la recherche d'un éventuel témoin, il attacha la gabardine et le chapeau à la mobylette et balança le tout à la flotte. Après un gros « **plouf** », le cyclo périt corps et biens. (Fr. Fossaert, *Prouvez-le !*, 1985, 163-164.)

11. La mer est houleuse et la planche est pourrie. [...] et **plouff**, il tombe à l'eau ! (R. Devos, *À plus d'un titre*, 1989, 12.)

12. Nous jetions de petits cailloux à travers la grille et nous les entendions faire « **plouf** » au bout d'un temps très long dont nous déduisions avec considération la profondeur du puits. (M. Rouanet, *Nous les filles*, 1990, 84.)

13. Une grosse carpe vient de sauter, troublant d'un « **plouf** » sonore la paix du crépuscule. (J. Failler, *La Mort au bout de l'étang*, 1996 [1993], 90.)

V. encore *plouc*, ex. 4 ; *splach*, ex. 3.

REM. **blouf** "id.". « [...] le **blouf** d'un corps qui se jette à l'eau [...] » (G. Dormann, *Le Bal du dodo*, 1989, 68).

— En contexte métaphorique.

14. Envie de crier : pauvres minables, vous êtes dans le grand salon du Titanic, au douzième coup de minuit, **plouf**, naufrage ! (Chr. Giudicelli, *Double express*, 1990, 25.)

15. « [...] ici les prix font **plouf** [...] » (*Libération*, 12 septembre 1997, Supplément Multimédia, VI.)

16. [...] accompagner la sortie de vie de ma mère [...] avant le grand **plouf** et au-delà. (P. Fleutiaux, *Des phrases courtes, ma chérie*, 2001, 13.)

2. "(bruit d'un corps qui tombe, qui s'affaisse plus ou moins lourdement)".

17. Il [...] poussa au salon l'abbé Chalindre. / **Plouf** ! Le fauteuil geignit sous le poids du mastoc. (H. Fèvre, L. Desprez, *Autour d'un clocher*, 1992 [1884], 92.)

18. [...] elle se penche, empoigne ma tête à deux mains et colle ses lèvres sur les miennes [...]. Tout en me faisant apprécier sa technique, elle se coule à côté de moi et j'entends le « **plouf** » de ses souliers qu'elle éjecte. (A. Duquesne, *Une paire d'ailes au vestiaire*, 1955, 41.)

19. [...] elle dispose devant sa fenêtre du grain mélangé à une traîtresse poudre somnifère, dite « endort-pigeon ». Les imprudents qui se hasardent à venir picorer tombent, **plouff** , endormis, les pattes en l'air ! (N. de Buron, *Les Saintes Chéries*, 1992 [1964], 18.)

20. Mon ami maçon (il s'appelle Moïse – bon alpiniste) me tirait au bout de la corde. Quand j'ai fait **plouf** dans la fente, en silence, sans un cri, il s'est contenté de soupirer : « J'en étais sûr. » (J.-L. Bory, *Ma moitié d'orange*, 1978 [1972], 58.)

21. Il plana un instant dans les airs et rejoignit la terre en un **plouf** magnifique qui le fit rouler sur deux ou trois mètres [chute de bicyclette]. (R. Blanc, *Les Amours de l'oncle César*, 1986, 70.)

DÉR. **plouffer** v. intr. "faire *plouf*". « La porte [de l'avion] s'ouvrit. [...] du trou, parvint à s'extraire un petit être rondouillard qui sortait en marche arrière. Il palpa l'échelon du pied et **plouffa** dans les débris de sable » (A. Dominique, *Le Gorille au frigo*, 1957, 35).

— En contexte métaphorique.

22. Sur un ton de douceur peinée parfaitement hypocrite, je glissai à ma mère Maman, tu es fatiguée tu devrais faire un petit somme, espérant que je l'obligerais par ces mots à déguerpir sur-le-champ. Mais je m'illusionnais sur le pouvoir de mes paroles car elles firent **plouf** sitôt émises, et ma mère ne bougea pas. (L. Salvayre, *La Compagnie des spectres*, 1997, 14.)

23. La comédie prend son élan, s'envole, et... **plouf** ! retombe lourdement. Et tout le monde finit par s'ennuyer,

comédiens et spectateurs [...]. (*Télérama*, 9 janvier 2001, 133.)

— En part. "(bruit de bulles qui éclatent à la surface d'un mets en train de cuire)".

24. C'était un mystère fumant et vaporeux qui mijotait avec des « **ploufs** » sourds. [...] Là-dedans, dans cette énorme *gamate* [= marmite] semblable de loin à un alambic, cuisaient ensemble : petites pommes de terre, son et repasse [...]. (P. Magnan, *La Biasse de mon père*, 1983, 30.)

3. "(bruit de ressac de la mer)".

25. La nuit était calme. On entendait distinctement le **plouf** assourdi du ressac en contrebas, dans les grottes de Sainte-Marine. (P. Gerrard, *La Dame de fric*, 1997 [1960], 151-152.)

26. LE MOTEUR : Tom-tom-tom-tom* (*etc.*).
LA SIRÈNE : Tou-oute* !... Tou-oute... (*etc.*).
LA MER : **Plouf... Plouf-ouf** !... (etc.). (R. Dubillard, « En mer », *Les Diablogues*, 2000 [1976], 280.)

♦♦ Attesté dep. 1793 (« [...] v'là qu'on l' prend par les bras et par les jambes et **plouf** le v'là dans l'iau [...] » Hébert, *Le Père Duchesne*, dans DDL) ; 1816 (« [Ces tempéraments] ressemblent à ces terres riveraines, minées en dessous par l'*onde fugitive*, couvertes d'herbes et de fleurs ; rien ne les distingue des autres, puis tout à coup **plouf** ! » J. de Maistre, dans DDL ; v. TLF). — GLLF ; TLF ; Rob 2001 ; NPR 2000 ; PL 2000 et TraitDu 1989, 301 ; FEW 23, 197a-b 'bruit ; tapage'.

PLOUM PLOUM

Associé à d'autres onomatopées "(bruit de fredonnement d'un air de musique)".

1. – Seulement, ajouta Nanette, monsieur ne la [une valse] trouve pas assez longue. Monsieur me faisait remarquer qu'après le grand machin brillant, tu sais, **ploum**, **ploum**, **ploum**, pata**ploum**, tu devrais reprendre la mélodie, tu sais, tra la la la, tra la la la. (A. Allais, « La Valse », 1886, *Œuvres posthumes*, 1990, 101.)

REM. **plon plon** "id.". « *Fascination*... Tu seras toujours mon amant... **Plon plon, plon plon** » (San-Antonio, *Maman, les petits bateaux*..., 1980 [1975], 179).

— **ploum ploum tralala** "id.".

2. Cachin, Ca-chin, Ca-chin, qu'elle mugissait la salle sur l'air de **Ploum Ploum Tra Tra La La**. (J. Guernec, *Les Propos de Coco-Bel-Œil*, 1947, 115.)

3. Dans quelques minutes, c'est l'émission de Saint-Granier. Je ne la manquerais pour rien au monde, le titre seul m'enchante : « **Ploum-ploum tra-la-la** ». (A. Joffo, *Baby-foot*, 1983 [1977], 40.)

4. Le principe de *On chante dans mon quartier* (baptisé par le public ***Ploum ploum tralala***) est d'une simplicité désarmante : sur une estrade montée chaque jour dans une ville différente, les animateurs (Saint-Granier et Georges Gosset) font chanter des talents locaux et invitent la foule à reprendre en chœur. (R. Duval, *Histoire de la radio en France*, 1979, 365.)

• "(pour narguer l'interlocuteur)".

5. GANGSTER. [...]. Je sais qui vous êtes. Vous vous appelez Ferdinand Griffon. Vous étiez avec Marianne quand elle a

poignardé notre ami Donovon, et vous vous êtes tiré avec cinquante mille dollars qui m'appartiennent.
FERDINAND *(d'un air de défi).* **Ploum ploum tralala.** (J.-L. Godard, *Pierrot le fou*, 1976, 97.)

♦♦ Attesté dep. 1886 (v. ici ex. 1) ; 1914 (« **Plum ! plum ! plum !** *(bis)* **Tra la la la la la !** » A. Danerty, *Les nuits à Séville*, dans M. Pénet, *La Mémoire de la chanson*, 1998, 1250). — Absent des dictionnaires consultés.

POC □ VAR. *poq* (rare).

1. "(bruit ponctuel et léger, produit par un choc, par une petite détonation)".

1. [...] il déboucha bruyamment une bouteille [...], **poc** ! [...]. (J.-M. Gourio, *Chut !*, 1998, 166).

— Répété.

2. Aveugle à cent pour cent. [...] il tâte le bord du trottoir avec sa canne, **poc, poc, poc.** (Fr. Cavanna, *Les Ritals*, 1981 [1978], 214.)

• "(bruit d'un échange de balle au tennis)".

3. DEUX : Tapong !... Est-ce que vous aimez...
UN : Taping !... Le ping-pong ?
DEUX: Tapong ! Oui.
UN : Taping ! Et comment !
DEUX : Tapong !
UN : Taping ! Et vous ?
DEUX : Tapong ! Pas moi.
UN : Taping ! [...]
DEUX : Tic* ! **Poc ! Poc ! Poc, poc, poc, pocpocpocpocpoc.** Bien joué.
UN : Ça fait 21 à 18. (R. Dubillard, *Les Diablogues*, 2000 [1976], 22-23.)

4. **Poc... poc poc... poc poc... poc poc... poc... poc poc... poc poc... poc poc...** (*Télérama*, 22 mai 2002, 121, Légende de l'illustration d'un article consacré aux Internationaux de France de tennis.)

2. "(pour marquer la soudaineté d'un procès)".

5. V'LA QU'EST DIT !... m' fit la friponne,
Et moi j' dis : **Poq** !... V'LA QU'EST FAIT.
(A. Gouffé, dans *La Gaudriole*, 1817, 193.)

♦♦ Attesté dep. 1817 (v. ici ex. 5). — Absent des dictionnaires consultés, à l'exception de TraitDu 1989, 303 (*poc*) et 305 (*pok*).

POF[1] □ VAR. *pauf* (rare).

1. "(bruit soudain d'un coup ou d'un projectile ; bruit d'une détonation)".

1. [...] il a reçu la balle [à jouer] sur la tête, **pof** ! (Sempé, Goscinny, *Le Petit Nicolas*, 1986 [1960], 146.)

— Dans une comparaison.

2. – Oh ! dis, supplie la petite, dis, fais la bouteille !
Alors le général, les joues gonflées d'air, fait claquer ses lèvres :
– **Ppoff ! Ppoff !**
Et Titine est contente, très contente :
– C'est comme si qu'on déboucherait une vraie bouteille ! (A. Machard, *Titine*, 1913, *L'Épopée au faubourg*, 1946, t. 1, 212.)

— **et pof.**

3. **Et poff !** il gifle mon collaborateur avant de le traiter d'imbécile. (Chr. Dechavanne, *La Fièvre du samedi soir*, 1992 [1991], 90.)

— Répété ou dans une succession d'onomatopées.

4. Il lui a fait signe d'approcher, avec ses doigts il a mimé un pistolet, les gens qui se manquent n'importe où je peux les retrouver, faut le savoir, **pof, pof**, il a fait semblant de lui mettre une balle dans la tête [...]. (V. Ravalec, *Cantique de la racaille*, 1994, 37-38.)

5. **Pof, pof**, frappe une paume au panneau de la porte. (M. Jacobi, *Trésor*, 2001 [1996], 50.)

V. encore *Anthologie*, n° 36.

2. "(pour exprimer la soudaineté d'un procès)".

6. La comédie !... je sors une poignée de Livres... comme ça **pof** ! sur le guéridon !... Je me lève... je me sauve... (L.-F. Céline, *Guignol's band*, 1944, 138.)

7. « Ce salaud [...] me fait un croc-en-jambe. **Pauf** ! je tombe... » (H. Queffélec, *Journal d'un salaud*, 1944, 157.)

8. [...] les gens [...] attendaient que l'électricité s'allume... On n'avait jamais vu ça !... **Pof** ! Ça s'éclairait... Un Ah ! admiratif passait dans la rue... (F. Lapraz, *Beaujolaiseries*, 1979, 111.)

V. encore *Anthologie*, n° 34.

— **et pof.**

9. – Qu'est-ce qu'elle foutait dans cette agence, ta rombière ? demanda François [...].
– Elle avait repéré des Angliches pleins aux as. Elle les a suivis **et, pof**, elle tombe juste sur vos deux mecs. (J. Risser, *Sérénade corse*, 1969, 35.)

10. – Steph, une bagarre ?
Et pof, ni une ni deux, parti comme en 40. Judo. Aï-kido. Karaté. Coussins. Traversins. Objets contondants. Aïe*. Pan*. Paf*. (Ph. Adler, *Bonjour la galère !*, 1985 [1984], 54.)

11. – Admettons qu'il ait pris ce roman [...] au hasard... comme ça... un peu au pif... pas les yeux fermés, mais... **Et pof** ! un peu plus tard il trouve le petit mot à l'intérieur. (P. Siniac, *Des amis dans la police*, 1989, 57.)

12. Elle s'est approchée de la cuisinière **et pof**, elle a brûlé dans sa robe de chambre [...]. (J.-M. Gourio, *Brèves de comptoir 5*, 1997 [1996], 170.)

♦♦ Attesté sous la forme *pauf* dep. 1612 (« zest croc **pauf** » v. *Anthologie*, n° 4, str. 5 ; 1727 « bz, pif, paf, **pauf** » Boissy, v. le commentaire s.v. *bzz*) ; *ppoff* 1913 (v. ici ex. 2). — Absent des dictionnaires consultés, à l'exception de TraitDu 1989, 304 et de FEW 23, 197a 'bruit ; tapage'.

POF[2]

Souvent répété.

1. "(bruit d'essoufflement d'un moteur)".

1. UN : Il [le moteur] ferait plutôt **pof-pof**.
DEUX, *après un temps, le moteur se tait* : Maintenant, il ne fait plus rien du tout. C'est signe de quoi ?
UN : C'est signe de rien du tout. Du moins, je le suppose. Pom-pom-pom*, ça voulait dire qu'il y avait encore du mazout dans le réservoir. Ce qu'on entend maintenant, ce doit être le signe que dans le réservoir il n'y a plus rien du tout. (R. Dubillard, « En mer », *Les Diablogues*, 2000 [1976], 284.)

2. "(bruit produit avec ses lèvres par un fumeur)".

2. [ALCAZAR.] – [...] un cigare, amigo ?
[TINTIN.] – Non, merci. [...]
[ALCAZAR fume] POF POF POF (Hergé, *Tintin et les Picaros*, 1976, 31.)

♦♦ 1. Attesté dep. 1976 (v. ici ex. 1). **2.** Attesté dep. 1976 (v. ici ex. 2). — Absent des dictionnaires consultés, à l'exception de TraitDu 1989, 304 (emploi 2).

POM

1. Répété ou associé à une autre onomatopée "(bruit produit par un moteur, par un mécanisme)".

1. [...] ***pom ! pom ! pom !*** l'ivrogne a pu remettre son Diesel en route... (L.-F. Céline, *Rigodon*, 1973 [1961], 253.)

V. encore *pcht*[1], ex. 32 ; *pof*[2], ex. 1.

2. Répété "(bruit de fredonnement d'un air de musique)". □ VAR. *pon-pon.*

2. Il défilait tout seul, en marquant le pas par habitude ancienne, dans la grand-rue abandonnée. Entre ses lèvres, il faisait **pom, pom, pom**... allègrement. Il connaissait toutes les sonneries par cœur et imitait le clairon à la perfection. (A. Blondin, *L'Europe buissonnière*, 1978 [1949], 82.)

3. [...] elle continua à chantonner : « Je n'irai pas voir Jojo, Jojo, Jojo, **pom-pom** ! J'irai voir le roi de Pologne ou le prince d'Arabie, mais pas Jojo, tant pis pour lui ! » (R. Sabatier, *Boulevard*, 1986 [1956], 186.)

4. J'entends de la musique. Entraînante. Offenbach. C'est allègre. Ça ne pisse pas haut, mais ça fait toujours plaisir [...]. Brillant, **pom-pom.** (San-Antonio, *Maman, les petits bateaux...*, 1980 [1975], 173.)

5. L'orchestre [...] a fait retentir ses premiers **pom pom pom**... (H. Jaouen, *La Mariée rouge*, 1983 [1979], 96.)

— Associé à d'autres onomatopées.

6. La musique de bal, elle n'était pas tellement sophistiquée. Ça faisait : « **Pom, pom, pom** ! » puis une diarrhée déclinante et rapide de : « **Po, po, po, po, po, pom** !... » (J. Durand, *André Bouix, gardian de Camargue*, 1980, 86.)

V. encore *pim*, ex. 11.

• "(début – les quatre premières notes – de la *5e symphonie* de Ludwig van Beethoven)".

7. J'ai lancé l'intro de mon émission, le fameux « **pom-pom-pom-pom** » de la *Cinquième* – l'originalité ne nous étouffe pas, nous les obscurs animateurs [...]. (H. Jaouen, *L'Allumeuse d'étoiles*, 1997 [1996], 234.)

[Cette séquence servant de sonal à Radio-Londres pendant la Seconde Guerre mondiale]

8. On écoute donc radio-Londres [...]. La cinquième symphonie de Ludwig van... **pom pom pom** ! (A. Boudard, *Les Combattants du petit bonheur*, 1990 [1977], 332.)

9. **Pon Pon Pon Pon... Pon Pon Pon Pon...** Tout doucement on tourne le bouton du poste. L'oreille collée contre le récepteur, on attend.
– Ici Londres. Les Français parlent aux Français... (R.-A. Rey, *Augustine Rouvière, Cévenole*, 1977, 206.)

10. Dans ma pauvre tête, le **pom ! pom ! pom ! pom** ! de la radio de Londres se mêlait aux clac* ! clac ! clac !

clac ! des voitures de la Gestapo. (M. Jeury, *Le Vrai Goût de la vie*, 1989 [1988], 213.)

DÉR. **pom-pom-pommer** v. intr. "faire *pom pom pom*". « La Marne des bals musette, je connais pas beaucoup. [...] Ça pue la friture et ça **pom-pom-pomme** le flonflon [v. *flonflons*] à trois temps » (Fr. Cavanna, *Les Ritals*, 1981 [1978], 211).

♦♦ **1.** Attesté dep. 1961 (v. ici ex. 1). **2.** Attesté dep. 1842 (v. *couen couen* sous *coin-coin* rem.) ; v. aussi le commentaire s.v. *poum*.— Absent des dictionnaires consultés, à l'exception de TLF (s.v. *poum*) et de TraitDu 1989, 306, qui donnent le mot dans l'emploi 2.

PONG

Associé à d'autres onomatopées "(bruit d'un coup sonore, plus ou moins violent)".

1. Lift, lob, smatch, ping*, **pong**, paf*... Depuis 1928, à Roland-Garros, la finale filles fait tourner la tête des fans. (*Télérama*, 6 juin 2001, 129.)

— En contexte métaphorique.

2. Le patriote, il éventrait, le républicain, il découpait. En quinze secondes, un réformiste, il était plus reconnaissable. Et ran* pour Blum. Et ran pour Mayer. Et plaouf [v. *plaf* rem.] pour Grumbach. Et **pong** pour Blumel. Et toc* pour Hermann, un vrai programme ! (J. Guernec, *Les propos de Coco-Bel-Œil*, 1947, 72.)

♦♦ Attesté dep. 1932 « Madelon l'a gagnée la bouteille de champagne ! "Ping et **pong** ! Et mouche !" » (L.-F. Céline, *Voyage au bout de la nuit*, 1999 [1932], 478) ; *ping-pong* "tennis de table", emprunté à l'anglais, est attesté dep. 1901 (TLF). — Absent des dictionnaires consultés, à l'exception de TraitDu 1989, 306 (*pongg*).

POP

1. "(bruit d'une bouteille que l'on débouche)".

1. Dans le placard du couloir. Y en a d'autres [bouteilles]. Il y a peut-être même du « champ ». / Et glouglou [v. *glou glou*[1]] et **pop** [...], ça y va. (J. Vautrin, *À bulletins rouges*, 1980 [1973], 140.)

2. [...] le **pop** du bouchon plastique [...]. (J.-L. Degaudenzi, *La Lamentable épopée de Doris et Alexandre*, 1990, 120.)

3. Il y eut le ***pop*** du bouchon, le *glouglou* [v. *glou glou*[1]] de la gnôle se bousculant à la sortie du goulot. (M.-A. Pellerin, *La Pelouze*, 1995, 145.)

2. Souvent répété "(bruit d'une arme à feu équipée d'un silencieux)".

4. [...] les **pop-pop** des pistolets automatiques [...]. (Cl. Néron, *Max et les ferrailleurs*, 1968, 241.)

5. Deux jeunes en blouson qui entrent en douce dans l'appartement. Ils ont chacun une arme. Avec des silencieux [...]. Ils tirent cinq ou six fois sur le lit... **Pop**... **Pop**... Comme on coche les numéros au loto. (Fr. Castaing, *Ça va ? Ça va*, 1996, 193.)

3. Souvent répété "(bruit de lèvres d'un fumeur de pipe)".

6. Donc grand-père bourra sa pipe, sans hâte [...]. Un tison s'est échappé du cratère sur le foyer. Il le ramasse

dans ses mains dures, le pose sur le fourneau de sa pipe et aspire, aspire, et **pop, pop, pop** ! La fumée claire noie son visage bienveillant. (P.-J. Hélias, *Le Cheval d'orgueil*, 1975, 80.)

4. Répété "(bruit d'un moteur)".

7. Alors le vieux pointu devenait se souvenir des hauts fonds et du vent, quand le moteur à deux temps, **pop-pop, pop-pop**, le poussait au rythme du cœur humain vers des pêches à la traîne ou à la palangrotte (R. Brock, *Ceux du canal*, 1980, 55.)

8. [...] **pop pop** des moteurs des tracteurs qui s'excusent d'être déjà là [...]. (G. Alle, *Un air à faire pleurer la mariée*, 2000, 9.)

♦♦ Attesté dep. 1968 (v. ici ex. 4) ; antérieurement, en 1936, dans une sorte de refrain (« Tellement que la vieille les relançait avec ses questions ils ont fini par mugir en chœur, en cadence : "C'est pas un crime !... **Pop ! Pop ! Pop !** / C'est pas un crime !... **Pop ! Pop ! Pop !**" tapant comme ça des talons à crever le plancher... » L.-F. Céline, *Mort à crédit*, 2000 [1936], 582). — Absent des dictionnaires consultés, à l'exception de TraitDu 1989, 307.

POUET-POUET □ VAR. *pouët-pouët.*

1. [Bruit produit le plus souvent par un objet manufacturé]
1.1. "(bruit de trompe, de trompette)"

1. [...] Malavoine [le boulanger] dont la voiture traversa bientôt tout le village, en faisant ***pouett... pouett...***, alors que les *tû... tû...*[v. *tut*[1] rem.] de Daubin [le boulanger concurrent] ne nous parvenaient plus que de loin. (Cl. Menuet, *Une enfance ordinaire*, 1992 [1972], 61.)

2. **Pouët ! Pouët !** / Non, il ne faisait pas « **Poüet ! Pouët !** », le klaxon de la voiture de mon frère. [...] C'était une 4 CV Renault [...]. (R. Fallet, *Les Pieds dans l'eau*, 1990 [1974], 45.)

3. Alors là, on touchait à tout : la tôle, les roues, les fils, la corne – **pouet, pouet** ! Les débuts de l'automobile, je les ai vécus dans la rigolade. (J. Durand, *André Bouix, gardian de Camargue*, 1980, 29.)

4. « [...] Souffler, souffler sans trêve dans les trompettes de... »
– **Pouet pouet** ! cria Raphaël. (Marie & Joseph, *Le Petit Roi de Chimérie*, 1988, 26.)

— Simple, associé à une autre onomatopée. V. *broum*, ex. 16.

• Par analogie. □ VAR. (rare) *pouêtte.*

5. Il tire son mouchoir [...], puis il se l'étale à plat sur la figure, il s'empoigne le nez à travers le mouchoir, il se mouche, **pouët**, les oiseaux se sauvent, c'est la panique, il se frotte le nez avec le mouchoir en boule, ça va mieux, le voilà reparti. (Fr. Cavanna, *Les Ritals*, 1981 [1978], 27.)

6. Chemin faisant, [...], le soldat en calot jouait à souffler dans une feuille coincée entre ses pouces repliés : « **pouêtte !** », ça faisait. (Y. Hureaux, *Le Pain de suie*, 2001 [1999], 140.)

1.2. "(bruit de couinement produit par un engin manufacturé, notamment un jouet)".

7. **Pouet-Pouet** [titre] / Tous les personnage de dessins animés réalisés en

plastique mou [...] mais aussi tous ceux, anonymes, qui ont fait le bonheur des enfants des années 50 à 70 sont réunis, jusqu'au 30 septembre, au musée de la Poupée. (*Paris le journal*, 15 septembre 2001, 14.)

— Simple.

8. [...] il se métamorphose en clown à grandes savates, chapeau pointu et nez rouge qui fait **pouët**. (*Libération*, 23 novembre 2001, 4.)

2. "(accompagne un geste machiste consistant à effleurer avec plus ou moins d'insistance les seins d'une femme, assimilés à une trompe d'automobile)".

9. [...] Le Duc poussa ses camarades dans la rue et [...] les rejoignit non sans s'être livré à un dernier « **pouët-pouët** » sur le sein droit de Cornélie. (R. Fallet, *Le Triporteur*, 1991 [1951], 222.)

10. – [...] Elle a d' belles miches, Yvonne, j' peux pas y goûter ? / Et il lui pinçait les seins en criant : « **Pouet, pouet** ! » (M. Dalio, *Mes Années folles*, 1976, 93.)

11. Quand j'ai eu 12 ans, mon grand-père m'a dit : « Ça pousse ! » Et il m'a pincée en faisant « **pouet-pouet** » devant les cousins. Depuis, je le hais à mort. (*20 ans*, janvier 1994, 78.)

12. – [...] Il est nul ton mari[,] ma chérie, viens plutôt en vacances avec Francis, allez, fais-moi une bise tiens déjà... **pouët pouët** !
– Hum, hum...
– Eh ben quoi ?! J'ai pas le droit de toucher les nichons de ta femme ? (J.-M. Gourio, *Brèves de comptoir 6*, 1998 [1997], 190.)

— Dans un contexte mêlant à dessein les emplois 1 et 2.

13. Ell' avait un sac en croco, oh oh Odile,
Ell' avait une belle auto, oh oh Odile,
Ell' avait aussi un très beau châssis, l'automobile,
Quand on appuyait sur ses jolies poires
Ça faisait **pouet pouet** (coin coin*) [...]. (Bourvil, *Odile*, 1955.)

♦♦ **1.1.** Attesté dep. 1929 (« **Pouet-Pouet** », chanson de A. Barde et M. Yvain, tirée de l'opérette *Elle est à vous*, v. Chantal Brunschwig *et al.*, *Cent ans de chanson française*, 1981, 264). **2.** Attesté dep. 1951 (v. ici ex. 9). — Enregistré, dans l'emploi 1 seulement, dans Rob 2001 et TraitDu 1989, 309.

POUF[1]

1. Souvent dans une succession d'onomatopées [Domaine concret]
1.1. "(bruit d'une chute, d'un corps qui s'écrase)".

1. Il accepte, nous nous promenons... et, au moment où il y pense le moins... **pouff** ! je le jette dans la pièce d'eau, qui a cinq pieds de profondeur. (Varin et Lubize, *Le Muet de Saint-Malo*, 1837, 3.)

2. La neige est drôle. Vlan* ! un bouchon blanc vous entre
Dans l'œil. [...]
Paf* ! l'un est sur le dos. **Pouf** ! l'autre est sur le ventre ! (J. Richepin, « La Neige est drôle », *La Chanson des gueux*, 1883 [1881], 148.)

3. Je grimpai l'échelle, et... une... deux... trois... **pouf** ! Du haut de la girafe, mon cher ! Ah ! l'eau était

bonne ! (A. Gill, *Vingt années de Paris*, 1883, 187.)

4. Il perdit l'équilibre, dégringola de branche en branche et fit **pouf !** sur le gazon, où il se trouva déposé assez mollement du reste. (*Le Jeudi de la jeunesse*, 7 juillet 1910, 165.)

5. « Nous étions donc là, reprit-elle, et j'entends du bruit dans un arbre [...]. J'entends des semelles qui raclent et puis "**pouf**" par terre, et nous reconnaissons petit père Daste qui se frotte les mains l'une contre l'autre, essuie ses genoux [...]. » (Colette, *Bella-Vista*, 1937, *Œuvres*, 1991, t. 3, 1123.)

6. Il entendit à peine le **pouf !** léger qu'elle [une boule de neige] fit en atteignant le sol. (J. Anglade, *Jean Anglade raconte*, 1975, 64.)

— **et pouf !**

7. – [...] Nous finissions de dîner, bien tranquilles... Tout à coup, voilà mon camarade qui s'arrête de manger, me regarde un moment avec de drôles d'yeux, **et, pouf !** tombe sur la table, les bras en avant. (A. Daudet, *Lettres de mon moulin*, 1869, *Œuvres*, 1986, t. 1, 287.)

V. encore *hi hi*, ex. 22.

1.2. "(bruit de coup donné à une personne)".

8. (*Faisant le geste de donner un coup de poing.*) **Pouf !**... le shako jusqu'au menton... (Brisebarre et Nyon, *La Modiste au camp*, 1846, 4.)

V. encore *pif paf*, ex. 11 et 14.

REM. **bouf** "id." « Dans les coulisses [...] on entend : "**Bouf !**" [...] LE VALET, *entre, tenant à la main une massue* : Non. Il ne reviendra plus. Je l'ai assassiné » (E. Ionesco, *Le Vicomte*, *ca* 1950, *Théâtre complet*, 1991, 1389).

1.3. "(bruit de coup de feu)".

9. PIERROT. – [...] Sans-Quartier met en joue ; pan* ! **Pouf !**
GALIMAFRÉ. – Pan ! **pouf !** il en tue une douzaine. (C.O.D., *La Belle-mère*, *ca* 1818, 98.)

V. encore *pan*, ex. 39 ; *pif paf*, ex. 25-26, 28 ; *ran*, ex. 25.

2. "(pour exprimer la soudaineté d'un procès)".

10. Au dessert, elle me dit en clignant l'œil : Ah, Corydon !... Naturellement, je lui réponds : Ah, Clotilde !... Et **pouf !** voilà qu'elle se trouve mal... (E. Labiche, *En manches de chemise*, 1851, *Théâtre*, 1979, t. 2, 210.)

11. [...] mais c'est l'année prochaine que j'aurai un beau jardin qui fera **pouf !** des fleurs, des légumes en quantité. (Ch. M. Bost, *Les Derniers puritains d'Amérique*, 1977, 185 [Passage écrit en 1859].)

12. Avant de se coucher, selon sa coutume immémoriale, M. Martin s'accouda sur le balcon et alluma sa pipe, sa bonne pipe. [...]. / Mme Martin s'approcha à pas de louve, empoigna le bas du pantalon de son mari, et **pouf !** l'envoya rejoindre par la voie la plus directe l'objet qu'il considérait si attentivement sur le trottoir [...]. Quand M. Martin, sa chute accomplie, rencontra l'asphalte, ça fit *plmmf*, le bruit mat et sourd de la viande qui s'aplatit, et presque en même temps un autre bruit, *teck*, le son de la pipe d'écume qui se brise. M. Martin avait cassé sa pipe. (A. Allais, « Fils de veuve », 1887, *Œuvres posthumes*, 1990, 144.)

13. Des fois, y stopp'nt... et **pouf**, les r'v'là
Qui se recavall'nt ventre à terre. (J. Rictus, *Les Soliloques du pauvre*, 1897, 148.)

14. Partis, **pouf**, un beau jour, avec la caisse ! (Marie & Joseph, *Le Petit Roi de Chimérie*, 1988, 103.)

♦♦ Attesté aux 15e-16e siècles, (I) d'abord pour exprimer un cri destiné à effrayer (1458 « Lesdis Watelet, Gillot et Sandro, garnis d'un becq de faucon et de longues dagues, avoient crié après lui : **pouf ! pouf !** » Archives de Tournai, dans GdfC, v. TLF ; *ca* 1491 « LUCIFER [...] Ou estes vous venes avant / Harau harau **pouf** bou haha » *La Vengance et destruction de Jherusalem*, 1510, f° 55v° ; 1496 « DEMONYACLE. – Je regny Mahon se n'yrons / Voire, dea, et si leur dirons : / **Pouff, pouff**, dedens, dedens, dedens ! / *Il se demayne fort* » A. de la Vigne, *Le Mystère de saint Martin*, 1979, 458), (II) puis dans un sens incertain (halètement ? v. *pouf*2), en 1566 « [...] mon malier [= cheval] (et sçachez que j'ay un fort bon malier, au commandement de toute la compagnie) s'arresta contre sa coustume, et commença à faire **Pouf pouf**. Je di à mon valet : Picque, picque. [...] mais le cheval ayant marché deux ou trois pas en avant, s'arreste de plus beau, et fait encore **Pouf pouf**. Et m'ayant asseuré encore mon valet que ce cheval voyoit quelque chose, j'ajouste mon *De profundis* » H. Estienne, *Apologie pour Hérodote*, 1879, t. 2, 254-255), (III) et dep. *ca* 1575 pour exprimer un bruit de pet (« Mon amy, mon cul me va petant : / **Pouf, pouf, pouf, pouf, pouf !** », cité dans *Recueil de farces (1450-1550)*, t. 10, 30). **1.** Attesté dep. le milieu du 16e siècle (« L'artillerie est dangereuse, / Car elle house de tous costés, / **Pouf, pouf !** c'est grand danger » *Trois galants et Philipot*, dans *Recueil de farces (1450-1550)*, 1987, t. 2, 349) ; 1597 (« La porte enfoncera. **Pouf !** la voylà tombée ! » M. de Papillon, *La Nouvelle tragicomique*, dans *Ancien théâtre françois*, 1856, t. 7, 486) ; 1728 (« ARLEQUIN. [...] Et quand j'eus achevé de chanter, **pouf !** Il tomba dans mon bateau une bourse d'or » Lesage, *Achmet et Almanzine*, FXT). Dans le TLF, *venir faire pouf* est mal daté et mal défini : l'expression se trouve dans le 7e livre du *Virgile travesti* publié en 1652, et il s'agit d'un rot infernal assimilé à un coup de feu ; ce sens est attesté dep. 1649 « ON usa de vin et de poudre, / Car chacun en vouloit descoudre / Et n'estoit si petit morveux, / Qui ne tirast un coup ou deux [...] Et si la santé se beuvant / On n'eust fait **pouf** auparavant » (*Suitte et troisiesme partie du burlesque* ON *de ce temps*, 5) ; v. aussi 1650 *pouffe* sous *pif paf* et 1693 « quelque volée de Canon **pouf** » (*Les Souffleurs*, v. *pif paf*). **2.** Attesté dep. 1851 (v. ici ex. 10). — GLLF ; Rob 2001 ; TLF ; NPR 2000 ; PL 2000 et TraitDu 1989, 309 ; FEW 1, 598a, PUFF-.

POUF2

Le plus souvent répété.

1. "(bruit de soufflement ou d'essoufflement)".

1. Y tenait son assiette à deux mains, comme s'il aurait eu peur de la laisser échapper, et y soufflait – **pouf ! pouf !**

– et y geignait, et y braillait ! (*Le Régiment illustré*, 10 octobre 1896, 6.)

2. « Alceste, il s'est mis à souffler et il n'arrivait pas à me suivre. [...] il a fait des tas de "**pouf-poufs**" et puis il s'est arrêté. » (Sempé, Goscinny, *Le Petit Nicolas*, 1986 [1960], 126).

3. N'importe, j'étais déjà en train de foncer vers Prisu pour arriver avant la fermeture. Je chantais l'air [d'un disque des Aphrodite's Child] à tue-tête en pédalant comme un maillot jaune, je beuglais ça au vent [...]. / Et puis c'était le sprint entre les rayons, et **pouf**, **pouf**, « pardon, **pouf**, mademoiselle, est-ce que vous auriez le disque des **pouf**, hum, des Zafrobitsales ? » (Ph. Manœuvre, *L'Enfant du rock*, 1986, 21.)

4. – [...] **Pouf... pouf...** [...] !
En bas dans la pente, Betsy glisse dans les herbes et s'escrime à tirer un lourd jerricane métallique. (J.-M. Ligny, *Cafard pété*, dans G. Alle, dir., *Crachins*, 2001, 134.)

— Par analogie "(bruit d'une locomotive à vapeur)".

5. [...] cette loco ne siffle pas, ni de ***pouf ! pouf !...*** (L.-F. Céline, *Rigodon*, 1973 [1961], 240.)

2. "(bruit produit avec ses lèvres par un fumeur ; rond de fumée dégagé)".

6. [...] il reprend une cigarette, et de nouveau de lents et rares **pouf-pouf** de fumée se traînent à mi-plafond. (R. Queneau, *Pierrot mon ami*, 1942, FXT.)

REM. **puf** "id.". « [...] on va se payer un petit smok, **puff puff puff**, ça pousse bien par ici quand on sait choisir où planter, je ne fume que du garanti sans produit chimique [...] » (Alain-Chedanne, *Un freak*, 1974, 124).

◆◆ Attesté dep. 1606 (« Tous sont contraints de boucher bien leur nez, et n'ont le loisir de pouvoir dire ***pou pouf***. La puanteur les affaiblissoit tant [...] » [Trad. de Folengo], *Histoire maccaronique de Merlin Coccaïe*, 1859, 365-366) et peut-être dep. 1566 (v. H. Estienne sous ***pouf***). La citation proposée par TLF pour illustrer cet emploi (« Vous vouliez donc vous laisser mourir de faim tous deux ? Ah ! ah ! ah ! **pouf...** Ah ! ah...[...] Peltier, plié en deux, se retenait les genoux à force de rire » Chateaubriand, 1848) n'est guère convaincante. — Absent des dictionnaires consultés, à l'exception de TLF et de TraitDu 1989, 309.

POUIC

1. "(bruit de couinement produit par un objet manufacturé, notamment un jouet)".

1. Et chacun [des chiens et des chats] de vaquer à son hérisson orange qui fait « **pouic-pouic** » quand on le mâchouille. (*Libération*, 17 juillet 2000, 5.)

2. "(pour exprimer une mort brutale)".

2. Crevé [...] d'un cancer du pancréas, le papé, dans la foulée d'une chute lamentable, paraissait-il, d'un arbre fruitier de son verger campanois. Vlan*, ouille*, **pouic**. (Bayon, *Le Lycéen*, 1987, 233.)

3. – Et le régisseur, quand il rentrera de prisonnier ?
– Après la Libération, il n'y aura plus de régisseur parce qu'il n'y aura plus

de châtelains. **Pouic** ! (M. Jeury, *Le Vrai Goût de la vie*, 1989 [1988], 12.)

4. – Tu sais que les pendus bandent toujours un coup avant le **pouic** ? (M. Jeury, *Le Vrai Goût de la vie*, 1989 [1988], 14.)

♦♦ Attesté dep. 1987 (v. ici ex. 2). — Absent des dictionnaires consultés, qui ne retiennent que la loc. verb. *ne piger* (ou verbe du même paradigme populaire) *que pouic* "ne rien comprendre", paronyme de *que couic*.

POUIN-POUIN □ VAR. *pouaim pouaim* (rare).

"(bruit d'une trompe d'automobile, d'un klaxon)".

1. En réalité mon papa était très prudent [en voiture] : il appuyait tout le temps sur la corne à cause des tournants. **Pouin** ! **Pouin** !... (Cl. Duneton, *Le Diable sans porte*, 1981, 323.)

2. Qu'a-t-elle entendu ? Un coup de klaxon ! [...] un vrai. Celui d'une vraie voiture. **Pouaim** ! **Pouaim** ! **Pouaim** ! (H. Jaouen, *Hôpital souterrain*, 1992 [1990], 333.)

♦♦ Attesté dep. 1981 (v. ici ex. 1). — Absent des dictionnaires consultés.

POUM

1. [Domaine concret]
1.1. "(bruit d'une chute plus ou moins lourde ; bruit d'un coup, d'un choc assourdi, d'une explosion sourde, d'une détonation)".

1. [Le perroquet] [...] ne répond à toutes les questions qu'on lui fait que par une imitation du bruit qui l'a tant effrayé : **Poum** !... **poum** !... **poum** !... sont les seuls mots qu'il fasse entendre. (V. de Jouy, *L'Hermite de la Chaussée d'Antin*, 1813, FXT.)

2. Le graveur ayant retrouvé dans un placard son ancien bonnet à poils de grenadier [...], l'abandonna aux deux enfants. [...] Il fut immédiatement transformé dans leur esprit en un ours [...] qu'ils se mirent à chasser à travers le logement, le guettant, embusqués derrière les fauteuils, le visant avec des bâtons et gonflant leurs petites joues de toutes leurs forces pour faire : « **Poum** ! » et imiter les coups de fusil. (Fr. Coppée, *Toute une jeunesse* [av. 1890], *Œuvres*, 1907, t. 4, 24-25.)

3. « "**Poum** !" le temps d'une explosion, et je suis là, jailli d'où vous ne savez où. "**Poum** !" j'ai cassé, d'un bond exprès maladroit, le vase de Chine [...]... "**Poum** !" parmi les tendres bégonias prêts à fleurir, et qui ne fleuriront plus..."**Poum** !" au beau milieu du nid de pinsons, qui pépiaient, confiants, à la fourche du sureau... "**Poum** !" dans la jatte de lait, dans l'aquarium de la grenouille, et "**poum** !" enfin sur l'un de vous [...]. » (Colette, *Douze dialogues de bêtes*, 1930, *Œuvres*, 1986, t. 2, 75-76.)

4. Elle doit approcher le fer [à repasser] de sa joue [...]. Rosina se représente le geste circulaire qui écrase le col, **poum**, les poignets, **poum**, **poum**, les empiècements. (A. Perry-Bouquet, *La Rangée des bourriques*, 1988, 48.)

— Répété.

5. Ce fut le **poum-poum** amorti de l'embout caoutchouté de sa canne frappant les dernières marches, qui m'aver-

tit. (H. Bazin, *Le Cri de la chouette*, 1987 [1972], 249 [*sic* pour la ponctuation].)

6. Je sais bien où il veut en venir, me ressortir sa mirobolante combine à base de cagoules, effrayants **poum-poums** et démarrage sur des chapeaux de roues, le tout avec caisse de l'hyper-marché en face duquel nous logeons. (A. Camille, *Les Trois Badours*, 1972, 12.)

— Dans une succession d'onomatopées.

7. Aussitôt... (*Il passe à droite.*) **Poum poum** ! patatras* ! Le tonnerre, les éclairs ! un vacarme indécent, quoi ! (Mélesville, *Le Fil de la vierge*, 1849, 28.)

8. Des ricanements saluèrent les dangereuses évolutions de la bicyclette. Tartine serra les freins. Seul celui de la roue avant fonctionnait et il fut projeté sur la chaussée.
– **Poum** patatras* ! fit Jack Schlack. (R. Sabatier, *David et Olivier*, 1989 [1985], 72.)

V. encore *crac*, ex. 18 ; *pam*, ex. 7 ; *pif paf*, ex. 18 et 31 ; *Anthologie*, n° 29 et 46.

REM. **1. pon** vx "(bruit du canon)". « [...] feu de tribord, feu de babord, **pon, pon, pon**, un tapage d'enfer, c'était superbe » (A. Martainville, *Le Marin provençal*, 1810, 8) ; v. encore *fff*, ex. 14. **2. poun** vx "(bruit d'un coup de feu)". « PIERROT. – Le temps était noir d'alouettes, c'est-à-dire, qu'il y en avait tant, que le soleil en était éclipsé. Je couche en joue : **pouun** ! / GALIMAFRÉ. – **Pouun** ! » (C.O.D., *La Belle-mère*, *ca* 1818, 99).

• **pim* (pam) poum.**

1.2. En part., le plus souvent répété.

— "(marque la sensation d'un battement de cœur)".

9. Et mon cœur se hâte, tâche d'égaler en vitesse le tic-tac* de ma petite montre... puis s'arrête et repart en faisant ***Poum !*** Alors, c'est le vrai amour, le vrai ? (Colette, *Claudine à Paris*, 1901, *Œuvres*, 1984, t. 1, 362.)

V. encore ici ex. 21.

— "(bruit de moteur)".

10. Nouvelle tentative [...]. **Poum poum poum**, miracle, elle [une voiture] démarra. (R. Belletto, *Le Revenant*, 1981, 290.)

11. [...] ça [la batteuse] repartait vaille que vaille en ahanant – **poum poum poum** – et chacun oubliait l'incident. (G. Boutet, *Les Gagne-misère*, 1987, t. 3, 88.)

12. J'ai entendu du bruit, trois fois. J'ai cru que c'était un moteur. **Poum ! Poum ! Poum !** (J. Bialot, *Le Royal-bougnat*, 1990, 94.)

— "(bruit de fredonnement d'un air de musique)".

13. [...] machinalement lui revenait un air de Pergolèse [...] dont tout haut il faisait les basses en mesure, accompagnant de ses « **poum poum** » le chant divin qui fredonnait dans sa tête [...]. (A. Daudet, *La Petite paroisse*, 1895, *Œuvres complètes*, 1930, t. 15, 40.)

14. [...] il est en train de me murmurer un grand air de Violetta, l'héroïne de *La Traviata*. / Pour laisser tout l'honneur au soprano, l'accompagnement se réduit à un petit **poum, poum, poum – poum, poum, poum**, à trois temps. (Colette, *Le Fanal bleu*, 1949, *Œuvres*, 2001, t. 4, 993.)

15. [...] les **poum poum** du trombone ou les inconvenants borborygmes du saxo-ténor. (M.-É. Grancher, *La*

Famille Thuyoo de Poël, 1961 [1953], 84.)

16. La Fête aux escargots avait dressé ses tréteaux et son bal sur la place du bourg. / Un fier festival de graisse, d'ail et de chopines dans la nuit lumineuse de ce premier dimanche de juin, nuit qu'engrossaient gaillardement les « **poum-poum** » de la batterie. (R. Fallet, *Les Vieux de la vieille*, 1996 [1958], 34.)

17. [...] bon vieux trombone à piston de nos pères : **poum-poum-poum**... (M.-É. Grancher, *Tout pour la tripe !*, 1965, 70.)

18. [...] grand-père chantait dans son tub
Un peu comme ça :
« **Poum, poum, poum, poum**
Entrons dans la danse » (Ch. Trenet, « Joue-moi de l'électrophone », 1972, *Le Jardin extraordinaire*, 1993, 411.)

19. Il m'avait bien expliqué le fonctionnement des instruments [accordéons], il avait insisté sur le travail de la main gauche. C'est à la main gauche [...] qu'on distingue un poussif d'un géant. Les poussifs se contentent de faire « **poum-poum** », pour marquer la mesure. (P. d'Ovidio, *La Vie épatante*, 1995, 33.)

• "(début – les quatre premières notes – de la *5e symphonie* de Ludwig van Beethoven)".

20. Et hop*, elle vous branche dans les oreilles la Neuvième [*sic*] de Beethoven. **Poum-poum-poum**... **poum** ! (N. de Buron, *C'est quoi, ce petit boulot ?*, 1989, 246.)

[Cette séquence utilisée comme sonal par Radio-Londres pendant la Seconde Guerre mondiale]

21. Madeleine tourna le bouton de la radio. C'était l'heure de la B.B.C. **Poum, poum, poum, poum** ! **Poum, poum, poum, poum** ! Tambour funèbre. Battement du cœur. Cela commençait par les messages personnels. (L. Massé, *Le Refus*, 1985 [1946], 78.)

22. Fébriles et impatients, tous étaient dans l'attente, quand, le 5 au soir, à neuf heures et quart, le père Robert ne put contenir sa joie :
Poum, poum, poum... poum ! **poum poum poum... poum** !
« Ici Londres ! Les Français parlent aux Français [...]. » (P. Arnoux, *Les Loups de la Mal'Côte*, 1991, 228.)

• **papoum papoum / poum pa pa poum papa.**

23. À la vérité, il ne tirait de son accordéon que de bien pauvres rythmes – **poum pa pa, poum pa pa, poum pa pa** –, mais, avec de la bonne volonté, cela constituait tout de même un accompagnement. (M.-É. Grancher, *5 de campagne*, 1938, 53.)

24. Et là-dessus vlan* **papoum papoum pa-poum pa-pou-ou-oum**, *La Marseillaise*. (J.-L. Bory, *La Peau des zèbres*, 1981 [1969], 415.)

25. Il ne leur manque plus [à des bocaux de conserves] que la parole... ou la musique... pour défiler... un... deux... un.... deux... garde-à-vous... un... deux... **poum... papoum... poum... poum... papoum**... le fusil sur l'épaule comme des jouets ou des petits soldats. (I. Normand, *Les Bocaux*, 1992, 16.)

V. encore *pam*, ex. 9.

2. "(pour exprimer la soudaineté d'un procès)".

26. C'est comme ça, le soleil, aux derniers moments. Et puis **poum** ! Ça a

beau vibrer, fusiller, assassiner ; un brusque coup de patte l'expulse inexorablement de ce domaine qui n'est plus le sien, où il n'a plus rien à faire. (Ch.-A. Cingria, *L'Eau de la dixième milliaire*, 1932, *Œuvres complètes*, t. 4, 20.)

27. [...] on était là, [...] tendant le cou pour être sûrs de ne pas rater son arrivée [...] quand elle [Priscilla] s'est trouvée là, **poum**, tout à côté de nous comme si elle avait surgi de sous les roues du car, de sous les chapeaux des excursionnistes ou de leurs paniers de pique-nique. (Chr. de Rivoyre, *La Glace à l'ananas*, 1976 [1962], 177.)

♦♦ **1.1.** Attesté dep. 1813 (v. ici ex. 1). Déjà sous la forme *poun* en 1779 (« LE SOLDAT. – [...] alors les Grenadiers paroissent, et l'on entend, **poun, poun, poun.** / FRANVILLE. – Qu'est-ce que cela ? / LEANDRE. – Ça, Monsieur ? c'est l'intérêt de la Pièce, c'est le tambour » L.A. Dorvigny, *On fait ce qu'on peut, et non pas ce qu'on veut*, 1785, 15). La forme *poun* a elle-même été précédée par *pon* dans un sens indéterminé *ca* 1515 (v. *Anthologie*, n° 3, 2e version) ; puis, pour exprimer le son du tambour, dep. 1606 (« Le fariran des trompettes et le **pon pon** des tambours estoit si violent, que l'on ne se pouvoit entendre l'un l'autre » et « Au ***pon pon pon*** des tambours, et au *tararan* des trompettes, tout le peuple armé fait un grand bruit » trad. T. Folengo, *Histoire maccaronique de Merlin Coccaie*, 1859, 12 et 148) ; enfin pour exprimer le son du canon : 1689 (« [...] les Ennemis font un feu de tous les diables, zi, zi, pi, pa, **pon**, ban ; tac » Delosme de Montchesnay, *Mezzetin grand Sophy de Perse*, dans Gherardi, *Le Théâtre italien*, t. 2, 334), 1779 (L. A. Dorvigny, v. *Anthologie*, n° 8). **1.2.** Attesté, pour exprimer un air de musique, dep. 1834 dans une succession d'onomatopées (« Octave *seul* : Tra, tra, **poum ! poum !** tra deri la la. Quelle drôle de petite femme ! » Musset, *Les Caprices de Marianne*, FXT) ; 1946 (v. ici ex. 21). **2.** Attesté dep. 1932 (v. ici ex. 26). — Enregistré seulement dans TLF et TraitDu 1989, 314.

POUT □ VAR. *pot.*

Souvent répété.

1. "(bruit de claquement de lèvres d'un fumeur de pipe)".

1. J'allume (faisant le bruit que font les fumeurs en allumant leur pipe.) **Poutt !... poutt !** Nous causons [...]. (Duport et Laurencin, *Casimir*, 1838, 658.)

2. "(bruit de bulles qui éclatent à la surface d'un aliment en train de cuire".

2. La cuisson se fait à petit feu. Quand la confiture [de baies d'églantines] fait « **pout, pout** », on laisse dix minutes encore à cuire, à l'extrême ralenti. (M. Rouanet, *Petit Traité romanesque de cuisine*, 1997 [1990], 262.)

3. "(bruit de moteur, notamment d'une petite embarcation)".

3. Dehors j'entendais les « **pout pout pout** » d'un chaland qui passait sur le canal. (J. Amila, *Motus !*, 1974 [1953], 42.)

4. Le patron du bateau n'a pas hissé les voiles [...] parce qu'il n'y avait pas de

voiles sur le bateau. Il y avait un moteur qui faisait **potpotpot** et qui sentait comme l'autobus qui passe devant la maison, chez nous. (Sempé, Goscinny, *Les Vacances du petit Nicolas*, 1985 [1962], 35.)

5. Mais on avait entendu le « pin pon* ! », comme pour une alerte de bombardement. [...] Ils avaient vu passer la voiture des pompiers [...]. On déroulait les tuyaux dans le **pout-pout** ! de la motopompe. (J. Amila, *Le Boucher des Hurlus*, 1982, 212.)

6. On n'entendait que le **pout-pout** régulier du moteur et le bruit des vagues contre la coque du bateau. (L. Simon, S. Michaël, *L'Été des ripoux*, 1985, 100.)

REM. **bout** "id.". « Je sursaute soudain en entendant un ronflement et en sentant bouger le bateau. Ce ronflement, c'est le **bout-bout-bout-bout** d'un moteur de péniche. Nous appareillons... » (San-Antonio, *Des clientes pour la morgue*, 1965 [1953], 116).

4. "(bruit produit par un pet)".

7. PROUÂT [v. *prout*], POUT, POUT... PROUT* / Le pet / Souvent imprévisible, il peut être aigu ou grave, on n'a aucune maîtrise sur sa tonalité. (J.-L. Fournier, *Je vais t'apprendre la politesse...*, 2000 [1998], 64.)

— Dans un jeu de mots (avec *pout* exprimant un bruit de moteur).

8. C'est qu'un capitaine de bateau,
Bateau, bateau, bateau, bateau-lavouèr
Il ne doit point faire **pout... pout... pout... pout...**
Plus haut que son lonlère !... (P . Cami, « Le Bateau-lavoir », 1948, dans *Les Frères Jacques*, 1987, 56.)

♦♦ Attesté dep. 1838 (v. ici ex. 1) ; au sens 4 en 1912 (« **Pout** interj. Exclamation par laquelle on accueille un pet » (H. Cormeau, *Terroirs mauges. Miettes d'une vie provinciale*, t. 1, 318). — Absent des dictionnaires consultés, à l'exception de TraitDu 1989, 315.

PROUT □ VAR. *prouât* (rare), *prrt*.

1. "(bruit produit par un pet)".

1. (Le caporal laisse échapper un sonore :)
– **Prrrrt** ! (Monthabor, *La Vie au régiment*, 1897, 164.)

2. Au milieu de l'enterrement, pendant un silence, [...] je fis un **prout** [...], puis je souris largement [...] pour qu'on comprenne bien que j'en étais l'auteur. (J.-P. Manchette, *L'Affaire N'Gustro*, 1987 [1971], 26.)

3. Ma mère faisait une longue station sur le seau hygiénique de faïence aux bords bizarrement retournés comme ceux d'un chapeau. J'entendais l'écoulement de l'urine [...], qu'accompagnait parfois un petit **prout**. (Cl. Menuet, *Une enfance ordinaire*, 1992 [1972], 13-14.)

4. Il ne bouge pas, concentré, les yeux fermés. [...] et PROUTT, envoie un gros pet [...] puis s'écroule de rire en se tapant sur les cuisses. (M. Charef, *Le Thé au harem d'Archi Hamed*, 1983, 30.)

5. À cause de ma rigolade contenue, j'ai même failli lâcher une kyrielle de **prouts** perlés ! (M. Quint, *Aimer à peine*, 2002, 18.)

V. encore sous *pout*, ex. 7.

— Par jeu de mots.

6. Enfin, à l'occasion d'une des prochaines rééditions de cette biographie [*Proust*, de Ghislain de Diesbach], désormais indispensable, on veillera [...] à rétablir page 410 le *« s »* qui figure normalement dans le nom de ce cher Marcel. Parce que sans ce *« s »*, cela fait *« **Prout** »* et dans cette cathédrale qu'est *la Recherche*, c'est une coquille un peu retentissante. (Michel Braudeau, dans *Le Monde*, 7 juin 1991, 20.)

— Répété.

7. Je ne l'ai vue qu'une fois [l'aïeule] et l'ai trouvée sévère, grande, raide et sombre dans son fauteuil de bois. [...] Pendant que je baisais le trou de sa joue, pour la saluer, elle fit **prout-prout** sous elle... mais ne s'en émut point. (H. Calet, *La Belle Lurette*, 1999 [1935], 42.)

• Dans une chanson traditionnelle destinée aux petits enfants que l'on fait sauter sur ses genoux.

8. [...] la contre-maître, très apitoyée, la prit dans ses bras, la mit sur ses genoux, et, tricotant des jambes, elle chantonnait : à dada, sur mon bidet, **prout**, **prout**, **prout**, **prout** cadet ! (J.-K. Huysmans, *Les Sœurs Vatard*, 1879, FXT.)

9. Titine est assise à califourchon sur la large cuisse gauche du général et le général la fait sauter comme un enfant. Il chante :
À cheval sur mon bidet,
Quand il trotte, trotte, trotte,
À cheval sur mon bidet,
Quand il trotte il fait un pet.
Prrt ! **Prrt** ! **Prrt** ! (A. Machard, *Titine*, 1913, *L'Épopée au faubourg*, 1946, t. 1, 213.)

10. [...] ma mère, prenant les plus petits sur ses genoux, renouait avec les habitudes de ma propre enfance, en leur disant à mi-voix des chansons que je connaissais par cœur [...].
À dada sur mon bidet
Quand il trotte il fait un pet
Prout, prout, prout, cadet ! (Cl. Menuet, *Une enfance ordinaire*, 1992 [1972], 283.)

11. Parfois il [le bidet] se réduit à un simple bâton. À un genou de grand-père sur lequel on caracole :
À cheval sur mon bidet !
Quand il trotte, il fait des pets :
Prt ! Prt ! Prt ! Prt !...
Naturellement, tout le monde connaissait la chanson. Tout le monde avait fait **prt-prt-prt** sur le genou d'un grand-père. (J. Anglade, *Jean Anglade raconte*, 1975, 102.)

— Par plaisanterie.

12. – En espagnol le coq fait pas COCORICO* mais CICIRICI !
– Et quand tu pètes ça fait **PROUTI-PROUTI** ?
– Pfu [v. *pff*] la discussion et toi ça fait deux ! (J.-M. Gourio, *Brèves de comptoir 1*, 1995 [1992], 74.)

REM. **pfrout** "id.". « – Bonjour ! **Pfrouttt**... / – Ça va ? **Pfrouttt**... / – C'est la nature... / – Non ! Moi, c'est les haricots... » (Coluche, *Les Inoubliables*, 1992 [1977], 192.)

DÉR. **prouter** v. intr. "faire *prout*". « [...] pet magistral. L'unique, le vrai, qui **proutte** mais ne sent rien ! » (M. Charef, *Le Thé au harem d'Archi Ahmed*, 1983, 31) ; « En puisant dans ses lointains souvenirs, Zep [auteur d'une bande dessinée pour enfants] a retrouvé la substantifique moelle de l'enfance, faite d'obsessions diverses : "**prouter**", blaguer [...], essayer d'échanger sa petite sœur contre un hamster [...] »

(*Télérama*, 28 mars 2001, 137). — Attesté dep. 1866 (A. Delvau, *Dictionnaire de la langue verte*, 399).

2. "(bruit qui ressemble à celui d'un pet ; pétarade)".

13. [...] nous nous mettions de la brillantine sur les cheveux à partir d'une machine distributrice dans laquelle on introduisait une pièce d'un penny. Après un charmant « **prout** », on recueillait une crotte de brillantine dans la paume de sa main et on se l'appliquait soigneusement sur les cheveux. (M. Gotlib, *J'existe, je me suis rencontré*, 1994 [1993], 244.)

— Répété.

14. [...] le qui vive d'un caporal de la garde nationale en patrouille, avec une cadence de trombone... **prouth** ! **prouth** ! **prouth** ! (Langlé et Devilleneuve, *Un bas bleu*, 1842, 7.)

• Associé à une autre onomatopée.

15. **Prout prout** PAF* **prout** paf **prout**, le père Girard passa en mobylette. (R. Belletto, *Le Revenant*, 1981, 177.)

16. Teuf-teuf* **prout-prout***, la camionnette est là ! (Fr. Cavanna, *Cœur d'artichaut*, 1997 [1995], 16.)

3. Parfois répété, péj.

3.1. "(pour suggérer l'homosexualité masculine)".

17. J'aurais voulu que tu voyes ses miches à leur Recruting [officier anglais] ! Comme ça dis le mec de moulé ! Tunique alors pardon fantoche ! Tu parles d'un beau pot pour la guerre ! Ils vont rire les Fritz ! Non je t'assure on aura tout vu ! À la badine et **proutt** ! **proutt** ! (L.-F. Céline, *Guignol's band*, 1944, 133.)

V. encore *Anthologie*, n° 28.

3.2. prout ma chère (j' te jette un cil) "id.".

18. – Oui, tiens, excuse-moi, j'y vais carrément : tu fais tante !
– Tante ? Oh ! quel vilain mot...
– Oui, tata, tantouse, pédé, pédale, « **prout, ma chère, j' te jette un cil !** » (R. Sabatier, *Boulevard*, 1986 [1956], 172.)

♦♦ **1.** Attesté dep. 1665 sous la variante *prou tou* (« Jean faisoit sauter sa femme, / Sur sa cuisse en se jouant, / Son derrière rendit l'âme, / Par un souffle bien puant. / *Refrain.* / **Prou, tou**, fit cette belle [...] » *Recueil nouveau des chansons du Savoyard*, dans Cl. Duneton, *Histoire de la chanson française*, Paris, 1998, t. 1, 560) ; 1732 (« POLICHINELLE. – Silence donc, laissez-moi parler. (*Il pète à tous les coins du théâtre.*) **Prou, prou, prou, prou** » *Histoire et recueil des lazzis*, 1996, 147) ; 1782 (« [...] il a du sens, et beaucoup plus qu'ils ne croient.... (et des vents)... voulez-vous que je vous parle net ? [...] J'avois une décision à donner sur un fait de marine.... cela seroit long ; mais vous me devinez (et **prout prout prout**...) » *L'Espion dévalisé*, 29). Enregistré dans GLLF, TLF, Rob 2001, NPR 2000 et TraitDu 1989, 315-316. La chanson évoquée dans les ex. 8-11 a connu une adaptation euphémique (« À dada sur mon bidet ! / Quand il court il fait d' l'effet... », *Les Vélocipèdes*, 1869, dans M. Pénet, *Mémoire de la chanson*, 1998, 539). **2.** Attesté dep. 1842 (v. ici ex. 14) ; absent des dictionnaires consultés. **3.1.** Attesté dep. 1934 (« **prout**, mot par lequel se font connaître les invertis. – N. m. inverti » F. Vivier, *Dictionnaire d'argot et de langue populaire*, 197). **3.2.** Attesté dep. 1952 par allusion (« [...] jeter sur la table un vieil exemplaire de La vie en forme de proue en criant : / – **Prout, ma chère** » H. Bazin, *Lève-toi et marche*, 87) ; absent des dictionnaires consultés, à l'exception de Rob 2001(avec datation erronée).

PRR

1. "(bruit signalant l'envol ou la disparition d'un oiseau ou d'un insecte)". □ VAR. *prou.*

> 1. POTEU. – [...] Les pigeons roucoulent sur la pelouse. Je vais leur envoyer des petits pois... **Prrr** !... Les voilà qui s'envolent !... Faut que quelqu'un leur ait fait peur. (E. Labiche, *Un pied dans le crime*, 1865, *Théâtre*, 1991, t. 2, 434.)

— En contexte métaphorique ou dans une comparaison.

> 2. [...] la clientèle s'était levée et avait pris son envol comme une bande de moineaux. **Prrrr** !... (G. Courteline, *Les Linottes*, 1912, *Théâtre...*, 1990, 542.)

— "(pour exprimer la soudaineté d'un procès)".

> 3. Tu montes [pour être guillotiné] un escalier très doux, un étage, un seul étage ! Tout au plus un petit entresol... Tu salues et... le temps de tourner la tête... **prrrrou** ! c'est fini ! (E. Chavette, *Le Guillotiné par persuasion*, 1867, dans J.-Cl. Carrière, *L'Humour 1900*, 1988, 345.)

2. "(bruit de ronflement d'un dormeur en phase expiratoire)". □ VAR. *pruh.*

> 4. [...] étendu [...] et m'exerçant à la ronflette rrh [v. *rrr*] **prrruh** rrh **pprrruh**. (A. Paraz, *Une fille du tonnerre*, 1984 [1952], 30.)

> 5. Gilbert, un peu débraillé, fait sa sieste de poussah. Je le regarde tel qu'il est assoupi : Frrrr-**prrrrr**.... (Bayon, *Le Lycéen*, 1987, 184.)

♦♦ Attesté dep. 1865 (v. ici ex. 1). — Absent des dictionnaires consultés.

PRRT □ VAR. *prout.*

1. "(marque un départ ou une disparition rapide)".

— [oiseau ou insecte]

> 1. **Prrt** ! Ils [un papillon et une coccinelle] s'envolent [...]. (A. Daudet, *Le Petit Chose*, 1868, *Œuvres*, 1986, t. 1, 153.)

V. encore *cuicui*, ex. 3.

— [personne]

> 2. Arrêtez donc un peu,
> Attendez-nous compères,
> Nous allons, sacrebleu,
> Vous tailler des croupières.
> Mais **proutt** ! comme le vent,
> Le diable les emporte ;
> Ils prennent le devant
> Pour nous ouvrir la porte. (Ch. Colmance, *Chansons*, 1862, 269.)

> 3. [...] ils me demandèrent comme une grâce de monter tous deux ensemble au moulin, pour parler au grand-père... Je n'eus pas le courage de refuser, et **prrt** ! voilà mes amoureux partis. (A. Daudet, *Lettres de mon moulin*, 1869, *Œuvres*, 1986, t. 1, 257.)

4. UN GOSSE (*en coulisse*). – Allez, les gars, un cent mètres jusqu'au dépôt d'os...
DES GOSSES (*même jeu*). – Oui... c'est ça... Départ... **Prrrrttt**... (*Les voix s'éloignent.*) (G. Lenclos, *Notre-Dame de la Mouise*, 1932 [1930], 61.)

2. "(pour marquer l'indifférence, le mépris, le refus)". □ VAR. *prouth* (rare).

5. DESROCHES. – [...] Tiens, monsieur Grisard, vous ne nous disiez pas que vous aviez fait l'acquisition d'un pantalon noisette.
GRISARD. – **Prouth**. C'est que je n'y ai pas pensé. (H. Monnier, *Scènes populaires*, 1835, t. 2, 190.)

6. Merci ! bon jour ! ça va bien ? Ne vous dérangez pas pour me reconduire. Bien du plaisir à la garde descendante : on lui dit **prouttt** ! (*Les Parisiens en 1840. D'officier à tambour*, 1840, 23.)

7. ROSE. – Ah ! mon Dieu !... Il avait pourtant bien promis de m'épouser !...
CREVETTE. – **Prout** !
ROSE. – Plaît-il ?
CREVETTE. – Je dis **prout** !... c'est une opinion. (E. Labiche, *Rue de l'Homme-armé n° 8bis*, 1850, *Théâtre*, 1991, t. 1, 52.)

DÉR. **prouter** v. intr. "faire *prout*". « LE GÉNÉRAL. – Quoi, "eh ?" Je vous demande votre avis ? / LE DUC. – Hein ? oh ! pfutt [v. *pft*]. *Il fait **prouter** ses lèvres* » (G. Feydeau, *La Dame de chez Maxim*, *Théâtre complet*, 1988, t. 1, 918).

3. "(bruit produit par la bouche pour appeler une personne)".

— Comme sobriquet.

8. « Les premiers jours nous l'avions [...] surnommé M. **Prrrt**, à cause de cet appel désinvolte qu'il lançait pour avertir les siens, en faisant rouler l'air entre sa langue et son palais. (G. Duhamel, *Le Notaire du Havre*, 1933, FXT.)

♦♦ **1.** Cf. 1651 « [La Peste, sous la forme d'un oiseau de nuit] Se déguise, vient à Turnus, / Et, par des tours drus et menus, / Luy passe **Brrrt**, sous la Moustache, / Et des ailes bat sa Rondache » ([L. de Laffemas], *Virgile goguenard*, 171). **2.** Attesté au 13e siècle (*dire prout a*, hapax, FEW) et dep. 1835 (v. ici ex. 5). **3.** Attesté dep. 1933 (v. ici ex. 8). — Absent des dictionnaires consultés, à l'exception de TraitDu 1989, 316 (*proutt*) et de FEW 9, 499a, PRUTT-.

PSS PSS[1] □ VAR. *psi psi*.

"(pour encourager la miction)".

1. Elles lui font faire pipi tel quel... « **pss ! pss ! pss !** » assis... je vous passe les détails... mais c'est extraordinaire à voir [...]... elles lui font : "**pss ! pss ! pss !** » (L.-F. Céline, *Normance*, 1989 [1954], 157.)

2. [...] il [...] se tourna vers le mur et déboutonna posément sa braguette. [...].
Et, pour s'encourager, il fit « **pss, pss, pss** »...
Globule leva la tête d'un air extasié, et remarqua :
– Ça fait du bien par où ça passe... (J.-A. Varoux, *Un Globule dans la Tamise*, 1974, 22.)

3. Elle [une chatte] ne pisse pas. / Les professeurs essaient vainement de l'induire en tentation en émettant de petits bruits séducteurs : « **psssi...**

pssssi... pssssi... » (N. de Buron, *C'est quoi, ce petit boulot ?*, 1989, 91.)

♦♦ À rapprocher de *fss*, dans J. Héroard, *Journal*, 1989, t. 1, 488 [8 juin 1604] : « Esveillé à sept heures, levé. Ne veut point prendre sa chemise : *"Poin ma chemise, je veu doné premierement du lai de ma guillery"*. L'on tend la main, il faict comme s'il en tiroit, et de sa bouche fait : "*Fsss, fsss*" ». — Absent des dictionnaires consultés, à l'exception de TraitDu 1989, 321.

PSS PSS[2]

1. [Bruit produit par une personne]
1.1. "(bruit de bourdonnement ou de sifflement produit par la bouche)".

1. Eh oui !... il était devant la marmite, sa bouche pleine d'huile, et gonflant ses joues, il tapait dessus avec ses deux poings : **Pssss ! Pssss ! Pssss !** et comme ça il envoyait des postillons à foison sur le bouillon, pour lui faire des yeux ! (Nizier du Puitspelu, *Le Littré de la Grand' Côte*, 1894, 56.)

V. encore *ran*, ex. 1.

— En part. "(bruit de sifflement discret pour attirer l'attention)".

2. Soudain le cameraman attira son attention.
– **Pss, pss**... Vise un peu là-bas, dans le hall du petit bâtiment. (D. Daeninck, *Zapping*, 1992, 78.)

1.2. "(bruit de conversation à voix basse ou de marmonnement)".

3. Les mots à moitié prononcés, sans ouvrir la bouche, ce qui prendrait trop de temps, s'achèvent en murmures incompréhensibles.
Oremus ps... ps... ps...
Mea culpâ... pâ... pâ... (A. Daudet, *Lettres de mon moulin*, 1869, *Œuvres*, 1986, t. 1, 340.)

V. encore *pch*[3], ex. 1.

REM. **bss bss** "id.". « BELLE-HUMEUR, *à Nérine*. – Qu'il te suffise de savoir... (*il lui parle à l'oreille, bs, bs, bs, bs.*) / NÉRINE, *l'écoutant*. – Bon ! excellent ! / BELLE-HUMEUR, *de même*. – Ensuite... (**bs, bs, bs, bs, bs.**) / NÉRINE. – À merveille ! / BELLE-HUMEUR, *continuant*. – Et à la fin... (**bs, bs, bs, bs, bs, bs.**) » (A. Martainville, *Les Rentes viagères*, 1810, 24-25) ; « LE MAÎTRE. – [...] *Veni, sancte spiritus-bs-bs-bs-bs, incende*. / LES ÉLÈVES. – ***bs-bs-bs-bs-bs*** – AMEN ! (É. Ourliac, *L'École primaire*, dans *Le Prisme*, 1841 [1840], 136-137).

2. [Bruit produit par un inanimé]
2.1. "(bruit de sifflement d'une balle d'arme à feu)".

4. Rembarqué que je suis, à la première affaire... **ps**... **ps**... je reçois une balle qui ne m'avait pas marchandé... là, juste au travers du corps... (A. Martainville, *Le Marin provençal*, 1810, 9.)

5. **Psss ! Psss ! Psss !** les balles commencent à siffler et à pleuvoir. (Monthabor, *La Vie au régiment*, 1897, 90.)

2.2. "(bruit de bourdonnement d'un appareil)".

6. GALVANO, *entrant, une bouteille sur la tête, et une roue électrique attachée au côté*. – Gare, gare ! ne m'approchez pas, ne m'approchez pas ! je viens de la place Vendôme où je me suis fait charger... **ps ps ps**.
DUGACHIS. – Par un escadron ?
GALVANO. – Eh ! non, par la machine électrique de M. Lemolt... je colporte

son système partout, je suis moi-même une machine électrique, ambulante... avec ma roue et mes patins de verre, [...] je frictionne mes concitoyens moyennant une légère rétribution... **ps ps ps**. (*La Tour de Babel*, 1834, 9.)

♦♦ 1. Attesté dep. 1663 (« *Billi billi*, **ps ps**, en parlant bas » A. Oudin, *Dictionnaire italien et françois*, 67) ; 1725 (« *Il parle à l'oreille de Scapin*. **Bze, bze, bze** » M.-A. Legrand, *Théâtre*, 1731, t. 4, 144). Cf. encore 1743 (« ARLEQUIN, *seul*. – Respirons. (*Il contrefait les vagues et les vents*.) **Psi, psou, psi**, les vagues et les vents, / Un abîme entr'ouvert, les rochers menaçans, / Le vaisseau balotté ! » Chr. Fagan, *L'Isle des talens*, *Théâtre*, 1760, t. 3, 176). 2. Attesté dep. 1810 (v. ici ex. 4). — Absent des dictionnaires consultés, à l'exception de TraitDu 1989, 99 (*bzzzz* "chuchotements").

PST[1] □ VAR. *psit*.

1. [Domaine concret]
1.1. "(bruit du cri de l'hirondelle)".

1. [...] la musique militaire éclata sous les arbres du jardin. On jouait une de ces ouvertures d'opéra italien [...] dont les notes nombreuses se mêlent, en montant dans l'air, aux « **psst** !... **psst** ! » des hirondelles, à l'élan perlé du jet d'eau. (A. Daudet, *Fromont jeune et Risler aîné*, 1874, *Œuvres complètes*, 1929, t. 5, 258.)

1.2. "(bruit de sifflement d'une balle d'arme à feu)".

2. Dans les autres tranchées, on tire aussi et les balles passent au-dessus de nos têtes... **Psitt, psitt, psitt**... – Écoutez les mouches [= abeilles], murmura Jolivet [...]. (J. Arène, *Les Carnets d'un soldat*, 1917, 71.)

3. Quelques balles passent haut sur les têtes en faisant leur sinistre **pstt, pstt**. (J. Arène, *Les Carnets d'un soldat*, 1917, 95.)

1.3. "(bruit d'un fluide qui fuse)".

4. [...] paraît qu'on peut crever de joie... **Pst** ! comme un ballon... (M. Del Castillo, *Le Vent de la nuit*, 1985, 633.)

2. "(pour marquer la soudaineté d'un procès, notamment une disparition soudaine)".

5. Mais, **pssst**, mon Intrépide avait déjà fait une contre-marche du côté des cantinières lorsque le sergent-major fut z-arrivé [...]. (E. Suau, *Scènes de France et d'Afrique*, 1834, 284.)

6. Ah ! jarni, si j' pouvions les joindre, – ces monseigneu avions le dos tourné – et **pst** !... (*il s'élance vers la porte*.) (É. Ourliac, *Chacun sa croix*, dans *Journal des enfans*, 1838, t. 6, 298.)

7. CAMILLE. – Il dissèque ?
TOURTEROT. – Comme un ange !... et il vous coupe une jambe que c'est un plaisir ; **psit** ! c'est fait !... On ne s'en aperçoit que lorsqu'on veut marcher... (E. Labiche, *Deux papas très bien*, 1844, *Théâtre*, 1979, t. 1, 172.)

8. – [...] la pièce [de monnaie] est fondue ! [...] Fondue, **psst** ! dissoute ! évaporée. (P. et V. Margueritte, *Poum*, 1897, 87.)

REM. **bst** "id.". « J'ai vu le moment où j'étais, **bst**... bonsoir... » (A. Martainville, *Tapin, ou le Tambourineur de Gonesse*, 1809 [1807], 24).

♦♦ 1. Attesté dep. 1874 (v. ici ex. 1). 2. Attesté dep. 1733 (« **Pst**, lé gaillard avec sa rédingotte / Sé glisse comme un bent coulis » Boissy, *Le Badinage*, *Œuvres de théâtre*, 1773, t. 2, 145) ; 1753 (« J'ai d'abord entrevu quelque petit rayon ; / Mais **pst**, il s'est éteint » Boissy, *La Frivolité*, *Œuvres de théâtre*, 1773, t. 8, 244) ; 1765 (« Amour, quel doux mensonge ! / **Pzit** !... je crois en joüir ; / Quoique ce soit en songe, / Ça fait toujours plaisir » [Collé], *Choix de chansons joyeuses*, 1765, 91) ; 1767 (« [...] le fantôme fuyard, / **Pist**... s'élance et se précipite : / Et tout aussi-tôt à sa suite, / Le sieur de Turne en fait autant » [P. Brussel], *Suite du Virgile travesti*, 154) ; 1795 (« JOCRISSE, aîné. [...] Jocrisse est mon vrai nom, pour l'aut... **psit**.... Bonsoir » Gouffé, *Les Deux Jocrisses*, 29, dans DDL) ;1798 (« Je n' veux pas l'aller retrouver. / De si-tôt s'entend, parce que tôt ou tard **psit**... En attendant, fumons une pipe... Quand j' pense à sa mort, à une mort aussi subite... » Testard, *La Bible à ma tante*, 8). Cf. aussi en 1755 « On court après l'oiseau de proie, / Mais **bzet**, il est dans la Savoie » (*La Mandrinade*, dans *Abrégé de la vie de Louis Mandrin*, 1991, 103). — Absent, dans ces emplois, des dictionnaires consultés.

PST[2] □ VAR. *psit.*

"(sifflement bref destiné à attirer l'attention ou à appeler une personne ou un animal)".

1. FANCHETTE. – Elle n'a pas l'air bien méchant. Il faut que je la questionne : **pst. pst. pst.**, bon ! elle est apprivoisée. (Théaulon, Dartois, Brazier, *La Vénus hottentote*, 1814, 27, DDL.)

2. L'ACTION. **P'ssit ! p'ssit !**
PINCE. Je crois qu'elle m'appelle. (Clairville et de la Tour, *Les Mines de blagues*, 1838, 6, DDL.)

3. [...] comment voulez-vous que l'émotion, que l'attention même persistent ? À quelques jours de distance, on est tiraillé par les ***psst ! psst !*** de droite et de gauche. (*Le Journal amusant*, 28 mai 1892, 2, DDL.)

4. FLAMBEAU. [...]
« Hé ! **psitt** ! là-bas ! [...] » dit l'adjudant. (E. Rostand, *L'Aiglon*, 1900, 95.)

5. [...] j'ai fait « **pst** ! **pst** ! » à un fiacre !... Il m'a embarqué... (L.-F. Céline, *Mort à crédit*, 2000 [1936], 607.)

6. « **Psst**... Jo... » [...] / « Ferme-la. » (J. Joffo, *Baby-foot*, 1983 [1977], 78.)

7. [...] cette manière d'attirer l'attention par un « **pst** » ou même un bruit de baiser. (Fr. Maspero, dans *Le Monde*, 8 juillet 1999, 14.)

V. encore *braoum*, ex. 3 ; *Anthologie*, n° 46.

♦♦ Attesté [d'abord sous la forme *st*, en 1537 « CURTAL[IUS]. **St, St.** Cache ce livre : car j'oy Ardelio qui vient » (B. Des Périers, *Cymbalum mundi*, 1914, B iv r°) puis en 1656 (« GROS-RENÉ. **St**, Marinette. / MARINETTE. Ho, ho. Que fais-tu là ? » Molière, *Dépit amoureux*, *Théâtre 1655-1660*, 1935, 158, v. TLF) et 1775 (Beaumarchais, dans GLLF) ; et sous la forme *chit*, en 1750 (v. commentaire sous *hum*)] dep. 1785 (« [...] je fais des signes & de grands gestes ; je m'écrie bien fort : ***pst ! pst ! pst !*** Je lève la main avec beaucoup d'impétuosité ; la voisine me regarde avec étonnement ; au même instant que je disais ***pst pst pst !*** en signe d'appel, voilà un coup de tonnerre affreux [...] » Beffroy de Reigny, *Les Lunes du Cousin Jacques*, n° 2, juillet, 79-80, DDL) ; 1797 (« Mère TOTO, *faisant signe aux autres d'avancer.* **Pst ! pst !** avancez, avancez, mes amis... » Beffroy de Reigny, *Turlututu, empereur de l'Isle verte*, 64, DDL). — Enregistré dans GLLF ; TLF ; Rob 2001 ; NPR 2000 ; PL 2000 et TraitDu 1989, 319.

PTT □ VAR. *ptoui, ptu.*

1. "(bruit produit par le crachement)".

1. « [...] Tu auras une khédive avec ta tasse de café . À la condition que je ne voie pas le bout de ta cigarette mouillé, et que tu fumes sans crachoter des brins de tabac en faisant ***ptu, ptu...*** » (Colette, *Gigi*, 1945, *Œuvres*, 2001, t. 4, 457).

2. Il pensait aux poissons amoncelés au fond du seau. Il imagina Guigou assis au fond du bar de Néné à s'en payer une tranche, à suçoter ses doigts gluants en crachant des arêtes. **Ptoui** dans l'assiette. (Fr. Thomazeau, *Qui a noyé l'homme-grenouille ?*, 1999, 21.)

— Associé à une onomatopée exprimant le raclement de gorge.

3. – Tu me jures que tu ne le répéteras pas ?
– Je te jure : je suis une vraie tombe !
– Crache !
Elle cracha, rouak **ptt** ! (A. de Saint-André, *L'Ange et le réservoir de liquide à freins*, 1994, 248.)

2. "(bruit produit par les ratés d'un moteur)". □ VAR. *pit.*

4. [TINTIN.] – Tiens ?... un avion...
[L'avion] PFTT* PITT RRR* PTT
[TINTIN.] –... Panne ?... (Hergé, *L'Île noire*, 1938, *Archives Hergé*, 1980, t. 4, 16.)

♦♦ Attesté dep. 1718 (« PUTH [...] sert à exprimer le bruit & l'action d'une personne qui crache » Ph. Leroux, *Dictionnaire comique*, 431) et, pour exprimer le mépris, l'indifférence, dep. 1663 (« LE COMTE. – C'est mal répondre ! / LIZIDOR. – **Puth** ! / DORANTE. – Pitoyable Critique ! » E. Boursault, *Le Portrait du peintre*, dans *La Querelle de l'École des femmes*, 1971, 153). — Absent des dictionnaires consultés, à l'exception de TraitDu 1989, 321 et 329 (*râk rkrk ptou*), dans l'emploi 1.

R

RA

1. Le plus souvent associé à *fla** "(bruit d'un bref roulement de tambour, obtenu par un coup de la baguette droite suivi d'un coup de la baguette gauche)".

1. L'ÉVEILLÉ. – Dormir ? Fi donc ! Un apprenti tambour-major !
FLAFLA. – C'est juste ; en ce cas, mon vieux, commande la diane, mais ne bat [*sic*] pas un **ra** pour un fla*. (A. Gombaud *et al.*, *Les Petits maraudeurs*, 1823, 3.)

2. La conversation de ces deux grands hommes roule ordinairement sur les ***ras*** et les *flas**, et sur les difficultés qu'on éprouve à conduire une clique comme celle des *Tapins* [...]. (*Les Parisiens en 1840. D'officier à tambour*, 1840, 52.)

3. MICHEL, *en petite tenue.*
Rafla ! **rafla** !
Battez-moi ça
Ferme, et voilà
Comme on les éveill'ra !
Ra ! (Th. Sauvage, *Le Caïd*, 1849, 5.)

4. Le public semble, à l'égard de l'Opéra, avoir donné sa démission. C'est le tambour-major découragé d'entendre toujours ses virtuoses faire des ***ra*** pour des *fla** ; il a envoyé sa canne au ministre. (H. Berlioz, *À travers chants*, 1862, 321.)

5. Or, nos tapins, c'est lamentable à entendre, hélas ! Tous les jours, poussé par un irrésistible instinct, je descends dans les fossés des fortifications, où ces malheureux s'épuisent en ***ra*** mélancoliques et en *fla** dérisoires ; et tous les jours mon cœur saigne de leur honte. (J. Richepin, *Le Pavé*, 1883, 170.)

6. [...] un superbe homme [le tambour-major] qui n'entend pas qu'on lui *flanque* des *fla** pour des ***ra***, et *vice versa.* (H. de Sarrepont, *Chants et chansons militaires de la France*, 1887, 66.)

7. **Raflaflafla** ! **raflaflafla** !... C'est ma caisse qui se met à battre et à rouler toute seule. (*Le Régiment illustré*, 26 mai 1897, 5.)

8. Tous les « **ra** », tous les « fla »* des tambours de la fanfare ou de la clique des pompiers n'avaient plus de secrets pour nous [...]. (M. Genevoix, *Au cadran de mon clocher*, 1997 [1960], 37.)

V. encore *fla*, ex. 3-6.

— Par jeu de mots.

9. Plus d'un tapin, en train de battre la générale, ne peut achever l'air qu'il

avait commencé sur son instrument. Le choléra devient ainsi une véritable mort aux *ras*, – et aux *flas** pareillement. (Ch. Philipon et L. Huart, *Parodie du Juif errant*, 1845, 246.)

— Associé à *fla** ou à d'autres onomatopées.

10. Plan* ! rataplan* ! **rra** ! fllla* ! C'est le tambour que vous avez embauché pour la circonstance qui vous rassemble. (Monthabor, *La Vie au régiment*, 1897, 6.)

11. Les **rrra**... fla*... fla !... plan*, plan alternent avec des coin* ! coin ! désespérés [d'une oie]. C'est une avalanche de sons variés comme jamais il n'en est sorti d'un tambour ! (*Le Jeudi de la jeunesse*, 7 juillet 1910, 176.)

12. – [...] Je veux jouer le tambour, **ra**-ta-tam, **ra**-ta-tam, tu verras ! (A. Gerber, *Le Faubourg des Coups-de-trique*, 1982 [1979], 144.)

V. encore *Anthologie*, n° 18.

REM. **vra** "id.". « Un bras, blessé par les frimas, / M'a forcé de plier bagage. / Je battais des *flas** pour des *vras*, / Je retournai dans mon village » (E. Donvé, « Le Tambour », dans *Chansonnier de tous les arts*, 1830, 235).

2. Répété "(bruit de fusillade)".

13. « Ça ne va pas être long, vous allez bientôt entendre le premier roulement.
– Quel roulement ?
– Eh bien, on va les fusiller ! »
Presque au même instant fait explosion [...] une fusillade, ayant quelque chose de la mécanique réglée d'une mitrailleuse. Il y a un premier, un second, un troisième, un quatrième, un cinquième ***rrarra*** homicide [...]. Enfin, ça se tait. (E. et J. de Goncourt, 28 mai 1871, *Journal*, 1989, t. 2, 452.)

♦♦ Attesté dep. 1807 (« battre un fla fla fla, pour un **r r r ra** » A. Martainville, v. *fla*). La locution *battre un fla pour un ra* (ou *un ra pour un fla*), mise en évidence dans plusieurs exemples ci-dessus, ne paraît pas connue des dictionnaires. — GLLF ; TLF ; Rob 2001 ; NPR 2000 Ø ; PL 2000 et TraitDu 1989, 328.

RAN

1.1. Répété "(bruit de coups en rafale, bruit de martèlement)".

1. CHŒUR DES CHARABIAS. – La musique ! le chef d'orchestre ou la mort.
CHŒUR DES SIFFLETS. – Ps, ps [v. *pss pss*[2]], fiou, fiou.
CHŒUR DES CANNES ET PARAPLUIES. – **Ran** pan* pan, **ran** pan pan, **ran** pan pan. (É. Ourliac, « La Tribu des charabias », *Proverbes et scènes bourgeoises*, 1868 [av. 1848], 163.)

2. Je dois avoir six ans, c'est en 1917. Je suis avec Roger, mon grand frère. Des hommes en bleu, rien que bleu, des soldats, un régiment qui passe. **Ran ! Ran !** sur les pavetons les godillots. [...] On suit les poilus jusqu'aux maisons là-bas, **ran !** jusqu'à ce qu'ils s'évanouissent au loin. Pour n'en jamais revenir, rantanplan*, à la riflette [= guerre] ils barraient [= partaient] ces pauvres mecs. (R. Lageat, *Robert des Halles*, 1980, 13.)

1.2. "(bruit d'une déflagration, d'un choc violent, d'une fusillade, d'une rafale d'arme automatique)".

3. JULOT (*catégorique*). – Eh ben ! on n'en veut plus des siècles en arrière. On

va supprimer tout ça. Et les curés avec ! Gare à eux, y s'ront les premiers à trinquer, on les fusille tous : **rrrran** ! (G. Lenclos, *Notre-Dame de la Mouise*, 1932 [1930], 65.)

4. – [...] Il avait été un héros à l'époque de la « drôle de guerre » et, crois-moi, il n'y en eut pas des tas ! Mais il est devenu ensuite le chef de la Milice, donc...
Il imita, malgré lui, le crépitement d'une rafale.
– **Rrrran** ! (R . Biard, *Maffia en taule*, 1969, 128.)

5. Et soudain : **rrrran** ! [...] Et encore **rrrran** ! En plein dans le mille ! [...] Le canon de 37 lance son troisième **rrrran** ! qui se perd dans la campagne ; c'est fini, on ne l'entend plus. (J. Anglade, *Le Voleur de coloquintes*, 1972, 248.)

6. Moi, je tripotais un fusil à broche, que je m'employais à charger. Un de ces engins qui se cassent en deux, comme un bâton. Me voici glissant les cartouches dans la culasse, la refermant d'un coup sec. **Rrrran** ! Contre ma joue, je sens passer le vent de la double décharge. Sans m'en rendre compte, j'avais armé les chiens, pressé sur les détentes ; mon ange gardien avait eu à peine le temps de détourner les plombs de ma tête. (J. Anglade, *Jean Anglade raconte*, 1975, 40.)

7. [...] il avait vu, de ses yeux vu, un commando de militaires en abattre un autre au pistolet-mitrailleur, comme ça, **rrran** ! (Marie & Joseph, *Le Crime de la rue du Ciel*, 1988, 14.)

— Répété et associé à d'autres onomatopées. V. *ban*, ex. 2 ; *bang*, ex. 9.

— **et ran.**

8. L'autre jour [...] on a ramassé un feldwebel avec un surin dans le dos. [...] Alors, ils ont pris des otages, **et rrran** ! (R. Fallet, *Banlieue sud-est*, 1947, 235.)

• En contexte métaphorique. V. *pong*, ex. 2.

REM. **vran** “id.”. « **Vrran** ! je liquide tout le chargeur [d'une mitraillette] [...] » (A. Boudard, *Bleubite*, 1988 [1966], 104).

— En part. “(bruit d'un pet ou d'une succession de pets)”.

9. [...] au plumard, je me gêne pas. Quand j'ai envie d'envoyer une perlouse [= pet], **rrrrrran** ! (Berroyer, *Je vieillis bien*, 1995 [1983], 71.)

1.3. “(bruit d'un coup brutal)” □ VAR. *rhan*.

10. **Rrrran** ! le plus bel uppercut de ma vie, je le jure ! (San-Antonio, *Messieurs les hommes*, 1976 [1955], 141.)

11. Il a sursauté comme si quelqu'un de plus gros que lui, de plus fort que lui, lui avait tapé dans le dos à sa manière de sauvage. **Rran**. (Chr. de Rivoyre, *La Glace à l'ananas*, 1976 [1962], 40.)

— **et ran !**

12. Et pan* ! un pain dans l' buffet, **et rrrran** ! une tarte su' la gauffre. (G. Lenclos, *Notre-Dame de la Mouise*, 1932 [1930], 71.)

13. Marietta se cramponnait.
– Vas-y « mou », Jojo ! L'art c'est pas d' leur rentrer dedans, c'est de se faufiler !
– J' m'en fous d' l'art. Tu connais les courses de stock-cars aux Buttes de Montreuil. **Et ran** ! c'est comme ça ! (R. Sabatier, *Boulevard*, 1986 [1956], 155.)

14. – Le type est en face de toi... Tu n'attends pas, tu fonces, tête baissée.

Rrrrran ! [...] **Et ran, et ran, et ran** ! (R. Sabatier, *Les Allumettes suédoises*, 1988 [1969], 140.)

15. [...] mettre le moteur [du bateau] en marche. Ça c'était le travail du père. Il s'emparait de la manivelle, la regardait intensément comme s'il voulait exorciser le mauvais sort, **et rrann** ! Le premier coup était ponctué d'un « Et merde ! » Le second coup, aussi. Le père Coustet poussait sa casquette sur la nuque et s'écriait : « Ce sera l'humidité sur la bougie. » (H. Bonnier, *L'Enfant du Mont Salvat*, 1985 [1980], 246.)

V. encore *floc*, ex. 23.

REM. **1. raoum / raoom** "id.". V. *ding dong* ex. 5. **2. rin** "id.". « **Rrin**, je te lui envoie un swing fignolé en plein dans les gencives [...] » (A. Paraz, *Une fille du tonnerre*, 1984 [1952], 95).

— En part. "(bruit du couperet de la guillotine)".

16. **Rrrran** !... a y est !... à moi !... 'l'est tranché !...
À l'assassin... à l'assassin ! (J. Rictus, *Doléances*, 1900, 25.)

17. – [...] la seule chose, quand on attrape un de ces bandits, **rrran**...
Il a fait un geste de la main droite, un coup de couperet. (Cl. Courchay, *Chronique d'un été*, 1990, 234.)

1.4. "(pour accompagner un élan)".

18. Michel s'approcha, mit ses mains sous les fesses du père, et fit « **rrrran** » pour le soulever. (Fr. Boyer, *Jeux interdits*, 1979 [1947], 110.)

— **et ran.**

19. – Vous n'avez qu'à voir vos surveillantes ! poursuivait le malade. Des adjudantes ! [...] **Et rran** ! que je t'arrache le pansement ! Et v'lan* que je te pique la seringue !... (J. Amila, *La Bonne tisane*, 1975 [1955], 181.)

20. pendant que nous sauvages on martelait
adios muchachos ou *le plus beau*
de tous les tangos du monde **et rran** !
en piétinant on ne savait quoi (L. Janvier, *Entre jour et sommeil*, 1992, 57.)

REM. **vran** "id.". « Il est entré. La porte mince a sauté – **vrann** ! – d'un coup d'épaule » (M. Mauron, *Le Quartier Mortisson*, 1967 [1951], 184).

1.5. "(pour exprimer la soudaineté d'un procès)".

21. C'était un printemps dans le genre coup de poignard dans le dos. Du soleil à flots et, **rran**, sans prévenir, des grêlons comme des pavés. (Fr. Cavanna, *Les Ritals*, 1981 [1978], 129.)

22. – Eh bien, je vois le gars qui s'amène devant son supérieur, à la P. J.... « Chef, c'est pas un crime que j'ai découvert, mais deux !... »... **Rran** ! Le voilà au tableau d'avancement. (J. Amila, *Le Pigeon du faubourg*, 1981, 116.)

23. Quand le frère directeur [de l'école] jugeait que la glace était assez épaisse et assez dure, il prenait des galoches sans clous, il relevait le bas de sa robe et allez, **rran** ! le voilà parti. Il essayait toujours la glissière lui-même. (Cl. et J. Jeury, *Le Crêt de Fonbelle*, 1981, 78.)

2. "(bruit de roulements de tambour)".

24. Et lorsqu'au jugement dernier,
J'entendrai l' concert des trompettes,
Je leur répondrai par un **rrrrrrrran**,
Rlan !
Si j' trouv' caisse et baguettes,

Rlan,
Rlantanplan*, plan, plan, plan,
Rlan. (Théodore M***, *Le Cancanier lyrique*, 1838, 141.)

25. LE DUC (*revenant*). – N'oubliez pas surtout d'être en mesure de réciter à midi.
LÉOPOLD (*se rasseyant*). – Oui, monseigneur. – Je veux une housse verte d'abord, puis je vais à la tranchée, on bat la charge. Voilà l'ennemi ! **Ran, ran, ran**, tchin, tchin, baoum*, pif*, paf*, pouf*. (É. Ourliac, *Tout ce qui luit n'est pas or*, dans *Journal des enfans*, 1838, t. 6, 327.)

26. Et ces longues rues de Charonne pleines de peuple, ces pavés glissants où l'on avait tant de peine à marquer le pas ; puis, en approchant des bastions, nos tambours qui battaient la charge. ***Ran !... ran !...*** (A. Daudet, « Mon képi », 1872, *Contes du lundi*, 1875, *Œuvres*, 1986, t. 1, 685.)

27. LA MUSIQUE. – Tra lalère, tra lalère... Boum* ! Boum ! **Ran, ran, ran.** (W. de Pawlowski, « En manœuvres », *On se moque de nous*, 1898, 50.)

28. Tout au sérieux de leur rôle, ils ne regardaient guère les gens et semblaient grisés par le son de leurs tambours, alternant tout d'abord avec les instruments à vent, les cymbales, la grosse caisse, puis les accompagnant dans une liesse triomphale. **Ran ! Ran ! Ran !** Sur leur passage, les fenêtres s'ouvraient, des applaudissements crépitaient. (R. Sabatier, *Les Noisettes sauvages*, 1988 [1974], 130.)

V. encore *rantanplan*, ex. 10 ; *zim*, ex. 11.

REM. **1. rlan** "id.". « Je suis tambour, / Ma naissance est notoire ; / J'ai vu le jour, / Sur un champ de victoire : / **Rlan, / Rlan, rlan,** rlantanplan*, / Et voilà mon histoire » (P.E. Debraux, *Chansons nationales nouvelles et autres*, 1832 [1827], t. 2, 154) ; v. encore ici ex. 24. **2. rli et rlan** "id.". « Ran plan plan, ranplan plan ! (*Bis.*) / Je viens vous battre un ban ! / **Et r'ly, et r'lan !** » (H. Simon, « Le Tambourineur des vertus », dans *Gymnase lyrique*, 1833 [1832], t. 9, 5).

— ran plan (plan).

29. En avant marche. – Les riches sont pus heureux jarni ! – **Ran plan plan.** – V'là la parade. (É. Ourliac, *Chacun sa croix*, dans *Journal des enfans*, 1838, t. 6, 296.)

30. POLYTE, *imitant la musique d'un régiment.* – **Ran, plan, plan, plan !** dzing*, boum*, la ba boum ! (H. Thiéry, *Un brelan de turcos*, 1859, 1.)

31. Ce matin, aux premières clartés de l'aube, un formidable roulement de tambour me réveille en sursaut... **Ran plan plan ! Ran plan plan !...** (A. Daudet, *Lettres de mon moulin*, 1869, *Œuvres*, 1986, t. 1, 385.)

32. Vois-tu bien,
Tapin,
Cette dame du s'cond
Qu'a les yeux *fisqués*
Sur ton *patalon*.
Ran plan plan plan plan ! (H. de Sarrepont, *Chants et chansons militaires de la France*, 1887, 69.)

33. FLAMBEAU. [...]
Tiens ! à cet endroit même, onze petits tambours [...]
Marchaient, heureux de vivre, en faisant ***ran plan plan !*** (E. Rostand, *L'Aiglon*, 1900, 212-213.)

V. encore *rantanplan*, ex. 8 ; *taratata*[1], ex. 5 ; *Anthologie*, ex. 17.

♦♦ 1. Attesté av. 1848 (v. ici ex. 1). 2. Comme élément d'onomatopée en

1728 (« **Ramplan** » Dominique et Romagnesi, v. *plan*) ; sous la variante *rlan* en 1754 (« Mde. ENGUEULE. – T'es donc engagé, Pouillassin ? / CADET. – Vantez. Tambour, Corbieu. Rlon, **rlan**, rlon, **rlan**, rla, tapa, tapan, **rlan** » P. Boudin, *Madame Engueule*, 18) ; 1832 (v. rem. ex. de Simon) ; 1842 (« Monsieur ! Fous français ! Oh ! Les français ! **Ran** ! **Plan** ! **Plan** ! Ran ! Tan ! Plan ! la guerre à tout le monde ! » Hugo, *Le Rhin*, FXT) ; v. aussi *rantanplan*. — GLLF et Rob 2001 "bruit de fusillade" ; TLF ; Ø NPR 2000 ; PL 2000 et TraitDu 1989 ; FEW 23, 147b 'tambour'.

RANTANPLAN, RATAPLAN

"(bruit de roulements de tambour)".

1. rantanplan. □ VAR. *rantamplan* (rare).

1. J'entends, je crois, la générale !...
S'rait-c' par hasard nos ennemis ?
Rantamplan !
Non... c'est la gard' nationale,
Qui s'lève en mass' dedans Paris ! (J. Rozeury, *Histoire de la Révolution de 1830*, 1832, 23.)

2. Et **ran tan plan**,
C'est la caisse-roulante,
Et **ran tan plan**,
Du premier voltigeurs,
Du brave premier voltigeurs. (Ch. Colmance, *Chansons*, 1862, 284.)

3. [...] un tambour sur lequel le garde exécutait des **ran-tan-plan** terribles [...]. (J. Aicard, *Maurin des Maures*, 1908, dans *Gens de Provence*, 1997, 361.)

— En contexte métaphorique.

4. – [...] Un speech patriotique, devant des tombes ouvertes !... « Les lauriers de la victoire s'arrosent du sang des sacrifices... » Et allez donc... Et haut les cœurs, les enfants ! **rantanplan** !... (J. Romains, *Prélude à Verdun*, 1938, 224.)

5. De mon pas grinçant j'eusse bien dessiné mon
Cercle pris dans le plat treillis de mon sanglant
Lignage où étais-je à ma poursuite par monts
Vaux ma vie durant err**ant tant plan ran tan plan** (R. Belletto, *Loin de Lyon*, 1986, XXXIII.)

V. encore *ran*, ex. 2.

— Emploi subst. ou adj. "(personne) d'allure militaire".

6. Cette bonne dame [une gardienne de musée] très vieille garde, **rantanplan** et poil au menton [...]. (Samivel, *L'Amateur d'abîmes*, 1971 [1963], 139.)

2. rataplan.

7. BOIS-ROSÉ. [...]
Je suis votre vieux capitaine,
Rataplan,
À la victoire je vous mène,
Rataplan,
Ou je vous mène en paradis, mes amis !
SOLDATS.
Rataplan, **rataplan**, *etc.* (E. Scribe, *Les Huguenots*, 1836, dans *L'Avant-scène opéra*, n° 134, 1990, 62.)

8. BUCHOT. – Le voilà qui monte... Bravo, Royer !... Musique !... **Rataplan**... **rataplan** !... Chi la boum* ! boum !
TOUS. – Vive Royer !... ran* plan, etc. (Ils imitent avec la voix une musique

militaire.) (F. Soulié, *Les Etudians*, 1845, 4.)

9. *Elle va finir sa vie* (Tambour voilé.) *Le froid pénètre jusqu'aux os* (bis). Plan*, **rataplan** ! (L'évêque fredonne joyeux.) (A. Jarry, *Gestes et opinions du docteur Faustroll*, 1980 [av. 1907], 80.)

10. Maurice qui tapotait, ran*, ran, **rataplan**, une marche militaire sur le bras du fauteuil. (H. Bazin, *Le Bureau des mariages*, 1951, 156.)

V. encore *plan*, ex. 2 ; *ra*, ex. 10 ; *taratata*[1], ex. 7.

REM. **1. ranpataplan / rampataplan** "id.". « On s'escrimera d'estoc et de taille / Avec des sabres de fer-blanc, / **Rampataplan**, pataplan » (É. Vanderburch, *La Pendule*, 1830, dans *Théâtre de l'enfance et de la jeunesse*, 1879, 149) ; « [...] l'abbaye du cap Spichel au clair de lune, quand les squelettes y font la ronde **et ranpataplan** » (Y. Queffélec, *Le Soleil se lève à l'Ouest*, 2001 [1994], 55). **2. rlantanplan** vx "id.". V. *ran*, ex. 24 et *rlan* (sous *ran* rem.). **3. rapataplan** "id.". « **Rapataplan** ! / Tambours flambants, / Fête / Complète ! / **Rapataplan** ! » (E. Labiche, « Rapataplan », dans H. de Sarrepont, *Chants et chansons militaires de la France*, 1887, 67). **4. ratapataplan** "id.". V. *tzim*, ex. 3.

♦♦ Attesté, d'abord sous diverses variantes, dep. 1750 (« Voisins, Voisine accourés, / Rli, rlan, **rlantanplan** tirelire ; / Ouvrez l'oreille écoutés » *Le Paquet de mouchoirs*, 1750, 20) ; 1751 « **Ratapatapataplan**, / Le Tambour roule à chaque instant » (Armand et Derozée, *L'Heureux événement*, 6). **1.** Attesté dep. 1751 « Tout d'abord il soupire / **Ran tan plan** tirelire » Crébillon fils, *Ah quel conte*, FXT) ; 1761 (« La Danse du Satyre **Rantanplan** tirelire » Collé, *Journal historique inédit*, dans DDL) ; 1793 (« Dès que Mars ouvre son champ, / En plein plan **relan tan plan** / Tire lire en plan » *Ronde de table*, dans *Le Chansonnier patriote*, 102) ; sous la forme *rantamplan* 1832 (v. ici ex. 1). **2.** Attesté dep. 1834 (Boiste, v. TLF) ; 1836 (v. ici ex. 7). — Enregistré seulement dans GLLF *(rataplan)*, Rob 2001 et TLF.

RAOUL

Dans la loc. verb. **appeler Raoul** "avoir des spasmes de vomissement ; vomir".

1. Mon estomac s'était habitué à conserver les aliments et les boissons autant que l'exige la parfaite digestion. Je me croyais amariné pour de bon. / Mais ce n'était qu'une illusion puisque, après la première escale [...], j'ai recommencé à **appeler Raoul** sur tous les tons. (G. Fleury, *Rond comme la mer*, 1992, 166.)

♦♦ Attesté dep. 1992 (v. ici ex. 1). — Absent des dictionnaires consultés.

RHA □ VAR. *rah, rhâ, rhah.*

"(bruit d'un râle profond)".

1. GRIPANDOUILLE (*étranglant le Gendarme entre le bord et le couvercle du panier*) [...].
LE GENDARME (*étouffant*). – Ah ! lah, **rrrah** !! (L.-E. Duranty, *Théâtre des marionnettes*, 1995 [1862], 271.)

2. Puis un cri d'atroce angoisse : « **Rhâââââ** ! Au secouou-ououours ! » (P. Veber et Willy, *Les Enfants s'amusent*, 1894, 104.)

3. Et voici des coureurs de 60 qui arrivent, dans un « **raah** ! » des poitrines ; le fil rouge qu'il coupa pend à l'épaule encore un peu retournée du vainqueur : on dirait un filet de sang. (H. de Montherlant, *Les Olympiques*, 1924, dans DDL.)

4. – Et que voulez-vous faire ? [...]
– Je veux être professeur.
– **Rrrrrrraaaaaahhhhhh**, rugit la victime. (R. Queneau, *Les Enfants du limon*, 1993 [1938], 16.)

5. Des nom de Dieu de maquereaux de trous du cul pareils ! Brigadier ! Brigadier ! Rhoo ! **Rhââ** !... Il s'en étranglait de pression de colère. (L.-F. Céline, *Casse-pipe*, 1999 [1952], 84.)

6. Je me baisse pour le [un blessé] prendre dans mes bras, mais à cet instant il soupire "**rrrhâ**" et lâche la rampe. (San-Antonio, *Salut, mon pope !*, 1985 [1966], 127.)

7. Tout ce qu'il voulait [au cinéma], c'était que le mauvais tombe du haut des remparts en faisant « **Rhaaaaaaaaaa** !!!!! » et que sa complice boive par mégarde le vin empoisonné qu'elle avait préparé à l'intention de l'héroïne [...]. (A. Gerber, *Le Faubour des Coups-de-trique*, 1982 [1979], 67.)

8. Allez j' me fume un dernier morceau de H à la pipe à eau [...]. J'allume. RRRRRAAAH ! Ça arrache la gueule un max. J'ai l'impression qu'on me frotte la gorge au papier de verre. Et puis tout de suite ça monte à la tête. Glouglou* glou glou fait la pipe à eau avec un pffeuh pffeuh [v. *pff*] en bruit de fond de la fumée qui monte à travers le tuyau transparent. (Fr. Lasaygues, *Vache noire*, 1985, 37.)

V. encore *burp*, ex. 1 ; *gloup*, ex. 5 ; *Anthologie*, n° 40.

— Répété.

9. Et puis « **rrah** ! **rrah** ! » qu'elle faisait comme des râles d'égorgement... comme une espèce d'animal... (L.-F. Céline, *Mort à crédit*, 2000 [1936], 602.)

10. [Le gorille] **RHAAH RRAH** (Hergé, *L'Île noire*, 1938, *Archives Hergé*, 1980, t. 4, 105.)

♦♦ Attesté dep. 1862 (v. ici ex. 1). — Absent des dictionnaires consultés, à l'exception de TraitDu 1989, 328 (« cri lâché par une personne qui vient d'avaler une bonne quantité de poivre de Cayenne ou de harissa »).

RON

1. "(bruit de ronflement d'un dormeur)".

1. Verdebrick [...] secoua le dormeur. Tout ce qu'il put en tirer fut un grognement menaçant :
– **Rrrrron**... (M.-É. Grancher, *Le Bistrot du porc*, 1945 [1944], 162.)

— Redoublé ou répété.

2. LE PETIT POUCET, *se recouche et ronfle*.
– **Ron** ! **ron** ! **ron** !... (É. Vanderburch, *Le Petit Poucet*, dans *Théâtre de Mr. Comte*, 1828, 5.)

3. LES DIEUX, *dormant*.
Dormons, que notre sommeil
Ne vienne jamais à finir
Puisque le seul bonheur, en somme,
Dans notre Olympe, est de dormir
Ron, ron.
MORPHÉE, *secouant ses pavots sur le nez des dieux*.
Ron ! **Ron** ! **Ron** ! **Ron** ! (H. Crémieux, *Morphée aux enfers*, 1858, FXT.)

4. Quand la dame elle est endormie, en faisant des : *(ronflements)* **rrrron.... rrrron.... rrrron....** – comme un vrai trombone [....]. (E. de Richemont, « Marius Castagnou à Paris », dans *Almanach de la jeune chanson française*, 1867 [1866], 24.)

5. (*Il se remet à roupiller.*)
– **Rrrrrron** ! **Rrrrrron** ! (Monthabor, *La Vie au régiment*, 1897, 166.)

6. Son petit nez fait d' la musique
Une musique très sympathique
Pas de ronflements de dragon
Des petit' plaint', des p'tits « **ron ron** ».
(B. Lapointe, « Insomnie », 1960, *Intégrale*, 1994, 81.)

7. **Rrrrrrrron** ! **Rrrrrrron** ! *(Il ronfle).* (R. Pierre et J.-M. Thibault, *Laissez-nous rire*, 1986, 72.)

REM. **cran** "id.". *On entend ronfler dans l'alcôve.* / NORINE. – Hein ! quel est ce bruit ? / LENGLUMÉ. – [...] C'est moi, c'est ma crampe... *(Ronflant)* **Cran** !... **cran** !... ça vient de l'estomac !... (E. Labiche, *L'Affaire de la rue de Lourcine*, 1857, *Théâtre*, 1991 , t. 1, 483).

— Associé à une autre onomatopée qui traduit la phase expiratoire de la respiration.

8. [TINTIN, *dormant.*] – **Rron**... sssch [v. *ch*[1]]... **Rron**... ssch... (Hergé, *Les Aventures de Tintin [...] au pays des soviets*, 1999 [1930], 39.)

9. J'ai remonté la couverture bien haut sur ma tête [...] et – **ron**... pss... [v. *pch*[1] rem.] – je suis repartie au pays des rêves. (M. Chatelain, *Alpages, terres de l'été*, 1996, 38.)

10. Il serait capable de vendre père et mère pour obtenir un supplément dodo : « Deux minutes encore [...] **rôôôooonfeûûûuuuf**... [v. *fff*[1]] » (P. Pellerin, *Tout va bien*, 2001, 182.)

V. encore *brr*[2] , ex. 3 ; *groin-groin*, ex. 1.

2. Redoublé ou répété.

2.1. "(bruit que fait le chat pour manifester son contentement)".

11. [...] et dans un grand chaudron, sous des flocons d'écume, une eau puante et noire danse en accompagnant de son bruit la bouilloire et le matou qui fait **ron ron**. (Th. Gautier, *Albertus*, 1833, FXT.)

12. BERLINGUETTE. – [...] Ah ! vous regrettez vos femmes, mes pauvres chats ! qu'on vous laisse approcher, vous ferez gros dos, un tas de **ron ron**, et demain vous donnerez des coups de patte... du tout, plus de gazouillement, les fauvettes sont couchées. (Cogniard, Jaime, Deslandes, *À bas les hommes !*, 1838, 14.)

13. ÉMILIE. – Je voudrais bien d'abord, savoir ce que veut dire : *Et ron, ron, ron, petit patapon.*
MADAME DE PLANCY. – Mon enfant, les paroles de la plupart de ces refrains, ne sont que des syllabes réunies qui indiquent la mesure et la cadence de l'air, et qui excitent à la gaîté. Elles ont quelquefois une forme appelée imitative, ainsi, *Ron, ron, ron*, ressemble à la basse continue de la vielle, et *patapon** au son du tambourin. ***Ron, ron, ron,*** pourrait aussi exprimer le bruit que fait un chat quand il est content. (Th. Du Mersan, *Chansons et rondes enfantines*, 1846, 58.)

14. [...] Clémence flattait, non sans volupté, un gros minet noir qui faisait ***ron-ron***. (A. Allais, *Ne nous frappons pas*, 1900, *Œuvres anthumes*, 1989, 1008.)

15. Le chat dormait sur la margelle du puits. Parfois, il ouvrait un œil, regar-

dait les petites et se rendormait en faisant : « **Ronron, ronron.** » (M. Aymé, *Les Contes du chat perché*, 1978 [1939], 360.)

16. [...] roupiller des nuits entières / Près d'un matou qui fait **ronron**. (Ch. Trenet, « Pain beurré et pain doré », 1976, *Le Jardin extraordinaire*, 1993, 453.)

V. encore *frr²*, ex. 4 ; *mrouin*, ex. 4 ; *tic*, ex. 1.

— Par analogie. V. *rrr*, ex. 3.

2.2. "(bruit d'un ronflement sourd et régulier)".

17. [...] l'on rôtissait alors, à la cheminée, au **ronron** huileux du tourne-broche [...]. (J. de Pesquidoux, *Le Livre de raison*, 1925, FXT.)

18. Tel livre, telle mauvaise pensée, telle image entrevue les yeux clos, au **ronron** du poêle, les mains jointes sur l'ouvrage oublié [...]. (G. Bernanos, *Sous le soleil de Satan*, 1926, FXT.)

— En part. "(bruit sourd et continu du ronflement d'un moteur)".

19. Enfin, il croit reconnaître le **ronron** de la voiture [...]. L'auto paraît au bas de l'avenue [....]. (R. Martin du Gard, *Devenir !*, 1909, FXT.)

20. Ce soir-là, pendant que nous dînions, un **ronron** grave et bas, un son de trompe annoncèrent l'arrivée d'une automobile, et la porte s'ouvrit devant un couple de nouveaux riches. (Colette, *La Chambre éclairée*, 1921 [1917], *Œuvres*, 1986, t. 2, 920.)

21. Que tu étais belle, nuit paisible ! Un **ronron** de grand fauve bourdonnait là-haut – quelque avion veillant sur l'énorme sommeil de la ville. (Colette, *La Chambre éclairée*, 1921 [1918], *Œuvres*, 1986, t. 2, 911.)

22. [...] deux... trois **ronrons** d'avions très loin [...]. (L.-F. Céline, *Rigodon*, 1973 [1961], 243.)

23. Je me souviens parfaitement du **ronron** des moteurs qui dans mon demi-sommeil se transformaient [*sic*] en mélodies lancinantes, répétant inlassablement les leitmotive de chansons à la mode :
« *je me marie demain*, **ron ron ron** »,
« *c'est la fête dans ma vie*, **ron ron ron** »,
« *voilà que j'ai envie* **ron ron ron** »,
« *de reprendre ma main* **ron ron ron** ».
(B. Bardot, *Initiales B.B.*, 1998 [1996], 537.)

24. [...] le **ronron** des robots de cuisine [...]. (*Télérama*, 18 août 1999, 6.)

V. encore *cricri*, ex. 8.

2.3. "(pour marquer la monotonie)".
— [propos émis par une personne]

25. [...] il y a un besoin de loi pour les articles de la REVUE DES DEUX MONDES. Savez-vous ce que ça me fait l'effet, tous ces gens-là ? Il y en a un qui arrive : il dit la messe sur l'économie politique, ***ron, ron, ron***... Et puis, un autre sur les beaux-arts, un autre sur la philosophie... (E. et J. de Goncourt, 27 novembre 1861, *Journal*, 1989, t. 1, 752.)

26. Elle reconnut le bruit des bols de faïence sur la table de bois, le grincement d'une chaise qu'on traîne, puis le **ronron** uniforme d'une conversation. (Fr. Boyer, *Jeux interdits*, 1979 [1947], 36.)

27. Des fragments de salutations, des plop* de bouchons, le barrissement d'une pompe à bière mal amorcée [...], la calme colère d'un verre qui se casse, des onomatopées discordantes, brisant

l'horizon d'une conversation à grave **ronron**, la petite toux sporadique d'une vie anodine. C'était bon. (M. Quint, *Billard, à l'étage*, 1993 [1989], 22.)

V. encore *coin-coin*, ex. 13 ; *hic*, ex. 4.

— [situation]

28. Eh bien, dans cette maison tranquille, pacifique, assoupissante, il s'est transformé ; et à son ***ronron*** laborieux, il est devenu peu à peu un autre homme qu'il était. (E. et J. de Goncourt, 21 mars 1875, *Journal*, 1989, t. 2, 638.)

29. Les dirigeants communistes roupillaient sur leur glorieux passé **et ron et ron et ron,** endormaient la classe ouvrière [...]. (G. Mordillat, *Rue des Rigoles*, 2002, 255-256.)

♦♦ **1.** Attesté dep. 1535 (« Et Robinet ron ron ronflait » *La Fleur des noëls*, v. *Anthologie*, n° 1, str. 3). **2.** Attesté dep. 1761 pour exprimer un bruit de musique sourd, continu et ennuyeux (« Figurez-vous un charivari sans fin d'instrumens sans mélodie, un ronron traînant et perpétuel de basses ; chose la plus lugubre, la plus assommante que j'aie entendue de ma vie [...] » J.-J. Rousseau, *Julie ou la Nouvelle Héloïse*, FXT) ; cf. les attestations suivantes, où il s'agit également de l'imitation d'instruments de musique (v. aussi *from from*) : 1779 (« romb, romb, romb, romb » Dorvigny, v. *Anthologie*, n° 8), 1788 (« aux *rom rom* des contrebasses » Haudart, v. *crincrin*) ou d'un refrain en 1827 (« C'était une bergère, / Et ron, ron, ron, petit patapon ; / C'était une bergère / Qui gardait ses moutons, / Ron, ron », où il s'agit d'une ronde dans laquelle « le *ron ron* accompagne [...] les bonds des danseurs » (Mme Celnart, *Manuel complet des jeux de société*, 15, sous le titre *La Confession*). **2.1.** Attesté dep. 1833 (v. ici ex. 11). **2.2.** Attesté, à propos du moteur d'une voiture, dep. 1909 (v. ici ex. 19). — GLLF ; TLF ; Rob 2001 ; NPR 2000 ; PL 2000 ; TraitDu 1989, 331 ; FEW 10, 462b, RON-.

ROUAF, ROUAH □ VAR. *rwa.*

Souvent répété "(bruit de grognement du chien)".

1. [...] **rrouah ! rrouah !** un de ces grognements ! là contre moi ! pas un écho ! une rage ! un chien !... (L.-F. Céline, *D'un château l'autre*, 1957, 96-97.)

V. encore *aï aï*, ex. 1 ; *grr*[1] rem.

♦♦ Attesté dep. 1856 (v. *aï aï*, ex. 1). — Absent des dictionnaires consultés, à l'exception de TraitDu 1989, 278 (*rrouaf ! rrouaf !*).

ROU ROU

"(bruit du roucoulement de la tourterelle, de la colombe)".

1. (*Il roucoule.*) **rrrou !... rrrou !... rrrou !... rrrou !...** faites la roue, mes petits ! (E. Bourget, dans *Paris chantant*, 1845 [1843], 67.)

2. [...] les piétinements des pigeons sur le toit et un « **rrouou** » caressant comme le renflement de leurs cous nuancés. (A. Daudet, *Jack*, 1876, *Œuvres*, 1990, t. 2, 140.)

3. Ils [des pigeons voyageurs] roucoulaient éperduement... [...] On leur laissait la fenêtre ouverte... Ils flânaient jamais en route, ils aimaient pas la campagne, ni les grandes vadrouilles... Ils revenaient automatique... Ils aimaient

beaucoup leur grenier et « **Rrou** !... et **Rrou** !... Trouu !... **Rrouu** !... » (L.-F. Céline, *Mort à crédit*, 2000 [1936], 370-371.)

4. pigeon / **rou rou** (*Le Cri des animaux*, 2001, 2.)

♦♦ Attesté dep. 1843 (v. ici ex. 1). — Absent des dictionnaires consultés.

RRH □ VAR. *rrho.*

"(bruit d'un soupir d'impatience, de lassitude, de compassion)".

1. Quelques secondes après, on entendit à nouveau la sonerie [*sic*] du téléphone. Malou fit : « **Rrrrhoooo...** » (Georgius, *Du bromure pour les gayes*, 1962, 151.)

2. Son numéro terminé, il s'affuble d'un masque douloureux :
– **Rrh** ! ce que je peux plaindre ta sœur !
– Pourquoi ?
– Te voir avec l'homme le plus beau, le plus brillant et le mieux introduit dans le Tout-Paris, elle ne va pas s'en remettre. (Fr. Dorin, *Les Corbeaux et les renardes*, 1988, 191.)

♦♦ Attesté dep. 1962 (v. ici ex. 1). — Absent des dictionnaires consultés.

RRR

Souvent redoublé.
1. [Bruit produit par un animé]
1.1. "(bruit de ronflement d'un dormeur)". □ VAR. *ra, raou, rrh.*

1. SOSTHÈNES, ronflant. – **Rrrrr** ! (Cormon et Grangé, *Le Festin de Balthasar*, 1855, 1.)

2. [TINTIN.] – Allons, capitaine, debout ! Nous repartons...
[HADDOCK.] – Mon petit déjeuner au lit, Nestor... **RRR... RRR...**
[TINTIN.] – Ce n'est pas Nestor, capitaine, c'est Tintin !... Levez-vous vite !...
[HADDOCK.] – **RRR.** (Hergé, *Coke en stock*, 1958, 21.)

— Associé à une autre onomatopée qui traduit la phase expiratoire de la respiration.

3. Clémentine l'imitait [son père] à merveille dans ses ronflements, de gros ronrons* de tigre, enflés de rumeurs profondes, hachés de coups de vent : **Rrraou...** Humph ! **Rrraou...** Humph !... (L. Massé, *Les Grégoire*, 1984 [1944], t. 1, 176.)

4. [...] un léger ronflement : **ra,** phu [v. *fff*¹], **ra** phu, apprit à Séverine que sa grand-mère ne songeait pas à partager son repas nocturne. (Chr. de Rivoyre, *La Mandarine*, 1972 [1957], 23.)

V. encore *bzz*, ex. 18 ; *prr*, ex. 4 ; *zzz*, ex. 21.

1.2. "(bruit de grognement ou de rugissement)". □ VAR. *rra.*

5. Le chat pousse un second cri de guerre.
– *Fffff !* [v. *fff*²]
Ce cri est suivi d'un roulement de tonnerre qu'on ne croirait pas pouvoir sortir d'un si petit corps.
– ***Rrrrrrr !*** (Champfleury, « Polichinelle et le chat », 1863, *Pantomimes*, 1995, 92.)

6. NABUCHO. – Je n'en veux pas ! *(Arpentant la scène comme un tigre altéré de sang.)* Ainsi, on m'a pris pour une fichue bête [...]. *(S'arrêtant devant*

Azor.) RRR !... (A. Vanloo et E. Leterrier, *Nabucho*, 1871, 54.)

V. encore *aou*, ex. 4 ; *tui-tui*, ex. 1 et 4 ; *wraou*, ex. 2 ; *Anthologie*, n° 14.

2. "(bruit de ronflement d'un moteur)". □ VAR. *rerere, reuh.*

7. **RRRRRRRR**
[TINTIN.] – Tiens ?... un avion... (Hergé, *L'Île noire*, 1938, *Archives Hergé*, 1980, t. 4, 16.)

8. **RREUH RREUH**
[TINTIN.] –... Un camion qui va dans la même direction que moi !... N'hésitons pas !... (Hergé, *L'Île noire*, 1938, *Archives Hergé*, 1980, t. 4, 27.)

9. [...] l'on entend Samb Babakar crier « Moteur ! » La caméra se met à ronfler **rererere** [...]. (J.-L. Bory, *Le Pied*, 1978 [1977], 356.)

V. encore *ptt*, ex. 4.

♦♦ **1.** Attesté dep. 1855 (v. ici ex. 1). **1.2.** Attesté dep. 1863 (v. ici ex. 5). **2.** Attesté dep. 1938 (v. ici ex. 7). — Absent des dictionnaires consultés, à l'exception de TraitDu 1989, 333.

S

SCHLAC □ VAR. *chlac, chlag, chlak, chlaque* (rare), *schlack, schlag* (peu usuel), *schlak, slac.*

1. "(bruit soudain et sec d'un déclic ou d'un coup, notamment d'un coup de fouet)".

1. **Schlac**, un coup de lattes [*sic*] dans le tibia du voisin [...]. (A. Vergne, *La Somnambule*, 1977, 122.)

2. Il sort le couteau [...] **Schlac** ! L'acier brille dans la pièce. (J.-H. Oppel, *Barjot !*, 1988, 126.)

3. [...] il a fait claquer son fouet... **slac** ! J'ai morflé sur les cuisses une sacrée zébrure. (A. Boudard, *Mourir d'enfance*, 1995, 107.)

— **et schlak !**

4. [...] Jean-Georges avait donc acheté un « cran d'arrêt ». [...] La lame, raide, épaisse et pointue, à double tranchant symétrique, ne sortait pas du manche par le côté comme d'habitude, mais tout droit. Cran d'arrêt déverrouillé, une pression sur le bouton du manche parallélépipédique **et... schlllack** ! le truc giclait avec un bruit sec du fourreau pour se bloquer en position d'assassinat. (Bayon, *Les Animals*, 1990, 195.)

5. **Et schlak** ! Je me prends une gifle, ma belle, que la tête, elle a failli me tourner devant derrière. (R. Bouvier, *Tresse d'aïet, ma mère*, 1997 [av. 1992], 59.)

— Répété.

6. Comme il [le cheval] n'obéit pas à la voix, j'use du fouet. **Chlag et chlagg** ! Rien n'y fait. (San-Antonio, *Maman, les petits bateaux...*, 1980 [1975], 26.)

7. [...] J'ai une amie, elle a cravaché un emmerdeur, **schlac schlac**, un aller-retour soigné. (A. Vergne, *La Somnambule*, 1977, 45.)

— Associé à d'autres onomatopées.

8. Il [...] prenait une grêle de baffes, soufflets et autres horions en dépit de ses assertions comiques : « Écoute, mec, pif ! paf [v. *pif paf*] ! Il y a méprise, **schlac** ! » (Ph. Manœuvre, *L'Enfant du rock*, 1986, 116.)

9. Le tueur [...]. Dégaine le Walther et en éjecte le magasin. Vérifie la souplesse de montée des projectiles avant de remettre le chargeur dans la crosse.

Bien à fond. Manœuvre la culasse, **schlak**-clac*. (J.-H. Oppel, *Piraña matador*, 1992, 172.)

2. "(pour marquer une ablation brutale ou une mort violente, notamment par décapitation)".

10. Échec au roi. **Chlak** ! Un Louis XVI. Échec à la dame. **Chlak** ! Marie l'Antoinette au couperet ! Vive la République. (J.-Chr. Pinpin, *Toulouse au bout du siècle...*, 1999, 94.)

11. Le bourreau qui coupe mon col de chemise. Planche qui bascule, le couperet... **et chlak** ! Direction la sciure ! (J.-Chr. Pinpin, *Toulouse au bout du siècle...*, 1999, 97.)

— Associé à une autre onomatopée.

12. **Chlaque** et couique [v. *couic*] il est bon pour la guillotine, m'a dit Alberto [...] qui achetait le journal avec moi quand il a vu la photo du tueur à gages sur la première page. (R. Clauteaux, *Sous le Pont des Corbeaux*, 1994, 80.)

— **et schlac.**

13. Et d'abord, ils sont à qui, ces chats ? Ils vont finir par me réveiller Sophie. / J'ai élaboré une stratégie, une de plus. D'une, ces sauvages, tu les apprivoises, tu les amènes à te manger dans la main. Pour une poignée de Canigou, c'est gagné. Et puis tu les véhicules chez le vétérinaire, **et chlak**, tu les fais couper. (Cl. Courchay, *Le Chemin de repentance*, 1986 [1984], 161.)

— En contexte métaphorique.

14. Le mot *tumeur* tomba entre eux comme un couperet. Le docteur Harbour avait tourné autour du pot pendant quelques minutes. Simon l'avait senti, avait même deviné le mot que l'autre évitait [...], puis quand il l'avait entendu, il l'avait littéralement vu jaillir de la bouche du docteur et tomber sur le bureau comme une chose réelle, un objet contondant qui venait de couper sa vie en deux. Le couperet de la guillotine. **Chlac**. (M. Tremblay, *L'Homme qui entendait siffler une bouilloire*, 2001, 82.)

3. "(pour exprimer la soudaineté d'un procès)".

15. On repérait deux Boches près du quai et, hop* !... en passant on les bousculait, **schlag** !... à la patouille. (B. Deflandre, *La Soupe aux doryphores*, 1987 [1985], 164.)

16. – Imaginez une salle, une salle de cinéma, les rideaux rouges s'écartent doucement, et sur l'écran s'illumine, **schlack**, le titre du court métrage, **schlack** [...]. (V. Ravalec, *Recel de bâtons*, 1995, 114.)

♦♦ Attesté dep. 1948 dans une succession d'onomatopées (« vli vlan ! ktoq ! rrâ ! cop ! **schlac** ! fur ! bang ! » H. Pichette, *Les Épiphanies*, 1969, 98). — Absent des dictionnaires consultés, à l'exception de TraitDu 1989, 105 *chlac*, 340 *schlac* et 343 *shlak* ; à rapprocher de l'allemand *Schlag* "coup".

SCHLAF

"(bruit produit par un coup violent)".

1. **Schlafff**. La crosse du Magnum s'abattit avec une rapidité effrayante sur le compteur de vitesse. L'écrasa. (A. Page, *Tchao pantin*, 1987 [1982], 197.)

V. encore *pflaf* ex. 2.

2. "(pour marquer la soudaineté d'un procès)".

> 2. Les premiers kilomètres pas vraiment à l'aise les tourtereaux. **Et schlaff.** Arrêt café-bisous. (E. Hanska, *J'arrête pas de t'aimer*, 1981, FXT.)

♦♦ Attesté dep. 1981 (v. ici ex. 2), mais probablement antérieur dans la bande dessinée. — Absent des dictionnaires consultés, à l'exception de TraitDu 1989, 340.

SCROTCH

Répété.

1. "(bruit d'un aliment qui craque sous la dent)".

> 1. [MILOU.] – Le Ciel soit loué !... je vais enfin pouvoir manger à ma faim !... / SCROTCH SCROTCH SCROTCH (Hergé, *Vol 714 pour Sydney*, 1968, 2.)

> 2. Miss Brooklet mangeait du popcorn, qu'elle tirait d'un sac de papier, **scrotch, scrotch** [...]. (G. Dormann, *Je t'apporterai des orages*, 1973 [1971], 198.)

2. "(bruit de froissement de certains tissus)".

> 3. Par ailleurs, Helmut Lang [un couturier] continue d'exploiter le fonds de tissu réfléchissant que les Ponts et Chaussées lui livrent par bennes entières. Ses pantalons phosphorescents promettent un son et lumière : aura de catadioptre doublée d'une mélodie qui fait **scrotch scrotch** quand on marche. Un travail de réflexion. (*Libération*, 20 mars 1995, 25.)

♦♦ Attesté dep. 1968 (v. ici ex. 1), mais probablement antérieur dans la bande dessinée. — Absent des dictionnaires consultés, à l'exception de TraitDu 1989, 135.

SLURP

□ VAR. *chloup, chlup, chplurtz* (rare), *schloup, schlup, schlurp, sloup, sluirp, slup.*

"(bruit produit par l'aspiration d'un liquide ou d'un aliment semi-liquide)".

> 1. [TINTIN.] – Retourne vite, Milou, et mange !... Mange !...
> [MILOU.] – Mais...[...] SCHLOUP GLUP [v. *gloup* rem.] SLURP SCHLUP. (Hergé, *Tintin et les Picaros*, 1976, 50.)

> 2. Il fallait pas non plus la [la soupe] manger avec des « **sloup !** » comme des bruits de robinet d' lavabo. (R. Bacri, *Le Beau Temps perdu*, 1978, 42.)

> 3. [...] les **slup** de Lambert qui avalait son Nes' à petites gorgées. (A. Page, *Tchao pantin*, 1987 [1982], 81.)

> 4. [...] les **sllupp** des soupes bruyamment avalées. (M. Quint, *Les Grands ducs*, 1991, 55.)

> 5. Oui, c'était autre chose que : « Ta soupe elle est encore froide... Et pas assez salée... » Et qui faisait « **slurp** » en la buvant. (J.-Cl. Aschero, *Scoops*, 1992, 140.)

> 6. Un **slurp** a retenti sur la fin de la grenadine. Réjouie de sa mauvaise conduite, Sophie a recommencé.
> « S'il te plaît...
> – Je ferai le bruit que je veux ! » Une teigne.
> « Je m'en fous si tu slurpes. Je voudrais qu'on discute [...]. » (Th. Rozo, *Comme des squales*, 1993, 259-260.)

7. [...] les huîtres qui ne s'ingurgitent qu'à grand renfort de « **chpluuurtz** » (*20 ans*, mai 1993, 98.)

8. Il a beau mettre les coudes sur la table et faire des **schlurp !** à chaque cuillérée de soupe, elle ne réagit pas. (D. Van Cauwelaert, *La Vie interdite*, 1999 [1997], 199.)

9. Les autres accompagnèrent cette déclaration de longs **slurps** alors qu'ils portaient à leurs lèvres de grands verres de thé. (Fr. Thomazeau, *Qui a noyé l'homme-grenouille ?*, 1999, 91.)

10. La bourriche d'huîtres fut avalée avec délectation et commentaires :
– Elles sont grassses, **slup !**
– Ouais, moi aussi je préfère les fines de claires, **slup !** (G. Del Pappas, *Du soleil plein la tête*, 2001, 128.)

11. [...] bruyamment aspirer leur soupe [...]. / **Schloûûûuuulp** [*sic*]... **schloûûûuuup**... **schloûûûuuup**... (P. Pellerin, *Tout va bien*, 2001, 76).

12. Près du feu, on boit la soupe avec de grands **slurps**, la casquette vissée sur le crâne [...]. (*Le Soir*, 20 février 2002, 24.)

V. encore *gloup*, ex. 5.

DÉR. **1. schloupper** v. intr. "faire *schloup*". « Quand je pense... quand je pense comme ça [le pot-au-feu] dégoulinait plein ses moustaches... et que je te **schlouppe** et que je t'avale èt vas-y ! » (G. Cahen, « L'os à moelle », dans *Pot-au-feu*, 1999, 161). **2. slouper** v. intr. "faire *sloup*". « [...] ceux qui tirent la manette et remplissent le 300e verre de bière et le **sloupent** sur le zinc [...] » (V. Thérame, *La Dame au bidule*, 1976, 213). **3. slurper** v. intr. "faire *slurp*". V. ici ex. 6.

♦♦ Attesté dep. 1976 (v. ici ex. 1), cet emprunt à l'anglais *(to) slurp* "boire bruyamment" est absent des dictionnaires consultés, à l'exception de TraitDu 1989, 347 ; il a été pris en compte dans RichLex 1995, 165.

SMACK □ VAR. *smac*.

Souvent répété "(bruit de baiser)".

1. Elle l'embrassait à gros bécots !... que ça faisait "**smack ! smack ! smack !**" sur ses grosses joues... » (L.-F. Céline, *Guignol's band*, 1944, 218.)

2. Au troisième slow [...] je conclus : un gros **smack** hollywoodien sur la bouche. Elle me dit:
– Jamais on ne m'a embrassé comme ça ! (M. Sportès, *Le Souverain poncif*, 1986, 107.)

3. Elle me fait **smack** du bout des lèvres.
– Contente, fille ?
Et comment ! (Cl. Courchay, *L'embellie*, 1988, 211.)

4. ... **Smac**... **smac**... **smac**... **smac**... nous c'est quatre. (J.-M. Gourio, *Brèves de comptoir 5*, 1997 [1996], 146.)

5. Allez, c'est vachement bien, **smack**, **smack**, gros bisous [...]. (P. Pellerin, *Tout va bien*, 2001, 200.)

6. « *Est-ce qu'au Japon, les baisers font forcément "**smack**" ?* » demande la directrice d'images à Suwa. « *Ben, c'est comme chez vous, non ?* » hésite la traductrice. « *Ah, non, répond en riant Caroline Champetier. Chez nous, des bruits pareils, ça fait comique !* » (*Télérama*, 17 octobre 2001, 42.)

V. *Anthologie*, n° 33.

♦♦ Attestée dep. 1944 (v. ici ex. 1), cette onomatopée est particulièrement représentée dans la bande dessinée. De l'angl. *smack* "gros baiser" ; aussi *to smack (one's lips)* "faire un bruit de baiser". — Absent des dictionnaires consultés.

SNIF ou SNIFF

1. "(bruit de reniflement)".

1. Outre les ronflements, les grognements d'aise et de mécontentement, les pets francs ou traîtres, le craquement sec des jointures et le **snif** des reniflements, on avait pu aussi [...] surprendre le doux froissement des doigts d'Evelyne sur le pantalon du Messie. (J. Lanzmann, *Le Lama bleu*, 1984 [1983], 190.)

— Répété.

2. [TINTIN.] – **Sniff... sniff...** / Dites, capitaine, vous ne sentez rien ?
[HADDOCK.] – **Sniff... sniff...** / Ça sent... **sniff...** le tabac, tout simplement. (Hergé, *L'Affaire Tournesol*, 1956, 14.)

3. Et il fit **sniff ! sniff !** au-dessus de sa tabatière. (R. Sabatier, *Les Enfants de l'été*, 1986 [1978], 122.)

• En part. "(bruit de reniflement d'un chien qui flaire)".

4. [TINTIN.] – Flaire, Milou, flaire bien !
[MILOU.] – **Sniff, sniff...** Ça me rappelle quelqu'un, ça... (Hergé, *Vol 714 pour Sydney*, 1968, 27.)

2. "(bruit d'une personne qui sanglote)".

5. C'est le moment qu'a choisi la régisseuse pour entamer une dépression nerveuse. [...] D'abord on avait entendu **snif**, tout doucement, puis de plus en plus fort [...]. (V. Ravalec, *Recel de bâtons*, 1995, 119.)

— Répété.

6. – **Sniff... sniff...** Mon émeraude !!... **Sniff... sniff...**
– Que vous est-il arrivé, Madame ?
– L'émeraude !... **Sniff...** L'émeraude du maharadjah de Gopal... **Sniff...** On me l'a volée !... **Sniff... sniff...** (Hergé, *Les Bijoux de la Castafiore*, 1963, 44.)

7. J'ai envie de pleurer [...]. J'ai honte... **Snif snif !** (*Actuel par Actuel*, 1977, 144.)

8. Madame a insisté pour essayer la robe de soirée « Hot Night »... **sniff...** Je lui ai déconseillé... **sniff...** La robe n'a pas tenu... **sniff...** Et maintenant, elle m'insulte... **sniff...** Elle m'a dit des choses ignobles... **sniff...** Je n'en peux plus d'être traitée comme une femme de ménage... strounkpfpôôôôtt... (*mouchoir*). (Faye et Serrano, *Le Guide de l'engueulade*, 1993 [1992], 134.)

9. – Bah, pleure pas [...] !
– [...] **snif, snif...** (P. Pellerin, *Tout va bien*, 2001, 215.)

— En contexte métaphorique.

10. [...] la grande enquête sur les animaux domestiques nous apprend que l'oie de Toulouse, le dindon gascon et la vache mirandaise sont en voie de disparition. **Sniff !** Beaucoup de races ne seront plus qu'un souvenir, au siècle prochain, si on reste les bras ballants. (*Télérama*, 20 mai 1992, 119.)

♦♦ Attesté dep. 1956 (v. ici ex. 2), cet emprunt à l'anglais *(to) sniff* "renifler", est enregistré dans Rob 2001, NPR 2000 et PL 2000.

SPLACH □ VAR. *splasch, splash, splatch.*

"(bruit d'une chute (dans l'eau), d'un choc brutal, d'un corps qui s'écrase)".

1. Le guide [...] tombe dans les oubliettes [...], on essaie vainement de le retenir, sa veste cède, on entend « **splash** », il est au fond d'un trou de 100 mètres. (A. Vialatte, *Chroniques de La Montagne*, 2000, 770 [16 juillet 1959].)

2. [...] la mer démontée [...] sourds ébranlements du roc et le **splash** du panache qui retombe, de la gerbe aussitôt écroulée. (J.-L. Bory, *La Peau des zèbres*, 1981 [1969], 410.)

3. **Ssplash**. Ou plouf*. Ou l'onomatopée qu'on voudra, suggérant approximativement le bruit de quelque chose qui tombe à l'eau. (J.-L. Benoziglio, *Béno s'en va-t-en guerre*, 1976, 23.)

4. C'est comme ça qu'un jour, en jouant à Tarzan, hop* ! je saute d'une branche pour me rattraper à une autre, j'attrape la branche de rattrapage des deux mains, mes mains, elles glissent de l'élan, je lâche, **splach** ! Je tombe sur le dos à plat, sur le ciment de la cour. (R. Bacri, *Le Beau Temps perdu*, 1978, 145.)

5. Ils se déshabillèrent rapidement et Manon entra doucement dans l'eau [de la piscine]. Marius y plongea en prenant soin de ne pas l'éclabousser. / Le **splash** gifla brutalement le silence. (T. Topin, *Graffiti rock*, 1982, 31.)

6. Cludos et son copain n'eurent qu'une solution : choir dans la gadoue. Ce qu'ils firent en gueulant un grand ah ! suivi d'un énorme **splash** ! (B. Deflandre, *La Soupe aux doryphores*, 1987 [1985], 322.)

7. C'est Séraphine Brocard [...] qui a attrapé l'autre par les cheveux et l'a tirée de toutes ses forces. Elles sont tombées ensemble dans la boue avec un **splash** énorme. (A. Terrel, *Le Croque-mort a croqué la pomme*, 1988, 137.)

8. [...] j'ai attrapé les paquets de viande à pleine main pour les flanquer par la fenêtre. Ç'a fait **splaaasch**... ! en bas. (J. Cans, *Drôles d'oiseaux*, 1990, 182.)

9. Zaune rassemble un demi-litre de salive remâchée et la crache au nez de son tourmenteur. **Splatch**. (J.-H. Oppel, *Zaune*, 1991, 50.)

10. **Splash** ! La fille s'écrase sur le sol comme une crêpe. (V. Brocard, dans *Télérama*, 6 janvier 1999.)

11. [...] quelques gros harengs qu'elle assomme au passage de toutes ses forces contre un coin de sa table. **Splatch**... (*Télérama*, 31 mars 1999, 58.)

V. encore *plouf*, ex. 8 ; *Anthologie*, n° 33.

REM. **splich splach** "(bruit produit par une double gifle)". « Rien n'y faisait, prière ou menace, supplication. Alors je me suis levé et je l'ai giflée (**splish ! splash !**) » (Ph. Manœuvre, *L'Enfant du rock*, 1986, 56.)

DÉR. **splatcher** v. tr. "écraser, aplatir". « [...] j'ai envie de le **splatcher** contre la vitre, comme une mite ! » (V. Thérame, *La Dame au bidule*, 1976, 131).

— Au fig.

12. Un matin que je partais aux commissions, il me demande de lui rapporter différents trucs pour passer le temps : des ciseaux, des feutres, de la colle...
– J'ai envie de dessiner, il me dit.
– D'accord, je fais. Si ça peut te distraire.
[...] sur le coup de six heures, curieux, je me pointe dans la chambre. /

Splatch ! Ça me saute à la figure ! La piaule était méconnaissable. Y en avait sur tous les murs et de toutes les couleurs. (B. Blier, *Les Valseuses*, 1978 [1972], 117.)

13. Ça m'arrive de déraper, comme ça, brusquement, pour balancer une réplique, faire mon numéro, frimer. Des fois, ça fait marrer, des fois, ça fait **splash**. J'ai cru que ç'avait fait **splash**. Non, ça l'a fait marrer. (A. Page, *Tchao pantin*, 1987 [1982], 15.)

♦♦ Répandu dep. le milieu du 20e siècle (*splash* ici ex. 1 ; ILQ), cet emprunt à l'angl. *(to) splash* "éclabousser, gicler" est déjà utilisé en 1873 dans une traduction de l'anglais, v. Rob 2001. — Enregistré dans Rob 2001 et TraitDu 1989, 351-352.

SPLAF

"(bruit d'une chute, d'un coup, d'un choc brutal)".

1. Du quatrième par dessus la rambarde, l'atterrissage dans un grand **splaf** ! sur le ciment. (A. Boudard, *La Cerise*, 1973 |1963], 395.)

REM. **1. schplaf** "id.". « Le bon élève [...] trempe sa plume dans l'encre bleue. Et **schplaff** ! Un gros pâté dans le o de conjugaison » (E. Hanska, *La Mauvaise graine*, 1978, 51). **2. splapf** "id.". « **Splapf** ! Le gnon arriva [...] » (A. Page, *Tchao pantin*, 1987 [1982], 198).

♦♦ Attesté dep. 1963 (v. ici ex. 1). — Absent des dictionnaires consultés.

T

TAC

1. Simple

1.1. "(bruit produit par un coup sec, par un choc soudain)". □ VAR. *tack* (rare).

1. Habeneck, il y a quelque vingt ans, [...] imagina, faute de pouvoir parler à leurs yeux, d'avertir leur oreille en frappant, avec le bout de l'archet dont il se servait pour conduire, ce petit coup de bois sur bois : ***Tack !*** qui se distingue au milieu de toutes les rumeurs plus ou moins harmonieuses des autres instruments. [...] Faut-il demander à un chanteur ou à une cantatrice de la chaleur, ***tack !*** de la sensibilité, ***tack !*** de la rêverie, ***tack !*** de l'esprit, ***tack !*** de la précision, de la verve, ***tack ! tack !*** (H. Berlioz, *Les Soirées de l'orchestre*, s.d. [1852], 142.)

2. Je faisais déjà demi-tour... **Tac** ! je bute en plein dans un mec... (L.-F. Céline, *Mort à crédit*, 2000 [1936], 227.)

3. Joseph se penchait [au billard], l'œil bien dans l'axe de la queue, repréparait son coup en une bande, faisait coulisser le bois au creux de son pouce, **tac**, la rouge, la bande... (M. Quint, *Billard, à l'étage*, 1993 [1989], 140.)

V. encore *ploc*, ex. 26 ; *Anthologie*, n° 39.

— En part. "bruit d'un coup que l'on frappe à une porte pour signaler sa présence et/ou demander d'ouvrir".

• Associé à une autre onomatopée.

4. Je frappais au carreau les quatre coups toc* ! **tac** ! toc ! **tac** ! Qu'on avait convenu dans notre code. (J. Cans, *Drôles d'oiseaux*, 1990, 119.)

REM. **ta** "id.". V. *Anthologie*, n° 32.

1.2. "(pour exprimer la soudaineté ou la rapidité d'un procès)".

5. Je gratte, je me grouille, le temps passe, merde, j'ai pas de conclusion ! Il reste dix minutes. J'improvise une fin et, juste quand j'achève, **tac** : « Posez vos stylos ». Pas le temps de relire, merde c'est déjà fini ! Ouf* c'est fini ! (Marine, *Crâne pas, t'es chauve !*, 1991, 197).

— **et tac.**

6. Je prends la bride d'un cheval : **et tac** ! je l'envoie à gauche. (E. Grena-

dou, A . Prévost, *Grenadou, paysan français*, 1978 [1966], 208.)

7. Ah, vous ne connaissez pas votre bonheur, dans l'hôtellerie ! Pas de soucis ! On présente la note **et tac** ! Ça tombe... (A. Husson et Fr. Blanche, *Adieu Berthe*, 1968, 32.)

8. J'ai poireauté une dizaine de minutes, **et tac** ! j'ai aperçu ma proie. (R. Topor, *Journal in Time*, 1989, 49.)

9. J'ai ouvert *Marie-Claire* au hasard **et tac**, en page dix, je retrouve ma poupée dans un string vert à pois rouges. (M. Villard, *Démons ordinaires*, 1992, 76.)

2. Redoublé ou répété.
2.1. "(bruit sec, produit par un mécanisme, qui revient à intervalles réguliers)".

10. ***Tac-tac*** sert [...] à exprimer un bruit réglé, comme celui d'un pendule. (D'Hautel, *Dictionnaire du bas-langage*, 1808, t. 2, 354.)

11. – Qu'est-c' qui fait **tac... tac... tac...** dans la chambre ?
– C'est le réveil, ma belle. Faut-il l'arrêter avec un couteau ?
– Non, moman... c'est pas la peine... je vais dormir. (A. Machard, *Titine*, 1913, *L'Épopée au faubourg*, 1946, t. 1, 219.)

12. [...] les ailes [du moulin] se mirent à virer dans le vent d'est, et le **tac-tac** bruyant si familier à nos vieux Duraquois, les réveilla tous. (R. Blanc, *Les Amours de l'oncle César*, 1986, 124-125.)

— Emploi subst. m.

13. Je me souviens du « **tac-tac** ». (G. Perec, *Je me souviens*, 1978, n° 7.)

14. Je me souviens d'un jeu de boules qui cassait les oreilles des parents, le **Tac-tac**. (É. Fottorino, *Moi aussi je me souviens*, 1992, 22.)

15. **Tac-tac** : jeu consistant à faire se heurter deux boules attachées aux deux extrémités d'un fil passant à l'intérieur d'un petit anneau, lui-même suspendu à un autre anneau dans lequel le joueur passe le doigt. / Dans le film *Tout le monde il est beau, tout le monde il est gentil* (1972) [...], l'explosion d'un **tac-tac** piégé cause la mort d'un personnage. (R. Brasseur, *Je me souviens de* Je me souviens, 1998, 21-22.)

2.2. "(bruits secs se succédant en cascade)".

16. Devant moi, l'œil hébêté par l'ivresse de la veille, tendant la main droite, appuyé de la gauche sur un bâton, se tenait un bonhomme porté par deux jambes de bois. [...]
Et il se sauve comme un insecte estropié, et ses deux pilons font sur le trottoir : **Tac ! tac ! – tac ! tac ! – tac ! tac ! tac ! tac ! tac ! – tac ! – tac ! tac !** (J. Richepin, *Le Pavé*, 1883, 255.)

17. – Veux-tu te taire ? Veux-tu finir ?
Ou le charbonnier va venir !
– **Tac ! tac ! tac !** la fenêtre craque :
Qui vient là avec un grand sac ?
Toc* ! toc ! toc ! on frappe à la porte,
C'est vous, monsieur le charbonnier ?
(Franc-Nohain, *Le Dimanche en famille*, 1902, 72.)

18. [...] le « **tac, tac, tac, tac, tac** » des sabots de La Crique, frappant le sol à coups redoublés [...]. (L. Pergaud, *La Guerre des boutons*, 1912, *Œuvres complètes*, 1987, 658.)

19. **Tatatatatatac... tatac... tac** ! protesta une épeichette qui forait une écorce. (H. Bazin, *Le Bureau des mariages*, 1951, 186.)

20. Elle s'échappa et il l'entendit redescendre les escaliers. « **Tac, tac, tac** » faisaient les pas. (R. Sabatier, *Canard au sang*, 1985 [1958], 188.)

21. À trois mètres une stalactite en pleine fonte mitraille de goutelettes précipitées les plaques inférieures... **Tac-tac-tac**... **Tac-tac**... (Samivel, *L'Amateur d'abîmes*, 1971 [1963], 291.)

22. Les feux d'un chalutier glissaient lentement dans l'ombre, on entendait le **tac-tac** du moteur. (Fr. Ryck, *Le Silencieux*, 1993 [1969], 177.)

23. Virginie cousait à la machine. Cela faisait ***tactactac*** et le tissu courait tout seul tandis que les pieds dansaient sur la pédale noire et que le fil tressautait d'une bobine à l'autre. (R. Sabatier, *Les Allumettes suédoises*, 1988 [1969], 240.)

24. [...] un **tac-tac** de talons aiguilles sur les dalles [...]. (H. Bazin, *Le Cri de la chouette*, 1987 [1972], 269.)

25. La forêt résonne de chants d'oiseaux, du **tac-tac** régulier des pic-verts. (J. Lacarrière, *Chemin faisant*, 1996 [1977], 108.)

26. « Voilà le patron », pense Puymichel. Il faudrait se secouer, sortir les mains des poches... On reconnaît son pas du plus loin, **tac, tac**, qui de nos jours fait poser des talonnettes métalliques à ses godasses ? Le commissaire principal Duvert. (J.-P. Demure, *Le Fils du vent*, 1983, 13-14.)

27. [...] le **tac-tac-ta-aaaccc** lent et mourant d'une roue de loterie foraine en fin de course. (P. Siniac, *Viande froide*, 1985, 177.)

28. [...] le **tac-tac** et les caractères usés d'une machine à écrire de greffier [...]. (S. Japrisot, *La Passion des femmes*, 1986, 16.)

29. Longtemps, je n'avais eu le droit que d'écouter son **tac-tac-tac** rapide [d'une machine à coudre], de regarder l'éclair de l'aiguille verticale plongeant dans les froufrous*. J'avais grandi, mes pieds pouvaient désormais atteindre la pédale qui allait et venait entre des croisillons de métal. (R. Vincent, *L'Adieu aux champs*, 1989 [1987], 59.)

30. De la fin des battages à la Toussaint, on entendait dans les greniers le **tac-tac** sautillant et monotone de la mécanique [un trieur à grains]. (G. Chevereau, *Une enfance à la campagne*, 1988, 189.)

31. Le **tac-tac-tac** des barques de pêcheur revenant de la rade et du large couvrait quelquefois leur voix. (M. Quint, *Billard, à l'étage*, 1993 [1989], 141.)

32. Le **tac-tac** de la machine à coudre persistait. (H.-Fr. Blanc, *Combat de fauves au crépuscule*, 1991 [1990], 76.)

33. **Tac, tac, tac**. Toute la nuit on peut entendre ce cinglé marteler les touches du clavier [d'une machine à écrire] sans jamais s'arrêter. (Benatar, *Un ange, pas deux*, 1991, 25.)

34. Claude part en courant en haut de ses talons aiguilles qui résonnent sous le pont... **Tac tac tac**... (Ph. Carrese, *Trois jours d'engatse*, 1995, 143.)

35. [...] le **tac-tac-tac** des marteaux de calfats contre les coques rebondies [...]. (J. Failler, *On a volé la Belle Étoile !*, 1996, 69.)

V. encore *Anthologie*, n° 51.

DÉR. **tactaquer** v. intr. “faire *tac tac*”. « [...] un milieu où l'on ne connaît pas les demi-mesures et où l'on s'explique au surin, au pétard... ou à la grenade, tout en ayant un “palpitant” susceptible de **tac-taquer** comme celui des vulgaires braves gens » (M. Bailly, *Petits Pavés stéphanois*, 1987, 58) ; « Ses talons **tactaquaient** au tuf du sol [...] » (M. Quint, *La Belle Ombre*, 1995, 60) ; v. encore *biper*, ex. de M. Quint. □ VAR. **tac-tac-taquer.** « Quatre pieds **tac-tac-taquent** le long de la galerie » (A. Sarrazin, *La Cavale*, 1969 [1965], 470).

— "(bruits de signaux télégraphiques en morse)".

36. THOMAS POLLOCK NAGEOIRE. – [...] et là est le service télégraphique / **Tac, tac tac ! tac tac ! tactac !** (P. Claudel, *L'Échange*, 2e version, 1894, *Théâtre*, 1960, t. 1, 741.)

37. Dingley courut au télégraphe ; mais dans l'office bruyant du **tac tac** des appareils, pas un mot ne l'attendait. (J. et J. Tharaud, *Dingley, l'illustre écrivain*, 1906, FXT.)

• Associé à une autre onomatopée.

38. THOMAS POLLOCK NAGEOIRE. – [...] et là est le service télégraphique. / **Toc, tac tac !** (P. Claudel, *L'Échange*, 1re version, 1894, *Théâtre*, 1960, t. 1, 672.)

39. [...] **tac... tac... tic !** / Je vois qu'il a appris le télégraphe [...]. (L.-F. Céline, *Rigodon*, 1973 [1961], 82.)

— VAR. **tacatac.**

40. [...] les rails [...] sont soudés les uns au bout des autres et les trains ont perdu le **tacatac** qui rythmait naguère leur course. (G. Boutet, *Les Gagne-misère*, 1986, t. 2, 186.)

41. Un **tacatac** précipité de talons retentit derrière moi, accompagné d'un froissement de jupe [...]. (L. Malet, *Le Deuil en rouge*, 1986, 1023.)

42. Dans la cour, **tacatac**, le martèlement de ses talons avait décru [...]. (M. Embareck, *2–1 = 0*, 1991, 108.)

43. Ça vous irait, un voyage de nuit sur rails de dix-huit ou vingt-quatre mètres : « **tacatac ! tacatac !** », la vitre noire traversée de lumières filantes (proches) ou dansantes (lointaines) [...]. (Gébé, *Un dimanche au frais*, 1996, 86).

V. encore *bong*, ex. 3.

2.3. En part. "bruit d'un tir de mitrailleuse ou de mitraillette".

44. [...] le **tac-tac-tac-tac** des mitrailleuses [...]. (L. Malet, *120, rue de la Gare*, 1991 [1943], 83.)

45. Lucienne remarque que les films d'actualité ont habitué depuis cinq ans les civils au **tac-tac** des mitrailleuses et aux explosions des obus. (J. Galtier-Boissière, *Mon Journal pendant l'occupation*, 1944, 270.)

46. Ce fut alors qu'entra en action la mitraillette de Riri... **Tac-tac-tac-tac-tac.** (M.-É. Grancher, *Pas de bégonias pour Madame Dugommier*, 1950, 225.)

47. Le **tac-tac** des mitraillettes retentit. (J. Risser, *Le Bada*, 1971, 188.)

48. Le bruit des explosions, une fois éteint, fait place à un grand silence, que troublent à peine le **tac-tac-tac** des mitrailleuses et les avions qui s'éloignent. (Cl. Menuet, *Le Pensionnaire*, 1993 [1972], 192.)

49. Il y eut d'abord une explosion, qui a secoué le pont, et puis le **tac-tac-tac** des Sten [...]. (J. Lanzmann, *Le Têtard*, 1988 [1976], 208.)

50. Toujours le même jeu : l'un d'eux imite le « **tactactactac** » d'une mitrailleuse, et l'autre tombe mort ; puis ils se disputent parce que personne ne veut « faire le Boche ». (R. Vincent, *L'Adieu aux champs*, 1989 [1987], 122.)

51. Nous entendions le ronflement des moteurs... le **tac-tac-tac** des mitrailleuses... (A. Vers, *C'était quand hier ?*, 1990, 300.)

V. encore *dzing*, ex. 7 ; *zzz*, ex. 15 ; *Anthologie*, n° 21.

REM. **tah tah** "id.". « Aux arcs faits de baleines de parapluie répondaient pistolets à eau, à flèches ou à bouchons, à moins de tendre deux doigts en avant en faisant : "Pan* ! Pan ! T'es mort !" ou en pliant l'index à coups rapides : "**Tah** ! **Tah** ! Je t'ai eu !" » (R. Sabatier, *Olivier et ses amis*, 1993, 9.)

• VAR. **tacata / tacatac.**

52. [Mitraillette] TACATAC... (Hergé, *Les Aventures de Tintin [...] au pays des soviets*, 1999 [1930], 54.)

53. [...] le « **tacata** » des mitrailleuses s'inscrivit en tonalité plus aiguë sur le sourd thème de l'artillerie... (M.-É. Grancher, *5 de campagne*, 1938, 114.)

54. [Fusil-mitrailleur] TACATACATAC TAC (Hergé, *L'Île noire*, 1938, *Archives Hergé*, 1980, t. 4, 34.)

55. Un **tacata** de sulfateuse a troué le mur où je venais de le quitter. (A. Paraz, *Schproum à Casa*, 1956, 33.)

56. Il fut réveillé en sursaut, une heure plus tard, par des coups sourds – un peu des coups de canon – et des **tacataca-tacs** de mitrailleuse. (P. Siniac, *Les Enfants du père Eddy*, 1984, 131-132.)

57. [...] **tacatacatac** ! Une rafale partit et Lazélie s'abattit, le nez sur les marches. (G. Dormann, *La Petite Main*, 1993, 72.)

58. « Bonnie and Clyde », entre deux **tacatacs** de mitraillette. (*Télérama*, 9 mai 2001, 187, Légende de photographie.)

V. encore *brou*, ex. 4 ; *piou*, ex. 2.

• VAR. **tatata.**

59. Quand elle chante à sa manière
Ta ta ta ta ta ta ta ta ta ta ta tère
Ah ! que son refrain m'enchante
C'est comme un z'oiseau qui chante
Je l'appell' la Glorieuse
Ma p'tit' Mimi, pa p'tit Mimi, ma mitrailleuse [...]. (Th. Botrel, « Ma p'tite Mimi », *ca* 1915, dans S. Dillaz, *La Chanson sous la IIIᵉ République*, 1991, 150.)

60. Le gamin tirait à la mitrailleuse électrique contre les avions.
– **Ta-ta-ta-ta**, encore un d' mis en l'air, **ta-ta-ta-ta**, essaie un coup, Dicky ! (R. Sabatier, *Boulevard*, 1986 [1956], 115.)

61. Hugues et Jean-Louis ont fabriqué ensemble des mitraillettes de bois et ils jouent au maquis, passionnément. / **Ta ta ta ta** ! une rafale, et Jean-Louis tombe mort. (M. Jaussely, *Deux Saisons en paradis*, 1979, 87.)

62. Franck, un bras dans le prolongement de l'autre, fit la mitraillette « **ta-ta-ta** ». (J. Hougron, *Coup de soleil*, 1986 [1984], 66.)

63. Est-ce qu'on allait finir sous une rafale de mitraillette ? **Ta** ! **Ta** ! **Ta** ! **Ta** ! (P. Frémiot, *La Pompe à bière ne répond plus*, 1992, 141.)

V. encorre *zzz*, ex. 17.

2.4. "(bruit de battements précipités du cœur, sous le coup de l'essoufflement, de l'émotion)". □ VAR. *ta ta ta.*

64. JEAN. – Oh ! oh ! oh ! oh ! (Il embrasse Adélaïde et paraît éprouver une commotion.) Oh ! holà ! qu'est-ce

qui me prend ? ça me fait toc*, toc... voilà que ça me galope !...
ADÉLAÏDE. – Tiens, moi aussi, ça me fait **tac**, **tac**.
JEAN. – Ah ! ça lui fait **tac** à elle !... recommençons donc pour voir ?...
SIMONNEAU. – **Tac**, **tac** ! toc, toc ! c'est particulier ! (É. Vanderburch, *Quatre-vingt-dix-neuf moutons et un Champenois*, 1838, 696.)

65. **Tatatatatatatatatatatatatatatatatatatatata** (bis) **tatata tatata tatata ta taaa** ! Vous avez évidemment reconnu, dans sa plus fidèle transcription, une des bandes-son de film les plus fameuses de ces vingt dernières années : *Midnight express*. (*Télérama*, 1er décembre 2001, 173.)

2.5. "(pour exprimer la soudaineté ou la rapidité d'un procès)".

66. **Tac, tac, tac, tac.** Des petites phrases vives, des vérités percutantes. (Chr. de Rivoyre, *La Mandarine*, 1972 [1957], 169.)

3. (et) tac "(pour marquer une riposte)".

67. [...] si on vous emmerde trop, on ferme la boîte, et on se retire sur la Côte d'Azur où on ouvre un drugstore. Et tac ! (P. Siniac, *Luj Inferman' ou Macadam Clodo*, 1982, 123.)

◆◆ **1.1.** Attesté dep. *ca* 1480 (« Je m'en viens a l'huys, **tac** : "Qu'esla ?" » G. Coquillart, *Le Monologue Coquillart*, *Œuvres*, 1975, 287) ; déb. 16e siècle (« Or bien, je me fis dorelot / Et mignon. **Tac** ! je vois hurter. / Le povre portier fut si sot / Qu'il me laissa dedens entrer » *Le Monologue du baing*, dans G. Coquillart, *Œuvres*, 1975, 342) ; 1650 (« Quand le Carosse ayant fait crac / Le cœur à Cominges fit **tac** : / Il void sa voiture qui cloche / Auec le monde qui s'approche ; / Il void qu'on s'arme d'vn baston, / Qu'on crie aux armes tout de bon » Saint-Julien, *Le Courier burlesque*, 116) ; 1651 (« Car un certain grand coup de pomme, / Rué par je ne sçais quel homme, / **Tac**, luy donna contre le front, / Ce qu'elle tint à grand afront » J. Loret, *La Muze historique*, 1857, t. 1, 108b) ; *ca* 1653 (« Lorsqu'un caillou sans dire gare / Vint si rondement faire **tac** / Sur le haut de son estomac / Que sa bile en fut échauffée » C. Perrault, *Les Murs de Troye*, dans *Revue d'histoire littéraire de la France*, 7 (1900), 462) ; 1689 (« [...] les Ennemis font un feu de tous les diables, zi, zi, pi, pa, pon, ban ; **tac**. / MEZZETIN. Ah ! je suis perdu. Encore un **tac**. / PASQUARIEL. C'est un coup de grenade qui vient d'emporter une jambe à notre Colonel. Mais cela, bagatelle. / MEZZETIN. Le Diable m'emporte si je ne m'en suis douté quand j'ay entendu ce vilain **tac** » Delosme de Montchesnay, *Mezzetin grand Sophy de Perse*, dans Gherardi, *Le Théâtre italien*, 1701, t. 2, 334). **1.2.** Attesté dep. 1697 (« A present l'impatience d'être veuve vous a pris, **& tac**, vous voudriez déjà l'être » Dufresny et Biancolelli, *Pasquin et Marforio*, dans Gherardi, *Le Théâtre italien*, 1741, t. 6, 622) ; 1710 (« Mais le public n'y fait point tant de façons. Lui déplaist-on ; **tac** ; aussi-tost les sifflets, les huées, les murmures [...] » [Bordelon], *Poisson comédien aux Champs Elisées*, dans DDL). **2.** Attesté dep. 1665 (« Surtout, ce qui le monde trouble / C'est le **tac tac** qu'il fait d'un double, / Depuis trois heures du matin, / Contre le cu de son bassin » F. Colletet, *Le Tracas de Paris*, dans *Paris ridicule et burlesque au dix-septième siècle*, 1878, 318). **2.3.** Attesté dep. 1915 (« le **tacata** » et 1914-1916 « le **tac-tac** énervant », « **tac, tac, tac, tac** » G. Esnault, *Le Poilu tel qu'il se parle*, 1919, 508-509, n. 1). **2.4.** Attesté dep. 1666 (« Puis tout d'un autre coup j'ai le cerveau si chaud, / Que je le sens boüillant me battre tout là haut... / Tenez, prêtez la main. À présent, par exemple, / Je sens depuis ici jusqu'au bas de la temple, / Quelque chose qui fait **tac, tac, tac, tac, tac, tac,** / Comme si j'avais pris cent pipes de tabac » Brécourt, *Le Jaloux invisible* (acte II, sc. 1), dans *Théâtre françois, ou Recueil des meilleures pieces*, 1737, t. 8, 524) ; 1685 (« Quand le pouls est égal, c'est à dire qu'il fait, **tac, tac, tac,** il n'y a point de fiévre. Mais quand il est interrompu, & qu'il va vîte, en faisant ti, ta, ta ; ti, ta, ta ; de la fiévre : La fiévre fait comme un Cheval quand il galoppe, ti, ta, ta... [Fatouville] », *Arlequin chevalier du Soleil*, dans Gherardi, *Le Théâtre italien*, 1701, t. 1, 209). — Le mot est enregistré, dans la plupart des emplois analysés ici, dans GLLF ; TLF ; Rob 2001 ; NPR 2000 ; TraitDu 1989, 358 ; FEW 13/1, 31b, TAKK-.

TAGADA

1. "(bruit de galop du cheval)". □ VAR. *tagadac, tagadam, tagadan, tagalan.*

— **et tagada.**

1. Les trois maréchaux sont remontés à cheval **et tagadac** ! (J. Amila, *Terminus Iéna*, 1986 [1973], 224.)

— Répété.

2. Des chevaux galopèrent dans la tête de l'enfant qui, joignant les poings comme pour tenir des rênes, imita le jockey : « **Tagada, tagada, tagada** !... » (R. Sabatier, *Alain et le nègre*, 1985 [1953], 106.)

3. Nous sortons dans la rue. Je siffle trois fois. À l'instant mon fidèle cheval est devant nous. Nous montons dessus et, **tagada tagada tagada**, nous arrivons au château de mon ami le duc de Clignancourt-Orléans. (V. Alexakis, *Les Girls du City-Boum-Boum*, 1992 [1975], 44.)

4. Avant, je jouais souvent à D'Artagnan, tout seul, **tagadam, tagadam**, pif-paf*, j'embrochais tout le monde, c'est comme ça que j'ai cassé un des vases... (P. Cauvin, *Monsieur papa*, 1987 [1976], 113.)

5. Un matin, ma mère me fit cadeau d'un manche à balai [...] j'enfourche mon puissant coursier et je vais trouver Jean-Pierre.
– **Tagadan, tagadan, tagadan**... (J. de Bougues-Montès, *Chez Auguste. Histoires truculentes et vraies du Bassin d'Arcachon*, 1982, 63.)

6. [...] les « **tagalan, tagalan** » d'un petit qui trotte comme un cheval [...]. (M. Rouanet, *Je ne dois pas toucher les choses du jardin*, 1993, 91.)

7. Follement amusant de regarder travailler un bruiteur. [...] Pour les sabots d'un cheval trottant dans la campagne, **tagada, tagada**, vous utilisez deux entonnoirs. (N. de Buron, *Arrête ton cinéma !*, 1996 [1995], 290.)

8. C'était un petit cheval tout blanc [...] ! **Tagada tagada tagada**, tu te souviens ? (J.-P. Carminati, *La Concordance des dents*, 2001, 147.)

V. encore *hou*, ex. 2.

REM. **1. bagadam** “id.”. « **Ba-ga-dam ! bagadam !** une autre avalanche qui vous frôle. Un bolide qu’arrive, dévale, jaillit du noir [...] ! » (L.-F. Céline, *Casse-pipe*, 1999 [1952], 40). **2. tougoudoug** “id.”. « [HADDOCK.] – Taratataaaaa* !... Attention, la gendarmerie va charger !... / CHARGEEEEZ ! / TOUGOUDOUG TOUGOUDOUG » (Hergé, *Objectif lune*, 1953, 47).

2. “(bruit de musique fortement rythmée)”. □ VAR. *tagadagada.*

9. [...] l’orgue [de Barbarie] moud sa musique :
Sous les ponts de Paris, **tagadagada**,
Lorsque descend la nuit, **tagadagada**...
(J. Anglade, *Le Tilleul du soir*, 1975, 125.)

10. Alors que je me croyais à l’abri dans ma maison, voilà que la télé, elle aussi, s’en mêle. Écoles de samba, **tagada, tagada**, l’horreur totale et colorée. (R. Doisneau, *À l’imparfait de l’objectif*, 1995 [1989], 157.)

— Avec variante de la finale. V. *ta ta ta*[1], ex. 2.

— **(ta/tac/tag) tagada(ga/gada) tsoin tsoin** “(signal sonore au rythme convenu)”.

11. La sonnette retentit encore, mais sur un rythme convenu. Elle exécute le classique **ta tagadagada tsoin tsoin**. (San-Antonio, *Des dragées sans baptême*, 1992 [1953], 50.)

12. Mon camarade actionne le klaxon sur un rythme convenu [...]. Ça donne quelque chose dans le genre de « **Tagada tsoin-tsoin** ». (San-Antonio, *Du plomb dans les tripes*, 1970 [1953], 213.)

13. Il s’interrompit. On venait de sonner à la porte de l’appartement. Une petite sonnerie amicale, en fantaisie légère et rassurante. **Tac, tagadagatsoin-tsoin**. (L. Malet, *Nestor Burma en direct*, 1989 [1962], 473.)

14. De merde en déliés de rien du tout une pa
Ille une plume ploum hue dia **tagada tsoin tsoin** (R. Belletto, *Loin de Lyon*, 1986, VII.)

15. [...] le mystérieux Molveau m’avait ouvert la porte. « Georges aurait dû t’annoncer la couleur, la sonnette, c’est **tag-tagada, tsoin, tsoin**. » (R. Doisneau, *À l’imparfait de l’objectif*, 1995 [1989], 74.)

16. J’escalade ses étages. Je tape, gamin, « **Tag-tagada-tsoin-tsoin !** » sur le bouton de la sonnette. (Fr. Cavanna, *Cœur d’artichaut*, 1997 [1995], 254.)

V. encore *boum*, ex. 37.

REM. **ta(c)-tagada-ta panpan** “id.”. « [...] elle s’amusa à faire des claquettes avec son verre vide – “**tac tagada ta panpan**” » (Georgius, *À toi de donner*, 1959, 107) ; « À son coup de sonnette allègre (**Tagada-ta, Pan-pan**), Émilien ouvrit sur un cousin Ange toujours élégant et plus dynamique que jamais » (J. A. Lion, *Poulets et perroquets*, 1986, 203).

3. N. m. Par plaisanterie “acte sexuel, coït”.

17. – Bon, je n’insiste pas. Si c’est une histoire de cul, j’ai plus rien à dire. C’est pas moi qui vais priver un « collègue » d’une partie de **tagada**. (S. Japrisot, *La Dame dans l’auto avec des lunettes et un fusil*, 1966, FXT.)

— **plum plum tagada** “id.”.

18. Louis-Aimé s’était nettement révélé plus apte au **plum plum tagada**. Mais alors, très nettement. Il comptait pour-

tant quelques printemps de plus que ce minable de Diego. (E. Hanska, *Les Amants foudroyés*, 1984, 205.)

♦♦ Attesté dep. 1953 (v. ici ex. 2 et 11). — Enregistré dans Rob 2001 et TraitDu 1989, 361.

TAP TAP

1. "(bruit sec réitéré, produit notamment par un heurt léger)".

1. [...] j'entends, venant vers nous [...] le bruit de **tap-tap** du cheval d'une vieille carriole [...]. (M. Bataille, *L'Arbre de Noël*, 1967, 205.)

2. Victor entend le **tap-tap** des mules de sa femme sur le plancher [...]. (M. Lebrun, *Un revolver, c'est comme un portefeuille*, 1989 [1971], 78.)

3. [...] plus de cris d'enfants jouant à chat perché ; plus de **tap-tap** de ballons sur les murs [...]. (Th. Bresson, *Le Vent feuillaret*, 1980, 148.)

4. Le pied de Vivy faisait **tap tap** [à table] contre la jambe d'Olivier [...]. (R. Sabatier, *Les Fillettes chantantes*, 1986 [1980], 212.)

5. **Tap tap tap tap tap tap tap tap**. J'crois entendre la machine à écrire dans cette nuit d'encre qui nous noie. C'est le clignotant [d'une auto]. (Fr. Lasaygues, *Vache noire*, 1985, 198.)

REM. **tapatap** "id.". « Le pouls de Lambert passa de 60 à 90. **Tapatap, tapatap, tapatap**. Con de cœur, va » (A. Page, *Tchao pantin*, 1987 [1982], 202).

— **et tap et tap.**

6. [...] une petite gonzesse en vert pomme, bouclée comme un mouton, qui donnait tout ce qu'elle pouvait pour lancer les « lavandières du Portugal »... **et tap ! et tap !** pendant que les autres l'accompagnaient en cognant à tout va sur les assiettes, avec leurs fourchettes à dessert. (A. Bastiani, *Des immortelles pour mademoiselle*, 1972 [1956], 62.)

— **tap-tap-tap.**

7. À Lui le **tap-tap-tap** des pattes tambourinantes [...]. (Colette, *Douze dialogues de bêtes*, 1930, *Œuvres*, 1986, t. 2, 12.)

8. Nounouche, tassée contre la chaise de sa mère, pleure à petits reniflements [...], **tap-tap-tap**, pauvre cœur de Nounouche [...]. (A. Sarrazin, *L'Astragale*, 1969 [1965], 124.)

9. Elle arriva, **tap, tap, tap**, prenant bien soin de tourner ses souliers vernis vers l'extérieur, comme sur le catalogue des trois Suisses (J. Vautrin, *Billy-ze-Kick*, 1985 [1974], 116.)

10. Momo est fataliste. Ce qui doit arriver arrive. Son univers, c'est une bande de terre [...] qu'il a pour devoir de tasser au mieux avec sa titine [= pied dameur]. / [...] Huit mille kilomètres de **tap-tap-tap** à raison de cent mètres par jour, en verras-tu le bout, Momo ? (M. Lebrun, *Autoroute*, 1993 [1977], 254.)

11. Et j'ai entendu le **tap-tap-tap** d'une canne d'aveugle. Pas le **tap-tap-tap** d'autrefois. La canne blanche a changé. Elle est télescopique, et moins lourde. Mais l'aveugle est toujours l'aveugle. (R. Forlani, *Quand les petites filles s'appelaient Sarah*, 1989 [1987], 248.)

12. Colibri martèle le sien [un sous-main] du bout des ongles. **Tap-tap-tap** feutré. (J.-H. Oppel, *Six-Packs*, 1996, 152.)

• **et taptaptap.**

13. Je dévalai l'escalier [...]. **Et taptaptap, taptaptap**, mes talons rythmaient ma fuite précipitée. (L. Malet, *M'as-tu vu en cadavre ?*, 1991 [1956], 1007.)

2. "(bruit produit par le ronflement d'un moteur, par le fonctionnement d'un mécanisme)".

14. Le petit bateau bleu et noir, après avoir dansé sur la houle, dans le **tap-tap** du moteur, se dirige vers les lieux de pêche. (J. David, *Bonsoir Marie-Josèphe*, 1993 [1983], 105.)

15. Le **tap-tap** [du moulin à vanner] est produit par le crible qui, secoué de droite à gauche, cogne contre la paroi. (G. Chevereau, *Une enfance à la campagne*, 1988, 105.)

16. À Rivière Noire, les bateaux du centre de pêche avaient replié leurs lignes et rentraient à la queu-leu-leu se mettre à l'abri en lieu sûr. Le **tap-tap** des moteurs était bien le seul bruit qui troublait le silence de l'après-midi. (G. Dormann, *Le Bal du dodo*, 1989, 26.)

REM. **tapon tapon** "id.". « La *Fine-Fesse*, poussée par le fort courant du Sund, s'est éloignée dans le chenal avec un joli bruit de moteur, **tapon tapon, tapon**, qui se répercute en échos » (G. Dormann, *La Petite Main*, 1993, 134).

DÉR. **tape-taper** v. intr. "faire *tap tap*". « Le moteur, au ralenti, **tape-tape** doucement et le fin bateau se faufile entre les cailloux couverts de varech » (G. Dormann, *La Petite Main*, 1993, 300).

3. "(bruit des roues d'un train)".

17. [...] les fumées dodues et le **taptaptap** du rapide du soir vers Nice et Vintimille [...]. (J.-L. Bory, *La Peau des zèbres*, 1981 [1969], 289.)

18. [...] de luxueux lits-wagons. Tu sais, ceux dans lesquels on se sent glisser au rythme des boogies qui craquent **tap, tap, tap tap tap**, rêver, **tap tap**, voler **tap tap tap**, un océan de train, entre nuages et rails, les tunnels où l'on s'engouffre avec l'air aspiré, les oreilles qui bourdonnent [...]. (Alain-Chedanne, *Un freak*, 1974, 150.)

♦♦ Attesté dep. 1914-1915 (« ***tap-tap***, onomatopée du tir de mitrailleuse » *Contes véridiques des tranchées*, dans G. Esnault, *Le Poilu tel qu'il se parle*, 1919, 508). — Enregistré seulement dans Rob 2001 et TraitDu 1989, 362-363 ; aj. à FEW 13/1, 99, TAPP-.

TARATATA[1]

1. "(sons produits par un clairon, par une trompette, par une trompe)".

1. Roux, un petit officier de fortune, parlant naturellement le roulement de tambour et le ***taratata*** du pioupiou, nous conte l'emploi à toutes les sauces en Afrique des *zéphyrs* [= fantassins de l'armée d'Afrique], le maçon s'improvisant cuisinier, etc., avec succès. (E. et J. de Goncourt, 1er novembre 1860, *Journal*, 1989, t. 1, 630.)

2. **Ta ra ta ta**, fait la trompette !
Turlu tu tu, le mirliton ! (C. du Locle, « La Foire de Bayeux », dans *La Mère Godichon*, 1863, 261.)

3. Les entendez-vous sur les tréteaux ? Le bonisseur aboie, le paillasse glapit ; ils soufflent tous dans le bois, le cuivre et le fer-blanc : ***tara ta ta, dzing*, dzing, boum*, boum !*** (J. Vallès, *La Rue*, 1865, *Œuvres*, 1975, t. 1, 707.)

4. Personne ne relève la tête pour nous voir passer, les femmes ne se mettent pas aux fenêtres, malgré les coups de fouet du postillon et les coups de trompe du conducteur.
***Ta ra ra, ta ta** ; Ra ra, Ra ra !* (J. Vallès, *Le Testament d'un blagueur*, 1869, *Œuvres*, 1975, t. 1, 1119.)

5. Marignan et Michu, très légèrement, du bout des lèvres, battent aux champs : Marignan fait le **taratata** des clairons et Michu le ran* plan plan des tambours. (Meilhac et Halévy, *La Cigale*, 1877, dans DDL.)

6. Quant aux cuivres de l'*Ode triomphale*... enfin, le *Tharsis* remonte, le *Rio-Tinto* exulte, toute la Société des Métaux est en liesse. **Taratata ! tata ! ratata !** Ce n'est pas une femme, c'est un régiment ; Holmès, ou la *Fiancée du Cymbalier*. ([Willy], *Lettres de l'ouvreuse*, 1890 (10 novembre 1889), 16.)

7. – Clairon, cria-t-il, sonnez aux consignés, mille pétards de Dieu. [...] Jumet saisit son instrument et gagna le milieu de la cour. / **Tarata... ta ! Tarata... ta ! Tarata... ta !** (A. Allais, *À se tordre*, 1891, *Œuvres anthumes*, 1989, 79.)

8. – [...] Et vous, les clairons ! vous n'avez rien à déclarer ? Montrez vos instruments, **taratata, taratata...** [...]. Et vous les tambours ! rien là-dedans ? Rataplan*, ratapan [*sic*], plan, plan. (A. Allais, *Rose et vert pomme*, 1894, *Œuvres anthumes*, 1989, 393.)

9. Puis c'est le tour des **taratatas** ; avec le tapin, il y a au moins un clairon. (Monthabor, *La Vie au régiment*, 1897, 6.)

10. Il faisait le clairon avec sa bouche : « **Ta ra ta ta ta ! Ta ta ta !...** » (L.-F. Céline, *Mort à crédit*, 2000 [1936], 619.)

11. [...] les **taratatas** des clairons [...]. (M.-É. Grancher, *Le Temps des « colonels »*, 1955, 230.)

12. Écoutez brigadier,
Entendez résonner
Et sonner les clairons de la gloire,
Ta ra ta ta, ra ta ta, ra ta ta,
Ra ta ta, ra ta ta, ra ta ta, ta ta ta ! (Fr. Blanche et M. Cab, « J'emmène les gendarmes » dans *La Belle Arabelle*, 1956, *Les Frères Jacques*, 1987, 97.)

13. [...] en attendant le **taratata** du Jugement Dernier [...]. (J.-L. Bory, *Ma Moitié d'orange*, 1978 [1972], 39.)

14. – **Ta ra ta ta ra ta ta...** / Après chaque sonnerie des trompettes un grand silence tombait sur les gradins. Puis le toril s'ouvrait et le taureau bondissant faisait son entrée dans l'arène. (R.-A. Rey, *Griotte*, 1979, 157.)

15. Il est tout l'orchestre [...]. Ou alors, clairon. **Taratatatata !** [...] Et deux secondes plus tard, il joue des saynettes [...]. (J. Vautrin, *La Vie ripolin*, 1986, 189.)

V. encore *crincrin*, ex. 1.

— Avec variante de la finale.

16. Avec un cornet de la main on imitait tous ensemble le clairon – **Taratatatatata, Taratatatatère** bis. (M. Fillol, *Petites Chroniques des cigales*, 1998, 86.)

V. encore *ta ta ta*[1], ex. 1.

— Associé à d'autres onomatopées. V. *baoum*, ex. 16 ; *pif paf*, ex. 18 ; *tsing*, ex. 1.

2. “(bruit du tir d'une mitrailleuse ou d'une mitraillette)”.

17. [...] avec une sulfateuse, **taratata** dans le tas !... (V. Thérame, *La Dame au bidule*, 1976, 277.)

REM. **ratata / ratatata. a)** [Correspond à *taratata* 1] « [...] trompettant et tambourinant, il crie : / – Rats, profitez de la trêve ! Rats, allez-vous en ! On ne fera grâce à personne ! **Ratata ! ratata !** (la trompette). – Rataplan* ! rataplan ! (le tambour) » (P. et V. Margueritte, *Zette*, 1903, 212) ; v. encore *dzim*, ex. 5. **b)** [Correspond à *taratata* 2] « La sensation, plutôt que l'émotion, les avions piquent, **ratatata**, les pilotes n'ont pas oublié, pour se donner du courage, de sucer leur pouce » (D. Fano, *Un champion de mélancolie*, 1985, 44).

DÉR. **taratater** v. intr. "faire *taratata*". « Pendant que le clairon **ta-ra-ta-tait,** [...] Tartarin, plein d'aisance, rassurait les dames » (A. Daudet, *Port-Tarascon*, 1890, *Œuvres complètes*, 1930, t. 13, 48).

♦♦ 1. Attesté dep. 1669 pour imiter une musique (« **Ta, ra, ta, ta : Ta, ra, ta, ta** » Molière, *Monsieur de Pourceaugnac, Théâtre 1669-1670*, 1949, 53) ; 1842 (v. *tsing*, ex. 1). Enregistré dans GLLF, TLF, Rob 2001 et TraitDu 1989, 363 ; aj. à FEW 13/1, 106b, TAR-, où ce mot manque. — Cf. antérieurement un refrain du milieu du 16e siècle (« **Tarara tararirene** » *Farce de la résurrection Jenin à Paulme* dans G. Cohen, *Recueil de farces françaises*, 407a) et 1649 (« Quantité de valets de chiens, / De leurs trompes faisoient fanfare, / Comme qui diroit **tantarare** » P. Scarron, *Le Virgile travesti*, 1858, 133b) ; 1654 (« Le choc faizoit un bruyant son / Les tambours, pata, patapon, / Les clairons, fanfare, fanfare, / Les trompettes, **taran-tarare**, / Et les flûtes, tur-lu-tu-tu » J. Loret, *La Muze historique*, 1857, t. 1, 486b) ; 1668 (« GORGIBUS *monte sur un siege un cor à la main, et tandis qu'il corne, les filoux sortent de chez luy, et enlevent Suson, et force paquets.* – **Tantarare, tantarare, tantarare, tantarare.** / Sçait-il bien le chemin ? je crains qu'il ne s'égare ; / **Tantarare, tarare, tarare, tantarare** » R. Poisson, *Les Faux Moscovites, Les Œuvres*, 1687, t. 1, 189) ; 1788 (« aux ***tara tantara*** des trompettes » Haudart, v. *crin crin*) ; FEW 13/1, 85a, TANT-. 2. Attesté dep. 1916 (« **Taratata !** » et « **ta-ra-ta-ta** » G. Esnault, *Le Poilu tel qu'il se parle*, 1919, 509, n. 1) ; enregistré seulement dans TLF.

TARATATA[2]

1. "(pour exprimer un doute, une réticence, un refus, une réprobation ; pour faire taire un interlocuteur)".

1. ANET. – **Ta ra ta ta ! ta ra ta ta !...** Vous v'là ben comme deux pies !... vous jacassez, jacassez, sans savoir seulement d'vant qui vous jacassez. (Sewrin, *La Ferme et le château*, 1817 [1809], 22.)

2. PROSPER. – Sergent, vous vous trompez, sans doute : je suis officier en activité ; conduisez-moi devant le magistrat et vous reconnaîtrez votre erreur. DROUILLET. – **Taratatata...** Je vais vous montrer si je suis une guimauve. (F.-A. Duvert, *Prosper et Vincent*, 1833, *Théâtre choisi*, 1877, I, 401.)

3. COLLINET. – Et ces Turcoing encore, qui sont ennuyeux comme la pluie. FRANÇOISE. – **Ta, ratata, tata !** ne dites plus rien, ou j'invite M. Goujet ; vot' ami Goujet ! (H. Monnier, *Les Bourgeois de Paris*, 1854, 303.)

4. LE DUC, avec violence.

Non ! pas Marmont !
FLAMBEAU.
Tara ta ta ! / Laissez-le donc se racheter ! (E. Rostand, *L'Aiglon*, 1900, 101.)

5. – [...] suivez-moi au moins jusqu'à la lisière du parc. Nous traverserons le pré ensemble, le pré seulement, je vous jure ! Vous ferez ensuite ce que vous voudrez.
– **Taratata** ! Je connais l'antienne... Croyez-vous qu'à mon âge je puisse aller seule par les champs ? (G. Bernanos, *La Joie*, 1924, FXT.)

6. – [...] C'était séduisant à entendre. [...] **Taratata** ! Moi jamais ils m'ont étourdi !... Jamais ! (L.-F. Céline, *Mort à crédit*, 2000 [1936], 609.)

7. Dans beaucoup de régions du globe, en Europe notamment, on pratique deux sortes de clics*, le baiser, qui est un clic bilabial, et un clic apico-alvéolaire qui marque l'énervement et qui, lorsqu'il est répété à plusieurs reprises, correspond à ce qu'on orthographie ***taratata*** (en anglais *tut tut*). (A. Martinet, *Éléments de linguistique fonctionnelle*, 1973 [1960], 63.)

V. encore *clic*, ex. 37.

REM. Pour l'ex. 7, v. la remarque qui suit *clic* ex. 39.

— Répété.

8. « **Taratata, taratata,** z'avez rien, M'sieur Ferrand... / Faut arrêter de nous embêter, maintenant, hein... / Faut nous laisser bosser, hein... / Allez, faut pas rester là, allez, tssss*, tssss ! » (P. Pellerin, *Tout va bien*, 2001, 173.)

2. "(bruit de marmonnement)".

9. PREMIER PAGE, *bouffonnant*. – Nous, par la grâce de Dieu, sublime monarque, **taratata, taratata**... (H. de Montherlant, *La Reine morte*, 1942, FXT.)

♦♦ **1.** Attesté dep. 1809 (v. ici ex. 1). **2.** Attesté dep. 1942 (v. ici ex. 9). — Enregistré, seulement dans l'emploi 1, dans GLLF ; TLF ; Rob 2001 ; NPR 2000 ; PL 2000 et TraitDu 1989, 363.

TA TA TA[1]

1. [Domaine musical)
1.1. "(son du clairon ou de la trompette de cavalerie)".

1. Ta ra ta ta ta taire [v. *taratata[1]*] !... **Ta ta ta** (*ter*) **ta ta ta ta ta ! ta ta ta !** Voilà le colonel d'Hauskol qui arrive, flanqué du gros major et des chefs de compagnie chargés de vous recevoir. (Monthabor, *La Vie au régiment*, 1897, 32.)

2. – Excusez-moi d'insister, dis-je, c'était l'extinction des feux.
– Jamais de la vie [...], l'extinction des feux c'est : **Ta-ta-ta-ta.** Ra-ta-ta. Tagadagadère [v. *tagada*] ! (J. Faizant, *Ni d'Ève ni d'Adam*, 1959 [1954], 166.)

3. Je connais quatre cent cinquante films par cœur... comme par exemple : **tatatatatata !** *La Charge de la brigade légère*... (J.-M. Ribes *et al.*, *Merci Bernard*, 2001 [1984], 214.)

— Avec variante de la finale.

4. CHAMEROT. – Messieurs ! aux champs !
Tous les officiers se mettent en ligne et, le pouce aux lèvres, imitent le clairon.
Ta... tatata, tataire,
Tatata, tatata,
Tatata, tatatata, etc. (G. Feydeau, *La Dame de chez Maxim*, 1899, *Théâtre complet*, 1988, t. 1, 799.)

5. – Au moins, faites-moi votre sonnerie aux Morts, supplia-t-il en dessinant

un clairon avec le pouce. **Taaa... ta-taaa. Ta-taaa-tatère** ! (J. Vautrin, *Dix-huit Tentatives pour devenir un saint*, 1990 [1989], 71.)

1.2. "(bruit de fredonnement d'un air de musique)".

6. LE DUC. [...] Ah ! Messieurs les tziganes, bonjour. Vous répétiez tout à l'heure, j'ai entendu notre hymne national. Je vous félicite !... Vous avez bien compris les instructions ?... À l'entrée du Prince : une, deux... (*Sur l'air de l'hymne.*) **Tata** !... **tata** ! **tatata** !... Vous attaquez, n'est-ce pas ?... **ta** ! **ta** ! **ta** ! **ta** ! **tatata** ! (G. Feydeau, *La Duchesse des Folies-Bergères*, 1902, *Théâtre complet*, 1988, t. 2, 1038.)

7. [...] je balance *La Strada*, déchirant, **tatata, tatatataaaa**... (M. Quint, *Les Grands ducs*, 1991, 214.)

2. "(bruit produit par les sabots d'un cheval)".

8. **Ta ta ta. Ta ta ta.** [...] **Ta ta – ta ta – ta ta – ta ta** [...] / Ils trottent, ils trottent [...]. Le cheval de volée galope. (Ch. Nodier, *Histoire du roi de Bohême et de ses sept châteaux*, 1979 [1830], 377-378, v. *Anthologie*, n° 12.)

9. La bête va l'amble **ta ta ta, ta ta ta.** (J. Vallès, *L'Enfant*, 1879, FXT.)

♦♦ **1.** Attesté dep. 1897 (v. ici ex. 1). **2.** Attesté dep. 1830 (v. ici ex. 8). — Absent, dans ces emplois, des dictionnaires consultés.

TA TA TA[2]

1. "(pour exprimer un doute, une réticence, un refus, une réprobation ; pour faire taire un interlocuteur)".

1. **Ta ta ta** ! En voilà des colles !... Mais je les trouve trop fortes. Et c'est à moi que l'on ose dire de ces choses-là ! (P. de Kock, *Les Compagnons de la truffe*, 1861, 20, TLFI s.v. *colle*.)

2. AGÉNOR. – Oh ! si tu savais le chagrin que ça me faisait, ce que j'ai souffert !
MARTIN. – **Ta ta ta** ! répondez... Que feriez-vous à ma place ? (E. Labiche, *Le Prix Martin*, 1876, *Théâtre*, 1991, t. 2, 1107.)

3. DOÑA PROUHÈZE. – Celui qui est la cause de toute joie on ne peut lui infliger aucune peine.
DON CAMILLE. – **Ta ta ta** ! Vous parlez comme un petit sansonnet qui répète l'air qu'on lui siffle ! (P. Claudel, *Le Soulier de satin*, 1929, FXT.)

4. Ma femme avait dû aller trouver la délicieuse et bienfaisante Mme Henri Rochefort, pour obtenir d'elle qu'elle retint la plume redoutable de son mari, et son « **tatata**, mais c'est une canaille ! » [...]. (L. Daudet, *La Police politique*, 1934, 163, dans DDL.)

5. – Mais, on pourrait venir ici de temps en temps, disons, un jour par semaine...
– **Tatata** [...]. (O. Deck, *Les Chopines*, 2002, 44.)

2. Moins usuel "(bruit de marmonnement, de bavardage)".

6. Dis donc, j' voudrais qu' ça soit une p'tite fille... c'est pus gentil qu'un garçon... ça babille, ça babille... « Papa, mon bon papa, donne-moi ça... **ta ta ta, ta ta ta**... » O mon dieu ! j'aurais voulu être p'tite fille ; moi, j' sis sûr qu'à un an j'aurais parlé, parlé... (Sewrin, *Jocrisse-maître et Jocrisse-valet*, 1810, 12.)

7. LAVIRON. – **Ta, ta, ta**... ça va comme la roue du bateau à vapeur... Au diable

les bavardes ! (Duval, Carmouche, Jouslin de la Salle, *Les Cancans*, 1823, 7.)

8. « [...] en même faveur, l'épouse future s'est constituée en droit tous les autres biens et droits qui pourront ci-après lui... »
– C'est bon, c'est bon, maître Chastelart, passez outre [...].
– Alors, **ta ta ta ta ta ta ta**... ah ! C'est cela. Nous y sommes... « déclarant que ses biens présens [...] » (P. Borel, *Champavert, contes immoraux*, 1833, FXT.)

♦♦ **1.** Attesté dep. *ca* 1659 (« "***Ta, ta, ta !***" luy va-t-il dire brusquement ; "vous parlez, vous parlez sans sçavoir ce que vous dites [...]" » Tallemant des Réaux, *Historiettes*, 1960, I, 170) ; 1668 (« **Ta, ta, ta, ta**, voilà bien instruire une affaire ; / Il dit fort posément ce dont on n'a que faire, / Et court le grand galop quand il est à son fait » J. Racine, *Les Plaideurs*, dans Littré s.v. *ta*) ; enregistré dans Rob 2001 et NPR 2000 ; aj. à FEW 13/1, 1a, TA-. **2.** Attesté dep. 1788 « Mais vous autres Lecteurs, les trois quarts du tems vous jabottez, **ta, ta, ta, ta, ta, ta...** » (Haudart, *Vie et amours d'un pauvre diable*, I, 200) ; absent des dictionnaires consultés.

TCH

1. "(bruit de vapeur d'eau)". □ VAR. *tchi*.

1. Il projette de l'eau jusqu'à la plaque brûlante de la cuisinière, qui fait des petits « **tchi** » de chat dérangé. (D. Picouly, *Le Champ de personne*, 1995, 30.)

2. Répété "(bruit d'une locomotive à vapeur)". □ VAR. *tchi tchi, tchou tchou, tchou(c)k tchou(c)k, tchouf tchouf.*

2. **Tch... tch... tch...** Le train s'était mis en marche. (M. et A. Fischer, *A.Z.11. poste restante*, 1910, 240.)

3. « Attention... Reculez-vous. Attention au bord du quai. »
Tchou... Ah ! **Tchou...** Ah ! **tchou ! tchou !... tchou !** (L. Guilloux, *Le Pain des rêves*, 1942, FXT.)

4. Au long du quai attendait un train, dont la locomotive soufflait [...] : **tchi, tchi, tchi, tchi, tchi, tchi...** (M.-É. Grancher, *Au temps des pruneaux*, 1946, 13-14.)

5. Oh ! le train du Nord !
Tchou, tchou, tchou, tchou [...]. (F. Leclerc, « Le train du Nord », 1946, *Cent chansons*, 1994 [1988], 117.)

6. GUY. [...] Une petite jeune fille qui travaillait à la maison... Qui aidait ma mère pour le ménage... Elle m'a appris des trucs... Elle me mettait sur elle. On jouait au petit train... **Tchouf tchouf tchouf**.... Très agréable... (G. Bedos, S. Daumier, « Histoires d'amour », dans *L'Avant-Scène Théâtre*, 1er avril 1974, 13.)

7. [...] je m'étais mis à faire le train zigzaguant entre les arbres sans oublier les coups de sifflet de la loco et les **tchoutchoutchoutchou** des roues sur les rails. (J. Lanzmann, *Le Têtard*, 1988 [1976], 182.)

8. ... Sept heures du soir. **Tchoutchoutchou**. Le Train arrive, quai Saint-Michel. (H. Prudon, *Mardi-gris*, 1978, 9.)

9. [...] des gosses qui jouaient au « chemin de fer », les coudes au corps imitant les bielles, la bouche soufflant comme la locomotive, « **tch ! tch ! tch !**

tch ! tch !... » (R. Barjavel, *La Charrette bleue*, 1989 [1980], 81.)

10. Notre locomotive est une Mallet [...]. **Tchouf, tchouf.** La Mallet peut rouler à 50 à l'heure si elle le désire ; mais elle limite ici sa vitesse à 25, afin que les passagers puissent admirer commodément le paysage et le photographier. (J. Anglade, *Le Pays oublié*, 1982, 258.)

11. La toute première œuvre enregistrée par les *Washingtonians* porte un titre ferroviaire. Cette onomatopée [...] *Choo-Choo*, le terme même dont on usait pour convaincre le gamin d'aller avec son grand-père en promenade (il te montrera le **tchou-tchou**) [...]. (J. Réda, *PLM et autres textes*, 1982, 65.)

12. Olivier remontait le ressort rétif d'une locomotive *Pacific Mountain* puis tentait de réunir les éléments courbes d'un rail. La machine roula tant bien que mal, les enfants faisant **tch... tch...** pour l'encourager. (R. Sabatier, *David et Olivier*, 1989 [1985], 59.)

13. Olivier décida qu'il était devenu un cheval et il alla au petit trot, sa langue glissant sur son palais émettant des cloc-cloc*. Par une soudaine métamorphose, il se fit locomotive et imita avec ses bras les pistons des roues en soufflant **tch-tch** de plus en plus vite. (R. Sabatier, *David et Olivier*, 1989 [1985], 79-80.)

14. [...] une ribambelle d'oiselles à la queue leu leu se tenant par la taille et jouant au petit train, **tchouk-tchouk**, en un gracieux pas des patineurs. (J.-L. Benoziglio, *Le Jour où naquit Kary Karinaky*, 1986, 113.)

15. [...] Et ce soir **tchou-tchou-tchou** / Train pour Ouagadougou [...]. (H. Jaouen, *Ouragan sur les grèbes*, 1993, 172.)

16. J'étais un train qui avançait dans la neige, je faisais **tchoutchou** avec la bouche [...]. (R. Clauteaux, *Sous le Pont des Corbeaux*, 1994, 100.)

17. **Tchouf, tchouf.** Le train se tortillait au fond d'une gorge, entre deux remparts de sommets [...]. (J. Anglade, *Un lit d'aubépine*, 1997 [1995], 12-13.)

18. L'*electrico* [tramway de Lisbonne] avance par à-coups, avec des **tchoutchou**... de locomotive à vapeur. (*Le Monde*, 19 janvier 1995, 28.)

19. Et le train fantôme. / Qui faisait **tchouck-tchouck.** (V. Ravalec, *La Vie moderne*, 1996, 196.)

20. [...] bercé par le rythme du train et sa musique : **tchouc-tchouc-tchouc-tchouc-tchouc-tchouc...** (J.-É. Poirier, *Cent jours sous le ciel de la Mongolie*, 2001, 149.)

V. encore *pch*[1] 13 ; *Anthologie*, n° 51.

REM. **ch ch** "id.". « Et des semelles frottant le parquet, des bras rythmant le jeu des bielles, il fait "**ch... ch...**" pendant que Virginie rit aux larmes » (M. Genevoix, *Ceux de 14*, 1950, FXT).

♦♦ Attesté dep. 1910 (v. ici ex. 2) ; cf. G. Frison, *Les Aventures du colonel Ronchonot*, 1884, dans DDL : « M' reinstalle donc dans ma première, la machine fait **ptchch ! ptchch !** fouth ! fouth ! et nous roulons ». — Absent des dictionnaires consultés, à l'exception de TraitDu 1989, 370 *(tchouf ! tchouf ! tchouf !* Var. *tchou ! tchou ! tchou ! – tchouc ! tchouc ! tchouc ! – tch tch tch !).*

TCHAC □ VAR. *tchak* (moins usuel).

1. [Domaine concret]

1.1. "(bruit ponctuel produit par un coup soudain, par un tir d'arme à feu)".

1. – Alors, vas-y, shoote.
Il me défie, mais je le fais attendre pour lui user les nerfs ; c'est de la tactique, un lent travail de sape, jusqu'à ce qu'il commette une faute.
Tchac.
But. (A. Joffo, *Baby-foot*, 1983 [1977], 21.)

2. Il [un couteau] aurait une grande large lame que quand elle est ouverte c'est un vrai poignard, avec la rigole pour le sang, coupant comme un rasoir, t'appuies sur un bouton secret, **tchac**, elle jaillit, un éclair bleu [...]. (Fr. Cavanna, *Les Ritals*, 1981 [1978], 286.)

V. encore *Anthologie*, n° 52.

REM. **tchakatchak** "bruit produit par un tir d'arme automatique". « La télé, devant ce monstre [un avion AC-130] hérissé de pétoires en rut, est visiblement en extase, au bord de l'orgasme. Cette guerre insaisissable, réduite à des étoiles filantes dans le ciel de Kaboul, voilà enfin qu'elle la tient. Ce gros oiseau de malheur fait son bonheur, elle le montre et le remontre, se grise de vraoum* boum* boum **tchakatchak** [...] » (A. Rémond, dans *Télérama*, 24 octobre 2001, 210).

DÉR. **tchaquer** v. intr. "faire *tchac*". « Je tombe en souplesse sur Martine tandis que miaulent et **tchaquent** les balles de la rafale [...] » (A.D.G. *La Divine surprise*, 1971, 23).

— "(bruit d'impact d'une arme blanche, d'une flèche)".

3. **Et tchac !** une flèche dans la jambe ! (Fr. Fossaert, *Touche pas à ma cible*, 1987, 154.)

• Associé à une autre onomatopée.

4. Là-dessus, le hardi montagnard brandit une hachette, la fait siffler au-dessus de sa tête, genre Thierry la Fronde et vlam* **tchak**, la fiche en plein milieu d'une souche [...]. (*Télérama*, 17 janvier 1990, 71.)

1.2. "(bruit d'un coup violent produit par un instrument tranchant)".

5. À 16 ans, j'ai travaillé l'été dans une charcuterie. Je coupais les têtes et les pattes des poulets. Au début, je trouvais ça dégueu, après j'en coupais trois d'un coup, **tchac** avec une hachette ! (*20 ans*, décembre 1992, 16.)

6. Cinquante mille, cent mille personnes piétinant qui font silence à l'exact instant du **tchac** sur le cou de l'homme basculé, la grimace de plaisir moche quand la tête tombe [...]. (M. Quint, *La Belle Ombre*, 1995, 77.)

— Répété.

7. Des trimestres entiers de vice oisif [...] à compter les mouches – ou mieux à leur faire sauter les pattes et les ailes une à une, à coups de lame de cran d'arrêt rétractable [...]. **Tchac, tchac, tchac**. (Bayon, *Le Lycéen*, 1987, 203.)

8. Rien qu'au bruit des coups de tranchoir de Macaire [un boucher], on entendait sa colère, qu'il aurait facile fendu son billot pour faire deux parts de filet mignon ! [...] **tchac, tchac**, papier sulfurisé, j'enveloppe le tout, vlan* dans la balance [...]. (M. Quint, *Le Bélier noir*, 1997 [1991], 212.)

9. Tu connais l'histoire de Tchac Tchac la girafe ?... Bah, c'est une girafe qui va prendre l'hélicoptère et là... **tchac-tchac**,

la girafe ! (C. Saféris, A. Révérend, *Tu l'ouvriras pour le dessert !*, 1997, 69.)

1.3. Souvent redoublé ou répété.

— "(bruit métallique réitéré)".

10. C'est Teddy qui avait pris le fusil, il a fait *tchac-tchac*, comme pour l'armer [...]. (V. Ravalec, *Un pur moment de rock'n roll*, 1996 [1992], 18-19.)

11. Prenez l'ouvre-boîtes [...]. Vous avez le petit machin de base, c'est le pouce qui fait tout le boulot, **tchak, tchak**, simple comme bonjour. (A. Rémond, *Mon Œil*, 1993, 7.)

— "(bruit d'épées qui ferraillent)".

12. Aujourd'hui, on joue aux épées parce qu'il y a un feuilleton de mousquetaires en ce moment. En fait, on n'a pas d'épées mais on fait comme si, et on fait « **tchac-tchac** » avec la bouche pour le bruitage. (P. Cauvin, *Monsieur papa*, 1987 [1976], 54.)

V. encore *tchic*, ex. 8.

— "(bruit d'un film en fin de bobine)".

13. [...] la vibration que font les bobines de film qui se déroulent, **tchac-tchac-tchac**... (*Le Soir*, 12 juillet 2001.)

1.4. "(bruit d'un corps mou qui s'écrase)".

14. [...] la tranquillité avec laquelle la Patience [une vache] laissait tomber une bouse – **tchac** ! [...]. (J. Anglade, *Le Pays oublié*, 1982, 144.)

— Répété.

15. Tu te baisses, tu te charges la taloche avec la grande truelle de cuivre, tu te relèves, **tchac tchac** tu vides à la truelle la taloche sur le mur en giflant sec [...]. (Fr. Cavanna, *Les Ritals*, 1981 [1978], 137-138.)

2. "(pour exprimer la soudaineté ou la rapidité d'un procès)".

16. Si je regardais voler les mouches [à l'église], **tchac** ! un coup de coude dans les côtes. (J. Anglade, *Le Voleur de coloquintes*, 1972, 45.)

17. À la fin de l'hiver, les cornes des [cerfs] mâles, dépouillées de leur velours [...] deviennent fragiles comme des bâtons de craie. Sitôt qu'ils les cognent contre quelque tronc, **tchac** ! elles tombent en morceaux. (J. Anglade, *Le Voleur de coloquintes*, 1972, 326.)

18. Avant qu'elle ait pu changer d'avis [...] **tchac** ! vous raccrochez [le combiné du téléphone]. (N. de Buron, *Qui c'est, ce garçon ?*, 1986 [1985], 113.)

19. Le docteur a saisi mon bras [...]. L'alcool, le coton mouillé, la peau à nu. **Tchac** ! Une fine douleur rouge. C'est fini ? C'est déjà fini ! Je n'ai senti qu'un coup de plume. (D. Picouly, *Le Champ de personne*, 1995, 187.)

20. L'idée de ma vie ! Je l'ai eue comme ça, **tchac**, en te voyant. (J.-P. Dopagne, *Un ami fidèle*, 1997, 17.)

— **et tchak.**

21. LE FRÈRE GAUCHER. – [...] Mais le Bon Dieu m'avait repéré – **et tchak** ! il m'a lancé la grâce [...]... (M. Pagnol, *L'Élixir du Père Gaucher* [film de 1954], *Œuvres complètes*, 1995, t. 2, 1214.)

♦♦ Attesté dep. 1606 sous la forme *chaq* (« Il avoit faict ung peu le fascheux avant souper, il craignoit le fouet le lendemain matin : "*Mai maman ga vous viendé (viendrés) demain matin ave de petite vege (verges) me donné (er) le fouet,* ***chaq, chaq, chaq****"* [...] » (J. Héroard, *Journal*, 1606, dans DDL) ; forme moderne dep. 1954 (v. ici ex. 21). — Absent des dictionnaires consultés, à l'exception de TraitDu 1989, 365.

TCHAC POUM ou POUM TCHAC

Répété "(bruit d'une batterie d'orchestre)".

1. tchac poum.

1. [...] le méchant loup de Tex Avery qui voit [...] le petit chaperon rouge faire un strip-tease sur un bataclan de Las Vegas [...] avec un fond de batterie **tchac-poum-tchac-poum-tchac-poum-poum**. (T. Topin, *Graffiti rock*, 1982, 82.)

2. Il écoute un instant [la musique], marquant involontairement la mesure, **tchac-poum, tchac-poum-poum**, ça balance bien. (J.-H. Oppel, *Brocéliande sur Marne*, 1994, 18.)

3. [...] guitare acoustique à trois accords, batterie **tchac-poum** [...]. (*Le Figaro*, 27 décembre 2001, 23.)

REM. **chac boum** "id.". « La boîte commence à se remplir. Le disque-jockey monte le volume. Pas de chance, c'est un tube très **chac-boum-boum-chac** » (M. Sergent, *Normal*, 1991, 8).

2. poum tchac. □ VAR. *pom tchouc.*

4. [...] le rythme du bon rap qui se respecte (« **poum poum tchac** ») doit pour percer s'accompagner d'originalité [...]. (*L'Union*, 12 juillet 1993, 3.)

5. Un air de fanfare s'est échappé des haut-parleurs, **pom, pom, pom, tchouc, tchouc, tchouc.** (V. Ravalec, *Recel de bâtons*, 1995, 144.)

REM. **boum tchac** "id.". « Dzim*, bam*, **boum, tchac** ! Les organisateurs du carnaval du 20e demandent aux percussionnistes de tout niveau de se joindre à leur projet détonnant » (*Le Journal du dimanche*, 24 février 2002, 38).

♦♦ Attesté dep. 1982 (v. ici ex. 1). — Absent des dictionnaires consultés.

TCHAF

1. "(bruit de déchirement, de lacération)".

1. GUY. Je sais pas ce que j'avais... Une maladie... Je déchirais tout... Le papier... Tout ce qui était papier... Je déchirais... Tickets de métro... Déchirés... Déclaration d'impôts, livret militaire... **Tchaf, tchaf**... Des confetti. (G. Bedos, S. Daumier, « Guéri ! », dans *L'Avant-Scène Théâtre*, 1er avril 1974, 14.)

2. "(bruit produit par un crachat)".

2. **Et tchaf** ! il lui a craché à la figure. (H.-Fr. Blanc, *Jeu de massacre*, 1993 [1991], 75.)

♦♦ Attesté dep. 1974 (v. ici ex. 1). — Absent des dictionnaires consultés.

TCHIAC

1. "(bruit produit par un coup cinglant, par un instrument tranchant)".

1. Tout de suite ils prirent une cadence plus rapide et pas une seule fois leurs

outils ne se heurtèrent. On n'entendait plus que le « **tchiac** » régulier des dents [des outils] mordant la vendange, le bruit du jus et des grains glissant le long du couloir. (B. Clavel, *L'Espagnol*, 1968 [1959], 73.)

2. Elle s'en est prise à Danielle Four. [...] **Tchiac**, une grande gifle pour un rien. (S. Caster, *Les Chênes verts*, 1982 [1980], 64.)

2. "(pour exprimer la soudaineté ou la rapidité d'un procès)".

3. Elle m'avait un jour décrit les ventouses « escarifiées », avec cette saloperie de lame de rasoir à l'intérieur qui te coupe la peau en croix, **tchiac**, à la vitesse de l'éclair, et le gros sang noir qui jaillit de l'enflure congestionnée... (Fr. Cavanna, *L'Œil du lapin*, 1988 [1987], 56.)

4. J'ai la machine à zapper dans la main, et **tchiac**, une giclée CNN, **tchiac**, une giclée BBC, **tchiac**, une giclée RAI et ainsi de suite [...]. (A. Rémond, *Mon Œil*, 1993, 80 [27 mars 1991].)

— **et tchiac.**

5. Au prochain orage, on va être là, comme des abrutis, plantés au milieu des champs de betteraves, à attendre que ça se passe, **et tchiak**, tous lyophilisés ! (A. Rémond, *Mon Œil*, 1993, 43 [20 juin 1990].)

♦♦ Attesté dep. 1959 (v. ici ex. 1). — Absent des dictionnaires consultés.

TCHIC

1. Souvent répété "(bruit produit par le cri de la grive)". □ VAR. *tsik*.

1. La grive, qui aime les baies du lierre, y fait en novembre son « **tsik, tsik** » léger comme l'appel d'un lutin [...]. (J. Aicard, *Maurin des Maures*, 1908, dans *Gens de Provence*, 1997, 604.)

2. Le jour se levait, un peu hésitant, dans une aurore sans couleur, dont le silence n'était troublé que par le « **tchic** » discret des grives. (M. Pagnol, *Jean de Florette*, 1963, *Œuvres complètes*, 1995, t. 3, 74.)

2. Redoublé ou répété "(bruit produit par diverses sources, impliquant le plus souvent eau ou métal)".

3. Ses pieds dans ses souliers imbibés d'eau faisaient ***tchic, tchic***. (Fr. Raynal, *Faubourg*, 1950, 220.)

4. [...] ils étaient tous en bas de l'escalier avec leurs guitares qui faisaient ***tchic tchic***. (V. Ravalec, *Les Clefs du bonheur*, 1996 [1969], 145.)

5. « **Tchic, tchic, tchic !** » : il suffit d'agiter délicatement la petite boîte métallique jaune pour que ce doux bruit évoque à toute oreille avertie la célèbre marque de bonbons Cachou Lajaunie. (*Le Figaro*, 17 mai 1999, 4.)

3. tchic tchac "(id.)".

6. [...] je suis allé pendre les culottes dans la salle de bain [...], **tchic tchac**, des grosses gouttes tombaient des culottes et explosaient entre mes pieds. (Ph. Djian, *Zone érogène*, 1986 [1984], 196.)

7. Il m'apprit à me servir du passe-partout, scie de deux mètres de long et vingt centimètres de large, avec une poignée à chaque bout. Je passais des demi-journées à tirer la lame avec lui, en avant, en arrière, **et tchic et tchac**. (M. Jeury, *Une odeur d'herbe folle*, 1989, 240.)

8. La première bonne idée consiste donc à jouer franc jeu avec les règles du genre, mélodrame avec signe de reconnaissance familial (Le médaillon ! Non ? Si !) et mystère à la mie de pain (« Je sais qui m'a tué... Parlez monseigneur ! Il s'appelle... Aaaargh* ! ») cavalcades cliticlop, ferraillages **tchic-tchic-tchac** [...], toute la lyre. (*Le Monde*, 4 décembre 1997, 25, critique du film de Ph. De Broca, *Le Bossu*.)

♦♦ 1. Attesté dep. 1908 (v. ici ex. 1). 2. Attesté dep. 1950 (v. ici ex. 3). — Absent des dictionnaires consultés, à l'exception de TraitDu 1989, 366.

TCHT

1. "(bruit d'un fluide qui fuse)". □ VAR. *tchit.*

1. De temps en temps la vapeur soulevait le couvercle – **tchitt** – et en retombant ça sonnait comme des cloches fêlées. (M. Pagnol, *Le Curé de Cucugnan* [Film de 1966], *Œuvres complètes*, 1995, t. 2, 1306.)

2. Vieille Olga venait de faire son apparition dans le salon de Coiffure pour Dames. Elle s'assit sur un fauteuil qui fit **tchitt**. (J. Vautrin, *Billy-ze-Kick*, 1985 [1974], 167.)

2. Répété. "(bruit d'une locomotive à vapeur)". □ VAR. *tchut.*

3. – Dis, maintenant, fais le chemin de fer ?
– **Tchutt** !... **Tchutt** ! **tchutt** ! frrou... frrou... frrou... (A. Machard, *Titine*, 1913, *L'Épopée au faubourg*, 1946, t. 1, 223.)

4. [...] le train a démarré... assez facilement... **tchutt** !... **tchutt** ! [...]. (L.-F. Céline, *Rigodon*, 1973 [1961], 91.)

REM. **chut chut / pschut pschut** "id.". « Il entend quelque chose... c'est vrai ! ***chutt ! chutt !*** un train... poussif... loin encore et plein de fumée... ***chutt !***... [...] il s'approche... ***pschutt ! pschutt !*** » (L.-F. Céline, *Rigodon*, 1973 [1961], 56-57) ; « J'ai entendu encore un train... **chutt** ! **chutt** !... ralentir, et puis s'arrêter » (*Ibid.*, 79).

♦♦ Attesté dep. 1913 (v. ici ex. 3). — Absent des dictionnaires consultés.

TEUF-TEUF

"(bruit de moteur)".

1. On entendait le **teuf-teuf** de la pompe remise en état par Urbano. (M. Déon, *La Carotte et le bâton*, 1960, FXT.)

1. [automobile, autobus]

2. LE CHAUFFEUR DES AMOUREUX. – [...] Moi, j'enlève en automobile !
LA GOSSE. – Je n'aime pas votre mécanique. Ça fait **teuff-teuff-teuff**, et on a l'air de gens qui grelottent en revenant du pôle nord [...]. (G. Docquois et L. Métivet, *Paris sur la route*, 1898 [1897], 29.)

3. Ah ! les voyages en auto-camions, quel doux poème ! [...]
On nous entasse en paquets,
Teuf ! Teuf !
En nous disant : « C'est exprès,
Teuf ! Teuf !
Les gas, plus vous s'rez serrés,
Teuf ! Teuf !
Moins vous serez secoués ! »
Teuf ! Teuf ! Teuf ! Teuf ! (*Système D..m*, 1917, 36.)

4. – [...] Nous aurons [...], disait-il, une auto, et **teuf-teuf** ! en promenade. (R. Etiemble, *L'Enfant de chœur*, 1971 [1937], 46.)

5. Ah ! **teuf** ! **teuf** ! voilà une voiture ! (L.-F. Céline, *Guignol's band*, 1944, 129.)

V. encore *prout*, ex. 16 ; *Anthologie*, n° 28.

— Avec valeur péjorative.

6. [...] **le teuf-teuf** de l'ambulance se fit entendre. C'était une voiture archaïque, rétive et asthmatique. (J. Blanc, *Joyeux, fais ton fourbi*, 1977 [1946], 248.)

7. Mais décidément il était écrit que le sort s'acharnerait contre nous [...], le moteur a fait **teuf-teuf** [...] et nous sommes restés bloqués comme des andouilles sans autre possibilité que de descendre et de pousser [...]. (V. Ravalec, *Vol de sucettes*, 1995, 54.)

• En contexte métaphorique.

8. Malgré les noms qui ronflent, l'étagère d'internationaux et un entraîneur au destin annoncé doré, [l'équipe de football de] Monaco fait **teuf-teuf** et se trouve déjà à cinq points du leader lensois. (*Le Journal du dimanche*, 5 août 2001, 15.)

— En emploi subst. “automobile”.

9. Nous avons pris hier au *Manège Rumber-Gladiator* [...] notre première leçon de **teuf-teuf**. (*L'Écho de Paris*, 16 juin 1897, dans DDL.)

10. Et c'est actuellement une lutte des plus passionnantes que celle entre le **teuf-teuf** et le piéton. / Le **teuf-teuf** a pour lui sa vitesse, son énergie, son poids. (A. Allais, « Sus aux piétons », 1901, *Œuvres posthumes*, 1990, 638.)

11. Ils [les agents de police] ont aussi la p'tit' badine
Qui, d'vant les **teuf-teufs** se redresse. (*Le Cake-walk*, paroles de Paul Briollet et Léo Delièvre, 1903, dans M. Pénet, *Mémoire de la chanson*, 1998, 638.)

12. Pas la pein' de prendre un **teuf-teuf**
C'est si bon d' fair' soixant' pas
Pas d' mal à ça. (Léognan et Dartois, *Pas d' mal à ça !*, 1910, 3.)

2. [avion]

13. Un jour, immanquablement, le ciel en a assez, s'impatiente de ce puceron à **teuf-teuf**, cesse de le soutenir : l'avion tombe et c'est justice. (H. de Montherlant, *Les Célibataires*, 1939, FXT.)

3. [bateau]

14. La mer était toujours très calme et les sardiniers de Morgat défilaient sous la pointe de Beg ar Gador dans le **teuf-teuf** paresseux de leurs moteurs. (P. Gerrard, *La Dame de fric*, 1997 [1960], 191.)

15. Qu'est-ce qu'on ne donnerait pas pour voir d'ici une heure, ou deux, ou trois, le petit chalutier balourd prendre la mer, danser sur les vagues courtes, taper son sourd **teuf-teuf**, et s'en aller [...]. (J. Rambaud, *Les Miroirs d'Archimède*, 1985 [1983], 92.)

16. Elle entendait le tintement des girouettes au bout des mâts, les claquements des cordages, le cri éraillé des goélands et le **teuf-teuf** laborieux d'un moteur marine. (H. Pagan, *Boulevard des allongés*, 1995 [1984], 142.)

17. Les **teuf-teuf** du cargo te cognent dans le cœur
ça vibre jusqu'aux soutes on se dit tout

est possible (L. Janvier, *Entre jour et sommeil*, 1992, 78.)

18. À la longue, une plainte s'élevait du moteur et se faisait **teuf-teuf**. Le régime retrouvait sa régularité, le bateau sa vitesse de croisière [...]. (Y. Queffélec, *Le Soleil se lève à l'Ouest*, 2001 [1994], 64.)

19. Le « **teuf-teuf** » de mon bateau me revient en mémoire. Je suis en mer, en train de pêcher. (J.-Cl. Izzo, *Chourmo*, 1996, 275-276.)

4. [deux-roues]

20. Entendant marcher au-dehors, il alla voir sur le seuil. [...] Ce ne pouvait être Ginette ; il aurait été prévenu par le **teuf-teuf** de son vélomoteur. (P. Gerrard, *Le Pas des lanciers*, 1991 [1970], 147.)

21. Cécelle retient sa respiration. Elle suit le **teuf-teuf** régulier du 50 cc qui s'éloigne. (Fr. Lasaygues, *Vache noire*, 1985, 176.)

5. [locomobile, locomotive, tracteur]

22. On l'a mis en marche [le tracteur]. Tout de suite : « **Teuf, teuf, teuf !** » (E. Grenadou, A. Prévost, *Grenadou, paysan français*, 1978 [1966], 226.)

23. Laroche-Migennes. / Tout le monde descend, sauf ceux qui continuent, c'est ce que le haut-parleur laissa clairement entendre. Quand le train s'immobilisa dans un dernier **teuf-teuf** un peu cabotin, Lou et Globule sautèrent lestement du marchepied [...]. (J.-A. Varoux, *La Bête de Trouffignac*, 1983 [1974], 57.)

24. [...] au son du « **teuf-teuf** » de la machine à vapeur [...]. (Cl. Julien, *Chronique villageoise*, 1980, 140.)

25. [...] un tracteur ! **Teuf, teuf, teuf** [...] ! (*Le Monde*, 19 juin 2002.)

— En emploi subst.

26. Le tracteur, souvent un monocylindre, un « **teuf-teuf** », dévidait son interminable chapelet d'explosions, ses cataractes de pets. (M. Jeury, *Une odeur d'herbe folle*, 1989, 128.)

DÉR. **teuf-teufer** v. intr. "faire *teuf-teuf*". « Le tracteur, en **teuf-teufant**, emmenait la batteuse vers un autre village [...] » (Th. Bresson, *Le Vent feuillaret*, 1980, 147) ; « Il n'est guère de jours qu'on n'entende **teuf-teufer** sa Deux-Chevaux verte dans les rues du bourg » (G. Boutet, *Les Gagne-misère*, 1987, t. 3, 111) ; « ces tracteurs qui **teuf-teufent** à qui mieux mieux » (*Télérama*, 7 août 2002, 24).

♦♦ Attesté dep. 1897 (v. ici ex. 2 et 9). — Enregistré dans GLLF ; TLF ; Rob 2001 ; NPR 2000 ; PL 2000 ; TraitDu 1989, 371 ; FEW 13/2, 1b, TÖFF-.

TIC □ VAR. *tique* (rare).

Le plus souvent répété.

1. "(petit bruit sec et ponctuel, souvent d'origine métallique)".

1. **Tic tic tic**, la poule. Ronron*, le chat. (O. Milosz, *L'Amoureuse initiation*, 1910, 187).

2. – Et une persienne détachée, [...] et la fenêtre de la cuisine qui fait « **tique-tiquetic** ». (Colette, *La Seconde*, 1929, *Œuvres*, 1991, t. 3, 376.)

3. (TIQUE, TIQUE, TIQUE, TIQUE) Entendez ma machine [à écrire] électrique !

(J. Godbout, *D'amour, P.Q.*, 1991 [1972], 21.)

4. [...] le fonctionnaire se mit, pour attirer leur attention, à frapper au moyen d'un stylo sur la vitre qui le séparait d'eux. [...] Mais le faible **tic tic tic** fut couvert par le brouhaha ambiant [...]. (J.-L. Benoziglio, *Béno s'en va-t-en guerre*, 1976, 79.)

5. Entre deux énoncés on entendait le crissement de la plume sur le papier, son **tic-tic** de pivert dans l'encrier [...]. (J. Rouaud, *Les Champs d'honneur*, 1990, 80.)

6. [...] il a appuyé **tic, tic, tic** sur le téléphone, « allô », mon cher Henri es-tu là ? [...] ». (P. Bourdieu, dir., *La Misère du monde*, 1993, 874.)

7. Le **tic-tic** de ses aiguilles à tricoter accompagne le mouvement sourd du balancier de l'horloge. (D. Van Cauwelaert, *La Vie interdite*, 1999 [1997], 66.)

8. Les gens, pourtant bruyants avant le spectacle [projection d'un film], étaient devenus muets, et seul le **tic-tic** de l'appareil troublait maintenant le silence. (J. Beaufreton, *Une enfance angevine*, 1999, 43-44.)

9. La goutte tombait toujours régulièrement de la voûte. **Tic... Tic... Tic...** découpant le temps avec une régularité d'horloge. **Tic... Tic... Tic...** (J. Failler, *À l'aube du troisième jour*, 1999, 211.)

V. encore *poc*, ex. 3.

— En part.

• "(bruit d'une gâchette actionnée lorsque le magasin d'une arme à feu est vide)".

10. – [...] ce revolver est vide !

[Tintin appuie sur la gâchette] TIC (Hergé, *Tintin en Amérique*, 1932, 113.)

• "(bruit de vaporisateur)".

11. [...] elle s'en serait bien mis derrière les oreilles de ce drôle de musc [...], **tic tic**, délicatement, comme le font les mannequins. (J.-M. Gourio, *L'Eau des fleurs*, 1999, 129.)

• "(bruits de signaux télégraphiques en morse)".

12. UN : Lui [= un cheval] parler en morse ? J'étais justement en train d'y penser.
DEUX : **Tic, titic tic tititic tic titic tic...** (R. Dubillard, « Le Tilbury », *Les Nouveaux diablogues*, 2000 [1988], 2798.)

2. Associé à *tac* et/ou à *toc* "id.".

13. [...] le fourreau de votre sabre qui faisait **tic, toc, tac** sur les marches [...]. (G. Droz, *Monsieur, madame et bébé*, 1884 [1866], 309.)

14. – [...] j'aime le cliquetis qu'elles [les clefs] font – écoute – **tac, tic, ticquetic et tic, et tac** [...]. (G. Bernanos, *La Joie*, 1929, FXT.)

15. Il semblait que rien n'avait bougé. Au brise-jet du robinet l'eau gouttait toujours, **tic ! tac ! toc !** comme marche funèbre. (J. Amila, *Le Boucher des Hurlus*, 1982, 202.)

16. À chaque **tic-toc** des boules [de billard], il levait les yeux [...]. (M. Quint, *Billard, à l'étage*, 1993 [1989], 95.)

17. Le voilà qu'escrime sur ses grosses molettes [d'un coffre-fort]. **Tic tic tic tac ; tac tic tic tic...**[...] Enfin la porte s'ouvre. (San-Antonio, *Buffalo Bide*, 1991, 201.)

— "(bruit d'une démarche inégale, bruit des sabots d'un équidé)".

18. **Et tique ! et toque !** allait Consul [un cheval] au long des routes torses [...]. (R. Blanc, *Clément, Noisette et autres Gascons*, 1984, 78.)

19. – [...] À la place [d'une jambe amputée], on m'en mettra une en bois [...] et **tic-toc, tic-toc, tic-toc,** j' partirai au boulot vingt minutes avant les autres pour arriver à l'heure. (R. Vuillemin, *La Victoire des vingt culs*, 1990, 77.)

— "(bruit de verres qui s'entrechoquent, lorsqu'on trinque)".

20. **Et tic, et tic, et tic, et toc,**
Et tic, et tic, et tic, et toc,
De ce bachique tintin*
Vive le son argentin ! (M.-A. Désaugiers, « Le Carillon bachique », *Chansons et poésies diverses*, 1824 [1808], t. 1, 196.)

21. Fanchette apporte vite un broc,
Nous brûlons de faire **tic toc,**
Et nos gosiers ont la pépie. (L. Festeau, *Les Égrillardes*, 1842, 264.)

22. Sur mon berceau l'on trinquait à la ronde.
Toc tic, toc tic, toc tic, toc,
C'est une musique
Vraiment unique.
Toc tic, toc tic, toc tic, toc,
Que j'aime ce doux choc ! (Chebroux, « Concert bachique », dans *Almanach de la jeune chanson française*, 1875 [1874], 61.)

— **tic tac***.

♦♦ Attesté dep. 1496 (« Gresle, tempeste, en faisant : **tic, tac, toc** » André de La Vigne, *Le Mystère de saint Martin*, v. TLF) ; 1544 (« Et luy d'approcher et je frappe / **Et tic et tac**, et torche lorgne ! » et « Et luy dessus, et moy a bas, / Et de charger : **Tic, toc**, c'est fait, / Voilà mon Tresdoulle deffaict », *Le Franc archier de Cherré*, dans *Le Franc archier de Baignollet*, 1966, 50 et 66) ; 1606 (« Cheminant par une forest, il rencontre d'adventure et void de loing venir vers luy en son chemin deux Cordeliers, lesquels se faisoient entendre par le ***tic toc*** de leurs galoches [...] » [Trad. de Folengo], *Histoire maccaronique de Merlin Coccaïe*, 1859, 170) ; 1793 (« Allons mon camarade gobe-la-lune, viens prête moi ton briquet ; **tick, tick, tick...** Jasons en fumant la pipe... » *Rougyff*, 12 frimaire an II, 1). — Absent des dictionnaires consultés, à l'exception de TLF et de TraitDu 1989, 373.

TIC-TAC ou TIC TAC

1. "(bruit régulier d'un mécanisme, d'un instrument, d'un appareil)".

1. [...] le **tic-tac** des métiers à dentelles, le va-et-vient des navettes [...]. (A. Daudet, *Lettres de mon moulin*, 1869, *Œuvres*, 1986, t. 1, 277.)

2. Seriez-vous capable, lui demande-t-il, de comprendre et de transcrire une dépêche rien qu'en écoutant le **tic-tac-tic-tac** du manipulateur qui l'expédie ? (S. Levrai, dans *Le Petit journal, Supplément illustré*, 2 avril 1894, 106.)

3. La canonnade faisait rage plus que jamais, sur tout le front la fusillade crépitait, les mitrailleuses faisaient entendre leur énervant et meurtrier **tic-tac** [...]. (L. Barthas, *Les Cahiers de guerre*, 1978 [1919], 167.)

4. [...] il m'était absolument interdit d'aller le déranger dans son antre.

J'entendais parfois le **tic-tac** de sa machine à écrire, bien qu'il écrivît plutôt à la plume. (P. Signac, *Bonjour cauchemar*, 1959, 28.)

5. UN : Ah ça bien sûr, si j'avais de l'argent à gaspiller, je m'achèterais un compte-gouttes automatique.
DEUX : Ça se trouve, ça ?
UN : Forcément puisque tous les taxis, ils en ont un. Oui, sous le tableau de bord. Ça fait **tictac** et ça marche tout seul.
DEUX : C'est pas les gouttes que ça compte, ça, c'est les kilomètres. (R. Dubillard, « Le compte-gouttes », *Les Diablogues*, 2000 [1976], 75.)

6. [...] ce pas frappant le sol derrière moi comme un métronome. **Tic, tac, tic, tac, tic, tac**... (P. Pellerin, *Tout va bien*, 2001, 134.)

REM. **tic-toc** "id.". « [...] le **tic-toc** de la printing [...] » (M.-É. Grancher, *Le Temps des « colonels »*, 1955, 221).

— [horlogerie]

7. Le **tic-tac** des horloges, on dirait des souris qui grignotent le temps. (A. Allais, « Maximes », 1890, *Œuvres posthumes*, 1990, 219.)

8. [...] la pendule [...] avait retrouvé son lustre avec son timbre un peu fêlé. Son balancier étincelant jouait à cache-cache à travers la lunette ronde : **tic-tac**... **tic-tac**... (R.-A. Rey, *Griotte*, 1979, 182.)

9. La minuterie [de l'éclairage d'un escalier] arriva à la fin de son existence provisoire. Le **tic-tac** cessa. (D. Goldenberg, *Papa poule*, 1989 [1980], 66.)

10. [...] le **tic-tac** obstiné du gros réveil rouge posé sur le sol. (A. Demouzon, *Château-des-Rentiers*, 1982, 163.)

V. encore *bzz*, ex. 4 ; *dong*, ex. 1 ; *poum*, ex. 9 ; *toc*, ex. 37 ; *Anthologie*, n° 25.

• Dans une comparaison.

11. [...] *(La Main le pousse en avant, il se rejette en arrière, il s'ensuit un balancement de quelques instants pendant lequel Polichinelle répète en cadence :)* **Tic, tac, tic, tac** ! Me voilà changé en balancier de coucou ! (L.-E. Duranty, « La Grand-Main », *Théâtre des marionnettes*, 1995 [1862], 308.)

— [moulin]

12. La besogne [de meunier] ne permettait pas de fermer l'œil. Malheur à l'indolent qui se laissait alanguir, bercé par le **tic-tac** régulier des engrenages ! (G. Boutet, *Les Gagne-misère*, 1987, t. 3, 142.)

• Associé à une autre onomatopée.

13. Tout en passant près d'un moulin,
Toutes les meul' tournaient,
Et dans leur joli chant disaient :
Toc tic toc tac, toc tic toc tac (« Le Peureux », dans J. Bujeaud, *Chants et chansons populaires des provinces de l'Ouest*, 1980 [1865], t. 1, 50.)

2. "(bruit de battements accélérés du cœur, du pouls)".

14. Mon Dieu, pourquoi lui ferais-je un reproche,
Si son cœur ne fait pas **tic, tac**,
Tic, tac, tic, tac, tic, tac (*bis*). (H. Lefèvre, « Il a le sac », dans *La Mère Godichon*, 1863, 169.)

15. J' sentons la tête qui m' brûle
Man [*sic*] pauv' cœur fait **tic-tac**. (A. Dalès, « L'Amour dans tous les pays », dans *Almanach de la jeune chanson française*, 1866 [1865], 25.)

16. Bourdonnant comme une ruche,
Mon sang fait **tic-tac tic-tac**. (J. Richepin, « Ballade du rôdeur des champs »,

La Chanson des gueux, 1883 [1881], 83.)

17. [...] Je revois toujours, le cœur m'en fait **tic tac**,
La ménagerie Patarac
Où j'ai passé des minutes si charmantes [...]. (Ch. Trenet, « La Ménagerie Patarac », 1935, *Le Jardin extraordinaire*, 1993, 46.)

V. encore *brr*², ex. 9 ; *clac*, ex. 47.

— **tic tac toc.**

18. [...] un matin j' rencontre Jeannette, v'lan* ! ça y est, v'là mon pauvre cœur qui fait **tic tac toc** [...]. E. Baillet, « Fizotard », dans *Almanach de la jeune chanson française*, 1871-1872 [1871], 29.)

DÉR. **tictaquer** v. intr. "faire *tic-tac*". « [...] une haute horloge en sapin **tictaquait** » (H. Fèvre, L. Desprez, *Autour d'un clocher*, 1992 [1884], 20) ; « [...] j'entends un gros réveil **tictaquer** quelque part dans la pièce » (Ph. Conil, *Flip-frac*, 1981, 14) ; « [...] y a une montre gousset. [...] Le verre est brisé mais elle **tic-taque** encore » (Ph. Adler, *Bonjour la galère !*, 1985 [1984], 134) ; « Le curseur [d'une roue de la fortune] **tictaqua** sur les clous pour s'arrêter sur la plage grise du gain minimum de 10 000 francs » (D. Daeninckx, *Zapping*, 1992, 165) ; « L'appareil [un baromètre enregistreur], d'un modèle ancien, est visiblement l'objet de tous les soins de son propriétaire. Il **tiquetaque** faiblement, et la ligne ascendante du graphique promet une belle journée de printemps » (G. Dormann, *La Petite Main*, 1993, 14).

♦♦ **1.** Attesté dep. *ca* 1500 [ms *ca* 1575] (« Et, après cinq ou six bons mos, / Feist entrer Geufray au bisaq. / Le chalic faisoyt **tic et taq**, / Cric crac, cric croq ; c'estoyt merveille » *L'Official*, dans *Recueil de farces (1450-1550)*, 1987, t. 2, 122-123) ; 1552 (« Un bruit et son qui ne s'entretient et ne continue point longuement d'une teneur, ains se fait par coups drus et soubdains, par **tic tac**, cric crac » Estienne s.v. *crepitus*, v. TLF) ; 1606 « ([...] ainsi Balde [...] fait voler en l'air les tronçons de leurs bastons ferrez, lesquels, tombans sur les tables et bancs de la salle, raisonnent de leur cheute sur iceux avec leurs retentissans ***tic tac*** » [Trad. de Folengo], *Histoire maccaronique de Merlin Coccaïe*, 1859, 87) ; 1612 (« Jouant [...] / Et de la cliquette / **Taque tique taque tac** », v. *Anthologie*, n° 4, str. 4) ; 1716 (« Ah ! messieurs, en pareil rencontre, / Le cœur bat tout comme une montre... / – Comment ? ferait-il **tique-tac** ? / Dit Ajax, prenant du tabac. / C'est donc comme un moulin, bonhomme ? / – Oui, monsieur, c'est tout ainsi comme : / Mais, soit montre ou moulin, mon fils / Se battra comme il l'a promis » Marivaux, *L'Homère travesti*, *Œuvres de jeunesse*, 1972, 1031). **2.** Attesté dep. 1650 (« Quand j'y repense, je te jure, / Que le cœur me fit **tic et tac** / Et la fressure flic et flac » Ch. Dassoucy, *L'Ovide en belle humeur*, 57) ; 1651 (« En suite Coignée et Brissac, / A qui les cœurs faizoient **tic, tac** » J. Loret, *La Muze historique*, 1857, t. 1, 101a) et, même date, J. Loret (v. commentaire s.v. *clic-clac*) ; 1663 (« Monsieur le Comte d'Armagnac, / A qui le cœur faizoit **tic-tac** » J. Loret, *La Muze historique*, 1878, t. 4, 59a) ; 1756 (« TÎFO-TÂFO, ***Tic-tac***. Mots inventés pour exprimer la palpitation du cœur » Abbé de Sauvages, *Dictionnaire languedocien-françois*, 457). Cf. aussi « RENAUD *en sautant*. – Bon ! je sens revenir mon courage ; mon petit cœur au seul nom de la gloire fait **tic, toc** » (Bailly, *Armide*, 1725, dans *Les*

Parodies du nouveau théâtre italien, 1731, t. 2, 193). — Enregistré seulement dans l'emploi 1 par les dictionnaires consultés ; FEW 13/1, 327a, TIKK-.

TING □ VAR. *tink*.

Souvent répété.

1. "(bruit d'un choc métallique)".

1. SOLDATS ET PALOTINS. – Vive le Père Ubu, notre grand Financier ! **Ting, ting, ting ; ting, ting, ting ; ting, ting, tating !** (A. Jarry, *Ubu roi*, 1896, *Tout Ubu*, 1962, 96).

V. encore *tsing*, ex. 5.

2. "(bruit d'un signal sonore imitant un coup de timbre)".

2. Bonjour, ici le micro-ondes, je remplace le répondeur qui est en panne. Veuillez parler lentement et distinctement parce que, vous savez, je n'ai pas l'habitude. Après le **ting**, merci. **Ting.** (*Télérama*, 6 mars 2002, 9 [Message humoristique sur répondeur téléphonique].)

♦♦ Attesté dep. 1896 (v. ici ex. 1) ; cf. les attestions anciennes sous *tin tin*. — Absent des dictionnaires consultés, à l'exception de TraitDu 1989, 375.

TIN TIN

Vx.

1. [Bruit d'origine métallique]
1.1. "(son d'une cloche ou d'un grelot, parfois d'un clavecin)".

1. Je n'ai guère que le temps de dater cette lettre, chère amie, étant appelée par les cloches à la messe de minuit. J'écoute ces grandes sonneuses et pense à la clochette d'Andillac, dont le **tin-tin** est si joli ! (E. de Guérin, *Lettres*, 24 décembre 1838, FXT.)

2. Dans je ne sais quel drame, l'horloge devait sonner trois heures. Elle ne sonne pas. X... s'approche de la rampe, fait : **Tin !... Tin !... Tin !...** et reprend : Trois heures ont sonné ! (E. et J. de Goncourt, *Une voiture de masques*, 1856, 145.)

3. J'entendais derrière moi le **tintin** du grelot [du chien] pendu à son collier, un **tintin** qui s'accélérait et se ralentissait alternativement, selon que moi-même, plus ou moins, je hâtais le pas ou le modérais. (G. Courteline, *Le Gendarme est sans pitié*, 1899, *Théâtre...*, 1990, 139.)

4. Doux **tin, tin, tin** du clavecin discret. (O. Milosz, *L'Amoureuse initiation*, 1910, FXT.)

V. encore *bim*, ex. 2.

1.2. "(bruit produit par des pièces de monnaie ou des clefs, par un objet métallique)".

5. Qui rallum' chez quelqu' belles
L' feu d'un amour éteint ?
(*Geste de compter de l'argent*).
Tin, tin, tin, tin, tin, tin,
Des vieux, des sots, d's infidèles,
Tin, tin, tin, tin, tin, tin,
Est le réveil-matin. (M.-A. Désaugiers, *Chansons et poésies diverses*, 1827, t. 4, 46.)

6. **Tin, tin, tin, tin**, son cœur est dans sa poche,
Il a le sac, il a le sac. (H. Lefèvre, dans *La Mère Godichon*, 1863, 170.)

7. *(En faisant sonner ses clefs.)*
Et **tin tin tin**, et **tin tin tin**,

Sonnez, mes clefs, soir et matin ! (H. Meilhac et L. Halévy, *La Périchole*, 1868, dans *L'Avant-scène opéra*, n° 66, 1984, 68.)

V. encore *glou glou*[1], ex. 7.

2. "(bruit de verres qui s'entrechoquent, lorsqu'on trinque)".

8. Trinquons, et toc*, **et tin, tin, tin** ! (Béranger, *Chansons*, 1829, FXT.)

9. Vient enfin
Le doux choc du verre,
Tin tin tin tin tin tin tin,
Vient enfin
Le son argentin,
Tin tin tin tin tin tin tin. (J. Moinaux, dans *La Mère Godichon*, 1863, 118).

10. Le gai **tin, tin**, le glouglou [v. *glou glou*[1]] d'un flacon
Me mettait folie en tête
Et lorsque j'étais pompette
Je me grisais d'une folle chanson [...]. (Delormel et Garnier, « Le Père la Victoire », 1888, dans M. Pénet, *Mémoire de la chanson*, 1998, 677.)

V. encore *tic*, ex. 20.

♦♦ **1.** Attesté dep. *ca* 1200 (« **tintin** d'espees » Adam de La Halle, v. TLF). **1.1.** Attesté dep. 1558 (« Lors d'une habile soupplesse / Happant la mouche traitresse, / [le chien Peloton] La serroit bien fort dedans, / Faisant accorder ses dents / Au **tintin** de sa sonnette » J. Du Bellay, *Divers jeux rustiques*, 1965, 100) ; av. 1615 (E. Pasquier, v. commentaire s.v. *ding dong*) ; 1668 (*Guerre comique*, v. commentaire s.v. *clic-clac*). **1.2.** Attesté dep. 1566 (« Et entr'autres on en raconte une d'un beau père preschant à Bordeaux, qui affermoit que quand on donne de l'argent pour les trespassez, les ames qui sont en purgatoire, oyans le son de l'argent qui en tombant dedans le bassin ou le tronc, fait **Tin tin**, elles se prennent tellement à rire qu'elles font Ha ha ha, hi hi hi » H. Estienne, *Apologie pour Hérodote*, 1879, t. 2, 48). – Cf. aussi la forme *din din* sous *ding*. **2.** Attesté dep. 1661 (« Hola, beuveurs, quittez ce long repos, / Reveillez-vous au doux **tin tin** des pots » P. Perrin, *Les Œuvres de poésie*, 163 ; v. encore un autre passage du même auteur, dans le commentaire s.v. *dong*). — Enregistré dans les dictionnaires généraux, sauf NPR 2000 et Lar 2000 ; FEW 13/ 1, 347a, TINNITARE.

TIP TAP

1. [Bruit naturel]

—"(bruit des battements du cœur)".

1. Mais me voilà avec mon cœur
Ça ne m'étonn' pas
Et aussi avec mon scooter
Ça ne m'étonn' pas
Tous deux ne battent que pour toi
Tip Tap Tip Tap (B. Lapointe, « Eh ! Toto », 1963, *Intégrale*, 1994, 64.)

— "(bruit de pas)".

2. Elle en avait marre de sa vie d'écolière, elle ne veut plus revoir papa maman,
pas avant trois millions de milliards d'années,
et elle est partie avec son lapin.
Tip, tap, tip, tap.
Alors, j'ai fermé ma fenêtre
et je me suis remis à écrire. (D. Fano, *Chocolat bleu pâle*, 1986, 15.)

3. L'espace d'un instant, on revoit Bardot la féline, balançant son sac à main au rythme du **tip-tap** de ses escarpins

[...]. (*L'Événement du jeudi*, 9 mars 1995, 70.)

4. **Tip tap, tip tap**. Les souliers de Sophie résonnent sur le carrelage. (*Le Soir*, 29 juillet 2000.)

• **tip-tip-tap** "(bruit de pas d'un équidé)".

5. **Tip-tip-tap** ! **Tip-tip-tap** ! À 6 heures du matin Gavarnie le haut est encore endormi mais, déjà, ânes et chevaux descendent en liberté des écuries où ils ont passé la nuit, pour rejoindre docilement, par les rues pavées, leur lieu de rassemblement. (*Le Monde*, 18 août 2000, 8.)

— "(bruit de la pluie)". Associé à *top*.

6. Mais la pluie fredonne
Sur un rythme joyeux
Tip et tap et tip top et tip
Et tip tip et tip
Et tip top et tap
Voilà ce qu'on entend la nuit
C'est la chanson de la pluie (Ch. Trenet, « Il pleut dans ma chambre », 1939, *Le Jardin extraordinaire*, 1993, 111.)

2. [Bruit d'un engin manufacturé]

— "(bruit produit par un métier à tisser)".

7. **Et tip et tap, et tip et tap**
Un fil cassé, du temps perdu [...]. (« La chanson du tisserand » de et dans G. Chevereau, *Une enfance à la campagne*, 1988, 63.)

— "(bruit produit par une baratte)".

8. Pour moi, ce matin, c'est dormir, dormir... Ah ! que c'est merveilleux ! J'en rêve de bonheur, j'en souris de bien-être... Mais...
– **Tip... tap... tip... tap...** [...] **Tip tip tip... tap tap...** plaf*... **tip tip...**
Oh ! ce bruit qui veut me sortir de ma torpeur bienheureuse... [...] c'est lui, mat et régulier, qui vient à bout de mon sommeil.
– **Tip tap... tip tip... tap tap**...[...].
Ça vient de la cuisine.. J'y suis ! C'est Huguette qui fait le beurre ! (M. Chatelain, *Alpages, terres de l'été*, 1996, 40.)

— "(bruit produit par un appareil électronique)".

9. [...] ces petits jeux d'adresse aux bruits électroniques agaçants (**tip-tip**, tup, **tip-tip**, deux cents fois de suite), grands comme des cartes de crédit, qui firent il y a une vingtaine d'années la joie et les nerfs des consommateurs. (*Le Monde*, 24 mai 2000, 6.)

♦♦ Attesté dep. *ca* 1480 (« Et quand la bataille fut close / [...] Vous eussiez ouy pesle mesle : / "**Tip, tap**, sip, sap ! A la barriere / Aux esles devant et derriere !" » *Le Franc archier de Baignollet*, 1966, 34-35) ; *ca* 1500 (« La teste luy verrez tourner [...] / Et puis dessus [son] establie, **Tippe tappe**, ses mains frapper » *Le Couturier et Esopet*, dans *Recueil de farces (1450-1550)*, 1987, t. 2, 173) et, même date, (« J'ouys **tip, tap**, et grans coups à puissance / Frapper, ferir, et d'escu et de lance » *Les Ditz de maistre Aliborum*, dans *Recueil de poésies françoises*, 1855, t. 1, 39). — Absent des dictionnaires consultés.

TIP TIP

"(bruit de gouttes d'eau)".

1. Hou-hou*, / dehors, / dit le vent. [...] **Tip-tip**, / dehors, / dit la pluie.

(« Mon Arlequin », *60 poésies et 60 comptines*, 1975, n. p.)

2. La pub arrive à ce moment-là. **Tip... tip... tip... tip... tip... tip...** Un océan de fraîcheur dans vos toilettes... Avec Harpoc Canard Coin Coin, la mer n'est pas très loin ! (Faye et Serrano, *Le Guide de l'engueulade*, 1993 [1992], 69.)

3. **Tip tip tip** / C'est la pluie / Sur le toit. (Corinne Albaut, dans O. Trémouroux-Kolp, *Le Chemin des comptines*, 1997, 19.)

Attesté dep. 1975 (v. ici ex. 1). — Absent des dictionnaires consultés.

TIRELI □ VAR. *tirili, tirlili.*

"(bruit du chant de l'alouette)"

1. L'Alouette : ***Tirlili, tirlili, tirlili.*** (*Les Amusemens du bel âge*, 1816, 45.)

2. L'alouette : **Tirlili.** (Celnart, *Manuel complet des jeux de société*, 1827, 180.)

3. [...] mille hectares [...] d'où jaillissait, partout en même temps, à travers la lumière allègre, le **tireli** des alouettes. (A. Druelle, *Saga*, 1972, 67.)

— Dans une comparaison.

4. Et l'âme de Christophe était comme l'alouette. [...] elle savait aussi qu'infatigablement elle remonterait dans le feu, chantant son **tireli**, qui parle à ceux qui sont en bas de la lumière des cieux. (R. Rolland, *Le Buisson ardent*, 1911, FXT.)

DÉR. **tirelirer** v. intr. "faire *tirelire*". « Des alouettes qui **tirelirent** et turlutent très haut, à fleur de soleil » (H. Bazin, *La Mort du petit cheval*, 1950, 243).

— Comme élément du chant du rossignol.

5. Au théâtre, le chant du rossignol est connu et noté. On sait qu'il fait : « **Tirili** Pï Iou [v. *piou piou*] ! » Si vous jetez un autre cri que « **Tirili** Pï Iou ! » vous n'êtes pas le rossignol demandé. (E. Bergerat, *Les Figarismes de Caliban*, 1888, 141.)

♦♦ Attesté dans cet emploi dep. 1578 sous la forme *tirelire* (« La gentille Alouete avec son **tire-lire** / Tire l'ire aus fachés, et d'une tire tire / Vers le Pole brillant » G. de Saluste du Bartas, *La Sepmaine*, 1981, t. 2, 228 ; v. TLF) ; 1619 (Cl. d'Esternod, v. le commentaire sous *miaou*) ; antérieurement utilisé comme refrain de chanson (13e siècle) et au sens de "flûte champêtre" (Ronsard), v. TLF. — GLLF ; TLF et Rob 2001 ; FEW 5, 483a, LYRA.

TIT

"(bruit de déclic d'un répondeur téléphonique)".

1. J'ai appuyé sur le bouton messages du répondeur. [...]
– **Tîît....** Charly ! C'est Catherine [...]. (J. Sarfati, *Le Saltimbanque*, 1997, 113.)

2. Nina [...] laissait le répondeur branché. Le lendemain, en fin de matinée, elle eut droit à ce début de message : « ***tîîît !*** Bonjour, madame, ici le secrétariat de la présidence de la République, le président voudrait... » ; elle décrocha [...]. (A. de Saint-André, *Papa est au Panthéon*, 2001,135.)

♦♦ Attesté dep. 1997 (v. ici ex. 1), mais sans doute antérieur dans la bande dessinée. — Absent des dictionnaires consultés.

TITI TATA

Vieilli "(bruits de signaux télégraphiques en morse)".

1. Ce sont les mêmes « amateurs » qui, depuis près de 10 ans, bricolent des récepteurs leur permettant de capter les signaux morses de la télégraphie sans fil. [...] / Pour ces mordus [...], l'information passe au second plan. L'ivresse, c'est de réussir, crayon en main, à noter les « **titita ta** » de l'émission morse, écouteurs aux oreilles, à localiser une nouvelle station. (R. Duval, *Histoire de la radio en France*, 1979, 32.)

2. Le « **titi-tata** » qui mit fin à la guerre / Alexis Tendil, télégraphiste en 1918, avait intercepté un message allemand capital [titre] / [...] *C'était le début du* ***titi-tata***, dit-il pour décrire le morse. (*Libération*, 24 août 2001, 16.)

REM. **tatata ti** "id.". « Depuis presque deux siècles, son thème initial, qui ouvre le premier mouvement [de la 5e symphonie de Beethoven], fait le tour du monde. On peut l'entendre sur différents tons. **Tatata-Ti**, on dirait du morse » (*Libération*, 27 juillet 2001, V).

♦♦ Attesté dep. 1979 (v. ici ex. 1). — Absent des dictionnaires consultés, à l'exception de TraitDu 1989, 377.

TITITI TATA

Vieilli "(évocation du slogan *Algérie française*, sur l'air des lampions)".

1. Au bout d'un moment, une sonnette, actionnée en fantaisie : **ti-ti-ti... ta-ta**, comme au bon vieux temps des concerts de casseroles. (L. Malet, *Nestor Burma revient au bercail*, 1989 [1967], 603.)

2. [...] le vacarme s'exaspère soudain **tititi-ta-ta**, le klaxon strident d'une voiture **tititi-tata** [...], le klaxon trompette **tititi-ta-ta** Algérie française. (J.-L. Bory, *La Peau des zèbres*, 1981 [1969], 238.)

3. Un soir par hasard, comme un signe dans sa TSF, trois brèves et deux longues, une troupe lointaine et fugitive, qui sonnait pour quel rappel ? **Ti ti ti ta ta** [...]. (D. Rondeau, *L'Âge-déraison*, 1982, 47.)

4. [...] des voitures tournaient en rond en claquesonnant des **tititi-tata** nostalgiques qui essayaient d'emboîter le « Calédonie française » dans les cinq syllabes de « L'Algérie française » d'autrefois. (A.D.G., *Les Billets nickelés*, 1988, 23.)

5. – Tu te souviens des attentats [lors de la guerre d'Algérie] ?... le plastic à toute heure, à la fin...
Un type décoré s'est retourné au mot « plastic ». « **Ti-ti-ti...ta-ta** » a-t-il braillé. Puis il s'est essayé aux you-you des femmes. (J. Mondoloni, *Le Jeu du Petit Poucet*, 1994, 139.)

♦♦ Attesté dep. 1967 (v. ici ex. 1). — Absent des dictionnaires consultés.

TOC

1. "(bruit sonore produit par un coup sec)".

1. – Reposez arrrrmes !
Toc ! qu'on n'entende qu'un choc.

(Monthabor, *La Vie au régiment*, 1897, 142.)

2. En voici un.
Je te l'agrippe, **toc**.
Je te le ragrippe, **toc**.
Je le pends au porte-manteau. (H. Michaux, « Mes occupations », 1930, *La Nuit remue*, 1935, 104.)

3. [...] démarches lourdes et asymétriques avec le **toc**, en écho, d'une canne [...]. (A. Sarrazin, *La Traversière*, 1970 [1966], 166.)

4. Le meilleur « **Toc** » est obtenu avec une jambe en bois. Surtout si elle a été préfabriquée au champ d'honneur. Elle possède le vrai « son dignité ». Les jambes en bois obtenues dans les accidents d'autos ne font qu'un « **toc** » approximatif. Les musiciens Pop le savent bien qui payent à prix d'or les jambes en bois usagées des anciens combattants. (V. Thérame, *Hosto-blues*, 1974, t. 1, 189.)

— Redoublé ou répété.

5. Il est peu de têtes d'aztèque ou d'hydrocéphale, de cyclope ou d'Argus [...] sur laquelle je n'aie fait **toc-toc**, pour savoir ce qu'il y avait dedans. (J. Vallès, *Le Bachelier géant*, 1864, *Œuvres*, 1975, t. 1, 264.)

6. Alors il monte à l'échelle – haute, haute, haute,
Et plante le clou pointu – **toc, toc, toc**,
Tout en haut du grand mur blanc – nu, nu, nu. (Ch. Cros, « Le hareng saur », *Le Coffret de santal*, 1873, *Œuvres complètes*, 1970, 138.)

7. Au dernier hosanna, on s'étira, on se dressa ; les bancs et l'allée grouillèrent, dans un froufrou* d'étoffes et des **toc-toc** de souliers. (H. Fèvre, L. Desprez, *Autour d'un clocher*, 1992 [1884], 124-125.)

8. [...] le **toc-toc** têtu d'un pivert. (H. Fèvre, L. Desprez, *Autour d'un clocher*, 1992 [1884], 130.)

9. Dans la salle de billard, on n'entend que le **toc-toc** des billes, au centre d'un grand silence [...]. (R. Queneau, *Le Chiendent*, 1993 [1933], 248.)

10. Emprisonné, il [un perroquet] redemanda aussitôt sa liberté, par séries de trois coups de bec fermement frappés contre la paroi de bois, selon un rythme égal : **toc-toc-toc... toc-toc-toc...** Dans tous les pays du monde, les captifs s'exercent à parler ce langage de percussion. (Colette, *Le Fanal bleu*, 1949, *Œuvres*, 1950, t. 4, 1057.)

11. Elle devait se précipiter au moindre bruit vers le palier pour savoir s'il s'agissait du **toc-toc** des cannes sur les marches. (H. Bazin, *Lève-toi et marche*, 1952, 44.)

12. Un marron tombe du haut du marronnier, d'une branche à l'autre, **toc, toc**, jusqu'aux feuilles mortes. (R. Barjavel, *La Charrette bleue*, 1989 [1980], 17-18.)

13. [...] le père Coulet, avec ses ouvrières, se livrait à des activités de saison. Après les pluies de printemps, les femmes comptaient les coucarelles – les escargots – qu'il emballait et expédiait. On entendait les chocs légers des coquilles jetées une à une dans les corbeilles : **toc, toc, toc, toc...** (R. Barjavel, *La Charrette bleue*, 1989 [1980], 85.)

14. Tout cela a mis maman de si bonne humeur qu'elle a décidé de me couper une blouse. Ses ciseaux, sur la table dont j'occupe un petit coin avec mes papiers, mordent allègrement dans une pièce de coton bleu, je reconnais leur **toc-toc** contre le bois et le crissement familier de l'étoffe qu'on entame.

(R. Vincent, *L'Adieu aux champs*, 1989 [1987], 122.)

15. Un dernier coup [au billard] en deux bandes roula, **toc** sur la rouge, **toc**, l'autre blanche. (M. Quint, *Billard, à l'étage*, 1993 [1989], 131.)

16. Lorsque, enfant, je faisais le soir mes devoirs sur la table de la cuisine, le bruit de l'anti-monte-lait – **toc, toc** – annonçait le chocolat du lendemain. (M. Rouanet, *Petit Traité romanesque de cuisine*, 1997 [1990], 15.)

17. Glissements du stéthoscope glacé sur la poitrine et le dos. **Toc, toc, toc** ! Tapotages pour voir comment ça sonne à l'intérieur. Ça sonne caverneux. (L. Chedid, *40 berges blues*, 1991, 38.)

18. La femme de ménage passait la serpillière entre les bancs avec de grands **toc-toc**. (A. de Saint-André, *L'Ange et le réservoir de liquide à freins*, 1994, 104.)

— Dans une succession d'onomatopées. V. *crr-crr*[2], ex. 6 ; *hi hi*, ex. 22 ; *pan*, ex. 23 ; *pong*, ex. 2 ; *tin tin*, ex. 8 ; *vlam*, ex. 8 ; *zon*, ex. 3.

2. En part. **toc-toc**.
2.1. "(bruit de coups frappés à une porte ou à une vitre par une personne, pour manifester sa présence et/ou se faire ouvrir)".

19. Il monta à l'appartement et frappa des **toc toc** innombrables. (A. Allais, *À se tordre*, 1891, *Œuvres anthumes*, 1989, 73.)

20. Je m'avance à la lourde [= porte] et je fais **toc-toc**. Personne ne répond. (San-Antonio, *Du sirop pour les guêpes*, 1992 [1960], 161.)

21. Ils venaient même la nuit. Au carreau : **Toc** ! **Toc** ! (E. Grenadou, A. Prévost, *Grenadou, paysan français*, 1978 [1966], 212.)

22. Cette nuit, à mon carreau,
Toc-toc deux fois, à petits coups [...]. (F. Leclerc, « Le loup », 1960, *Cent chansons*, 1994 [1988], 129.)

23. Je poussai la porte de la chambre parentale après un bref **toc-toc** [...]. (Bayon, *Haut Fonctionnaire*, 1993, 179.)

V. encore *pan*, ex. 16 ; *tac*, ex. 4 ; *tui-tui*, ex. 4.

DÉR. **toctoquer** v. intr. "faire *toc toc*". « Quelques secondes plus tard, Dominique **toctoquait** à la porte de son maître » (A. Allais, *On n'est pas des bœufs*, 1896, *Œuvres anthumes*, 1989, 640) ; « Je "**toc-toc-toc**" ! trois petits coups à ma porte » (L.-F. Céline, *Bagatelles pour un massacre*, 1937, 371) ; « Il **toc-toqua** discrètement à la porte [...] » (Fr. Fossaert, *Prouvez-le !*, 1985, 91) ; « [...] la porte [...] s'ouvre lorsque j'y **toctoque** » (San-Antonio, *Galantine de volaille pour dames frivoles*, 1987, 140).

— **toc toc toc** "id. (plus insistant)".

24. – **Toc** ! **toc** ! **toc** !
On frappe chez moi à neuf heures du matin. (Ch. Monselet, *Le Musée secret*, 1859, 95.)

25. [...] *On entend frapper à la porte :* **toc, toc, toc** ! (L.-E. Duranty, « La Fortune du ramoneur », *Théâtre des marionnettes*, 1995 [1862], 386.)

26. – **Toc toc** ! **toc** ! / Une voix de femme, jeune et fraîche, un peu enrouée par le sommeil, cria : Entrez ! (A. Allais, « Vengeance conjugale », 1886, *Œuvres posthumes*, 1990, 75.)

27. Non sans avoir décrit force zigzags, le bon poivrot, qui avait son idée, arriva à la morgue et y frappa :

– **Toc ! toc ! toc !...** (*Le Régiment illustré*, 3 février 1897, 8.)

28. Bruit de pas dans l'escalier. / Me Le Breton tendit l'oreille. / **Toc, toc, toc,** on avait frappé. Frappé, pas sonné : premier signe ! (J.-A. Varoux, *Ô combien de marrants*, 1974, 12.)

29. **Toc-toc-toc,** qui est là ? Qui frappe à la porte ? (A. Gerber, *Le Faubourg des Coups-de-trique*, 1982 [1979], 355.)

30. **Toc, toc, toc.** On venait de frapper. (A. Page, *Tchao pantin*, 1987 [1982], 23.)

31. **Toc, toc, toc,** Julie ? [...] Mais la porte ne s'est pas ouverte. (D. Pennac, *La Petite Marchande de prose*, 1989, 119.)

V. encore *tac*, ex. 17.

2.2. "(bruits de battements précipités du cœur, sous le coup de l'essoufflement, de l'émotion)".

32. [...] je parviens à récupérer, le **toc-toc** s'apaise dans ma poitrine [...]. (A. Sarrazin, *La Cavale*, 1969 [1965], 333.)

V. encore *tac*, ex. 64.

— Simple.

33. Faut avoir vu ça, le premier arrêt d'un jeune cabot, pour connaître le petit **toc** que ça vous procure dans le buffet. (M. Hauriac, *Émile et son flingue*, 1952, 100.)

— Dans une comparaison.

34. [...] les battements désordonnés de son cœur, cinq petits coups, rapides comme les **toc-toc... toc-toc-toc...** de l'insecte percuteur, appelé horloge-de-mort, qui hante les vieilles boiseries. (Colette, *Le Cœur des bêtes*, 1934, *Œuvres*, 2001, t. 4, 176.)

— Dans la loc. verb. **le cœur fait toc-toc.**

35. [...] j'entends un frôlement dans le couloir. Une clef fouille la serrure. Vous pouvez croire que **mon cœur fait toc toc...** (San-Antonio, *Laissez tomber la fille*, 1993 [1950], 80.)

36. **Toc, toc, fait son cœur** quand il frappe à la porte. (A. Soral, *Le Jour et la nuit*, 1991, 16.)

V. encore *flap*, ex. 4.

2.3. "(bruit régulier d'une horloge)".

37. Quant à souffrir, quant à mourir, c'est nos affaires,
Ou plutôt celles des **toc-tocs** et des tic-tacs*
De la pendule en garni dont la voix sévère
Voudrait persévérer à nous donner le trac
(Verlaine, « Vers sans rimes », *Chair*, 1896, *Œuvres poétiques complètes*, 1951, FXT.)

38. La maison était tiède et rassurante. Je retrouvais avec soulagement le **toc-toc** de l'horloge à balancier, je me pénétrais de la bonne odeur d'encaustique. (S. Japrisot, *La Passion des femmes*, 1986, 166.)

2.4. "(pour marquer un rythme)".

39. [...] les capellmeister allemands en retiennent beaucoup l'entrée [...] pour presser à l'extrémité de la quatrième mesure, histoire de rattacher ce rythme – ***toc, toc, toc,*** – au thème de l'Andante [...]. ([Willy], *Notes sans portée*, 1896 [1895], 93.)

2.5. "(rapport sexuel rapidement imposé ou rapidement conclu)".

40. – D'ailleurs, sans vouloir lui faire de tort, ça doit être un fichu amant que mon délicieux frère. « **Toc-toc**, ça y est... jusqu'au revoir, chère madame. » Hein ? (Colette, *Claudine s'en va*, 1903, *Œuvres*, 1984, t. 1, 628.)

3. "(pour marquer une riposte)".

41. TRIELLE. – Tu es bête.
VALENTINE. – En tout cas, je n'ai pas le ridicule de me confondre avec lord Byron. **Toc** ! (G. Courteline, *La Paix chez soi*, 1903, *Théâtre...*, 1990, 201.)

— **et toc** "id.".

42. De toute façon, je désire les [les enfants] élever à ma manière et non à la tienne [...]. J'ai toujours su que je ne pouvais pas compter sur toi qui es débordée depuis que je te connais (**et toc** !). (N. de Buron, *Qui c'est, ce garçon ?*, 1986 [1985], 224.)

43. D'ailleurs, il avait prévu le coup [...] **Et toc**, la parade [...].(Fr. Cavanna, *Cœur d'artichaut*, 1997 [1995], 108.)

4. "(pour exprimer la soudaineté d'un procès)".

44. CLAUDINE. – Mon pauvre mari [...] me fait : « Claudine, qu'est-ce que tu dirais si je mourais d'un seul coup ? » Moi, à moitié endormie, je lui fais : « Ça prouverait que tu n'es pas malin. » Et alors il me fait : « Eh bien, par conséquent, je ne suis pas malin. » Et **toc** ! Il est mort. (M. Pagnol, *César*, 1936, *Œuvres complètes*, 1995, t. 2, 410.)

V. encore *bzz*, ex. 7 ; *Anthologie*, n° 51.

◆◆ **1.** et **2.1.** Attesté dep. 1543 (« FLAM. – [...] Tic, **toc, toc.** / CLEM. – Qui est là ? Qui est là ? » Ch. Estienne, *Comédie du sacrifice*, dans *Théâtre français de la Renaissance*, 1994, première série, t. 6, 170) ; 1579 (« VALÈRE. Tic, tac, **toc.** SYMEON. Personne ne dit mot. Frappe plus fort. VALÈRE. Tic, tac, **toc.** SYMEON. Encore plus fort. VALÈRE. **Toc, toc, toc, toc, toc** » P. de Larivey, *Le Laquais*, FXT) ; noter la forme *tictoc* dep. le début 16ᵉ siècle (« [...] et de sercher / Ou pouvoit estre ceste couche. / **Tic toc** ! je me viens estocher / Soudain contre ce boing, hou, houche ! » *Le Monologue du baing*, dans G. Coquillart, *Œuvres*, 1975, 348) ; 1613 (« F. Vous plait-il demander vous mesmes monsieur s'il est au logis, car vous le pourrez mieux faire que nous. C. Ouy da monsieur : hola **tictoc**. O. Que voulez vous messieurs ? » S. Bernard, *Tableau des actions du jeune gentilhomme*, dans DDL). **2.2.** Attesté dep. 1720 (« ARLEQUIN *mettant sa main sur sa poitrine*. – **Toc, toc, toc** ; ouais, glia la queuque chose que je n'entends pas » [Autreau], *Les Amans ignorans*, 1732, 25). **2.3.** Attesté dep. 1896 (v. ici ex. 37). **2.4.** Attesté dep. 1895 (v. ici ex. 39). **2.5.** Attesté dep. 1903 (v. ici ex. 40). **3.** Attesté dep. 1903 (v. ici ex. 41). 4. Attesté dep. 1936 (v. ici ex. 44). — GLLF ; TLF ; Rob 2001 ; NPR 2000 ; PL 2000 ; TraitDu 1989, 377-378 ; aj. à FEW 13/2, 12-13, TOKK-.

TOM-TOM

1. "(bruit de moteur d'un bateau)".

1. UN : Vous entendez ?
DEUX : Quoi ?
UN : Le moteur. Tout à l'heure, il faisait **tom-tom-tom**.

DEUX : Oui. Il y a quelque chose de changé. Maintenant il ferait plutôt pim-pim-pim. C'est grave ? (R. Dubillard, « En mer », *Les Diablogues*, 2000 [1976], 283.)

V. encore *plouf*, ex. 26.

REM. **thump-thump** "id.". « [...] le chaland, que maintenant on voit bien [...] est très bas, chargé de cinq montagnes de raves, à dix centimètres à peine de la ligne de flottaison. C'est donc ça qui avance en faisant ***thump ! thump ! thump !*** [...] / ***Thump ! thump ! thump ! thump !*** / C'est le moteur à un temps, dit monocylindrique » (Ch.-A. Cingria, *Recensement*, 1936, *Œuvres complètes*, t. 5, 159).

2. "(bruit de tir d'une mitrailleuse lourde)".

2. Le **tom-tom** de la 12/7 Sud s'amplifiait. Dans la nuit définitivement tombée, on suivait facilement les balles traçantes. (F. Joly, *L'Homme au mégot*, 1990, 90.)

♦♦ 1. Attesté dep. 1976 (v. ici ex. 1), déjà en 1936 sous la forme *thump-thump* (v. rem.). **2.** Attesté dep. 1990 (v. ici ex. 2). — Absent des dictionnaires consultés.

TOP

1. Souvent répété.
1.1. "(bruit sec produit par un choc)".

1. Puis Mathilde revenait lire [...]. On allumait les lumières. Les papillons de nuit s'y mettaient. Cognaient l'ampoule. Tombaient sur les pages. **Top top top**. Leurs ailes battaient le papier. Ils repartaient. (J.-M. Gourio, *Chut !*, 1998, 41.)

V. encore *zzz*, ex. 16.

1.2. "(bruit d'un cheval au trot)".

2. Le trot ça me rappelait le 16e... les patrouilles... l'escouade... **top ! top !... top ! top !**... la cadence... les fers... je m'y connaissais moi un petit peu... la nuit **top ! top !** (L.-F. Céline, *Guignol's band*, 1944, 113.)

2. N. m. "(signal sonore)".

— [précédant l'indication de l'heure]

3. – Au quatrième **top**, il sera exactement l'heure ! (B. Vian, *L'Herbe rouge*, 1950, FXT.)

4. Au quatrième **top**... il sera exactement quatorze heures... trente minutes... (A. Vers, *Misère du matin*, 1953, 73.)

— [signal de départ]

5. – [...] **Top** ! Partez ! (D. Picouly, *Le Champ de personne*, 1995, 117.)

6. – [...] vous devez me répondre en moins de dix secondes [...]. Attention **top** chrono : 1... 2... 3... 4... 5... 6... 7... 8... 9... 10 ! Dooonnng* !!! (Ph. Le Roy, *Pour adultes seulement*, 2001 [1997], 268.)

7. A priori, les tueurs *« n'ont pas donné de top départ sur un portable, ou alors sur un talkie-walkie »* et n'ont pas appelé la victime avant. (*Libération*, 27 juillet 2001, 14.)

— En contexte métaphorique.

8. Je suis membre du Parti Communiste jusqu'à la fin de la présente phrase.
Top !!! Je ne suis plus au PCF.
Je ne voulais pas faire cela en silence [...]. (*La Vie, tu parles*, 1984 [1983], 265.)

♦♦ 1. Attesté dep. 1944 (v. ici ex. 2). 2. Attesté dep. 1859 (v. TLF). — Seuls les emplois 2 sont enregistrés dans les dictionnaires consultés ; FEW 13/2, 37b-38a, TOPP-.

TOUT □ VAR. *tot, toute, tut.*

Souvent répété "(bruit produit par une sirène de bateau)".

1. [Sirène d'un cargo] TÔÔÔÔT (Hergé, *Le Crabe aux pinces d'or*, 1941, *Archives Hergé*, 1980, t. 4, 272.)

2. [...] j'entends d'ici la sirène du *Maréchal-Joffre*, **toût-toût** qu'elle fait la sirène [...] ! (R. Fallet, *La Grande Ceinture*, 1982 [1956], 243.)

3. – Et puis au matin, le bateau « **toûûût-toûûûût-tûûûûût** » [...]. (J.-L. Benoziglio, *Tableau d'une ex*, 1989, 280.)

4. Une sirène d'U-Boot retentit – **Tu u u t ! Tuuut ! Tuuut !** [...]. (H. Jaouen, *Hôpital souterrain*, 1992 [1990], 24.)

5. **Toute, toute**, fait le bateau de loin. (Chr. Gailly, *Be-bop*, 2001 [1995], 120.)

V. encore *plouf*, ex. 26.

♦♦ Attesté dep. 1941 (v. ici ex. 1). — Absent des dictionnaires consultés, à l'exception de TraitDu 1989, 381 (*tououh... tououh*, var. *toot ! toot !*).

TRIT

"(bruit d'un coup de sifflet, notamment d'un sifflet à roulette)".

1. **TRRRRIT**
[TINTIN.] – Tiens ?... un coup de sifflet. (Hergé, *Tintin en Amérique*, 1932, 82.)

2. Alors, monsieur l'agent, on se décide ? [...] TRIIIT. Ça y est AHHAHA ! Il a sifflé [...]. (Cl. Mauriac, La *Marquise sortit à cinq heures*, 1961, v. *Anthologie*, n° 31.)

3. **TRIIIIIIT TRIIIIIIIT**
[TINTIN.] – Des coups de sifflet... (Hergé, *Vol 714 pour Sydney*, 1968, 34.)

♦♦ Attesté dep. 1932 (v. ici ex. 1). — Absent des dictionnaires consultés, à l'exception de TraitDu 1989, 383.

TRR

"(bruit d'une sonnerie mécanique ou électrique)".

1. « Mes enfants, j'aurai peu d'amis cette semaine... »
Trrrrrr... en voilà toujours un. Non, c'est une. (Colette, *Claudine à Paris*, 1901, *Œuvres*, 1984, t. 1, 267.)

2. Six heures vingt-cinq. J'entends le réveil qui réveille mon frère.
Six heures et demie. **Trrrrrrrrrr.** Il a sauté ma porte. (R. Pinget, *Mahu ou le matériau*, 1952, 12.)

♦♦ Attesté dep. 1901 (v. ici ex. 1). Cf. en 1830 pour exprimer un roulement de roues (« **Trrrrrrrrrrrrrr** » Ch. Nodier, v. *Anthologie*, n° 12). — Absent des dictionnaires consultés, à l'exception de TraitDu 1989, 384 (« *trrrrrrr* perceuse, vrille, drille, mèche en action »).

TSING □ VAR. *tsin, tsine, tsink, tzing.*

Le plus souvent répété.
1. "(son produit par des cymbales, des grelots)".

1. Taratata [v. *taratata*[1]] , ta, ta, ta, ta... bsing [v. *bzim* rem.]... boun [v. *boum*]... Holà... **tsing** ! **tsing** ! **tsing** ! Taratata ! Messieurs et mesdames ; voici l'étonnante, mirobolante et ébouriffante existence de Jujube Bilboquet, fils de l'illustre Bilboquet [...]. (E. Bourget, dans *Musée Philipon*, 1842, n° 19, 146.)

2. LA MUSIQUE. – Ti ti ti, ta ta ta, to to to, tu tu tu, ti ta ti ta ti trala, boum*, boum, **tsine** ! (W. de Pawlowski, « En manœuvres », *On se moque de nous*, 1898, 50.)

3. LA BANDE, [...] à la poursuite d'un Triboulet qui passe en gambadant.
Quel est ce fou ?
LE FOU, se sauvant et agitant sa marotte.
Tzing ! **tzing** ! (E. Rostand, *L'Aiglon*, 1900, 181.)

4. M. Cendré, le mari de la concierge, qui joue de la grosse caisse [...] avec les cymbales dessus, si tentantes, M. Cendré, lui, tape juste ce qu'il faut, pas plus, juste quand il faut. Bo... boum*. **Tsin, tsin, tsglinng** ! (Fr. Cavanna, *Les Ritals*, 1981 [1978], 120.)

2. "(bruit de sifflement d'un projectile)".

5. Les balles claquaient dans ses oreilles et le métal sonnait sous le plomb écrasé. [...] Les balles. Tinnk [v. *ting*] ! **Tsinnk**, dk...iiin... (Cl. Simon, *Le Tricheur*, 1945, 15.)

♦♦ 1. Attesté dep. 1842 (v. ici ex.1). 2. Attesté dep. 1945 (v. ici ex. 5). — Absent des dictionnaires consultés.

TSOIN-TSOIN □ VAR. *tsouin-tsouin.*

1. "(ponctuation plaisante ou ironique à la fin d'un couplet, d'un refrain)".

1. Un jeune homme osa, j' le confesse,
Lui passer la main sur les... ch'veux
Comme elle avait bon cœur ell' s'approcha un peu,
Tsoin ! **Tsoin** ! (« La Jeune fille du métro », *Chansons d'étudiants*, *ca* 1950, 83.)

2. Un jour la p'tite Huguette
Youp youp youp tibidi **tsoin tsoin**
Un jour la p'tite Huguette
S'en revenait du bois. (« La Petite Huguette », *Chansons d'étudiants*, *ca* 1950, 91.)

3. Dans un amphithéâtre *(bis)*
Y avait un maccabée,
Maccabée, maccabée, maccabée,
Tsoin, tsoin ! (« Dans un amphithéâtre », *Chanson d'étudiants*, *ca* 1950, 135.)

4. DEUX : [...] Et puis alors, une trouvaille c'est le **tsouin-tsouin** de la fin.
UN : Oui. Oh ça, le **tsouin-tsouin**, c'est déjà une concession au goût du public. (R. Dubillard, « Musique de placard », *Les Diablogues*, 2000 [1976], 65.)

5. « Viens poupoule, / Viens poupoule, / Viens... / Tala tata **tsoin** ! **tsoin** ! » (J.-M. Ribes *et al.*, *Palace*, 1999 [1989], 243.)

6. [...] les vieilles sifflotaient en canon « Honneur et gloire à l'école laïque où nous avons appris à penser librement, **tsoin-tsoin** » (*Le Monde*, 17 août 1995, 13.)

— Par référence au dernier couplet de la chanson *Dans un amphithéâtre* : « Sur sa tombe on mettra / De l'aubépine en fleurs, / Pine en fleurs *(ter)* / Tsoin, tsoin ! ».

7. Il [...] s'engage dans un chemin creux qui, au cœur du printemps, est bordé d'aubépines en fleur, pines en fleur, pines en fleur, **tsoin, tsoin** ! (San-

Antonio, *Le Silence des homards*, 1992, 199.)

2. "(bruit de fredonnement d'un air de musique)".

8. [...] l'homme [...] fait plusieurs mètres en arrière, culbutant le pilote qui bascule dans le beau Danube bleu, **tsoin tsoin, tsoin tsoin**. (San-Antonio, *La Matrone des sleepinges*, 1993, 164.)

— **tagada* tsoin tsoin.**

♦♦ Attesté dep. 1917 au sens de "bravo !" « imitation d'un coup de cuivres » (Esnault 1963) et au sens de "bien, parfaitement" (« – Ça gaze ! / – **T'soin t'soin...** » Marcel Nadaud, *Les Derniers mousquetaires*, Paris, Albin Michel, 25) . — Enregistré dans les dictionnaires généraux (sauf PL 2000) et dans TraitDu 1989, 384.

TSS □ VAR. *nts* (rare).

"(pour exprimer une incrédulité, une réticence, un refus, une mise en garde ; pour couper la parole à quelqu'un)".

1. « Pourquoi vous auraient-ils attendu !
– Mais voyons, Berthe... je viens les chercher tous les matins. Que se passe-t-il. Ils ne vous ont rien dit pour moi ?
– **Tss...** » D'un revers de main elle brouille les cartes. « Louise ! le pâté brûle, je le sens d'ici. Mais qu'est-ce qu'elle fait ? [....]. » (J.-R. Huguenin, *La Côte sauvage*, 1970, 70.)

2. – Justement ! L'histoire n'est pas faite par les individus ! Ce sont les masses qui comptent !
– **Tsss...** Les masses ! Laisse-moi rire ! (P. Christin, E. Bilal, *Partie de chasse*, 1983, 83.)

— Le plus souvent redoublé ou répété.

3. Roger. – Allez-vous en, voyons. **Tss ! Tss ! Tss !** [...].
Suzanne. – J'aime bien quand tu fais : **Tss ! Tss ! Tss !** (E. Pailleron, *Le Monde où l'on s'ennuie*, 1869, FXT.)

4. Joseph fit un petit bruit sec et répété en aspirant l'air entre sa langue et ses dents de devant :
– **Tss, tss, tss !** Mon pauvre Laurent, permets-moi de te dire que tu te fais, de l'argent, une idée absurde. (G. Duhamel, *Le Combat contre les ombres*, 1939, FXT.)

5. Catégorique, sa main découpait l'air en tranches.
– **Tsss, Tssss,** sifflota-t-il d'un air agacé. (H. Bazin, *La Tête contre les murs*, 1949, 62.)

6. Si le surveillant est de bonne humeur, ils peuvent [...] se promener entre les tables. [...] À la fin, le surveillant fait « **nts... nts...** » en levant la tête et les élèves retournent à leur place [...]. (S. Japrisot, *Les Mal partis*, 2001 [1950], 19.)

7. Il fit claquer sa langue – « **tss tss** » – comme devant un petit obstacle [...]. (A. Vialatte, *Les Fruits du Congo*, 1991 [1951], 285.)

8. Gravement il prend le pouls d'Albina et fait : « **Tss ! tss !** » d'un air inquiet. (J. Faizant, *Albina et la bicyclette*, 1968, 237.)

9. Théo se mit à rire.
« **Tsss tsss !** fit Mémère sévèrement [...]. On ne rigole pas dans les cimetières [...]. » (A. Gerber, *Le Faubourg des Coups-de-trique*, 1982 [1979], 198.)

10. – [...] Il a voulu faire une maison neuve. Il a emprunté. Il faudra payer.

Il a acheté un autre tracteur. [...] C'est pas une mauvaise idée. Mais **tss, tss** ! on sait pas trop où on va... À mon avis, ils vont trop vite. (J. Jaussely, *Deux Saisons en paradis*, 1979, 65.)

11. Jacques fouilla à son tour dans ses poches et soudain, dans sa paume, brilla une bille d'acier.
– Hé bé, souffla Paul, d'où elle sort ?
– C'est parrain, il m'en a donné une douzaine, elles viennent d'un roulement à billes.
– Passe-m'en une, rien qu'une !
– **Tss, tss**, dit Jacques, en glissant le projectile dans la languette de cuir de son lance-pierres. (Cl. Michelet, *Les Palombes ne passeront plus*, 1980, 16.)

12. Le garçon tripote les bonbons de l'étalage.
La cliente : **Tss** ! **Tss** ! Touche à rien. (J.-M. Ribes *et al.*, *Merci Bernard*, 2001 [1984], 42.)

13. – Vous ne croyez tout de même pas que je vais le transporter ?
– **Tss, tss**. Nous nous chargerons du transport. (G. Delteil, *Balles de charité*, 1990, 105.)

V. encore *clic*, ex. 37 ; *taratata*[2], ex. 8.

♦♦ Attesté dep. 1869 (v. ici ex. 3). — Enregistré dans les dictionnaires généraux (sauf PL 2000) et dans TraitDu 1989, 384.

TST

"(pour exprimer une incrédulité, une réticence, un refus, une mise en garde ; pour couper la parole à quelqu'un)".

1. – Eh bien, dit Antoine, en tirant de sa poche le numéro de *Paris-midi*, tout se précipite ?
– **Tst**... fit Rumelles, en se levant, les sourcils froncés. Détruisez-moi ça bien vite... (R. Martin du Gard, *Les Thibault. L'Été 1914*, 1936, FXT.)

— Le plus souvent redoublé ou répété.

2. Mais entre nous, Ferdinand, je crois que notre pauvre boutique... **Tst** ! **Tst** ! **Tst** !... Elle pourra pas s'en relever... (L.-F. Céline, *Mort à crédit*, 2000 [1936], 309.)

3. Albert les calme d'un geste.
– **Tst, tst, tst**, allez-y mou. On a à causer, lui et moi, me l'abîmez pas, les petits voyous. (A. Bastiani, *Des immortelles pour mademoiselle*, 1972 [1956], 68.)

4. – Et c'est aussi toi qui as enlevé le vrai Edmond Cloche ?
– Ça non, parole d'homme ! Je savais même pas qu'il avait été enlevé...
Je le menaçai de nouveau du canon en faisant « **tssst-tssst-tssst** » de la langue. (A.D.G., *Juste un rigolo*, 1977, 106.)

5. – Si vous n'avez personne, je veux bien vous les [des piqûres] faire. J'ai été infirmière autrefois et je ne pense pas avoir perdu trop la main.
– Vous savez, depuis la fin de la guerre, les méthodes ont pas mal changé, essayai-je de me défendre.
– **Tsst, tsst** ! Il ne s'agit pas de vous opérer à cœur ouvert. Craindriez-vous les piqûres ? (A. Demouzon, *Adieu, la Jolla*, 1981 [1978], 91.)

6. Je secoue la tête en faisant des « **Tst, tst** » [...].
– Voilà que tu dérailles d'entrée de jeu, Marien. (San-Antonio, *Princesse Patte-en-l'air*, 1990, 78.)

♦♦ Attesté dans cet emploi dep. 1936 (v. ici ex. 1 et 2). — Absent des dictionnaires consultés.

TUI-TUI □ VAR. *tuit tuit.*

"(bruit du cri d'un petit oiseau)".

1. MOINEAU (en Europe et Afrique) : *tui, tui,* cri fréquent et monotone. [...] pouillot. L'un des plus petits oiseaux d'Europe : **tuit, tuit, tuit,** pour la femelle. (G. P. Philomneste, *Amusemens philologiques,* 1808, 234 et 236.)

2. Tous les oiseaux chantaient,
Et dans leur joli chant disaient :
Tuit' tuit', tuit' tuit', tuit' tuit', tuit' tuit' [...]. (« Le Peureux », dans J. Bujeaud, *Chants et chansons populaires des provinces de l'Ouest,* 1980 [1865], t. 1, 51-52.)

3. [...] une coquille d'où sortit tout frileux et gambillant sur ses petites pattes le poussin gracieux, tout humide en son plumage crème, ouvrant son minuscule bec tendre avec des « **tui-tui** » craintifs et étonnés. (L. Pergaud, *La Revanche du corbeau,* 1911, *Œuvres complètes,* 1987, 169.)

4. *Toc* ! Toc !* quelqu'un frappe... *ouah !* [v. *ouah*[1]] Rra ! [v. *rrr*] *miou !* [v. *miaou* rem.] ***tuii !... tui !...*** je vous imite la meute... et les arbres, les oiseaux... et drrrrng ! [v. *dring*] la porte... et le chat *Flûte...* c'est un téméraire !... (L.-F. Céline, *Rigodon,* 1973 [1961], 306.)

5. [...] mille sons faits du roucoulis des tourterelles, des gouttes sonores du rossignol, des **tui-tui** insipides de poignées de moineaux [...]. (R. Blanc, *Les Amours de l'oncle César,* 1986, 161.)

REM. Pour *tui,* élément final du cri d'un oiseau de nuit, v. *bou bou*[1], ex. 1.

♦♦ Attesté dep. 1808 (v. ici ex. 1). — Absent des dictionnaires consultés ; aj. à FEW 13/2, 383b, TU-.

TUT[1] □ VAR. *tût, tututte* (redoublé).

Souvent redoublé ou répété.
1. "(bruit strident d'un petit instrument de musique ou d'une trompe d'automobile)".

— [petite trompette, mirliton]

1. – Dommage que je n'aie pas ma trompette, disait-il. Je lui aurais fait « **tût** » sous le nez et je lui aurais dit : « Rendez le mouton. » (M. Aymé, *Les Contes du chat perché,* 1978 [1939], 308.)

2. Le gros [...] sort sa langue de belle-mère, souffle dedans. Ça fait **tututt** et le tuyau de papier terminé par une plume verte vient chatouiller le nez du jeune daim. (San-Antonio, *Ne mangez pas la consigne,* 1977 [1951], 208.)

3. [...] le froid, la pluie, la chaleur, passe ! Mais cette trompette : « **Tu tu tu tut !** » en criant : « Jardinier ! », ça m'humiliait à m'en rendre malade. (L. Chaleil, *La Mémoire du village,* 1989 [1977], 193.)

4. L'appariteur du village – le commissaire, disait-on – annonçait les séances [de cinéma] avant souper, dans les rues, à coups de trompette : « **Tut, tut, tut, tut, tut !** » (J. Durand, *André Bouix, gardian de Camargue,* 1980, 61.)

— [trompe d'automobile ou klaxon]

5. Cinq minutes après : « **Tut, tut** », arrive une splendide automobile. (J. Durand, *André Bouix, gardian de Camargue,* 1980, 42.)

6. [...] Gallien traverse la cour sous une pluie battante, passe devant le sapin de Noël ; une voiture de police avance derrière lui, lui adresse un « **tut-tutt** » amical. (*Garde à vue,* film de Claude

Miller, dans *L'Avant-Scène Cinéma*, 15 mai 1982, 8.)

REM. **tû tû** "id.". V. *pouet-pouet*, ex. 1.

2. "(bruit produit par un coup de sifflet ; bruit d'un sifflement)".

— [sifflet]

7. Calestroupat [le chef de gare] en déploie son drapeau. Il bignoute dans son sifflet. Le petit pois fait le triple saut périlleux arrière. **Tu-tutt** ! et que je te module, la micheline s'ébroue et commence à prendre son élan. (J. Vautrin, *Typhon-Gazoline*, 1987 [1978], 34.)

8. **Tut tut tut** ! C'est la fin [du match de football]. (M. Bailly, *La Jarjille*, 1980, 151.)

9. Ce n'était pas foulant [d'être gardien de square], fallait bien le reconnaître, juste marcher et siffler, **tuuut**, s'il vous plaît, madame, les pelouses sont interdites [...]. (V. Ravalec, *Cantique de la racaille*, 1994, 336.)

— [sifflet d'un train]

10. [Un train] TÛUUUT TUUUT (Hergé, *Les Aventures de Tintin [...] au pays des soviets*, 1999 [1930], 13.)

11. Chantant sa petite chanson habituelle, **tututte**, le train entre en gare avec beaucoup d'entrain. (R. Queneau, *Le Chiendent*, 1993 [1933], 37.)

REM. **tu tu** "id.". V. *hi hi*, ex. 22.

— [soupape d'un autocuiseur]

12. Un jet de vapeur ! [...] **tuuuuttt** comme les marmites autocuiseuses. (San-Antonio, *Renifle, c'est de la vraie*, 1988, 53.)

3. [Téléphone]

3.1. Simple "(signal sonore indiquant que le correspondant a raccroché)".

13. Il n'a pas répondu, le téléphone a fait ***tut***, le salopard avait raccroché. (V. Ravalec, *Les Clefs du bonheur*, 1999 [1969], 142.)

DÉR. **tuter** v. intr. "faire *tut*". « Elle lui [...] raccroche au nez. Clac*. [...] Louis caresse l'ébonite du combiné qui **tute** » (A. Soral, *Le Jour et la nuit*, 1991, 51).

3.2. Répété "(signal sonore indiquant qu'une ligne téléphonique est occupée ou que le destinataire ne répond pas)".

14. Je m'en fus utiliser la cabine téléphonique d'un bistrot [...]. Le caractéristique « **tutut** » saccadé du signal « pas libre » retentit à mon oreille. (L. Malet, *M'as-tu vu en cadavre ?*, 1991 [1956], 1027.)

15. Après une attente [au téléphone] de presque vingt minutes, n'obtenant que des parasites et des « **tut tut** » désespérants, il renonça, la mort dans l'âme. (P. Siniac, *Le Tourbillon*, 1996 [1976], 303.)

16. – **Tût... tût... tût**, fait le téléphone. (J. Sarfati, *Le Saltimbanque*, 1997, 11.)

♦♦ Attesté dep. 1930 (v. ici ex. 10). — Enregistré dans Rob 2001 et TraitDu 1989, 385 ; aj. à FEW 13/2, 444a, TÛT-.

TUT[2] □ VAR. ***t, ti, tt, tutte.***

Souvent redoublé ou répété.

1. "(pour exprimer une incrédulité, une réticence, une mise en garde, un désaccord ; pour signifier une interdiction, un refus ; pour couper la parole à quelqu'un)".

1. – Décoiffez-vous.
Le camarade, tout rouge, retire gauchement son képi.
– **Tt ! Tt ! Tt ! Tt !** C'est trop long, c'est sale. Il faudra me faire couper ces cheveux-là... (R. Dorgelès, *Les Croix de bois*, 1919, FXT.)

2. – T'es un peu cinglé, tu sais. Pour un concierge, travailler du porte-plume, c'est pas une idée.
– **Tutte**, j' fais c' qui m' plaît, hein ? (R. Queneau, *Le Chiendent*, 1993 [1933], 63.)

3. – **Tt, tt, tt**, fit-il en levant la main pour m'interrompre. Ne jouez pas sur les mots. (Colette, *Chambre d'hôtel*, 1940, *Œuvres*, 2001, t. 4, 41.)

4. – Il faudra que je me procure ce bouquin [...].
– Je crains que vous ne le trouviez pas [...].
– **Ttt, ttt, ttt**, fit le Président. Je le demanderai chez Flammarion. Ils finiront bien par me le dénicher... (M.-É. Grancher, *Feysse-sur-Mer*, 1948, 180.)

5. Le vieux fit **ttt... ttt...** avec sa langue sur ses dents.
– Allons, allons, dit-il, je suppose qu'on vous a appris à répondre autrement ? (B. Vian, *L'Herbe rouge*, 1950, FXT.)

6. Après un timide merci, il saisit son bol [de soupe] à deux mains, mais Marguerite fit « **Tttt... Tttt...** » et lui rendit une cuillère. (R. Sabatier, *Trois sucettes à la menthe*, 1986 [1972], 19.)

7. – **Tutu-tut-tut**, souffla le rondouillard commissaire [...]. Pas de grands ni de gros mots. (A.D.G., *Les Billets nickelés*, 1981, 5.)

8. – Mes cheveux ! Je veux mes cheveux !
– On a été obligés de vous les couper, madame. Vous êtes très bien comme ça, vous allez très bien.
– Je vous traînerai en justice. Où est Leroy ?
– Il va très bien, il est retourné chez vous prendre vos affaires, il va venir vous chercher.
– Je n'ai pas d'affaires.
– **Tutt**, dit l'infirmière, et elle disparut. (B. Beck, *Stella Corfou*, 1988, 99.)

9. DEUX : Oh ! Ah la la !
UN : **T, t, t, t.** Du calme, mon enfant, du calme. (R. Dubillard, « Confession », *Les Nouveaux diablogues*, 2000 [1988], 130.)

10. Et la voilà qui fait **ti-ti-ti** avec sa langue entre ses dents en hochant la tête [...]. (Ph. Adler, *Graine de tendresse*, 1989, 120.)

11. – Je suis Joseph.
– **Tttt...** ! Tu me montrerais tes papiers ?
– Perdus. (M. Quint, *Billard à l'étage*, 1993 [1989], 60.)

12. Deux ou trois personnes la regardèrent avec compassion et un monsieur secoua même la tête en faisant « **ttt, ttt, ttt** » entre ses dents. (J. A. Lion, *Histoires de femmes*, 1991, 47.)

13. Il tape sur le banc, du pommeau de sa canne. Pascale s'assied. Il fait un « **tt, tt** » sévère. (H. Abert, *Le Saut-du-diable*, 1993, 30.)

14. – Vous n'avez pas déjà été syndiqué ?
Lucien – Moi, on m'avait demandé chez Peugeot. **tt !... tt !...** j'ai refusé hein... (P. Bourdieu, *La Misère du monde*, 1993, 361.)

15. Elle a sorti son revolver [...].
– **Ttttt...** On bouge pas ! (M. Quint, *Lundi perdu*, 1997, 186.)

16. « Vous, vous avez une petite mine ce matin : vous avez encore fait des folies ! **Tut-tut**... Je peux me permettre de vous dire ça à mon âge ! » (J.-Cl. Schineizer, *Pépère et l'omnibus*, 2001, 23-24.)

2. "(pour exprimer l'admiration)".

17. Ma mère a tout de suite remarqué [...] la finesse du beau chapeau [un panama]... Il lui a fait tâter la tresse pour qu'elle se rende compte... Elle est demeurée admirative un bon moment à faire : « Oh ! **Ttt** ! Oh ! **Ttt** ! » (L.-F. Céline, *Mort à crédit*, 2000 [1936], 370.)

♦♦ **1.** Attesté dep. 1919 sous la forme *tt* (v. ici ex. 1) ; absent des dictionnaires consultés, à l'exception de Rob 2001 et de TraitDu 1989, 384 (*ttt ttt*) et 385 (*tutututt*). **2.** Attesté dep. 1936 (v. ici ex. 17) ; absent des dictionnaires consultés.

TUTU-PANPAN

Provence "(musique de flûtes et de tambourins)".

1. [...] vers minuit, quand les **tutus-panpans** faisaient rage et que les farandoleurs se déployaient sur l'aire [...]. (É. Ramond, *Marius & C*[ie], 1926, 173.)

2. Mais qu'est-ce donc que cette nouba qui passe, fifres et tambourins suivis de tout un collège guignolesque évoquant irrésistiblement la **Tu-tu-pan-pan** de Tartarin de Tarascon. (Fr. Maspero, *Les Passagers du Roissy-express*, 1990, 204.)

— Emploi subst. m. "joueur de flûte et de tambourin".

3. TANTE PORTAL [...]. Té ! voilà les tambourinaires, les **tu-tu-panpan** comme je les appelle ; d'une main ils font le flûtet : **tu-tu**, et de l'autre ils battent la caisse : **pan-pan** ; vous comprenez ? (A. Daudet, *Numa Roumestan*, 1893 [1881], 17-18.)

♦♦ Attesté dep. [*ca* 1860 *pan-pan tu-tu* en patois du Dauphiné (FEW 23, 147b 'tambour') ; 1869 *tutu-pompom* en Saintonge (FEW 23, 141b 'musique') ; *ca* 1870 (« Provençal, mon ami, une émotion t'envahit au **tutu-pampan** du tambourinaire » Coppée dans France 1910, v. TLF ; mais cette date n'a pu être vérifiée] 1881 (v. ici ex. 3). — Absent en ce sens des dictionnaires consultés ; aj. à FEW 13/2, 444a, TÛT- ; cf. *zizipanpan* "musicien" attesté à Dol-de-Bretagne (Ille-et-Vilaine) en 1897 (FEW 23, 148a 'musicien').

TZIM □ VAR. *tsim.*

1. "(bruit ponctuel, souvent d'origine métallique, ou bruit de verre brisé)".

1. En descendant vers l'écluse ça gaudriolait fantastique jusqu'à la rampe à l'Orléans ! On y dansait pire que sur l'autre cent mille fois comme sur l'Avigne !... dans la forge du Tonnerre de Dieu !... Et broum* ! **et tzimm** ! et Sainte-Marie ! et morte et morte ! dans la Musette aux Ouragans !... » (L.-F. Céline, *Guignol's band*, 1944, 18.)

— "(pour marquer la soudaineté d'un procès)".

2. [...] quand je suis comme ça, à présent, dans la rue, sur l'échelle, à peindre quelque devanture..., et qu'il passe un bourgeois dessous, bien mis, bien

ficelé, là !... (Avec geste.) **Tzim, tzim, tzim**, sur son costume... je te fais de la griote... et va donc ! (Desvergers et Leroux, *Mal noté dans le quartier*, 1837, 709).

2. "(bruit d'une cymbale ou d'une paire de cymbales)".

3. UN : **Tsimm !** / DEUX : **Tsimm !** / UN : Ratapataplan* ! / DEUX : **Tsimm !** / UN : Bof !... / *Pause.* / UN : C'est pas beau, ça ? DEUX : Si, c'est beau. / UN : C'est pas de la musique ? / DEUX : Si. (R. Dubillard, *Les Diablogues*, 2000 [1976], 60.)

◆◆ Attesté dep. 1837 (v. ici ex. 2). — Absent des dictionnaires consultés, à l'exception de TraitDu 1989, 152.

U

UIT □ VAR. *uitte.*

1. "(bruit léger produit par un glissement)".

1. Figurez-vous qu'un jour, j'étais chez moi...
Tout à coup, j'entends : **uitte** !
C'était une lettre que le postier
venait de glisser sous la porte. (R. Devos, *À plus d'un titre*, 1989, 98.)

2. "(pour marquer la soudaineté ou la rapidité d'un procès)".

2. [...] le marchand de vin [...], pour l'amadouer, lui glissait un verre de vin dans l'entrebâillement de sa boutique. Le grand rouge s'approchait sans avoir l'air de rien, regardait à droite et à gauche s'il n'y avait pas de chef, puis, en passant, ***uit !***... Je n'ai jamais vu siffler un verre de vin si lestement. (A. Daudet, « Les trois sommations », 1871, *Contes du lundi*, 1875, *Œuvres*, 1986, t. 1, 727.)

REM. **wuit** "id.". « MONSIEUR LIONAU. [...] Tenez par exemple, vos savonnettes. Eh bien, ce sont les seules savonnettes que je connaisse qui "**wuiittt**..." ne nous glissent pas des mains.... C'est prodigieux... » (J.-M. Ribes *et al.*, *Palace*, 1999 [1989], 122.)

♦♦ Attesté dep. 1871 (v. ici ex. 2). — Absent des dictionnaires consultés, à l'exception de FEW 22/1, 66b 'exclamation'.

UU

1. "(bruit d'un sifflement, d'un sifflotement) ».

1. Trique se carre en plein milieu d'une marche et sifflote la *Marseillaise* au bout des lèvres, / **ûûûû**... **û**...**û**... **ûûûû** [...]. (A. Machard, *Trique, Néness, Bout, Miette & Cie*, 1910, 85.)

2. "(bruit de sirène d'alarme)". □ VAR. *uh.*

2. L'époque des incendies est assez variable, bien que située toujours aux environs du mois d'août [...].
– **Uuuuuuuuuuuu !**
On a installé l'avertisseur, une antique sirène à main, dans la cour de l'épicier. (G. Del Pappas, *Du soleil plein la tête*, 2001, 48.)

— Associé à d'autres onomatopées.

3. [...] les huhulements commencèrent !... ***ûûû ! ûôiui !*** les huhulements du dehors !... les sirènes !... les vraies sirènes ! [...] ***ûûû ! ooûû ! ûûû !*** (L.-F. Céline, *Normance*, 1989 [1954], 434.)

4. [...] les sirènes... que de sirènes ! [...] **uuuh** !... [...] **uuuh** !... brang !... braoum* !... des bombes. (L.-F. Céline, *Rigodon*, 1973 [1961], 171.)

♦♦ Attesté dep. 1910 (v. ici ex. 1). — Absent des dictionnaires consultés.

V

VLAC

"(bruit soudain produit par un coup)".

1. Je soulève sa machine [à écrire], la lourde, la pesante... Je la lève tout en l'air. Et plac* !... d'un bloc là **vlac** !... je la lui verse dans la gueule ! (L.-F. Céline, *Mort à crédit,* 2000 [1936], 333.)

2. [...] **vlac** ! Il lui retourne une mandale [= gifle] sèche. (A. Boudard, *Les Combattants du petit bonheur,* 1990 [1977], 82.)

♦♦ Attesté dep. 1936 (v. ici ex. 1) ; variante sonore de *flac**. — Absent des dictionnaires consultés.

VLAF

"(bruit produit par une chose qui s'écrase)".

1. – [...] Il y a deux minutes, **vlaf** ! un poisson volant en plein sur le médaillon. (Hergé, *Coke en stock,* 1958, 53.)

2. Et Lui... [...]
Vlaff ! *(Il laisse tomber la boule sur le sol).* (R. Devos, *À plus d'un titre,* 1989, 75.)

3. [...]. Le plus beau, c'est lorsque le paquebot *Ville de Clermont-Ferrand* est venu s'échouer, juste là, devant. **Vlaf** ! L'étrave plantée tout droit ! Vous parlez d'une impression ! (J.-M. Ribes *et al.*, *Palace,* 1999 [1989], 31.)

♦♦ Attesté dep. 1958 (v. ici ex. 1). — Absent des dictionnaires consultés.

VLAM

1. "(bruit sec et sonore produit par un coup, par une chute, par une détonation)".

1. GADRAL. – **Vlam** !
(*Entre Roubat avec des fragments de vase à la main.*) (*Les Kharnabalesques,* 1938, 34.)

2. Juste à la sortie du Tunnel là, juste au remblai... après Wapping... un homme y était tombé dessus, comme çà !... **Vlam** !... d'en haut ! (L.-F. Céline, *Guignol's band,* 1944, 220.)

3. [...] elle lançait, au pif – **vlamm** –, une, deux trois beignes. Au jugé, dans

la face, pour nous apprendre. (Bayon, *Le Lycéen*, 1987, 53.)

4. Enfin, elle parvint à pousser complètement le lourd battant de la porte cochère, **vlam** [...]. (E. Chevillard, *Le Démarcheur*, 1988, 29.)

5. [...] l'autre a déjà tiré la chasse d'eau et rabattu, **vlam**, le couvercle. (J.-L. Benoziglio, *Tableaux d'une ex*, 1989, 215.)

6. Elle claque toujours la porte de l'appartement en faisant trop de bruit, Ginette. **Vlam**... Les vitres à chaque fois en tremblent. (*Le Monde*, 6 décembre 1996, 31.)

— Répété.

7. Et, pendant que les autres caracolaient, se canardaient, [...] lui, tapi dans la charpente, guettait les survivants :
« **Vlam** ! **Vlam** ! Vous êtes morts !
– La vache ! Il était planqué là-haut. Ça compte pas ! T'étais bien trop loin pour faire mouche. » (Gébé, *Un dimanche au frais*, 1996, 23.)

— Associé à une autre onomatopée.

8. [...] suivre toutes les têtes montées sur des roulements à billes, toc* à gauche, **vlam** ! à droite, la partie de pelote [basque] à main nue. (*Le Monde*, 29 juillet 1998, 18.)

V. *tchac*, ex. 4 ; *Anthologie*, n° 33 et 46.

• **(et) vlim (et) vlam.**

9. Sur les basses branches des sapins, on voyait à la lueur de la lanterne sourde des myriades de petits oiseaux comme agglutinés les uns contre les autres. « Gaspard, éclaire bien », **et vlim, et vlam**, je les assommais à grands coups de palette. (R. Blanc, *Clément, Noisette et autres Gascons*, 1984, 169.)

2. "(pour exprimer la soudaineté ou la rapidité d'un procès)".

10. « [...] Le gendarme d'élite, tu t' souviens ? Qu'on avait mis pour nous protéger... pareil !... Tué raide, **vlam**, vous pouvez vérifier... » (J. Vautrin, *Canicule*, 1983 [1982], 241.)

11. Pas de faux-fuyants, de poudre aux yeux, de démagogie. À chaque fois, sur chaque question, **vlam**, une réponse directe, brute de décoffrage, les yeux dans les yeux. (*Télérama*, 14 septembre 1988, 70.)

♦♦ Attesté dep. 1938 (v. ici ex. 1). — Absent des dictionnaires consultés, à l'exception de TraitDu 1989, 394.

VLAN

1. "(bruit soudain et fort, produit notamment par un coup, par une chute)".

1. De quoi ? de quoi ?
Trois contre moi !
V'lan, leur défaite
Est complète [...]. (Cogniard frères et Jaime, *La Tirelire*, 1835, 4.)

2. Je parie vous tuer d'un coup de poing... Vous voyez cette chaise ?... **Vlan** !... en deux !... V'là comme je démolis les meubles, moi ! (Lockroy et Bourgeois, *Le Maître d'école*, 1841, 10.)

3. Oui, qu'on le peut, à preuve que v'là une giroflée à cinq feuilles que j'applique sur ta joue gauche : **v'lan.** (J. Arago, *Comme on dîne à Paris*, 1842, 247.)

4. JOBIN. – [...] Il s'ostinait pour monter... j'y ai fermé la porte au nez... **v'lan** ! sur sa verrue ! (M. Carré et L. Battu, *Jobin et Nanette*, 1849, 19.)

5. SYMPHORIEN. – Je suis le frère d'Antonine... **v'lan** ! (Il lui donne un coup de fouet.) (Siraudin et A. de Beauplan, *Un mari qui ronfle*, 1854, 25.)

6. C'est une ignoble calomnie ! [...] quand je rencontrerai le drôle qui l'a proférée, **v'lan** ! je lui flanquerai mon pied quelque part. (Willy, dans *Le Petit journal, Supplément illustré*, 11 novembre 1894, 364.)

7. De temps à autre, la femme sort brusquement et jette un grand seau d'eau, **vlan** ! sur le gravier et rentre. (R. Queneau, *Le Chiendent*, 1993 [1933], 53.)

8. [...] **vlan** un cahier tombe à terre [...] **vlan** cette fois c'est un livre [...]. (Cl. Menuet, *Le Pensionnaire*, 1993 [1972], 39.)

9. Non rien n'arrêtait le mouvement de ma main
Et surtout pas ma tête **vlan** ! la douleur in
Fernale à la fin [...] (R. Belletto, *Loin de Lyon*, 1986, XIX.)

— Répété.

10. J' tombis dessus à coups redoublés. Eh allons donc ! Eh allons donc !... **V'lan... v'lan...** à droite ! à gauche ! (Sewrin, *Jocrisse-maître et Jocrisse-valet*, 1810, 7.)

11. UN SPECTATEUR. – **Vlan ! et vlan** !
UN AUTRE SPECTATEUR. – Misérable ! (Ch. Monselet, « Une paire de giffles », *Théâtre du Figaro*, 1861, 69.)

12. Les gifles volent ! **v'lan, v'lan** ! (J. Vallès, 1865, *Œuvres*, 1975, t. 1, 528.)

13. Ah vous ne savez pas dans quoi vous moucher ! Eh bien, **v'lan** (*gifle*) et **v'lan** (*deuxième gifle*) et **v'lan** (*troisième gifle*) ! (M. et A. Fischer, *A.Z.11. poste restante*, 1910, 175.)

14. **Vlan** ! Globule assena la crosse sur la tempe du type, **vlan** ! il en assena un autre sur le front, **vlan** ! il lui envoya son pied dans les parties, il le releva d'un coup de crosse sous le menton, et **vlan et vlan et vlan** !... (J.-A. Varoux, *Globule à l'heure Hasch*, 1975, 131.)

— **et vlan** !

15. Le père Goussard, un petit maigre clignotant, à bec crochu, la blouse bouffie, claquaillait du fouet. **Et vlan**, à droite ; **vlan**, à gauche [...]. (H. Fèvre, L. Desprez, *Autour d'un clocher*, 1992 [1884], 95.)

16. **Et v'lan** ! je lui ai envoyé mon poing dans la figure. (Fl. Delay, *Le aïe aïe de la corne de brume*, 1999 [1975], 202.)

17. « Non, non et non ! Le salon, ça me débecte. »
Et vlan !
J'ai claqué la porte sur un Henri furieux. Non, mais ça va pas ! Coiffeur, moi ? (A. Joffo, *Baby-foot*, 1983 [1977], 7.)

18. **Et vlan** ! un coup de poing dans le dos ! (B. Bardot, *Initiales B.B.*, 1998 [1996], 351.)

19. Puis, stoppant net son recueillement, le père se relançait en hurlant bien fort : pas possible, connaissez pas la dernière... **et vlan** un grand coup sur la table. (S. Joncour, *Vu*, 1998, 139.)

V. encore ici ex. 14 ; *han*, ex. 11 ; *ran*, ex. 19.

— Associé à d'autres onomatopées.

20. Je passe rue de la Sourdière, vu que c'était mon chemin, quand tout à coup, **v'lan** ! pan* ! boum* ! des coups

sur la tête, dans le dos, dans l'estomac, que je me dis : Ah ! mon Dieu ! (J. Moinaux, dans *Almanach comique*, 1871, t. 30-31, 132.)

V. encore *badaboum*, ex. 13 et 15 ; *bang*, ex. 12 ; *boum*, ex. 11 ; *pif paf*, ex. 13 ; *pouf*, ex. 2 ; *pouic*, ex. 2 ; *tchac*, ex. 8 ; *Anthologie*, n° 52.

— **vli vlan / vlin(g) vlan** (vx).

21. DUMOLLET. – Plus ils tapaient, plus je me regimbais, et **vli** et **vlan**, voilà que je me sens prendre par l'oreille [...]. (M.-A. Désaugiers, *Le Départ pour St.-Malo*, 1809, 20.)

22. ROSE, *avec dédain*. – C'est touchant ! FANFINETTE, *se tenant la joue*. – Oui... ça l'a été !... un sermon en deux giffles... **v'li... v'lan** !... merci ! (Mélesville et Carmouche, *Le Bonhomme Richard*, 1846, 18.)

23. Il sort. L'Espagnol, furieux, se précipite derrière lui, le rejoint dans la rue et par deux fois – **vli ! vlan** ! – le frappe en plein visage... (A. Daudet, *Lettres de mon moulin*, 1869, *Œuvres*, 1986, t. 1, 355.)

24. « Comment, bougre d'âne, salopiot, Auvergnat ! tu m' soutiendras qu' tu n' te rappelles pas ? – Tiens !!!... » Et **v'li** ! et **v'lan** ! (Nadar, *L'Hôtellerie des coquecigrues*, 1880, 131.)

25. Et ***vli-vlan*** *!...* joignant le geste à la parole, M. le chancelier Ranchot administra en pleine figure, au directeur du *Madagascar-Times* ce que les marins appellent un « va-t-et-vient ». (S. Levrai, dans *Le Petit journal, Supplément illustré*, 30 décembre 1894, 418.)

26. PETYPON. – Je l'ai aperçue qui entrait dans une chambre ; la clé était à l'extérieur ; alors, **vling ! vlan** ! deux tours ! (G. Feydeau, *La Dame de chez Maxim*, 1899, *Théâtre complet*, 1988, t. 1, 847.)

V. encore *ding*, ex. 26 ; *zon*, ex. 2.

2. "(pour exprimer la soudaineté d'un procès)".

27. Je n'en fais ni une ni deux, **v'lan**... je me jette à l'eau... (Bayard et Vanderburch, *Le Gamin de Paris*, 1836, 6.)

28. MARGUERITE. – C'est ça, pour me dire à toute minute : Ma femme, t'es gentille ; et puis, **v'lan** ! me flanquer de gros baisers de campagne. (Cogniard, Jaime, Deslandes, *À bas les hommes !*, 1838, 6.)

29. LUCIEN. – C'est que c'est la crème des sœurs, voyez-vous ! quand j'ai du chagrin... elle me tend sa petite main et elle me dit : Courage, Lucien !... mais, quand je suis mauvaise tête, **v'lan**, un sermon ! (E. Labiche, *L'École buissonnière*, 1845, *Théâtre*, 1979, t. 1, 264.)

30. Elle m'offre du parfait amour... [...] Mais, **v'lan**... une ronde major... éclipse mutuelle... et je n'entends que son nom de Ramonette... (Brisebarre et Nyon, *La Modiste au camp*, 1846, 3.)

31. Je ne fais ni une ni deux. **V'lan** ! je flanque ma toile devant le nez de M. du Château. (E. et J. de Goncourt, *Une voiture de masques*, 1856, 202.)

32. VICTOIRE. – Monsieur... monsieur... c'est mon cousin !...
PITON, à part. – **Vlan** !...
GAMBILLARD. – Votre cousin ?... Ah çà, combien en avez-vous donc dans l'armée française ? (E. Grangé et L. Thiboust, *La Demoiselle de Nanterre*, 1862, 6.)

33. Le trou fatidique survenait pourtant quelquefois [au théâtre]. Du vent dans la mémoire, soudain. On avait beau connaître son rôle depuis toujours,

vlan ! Plus rien : le noir. (G. Boutet, *Les Gagne-misère*, 1987, t. 3, 196.)

V. encore ici ex. 34 ; *aïe*, ex. 14 ; ***poum***, ex. 24 ; *tic-tac*, ex. 18.

— Préfixé.

34. Vous êtes le déshonneur de l'établissement et serez en retenue à la récréation.
V'lan !
[...] Vous êtes, etc... retenue à la récréation.
Re-v'lan !!
[...] Monsieur Guy, négligeant... *patati, patata, turlututu, tzim, ba, da boum* [v. *zim*, rem. finale]... retenue à la récréation.
Re-re-v'lan !! ! (O. Du Chastel, dans *Le Petit journal, Supplément illustré*, 17 septembre 1894, 300d.)

— **et vlan !**

35. Rien n'est plus persévérant que la vérité, on essaie de l'oublier, on y parvient **et v'lan** ! la revoilà, narquoise. (Fr. Dard, *La Crève*, 1989 [1946], 39.)

36. Il observait la mouche. Lentement son bras glissait vers le sabot. **Et, vlan** !... Il la ratait rarement. (L. Bériot, *La Canne de mon père*, 1986, 71.)

— Vx **vli vlan.**

37. **V'li** ! **v'lan** ! la conv'nance,
V'li ! **v'lan** ! la décence,
C'était bon au temps
Des affreux tyrans. (Leuven et Brunswick, *La Foire aux idées*, 1849, n° 4, 49.)

REM. **flan** vx [Correspond à *vlan* 1]. « Sans-Quartier répond : "C'est Pierrot qui l'a tuée, il a bien mérité de la manger. – Non. – Si fait. – T'en a [*sic*] menti. – **Flan** !" Sans-Quartier reçoit un soufflet qui lui fait voir trente-six chandelles » (C.O.D., *La Belle-mère*, *ca* 1818, 102).

REM. À partir de 1883 et pendant quelques années, *vlan* a été un substantif à la mode signifiant "élégance voyante", "chic", v. TLF ; d'où le dérivé **vlantesque** « une grève [= plage] fashionable et **vlantesque** » (E. Bergerat, *Le Livre de Caliban*, 1887, 304).

◆◆ Formes antérieures : 1651 (« Puis des poings ils se tapotérent / Et sur le dos et sur le flanc, / Et chic, et choc, et **flinc**, et **flanc** ! » J. Loret, *La Muze historique*, 1857, t. 1, 83) ; 1751 (« O gueux j' te trépanne ! / **Fli, flon**. La Tulipe à l'instant / Sans se gêner, toujours fumant, / En saisit un à la cravate » J.-J. Vadé, *La Pipe cassée*, 1755, 45) ; 1786 (« I m' tape aussi-tôt sur la face. / "T'es donc le filleul d'un Bailli, / Oui. / **Flin** ! vla pour toi ! **flan**, vla pour lui" » J. Patrat, *Les Méprises par ressemblance*, 57). Attesté dep. 1803 (« MICHEL Tiens, vois-tu c't œil enflammé ? / FANFARE Tu veux donc être assommé. / MICHEL Et pan. / FANFARE **Et v'lan.** / MICHEL Et pan. / FANFARE Attrape, maudit chenapan » Servière, Désaugiers, Henrion, *Manon la ravaudeuse*, dans DDL). La séquence *vli vlan* est attestée, pour rendre le bruit de coups de fouet, dep. 1830 (v. *Anthologie*, n° 12). — GLLF ; TLF ; Rob 2001 ; NPR 2000 ; PL 2000 ; TraitDu 1989, 394 ; FEW 22/1, 66b 'exclamation' et BaldingerEtym 1988, 321-322.

VLANG

1. "(bruit soudain et fort, produit notamment par un coup, par une chute)".

1. [...] alors en chœur contre cette porte !... on tire, on pousse ! [...] elle va céder... et **vlang** ! (L.-F. Céline, *Rigodon*, 1973 [1961], 234.)

2. Au moment de mon entrée [en scène], je me suis pris une gamelle. J'arrive, je bute dans je ne sais quoi... **Vlang**. Je suis parti en vol plané ! (G. Bedos, *Petites Drôleries*, 1989, 101.)

— Associé à d'autres onomatopées. V. *bam*, ex. 7.

2. "(pour exprimer la soudaineté d'un procès)".

3. **Vlang**. Une semaine plus tard [...] la foudre dégringola sur la maison du chien mort : Milou avait la rage. (Bayon, *Les Animals*, 1990, 176).

♦♦ Attesté dep. 1961 (v. ici ex. 1). — Absent des dictionnaires consultés.

VLOUF

1. "(bruit produit par une sourde explosion ou par le souffle d'une déflagration)".

1. Le canon reprend, si proche qu'on le croirait dans l'immeuble. De grands « **vlouff** ! » de vessie crevée partent au ciel et brassent l'atmosphère. (Fr. Dard, *La Crève*, 1989 [1946], 42.)

2. Puis, tout à coup, un truc rond [une grenade] explose devant ma porte avec un **vlouff** ! de sac en papier crevé. (San-Antonio, *J'ai peur des mouches*, 1994 [1957], 181.)

REM. **1. blouf** "id.". « **Blouf** ! il sentit un gros flux lui passer à travers la poitrine. [...] le flux quitta sa poitrine pour lui traverser le ventre. En sautant par la fenêtre, il n'aperçut qu'une main quittant un visage. Ce visage flambait » (A. Dominique, *Gaffe au gorille !*, 1954, 168-169). **2. bvlof** "id.". « Et, **bvlloff** ! Grenade [...] » (Bayon, *Le Lycéen*, 1987, 171). **3. vouf** "id.". « Voilà qu'il s'amène des 88 [= obus]. **Vouf** ! L'eau, les joncs, la boue, tout ça partait en l'air » (E. Grenadou, A. Prévost, *Grenadou, paysan français*, 1978 [1966], 94).

2. "(bruit produit par un embrasement soudain)". □ VAR. *vloof*.

3. Il [le boulanger] en retirait la braise rouge qu'il vidait dans un grand éteignoir en fer : un grand « **vlouf** » en sortait quand il soulevait le couvercle. (Th. Bresson, *Le Vent feuillaret*, 1980, 177.)

4. La baraque a fait **VVLLLOOOOOOFF** !!! C'était un avant-goût de l'enfer. Puis elle a empoigné ses valises pendant que les flammes sortaient des fenêtres. (Ph. Djian, *37°2 le matin*, 1986 [1985], 57.)

REM. **vrouf** "id.". « Tout en chantant, ils mirent le feu au tas de disques. **Vrouf** ! le plastique et le carton des pochettes s'embrasèrent aussitôt [...] » (L. Chalumeau, *Fuck*, 1991, 2).

3. "(bruit produit par une chute, un jaillissement, un éclaboussement)". □ VAR. *vlof*.

5. La grosse hélice baratte au cul !... **Vlouf** !!... **Vlouf** !!... **Vlouf** !!... à dur la soupe ! à gros bouillons !... Du télégraphe... de la passerelle : Dring* ! Dring ! Dring !... « En arrière toute ! »... (L.-F. Céline, *Guignol's band*, 1944, 57.)

6. [...] elle titubait [...]... au quai elle aurait pas tenu deux mètres... au jus ! **vlof** !... (L.-F. Céline, *D'un château l'autre*, 1957, 78.)

7. Je marche à quatre pattes le long du tronc incliné, me tiens d'une main, coupe les branches ; **vlouf** ! l'arbre tombe et moi aussi. (J. Perry, *La Vie d'un païen*, 1984 [1965], 292.)

REM. **vlaouf** "id.". « Il la retrousse encore... hop* ! et tout le seau de flotte ! **Vlaouf** ! dans la lune ! » (L.-F. Céline, *Guignol's band*, 1944, 341).

— "(bruit produit par une chasse d'eau)".

8. **Et vlouf** ! [...] il a commencé par tirer la chasse d'eau. (Bayon, *Le Lycéen*, 1987, 334.)

REM. **1. vlaouf** "id.". « Mais ça pisse beaucoup à cet âge ! Alors, chaque nuit, à différentes reprises, "**Vlaoufff** !", la chasse est ouverte » (San-Antonio, *Au bal des rombières*, 1990, 158). **2. vraouf** "id.". « Il tire la chaîne [de la chasse d'eau] [...]. **Vraouf** ! » (A. Boudard, *Le Banquet des léopards*, 1990 [1980], 106).

4. "(pour marquer la soudaineté d'un procès)". □ VAR. *vlof.*

9. DARDOUILLET. – [...] pendant que ma femme dansait, je me suis avancé près d'elle, en tapinois, en catimini... et **v'louf** !... je lui ai filouté son bracelet... demain elle croira l'avoir perdu... je lui ferai une scène... (Siraudin et A. de Beauplan, *Un mari qui ronfle*, 1854, 8.)

10. À bord l'orchestre attaqua une danse. [...] et puis quelque chose éclata doucement en moi : **vlouff** !... comme l'éclosion d'une deuxième portion de vie. (J. Perret, *Ernest le rebelle*, 1937, 242, DDL.)

11. Et brûle-pourpoint **vlof** ! la colère !... Il se met à injurier l'artiste... (L.-F. Céline, *Guignol's band*, 1944, 39.)

12. Elle ôtait les épingles de son chignon, **vlouff**, un lourd paquet de cheveux châtain foncé lui coulait jusqu'aux reins. (Fr. Cavanna, *Les Ritals*, 1981 [1978], 175.)

13. [...] ce sacré paquet de cigarettes qui naviguait entre le camembert et le corbières. À la portée de toutes les mains. Jean-Luc avait donc tendu la sienne vers ces Celtiques viriles et paternelles. **Vlouf**. L'autre avait raflé le paquet en disant :
– Si tu veux des cigarettes, tu fais comme moi : tu travailles. (A. Page, *Tchao pantin*, 1987 [1982], 19.)

14. « [...] Je me présente devant le mur que je me propose de traverser...
Je passe à travers mes vêtements... **Vlouff** !
Et dans la foulée, je traverse le mur ! » (R. Devos, *À plus d'un titre*, 1989, 178.)

REM. **flouf** "id.". « Continuant à insinuer un mince filet d'eau dans son verre : / "Il n'y a pas besoin de verser de haut. (C'est un préjugé.) Il faut aller doucement, doucement et puis tout d'un coup **flouf** ! on a une purée parfaite [...]" » (Ch. Cros, *La Famille Dubois*, 1877, *Œuvres complètes*, 1970, 264).

— "(pour marquer le fait d'avaler goulûment une boisson)".

15. Le curé éleva sa coupe [...] puis **vlouf** ! il fit un sort à son champagne. (Chr. de Rivoyre, *La Mandarine*, 1972 [1957], 251.)

16. Et je le vois revenir, hilare, un demi de vinasse vulgaire à la main. Il en a éclusé d'un coup la moitié. **Vlouf** ! (Bayon, *Le Lycéen*, 1987, 81.)

REM. **wlaouf** "id.". « Il écluse scientifiquement après chacune de ses phrases : une lampée, **wlaouf** ! » (San-Antonio, *Buffalo Bide*, 1991, 142).

♦♦ Attesté dep. 1854 (v. ici ex. 9). — Absent des dictionnaires généraux du français, à l'exception de Rob 2001 ; cf. TraitDu 1989, 396, *vouffh*.

VLOUP □ VAR. *vlop*.

"(bruit produit par un avalement glouton)".

1. [...] Turc [le chien], lui, est sociable, trop familier même, quand il avale, **vlop** ! d'un coup de gueule, le morceau de pain qu'on lui offre [...]. (P. et V. Margueritte, *Zette*, 1903, 134.)

— En contexte métaphorique.

2. LE TANK. – Je vais vous expliquer : – Par destination, j'avale tout ce qui se présente devant moi...Voilà un trou d'obus ? **v'loup** ! j'avale le trou d'obus... Un réseau ferré ? **v'loup** ! j'avale le réseau ferré. (*Système D..m*, 1917, 10.)

♦♦ Attesté dep. 1903 (v. ici ex. 1). — Absent des dictionnaires consultés.

VOUF □ VAR. *vff*.

1. "(bruit de déplacement rapide d'un véhicule)".

1. **Vooouf** ! l'air vibra au loin derrière les collines. Quand le vent s'orientait comme il faut, on entendait passer le TGV [...]. Un autre train passait plus tard puis un autre dans l'autre sens... **vooouf** ! **vooouf** ! [...]. (J.-M. Gourio, *L'Eau des fleurs*, 1999, 129.)

2. "(pour chasser devant soi)".

— [un inanimé]

2. – Un golf, c'est un terrain avec des trous. On pousse des balles dedans [...]. Avec une canne. [...] Comme ça... Il fit le geste : « **Voufff** ! » (J. Anglade, *Un temps pour lancer des pierres*, 1974, 250.)

REM. **wouaf** "id.". "Il replonge toute la tête dans les papiers... [...] Il en étreint une grande brassée et puis... **Wouaff** !... Il lance tout en l'air !... Il envoie tout dans le plafond... » (L.-F. Céline, *Mort à crédit*, 2000 [1936], 466).

— [un animé]

3. – **Vouf, vouf** ! la valetaille, disparaissez ! (J. Mondoloni, *Tenue de galère*, 1991, 92.)

3. "(pour marquer la rapidité ou la soudaineté d'un procès, notamment d'une disparition)".

4. [...] elle nous sert la soupe, on commençait à manger... **Vouf** ! La voilà qui fond en larmes... (L.-F. Céline, *Mort à crédit*, 2000 [1936], 274.)

5. – [...] T'as beau avoir du pognon en pagaïe, fais gaffe, ménage-le. Autrement on en voit vite la fin. J'en connais qui comme toi touchaient gros et puis... **vff** ! (A. Bastiani, *Le Pain des jules*, 1967 [1960], 156.)

♦♦ Attesté dep. 1936 (v. ici ex. 4). — Absent des dictionnaires consultés.

VOUIT □ VAR. *wouit*.

"(bruit de sifflement produit par un projectile, notamment un couteau ou une flèche)".

1. [Une flèche passe] WOUIT (Hergé, *Tintin en Amérique*, 1947 [1945], 53.)

2. [...] le temps que le papy envoie sa fléchette, il sera loin. / À la une, à la deux, à la trois, il tente le coup. Erreur ! / Il entend un "**vouit**", et sent instantanément une très vive brûlure à la cuisse gauche. (Fr. Fossaert, *Touche pas à ma cible*, 1987, 60).

♦♦ Attesté dep. 1945 (v. ici ex. 1). — Absent des dictionnaires consultés, à l'exception de TraitDu 1989, 406.

VRAOUM

1. "(bruit produit par un choc violent, par une déflagration)".

1. Oh là ça y est ! le voilà ! Lâchez tout ! **Vraoum** ! Si ça sonne ! **vraoum** ! sa grosse tête !... ça secoue tout l'étage du choc !... (L.-F. Céline, *Guignol's band*, 1944, 222.)

2. Du gaz d'éclairage s'était accumulé [...] **Vrrraaaouoummmm** ! Plus de plafonds, de planches, de parois. (J. Yonnet, *Rue des maléfices*, 1995 [1954], 309.)

3. Nom de nom ! Ce furibond quinze tonnes qui nous jaillit en plein museau, de derrière une charrette à foin ! Maman je braque ! La carrosserie se couche ! **Vraoum** ! (B. Blier, *Les Valseuses*, 1978 [1972], 214.)

4. Binesco [...] dégoupille séance tenante une grenade [...]. **Vraoum** ! la déflagration sourde [...]. (A. Boudard, *Les Combattants du petit bonheur*, 1990 [1977], 299.)

5. Si Clodarec était arrivé vingt à trente minutes plus tard, il aurait eu droit à un cadeau explosif en appuyant sur la sonnette. **Vraoum** ! (J.-P. Houssin, *Plus noir qu'un Dobermann*, 1981, 155.)

V. encore *braoum*, ex. 1 ; *ding*, ex. 11 ; *Anthologie*, n° 47.

2. "(bruit de moteur, particulièrement lors d'une accélération)".

6. [...] et puis **vrrraaaooouuummm** les avions ont refait un passage [...]. (J.-L. Benoziglio, *Béno s'en va-t-en guerre*, 1976, 195.)

7. On prend la bagnole de Fred [...] et **Vraoum** ! On s'arrache. (Fr. Lasaygues, *Vache noire*, 1985, 168.)

8. **Et vrrraoum**, ils démarraient. Les copines étaient très impressionnées. Les révérendes mères moins, qui peut-être, sur la moto, redoutaient une rupture d'hymen. (J.-L. Benoziglio, *Le Jour où naquit Kary Karinaky*, 1986, 114-115.)

9. Lambersart, c'est dix minutes, feux rouges compris. [...] Chaque arbre croisé faisait **vraoum** par les glaces baissées, l'odeur de pelouse sèche traversait la voiture [...]. (M. Quint, *Le Bélier noir*, 1997 [1991], 299.)

10. [...] **vraoum** ! un avion à réaction traverse le ciel [...]. (*Le Figaro*, 15 janvier 1998, 27.)

♦♦ **1.** Attesté dep. 1944 (v. ici ex. 1). **2.** Attesté dep. 1976 (v. ici ex. 6). — Absent des dictionnaires consultés, à l'exception de TraitDu 1989, 396 (dans l'emploi 2).

VROUM

1. Souvent répété.
1.1. "(bruit de moteur, particulièrement lors d'une accélération)".

— [appareil ménager]

1. Fille Aînée s'installait gaiement dans la cuisine, après un rapide bisou [...], et **vroum-vroum-vroum**, voilà la machine à laver qui ronronnait pendant des heures. (N. de Buron, *Qui c'est, ce garçon ?*, 1986 [1985], 119.)

2. [...] une énorme éplucheuse. **Vroum ! Vroum !** Patates épluchées. Deuxième machine. **Vroum ! Vroum !** Patates tranchées en frites [...]. (N. de Buron, *C'est quoi, ce petit boulot ?*, 1989, 56.)

— [automobile] □ VAR. *vrom.*

3. C'est une vieille auto, bien sûr, elle n'a plus de roues, ni de moteur, ni de portes, mais nous, on s'amuse bien là-dedans, on fait **vrom, vrom** et on joue à l'autobus, ding*, ding, fin de section, complet. (Sempé, Goscinny, *Le Petit Nicolas*, 1986 [1960], 100.)

4. VRROUM ! Les quatre bagnoles s'élancent. (Gébé, *Reportages*, 1973, 129.)

5. **Vroum**, une longue voiture noire le doubla [...]. (M. Lebrun, *Autoroute*, 1993 [1977], 46.)

6. [...] contact... **vroum** ! il a démarré en trombe. (A. Boudard, *Le Banquet des léopards*, 1990 [1980], 190.)

7. Je fis ronfler le moteur pendant toute la durée du long feu rouge de la place Masséna, et quand il passa au vert, **vrououoummm**, je m'élançai [...]. (R. Belletto, *Le Revenant*, 1981, 272.)

8. Une femme pressée [...] dont la course quotidienne contre la montre relègue Alain Prost et ses **vroom-vroom** au rang d'handicapé moteur. (M. Fitoussi, *Le Ras-le-bol des SuperWomen*, 1988 [1987], 25.)

9. **Vrooommm...** Moteur. Le coupé sport qui rugit, file droit devant [...]. (Benatar, *La Fièvre de l'Ouest*, 1990, 182.)

10. **Vroum, vroum.** La voiture démarre en trombe et disparaît au coin de la rue. (L. Chedid, *40 berges blues*, 1991, 158-159.)

11. [...] le goût latin pour le changement de vitesses d'une boîte manuelle et le « **vroum-vroum** » qu'il permet [...]. (*Le Monde*, 16 avril 1992, 22.)

12. Il faisait **vroum-vroum** comme quand on était gosses, qu'il coinçait l'accélérateur de la 4 CV en débrayage dans les descentes pour nous botter, ma mère riant, Jacques, allons ! nous riant, Allez, ouais, vas-y Fangio ! en nous faisant rêver qu'on fonçait. (Bayon, *Haut Fonctionnaire*, 1993, 50-51.)

13. Tante May sort du garage sa deux-chevaux. [...]
En route !
Vroum, vroum ! (B. Duhamel, *Les Jolis mois de May*, 1994, 34.)

14. Nous repartions, **vroum, vroum** ! (G. Del Pappas, *Du soleil plein la tête*, 2001, 12.)

V. encore *brr*², ex. 12.

GRAPHIE. Graphie américaine dans les ex. 8-9 et *Anthologie*, n° 31.

REM. **bvreum** (croisé avec *broum*) "id.". « Théo s'installe sur le siège du chauffeur [...] et il bouge le volant. Il fait le bruit du moteur avec sa bouche : "**Bvvvrrreummm... Bvvvvvvvvvvvvvvvvvvvvvvvv** !" [...] / "En voiture s'il vous plaît ! hurle Théo. **Bvvrrreummm bvvrrreummm bvvrrreummm** !" » (A. Gerber, *Le Faubourg des Coups-de-Trique*, 1982 [1979], 255-256).

• **et vroum.**

15. Ils [...] avaient piqué la caisse [= automobile] un peu plus tard, d'autant plus facilement qu'il n'y avait pas eu besoin de démonter le démarreur, c'était déjà fait. Deux fils à rebrancher, **et vroum**... (T. Topin, *Un gros besoin d'amour*, 1984, 119.)

— [avion]

16. – [...] c'est un géant monoplan comme farci, bourré de moteurs ! [...] il pique [...] à pleins moteurs !... ***vrrrrroum !***... vous l'entendez !... (L.-F. Céline, *Normance*, 1989 [1954], 22.)

17. – **Vroum, vroum** ! On entendait que c'était un aéroplane qui volait au-dessus de Charleville, mais on ne voyait pas, forcément, il faisait nuit. Il était quoi, 10 heures du soir. Tout d'un coup, v'là les Boches qui allument des projecteurs et panpanpan*, boumboumboum*, ils tirent sur l'aéroplane, les salauds. On a entendu deux énormes explosions : boum ! boum ! (Y. Hureaux, *Le Pain de suie*, 2001 [1999], 273.)

— [tramway]

18. – [...] Il y avait un vieux, il y avait un vieux tramway, sur petite voie, écoute, si tu avais vu ça, on se demande quand j'y pense maintenant ! Ça faisait **vloum** [*sic*]**-vroum-vroum-vroum-vroum-vroum**, tout le long du chemin, ça faisait un potin [...]. (M. de Certeau *et al.*, *L'Invention du quotidien*, 1994 [1980], t. 2, 169.)

— [vélomoteur, motocyclette] □ VAR. *vrum, wrum.*

19. Changement de régime. Double débrayage. Corps penchés ensemble. **Wrrum, wrrum**. Vent. (J. Vautrin, *À bulletins rouges*, 1980 [1973], 28.)

20. Au bout de la rue, on est à folle allure, mon cousin. **VRUM, VRRRUMMM** ! (J. Vautrin, *Billy-ze-Kick*, 1985 [1974], 189.)

21. Seul, le débile du bled suivait parfois le gang à distance pendant quelques kilomètres en poussant des **vroum-vroum** furieux sur sa mobylette. (M. Embareck, *Sur la ligne blanche*, 1984, 81.)

• **et vroum !**

22. Il s'est assis sur la moto, il a tourné les manettes au hasard **et vrroum** !... (J. Amila, *Terminus Iéna*, 1986 [1973], 225.)

23. [...] Fabien sort sa moto **et vroum... vroum...** pousse la manette des gaz. (J. Bialot, *Un violon pour Mozart*, 1989, 11.)

DÉR. **1. vroumer** v. intr. "faire *vroum*". « [...] il révise les épreuves du permis de conduire [...]. Il gonfle les joues pour faire vroom-vroom*, serre le poing droit pour manœuvrer dans le vide un levier imaginaire [...]. Il peste car il pense avoir raté l'exercice et le reprend en **vroomant** de plus belle » (G. Fleury, *Rond comme la mer*, 1992, 111). **2. vroumvroumer** v. intr. "faire *vroum vroum*". « Il a une tête à jouer au ballon, à faire un flipper au café du coin, à aller au lycée, à **vroumvroumer** sur un deux-roues pour épater les filles et les copains » (*Le Monde*, 12 septembre 1995, 27).

1.2. "(pour marquer le déplacement rapide d'une personne ou d'un objet, l'accélération)".

24. [...] il venait de découvrir tout à coup les charmes du vélo. [...] et

comme il rejoignait le peloton à grande vitesse – **vroum !** – il s'était senti envahi par une grande joie [...]. (J. Faizant, *Albina et la bicyclette*, 1968, v. *Anthologie*, n° 34.)

25. [...] Louise descend, remonte le quai le long du tram [...], nouvel escalator, quelques pas vers la gauche, nouvel escalator, et, **vroum**, sortie sur le boulevard Anspach, face à la Bourse. (N. Ancion, *Quatrième étage*, 2000, 118-119.)

V. encore *bong*, ex. 3.

1.3. "(son musical ronflant ou bourdonnant)".

26. Avec musique ronflante de catacombes [...]. Les **vroums**, profonds comme des chaudrons rétamés, éclatent soudain en tam-tams – on est dans la jungle, nom de Zeus ! – avant de s'engouffrer dans les égouts glauques des synthés de films d'horreur [...]. (*Le Canard enchaîné*, 8 août 2001, 7.)

2. "(bruit produit par une déflagration, par un embrasement)".

27. Sur les écrans [où se déroule une émission culinaire], la femme verse au moins un demi-litre d'armagnac dans la poêle. Elle fait flamber. **Vroum.** L'alcool enflammé fait reculer l'assistante de la cuisinière d'au moins un mètre. (Cl. Aubrun, *Photos à mateurs*, 2001, 89.)

♦♦ **1.1.** Attesté dep. 1932 (« Ah ! Je vous en promets des réjouissances ! Vous y passerez tous chez le voisin ! Hop ! [...] Et **vroum**, en avant chez le fou ! » L.-F. Céline, *Voyage au bout de la nuit*, FXT). **1.2.** Attesté dep. 1968 (v. ici ex. 24). **2.** Attesté dep. 2001 (v. ici ex. 27) ; dans cet emploi, la forme *vraoum** semble antérieure. — Absent de GLLF et TLF, le mot est enregistré dans Rob 2001 ; NPR 2000 ; PL 2000 et TraitDu 1989, 398-399.

VRR □ VAR. *vraou, vrin, vrouh.*

"(bruit produit par un moteur)".

1. [...] ils [les avions] frisent notre toit... ***vrrrr ! vrrrr !***... ils giclent en flèche du ravin dans un énorme sifflement d'air et tout le tremblement de la maison !... (L.-F. Céline, *Normance*, 1989 [1954], 23.)

2. – [...] Ah saleté d'hélice... **Vrouhh... Vrouhhhh... Vrouhhhhh...** C'est les bougies qui sont grillées, parce que ce sont des avions qui doivent passer à la révision... **Vrouhhhh...** Ça y est ! (F. Raynaud, « Le baptême de l'air », *Heureux !*, 1975, 147.)

3. Ils jouent, imitant **vrrrrrrrr** le vrombissement d'avions de chasse. (G. Mordillat, *À quoi pense Walter ?*, 1988 [1987], 66.)

4. C'est le fils du garagiste, alors évidemment, **vrin vrin vrin** toute la nuit la mobylette, il a l'essence gratuite ! (J.-M. Gourio, *Brèves de comptoir 4*, 1996 [1995], 118.)

5. Un beau dimanche d'été. **Vrrraou !** C'est-à-dire beaucoup plus de bagnoles que d'êtres humains sur les routes encombrées dans un sens comme dans l'autre. Brr [v. *brr*[2]] Brrraou [v. *brou*] ! (S. Rezvani, dans *Libération*, 28 juillet 2001, 4.)

♦♦ Attesté dep. 1954 (v. ici ex. 1). — Absent des dictionnaires consultés, à l'exception de TraitDu 1989, 400.

VRRT □ VAR. *vrit, vrout.*

1. "(bruit produit par un mouvement rapide)".

1. Puis, tout de suite, le fuseau commençait sa danse. **Vrtt** !... **Vrtt** ! (E. Pérochon, *Nêne,* 1920, dans Nyrop 1921, 40.).

— Dans une comparaison.

2. – Qu'est-ce que tu as ?
– Des trucs embêtants, avait dit Baba. Ce soir, c'est comme un éventail qui se promène et qui s'ouvre, **vritt** dans le dos, **vritt** dans le ventre. (Chr. de Rivoyre, *La Mandarine,* 1972 [1957], 192.)

2. "(pour marquer la soudaineté ou la rapidité d'un procès)".

3. Au lieu de s'assoupir comme tout le monde, les chimères le poursuivant, il enfourchait d'autres lubies, des nouveaux dadas !... **Vroutt** !... L'idée de dormir s'enfuyait !... (L.-F. Céline, *Mort à crédit,* 2000 [1936], 346-347.)

4. Là-dessus, **vroutt**, il se jette sur une place libre et s'y assoit, boum*. (R. Queneau, *Exercices de style,* 1947, 47, v. *Anthologie,* n° 28.)

5. [...] l'histoire bien connue des deux chasseurs d'escargots [...] : l'un, tout faraud, se vante au soir de son expédition dans les bois d'avoir ramassé trois cagouilles [= escargots] ; l'autre confesse, penaud, n'en avoir pris que deux : « J'en ai bien vu une troisième, plaide-t-il, mais **vrrrit**', le temps que je me baisse, elle m'a filé sous le nez ! » (M. Massian, *La Santonine,* 1970, 13.)

♦♦ Attesté dep. 1920 (v. ici ex. 1). — Absent des dictionnaires consultés, à l'exception de TraitDu 1989, 401.

VZZ □ VAR. *vziou, vzy* (rare).

"(bruit de sifflement d'un projectile avant son point d'impact)".

— [balle d'une arme à feu]

• Associé à d'autres onomatopées.

1. Pour les dattes, un soir, il avait failli se faire descendre. Pendant qu'il cueillait au dattier, perché sur les épaules d'un copain et remplissant deux musettes, on leur avait tiré dessus !
– Tout à coup : pan* !... Nom de Dieu ! J'entends : **vziou** ! dans les feuilles... (Cl. Duneton, *Le Diable sans porte,* 1981, 201.)

REM. **vzit** "id.". « Je me retourne... **Vzitt**... la balle de l'autre... sans mon mouvement, je l'avais ici. (Il montre sa poitrine.) » (Duport et Laurencin, *Casimir,* 1838, 681).

— [boomerang, flèche, arme blanche]

2. [...] premier temps, harponner notre homme, la tête en arrière, le renverser !... deuxième temps, lui trancher les carotides [...] ah, l'arme ?... une faucille extrêmement fine ! rasoir... **vzzz** !... (L.-F. Céline, *Rigodon,* 1973 [1961], 143-144.)

3. – [...] Il avait comme un fusil à seringue par le trou de la porte, et... **vzzy**, la fléchette dans le cul. (A. Joffo, *Babyfoot,* 1983 [1977], 9.)

REM. **vzif** "id.". « **Vzziiif**, fait la saccagne [= poignard] en filant au but. / Hhhan* ! fait la nière [= fille] en la recevant sous l'omoplate » (San-Antonio, *Baisse la pression, tu me les gonfles !*, 1988, 115).

• En contexte métaphorique.

4. Ce qu'il y a de plus agréable dans les traites, c'est qu'elles ont le même caractère que le boomerang. Tu la lances, et pfff [v. *pff*[1]]... Elle file, elle s'en va, elle disparaît et tu es heureux... Et puis trois mois après, tu entends : **vzz...vzz... vzz...** La voilà qui revient [...]. (M. Pagnol, *Le Schpountz* [Film de 1938], *Œuvres complètes*, 1995, t. 3, 675.)

— [Par analogie]

5. – C'est plus fort que moi, Daniel, je voudrais arrêter de tourner mais je n'y arrive pas, je suis trop malade [d'avoir bu du whisky].
[...] Depuis cinq ans que j'habite ici, je sais parfaitement où se trouvent les pièces. Eh bien, je pars quand même en diagonale par rapport à la porte. Je redresse et **vzzzz**, voilà le divan qui fonce du centre de la pièce, droit sur moi, comme un obus. (P. Cauvin, *E = mc*², *mon amour*, 1984 [1977], 118.)

♦♦ Attesté dep. 1838 *vzitt* (v. ici rem.). Cf. 1692 « ARLEQUIN *montrant les Fusiliers.* – Est-ce là la Garde ? / PASQUARIEL. – Ouy, Monsieur, ils servent aussi à moucher les chandelles. Il y a un homme qui tourne le lustre et l'autre, à bale seule, **vts** (*il fait avec son bras comme s'il couchoit en joue, et avec la bouche il contrefait le bruit sourd que fait la bale quand elle est en l'air,*) il ne manque pas un lumignon » (Ch. Dufresny, *L'Opéra de campagne*, dans Gherardi, *Le Théâtre italien*, 1701, t. 4, 26). — Absent des dictionnaires consultés, à l'exception de TraitDu 1989, 401.

W

WAOUH □ VAR. *ouaou, ouaouh, waoh, wahou, waouw, waow, whao, woaou, wouhao, wouaou, wow.*

“(marque la joie, l’enthousiasme, l’admiration)”.

1. TÉLÉPHONE. — Je peux venir tout à l’heure, après déjeuner ?
MIREILLE. – Je vous attends, monsieur d’Amour. *(Clic*, elle dépose le combiné.)* **Ouaou** ! (J. Godbout, *D’amour, P.Q.*, 1991 [1972], 53.)

2. [...] il déchire la jupe qui tombe en rideau sur le sol. **Wouaho** ! (J. Vautrin, *À bulletins rouges*, 1980 [1973], 18.)

3. La terre tremble, s’ouvre, ils disparaissent dans le trou béant. / **Wow** ! Regarde, c’est trop rouge maintenant : là-haut les astronautes se défoncent. (*Actuel par Actuel*, 1977, 88-89.)

4. [...] c’était la rentrée sur Paris [...], des filles repeintes à neuf sur les boulevards la sortie des sténos **ouaouhhh** petits tétons que tâterai à tâtons sous les bourgeons qui s’éclatent au soleil [...]. (D. Rondeau, *L’Âge-déraison*, 1982, 151.)

5. Au moment où je frappe ces mots [...], j’entends dans ma radio le nouveau maxi des Full Force... **Waow** ! Dément ! (Ph. Manœuvre, *L’Enfant du rock*, 1986, 250.)

6. [...] le rire le reprend, il s’écroule dans un super fauteuil : « **Waoh** ! [...] ». (J.-P. Demure, *Découpe sombre*, 1988, 103.)

7. Un centre aéré en promenade, avec un moniteur à sifflet qui moulinait des bras pour apprendre aux enfants comment respirer, salua le passage de la vieille auto noire, avec des applaudissements, **waouh** ! et bras d’honneur. (D. Van Cauwelaert, *L’Orange amère*, 1988, 112.)

8. – Entre vite, Pamela, les chevaux t’attendent.
– ***Waouw !***
Sur ce cri de victoire, Pamela ouvrait le portail [...]. (Chr. de Rivoyre, *Crépuscule, taille unique*, 1989, 88.)

9. Mman [*sic*] vit qu’il y avait des hommes à la terrasse du café. Elle fit aussitôt basculer ses lunettes de soleil sur son nez. Poitrine haute, fesses tendues, elle s’appliqua à faire la dame, un peu ridicule sur ses talons aiguille. [...] Mais, quand Mman parvint à leur hauteur, ils se mirent à s’esclaffer, à pousser des cris, à la railler.
– **Whao** ! une éclipse ! je vois la lune en plein jour, ricana Chateau.

(G. Mordillat, *L'Attraction universelle*, 1990, 103-104.)

10. Oh ! ça c'est bon ! **Wahou**, t'as qu'à te laisser porter ! (M. Sergent, *Normal*, 1991, 24.)

11. **Wouaou**, elle est gé-niale, ta montre !... C'est une souatche, fais voir ?... Gé-niale !... (G. Dormann, *La Petite main*, 1993, 105.)

12. Aimer, c'est c' qui y'a de plus beau ! / Aimer, c'est toucher les ailes des oiseaux ! / **Wââââaaaoûûûuuuh !** Le romantisme à deux balles ! (P. Pellerin, *Tout va bien*, 2001, 160.)

13. En se retournant sur le tableau de chronométrage, elle [une championne olympique de ski alpin] ne peut réprimer un « ***Waouh !*** » en levant les bras au ciel. (*Le Monde*, 14 février 2002, 28.)

14. **Waow**, la vie de top model, c'est super dingue. On est belle, tout le monde le pense, alors on gagne très bien sa vie pour cette seule et unique raison. (*Télérama*, 27 mars 2002, 121.)

15. [...] le pathétique **wow** ! ou mieux encore **waoooow** ! voire **woaaou** ! d'enthousiasme, directement importé des feuilletons américains achetés à la tonne et au rabais par les chaînes françaises dans les marchés de programmes de télévision. (P. Merle, *Précis de français précieux du XXIe siècle*, 2002, 51.)

V. encore *Anthologie*, n° 45.

♦♦ Attesté dep. 1972 dans le français du Québec (v. ici ex. 1) et 1973 dans le français de France (v. ici ex. 2) ; emprunt, adapté à des degrés divers, à l'anglais américain *wow*. — L'interjection n'est enregistrée que dans Merle 1986 et Caradec 1998 (*wouaouh*), TraitDu 1989, 409 (*wôw*) et Rob 2001 (*waouh*), ce dernier l'indiquant comme attestée dep. 1994 (sous la forme *whâo* en 1984).

WHAM

1. "(bruit produit par une forte explosion)".

1. WHAM
[HADDOCK.] – [...] Tonnerre de Brest ! l'appareil [un avion] a fait explosion ! (Hergé, *Coke en stock*, 1958, 19.)

2. – Le temps de dégoupiller ce petit ananas [une grenade défensive]... et je vous l'expédie [...].
WHAM (Hergé, *Vol 714 pour Sydney*, 1968, 40.)

V. encore *Anthologie*, n° 45.

2. "(pour marquer la soudaineté d'un procès)".

3. [...] le téléphone a hurlé. **Et Wham !** C'était Dionnet ! (Ph. Manœuvre, *L'Enfant du rock*, 1986, 179.)

♦♦ Attesté dep. 1958 (v. ici ex. 1). Emprunt à l'anglo-américain, enregistré seulement dans TraitDu 1989, 405.

WIZ □ VAR. *ouiz*, *whiz*.

"(bruit cinglant ou sifflant d'un projectile)".

1. [Sifflement de balle] WIZZ
[IVAN.] – Vite !... mon browning... (Hergé, *L'Île noire*, 1938, *Archives Hergé*, 1980, t. 4, 47.)

2. [...] il lui appliqua une cordiale claque dans le dos, tout en imitant l'explosion d'un obus :

– **Whizzz... Bang*** !... (M.-É. Grancher, *5 de campagne*, 1938, 217-218.)

3. [...] on leur tire des pommes vertes emmanchées au bout d'une baguette flexible, **ouizz**, ça a une force terrible, ça fait un mal de chien. (Fr. Cavanna, *Les Ritals*, 1981 [1978], 35.)

4. [...] d'un seul coup... Bing* **WWWwwwiiiZzzz** !... Des abeilles se mettent à butiner à nos oreilles. [...]. Je me retourne. / Un agent, puis un autre. Ils jouent au 7,65 dans notre dos ! (J. Vautrin, *Bloody Mary*, 1982 [1979], 86.)

REM. **zwiz** "id.". « ZWIIIIIIIIZ » « ZWIZWIZWIII » (Hergé, *L'Île noire*, 1938, *Archives Hergé*, 1980, t. 4, 67 et 128).

♦♦ Attesté dep. 1938 (v. ici ex. 1 et 2). — Absent des dictionnaires consultés.

WRAOU □ VAR. *wrah, wrao*.

"(bruit de l'aboiement du chien)".

1. Kerhardy exhorte son chien à la défense :
– Si les sales garçons i s'amènent, mords-y leur jambe.
– Rrr*... rrr... **wrrao**...
– Et pis le derrière !
– Rrr... **wrrrao... o... o**. (A. Machard, *Les Cent gosses*, 1912, *L'Épopée au faubourg*, 1946, t. 1, 65.)

2. Miraut, qui mangeait des épluchures derrière la chaise de son maître, dressa subitement son petit mufle.
« **Wrraou** ! bou ! bou ! [v. *bou bou*[2]] » s'exclama-t-il d'un ton cependant encore timide et incertain. (L. Pergaud, *Le Roman de Miraut*, 1913, *Œuvres complètes*, 1987, 276.)

3. Foutez-moi le camp, voyou ! vite ! voyou ! saloperie ! et j'aboie avec les clebs ! *ouah !* [v. *ouah*[1]]... et je râle !... ***wrah !*** prêt à mordre !... à nous quatre ensemble je peux dire qu'on se fait entendre ! ***wrah !*** jusqu'à Auteuil !... (L.-F. Céline, *Rigodon*, 1973 [1961], 32.)

♦♦ Attesté dep. 1912 (v. ici ex. 1). — Absent des dictionnaires consultés.

Y

YOUP □ VAR. *hioup* (rare), *ioup* (rare).

"(pour accompagner un mouvement vif)".

1. L'INSPECTEUR. – [...] (Il s'approche du puisard et se penche en criant.) Ohé ! là-dessous !... y êtes-vous les récureurs ?
UNE VOIX DE DESSOUS, avec un cri prolongé. – Ohé !... **hioup** ! (Dumersan et Dumanoir, *La Canaille*, 1839, 10.)

2. FOUGALLAS, *lui prenant la taille.* – **Ioup ! ioup !**
MARIANNE. – Ah !... finissez donc... Vous m'avez fait peur !
FOUGALLAS. – Bah ! puisque ma femme est partie... Voilà un quart d'heure que je guette son départ... délicieux ! (E. Labiche, *Un mouton à l'entresol*, 1875, *Théâtre*, 1991, t. 2, 1032.)

3. Vas-y la poupée ! qu'on t'aime !... Allez du balai !... **Youp** ! là là... (L.-F. Céline, *Guignol's band*, 1944, 108.)

4. Le coiffeur avait ajusté le petit siège en osier sur le grand fauteuil. Puis il avait aidé le gamin à s'installer.
– **Youp** ! (J. Amila, *Le Boucher des Hurlus*, 1982, 29.)

— **et youp.**

5. UN : [...] À vous de servir.
DEUX : Lancez, lancez. [...]
UN : **Et youp.** (R. Dubillard, « Le ping-pong », *Les Diablogues*, 2000 [1976], 25.)

— En contexte métaphorique.

6. Vous en voulez du communisme ? **Youp** ! Laridon ! Servez chaud ! Vous serez fatigués avant moi ! (L.-F. Céline, *Les Beaux draps*, 1942 [1941], 119.)

♦♦ Attesté d'abord dans des refrains « auvergnat » en 1798 (« Et **youp.** / À tout âge l'on danse / Le rigaudon, / Zig, zag, don, don » A. Gouffé et L.M. Henriquez, *Le Chaudronnier de Saint-Flour*, an VIII, 24), « picard » en 1802 (« **Iou, piou, piou**, com' çà met en train [...] D'un Picard c'est l' refrain » J.N. Bouilly, *Une folie*, dans DDL, s.v. *youp*) et « savoyard » en 1808 (« JOSEPH. Pour bien finir une soirée, / Et bien saisir / Le plaisir ; Il faut s'unir. CHŒUR, *en dansant.* Pour bien finir, etc. TOUS. **Youp, youp.** [...] TOUS. **Youp, youp, youp** » Dieulafoy et Gersin, *La Vallée de Barcelonette*, dans DDL). — GLLF, Ø ; TLF, Ø ; Rob 2001 ; NPR 2000 ; PL 2000 ; cf. FEW 5, 77b, JUP-.

Z

ZIM

Le plus souvent redoublé ou associé à d'autres onomatopées.

1. "(bruit sifflant d'un projectile avant son point d'impact)".

1. Voui !... Voui !... on reste ici ! on va s' marrer ! La tête des vieux ! **Zim**, ba, la, boum*, pan*, pan ! **Zim** ! **Zim** !... C'est la vraie guerre !... on n'est pas des capons ! (A. Machard, *Les Cent gosses*, 1912, *L'Épopée au faubourg*, 1946, t. 1, 81.)

2. – On était couchés tous dans l'herbe. Ça buquait [= tirait]. Pan* ! Pan ! **Zim, zim**... (H. Barbusse, *Le Feu*, 1916, FXT.)

3. [...] **zim** crac* ftttt [v. *ffi*[1]] la bouteille à l'encre a valsé [...]. (Cl. Menuet, *Le Pensionnaire*, 1993 [1972], 39.)

4. Zoum*-**Zzzzzim**, le bourdonnement caractéristique d'une balle ricochant sur l'armature métallique d'un wagon le contraignit à ravaler la fin de sa phrase. (R. Vuillemin, *La Victoire des vingt culs*, 1990, 74.)

V. encore *bing*, ex. 18.

2. [Musique]

2.1. "(bruit produit par des cymbales)".

5. Elle émet comme un son de cloche... / Elle vibre comme une cymbale... **zim... im... im...** (R. Devos, *Un jour sans moi*, 1998 [1996], 59.)

— Par analogie.

6. Qui a inventé le feu ?
Un primitif !
C'était peut-être l'innocent du village.
Un jour qu'il ne savait pas quoi faire de ses dix doigts, il a pris deux pierres, une dans chaque main... (aux innocents les mains pleines !)
Il a frotté les deux pierres l'une contre l'autre...
Zim ! Zim !
Et ça a tout de suite fait des étincelles !
(R. Devos, *À plus d'un titre*, 1989, 49.)

2.2. zim boum boum.

— "(bruit des cymbales et de la grosse caisse)". □ VAR. *dzim boum boum, dzing boum boum.*

7. [...] allons saute paillasse ! en avant la musique !.. vivent les cymbales !.. la grosse caisse ! **Dzing-Boum** ! et son auguste famille ! [...] (Imitant la grosse

caisse et les cymbales.) **Dzing, boum boum, dzing, boum, boum, boum, boum.** (E. Bourget, « Pannotet aux Champs-Élysées », dans *Album comique*, 1841, t. 1, 183.)

8. « [...] après, avec sa peau, couvrir un grand tambour de guerre pour aller contre les Achantis. **Zim ! boum ! boum !... Zim ! boum ! boum ! boum !** » (A. Daudet, *Jack*, 1876, *Œuvres*, 1990, t. 2, 53.)

9. Il [l'ours] tourne, grogne et danse [...]. Quel spectacle ! **Zim... Boum... Boum...** C'est la Fête ! (R.-A. Rey, *Frosine*, 1980, 39.)

• Associé à d'autres onomatopées.

10. Sonnez, trompette, en avant la musique !
D'zing boum boum ! *(bis)*
D'zing malatapoum !
Je suis, messieurs, le docteur Mirifique,
D'zing malatapoum ! *(bis)*. (Alexis Dalès, « Le Docteur Mirifique », dans Ch. Nisard, *Des chansons populaires*, 1867, t. 2, 227.)

11. Quand on tirait sur le gros nez rouge monté sur ressort, les yeux du clown se mettaient à clignoter à toute allure ; en même temps, le chapeau à grelots s'ouvrait en ombrelle au-dessus de sa tête, la marguerite tournait sur elle-même avec un bruit de crécelle, et ran* et plan*, et gling* et clac* et **dzim boum boum**, le clown à clochettes dansait une petite gigue joyeuse sur fond de cymbales, tambour, claquettes et grelots. (C. Bouchard, *La Bande des Pas-Beaux*, 1993, 27.)

• Avec inversion des éléments.

12. **Boum ! Boum ! Dzing** ! en avant la musique et les gros sous ! (Ch. Gabet, *Cœur qui soupire...*, 1858, dans DDL.)

REM. Dans l'exemple suivant, la forme *Bloum* s'explique sans doute par le fait que les *Mémoires de Rigolboche*, parus la même année et contre lesquels ce petit volume proteste, ont pour véritables auteurs Ernest *Blum* et Louis Huet : « **Dzing ! Bloum ! Bloum** ! deux sous pour les grandes personnes ! un sou pour les militaires et les bonnes d'enfants ! » *(À bas Rigolboche*, 1860, 16).

— Péj. "(pour évoquer une musique bruyante)".

13. [...] Zazar l'avait déclaré lui-même à l'antenne : « Les **zim-boum-boum** ne valent pas le tango. » (J. Mondoloni, *Tenue de galère*, 1991, 179.)

14. [...] le walkman, dans le métro, tout le monde en profite, et pas seulement celui qui l'a. Et alors, quand on est plongé dans le journal, qu'on essaie de se concentrer sur la rubrique météo, et que le type, à côté, vous bombarde d'un **dzim boum boum** informe, c'est pas juste. (A. Rémond, dans *Télérama*, 11 mars 1992, 68.)

15. Ils faisaient une drôle de manif lente, cinq loqueteux dignes, l'œil rouge, raides de ne pas oser regarder leurs pieds et qui se tenaient par le bras. [...] On s'attendait à les voir lever la cuisse, **zim boum boum**, tralala, Moulin-Rouge des déchus, infernal quadrille des lanciers défroqués. (M. Quint, *Cake-walk*, 2001 [1993], 150.)

16. – Quand je pense à ces nè... enfin, à ces Noirs que vous nous avez amenés un jour dans la Collégiale !
– Le Golden Gate Quartet, madame, de très grands artistes. [...]
– [...] Dire que j'imaginais de beaux negro spirituals chantés *a cappella.*

Mais il y avait cette batterie qui faisait **zim boum boum**, et ces... Noirs qui claquaient des mains dans notre collégiale. Quelle horreur !... (J.-M. Villemot, *Abel Brigand*, 2002, 51.)

REM. **1. zim /tzim badaboum. a)** “id.”. « [...] les voilà tous les trois tressautant sur des tabourets, en faisant de grands *zim boum*, ***zim badaboum*** » (E. et J. de Goncourt, 16 mars 1873, *Journal*, 1989, t. 2, 538) ; « Et une douzaine de “Marseillaise” pour vingt et une heures [...]. Faut faire frémir l'orteil paysan dans son sabot de la dignité française. Et roumpapa **zim badaboum !** » (R. Fallet, *Banlieue sud-est*, 1947, 341) ; v. encore *vlan*, ex. 34. **b)** “(pour marquer la soudaineté d'un procès)” V. *crac*, ex. 47. **2. zim (la) boum. a)** “id.”. « Nous ne sommes pas même en guerre ! / Tout va bien, messieurs, tout va bien ! / Et **zim la boum** !... Vive la République ! » (J. Ferny, dans *Les Gaîtés du Chat Noir*, 1894, 314) ; « Ils sont tous mordus pour la guerre !... Je vais lui faire la honte !... Il barrera !... **Zim la Boum** !... C'est patriote les grenouilles ! » (L.-F. Céline, *Guignol's band*, 1944, 72). — Par analogie. “(bruit produit par un orage)”. [...] une pluie battante depuis trois jours, avec force **zim-boum** de là-haut, comme de la tôle froissée sur l'autoroute des dieux ! » (J.-Cl. Bologne, W. Lambersy, *L'Os à souhaits*, 1992). **b)** “(pour marquer la soudaineté d'un procès)”. « Et **zim boum**, la porte s'ouvre avec fracas » (M. Quint, *Le Bélier noir*, 1997 [1991], 196) ; v. encore *crac*, ex. 48. **3. zizi boumboum**. V. *patapan*, ex. 6.

♦♦ 1. Attesté, sous la forme *zin*, dep. 1555 en un sens indécidable (« **Zin zin** patipatac » Clément Janequin, v. *Anthologie*, n° 3, 2e version) ; sous la forme *zint* dep.1548 (« elles [les Amazones] tiroient de fois à d'autre par plaisir avec fleches si proprement epanées de soye, qu'au décocher le **zint** et bruit que rendoit l'arc faisoit resonner l'air fort longuement » *Amadis de Gaule*, livre 8, ch. 43, 1555, f° 124v°) et 1551(« En vos deux cœurs de mesme arme je fis bresche. / Ouy, luy dy-je, et le **zint** de la flesche / Fut entendu par moy qui blessé suis » E. Forcadel, *Œuvres poétiques*, 1977, 287) ; 1729 (« La Bayonnette, **zin**, / **Zin**, **zin** » Dominique et Romagnesi, v. *Anthologie*, n° 6) ; dep. 1912 (v. ici ex. 1). **2.** Attesté dep. 1841 (v. ici ex. 7). — Absent des dictionnaires consultés, à l'exception de Rob 2001 (*zim boum boum*) et TraitDu 1989, 81 et 141 (*dzim boum boum !*) ; FEW 23, 147b ‘cymbale’, 148b ‘timbale’ et 195b ‘bruit ; tapage’.

ZIN ZIN

Vieilli “(son du violon)”.

1. Le violoneux accorde son instrument qui grince ; on se met en route. Il faut une heure pour aller jusqu'au bourg. ***Zin, zin, zin***, fait la musiquette grêle. (P. de Corlay, dans *Le Petit journal, Supplément illustré*, 11 novembre 1894, 362d.)

V. encore *cot cot*, ex. 1.

♦♦ Attesté dep. 1865 (v. *cot cot*, ex. 1). Cf., pour exprimer le son de la viole, en 1535 (« Et la violle **ze, ze, ze, zex** » *La Fleur des noëls*, v. *Anthologie*, n° 1, str. 7) et le son du violon, *ca* 1840 (« **zon zon zon** », FEW 23, 143b ; v. encore *ibid.* 144b ‘vielle’). — Emploi absent des dictionnaires consultés.

ZIP □ VAR. *zp*.

1. [Domaine concret]
1.1. "(bruit de glissade, de frottement, de crissement)".

1. [Tintin glisse sur une peau de banane] ZIP (Hergé, *Les Cigares du Pharaon*, 1984 [1934], 93.)

2. Mon ami me parlait avec exaltation du blizzard hurlant dans les sapins noirs [...], du **zip zip zip** monotone des raquettes de neige [...]. (M. Tournier, *Le Roi des aulnes*, 1970, FXT.)

1.2. "(bruit d'une fermeture à glissière)".

3. Il profite de la pause pour, en vitesse, se reboutonner un peu partout et remonter **zip** sa fermeture éclair. (J.-L. Bory, *La Peau des zèbres*, 1981 [1969], 208.)

4. **ZIP !** la fermeture éclair glisse sur mes reins, et je suis nue maintenant [...].(J. Godbout, *D'amour, P.Q.*, 1991 [1972], 99.)

5. [...] le bruit discret d'un **zip** de pantoufle. (A.D.G., *Le Grand Môme*, 1977, 93.)

6. Raynette entre dans le hall. Elle est seule. Coup d'œil par-dessus l'épaule. Un genou à terre et **Zip !** de la poche intérieure de son blouson elle sort des liasses [...]. (F. Lasaygues, *Vache noire*, 1985, 131.)

1.3. "(bruit de sifflement d'un projectile ; bruit d'un instrument tranchant : lame de rasoir, ciseaux, tranchet)".

7. [...] le bon vieux rasif [...] ! Une arme redoutable bien en pogne. On la tient par la lame, le manche replié... **zip !** (A. Boudard, *Le Banquet des léopards*, 1990 [1980], 158.)

— Associé à une autre onomatopée.

8. Le chien est à trente mètres, je tire [avec un lance-pierres]... Mon caillou fait voler une poignée de gravier sur le chemin. / Je recharge vite. / À quinze mètres le chien stoppe. Frôlé, il a entendu le caillou... Il fait demi-tour. Je lâche l'autre coup... **ZZZpp...** Flac* !!! / En plein dans le trou du cul ! » (J. de Bougues-Montès, *Chez Auguste. Histoires truculentes et vraies du Bassin d'Arcachon*, 1982, 65).

— **zip zap** "(bruit de ciseaux)".

9. – [...] Si tu te laisses pas faire, je vais jamais y arriver... !!
– Sans compter qu'on s'était installés devant la fenêtre de la cuisine grande ouverte et j'avais le soleil en pleine figure. Ses cheveux brillaient tellement que j'avais du mal à les attraper.
– Penche-toi un peu en avant...
Zip, zap, j'ai égalisé deux mèches dans la foulée. (Ph. Djian, *37°2 le matin*, 1986 [1985], 260.)

2. "(pour marquer la soudaineté ou la rapidité d'un procès)".

10. Vraiment c'était merveilleux... Je me lassais pas d'admirer... J'allais parler presque... J'allais demander du détail... **Zip !...** Je me raccroche, je me détériore. (L.-F. Céline *Mort à crédit*, 2000 [1936], 260.)

11. – Tu te décides oui ou non [à enfiler un vêtement] ? [...]
Zip, une jambe, deux jambes ; vite, vite, la gauche d'abord, la droite **rezip**. (P. Cauvin, *Monsieur papa*, 1987 [1976], 34.)

12. – Elle bouffait une pomme, et l'assassin est arrivé par derrière, **et zip !** fit Gerbert sur un ton dubitatif. (A. Terrel,

Le Croque-mort a croqué la pomme, 1988, 28.)

— **zip zap** “id.”.

13. Un de ses trucs : les nœuds de cravate à baleines. **Zip**, **zap**. (Bayon, *Le Lycéen*, 1987, 28.)

♦♦ Attesté, d'abord associé à d'autres onomatopées, dep. [*ca* 1480, sous la forme *sip* (« Vous eussez ouy pesle mesle : / « Tip, tap, **sip**, sap ! A la barriere ! » *Le Franc archier de Baignollet*, 1966, 34-35)] déb. 16e siècle, associé à d'autres onomatopées, pour exprimer des coups (« A la chambre des clercs, **zip**, zop, / Sur Martin et Johannès / Qui se dormoient, **sip**, tip, top. / Ils se resveillent tout a cop », *Le Monologue du baing*, dans G. Coquillart, *Œuvres*, 1975, 349) ; dans un refrain musical, sous la forme *zipe*, en 1612 (« Jouant de la braguette / **Zipe zipe zipe zipe**-son », v. *Anthologie*, n° 4, str. 5). — Absent dans cet emploi des dictionnaires généraux ; TraitDu 1989, 426 (« *ziiiiiiip* balle qui siffle ; bruit de fermeture éclair ») et 435 (« *zzziiipp* flèche qui vient d'être lancée et qui fend l'air »).

ZON

Souvent répété.

1. Vieilli “(bruit d'un coup que l'on donne à une personne)”.

1. Gar'-là, qu' sur sa baigneuse
J' ly r'passions un savon,
Et **zon**, **zon**, **zon**,
Allez donc. (M.-A. Désaugiers, *Chansons et poésies diverses*, 1812, t. 2, 24.)

— Dans une succession d'onomatopées.

2. [...] comme elle n'avait pas d'horloge, ça lui donnait l'heure. *Vlin ! vlan* ! **zon** ! **zon** ! –* voilà le petit chose qu'on fouette ; il est temps de faire mon café au lait. (J. Vallès, *Le Testament d'un blagueur*, 1869, *Œuvres*, 1975, t. 1, 1098.)

3. [...] il se débattait terriblement, culbutant les uns, déchirant les autres, éborgnait celui-ci, giflait celui-là, en bosselait un troisième, et pan* par-ci, et toc* par-là et **zon** sur un autre [...]. (L. Pergaud, *La Guerre des boutons*, 1912, *Œuvres complètes*, 1987, 571.)

2. “(bruit produit par la vibration d'un objet)”. □ VAR. *zum*.

4. Il pince un élastique retenu entre ses dents et qu'il tend devant sa bouche entre deux doigts : **Zum** ! **zum** ! **zum** ! Les vibrations lui chatouillent agréablement le tympan. Du coin de sa bouche resté libre, il susurre : « C'est un violon, un vrai violon... j' me bidonne ! » (A. Machard, *Les Cent gosses*, 1912, *L'Épopée au faubourg*, 1946, t. 1, 64.)

5. [...] en manière d'exclamation il plante sa banderille dans la table massive et ça vibre : **zon zon** ! (Marie & Joseph, *Le Crime de la rue du ciel*, 1988, 135.)

♦♦ **1.** Attesté dep. 1537 (« **Zon** dessus l'œil, **zon** sur le groing, / **Zon** sur le dos du Sagouyn / **Zon** sur l'asne de Balaan ! » Cl. Marot, *L'Épître de Frippelipes*, *Œuvres satiriques*, éd. par C. A. Meyer, Londres, 1962, 106) ; 1640 sous la forme redoublée (« **Zonzon**, *sorte d'interiection utilisée en frappant une personne* » Oudin) ; enregistré seulement dans GLLF. **2.** Attesté dep.

1912 (v. ici ex. 4) ; absent des dictionnaires consultés.

ZONZON

1. "(bruit de bourdonnement d'un insecte ailé, notamment mouche ou moustique)".

1. Tout autour un tas d' mouch' légères Mèn' dans l' soleil un gai **zonzon** ! (Ch. Grandmougin, « Le bûcheron », *Les Chansons du village*, 1889, 33.)

2. [...] le « **zonzon** » exaspérant du moustique mâle. (Y. Audouard, *Almanach égoïste*, 1990, 102.)

3. [...] **zonzon** musical de son agonie [d'un hanneton] interminable et vibratile [...]. (Bayon, *Les Animals*, 1990, 47.)

— Simple.

4. [...] crions avec tout le monde : « Mort aux mouches. » Et que répondent les mouches à cette formidable protestation ? Elles répondent : « **Zon** ! » (P. Mac Orlan, *Les Bourreurs de crâne*, 1918, 52.)

2. "(bruit de ronflement d'un petit moteur)".

5. Et il a disparu dans la salle de bain. J'entendais vaguement [...] le **zonzon** d'un Philips [= marque d'un rasoir électrique]. (Ch. Roudé, *Rue Paradis*, 1987 [1986], 67.)

6. C'est le **zonzon** d'un vieil aspirateur poussif [...] qui me réveille. (San-Antonio, *Cocottes-minute*, 1990, 177.)

7. Ça s'ouvre du côté conducteur. **Zonzon** feutré et électrique de la vitre qui s'escamote dans l'épaisseur de la portière. (J.-H. Oppel, *Zaune*, 1991, 21.)

REM. **zinzin** n. m. **a)** "bruit de bourdonnement d'un insecte ailé". « [...] les moustiques faisaient **zinzin** [...] » (J. d'Arbaud, *La Sauvagine*, 1929, dans *Gens de Provence*, 1997, 659) ; « Le boucher sommeillait au creux d'une escalope, bercé par le **zinzin** des mouches bleues » (R. Fallet, *Le Triporteur*, 1991 [1951], 11) ; « [...] le **zinzin** des moustiques [...] » (Cl. Simon, *L'Herbe*, 1958, FXT). **b)** "bruit de stridulation de la cigale". « Pas un bruit, hormis le **zinzin** monotone des cigales dans les fourrés d'alentour [...] » (P. Gerrard, *Aux frontières de la peur*, 1993 [1964], 78).

DÉR. **zonzonner** v. intr. **a)** "faire *zonzon*" [Correspond à *zonzon* 1]. « [...] les moustiques femelles[,] quand elles sont porteuses, éprouvent une répulsion absolue pour leur partenaire masculin et s'éloignent à tire-d'aile dès qu'elles l'entendent "**zonzonner**" » (Y. Audouard, *Almanach égoïste*, 1990, 103). Var. **zonziner**. « [...] une cloche à fromage [...] OVNI autour duquel **zonzinaient** des mouches [...] » (M. Lebrun, *Le Géant*, 1996 [1979], 219). **b)** [Correspond à *zonzon* 2]. « Un appareil à air conditionné [...] **zonzonne** doucement dans une pénombre suave » (San-Antonio, *Ma langue au chah*, 1978 [1956], 63) ; v. encore *bzz*, ex. 21. □ **zonzonnant, -ante**, adj. [Correspond à *zonzonner* 1]. « Je suis retourné chasser les deux mouches [...] qui voletaient en zigzag, toutes **zonzonnantes** [...] » (J. Hougron, *La Gueule pleine de dents*, 1970, 11). □ **zonzonnement** n. m. **a)** [Correspond à *zonzonner* 1]. « [...] le **zonzonnement** des moustiques [...] » (H. Pagan, *Les Eaux mortes*, 1986, 91). **b)** [Correspond à *zonzonner* 2]. « Le **zonzonnement** monotone de la scie du menuisier [...] » (Th. Bresson, *Le Vent feuillaret*, 1980, 148) ; « Le **zonzonnement** du frigidaire s'enfla, l'horloge mesurait le temps avec la discrétion d'une grosse caisse » (J. Folly, P. Job, *Le P'tit Jésus*, 1982, 93).

♦♦ Attesté dep. 1889 (v. ici ex. 1). — TLF ; Rob 2001 ; GLLF, NPR 2000 et PL 2000 Ø.

ZOUIP □ VAR. *zwip*.

1. "(bruit de siflement d'un fouet)".

1. DEUX : **Zouip ! Zouip ! Zouip !**
UN : Pourquoi faites-vous : "**zouip**" ?
DEUX : Ce n'est pas moi qui fais **zouip**, c'est mon fouet. **Zouip, zouip** ! Flac* ! Ce cheval est en panne. (R. Dubillard, *Les Nouveaux diablogues*, 2000 [1988], 280.)

2. "(bruit de glissade, de frottement, de crissement)".

2. La roue avant de la moto fait **zwip** et, c'est ça le destin, la mort quitte sa ligne et s'envole vers moi... (M. Quint, *Cakewalk*, 2001 [1993], 11.)

♦♦ Attesté dep. 1988 (v. ici ex. 1), mais probablement antérieur dans la bande dessinée. — Absent des dictionnaires consultés, à l'exception de TraitDu 1989, 431 (*zouipp*) et 433 (*zwiiip*).

ZOUM, ZOUP

"(pour exprimer la rapidité d'un procès, impliquant une action plus *(zoum)* ou moins *(zoup)* violente)".

1. zoum.

1. – Le jour où je trouverai Marco, il crachera toutes ses dents mais avouera qu'il a été planqué ici. Et alors là, **zoum**, tout le monde au bloc ! (A.D.G., *Cradoque's band*, 1972, 37.)

2. [...] il darde vers moi un méchant couteau à cran d'arrêt [...]. **Zzzzoum**, il tranche l'air de sa lame en direction de mon ventre. (M. Lebrun, *Comme des fous*, 1972, 67.)

3. Il déboule ! Fou, dingue. La survitesse. Il passe en trombe. [...] Et ça y est. Il est parti en valdingue furieux, en l'air comme ça : « **zzzoum** ! » [...]. (Bayon, *Le Lycéen*, 1987, 37.)

4. J'ai actionné le cran d'arrêt. Ce n'était pas une lame éjectable mais ce fut moi qui eus l'impression d'être éjecté. **Zoum** ! (P. Frémiot, *La Pompe à bière ne répond plus*, 1992, 182.)

V. encore *pif paf*, ex. 14 ; *zim*, ex. 4.

2. zoup. □ VAR. *zop*.

5. – [...] çui qui verra un truc qui traîne et peut être piqué en douce, allez **zoup**... embarqué ! (R. Vuillemin, *La Chasse aux doryphores*, 1989 [1973], 123.)

V. encore *pif paf*, ex. 15 et 31.

— et zoup.

6. [...] de vénérés titres de rente [...] **et zoup** ! escamotés dans la poche du curé [...]. (H. Fèvre, L. Desprez, *Autour d'un clocher*, 1992 [1884], 139.)

7. Elle a bondi... **Et zoup**, dans les chardons. (Cl. Courchay, *Chronique d'un été*, 1990, 89.)

♦♦ Attesté dep. 1884 *zoup* (v. ici ex. 6) et dep. 1972 *zoum* (v. ici ex. 1-2). — Absent des dictionnaires consultés.

ZWIT

"(bruit produit par un instrument tranchant)".

1. Y dit ah zut, ah beh, tiens y'a un morceau de saucisson qui passe par

l'armoire, alors y prend le couteau, il' coupe, **Zwitt**, et puis il' mange » (Cl. Gaignebet, *Le Folklore obscène des enfants*, 1980 [1974], 187).

2. [...] cette paire de ciseaux [...] qui coupent bien, **zwîîîîîîiiiiiit** [...]. (P. Pellerin, *Tout va bien*, 2001, 128.)

♦♦ Attesté dep. 1974 (v. ici ex. 1). — Absent des dictionnaires consultés.

ZZZ □ VAR. *zi, zzss*.

1. "(bruit produit par un insecte ailé : abeille, bourdon, mouche, moustique, etc.)".

— "(bruit de bourdonnement)".

1. Toujours pas un mot dans le bistrot. Même pas le **zzzzzzzz** d'une mouche pour dégeler l'atmosphère. (P. Siniac, *Folies d'infâmes*, 1983, 163.)

2. [...] sommeil bercé par le **zzz** têtu des insectes de pays chauds contre le tulle des moustiquaires [...]. (Bayon, *Haut Fonctionnaire*, 1993, 84.)

3. Le matin, sur la terrasse, dans le chant des cigales, dans le **zzz** des bourdons, dans le miam* et le glou [v. *glou glou*[1] rem.] des parents mal réveillés, chacun penché sur son bol, absorbé dans son miam et son glou [...]. (Y. Queffélec, *Disparue dans la nuit*, 1994, 121.)

4. Ils [les moustiques] se pointent principalement le soir au coucher du soleil. Leurs bourdonnements incessants irritent, exaspèrent les plus calmes [...] « **Zzzz...** ». (G. Del Pappas, *Du soleil plein la tête*, 2001, 96.)

— Répété.

5. L'agonie des mouches [sur les papiers tue-mouches] qui gémissaient en **zii-ziii** éperdus [...]. (E. de Marande, *Mon Village au soleil*, 1983, 190.)

6. Tout le reste de l'essaim [d'abeilles] fourrage dans mes cheveux avec ce **zss** ! **zss** ! électrique qui affole les plus courageux. (M. Scipion, *L'Homme qui courait après les fleurs*, 1984, 204.)

7. [...] mouches [...] faisant encore **Zizi-zizizi** [...]. (P. Chevrier, *La Haute-Bigue*, 1996, 48.)

8. Et puis soudain... une deuxième mouche est venue à son tour / se poser sur le dos de la première. **Zzz... Zzz...** [...] Elles copulaient à l'arrêt, / tout en devisant... **Zzz... Zzz...** (R. Devos, *Un jour sans moi*, 1998 [1996], 54.)

— "(bruit de crissement)".

9. J'ai pas la télé, [...] j' fais qu'hamaquer avec Lula sous les arbres du jardin, au **zzzzzz** des cigales **zzzzzz**. (S. Rezvani, dans *Libération*, 28 juillet 2001, 4.)

REM. **gzi** "id.". « J'écoute les cigales [...]. / – **Gzi, gzi, gzi**. (G. Del Pappas, *Massilia dreams*, 2000, 76).

2. [Bruit d'un objet manufacturé]
2.1. "(bruit de bourdonnement, de sifflement d'un appareil, d'un moteur)".

10. **Zzzziiiii...**, elle s'avança [en fauteuil roulant] jusqu'à moi [...]. **Zzzziiiii...**, elle est repartie vers son bureau. (Ph. Djian, *Échine*, 1988, 351.)

11. **Zzzzzzziiiiiiiii...** Il [le dentiste] me regardait d'un air menaçant. Sa fraise tournait dans le vide. (P. Dessaint, *La Vie n'est pas une punition*, 1995, 208.)

2.2. "(bruit de sifflement d'un objet qu'on lance)".

12. [Un lasso] ZZZZ.... (Hergé, *Tintin en Amérique*, 1932, 79.)

13. – **Zzzzzz** !
Moulinet débrayé, la grosse cuillère Kouick, lestée à 80 grammes, fila au bout du nylon 65/100. (J. A. Lion, *Histoires de femmes*, 1991, 227.).

REM. **zimz** "id.". « – Crac*, **zimzzz**, un pêcheur remonte son fil, en tournant la manivelle de son moulinet. Le bruit caractéristique fait retourner toutes les têtes » (J. de Bougues-Montès, *Chez Auguste. Histoires truculentes et vraies du Bassin d'Arcachon*, 1982, 42).

— En part. "(bruit de sifflement d'un projectile avant son point d'impact)". □ VAR. *zin* (rare), *ziu* (rare).

14. [Un caillou lancé par Tintin] ZZZZ (Hergé, *Les Aventures de Tintin [...] au pays des soviets*, 1999 [1930], 77.)

V. encore *dzing*, ex. 7.

REM. **dziou/tziou** "id.". « [...] des Indiens [...] envoient des flèches empoisonnées : "**Tziou, tziou, tziou !** " » (S. Joly, *Absolument, absolument*, 1997 [1979], v. *Anthologie*, n° 39) ; v. encore *Anthologie*, n° 47.

• Associé à une onomatopée exprimant le bruit de l'impact.

15. GILLOU. – [...] Et surtout, souviens-toi bien : si je mets ma signature à gauche, c'est qu'on aura été bombardés. *(Gaiement.)* **Zzz**... Tac* ! Tac ! Tac !
MARIE. – Veux-tu bien te taire ! (H. de Montherlant, *Fils de personne*, 1943, dans TLF.)

16. Ça pourrait être le bruitage de l'impact d'une balle : « ***zzzz... top* !*** » Ça se prononce – rassurez-vous, en anglais c'est innocent – Zizi Taupe. C'est le seul et sifflant patronyme du rock qui fait naître le même sourire radieux sur les lèvres crispées des intellos, la lippe sceptique des puristes, la bouche bée des babas et les commissures épinglées des punks. (*Télérama*, 17 septembre 1986, 46.)

• Associé à une autre onomatopée.

17. Et puis derrière nous, ça fait Tatatatatata [v. *tac*] [...] Miaou*, miaou. Et **Zzzzin-Zzzzin** [...]. (J. Vautrin, *Billy-ze-Kick*, 1985 [1974], 189.)

3. "(bruit de ronflement d'un dormeur, en phase expiratoire)".

18. [MILOU, dormant] ZZZ... ZZZ...ZZZ... (*Les Aventures de Tintin [...] au pays des soviets*, 1999 [1930], 39.)

19. Tous trois [les dictionnaires *Hachette de la langue française*, *Petit Robert I* et *Lexis*] commencent par A (première lettre de l'alphabet) ; Robert et Lexis vont jusqu'à ZYTHUM (bière de l'Égypte ancienne), mais Hachette a eu le bonheur de découvrir le ZYZOMYS (rat à queue blanche d'Australie, récemment disparu), au-delà duquel il serait difficile d'aller, à moins d'inclure ZZZ (onomatopée dénotant un léger ronflement). (*Les Nouvelles littéraires*), 8 octobre 1981.)

20. Un scrabbleur de génie ! (210 points !) Il trouve un mot de 7 lettres en dormant ! **zzzzzzz**. (Ph. Geluck, *Le Quatrième Chat*, 1991, 5.)

— Associé à une autre onomatopée qui traduit la phase inspiratoire de la respiration.

21. *rrrrrrrrrrrrr**
– ?

zzzzzzzzzzzzzzzz
– ?!
rrrrrrrrrrrrrrr
– !
zzzzzzzzzzzzzzzz
– !!
rrrrrrrrrrrrrrr...zzzzzzzzzzzzzzzz
– Mais y dort, ce con ! (J.-M. Gourio, *Brèves de comptoir 3*, 1996 [1994], 225.)

♦♦ Attesté dep. 1535 pour exprimer le sifflement du vent (« **Zi, zi, zi**, si faict la bize » *La Fleur des noëls*, v. *Anthologie*, n° 1, str. 2). **1.** Attesté dep. 1983 (v. ici ex. 1). Pour une forme ancienne proche, en 1606 « [...] les moucherons [...] importunant nos oreilles par leurs malplaisantes chansons de ***zimt*** [...] » [Trad. de Folengo], *Histoire maccaronique de Merlin Coccaïe*, 1859, 113). **2.** Attesté dep. 1682 (« D'abord l'homme au fusil, devant tous s'avança, / Tire au hazard sur nous, la bale me passa / Rasibus de l'oreille, en sifflant **zi, zi, zie**, / Dont je crus quelque temps avoir perdu l'oüye » Champmeslé, *Le Parisien*, *Les Œuvres*, 1735, t. 1, 225). **3.** Attesté dep. 1930 (v. ici ex. 18). — Enregistré dans TLF ; Rob 2001 ; NPR 2000 ; PL 2000 ; TraitDu 1989, 434 ; FEW 12, 96a SON-.

Petite anthologie onomatopéique

SOMMAIRE

1. Noël ! [1]

Noël ! Noël ! Noël ! chantons
   Noël a haulte teste
En l'honneur du doulx enfanton
   Né de Marionnette.
Noël ! Noël ! Noël !

1. Des sybiles et prophetes
Pour acomplir leur escript,
Né est d'une pucellette
Nostre sauveur Jesuchrist.
L'Emmanuel tant doucellet,
Fut [mis] entre deux bestes ;

1. On a corrigé ici quelques coquilles grossières de l'original.

Joseph l'aymoit, le bonhommet,
Qui luy tenoit la teste.

2. La traverse verse grize,
Soufflant darriere et devant :
Zi, zi, zi, si faict la bize,
Fou, fou, fou, si faict le vent,
Beheu, beheu, faict le toureau
Et l'asne faict la feste,
Hona, hona, hona, hona,
Vela sa chansonnette.

3. Les bergiers et bergerettes
Gardant leurs brebis aux champs
Ouyrent la voix celeste.
Ilz s'endormirent au chant.
Guillot dormoit et si souffloit,
Gorget et Jaquemette
Et Robinet **ron ron** ronflait
En songeant maint chousette.

4. Par derriere une bayette
Le loup vint a ce matin
Trip, trip, trip, faict la chevrette,
Vou, vou, vou, faict le mastin,
Betz, betz, betz, betz, le chevreton,
Maiz, maiz, la brebïette,
Pru, pru, du pied faict le mouton,
Le loup soubz eulx se gette.

5. Or s'eveille Guillemette,
Qui crie à très grant frayeur,
En tremblant des dens cliquette
Triqz, triqz, triqz en très grant peur.
« Au loup, au loup » font les bergiers
Frapant de leur houllete.
Le chien fut sot, le loup legier,
Il eut sa viende preste.

6. Les bergiers et bergerettes,
Aux champs laissant leurs troupeaux,
Ils vindrent a la grangette
Ou estoit le jouvenseau,
Dansant, riant, chantant, saultant,

Faisant une dansette,
Tant, tant saultent **tant, tant, tant, tant**
Avec les godinettes.

7. De la fleute, **lure lurette,**
Le bedon, **dobedondon,**
La musette, **mire lurette,**
Le rebec, **zobe zon zon,**
Et le cornet **tron tron** tronpoit,
Din din, din, les clochettes,
Et la violle **ze, ze, ze, zex**
Devant Marïonnette.

8. **Cha, chi, chi,** font les sonettes
Gambieres et carqueveaux.
Ils disoient maintz chansonnettes
Et s'acordoient comme veaux.
Joseph riet : **ha ! ha ! ha ! ha !**
Quant voyet les fillettes.
Bergiers s'en vont dehet, dehet,
La dance fut parfaicte.

9. Troys roys surent les nouvelles
Et se mirent en chemin,
Où les conduysoit l'estoille.
Hain, hain, hain, font les poulains,
Par les champs couroient les chevaux :
Ta, trapatra, tape, tape,
Les laquez couroient bas et hault :
Titi, petit, tipe, tape.

10. Entrerent en la grangette
En leur estat triumphant,
Tous troys a genoulx se gettent :
C'est pour adorer l'enfant,
Donant encens, mirrhë et or.
Puis firent leur retraicte
Aux povres donnerent leur tresor
Pour Dieu a la pucellette. (*La Fleur des noëls*, s.l.n.d. [Lyon, avant août 1535], transcrit par Jean Babelon, *Revue des livres anciens* 1 (1913-14), 402-404.)[1]

1. Dans un autre noël du même opuscule, on relève cette strophe : « La musette quine, / Haultzbois font **nan na,** / **Tararan** doulcine, / La violle **zon za,** / **Fan fan** la trompette, / **Frin frin** le rebec, / **Tur la** la fleutette, / **Ton ton** le cornet » (J. Babelon, *art. cit.*, 392).

2. Les paroles gelées

Le pillot feist responce : « Seigneur, de rien ne vous effrayez ! Icy est le confin de la mer glaciale, sus laquelle feut au commencement de l'hyver dernier passé grosse et felonne bataille, entre les Arismapiens et les Nephelibates. Lors gelerent en l'air les parolles et crys des homes et femmes, les chaplis des masses, les hurtys des harnoys, des bardes, les hannissemens des chevaulx et tout aultre effroy de combat. À ceste heure la rigueur de l'hyver passée, advenente la serenité et temperie du bon temps, elles fondent et sont ouyes [...]. »

Lors nous jecta sus le tillac plenes mains de parolles gelées, et sembloient dragée perlée de diverses couleurs [...].

Et y veids des parolles bien picquantes, des parolles sanglantes [...], des parolles horrificques, et aultres assez mal plaisantes à veoir. Les quelles ensemblement fondues ouysmes, **hin, hin, hin, hin, his, ticque, torche, lorgne, brededin, brededac, frr, frrr, frrr, bou, bou, bou, bou, bou, bou, bou, bou, tracc, trac, trr, trr, trr, trrr, trrrrrr. On, on, on, on, ououououon : goth, magoth** et ne sçay quelz aultres motz barbares, et disoyt que c'estoient vocables du hourt et hannissement des chevaulx à l'heure qu'on chocque, puys en ouysmes d'aultres grosses, et rendoient son en degelent, les unes comme de tabours, et fifres, les aultres comme de clerons et trompettes. Croyez que nous y eusmez du passetemps beaucoup. (Fr. Rabelais, *Le Quart Livre*, 1552, *Œuvres complètes*, 1994, 669-670.)

3. La Bataille de Marignan ou La Guerre

(1re version)

Escoutez, escoutez
Tous, gentilz Gallois,
La victoire du noble roy Françoys,
Du noble roy Françoys ;
Et orrez (si bien escoutez)
Des coups ruez
De tous costez, de tous costez,
Des coups ruez de tous costez.

Soufflez, jouez, soufflez tousjours,
Tornez, virez, faictes voz tourz,
Phifrez, soufflez, frapez tabours,
Soufflez, jouez, frapés tousjours,
Tornez, virez, faictes voz tours,

Phifrez, soufflez, frapez tabours,
Soufflez, jouez, soufflez tousjours.

Tonnez, tonnez, bruyez, tonnez,
Gros courtault et faulcons,
Pour resjouyr les compaignons,
Pour resjouyr les compaignons,
Les com, les com, les compaignons
Von, von, von, von,
Von, von, von, von,
Paripatoc, von, von, von, von, von, von,
Paripatoc, von, von, von, von, von, von.

Farira, rira, rara, lale,
Farira, rira, lala, lala, lale,
Tarira, rira, lala, lala, lala, lale,
Lalala, lalala, lalala, lalale,
Pon, pon, pon, pon, pon, pon,
Masse, masse, ducque, ducque, lala, lala,
Lalala, lalala, lalala, lalala,
Donnez des horions, pati, patac.
Tricque, tricque, tricque, tricque,
Tricque, tricque, tricque, tricque,
Trac, tricque, tricque, tricque,
Chipe, chope, torche, lorgne,
Chipe, chope, serre, serre, serre.

Aventuriers, bons compaignons,
Bendez soubdain gentilz Gascons,
Nobles, sautés dans les arçons,
Armés, bouclés, frisques et mignons,
La lance au poingt, hardiz et prontz.
Donnez dedans,
Frapés dedans,
Soyez hardis,
En joye mis,
Chascun sa saison !

La fleur de lys, fleur de hault pris,
Y est en personne.
Alarme, alarme, alarme, alarme,
Suivez tous le roy
Françoys ;
Suyvez la couronne,

Sonnez, trompetes et clarons
Pour resjouyr les compaignons. *(ter)*

Refrain
Au fan feyne
Frerelelan, fanfan, feine
Frerelan, fan,
Frere le lan fan feine fan !

Boutez selle,
Boutez selle,
Boutez selle,
Boutez selle !
Avant, avant.
Gens d'armes, à cheval,
Gens d'armes, à cheval,
Gens d'armes, à cheval,
Tost à l'estendart, tost à l'estendart,
Avant, avant.

Fan, fan, fan, fan,
Fan, feyne, fan.
Frere lan, fan, feyne,
Frere lan, fan, feine, fan. *(ter)*

Farira, rirara, lala, farira ri,
La, la, la, la,
Tricque, trac, tricque, tricque, trac,
Patac, tricque, tricque, trac.
Patipatac, patipatac,
Alarme, alarme,
Choc, choc, patipatac, patipatac.
Escampe toute frelore,
La tintelore frelore,
Escampe toute frelore,
La tintelore frelore.
Escampe toute frelore, bigot ! *(ter)*

(*Le Difficile des chansons. Premier livre contenant* XXII *chansons nouvelles [...] de maistre Clément Jennequin. Imprimées nouvellement a Lyon par Jacques Moderne, dict grand jacques, demourant en rue Mercière, près Notre-Dame-de-Confort*, s.d.. [16ᵉ siècle], dans Leroux de Lincy, *Recueils de chants historiques français depuis le* XIIᵉ *jusqu'au* XVIIIᵉ *siècle*, Paris, Charles Gosselin, 1842, t. 2, 65-67.) [1]

1. Une autre version a été dégagée du manuscrit, complexe et enchevêtré, par J. de La Laurencie dans *Petit recueil de la chanson royale en France*, Paris, 1929, v. M. Pénet, *Mémoire de la chanson*, 1998, 63.

(2e version de la seconde partie)

Fan fan Frere le le lan fan fan
Boutez selle... A l'estandart
Tost avant, gens d'armes à cheval
Farirarirariron... Tost à l'estandart.
Frere le le lan fan...
Bruyez, tonnez, bruyez bombardes et faucons
Pour entrer sur ces Bourguignons
Teu teu teu pedou pedou...
Rendes-vous Bourguignons
Sortez du lieu, sortez, vuidez.
Ne vous faittes plus canonner,
La place fault abandonner
Tarirarira... la la la... Pon pon pon...
Courage, France, Donnez des horions.
Chippe choppe, torche lorgne
Zin zin patipatac... A mort à mort...
Frappez, batez, ruez, tuez
Serre, France, tarirarira [...].

(*Premier Livre des Inventions musicales de M. Clement Janequin, contenant la Guerre...*, Paris, N. Du Chemin, 1555, dans livret de *Janequin, La Chasse et autres chansons*, Paris, Harmonia mundi, 1988, 20.)

4. « Chanson I »

1. Il estoit un bon homme *(bis)*
Jouant de la temboure *(bis)*
Di be di be di be don
Et de la trompette,
Fran, fran, fran
Et de la my fluste,
Turelututu relututu
Et de la mi fa sol la
Farelarirette farelarirette
Et de la mi fa sol la
Farelarirette liron fa.

2. ...
Jouant de la cymbale *(bis)*
Drin relin din din relin din
Et de la vielle, **yon, yon, yon,**

Et de la rebeque,
Tire li ty ty reli ty ty...

3. ...
Jouant de la violle *(bis)*
Torelo totio rela totio
Et de la raquette, **clac clic clac,**
Et de la musette
Toure loure loure lou...

4. ...
Jouant de la mandore *(bis)*
Tire lire lire la
Et de la navette, **vrest vrest brest,**
Et de la cliquette
Taque tique taque tac, ...

5. ...
Jouant de la braguette *(bis)*
Zipe zipe zipe zipeson
Et de son derrière, **zest croc pauf,**
Et de la bouteille
Glou glou glou glou glou
Glou glou glou glou... (*Chansons folastres et prologues, tant superlifiques que drolatiques des Comédiens françois*, 1612, 7-9.)

5. La sonnette du malade imaginaire

ARGAN [...]. Il n'y a personne ; j'ay beau dire, on me laisse toûjours seul ; il n'y a pas moyen de les arrester icy. *Il sonne une sonnette pour faire venir ses gens.* Ils n'entendent point, et ma sonnette ne fait pas assez de bruit. **Drelin, drelin, drelin** ; point d'affaire. **Drelin, drelin, drelin**, ils sont sourds. Toinette. **Drelin, drelin, drelin**, tout comme si je ne sonnois point. Chienne, coquine, **drelin, drelin, drelin** ; j'enrage. *Il ne sonne plus, mais il crie.* **Drelin, drelin, drelin.** Carogne, à tous les diables. Est-il possible qu'on laisse comme cela un pauvre malade tout seul ! **Drelin, drelin, drelin** ; voilà qui est pitoyable ! **Drelin, drelin, drelin.** Ah, mon Dieu, ils me laisseront icy mourir. **Drelin, drelin, drelin.** (Molière, *Le Malade imaginaire*, 1673, *Œuvres complètes*, 1952, t. 8, 119.)

6. Offensive franco-italienne

Il tamburo col hourlou bloublou
Patapa pata pon ;
Il strepido del canon,
Bon, bon, bon, bon ;
Les timballes, **blin**, **blin**,
Plan, **plan**, **plan**, **plan** ;
La Moscheteria,
Tita ta, tita ta ;
La Cavallaria,
Pata pa, pata, pata, pata ;
La Bayonnette, **zin**,
Zin, **zin** ;
Les coups de sabre, **flin**,
Flin, **flin** ;
Le pistolet, **pif**, **pouf**,
Ouf, ouf, ouf, ouf. (Dominique et Romagnesi, *Don Micco e Lesbina*, 1729, dans *Les Parodies du nouveau théâtre italien*, t. 3, 309.)

7. Rossignolades amoureuses

Ah qu'il fait beau sous ces bocages
Le ciel nous promet un beau jour
Le rossignol sous un épais feuillage
Chante aux échos d'alentour
Il la il la il la il la il la la la la la la la la la prit
Il la mit sur le lit, sullelit, sullelit, sullelit
Il lui fit tant tant tant tant tant tant tant tant tant tant
Zag zag zag zag zag zag zag zag zag zag
Klac klac klac klac klac klac klac klac klac
Berrrrrrrrrruit
Le doux sejour se termine à l'amour.

Le rossignol sous un épais feuillage
Chante aux échos d'alentour
Fi fi fi fi fi fi fi fi fi fra fra fra fra fra
Fiche ton vit foula foula foula foula foula foula foula
Zac zac zac zac zac zac zac zac zac zac
Klac klac klac klac klac klac klac klac klac

Berrrrrrrrruit
Le doux sejour se termine à l'amour

Le rossignol sous un épais feuillage
Chante aux échos d'alentour
Il la il la il la il la il la il la la la la la la la la la foutit
Tan tan tan tan tan tan tan avec son grrrrrrrros vit
Si long si long tant tant tan tant tant tant tant tant
Zac zac zac zac zac zac zac zac zac zac
Klac klac klac klac klac klac klac klac klac
Berrrrrrrrruit
Le doux sejour se termine à l'amour. (Paris, Coll. part., *Recueil de chansons manuscrit*, première moitié du 18e siècle.)

8. Ouverture d'un opéra militaire

Les cors sonnent la charge et les violons imitent le bruit des combattans. On entend les chevaux galopper. **Patata, patata, patata** et les coups de canons, c'est la basse. **Pon ! pon ! pon !** et la petarade des fusils **pif paf, pif paf**. Ensuite le cliquetis des sabres et des épées, **clic, clac. Clic, clac, clic, clac**... Après tout se mêle, c'est un bruit confus ! les morts, les mourans, les hommes, les chevaux... on entend un bruit sourd, c'est la basse continue, toutes blanches, **romb, romb, romb, romb**... l'armée prend la fuite, on poursuit les vaincus... ce sont les dessus et les premiers violons. **Giron, giron, giron**, il faut aller la poste ici. (L.A. Dorvigny, *Chacun son métier, les champs sont bien gardés*, 1786 [1779], 6-7).

9. Une tempête sous un crâne

[...] j'entends toujours dans ma tête : **Brrrrr bali balon plom plom plom patapom pom patapom pif paf pouf patapouf plaiche plaouche flic flac floc flan flon rli rlan ha ho he hu hai hem cric crac brrr bourrobou bourobou robou robou patatri patatra**... Tous les assistans, outrés de la prolixité de cet homme, lui imposerent silence. (Le Cousin Jacques, *Les Lunes du Cousin Jacques*, n° 19, septembre 1786, 43.)

10. Les corbeaux

Les corbeaux m'ont coûté deux hivers, et grand froid aux pieds et aux mains. Voici ce que j'ai recueilli de leur cri qu'on croit toujours le même, quand on l'écoute rarement et avec distraction.

Cra, Cré, Cro, Crou, Crouou.

Grass, Gress, Gross, Grouss, Grououss.
Craé, Créa, Croa, Croua, Grouass.
Crao, Créo, Croé, Croué, Grouess.
Craou, Créou, Croo, Crouo, Grouous.

Ce sont vingt-cinq mots. Leur analogie est très-grammaticale. (P.-S. Dupont de Nemours, dans *La Revue philosophique, littéraire et politique*, n° 25, 1er septembre 1806, 398.)

11. Le rossignol

On peut compter jusqu'à vingt-quatre strophes ou couplets différens dans le chant d'un bon Rossignol, sans y comprendre les petites variations fines et délicates ; car parmi ceux-ci, comme parmi tous les autres chanteurs, il y a de grands virtuoses et beaucoup de médiocres. Ce chant est si articulé, si parlant, qu'on peut fort bien l'écrire. Voici l'essai que j'ai fait de celui d'un Rossignol de mon voisinage, qui passe pour un chanteur des plus distingués.

Tioû, tioû, tioû, tioû,
Spe, tiou squa,
Tiô, tiô, tiô, tio, tio, tio, tio, tix.
Coutio, coutio, coutio, coutio :
Squô, squô, squô, squô.,
Tzu, tzu, tzu, tzu, tzu, tzu, tzu, tzu, tzu, tzi.
Corror, tion, squa pipiqui.
Zozozozozozozozozozozozo, zirrhading !
Tsissisi, tsissisisisisisisi,
Dzorre, dzorre, dzorre, dzorre, hi.
Tzatn, tzatn, tzatn, tzatn, tzatn, tzatn, tzatn, dzi.
Dlo, dlo, dlo, dlo dlo dlo dlo dlo dlo
Quio tr rrrrrrrr itz.
Lu lu lu lu, ly ly ly ly, liê, liê, liê liê[1]
Quio didl li lulylie.
Ha gurr, gurr quipio!
Coui, coui coui coui, qui qui qui qui, gui gui gui gui.
Goll goll goll goll quia hadadoi.
Couigui, horr, ha diadia dill si !
Hezezezezezezezezezezezezezezeze couar ho dze hoi.
Quia quia quia quia quia quia quia quia, ti.
Ki ki ki, ïo, ïo, ïo, ioioioio ki.
Lu ly li le lai la leu lo, didl ïo quia.

1. *Note du traducteur.* Je possède un Rossignol qui répète ces tons traînans et mélancoliques souvent trente et même jusqu'à cinquante fois. Plusieurs prononcent aussi *gu, guy, gui*, d'autres *qu, quy, qui*.

Higaigaigaigaigaigaigai quiagaigaigai.
Couior dzio dzio pi.

Si nous pouvions comprendre le sens de ces mots, nous y trouverions sans doute l'expression des sentiments intimes de ce délicieux chanteur. (Johann-Matthaüs Bechstein, *Histoire naturelle des oiseaux de chambre* [...], trad. en français par l'auteur de « L'Entomologie helvétique » [Clairville], Genève, J.J. Paschoud, 1825, 539-540.)

12. « Invention »

Pif paf pan patapan.
Ouhiyns ouhiyns. Ebrohé broha broha. Ouhiyns ouhiyns.
Hoé hu. Dia hurau. Tza tza tza.
Cla cla cla. Vli vlan. Flic flac. Flaflaflac.
Tza tza tza. Psi psi psi. Ouistle.
Zou lou lou. Rlurlurlu. Ouistle.
Cla cla cla. Flaflaflac.
Ta ta ta. Ta ta ta. Pouf.
Ouhiyns. Ebrohé broha. Ouhiyns ouhiyns.
Ta ta - ta ta - ta ta - ta ta - hup.
A u ho. Tza tza tza. O hem. O hup. O war !
Trrrrrrrrrrrrrr. Hup. O hep. O hup. O hem. Hap !
Trrrrrrrrrrrrrr. O hup. O hé. O halt. O ! Oooooh !
Xi xi xi xi ! Pic ! Pan ! Baoûnd.
Hourra !!!!!!! (Ch. Nodier, *Histoire du roi de Bohême et de ses sept châteaux*, 1979 [1830], 377-378.)

[Le chapitre suivant, « Interprétation », se termine par cette explication en langue noble] :

Dès la première ligne, vous entendez piaffer les coursiers impatients, – Et après, écoutez, ils hennissent, ils frémissent, ils hennissent toujours ! – Automédon (c'est le nom figuré du cocher), Automédon s'est élancé. Il les couvre du regard, il les avertit de la voix – le fouet s'est déployé, des lanières criantes brisent l'air. – Long-temps il n'excite son attelage que par des cadences bienveillantes ou des interjections sans colère. Le fouet retentit encore, et la mèche sonore bruit encore sans blesser. Ils trottent, ils trottent, ils hennissent, le cheval de volée galope. Il aspire à ce grain nourrissant que je n'ose nommer, mais que je désignerai très-élégamment en disant qu'un empereur le faisoit revêtir de feuilles d'or pour les banquets du seul consul [1] qui ait frappé la terre de quatre pieds poudreux. – Entendez-vous rouler la roue, qui fait rebondir les planches tremblantes et vibrer les lourdes ferrures du pont-levis ? – Entendez-vous glisser

1. Allusion au cheval de l'empereur Caligula, proclamé consul par son maître.

la herse sifflante, et le pavé gronder de sa chute ? – Vous êtes dans le château, et tous ses habitants poussent un cri d'accueil et de joie – [Note] Un juste sentiment de modestie oblige le traducteur à déclarer qu'il n'a pas eu le moindre dessein de lutter avec l'original, qui est tout autrement expressif. (382-383.)

13. Brouhaha

Au reste, le tapage continuait de plus belle ; c'était un bruit unique composé de cent bruits, et dont on ne rendrait compte que très-imparfaitement, même avec le secours des onomatopées. Des juremens, des soupirs, des cris, des grognemens, des bruits de robes froissées, d'assiettes cassées, et mille autres.

Pan, pan.
Glin, glin.
Brr...
Humph.
Fi.
Euh, euh.
Pouah.
Frou, frou.
Clac.
Aie, aie.
Ah !
Oh !
Paf.
Ouf.

Tous ces bruits finirent par s'absorber et se confondre dans un seul, un ronflement magistral qui aurait couvert les pédales d'un orgue. (Th. Gautier, *Les Jeunes France*, 1974 [1833], 233.)

14. Dialogue de chats

La scène est au coin du feu d'une cuisine.

LA CHATTE se débarbouillant. – **Rrrraogh !** *ça est bon.*

LE MATOU apercevant la chatte et l'appelant d'un air timide. – **Miaah-of.** *Ne fait-on rien céans ?*

LA CHATTE ne lui jetant qu'un demi regard. – **Ba-Bahoh.** *Je ne le pense pas.*

LE MATOU d'un ton passionné. – **Rbhoooooopffffouf.** *Ne fait-on rien céans ?*

LA CHATTE. – **Miahhah.... oh !** *Oh ! que nenni.*

LE MATOU piqué. – **Miahou miahouh.** *Je m'en revas donc ?*

LA CHATTE se radoucissant. – **Rrrraogh** ! *Nenni.*

LE MATOU affectant de s'éloigner. – **Miahohohouffff.** *Je m'en revas donc ?*

LA CHATTE d'un air honteux. – **Motiahoufffpffout.** *Montez là haut.* (Plus décidée.) **Phfrrouh ! phfrrouh ! Phfrrouh !** *Montez là haut, vite.*
ENSEMBLE, et vite. – **Frroùh-frroùh-frroùh-frroùh.** *Montons là haut, montons là haut.*
Les deux amans arrivent bientôt dans la goutière, et la scène finit par des clameurs amoureuses entremêlées d'expressions naïves que je ne traduirai point. – **Fphphé, fphphé, fphphouht, fphphé, fphphouht, fphouhouhphephouht.** ([J. Meifred], *Dictionnaire aristocratique, démocratique et mistigorieux de musique vocale et instrumentale,* 1836, 205-207.)

15. À la fête

Mille bruits divers se confondent : le nasillement des clarinettes, le mugissement des grosses caisses, le cliquetis des cymbales, le grincement des mirlitons, le rire des jeunes filles, l'explosion des pétards, les invitations séduisantes des marchands.

« **Boum ! boum ! boum !**
Voyons, mademoiselle, qu'est-ce qu'on va vous vendre ?
Czing ! czing ! czing !
Allons, madame, mes six derniers numéros pour un sou.
Pif ! paf ! pan !
Par ici, messieurs, à tous coups l'on gagne.
Trom ! Trom ! Trom !
Une partie de bagues en passant, messieurs.
Crin, crin, crin !
Une, deux, trois, passez, muscades !
Psim ! psim ! psim ! baound !
Voilà, messieurs, six macarons pour un sou ! » (E. de La Bédollière, « Les Banquistes », dans *Les Français peints par eux-mêmes, Province,* 1841, t. 1, 133.)

16. Musique militaire

Moi qu'aim' tant la musique,
Ri, ti, ti, ti, ti, ti, ti,
Est-ce heureux qu' notr' boutique,
Ra, pa, pa, pa, pa, pa, pa, pa,
Soit à deux pas précisément
De la casern' du régiment !
Brin, brin, brin,
J'idolâtre la gross' caisse,
Brin, brin, brin,
Derrière elle emboîtons l' pas,

Pon, pon, pon, pon, pon !
Le basson m' plong' dans l'ivresse,
Ton, ton, ton, pon, pon, pon, pon,
Où son son n' mènerait-il pas ? (A. de Beauplan, « La Musique militaire », dans *Album du ménestrel*, 1849, t. 1, 178.)

17. « Ouverture de *l'Étoile du Nord* »

Prom ! prom ! prom ! prom ! prom ! (*L'auditoire dresse l'oreille.*) **La hi ! la hi ! titi ! la hi ! titi ! titi ! tititi ! la hi !** (*Les amateurs sourient agréablement, en marquant la mesure avec leur tête.*) **Frron ! frron ! frron ! bombinpon !** (*Les amateurs reprennent leur sérieux.*) **Bombinpon ! Tutu, tutu, tutu, tutu, tutu ! Lililililililililililililili !** (*Ce sont les fifres de Pierre le Grand.*) **Ran plan plan ! ran plan plan ! ran plan ! ran ! plan !** (*Ce sont les tambours de Pierre le Grand.*) **Lala hou ! hou lala ! hou lala ! Hou ! Vou ! Vou ! Bahalou ! Bahalou ! Bahalou !** (*Cette musique large impressionne le public.*) **Turututu ! hu ! hu ! hu... Couac !** (*M. Arban se retourne sévèrement.*) **Dzing ! dzing ! pan dzing ! dzing ! Pan ! Frag ! Rran ! Bring ! Trou !** (*Explosion.*) **Zoum ! Foum ! Roum ! Zoum ! zoum ! roum !** (*Allez ! allez ! Donc !*) **Fra patagran ! vlan ! vran ! tran ! bran ! Dran ! Cran ! Han !** (*Quel bruit, grands dieux !*) **Drelin din din! drelin din din ! din din ! Ti ! ti ! ti ! ti ! ti !** (*Encore les fifres.*) **Ran plan plan ! plan !** (*Encore les tambours.*) **La la la blon ! la la la, blon ! blon ! blon ! blon ! blon !... bbblon !!!** (*Tonnerre d'applaudissements.*) (Ch. Monselet, *Le Musée secret*, 1859, 18 [La scène se passe « à l'hôtel des Concerts de Paris, rue Basse-du-Rempart »].)

18. La grosse caisse

(*Mélodie imitative*)
Boum ! malatzim ! malatzim ! malatzim ! zim !!....
Ta ra ta ta pan ! ta pan ! ta pan !
Boum ! malatzim ! malatzim ! malatatzimtzim !
Ta ra tan ta poum ! ta poum ! ta poum !
(*Parlé*)
Ra pla pla pla pla, pla pla !... Ra !... (Refrain de « La Grosse caisse », av. 1887, dans H. de Sarrepont, *Chants et chansons militaires de la France*, 72.)

19. Grands et petits galops

Il pique son cheval et court auprès du général au grand galop...
Blon ! blon ! blon ! blon !
[...] Et il part aussitôt à fond de train.

Pataplan ! pataplan ! pataplan ! pataplan !
[...] À son tour, il lance son cheval au galop dans la direction du colonel.
Blanbanblan ! blanbanblan ! blanbanblan ! blanbanblan !
[...] Il enfonce ses éperons dans les flancs de son cheval et...
Patata ! patata ! patata ! patata !
[...] Et le chef d'escadron galope jusqu'au capitaine.
Balapaplan ! balapaplan ! balapaplan ! balapaplan !
[...] Il part au galop.
Patapon ! patapon ! patapon ! patapon !
[...] Le lieutenant fait un temps de galop.
Balabon ! balabon ! balabon ! balabon !
[...] Et en un bon petit galop...
Blonblonblon ! blonblonblon ! blonblonblon ! blonblonblon ! (*Le Petit Pioupiou*, 1887, n° 7, 8-10.)

20. « La Fête des toits. Conte de Noël »

L'HEURE, *d'une voix grave.* / **Dan... dan... dan...**
LES CLOCHES / **Baoum, baoum...** Le voilà. C'est lui, c'est le petit roi Noël.
LE VENT / **Hu... Hu...** Sonnez ferme, mes bonnes cloches, à toute volée, encore plus fort. Noël est là, il me suit [...].
LES CARILLONS / **Dig din don... Dig din don...** Noël ! Noël !
LE VENT / Allons, les cheminée. Qu'est-ce que vous avez donc à rester bouche ouverte ?... Chantez Noël avec moi... En avant les toits, en avant les girouettes !
LES CHEMINÉES / **Ui... Ui...** Noël ! Noël !!
LES GIROUETTES / **Cra... Cra...** Noël ! Noël !
UNE TUILE, *trop enthousiaste.* / Noël ! No... (*Dans sa joie elle fait un bond et tombe dans la rue.*) **Patatras... Bing !**
LES MOINEAUX / Quel potin !
LA CHEMINÉE / Eh bien ! les moineaux, vous ne dites plus rien ?... C'est maintenant qu'il faut chanter.
LES MOINEAUX / **Piou, piou, piou. Cui, cui, cui...** Noël ! Noël ! (A. Daudet, *La Fédor*, 1896, *Œuvres complètes*, 1929-1931, t. 15, 73-74.)

21. Guerre dans les Balkans

[En 1911, l'Italie déclare la guerre à la Turquie. Le poète futuriste F.T. Marinetti, commanditaire du journal parisien *l'Intransigeant*, décide de partir sur le front.]

Ah ! s'il n'avait fait que partir ! Mais jamais journal n'eut correspondant de guerre plus régulier, plus abondant, bien qu'assumant les frais de télégrammes.

Et froidement, bien qu'à penser la mort dans l'âme, Léon Bailby insérait dans son cher *Intran*, au jour le jour, des textes de ce ton :

« Turcs tirent : **Tac, tac, tac, tac, tac, tac...** Savoïa répond : **Brrrrmmoum... Zin... Drrrrdag... Vrrrruittt... Trrraradzahomm... Rrrrrra.**

– Alerte !... Canon turc : **Zzzzzzzzvrrrrtt Iiii** !... Savoïa réplique : **Djjjjiou... Atadazrrrring... Vrrrrr** ! »

Et ainsi de suite, sur deux colonnes de « notre envoyé spécial ». L'homme de la rue a dû en baver. (A. Salmon, *Souvenirs sans fin*, t. 2, 1956, 38.)

22. Debussy invente le jazz-band

Un dimanche soir nous réunit, où nous avions entendu, jouée pour la première fois en France, *Antar*, à moins que ce ne fût *Schéhérazade*, et Debussy, obsédé, conquis, chantait son souvenir symphonique en lui-même. Une sorte de grondement d'essaim, ou de poteau télégraphique, sortait de lui, un murmure tâtonnant et indécis. Puis le souvenir se précisa, et son visage fermé s'ouvrit soudain.

« Attendez ! attendez ! dit-il très haut. Comme ça... **mmmm**... et comme ça : **mmmm**... » [...]

À bouche fermée, puis miaulant selon qu'il imitait les violoncelles, il haletait, écartelé par les timbres qui bataillaient dans sa mémoire. Le tisonnier, empoigné, lui servit à marteler le palissandre du piano. De sa main libre, il fit « **zzziii !** » le long de la vitre, puis clappa des lèvres sèchement, en rappel du xylophone, et dit « **doug, doug** », d'une voix cristalline, pour nous restituer les gouttes liquides du « mustel » [= célesta]. [...] je gravais en moi l'image du grand maître de la musique française, en train d'inventer, devant nous, le jazz-band. (Colette, *Claude Debussy*, 1923, *Œuvres*, 2001, t. 4, 923-924.)

23. Dialogue de chats

LA CHATTE. – **Miinhou !**
LE CHAT. – **Môrnâounâoun môaou.**
LA CHATTE. – **Miinhou ! Môrnhâou, nâou, Moâou, Miinhou.**
LE CHAT. – **Môrnâou.**
LA CHATTE. – **Méinhon.**
LE CHAT. – **Môrnaou.**
LA CHATTE. – **Méinhon.**
Tentative d'approche.
LE CHAT. – **Miinhou.**
Dérobade coquette.
LA CHATTE. – **Ft !**
LA CHATTE. – **Monhin mihin.**

LE CHAT. – **Môrnâounâou.**
LA CHATTE. – **Moârin. Monhou.**
LE CHAT. – **Môinhon, Monhin.**
LA CHATTE. – **Mârâon.**
LE CHAT. – **Monhin.**
LA CHATTE. – **Mérâhon.**
LE CHAT. – **Monhin hon hin honnin**, etc...
Le Chat va rejoindre la Chatte. L'Enfant le suit peureusement, attiré par le jardin.
LA CHATTE. – **Méhinhonhinhonhéhin**, etc...
LE CHAT. – **Hinhon, Méinhéinhon**... etc... (Colette, *L'Enfant et les sortilèges*, 1925, *Œuvres*, t. 3, 1991, 1344-1345 [Livret du disque].)

24. Le matin des animaux

Par myriades de voies, ils [les animaux] se sont mis en train, ils se sont mis en quête. [...] Entendez-vous ces milliers de pattes, d'ailes, de souffles ? **Tac ! tac ! tac !... Trique ! trique ! trique !...** Entendez !... **Zou !... rou !... zou !... Crâââc !...** [...] Depuis longtemps, les sauterelles se sont tues. Seuls persistent la grenouille et le hibou, frère et sœur. **Chott !... Râc !...**

[...] un orchestre de voix suaves, cristallines ou charnues, cris de putois et plaintes bienheureuses de colombes, le délire des geais et le râle de la chauve-souris, toute une foison de : **couic ! couic !** de : **tique ! tique ! tiac !** de : **tzâ ! tzâ !** de : **cui ! cui ! cui ! cui !** de : **rhôôô ! rhôôô !** [...] et le gai : **tari ! tari ! tarili !** de quelque merle en veine, tout cela s'emmêlant, s'enguirlandant, se composant et se perdant dans une immense harmonie de rosée !... (J. Delteil, *En robe des champs*, 1934, 103 et 155.)

25. « Boum »

La pendule fait **tic tac tic tac**
Les oiseaux du lac font **pic pic pic pic**
Glou glou glou font tous les dindons
Et la jolie cloche **ding din don.**

Boum
Quand notre cœur fait **Boum**
Tout avec lui dit **Boum**
Et c'est l'amour qui s'éveille.
Boum
Il chante « love in bloom »
Au rythme de ce **Boum**
Qui redit **Boum** à l'oreille.

Tout a changé depuis hier
Et la rue a des yeux qui regardent aux fenêtres
Y a du lilas et y a des mains tendues
Sur la mer le soleil va paraître.

Boum
L'astre du jour fait **Boum**
Tout avec lui dit **Boum**
Quand notre cœur fait **Boum Boum**.

Le vent dans les bois fait **hou hou hou**
La biche aux abois fait **mê mê mê**
La vaisselle cassée fait **cric crin crac**
Et les pieds mouillés font **flic flac**.
Mais...

Boum
Quand notre cœur fait **Boum**
Tout avec lui dit **Boum**
L'oiseau dit **Boum**, c'est l'orage
Boum
L'éclair qui lui fait **Boum**
Et le Bon Dieu dit **Boum**
Dans son fauteuil de nuages.

Car mon amour est plus vif que l'éclair
Plus léger qu'un oiseau qu'une abeille
Et s'il fait **Boum** s'il se met en colère
Il entraîne avec lui des merveilles.

Boum
Le monde entier fait **Boum**
Tout l'univers fait **Boum**
Parc' que mon cœur fait **Boum Boum**
Boum
Je n'entends que **Boum Boum**
Ça fait toujours **Boum Boum**
Boum Boum Boum... (Ch. Trenet, « Boum », 1938, *Le Jardin extraordinaire*, 1993, 94-96.)

26. Le pianiste

C'est un régal bien envoyé par un pianiste qui connaît **pzum ! binch ! et pzim !** le fond des choses !... [...] **et youp ! et vlom !... Vlim !** Circulez trilles et l'accord ! [...] **flim !** et **ding ! bim !** dansants à l'air des petits morts... trois doigts... cinq doigts... et puis le reste !... et puis l'accord et tout s'emporte ! [...] **Dzim ! Dim ! Pim !...** / Ainsi de suite jusqu'au dîner, des fois, trois quatre heures à la file !... à la bagotte à la galope ! d'octaves en ré !... **ding ! dim ! brim !...** à la moustille !... à la rémoule ! cinq ! trois ! quatre ! **Dzim !...** une pluie de dièzes !... (L.-F. Céline, *Guignol's band*, 1944, 178 et 180.)

27. Céline pastiché

Pshhht !... Boum !... Braounnng !... Braounnng ! Bordel de merde de vagin-con ! [...] **Baladimboum !... Pschht !... Baraboum !** Sautez !... Trissez !... [...] **Bilunnng !... Zzzzzummm !... Baradamboummboumm !...** Ah ! les boches !... Ils nous dégueulent leurs bombes d'amour !... [...] **Pschhttt !... Vraoummmboummm !...** Aérolithe très peu céleste !... [...] **Bjumm !... Braoummboumm !... Bzzzumm !...** Ça y est !... C'est le déluge qui recommence !... [...] **Bzzzuuuummm !... Bzzzzuuummm !... Boum ! Braummm !...** c'est la terre qui éclate de partout !... qui se dégobille à tout bout de champ ! [...] Aux chiott les consonnes ! Dis, Pierrot !... T'es pas de mon avis, mon cher ange ?... Y aura plus que des voyelles dans ses bouquins à Louis Ferdinand !... Tiens, comme ça !... A.A.A.!... E.E.E.!... I.I.I.!... O.O.O.!... U.U.U.!... Et l'Y on s'en passera bien !... (R. Scipion, « Massacre pour une bagatelle », *Prête-moi ta plume*, 1945, 95-105.)

28. Dans l'autobus

ONOMATOPÉES / Sur la plate-forme, **pla pla pla**, d'un autobus, **teuff teuff teuff**, de la ligne S (pour qui sont ces serpents qui sifflent sur), il était environ midi, **ding din don, ding din don**, un ridicule éphèbe, **proüt, proüt**, qui avait un de ces couvre-chefs, **phui**, se tourna (virevolte, virevolte) soudain vers son voisin d'un air de colère, **rreuh, rreuh**, et lui dit, **hm, hm** : « Vous faites exprès de me bousculer, monsieur. » Et toc. Là-dessus, **vroutt**, il se jette sur une place libre et s'y assoit, **boum**.

Ce même jour, un peu plus tard, **ding din don, ding din don**, je le revis en compagnie d'un autre éphèbe, **proüt, proüt**, qui lui causait bouton de pardessus (**brr, brr, brr**, il ne faisait pas si chaud que ça...).

Et toc. (R. Queneau, *Exercices de style*, 1947, 47-48.)

29. Projet de dictionnaire

LE PROFESSEUR. – Bon, bon, bon !... Heu... voyons ! Vous savez, je suppose, que ce dictionnaire a, pour la première fois, opéré le recensement de ces petits mots, en apparence insignifiants, et cependant très répandus – diminutifs familiers, phonèmes imitatifs, etc... – qui émaillent notre discours et nous laissent apercevoir, soudain, je ne sais quels reflets terrifiants du balbutiement primitif des sociétés, je ne sais quels échos d'une danse rituelle de sauvages en pleine forêt vierge : galops des *dadas*, furie des *zizis*, ***boum-boum*** des *tam-tams*, *papattes* des *bébêtes*, piques des *coupe-kikis*, hurlements des *totos* et *niam-niams*, ondulement des *chichis*, des *dondons*, et ***clic*** et ***clac*** et ***bing*** et ***crac***, *tralala*, ***panpan***, *hop là*, ***poum*** ! (J. Tardieu, *Ce que parler veut dire*, 1951, *Théâtre de chambre*, 1955, 180.)

30. Les grillons en Haute-Savoie

Quand nous entrâmes, on répétait un air de jazz, *les Grillons se frictionnent en Haute-Savoie*, œuvre musicale de Potter, paroles de Maxime Lévy, et le poète criait à la cabale, parce que la musique, disait-il, étouffait le texte, qui se composait – mais avec quelles nuances ! – des paroles « **crrrac** » et « **brrrou** », réparties en trois strophes, dont une muette (pour la pause des grillons). (A. Vialatte, *Les Fruits du Congo*, 1991 [1951], 41.)

31. En voiture dans Paris

... Alors , monieur l'agent, j'y va-t-y ou j'y va-t-y pas ??? **VROOP**. **VROOP**. Quoi ??? **ROAAR** ! **PFFT**. OOOOOOOOH ! C'est long... [...]

... Alors, monsieur l'agent, on se décide ? Sortant d'un café, passant devant ma voiture et marquant un bref temps d'arrêt, cette femme si quelconque dans sa robe simili-panthère, comme elles en portent toutes à l'imitation de la Muguet, HOUMPF !! ces idiotes. Comme dit Tintin : *Te voilà, espèce de bulldozer à réaction, je vais te transformer en descente de lit !* C'est à mourir de rire, dans *Chik Bill le Cow-Boy* ! BEUHEU-HEUHEUU ! Des avantages comme on dit, mais qui ajoutent à sa vulgarité. Est-elle vulgaire, commune ou ordinaire ? Commune, c'est cela. Commune. Elle me regarde au passage, admirant ma voiture. Quoi ? **TRIIIT**. Ça y est AHHAHA ! Il a sifflé, adieu les copains, **ZOOF**. **WROOP**. **ROAW**. **WROOOOH**. Mon auto ne peut, hélas, donner sa mesure en démarrant en fusée sous son nez, c'est ça qui serait bien. *Le Circuit de la peur* : **VROOAPP**. **VROOP**. **ROOAAR**. Tout pareil : **WROUAR**. **VROOM**. Mais il me faut tourner et m'engager dans cette rue encombrée. Ah ! le bruit soyeux de ma Ferrari sur la route, **iiiiiiiii**, VZZZZZZ. Mais à Paris, je dois sans cesse la retenir, l'empêcher de bondir [...].

… HELLO BOY ! **AAA HHH** ! *La foule suit avec angoisse le duel acharné.* **VROOOAAAAARR. ROOWAAAAAA.** *La Vaillante augmente toujours son avance. Oh ! La !* VROOOM. Fouchtra, mille sabords. **Hahaha ! Gnxrppumbl. Floutch. Nff. Pom. Tuut.** J'en ai de la conversation, quand je suis seul avec moi-même dans ma belle Ferrari. VROOAW. (Cl. Mauriac, *La Marquise sortit à cinq heures*, 1961, 226, 229, 232.)

32. Le gynéco sort de l'ascenseur

L'ascenseur vient de s'arrêter à l'étage. Les yeux fermés, une main sur son gros sein gauche, la blonde écoute les bruits merveilleux qui accompagnent le débarquement de son amant ; les fers cloués aux semelles des chaussures font **ding ding** comme des pièces de monnaie, le gynécologue tousse un peu **hum hum**, il siffle les premières mesures du Pont de la rivière Kwaï, **phu phu phuphuphu phu phu**, puis il frappe à la porte, **ta–tatatata–ta**, c'est plus intime de frapper que de sonner. (Chr. de Rivoyre, *Les Sultans*, 1964, 135.)

33. « Comic strip »

Viens petite fille dans mon comic strip
Viens faire des bull's, viens faire des WIP !
Des CLIP, CRAP ! des BANG ! des VLOP ! et des ZIP !
SHEBAM ! POW ! BLOP ! WIZZ !
J' distribue les swings et les uppercuts
Ça fait VLAM ! ça fait SPLATCH ! et ça fait CHTUCK !
Ou bien BOMP ! ou HUMPF ! parfois même PFFFF !
SHEBAM ! POW ! BLOP ! WIZZ !

Viens petite fill' dans mon comic strip
Viens faire des bull's, viens faire des WIP !
Des CLIP, CRAP ! des BANG ! des VLOP ! et des ZIP !
SHEBAM ! POW ! BLOP ! WIZZ !
Viens avec moi par-dessus les buildings
Ça fait WHIN ! quand on s'envole et puis KLING !
Après quoi je fais TILT ! et ça fait BOING !
SHEBAM ! POW ! BLOP ! WIZZ !

Viens petite fill' dans mon comic strip
Viens faire des bull's, viens faire des WIP !
Des CLIP, CRAP ! des BANG ! des VLOP ! et des ZIP !
SHEBAM ! POW ! BLOP ! WIZZ !
N'aie pas peur bébé agrippe-toi CHRACK !

Je suis là CRASH ! pour te protéger TCHLACK !
Ferme les yeux CRACK ! embrasse-moi SMACK !
SHEBAM ! POW ! BLOP ! WIZZZZZ ! (S. Gainsbourg, « Comic Strip », 1967, *Mon propre rôle*, t. 1, 1991 [1987], 182.)

34. Les charmes du vélo

Le déjeuner à l'auberge fut fort animé. Sébastien engloutissait de grandes quantités de nourriture tout en expliquant à ses équipiers comment – **clic** ! – il venait de découvrir tout à coup les charmes du vélo. Il paraît que cela s'était fait – **clac** ! – d'un seul coup et sans prévenir. Soudain il avait ressenti – **pof** ! – une grande envie d'accélérer et comme il rejoignait le peloton à grande vitesse – **vroum** ! – il s'était senti envahir par une grande joie, un invincible sentiment de puissance et une exaltante jubilation. (J. Faizant, *Albina et la bicyclette*, 1968, 71.)

35. Friture

Nous retournons donc avec notre envoyé spécial Georges Lebrun et son équipe qui vous font vivre minute après minute les péripéties de ce drame... Allô, Georges ? Allô, Georges, vous m'entendez ? – à vous !...

– Eh bien, oui, Paul... (**blouc blouc crrrac buzzzz**)... vous avez parlé de tension (**Bzzzutttt Ziiiii-ooooou**), d'énervement (**Whaouoooo piouuuuuu haha crac crac**)... et vous avez raison. Allô, vous m'entendez ? (**Blouc crac Huuuuu.**)

– Je vous entends, je vous entends très bien... (J. Vautrin, *Billy-ze-Kick*, 1985 [1974], 206.)

36. « Ma nouvelle voiture »

UN : Eh bien, Mesdames, Messieurs, je crois qu'il est temps de mettre en marche. En ce qui concerne les clefs de contact, sécurité absolue : j'en ai huit. Une par moteur.

LES CLEFS : **Gling, gling, gling, gling, gling gling, gling.**

DEUX : Contact !

L'AUTO : **Couic** ! – **couic** ! – **couic** ! – **couic** ! – **couic** ! – **couic** ! – **couic** ! – **couic** !

DEUX : Le démarreur que voici est une pièce historique. Il a appartenu au duc de Richelieu, qui, du reste, ne savait pas quoi en faire. C'est pourtant simple, il suffit de tirer.

L'AUTO : **Oin, oin, oin, oin, oin, ksss, ksss, ksss...**

DEUX: Au cas où votre appel n'aurait pas été reçu, vous tirez de nouveau.

L'AUTO : **Oin, oin, oin, oin, oin, ksss, ksss, ksss...**

DEUX: Au temps pour le démarreur ! Une troisième giclée, puis nous nous remettons à la manivelle...

L'AUTO : **Oin oin oin oin oin ksss ksss**, criton, cratyle, caracalla, carabinne ! carabinne ! cataracte à carreaux, macaron, caractère à crapaud, **cron, cran, cran, cran...** (*etc.*).

DEUX : Et voilà, ça tourne. Passons en première, Attention, Mesdames, Messieurs, nous partons !

L'AUTO : **Cran, cran, cran, crin, couic, cricri, aille, ouille !** crétin, triple croupier, croupion, rond, rond, rond !

Accéléré.

Nian nian nian nian nian (*etc.*)...

DEUX : En seconde.

L'AUTO : **Hip !** Du haddock, du haddock (*etc.*).

DEUX : En troisième !

L'AUTO : Crotte ! **Prrrrrrrrrr** potache **prrrrrr.**

DEUX : Mesdames, Mesdemoiselles, Messieurs, nous roulons, il fait beau, les oiseaux chantent !

L'AUTO : **Boum badaboum patatras, pof, bing, bang, crac ! Baoum !**

DEUX : Ça y est, Messieurs, Mesdames ! Ma voiture a explosé ! Je me trouve actuellement à cinq-six cents mètres du sol, en plein ciel ! Je plane ! Tout va bien pour l'instant, mais ça va-t-il durer, je n'en sais rien. Je vous remercie de votre... attention ! attention ! attention ! – **Ssschchffffloc !** (R. Dubillard, *Les Diablogues*, 2000 [1976], 130-132.)

37. Accordéon

De temps en temps, l'orchestre met la sourdine pour laisser le virtuose du piano à bretelles s'épanouir dans un petit solo, montrer vraiment ce qu'il peut faire quand il travaille pour l'art pur.

Alors il vous tricote au crochet *Aubade d'oiseaux* ou *Perles de cristal* :

Tiratataaa, tiratataaa, tiratataaa, tata !
Tiratataaa, tiratataaa, tiratata !
Tiratataaa, tiratataaa, tiratata !
Tiratitatatataaa, tiratitatataaa, lala !
Tiratata, tiratata, tiratata, tiralèèère. (Fr. Cavanna, *Les Ritals*, 1981 [1978], 217-218.)

38. La B.D.

[...] et les enfants éberlués assistèrent de rectangle en rectangle de diverses dimensions à un furieux combat, tandis que les bruits et les cris s'exprimaient dans les bulles en caractères de toutes sortes où les lettres jaillissaient follement sous toutes les formes :

« ***Shrakt ! Shrakt !*** (c'étaient des coups de fouet) ***Wlip ! Wlip !*** (les cravaches) ***Sdrg ! Sdrg ! Sdrg !*** (les tissus déchirés par les molosses) ***Rhouaou ! Rhouaou !*** (les chiens hurlant de douleur) ***Pfffing ! Pfffing ! Pfffing !*** (les coups de pistolet) ***Mmmmah ! Mmmmah !*** (les cris de peur) ***Tchah ! Tchah !*** (les flèches) ***Pak ! Pak ! Raat ! Frrr ! Wouahh ! Wouahh ! Vrroooaaammmm ! Broom ! Yaooo !!!*** (des bruits mêlés)... » [...] C'était comme si la bande dessinée se poursuivait sans lui. Mariechen, elle, jetait des caractères étranges traversés de points d'exclamation en nombre : ***Whap !!! Crunch !!! Punch !!! Chaaarrrge ! Watchh !!! Yuowk !!!*** (R. Sabatier, *Les Enfants de l'été*, 1986 [1978], 330-331.)

39. Il était une fois...

Il était une fois un gros chien qui faisait « **Ouah !** ».
Il avait une amie, une grosse chèvre qui faisait « **Bêê !** ».
Un ami, enfin un ami d'ami, un gros chat qui faisait « **Miaou !** » normalement.
Arrive un gros lapin qui faisait *(grimace)* « **Pff !** ».
Et une grosse dame, avec ses gros sabots : « **Boudoum ! boudoum ! boudoum !** »
[...] Elle boit un verre : « **Flipt !** » [...].
De grosses guêpes entrent par les fenêtres : « **Bzz, bzz, bzz !** »
Pic ! ça pique la grosse dame, ça lui fait un gros bouton qui éclate, **plaff !** en l'air.
Un cow-boy passe sur son cheval : « **Tchikou, tchikou !** » sort son colt : « **Tchoukou !** » **Ouh !** il tue la grosse dame. Elle est morte !
Heureusement, il y avait des Indiens qui avaient tout vu, qui envoient des flèches empoisonnées : « **Tziou, tziou, tziou !** »
Tac ! le cow-boy en ramasse une mal placée. **Hou !** il meurt. (S. Joly, *Absolument, absolument*, 1997 [1979], 21-22.)

40. Bruits de voisinage

La folle se met à **rrrâââhhh** râler à l'instant précis où une bonne douzaine de tomes de l'Encyclopédie, entassés en équilibre instable contre l'autre côté de la porte et surmontés par un vieux carton plein de détritus, me dégringolent sur les pieds.

Ouille.

Et bing et bing et bing, la valse des boîtes de conserve vides.

Et pan et pan et pan, contre le mur, derrière moi, dans la chambre, les poings de Sbritzky. « Un peu de silence, bon Dieu ! » hurle-t-il. [...]

Je me recule un peu dans le couloir et pousse la porte d'un violent coup de pied.

Badaboum ! (J.-L. Benoziglio, *Cabinet portrait*, 1980, 240.)

41. Un tas de boue

« Quel genre de bruit ? » me demanda un petit mécanicien chauve en tricot de corps. Question toujours embarrassante. Il insista, me donnant le choix entre diverses onomatopées qu'il articula de bon cœur. Emporté par son effort d'imitation, il m'effraya presque d'un « **paf ! paf ! paf !** » retentissant, yeux écarquillés et poitrine gonflée, par lequel il semblait chercher à éloigner des vautours, suivi aussitôt d'un « **breloui, breloui** » ténu, comme s'il appelait des poussins dans une basse-cour, visage tout plissé et mains posées sur les cuisses.

[...] Cent mètres après la station, le moteur avait refait les mêmes bruits. Ni « **paf paf** » ni « **breloui breloui** » mais « **prokh prokh prokh** ».

[...] La voiture commençait à n'en plus vouloir mais, **Beueueueu !** L'ahurissant vacarme de type digestif **Grrrrr ! Bouillabling ! BLAOUM PAF-PAF ! Beueueueu !** [...]. (R. Belletto, *Le Revenant*, 1981, 12, 16, 224.)

42. La machine à écrire du commissariat

été appelé un pue avant minuit par un locataire de l'immeuble ***Vvzzzzzzzk*** sis au 21 bis de l'Avenue de la Porte de Vanve, monsiuer Guy Bonsignore, ma- ***Vvzzzzzzskf*** rié, duex enfants, ingéniuer-conseil. J'étais accompagné des gardien de la paix Roger Mama- ***Vvzzzzzkff*** ne et Joseph « Jef » Fernandez. Nous avons trouvés la porte de l'apartement détruire à 85 % et celui-ci vi- ***Vvzzzzzkph*** de, sans personne, nonobstant les traces d'un grand désordre laissant sub-sécament pen- ***Vvvvsszzzzktf*** ser que le dit apartement avait été sauvagement fouyé avant notre ar- ***Vvvssszscfkf*** rivé. Après observation minutiuese des liuex nous avons découverts duex douille, l'une dans l'aparte- ***Vvvvvvvvvssssskf*** ment, l'autre sur le palier, paraissant provenir de duex armes diférentes. Elles ont étées expédier au la- ***Vvvvsssszfkcq*** boratoire au fin d'examen des taillés. En l'absence du locataire du sus-dit appartement et de- ***VVvssssszkfk*** vant la mauvaise volontée de la sus-dite porte à se refermer corectement nous a- ***Vvvvzkaf*** vons laissé le gardine de la paix Roger Mamane en fac- ***Vvvvszzzqfqfkof*** tion ***Vvvvzfkaf*** Signé Bri ***OOouououhouhou***

Le déclenchement de l'alarme laissa le brigadier Maurice Marie-Sainte avec deux doigts en l'air devant sa Remington pourrie. (T. Topin, *14ème Nocturne*, 1983, 69-70.)

43. Oiseaux en cage

Elle se moquait de les [des oiseaux] voir se moquer d'elle. [...] qu'ils fassent des **pi-us pi-us**, des **rououous, rououous**, des **craquecadaquecoaucs** [...] elle s'en moquait. (R. Forlani, *Quand les petites filles s'appelaient Sarah*, 1989 [1987], 226.)

Moselle, le petit-fils de l'oiseleur, nettoyait les cages tous les jours, même le dimanche [...]. Les oiseaux étaient contents du travail de Moselle. Ils chantaient **epopoïpoï popoï torotorotorotorotix kikka baü kika torotorotorolililix.** (G. Mordillat, *L'Attraction universelle*, 1990, 75 ; « emprunt » à *Aristophane*, t. 3, *Les Oiseaux*, texte établi par Victor Coulon, Paris, Les Belles Lettres, 1940, 34-36 : « 'Εποποποι, ποποι, ποποποποι [...] τοροτοροτοροτοροτιξ, / κικκαβαυ, κικκαβαυ, / τοροτοροτορολιλιλιξ ».)

44. L'Apocalypse

Les éléments se déchaînent... Cors, trompettes, trombones, grosse caisse, timbales, cymbales, chœurs... C'est l'Apocalypse terrible... [...] Le Pape ? Combien de divisions ?... Il n'a même pas de gilet pare-balles ! [...] Je vois que les cardinaux sont pétrifiés... Très impressionnés... Ils sentent qu'ils ne pèsent pas lourd face à la nouvelle musique... Baraboum ! Triboum !... Slam ! Clang ! Blap ! Blorp ! Slurp ! Smack ! Manch !... Macht ! Nacht !... Et splot ! Et squirt! Et ka-blum, slorch, glub, gulp, blub, splork ! Et growrr ! Et glom ! Et sploorge, snorr, wald, wham, heim, clonk ! Et furt ! Hit ! Schön !... Berg !... Wangler ! Et bonzaï-squinck ! Et walter-thwop ! Et mmmglmghh !... C'est sublime... (Ph. Sollers, *Le Cœur absolu*, 1987, 181).

45. Un vocabulaire minimal

Il était escorté d'une très belle jeune femme, sa dernière découverte, une future vedette de la chanson. Elle devait débuter incessamment, dès qu'elle aurait appris le chant, la musique, la tenue de scène et sans doute aussi le langage articulé, car, de toute la soirée, on ne l'entendit émettre que de bruyants éclats de rire ou des onomatopées telles que « **Ouaou ! Tchak ! Beurk ! Wham ! Chtonk !** » Elle précisa même « **Miam ! Miam !** » en attaquant le brochet. (J. A. Lion, *Les Corbillards reviennent toujours à vide*, 1989, 105.)

46. Nos amies les bêtes

Le guichetier SNCF de Meudon du quatrième nous dérangeait avec son toutou sale [...]. Nous commençâmes à nous venger de la façon suivante.

Chaque fois que nous entendions le chien passer devant notre porte, suivi en général de son commis de maître essoufflé, nous attaquions. Quoi ? Un concert. Il fallait attendre que la porte du quatrième soit presque refermée – presque, et... **Sssst !** Un sifflement. Oh, rien du tout, du quasi ultra-son : **pssstt !** Un chuintement, plutôt, dents serrées et porte entrebaîllée. Ça y était, la machine infernale était enclenchée. **Sssstt.**

Le chien se mettait à aboyer. Silence ! lui disait son maître. Le cador [...] finissait par la boucler, mais à contrecœur eût-on dit, avec de ces « **ompf-oumf** » qui lui échappaient encore, un jappé agacé réflexe, absurdement renfrogné, qui nous enchantait trois étages plus bas. Bon, il se taisait. Deux, trois secondes de pause, et **Sssstttt** ! Rebelote. Réponse immédiate en haut : **Ouaf ! Ouaf ! Ouaf ! Ouah !** Quel con. L'employé : Ta gueule ! Ta gueule, Kid ! T'as compris ? Nous : **Sssst.** Le bon Kid, éperdu : **Ouah ! Ouah ! Ouah ! Ouah ! Ouah !** Nous : **Ssssss...** Lui [...] : **Ouahh ! Ouah !! Ouuuaahh ! Ouuaaah ! Oûûûûûh !** toujours plus fort, exaspéré et... Gniac ! son maître, à bout, le séchait : **vlam, poum.** (Bayon, *Les Animals*, 1990, 219-220.)

47. « Des cris, des bris »

Des cris, des bris ! Les seconds ponctuant les premiers. L'ensemble est assez rythmé :

– Fumière !
Bloing !
– Pourri !
Crac !
– Pute morte !
Boum!
– Saligaud de sa mère!
Floc !
– Merderie en flaque !
Vraoum !
– Baquet de merde !
Tchloc !
– Pertes blanches !
Dziou !
– Cocu cocu !
Pif !
– Morue tournée !
Dingg !
– Crème de gland !
Raousse !
– Connasse pleine de foin !
Paf ! (San-Antonio, *Cocottes-minute*, 1990, 50-51.)

48. « Sur le reggae »

Dum darada dum, baramamum, tagadum varibaramam, agmamemnum tchatika boum, dub, dub, dub, rock à dub, bud à scud, ah que les meufs kiffent des tafs en rafale, vroum, vroum, vroum, tachacaboumboum, surboum chez les mous, dub, dub, dub, rock à dub, bud à scud, atchoum carambouille, tacatoum, toum, toum... Kata. Ploum. Ploum. Tralaloum. Ecce Homo. Ecce Homo. Gai reggae laboure ton sillon. Vavavoum coke en stock. Staccato paleo gigolo. Dub, dub, dub, rock à dub, bud à scud. Skeus en sticks. Clic clac Kodak. Patraque. Matraque. Macaque. Attaque. En vrac sur le tarmac. Dum darada dum. Miraboum. Rasta où tu erres ? Rastacouère mon frère ! Tchacatoum... Toum... Toum... Mektoum. Dub, dub, dub, rock à dub, bud à scud. Pim. Pam. Poum. Des clowns schtroumpfs. Tanita Tikaram clame son âme en panne. Mamadou a des chaussettes à clou à karma sans tracas. Tracatroum, rhum, sérum, vélum, atchoum... Dum darada dum. Jah est là. Taratata. Dub, dub, dub, rock à dub, bud à scud. Ganja pour tous les gars. Malabars dans les halls de gare. Tchacitak, tacatoum, doum... doum... doum. Jah. Jah. Jah. Oh Well. Man reste cool. Il y a une boum du côté de chez Swann. Cherche. Pas de temps à perdre. Dub, dub, dub, rock à dub, bud à scud. C'est christique. Avec des tics en tas. Et des taux en trop. Métaux à Java. Va à Jah... Jah... Mais le dimanche.

Si t'es reggae, ris donc. (Yann Plougastel, *L'Événement du jeudi*, 4 avril 1991, 108.)

49. L'emprise des onomatopées

Et commença une période un peu bizarre où Jeanne arpentait la nature, magnétophone en bandoulière, traquant le bruit à imiter, capturant les sons pour les reproduire en studio. Elle avait appris le vent du matin sur la Seine, les bouchons aux heures de pointe, le galop dans l'herbe, et toutes les espèces de portes qui s'ouvrent, se ferment, grincent, claquent... Elle reconstruisait à elle seule la Libération de Paris, le port breton, la fête foraine. Quand elle avait besoin du chant d'un coq ou d'un **coin-coin**, elle se rendait à l'oisellerie du Pont Neuf. Elle tendait son micro aux volatiles, prenait des notes, s'exerçait devant les cages, pendant des heures, gênant la circulation du trottoir. Les gens se retournaient avec des mines hostiles. On connaît la solitude du coureur de fond, ; elle est pire encore quand il s'agit de fond sonore.

Isolée du monde par sa quête du bruit, travaillant à l'oreille les accents qui déformaient sa voix, Jeanne avait du mal à parler dans la vie courante, à s'arracher à l'emprise des onomatopées. Le grincement du sommier, les heurts de la benne à ordure, le moteur d'une Vespa, le crachotis de la cafetière électrique, l'écho sourd du métro qui rythmait ses jours étaient autant d'appels, de recherches immédiates dans son ventre et ses cordes vocales pour restituer la nature du son, la rendre fidèle. (D. Van Cauwelaert, *L'Orange amère*, 1991, 195-196.)

50. Septième ciel

Cette fois, la Solange vient de franchir le point de non-retour et c'est la lumineuse jouissance [...].

– Ah ! mais que c'est bon on on ! Plus foooort ! Donne ! Tout ! Tou ou ou ou t !

Ensuite, elle perd la cohérence pour se réfugier dans les chères onomatopées secourables, compagnes de nos sentiments exacerbés, de nos sensations les plus fortes. Langage mystérieux de nos démesures.

Ça donne à peu près :

– **Mrrrrouiiii ! Vhouââââou ! Eeeeehhhh !**

Après l'onomatopée vient le simple son. Fusant, long : « **Ffffffff** ». Une lettre suffit. L'onomatopée est principalement composée de voyelles ; le son d'extase ne va jamais plus loin que deux consonnes à l'extrême rigueur : « **Plllll !** » (San-Antonio, *Le Silence des homards*, 1992, 39-40.)

51. L'ordinateur

Un bruit m'a fait sursauter, l'autre soir, dans le poste. J'étais en train de regarder vaguement (très vaguement) je ne sais plus trop quoi, un feuilleton ou un film, et soudain il y a eu ce bruit de machine à écrire, le **tacatac** métallique des touches et le **ding-vroum-bong** du retour de chariot. Et voilà, je me suis dit : encore un bruit qu'on n'entendra plus qu'à la télé ou au cinéma, dans les vieux films. Comme le **tchouk-tchouk** des trains à vapeur. À *Télérama*, ça y est, c'est fini, depuis plusieurs mois : à la poubelle, les machines à écrire. Tous convertis à l'informatique. Les touches font un **clic clic** soft, vaguement cotonneux. Et le tintamarre du chariot a cédé la place au chuintement de l'imprimante. (A. Rémond, *Mon Œil*, 1993, 165 [15 juillet 1992].)

– Savoir des choses ça sert à rien, tu peux tout savoir en deux secondes maintenant, **paf** si t'en as besoin, **hop**, tu te sers, et voilà, se remplir la tête c'est aussi con que porter un gros cartable au dos, **ouf**, et tout ce que tu veux savoir d'intéressant ou d'utile comme tu veux ça tient sur une disquette, **zlac**, tu veux savoir les pays, **crac**, tu mets la disquette, **toc**, ou tu les as sur Minitel même, un coup de fil, **dring**, **hop**, alors la tête, moi, je me la garde pour le boulot et **crac** faire le con.

– Le chinois pareil, il est sur une disquette.

– Mais ouais, **paf**, t'as le chinois, **et zong ting tong** ! (J.-M. Gourio, *Brèves de comptoir 5*, 1997 [1996], 303.)

52. « Chasse et cour »

Bing ! Boum ! Paf ! Vlan ! Tchac ! Pan ! Bang ! Badaboum ! Tchoc ! Glups ! Patatras ! Crac ! Chtong ! Chaque année, c'est la même histoire. Ouverture de la chasse et rentrée politique s'entrechoquent en septembre. On se demande qui l'emporte dans l'art de tirer dans les coins et de voler dans les plumes. (Guillaume Marcilhacy, dans *La Croix*, 10 septembre 1996, 24.)

53. Attention à la casse !

Bling ! biding ! bing ! bing !
bing ! bing ! bling ! biding
biding ! biding bing biding !
bling biding bing bing bing
bing bing! biding biding biding
bing biding ! bling bling bling
bling !
– Pas de mal ?
– Même pas cassée dis donc ! (J.-M. Gourio, *Brèves de comptoir 6*, 1998 [1997], 301.)

54. Sur le lac de Grand-Lieu

Quand on arrête le moteur de la plate, on entre dans la musique des origines, la primitive.

iaou iaou iaou ! tsitistsiiit ! tsîit-tsîîî-tsîîîî... ucks ! ucks ! ucks ! ucks ! our-rour-roau-roau-rou ! cui-cui ! couï-couï-couï ! soui-soui-sui... suuuiii... oûte ouate oûteu ! ffffeu-ffeuu... ffuffueu !

fraannk
fraannk fraannk
(héron cendré)

preuck
preuck preuck
(poule d'eau)

kik kik
kik kik (nerveux)
(sterne noire)

arrk
arrk arrk
(canard colvert)

touk
touck-touk (enroué)
canard souchet)

siiou (suave)
tsinc tsinc tsinc tsonk (répété)
(bruant des roseaux)

kouaarr
kouaarr (grave, âpre)
(corneille noire)

(Daniel Biga, dans J. André *et al.*, *À Grand-Lieu, un village de pêcheurs. Passay se raconte*, 2000, 116-117.)

Bibliographie

I. Sources utilisées dans les exemples et les commentaires (en dehors des bases FRANTEXT et TLFQ)

1. Livres, journaux, périodiques

À bas Rigolboche, Paris : Chez tous les libraires, 1860.

ABERT Hélène
Le Saut-du-diable, Paris : Belfond, 1993.

Abrégé de la vie de Louis Mandrin, Paris : Allia, 1991 [1755].

Actuel par Actuel. Chronique d'un journal et de ses lecteurs, Paris : Stock, 1977 [1970-1975].

A.D.G. (pseud. d'Alain Fournier ; v. aussi Alain Camille)
Balles nègres, Paris : Gallimard, 1981 (Série noire ; 1825).
Les Billets nickelés, Paris : Gallimard, 1988 (Série noire ; 2124).
Cradoque's band, Paris : Gallimard, 1972 Série noire ; 1493).
La Divine Surprise, Paris : Gallimard, 1971 (Série noire; 1429).
Le Grand Môme, Paris : Gallimard, 1977 (Série noire ; 1717).
Juste un rigolo, Paris : Gallimard, 1977 (Série noire ; 1721).
La Nuit des grands chiens malades, Paris : Gallimard, 1990 [1972] (Folio ; 2224).

ADLER Philippe
Les Amies de ma femme, Paris : Balland, 1987.
Bonjour la galère !, Paris : France Loisirs, 1985 [1984].
Graine de tendresse, Paris : Balland, 1989.

Agréables conférences de deux paysans de Saint-Ouen et de Montmorency, Genève : Slatkine, 1999 [1649-1651].

AIMARD Gustave
Les Trappeurs de l'Arkansas et autres romans de l'Ouest, Paris : Robert Laffont, 2001 (Bouquins).

ALAIN-CHEDANNE
Un freak, Paris : Gallimard, 1974.

ALBERTINI Michel
Les Merdicoles, Paris : Belfond, 1998.

Album comique, répertoire des scènes, chansonnettes et romances [...]. Paris : Chez l'éditeur, 32 rue Notre-Dame-de-Nazareth, 1841-1846.

Album du ménestrel, Paris : Vieillot, 1849.

ALCRIPE Philippe d'
La Nouvelle fabrique des excellents traicts de verité, Genève : Droz, 1983 [*ca* 1579].

ALEMAN Mateo
Le Voleur, ou la vie de Guzman d'Alfarache [trad. par J. Chapelain], Lyon : Rigaud, 1639 [1630].

ALEXAKIS Vassilis
Les Girls du City-Boum-Boum, Paris : Le Seuil, 1992 [1975] (Points R ; 547).

ALEXIS Paul
La Fin de Lucie Pellegrin, Paris ; Genève : Slatkine, 1979 [1880].

ALLAIS Alphonse
Œuvres anthumes, Paris : Robert Laffont, 1989 (Bouquins).
Œuvres posthumes, Paris : Robert Laffont, 1990 (Bouquins).

ALLE Gérard
Il faut buter les patates, Paris : Éd. Baleine, 2001 (Ultime ; 3).
Un air à faire pleurer la mariée, Paris : Éd. Baleine, 2000 (Velours ; 8).

ALLE Gérard (dir.)
Crachins. Nouvelles fraîches de Bretagne, Paris : Éd. Baleine, 2001.

Almanach comique, pittoresque, drolatique, amusant et charivarique [pour] 1846-1874.

Almanach de la jeune chanson française, Paris : Bernardin-Béchet, 1864-1885.

Almanach des prosateurs, Paris : Léger, an XI [1802].

Amadis de Gaule (Le Huitiesme Livre d'–), mis en françoys par [...] Nicolas de Herberay, Paris : Pour Vincent Sertenas, 1555 [1548].

AMIEL Henri-Frédéric
Journal intime, Lausanne : L'Âge d'homme, 1990.

AMILA Jean
À qui ai-je l'honneur ?, Paris : Gallimard, 1974 (Série noire ; 1683).
La Bonne Tisane, Paris : Gallimard, 1975 [1955] (Carré noir ; 205).
Le Boucher des Hurlus, Paris : Gallimard, 1982 (Série noire ; 1881).
Le Grillon enragé, Paris : Gallimard, 1970 (Série noire ; 1334).
Motus !, Paris : Gallimard, 1974 [1953] (Carré noir ; 177).
Le Pigeon du faubourg, Paris : Gallimard, 1981 (Série noire ; 1844).
Terminus Iéna, Paris : Gallimard, 1986 [1973] (Carré noir ; 571).

Amusemens (Les) du bel âge, ou Choix de jeux de société, suivi de pénitences [...], Paris : Locard et Davi, 1816.

ANANDA-DEVI
Rue La Poudrière, Abidjan : Les Nouvelles Éditions Africaines, 1989.

ANCELOT Jacques et DUPORT Paul
Un mariage sous l'Empire, Paris : Magasin théâtral, s.d. [1835].

Ancien théâtre françois, Paris : Jannet, 1854-1857 [16e-17e siècle].

ANCION Nicolas
Les Ours n'ont pas de problème de parking, s.l. : Le Grand Miroir, 2001.
Quatrième étage, Bruxelles : Éd. Luc Pire, 2000.

Âne (L') d'or, Paris, 1845.

ANGLADE Jean
Jean Anglade raconte, Les Sables-d'Olonne : Le Cercle d'or, 1975.
Le Pays oublié, Paris : Hachette, 1982.
Le Tilleul du soir, Paris : Julliard, 1975.
Un lit d'aubépine, Paris : Presses Pocket, 1997 [1995] (Presses-Pocket ; 10145).
Un temps pour lancer des pierres, Paris : Julliard, 1974.
Une pomme oubliée, Paris : Julliard, 1969.
Les Ventres jaunes, Paris : Presses Pocket 1991 [1979] (Presses-Pocket ; 1960).
Le Voleur de coloquintes, Paris : Julliard, 1972.

ANSEAUME Louis
Le Soldat magicien, Paris : Duchesne, 1760.

Anthologie hospitalière et latinesque, recueil de chansons de salle de garde, Paris : chez Bichat-porte-à-droite, 1911[1912]-1913.

ANTOINE Paule
La Malatière, Paris : Bonne Presse, 1951.

ANTONINI Annibale
Dictionnaire françois, latin et italien, Lyon : Duplain, 1769.

ARAGO Jacques
Comme on dîne à Paris, Paris : Berquet et Pétion, 1842.

ARÈNE Julien
Les Carnets d'un soldat en haute-Alsace et dans les Vosges, Paris : Georges Crès et Cie, 1917.

ARMAND et DEROZÉE
L'Heureux événement, Paris : Jorry, 1751.

ARNAUD Georges Jean
Les Moulins à nuages, Paris : Calmann-Lévy, 1988.
Les Oranges de la mer, Paris : Calmann-Lévy, 1990.

ARNOUX Pierre
Les Loups de la Mal'Côte, Paris : France-Empire, 1991.

ARON Jacques
Petite philosophie portative, Bruxelles : Didier Devillez, 2001.

ASCHERO Jean-Charles
Scoops, Paris : Buchet-Chastel/Radio-France, 1992.

AUBRUN Claudine
Photo à mateurs, Paris : Baleine ; Le Seuil, 2001 (Le Poulpe).

AUDIARD Michel
La Nuit, le jour et toutes les autres nuits, Paris : Gallimard-Folio, 1980 [1978] (Folio ; 1201).

AUDIBERTI Jacques
Cent jours, Paris : Gallimard, 1950.

AUDOUARD Yvan
Almanach égoïste à l'usage de quelques-uns, Paris : Rivages, 1990.
Les Cigales d'avant la nuit, Paris : Le Pré aux Clercs, 1988.

[AUTREAU Jacques]
Les Amans ignorans, Paris : Briasson, 1732.
Œuvres de monsieur Autreau, Paris : Briasson, 1749.

AVENTIN Christine
Le Cœur en poche, Paris : Gallimard, 1989 [1988] (Folio ; 2123).

Aventures (Les) plaisantes de M. Bobêche, Paris : Ledentu, 1813.

AYMÉ Marcel
Les Contes du chat perché, Paris : Gallimard, 1978 [1939] (Folio ; 343).

BACCONNIER Gérard *et al.*
La Plume au fusil. Les poilus du Midi à travers leur correspondance, Toulouse : Privat, 1985.

BACRI Roland
Le Beau Temps perdu. Bab-el-Oued retrouvé, Paris : J. Lanzmann et Seghers, 1978.

BAILLON André
Zonzon pépette, Bruxelles : Éd. Jacques Antoine, 1979 [1923].

BAILLY Marius
La Jarjille, c'est la sœur du Piosou !, Saint-Étienne : Le Hénaff, 1980.
Petits Pavés stéphanois, Saint-Étienne : Action graphique, 1987 [textes parus en 1958-1959 dans *Soir-Express*, quotidien de la Loire).

BAISSETTE Gaston
Ces grappes de ma vigne..., Paris : Julliard, 1975.

BALZAC Honoré de
Correspondance, Paris : Garnier, 1960-1969 [1809-1850].
Premiers romans, Paris : Robert Laffont, 1999 (Bouquins).
Vautrin, Paris : Magasin théâtral, s.d. [1840].

BANVILLE Théodore de
Odes funambulesques, Paris : Michel Lévy, 1859 [1857].

BARDOT Brigitte
Initiales B.B., Paris : L.G.F., 1998 [1996] (Livre de Poche ; 14380).

BARJAVEL René
La Charrette bleue, Paris : Denoël, 1989 [1980] (Folio ; 1406).

BARTHAS Louis
Les Cahiers de guerre de Louis Barthas, tonnelier, 1914-1918, Paris : François Maspéro, 1978 (Actes et mémoires du peuple).

BASTIANI Ange (pseud. de V.-M. Lepage ou Le Page ; v. aussi Maurice Raphaël)
Des immortelles pour mademoiselle, Paris : Gallimard, 1972 [1956] (Carré noir ; 52).
Le Pain des jules, Paris : Gallimard, 1967 [1960] (Série noire ; 598).
Polka dans le champ de tir, Paris : Gallimard, 1973 [1955] (Carré noir ; 86).

BASTID Jean-Pierre, MARTENS Michel
Adieu la vie..., Paris : Gallimard, 1977 (Super noire ; 67).
Bille de clown, Paris : Éd. Jean Goujon, 1979.

BASTIDE Roger, CORMIER Jean, BLONDIN Antoine
Alcools de nuit, Paris : M. Lafon, 1988.

BAYARD Jean-François
(avec Vanderburch) *Le Gamin de Paris*, Paris : Magasin théâtral, s.d. [1836].
(avec Dumanoir) *Nicaise à Paris*, Paris : imprimerie Lacombe, s.d. [1844].

BAYON (pseud.)
Les Animals, Paris : Grasset, 1990.
Haut Fonctionnaire, Paris : Grasset, 1993.
Le Lycéen, Paris : Quai Voltaire, 1987.

BAZIN Hervé (Jean-Pierre Hervé-Bazin, dit)
Le Bureau des mariages, Paris : Grasset, 1951.
Le Cri de la chouette, Paris : L.G.F., 1987 [1972] (Le Livre de Poche ; 3886).
Le Démon de minuit, Paris : L.G.F., 1990 [1988] (Le Livre de Poche ; 6879).
L'Huile sur le feu, Paris : Grasset, 1954.
Lève-toi et marche, Paris : Grasset, 1952.
Le Matrimoine, Paris : L.G.F., 1988 [1967] (Le Livre de Poche ; 2810).
La Mort du petit cheval, Paris : Grasset, 1950.
Qui j'ose aimer, Paris : L.G.F., 1988 [1956] (Le Livre de Poche ; 599).
La Tête contre les murs, Paris : Grasset, 1949.
Vipère au poing, Paris : Grasset, 1948.

BÉART Guy
L'Espérance folle, Paris : J'ai lu, 1989 [1987] (J'ai lu ; 2695).

BEAUFRETON Jean
Une enfance angevine, Le Coudray-Macouard (Maine-et-Loire) : Cheminements, 1999.

BEAUGRAND Bonichon
Patrie et gaîté, Paris : Goulet, 1823.

BEAUMARCHAIS
Théâtre, Paris : Garnier, 1980.

BECK Beatrix
La Décharge, Paris : Grasset, 1988 [1979] (Les Cahiers rouges ; 92).
Stella Corfou, Paris : Grasset, 1988.

BEDOS Guy
Inconsolable et gai, Paris : Le Seuil, 1991.
Petites Drôleries et autres méchancetés sans importance, Paris : Le Seuil, 1989.

BEDOS Guy, DAUMIER Sophie
20 sketches, dans *L'Avant-Scène théâtre*, 1er avril 1974.

BELLETTO René
Loin de Lyon, Paris : P.O.L., 1986.
Le Revenant, Paris : Hachette, 1981.
Ville de la peur, Paris : P.O.L., 1997.

BENACQUISTA Tonino
La Machine à broyer les petites filles, Paris : Rivages, 1993 (Noir ; 169).
La Maldonne des sleepings, Paris : Gallimard, 1989 (Série noire ; 2167).
Les Morsures de l'aube, Paris : Rivages, 1992 (Noir ; 143).
Saga, Paris : Gallimard, 1997.

BENATAR (pseud.)
La Fièvre de l'Ouest, Paris : Denoël, 1990.
Un ange, pas deux, Paris : Denoël, 1991.

BÉNÉGUI Laurent
Au Petit Marguery, Paris : Bernard Barrault, 1991.
Caramelle, Paris : Bernard Barrault, 1989.

BENJAMIN (B. Antier), SAINT-AMANT (A. Lacoste), PAULYANTHE (A. Chapponier)
L'Auberge des Adrets, Paris : imprimerie Didot, s.d. [éd. 1832].

BENOZIGLIO Jean-Luc
Béno s'en va-t-en guerre, Paris : Le Seuil, 1976.
Cabinet portrait, Paris : Le Seuil, 1980.
Le Jour où naquit Kary Karinaky, Paris : Le Seuil, 1986.
Tableaux d'une ex, Paris : Le Seuil, 1989.

BENVENISTE Émile
Problèmes de linguistique générale, Paris : Gallimard, 1971 [1966].

BERGERAT Émile
Figarismes de Caliban, Paris : Lemerre, 1888.
Le Livre de Caliban, Paris : Lemerre, 1887.
Vie et aventures du sieur Caliban, Paris : Dentu, 1886.

BÉRIOT Louis
La Canne de mon père, Paris : J.-C. Lattès, 1986.

BERLIOZ Hector
À travers chants, Paris : Calmann-Lévy, s.d. [1862].
Les Grotesques de la musique, Paris : Michel Lévy, 1871 [1859].

Les Soirées de l'orchestre, Paris : Calmann-Lévy, s.d. [1852].

BERNARD Marc
Pareils à des enfants, Paris : Gallimard, 1994 [1941].

BERNARD Tristan
Un jeune homme rangé, Paris : Omnibus, 1994 [1895-1911].

BÉROALDE DE VERVILLE François
Le Moyen de parvenir, Paris : Lemerre, 1896 [*ca* 1616].

BERQUIN Antoine
L'Ami des enfants, Paris : Didot, 1792 [1782-1783].

BERROYER
Je vieillis bien, Paris : Le Serpent à plumes, 1995 [1983].
Rock and roll et chocolat blanc, s.l. : Henry Veyrier, 1979.

BERTHET Élie
Histoire des uns et des autres, Paris : Dentu, 1878.

BERTHOD
Paris burlesque, Paris : Loyson, 1652.

BIALOT Joseph
Le Royal-bougnat, Paris : Gallimard, 1990 (Série noire ; 2239).
Un violon pour Mozart, Paris : Gallimard, 1989 (Série noire ; 2184).

BIALOT Joseph, COURCHAY Claude
L'Annonce faite à Matcho, Paris : Gallimard, 1981 (Série noire ; 1847).

BIARD René
Maffia en taule, Paris : Éd. de la Table ronde, 1969 (L'Ordre du jour).

BIENNE Gisèle
Marie-Salope, Paris : Éd. des Femmes, 1976.

BINET Christian
Les Bidochon en vacances 2, 1992 [1981], Paris : Audie (Les Albums Fluide Glacial).

BINET Étienne
Essay des merveilles de nature, et des plus nobles artifices, Évreux : Association de Théâtre de la ville d'Évreux, 1987 [éd. 1632] (Des opérations ; 1).

BLANC Henri-Frédéric
Combats de fauves au crépuscule, Paris : Presses Pocket 1991 [1990] (Presses-Pocket ; 3761).
Jeu de massacre, Paris : Presses Pocket, 1993 [1991] (Presses-Pocket ; 4590).

BLANC Julien
Joyeux, fais ton fourbi, Paris : J.-C. Lattès, 1977 [1946].

BLANC René
Les Amours de l'oncle César, Paris : Mazarine, 1986.
Clément, Noisette et autres Gascons, Saint-Gaudens : L'Adret, 1984.

BLAVIER André
Le Mal du pays, s.l. : Yellow Now, 1993.

BLIER Bertrand
Les Valseuses, Paris : J'ai lu, 1978 [1972] (J'ai lu ; 543).

BLONDIN Antoine
L'Europe buissonnière, Paris : Gallimard, 1978 [1949] (Folio ; 1067).

BOILLOT Félix
Le français régional de La Grand'Combe (Doubs), Paris : Presses universitaires de France, 1929.

BOISSELOT Paul et HUGOT Eugène
Le Carnaval des blanchisseuses, Paris : imprimerie Walder, s.d. [1859].

BOISSIN Ély
Le Minot, Vauvenargues : Paul Keruel, 1988.

BOISSY Louis de
Œuvres de théâtre, Paris : Duchesne, 1773 [1721-1753].

BOLOGNE Jean-Claude, LAMBERSY Werner
L'Os à souhaits, Bruxelles : Les Éperonniers, 1992.

BON François
Le Crime de Buzon, Paris : Éd. de Minuit, 1986.

BONNIER Henry
L'Enfant du Mont-Salvat, Paris : L.G.F., 1985 [1980] (Le Livre de Poche ; 6054).

BORDELON Laurent
Arlequin comédien aux Champs elisées, Paris : Seneuze, éd. 1694.

BORY Jean-Louis
Ma Moitié d'orange, Paris : Presses Pocket, 1978 [1972] (Presses-Pocket ; 1613).
La Peau des zèbres, Paris : Gallimard, 1981 [1969] (Folio ; 1265).
Le Pied, Paris : Presses Pocket, 1978 [1977] (Pocket ; 1612).

BOSQUIER-GAVAUDAN Jean-Sébastien-Fulcran
Cadet Roussel chez Achmet, Paris : Cavanagh-Barba, 1804.

BOST Charles Marc (dir.)
Les Derniers puritains d'Amérique. 1851–1920. Lettres de Théodore Bost et Sophie Bonjour, Paris : Hachette, 1977.

BOUCHARD Corinne
La Bande des Pas-Beaux, Paris : Calmann-Lévy, 1993.

BOUCHET Guillaume
Les Serées, Lyon : Chez Pierre Rigaud, éd. 1614.

BOUDARD Alphonse
Le Banquet des léopards, Paris : L.G.F., 1990 [1980] (Le Livre de Poche ; 6833).
Bleubite, Paris : L.G.F., 1988 [1966, sous le titre *Les Matadors*] (Le Livre de Poche ; 6526).

La Cerise, Paris : Gallimard, 1973 [1963] (Folio ; 403).
Les Combattants du petit bonheur, Paris : L.G.F., 1990 [1977] (Le Livre de Poche ; 6718).
L'Éducation d'Alphonse, Paris : Grasset, 1987.
Mourir d'enfance, Paris : Robert Laffont, 1995.

[BOUDIN Pierre]
Madame Engueule, ou les accords poissards, A Congo, 1754.

BOUGUES-MONTÈS Jacques de
Chez Auguste. Histoires truculentes et vraies du Bassin d'Arcachon, Paris : Le Guépard, 1982.

BOULANGER Daniel
Mes Coquins, Paris : Gallimard, 1990.

BOURASSEAU Jean-François
Le Rosé de Pissotte, Maulévrier (Maine-et-Loire) : Hérault-Éditions, 1988.

BOURDIEU Pierre (dir.)
La Misère du monde, Paris : Le Seuil, 1993 [1990-1992].

BOURGEOIS Anicet et DELAPORTE Michel
Les Amours de monsieur et madame Denis, Paris : Impr. Giroux, s.d. [1845].

BOURLÈS Jean-Claude
Une Bretagne intérieure, Paris : Flammarion, 1998.

BOURSAULT Edme
Théâtre, Paris : Compagnie des libraires, 1746 [1662-1701].

BOUTET Gérard
Les Gagne-misère, Paris : J.-C. Godefroy, t. 1, 1985 ; t. 2, 1986 ; t. 3, 1987 ; t. 4, 1989.

BOUVIER Robert
Tresse d'aiët, ma mère, s. l. : Jeanne Laffitte, 1997 [av. 1992].

BOYER François
Jeux interdits, Paris : Gallimard, 1979 [1947, sous le titre *Les Jeux inconnus*] (Folio ; 453).

BRASSENS Georges
Poèmes & Chansons, Paris : Le Seuil, 1991 (Points V ; 96).

BRASSEUR Roland
Je me souviens de Je me souviens, Paris : Le Castor astral, 1998.

BRAVO Christine
Maîtresse à Belleville, Paris : Michel Lafon, 1993.
Les Petites Bêtes, Paris : J'ai lu, 1991 [1988] (J'ai lu ; 3104).

BRAY André
Trésor des comptines, s.l. : Club des libraires de France, 1961.

BRAZIER Nicolas et DUMERSAN Théophile
Les Bonnes d'enfans, Paris : Barba, 1825 [1820].

BRÉCOURT (Guillaume MARCOUREAU de)
Le Jaloux invisible, dans *Théâtre françois, ou Recueil des meilleures pieces*, t. 8, 1737.
L'Ombre de Molière, Paris : Librairie des bibliophiles, 1880 [1674].

BREFFORT Alexandre
Les Contes du grand-père Zig, Paris : France Loisirs, 1990 [1955].

BREILLAT Catherine
Police, Paris : J'ai lu, 1986 [1985] (J'ai lu ; 2021).

BREL Jacques
Œuvre intégrale, Paris : Robert Laffont, 1983 [1982].

BRESSON Thérèse
Le Vent feuillaret. Une enfance ardéchoise, Paris : Seghers, 1980 (Mémoire vive).

BRISEBARRE Édouard et NYON Eugène
La Modiste au camp, Paris : imprimerie Dondey-Dupré, s.d. [1846].

BRISSET Jean-Pierre
Les Origines humaines, Paris : Baudouin, 1980 [1913].

BROCHIER Jean-Jacques
Un cauchemar, Paris : Albin Michel, 1965.

BROCK Renée
Ceux du canal, Paris : Le Cherche-Midi, 1980.

BRUNA Éva
Les Jupiters chauds, Paris : Belfond, 2002.

[BRUSSEL Pierre]
Suite du Virgile travesti, A La Haye, 1767.

BUJEAUD Jérôme
Chants et chansons populaires des provinces de l'Ouest, Marseille : Laffitte Reprints, 1980 [1895 ; première édition en 1865-1866]. D'abord publié dans *Mémoires de la société de statistique, sciences, lettres et arts des Deux-Sèvres*, 2ᵉ s., 3 (1863) et 4 (1864).

BURON Nicole de
Arrête ton cinéma !, Paris : J'ai lu, 1996 [1995] (J'ai lu ; 4251).
C'est quoi, ce petit boulot ?, Paris : Flammarion, 1989.
Qui c'est, ce garçon ?, Paris : J'ai lu, 1986 [1985] (J'ai lu ; 2043).
Les Saintes Chéries, Paris : J'ai lu, 1992 [1964] (J'ai lu ; 248).

Cabinet (Le) satyrique, Paris : Librairie du bon vieux temps, 1924.

CAHEN Cyrille
La Serveuse, Paris : Le Castor astral, 1993.

CALET Henri (pseud. de Raymond Barthelmess)
La Belle Lurette, Paris : Gallimard, 1999 [1935].

CALMELS Norbert
L'Oustal de mon enfance, Paris : J.-C. Lattès, 1985.

CAMI
Drames de la vie courante, Paris : Gallimard, 1991 [av. 1958] (Folio ; 2298).

CAMILLE Alain (pseud. d'Alain Fournier ; v. aussi A.D.G.)
Les Trois Badours, Paris : Gallimard, 1972 (Série noire ; 1544).

CAMILLIERI Martine
Touche pas à Rita, Paris : P. Belfond, 1991.

CANAC Roger, BOYER Bernard
Vivre ici en Oisans, Grenoble : Glénat, 1991.

CANAL Philippe
L'Homme qui a vu Durand, Paris : Le Seuil, 1987.

CANS Jacky
Drôles d'oiseaux, Paris : Payot, 1990.

C[APELLE] Adolphe et GOMBAUT [Paul-Auguste]
Le Tambour de Logrono, Paris : Huet, 1824 [1823].

CARADEC François
La Compagnie des zincs, Paris : Ramsay, 1986.

CARCO Francis
Jésus-la-Caille, Paris : Mercure de France, 1914.

CARLES Philippe, CLERGEAT André, COMOLLI, Jean-Louis
Dictionnaire du jazz, Paris : Robert Laffont, 1988 (Bouquins).

CARMINATI Jean-Paul
La Concordance des dents, Paris : Le Seuil, 2001.

[CARMONTELLE (pseud. de Louis Carrogis)]
Proverbes dramatiques, Amsterdam et Paris : Esprit, éd. 1781.

CARMOUCHE Pierre, VARIN Charles, HUART
Le Puff, Paris : Magasin théâtral, s.d. [1838].

CARRÉ Michel et BATTU Léon
Jobin et Nanette, Paris : Michel Lévy, 1849.

CARRESE Philippe
Filet garni, Paris : Fleuve noir, 1996.
Trois jours d'engatse, Paris : Fleuve noir, 1995, éd. revue et corrigée [1re éd., Ajaccio : Méditorial, 1994).

CARRIÈRE Jean
L'Épervier de Maheux, Paris : Jean-Jacques Pauvert, 1972.

CARRIÈRE Jean-Claude
Anthologie de l'humour 1900, Paris : Les Éditions 1900, 1988.

CASANOVA Nonce
Le Journal à Nénesse, Paris : Ollendorff, s.d. [1911].

CASTAING François
Ça va ? Ça va, Paris : Gallimard, 1996 (Série noire ; 2426).

CASTER Sylvie
Les Chênes verts, Paris : L.G.F., 1982 [1980] (Le Livre de Poche ; 5603).

Catolicon (Le) françois, par l'admirable Guillot le Songeur, s.l., 1616.

CAUVIN Patrick
C'était le Pérou, Paris : L.G.F., 1989 [1980] (Le Livre de Poche ; 5887).
E = mc², mon amour, Paris : L.G.F., 1984 [1977] (Le Livre de Poche ; 5723).
Menteur, Paris : Albin Michel, 1993.
Monsieur papa, Paris : L.G.F., 1987 [1976] (Le Livre de Poche ; 5699).

CAVANNA François
Cœur d'artichaut, Paris : L.G.F., 1997 [1995] (Le Livre de Poche ; 14262).
L'Œil du lapin, Paris : Belfond, 1988 [1987].
Les Ritals, Paris : Le Livre de Poche, 1981 [1978] (Le Livre de Poche ; 5383).

Caveau (Le) moderne, ou le Rocher de Cancale, Paris : Capelle, 1807-1815.

CÉLINE Louis-Ferdinand
Bagatelles pour un massacre, Paris : Denoël, 1937.
Les Beaux draps, Paris : Nouvelles éditions françaises, 1942 [1941].
D'un château l'autre, Paris : Gallimard, 1957.
Guignol's band, Paris : Denoël, 1944.
Mort à crédit, Paris : Gallimard, 2000 [1936] (Folio ; 1692).
Normance, Paris : Gallimard, 1989 [1954] (Folio ; 1053).
Rigodon, Paris : Gallimard, 1973 [1961] (Folio ; 481).
Voyage au bout de la nuit : Paris : Gallimard, 1999 [1932] (Folio ; 28).

CELNART Mme (pseud. d'Élisabeth Canard, dame Baye-Mouillard)
Manuel complet des jeux de société, Paris : Roret, 1827.

CENDRARS Blaise
Du monde entier au cœur du monde, Paris : Denoël, 1957.
Emmène-moi au bout du monde, Paris : Gallimard, 1987 [1956] (Folio ; 15).

CENDREY Jean-Yves
Trou-madame, Paris : P.O.L., 1997.

CÉRÉSA François
Le Carnaval des grenouilles, Paris : Robert Laffont, 1989.

CERTEAU Michel de *et al.*
L'Invention du quotidien, t. 2. *Habiter, cuisiner*, Paris : Gallimard, 1994 [1980] (Folio essais ; 238).

CHABAUD Roger
Un si petit village, Paris : Albin Michel, 1990.

CHABROL Jean-Pierre
Le Bonheur du manchot, Paris : Presses Pocket, 1995 [1993] (Presses-Pocket ; 4337).
Le Bout-Galeux, Paris : Gallimard, 1965 [1955].
Le Crève-Cévenne, Paris : Presses de la Cité, 1993 [1972] (Omnibus).
Les Rebelles, Paris : Plon, 1965.

CHABROL Jean-Pierre, FAURE Daniel
La Felouque des copains, Montpellier : Presses du Languedoc, 1987.

CHAILLOU Michel
La Croyance des voleurs, Paris : Le Seuil, 1990 [1989] (Points R ; 402).

CHALEIL Léonce
La Mémoire du village, Montpellier : Presses du Languedoc, 1989 [1977].

CHALUMEAU Laurent
Fuck, Paris : Grasset, 1991.

CHAMPFLEURY (pseud. de Jules Husson)
Chien-Caillou, Paris : Éd. des Cendres, 1988 [1845-1847].
Contes d'automne, Paris : Victor Lecou, 1854.
Feu Miette, Paris : Édition des Cendres, 1989 [1845-1847].
(et Nodier, Gautier) *Pantomimes*, Paris : Cicero, 1995 [1827-1863].

CHAMPMESLÉ Charles Chevillet de
Les Œuvres de monsieur de Champmeslé, Paris : Ribou, 1735.

Chansonnier de tous les arts, états, métiers et professions, Paris : Roy-Terry, 1830.

Chansonnier (Le) patriote, Paris : Garnéry, an Ier de la République française (1793).

Chansons d'étudiants, s.l. n.d. [*ca* 1950].

Chansons des XVe et XVIe siècles, Paris : U.G.E., 1986 (10/18 ; 1802).

Chansons folastres et prologues tant superlifiques que drolatiques des comédiens françois, Bruxelles : impr. Mertens, 1864 [1612].

CHAREF Mehdi
Le Thé au harem d'Archi Hamed, Paris : Mercure de France, 1983.

CHATELAIN Michelle
Alpages, terres de l'été, Montmélian (Savoie) : La Fontaine de Siloë, 1996.

CHÂTILLON Auguste de
Les Poésies, Paris : Librairie du Petit Journal, 3e éd., 1866.

CHEDID Louis
40 berges blues, Paris : Flammarion, 1991.

Chefs-d'œuvre politiques et littéraires de la fin du dix-huitième siècle, s.l., 1788.

CHÉRAU Gaston
Monseigneur voyage, 1967 [1927], Paris : J'ai lu, 1967 [1937] (J'ai lu ; 288).

CHEVEREAU Gaston
Une enfance à la campagne, Le Mans : Éd. Cénomane, 1988.

CHEVILLARD Éric
Le Démarcheur, Paris : Éd. de Minuit, 1988.

CHEVRIER Paulette
La Haute-Bigue, Cusset (Allier) : Éd. du Chemin de ronde, 1996.

CHOUCHON Lionel (pseud.)
Par 35' de lassitude nord, Paris : Albin Michel, 1992.

CHRISTIN Pierre, BILAL Enki
Partie de chasse, Paris ; Barcelone ; Lausanne : Dargaud, 1983.

CINGRIA Charles-Albert
Œuvres complètes, Lausanne : L'Âge d'homme, s.d. [1969].

CIRAVÉGNA Nicole
Le Pavé d'amour, Paris : Magnard, 1978 [1975].

CLAUDEL Paul
Journal, Paris : Gallimard, 1968, t. 1 et 1969, t. 2 (Bibliothèque de la Pléiade).
Œuvre poétique, Paris : Gallimard, 1977 (Bibliothèque de la Pléiade).
Théâtre, Paris : Gallimard, 1960, t. 1 et 1963, t. 2 (Bibliothèque de la Pléiade).

CLAUTEAUX Rodolphe
Sous le Pont des Corbeaux, Paris : Gallimard, 1994.

CLAVEL Bernard
L'Espagnol, Paris : J'ai lu, 1968 [1959] (J'ai lu ; 309).
La Maison des autres, Paris : J'ai lu, 1991 [1962] (J'ai lu ; 522).

COATMEUR Jean-François
La Bavure, Paris : L.G.F., 2002 [1980] (Le Livre de Poche ; 17214).
Les Sirènes de minuit, Paris : L.G.F., 1987 [1976] (Le Livre de Poche ; 6302).

C.O.D.
La Belle-mère, suivie de Arlequin battant et de la Grande partie de chasse, Paris : Tiger, s.d. [*ca* 1818] (Nouveau théâtre des boulevards).

COGNIARD frères
(avec Jaime et Deslandes) *À bas les hommes !*, Paris : Magasin théâtral, s.d. [1838].
Le Café des comédiens, Paris : Magasin théâtral, s.d. [1837].
Les Enfans du délire, Paris : Magasin théâtral, s.d. [1838].
(avec Jaime) *La Tirelire*, Paris, Magasin théâtral, s.d. [1835].

COHEN Gustave
Recueil de farces françaises inédites du XVe siècle, Genève : Slatkine, 1974 [16e siècle].

COLETTE
Œuvres, éd. sous la direction de Claude Pichois, Paris : Gallimard, t. 1, 1984 ; t. 2, 1986 ; t. 3, 1991 ; t. 4, 2001 (Bibliothèque de la Pléiade).

COLLERYE Roger de
Œuvres, Paris : Jannet, 1855 [1536].

COLMANCE Charles
Chansons, Paris : Vieillot, s.d. [1862].

COLOMB Catherine
Le Temps des anges, Paris : Gallimard, 1962.

COLOMBIER Jean
Béloni, Paris : Calmann-Lévy, 1992.

COLUCHE
Les Inoubliables, Paris : Fixot, 1992 [1977].

CONIL Philippe
Flip-frac, Paris : Gallimard, 1981 (Série noire ; 1972).

Continuateurs (Les) de Loret, Lettres en vers [...], Paris : Morgand, 1881-1882 [1665-1667].

COPPÉE François
Œuvres, Paris : Alphonse Lemerre, 1907, 6 vol.
Souvenirs d'un Parisien, Paris : Alphonse Lemerre, 1910.

COQUILLART Guillaume
Œuvres, Genève : Droz, 1975 [*ca* 1480-16e siècle].

CORDELIER Jeanne
À l'arraché, Paris : J.-C. Lattès, 1990.

CORMON Eugène et GRANGÉ Eugène
Le Festin de Balthasar, Paris : Album dramatique, s.d. [1855].

COUDERC Claude
Le Petit, Paris : Pocket, 1998 [1996] (Pocket ; 10183).

COULONGES Georges
Pause-café, Paris : L.G.F., 1984 [1980] (Le Livre de Poche ; 5631).

COURBOU Michèle
Les Chapacans, Paris ; Gallimard, 1994 (Série noire ; 2341).

COURCHAY Claude
Le Chemin de repentance, Paris : L.G.F., 1986 [1984] (Le Livre de Poche ; 6232).
Chronique d'un été, Paris : Belfond, 1990.
L'Embellie, Paris : Albin Michel, 1988.
Quelqu'un, dans la vallée..., Paris : L.G.F., 1998 [1997] (Le Livre de Poche ; 14551).

Courrier des théâtres, Paris, 1840.

COURTELINE Georges
Théâtre, contes, romans et nouvelles, philosophie, écrits divers et fragments retrouvés, Paris : Robert Laffont, 1990 (Bouquins).

COUSIN JACQUES (Le) [L.-A. Beffroy de Reigny]
Le Club des bonnes-gens, ou le Curé françois, Paris : Froullé, 1791.
Les Lunes du Cousin Jacques, Paris, 1786.
La Petite Nannette, Paris : Moutardier, 1797 [1796].
Les Soirées chantantes, ou le Chansonnier bourgeois, Paris : Moutardier, 1805.

CRESSOT Jean
Le Pain au lièvre, Paris : Stock, 1977 [1943].

Cri (Le) des animaux, Paris : EDDL, 2001 (Les Tout-petits).

CROS Charles
Œuvres complètes, Paris : Gallimard, 1970 (Bibliothèque de la Pléiade).

CUECO Henri
Le Journal d'une pomme de terre, Paris : Stock, 2001 [1993].

CYRANO DE BERGERAC Savinien
Œuvres complètes, Paris : Belin, 1977.

DAENINCKX Didier
Hors-limites, Paris : Julliard, 1992.
Zapping, Paris : Denoël, 1992.

DALIO Marcel (pseud.)
Mes Années folles, Paris : J.-C. Lattès, 1976.

DANA J.-L. (pseud.)
En attendant le matin du grand soir, Paris : Éd. Jean Goujon, 1979.

DANINOS Pierre
Le Jacassin, Paris : L.G.F., 1983 [1962] (Le Livre de Poche ; 1455).
Profession : écrivain, Paris : Hachette, 1988.

DARD Frédéric
La Crève, Paris : Fleuve noir, 1989 [1946].

DARY Bernard
Les Beaux Bars, Paris : Fayard, 1973.

DASSOUCY Charles Coipeau
L'Ovide en belle humeur, Paris : Sercy, 1650.

DAUDET Alphonse
Numa Roumestan, Paris : Dentu, 1893 [1881].
Œuvres, éd. Roger Ripoll, Paris : Gallimard, t. 1, 1986 ; t. 2, 1990 (Bibliothèque de la Pléiade).
Œuvres complètes, Paris : Librairie de France, 1929-1931, 20 vol.
Trente ans de Paris : Flammarion, s.d. [1888].

DAVID Eva
Cavale, Paris : Gallimard, 1992 (Série noire ; 2308).

DAVID Jean
Bonsoir Marie-Josèphe, Paris : Presses Pocket, 1993 [1983] (Pocket ; 4662).

DAVID Jean-Elie
Le Tunnel du Simplon, Lausanne : imprimerie Lucien Vincent, 1905.

DAVID Martine, DELRIEU Anne-Marie
Aux sources des chansons populaires, Paris : Belin, 1984 (Le français retrouvé ; 9).

DEBRAUX Paul Émile
Les Barricades de 1830, Paris : Boulland, 1830.
Chansons nationales nouvelles et autres, Paris : Terry, 1832.

DECHAVANNE Christophe
La Fièvre du samedi soir, Paris : L.G.F., 1992 [1991] (Le Livre de Poche ; 4372).

DECK Olivier
Les Chopines, Monaco : Éditions du Rocher, 2002.

DECORDE J.-E.
Dictionnaire du patois du pays de Bray, Nîmes : Lacour, 1993 [1852].

DECOURCELLE [Adrien] et LAMBERT-THIBOUST
La Perdrix rouge, Paris : Michel Lévy frères, 1852.

DEFLANDRE Bernard
La Soupe aux doryphores, Paris : J'ai lu, 1987 [1985] (J'ai lu ; 2185).

DEGAUDENZI Jean-Claude
La Lamentable Épopée de Doris et Alexandre, Paris : Fixot, 1990.
Zone, Paris : Fixot, 1987.

DELACOUR et LAMBERT-THIBOUST
Paris qui dort, Paris : Michel Lévy, 1852.

DELARUE Paul et TENÈZE Marie-Louise
Le Conte populaire français : contes-nouvelles, Paris : C.T.H.S., 2000.

DELAY Florence
Le aïe aïe de la corne de brume, Paris : Gallimard, 1999 [1975] (Folio ; 1554).

DELBOURG Patrice
Un certain Blatte, Paris : Le Seuil, 1989.

DEL CASTILLO Michel
Une femme en soi, Paris : Le Seuil, 1991.
Le Vent de la nuit, Paris : Le Seuil, 1985.

DELERM Philippe
Les Chemins nous inventent, Paris : Stock, 1997.
La Première Gorgée de bière, Paris : Gallimard, 1997.

DELION Jean
Quand me tues-tu ?, Paris : Gallimard, 1981 [1965] (Carré noir ; 382).

DEL PAPPAS Gilles
Du soleil plein la tête, Paris : Éd. Hors Commerce, 2001.
Massilia dreams, Paris : Librio, 2000.

DELTEIL Gérard
Balles de charité, Paris : Gallimard, 1990 (Série noire ; 2213).

DELTEIL Joseph
Les Cinq Sens suivi de *Il était une fois Napoléon*, Paris : Denoël/Collot, 1983.
En robe des champs, Paris : Grasset, 1934.
Sur le fleuve Amour, Paris : Grasset, 1986 [1927] (Les Cahiers rouges ; 16).

DELVAU Alfred
Dictionnaire érotique moderne, Paris : Union Générale d'Éditions, 1997 [1864].

DEMOUZON Alain
Bungalow, Paris : Flammarion, 1981.
Château-des-rentiers, Paris : Flammarion, 1982.
Paquebot, Paris : J'ai lu, 1989 (J'ai lu ; 2651).
Quidam, Paris : J'ai lu, 1984 [1980] (J'ai lu ; 1587).

DEMURE Jean-Paul
Découpe sombre, Paris : Gallimard, 1988 (Série noire ; 2128).
Le Fils du vent, Paris : Gallimard, 1983 (Série noire ; 1926).

D'ENNERY (ou DENNERY) Adolphe et GRANGÉ Eugène
Les Bohémiens de Paris, Paris : Magasin théâtral, s.d. [1843].

DENUZIÈRE Maurice
Pour amuser les coccinelles, Paris : L.G.F., 1983 [1982] (Le Livre de Poche ; 5783).

DÉSAUGIERS Marc-Antoine-Madelaine
Chansons et poésies diverses, t. 1, Paris : Librairie nationale et étrangère, 1824 [1808] ; t. 2, Paris : Poulet, 1812 ; t. 4, Paris : Ladvocat, 1827.
Chansons et poésies fugitives, Paris : Rosa, 1816.
Le Départ pour St.-Malo, Paris : Masson, 1809.

DESCLOZEAUX, POZNER André
Petite Histoire de la langue, Paris : Le Seuil, 1991 (Points V ; 105).

DESNOYER Charles et ADRIEN
Chérubin, Paris : Magasin théâtral, s.d. [1835].

DES PÉRIERS Bonaventure
Cymbalum mundi : Paris : Société des anciens livres, 1914 [1537]
Nouvelles récréations et joyeux devis, Paris : Champion, 1980 [1558].

DESSAINT Pascal
On y va tout droit, Paris : Payot & Rivages, 2001 (Noir ; 382).
La Vie n'est pas une punition, Paris : Payot & Rivages, 1995 (Noir ; 224).

DESVERGERS (A. Chapeau) et LEROUX Hippolyte
Mal noté dans le quartier, Paris : imprimerie Didot, s.d. [1837].

DEVOS Raymond
À plus d'un titre, Paris : Olivier Orban, 1989.
Un jour sans moi, Paris : Pocket, 1998 [1996] (Pocket ; 10331).

D'HAUTEL
Dictionnaire du bas-langage, ou des manières de parler usitées parmi le peuple, Paris : Léopold Collin, 1808 (A-F, 1807 ; G-Z, 1808).

DIDEROT Denis
Correspondance, Paris : Robert Laffont, 1997 (Bouquins).

DILLAZ Serge
La Chanson sous la Troisième République : 1870-1940, Paris : Tallandier, 1991.

DINAUX A. et SUE Eugène
Les Mystères de Paris, Paris : imprimerie Boulé, s.d. [1844].

DJIAN Philippe
Échine, Paris : Barrault, 1988.
372 le matin, Paris : J'ai lu, 1986 [1985] (J'ai lu ; 1951).
Zone érogène, Paris : J'ai lu, 1986 [1984] (J'ai lu ; 2062).

DOCQUOIS Georges, MÉTIVET Lucien
Paris sur la route, Paris : Ollendorff, 1898 [1897].

DOISNEAU Robert
À l'imparfait de l'objectif, Arles : Actes Sud, 1995 [1989].

DOMINIQUE Antoine
Gaffe au gorille !, Paris : Gallimard, 1954 (Série noire ; 225).
Le Gorille au frigo, Paris : Gallimard, 1957 (Série noire ; 382).

DONADILLE Marc
Pasteur en Cévennes. Chronique de l'entre-deux-guerres, Alès : Club cévenol ; Montpellier : Presses du Languedoc, 1989.

DONNEAU DE VISÉ Jean
Trois comédies, Paris : Droz, 1940.

DOPAGNE Jean-Pierre
Le Vieil homme rangé, Carnières-Morlanwelz : Lansman, 1999.
Un ami fidèle, Carnières-Morlanwelz : Lansman, 1997.

DORIN Françoise
Les Corbeaux et les renardes, Paris : Flammarion, 1988.

DORMANN Geneviève
Le Bal du dodo, Paris : Albin Michel, 1989.
Le Bateau du courrier, Paris : Le Seuil, 1974.
Le Chemin des Dames, Paris : Le Livre de Poche, 1977 [1964] (Le Livre de Poche ; 4899).
Je t'apporterai des orages, Paris : Le Livre de Poche, 1973 [1971] (Le Livre de Poche ; 3540).
La Petite Main, Paris : Albin Michel, 1993.

DORVIGNY Louis Archambault
Chacun son métier, les champs sont bien gardés, Toulouse : Broulhiet, 1786 [1779].
On fait ce qu'on peut, et non pas ce qu'on veut, Toulouse : Brouilhet, 1785 [1779].

DOUASSOT Jean (pseud.)
Nœud coulant, Paris : Éric Losfeld, 1971.
La Perruque, Paris : Denoël, 1969.

DROZ Édouard
Au Petit-Battant. Scènes de la vie populaire en province, Besançon : Cêtre, 1983 [1905].

DROZ Gustave
Entre nous, Paris : Victor Havard, 1883 [1867].
Monsieur, madame et bébé, Paris : Victor Havard, 1884 [1866].

DRUELLE André
Saga, Les Sables-d'Olonne : Le Cercle d'or, 1972.

DU BARTAS Guillaume de Saluste
La Sepmaine, Paris : Nizet, 1981 [1578-1581].

DUBILLARD Roland
Les Diablogues et autres inventions à deux voix, Paris : Gallimard, 2000 [1976] (Folio ; 3177).
Les Nouveaux diablogues, Paris : Gallimard, 2000 [1988] (Folio ; 3176).

DUCHATELLIER A.
La Mort de Louis XVI, Paris : Rapilly, 1830 [1828].

DUDAN Pierre
Trous de mémoire, Paris : France-Empire, 1977.

DUFRESNY Charles Rivière Du Fresny ou
Œuvres, Paris : Barrois, 1779 [1692-1724].

DULAC Édouard
Histoires gasconnes, Paris : Les Éditions de France, 1925.

DUHAMEL Betty
Les jolis mois de May, Paris : Éditions de Fallois, 1994.

DUHAMEL Georges
Les Plaisirs et les jeux, Paris : Mercure de France, 1922.

DU MERSAN Théophile
Chansons et rondes enfantines, Paris : Gabriel de Gonet, 1846.

DUMERSAN Théophile et DUMANOIR Philippe-François Pinel, dit
La Canaille, Paris : imprimerie Boulé, s.d. [1839].

DUNETON Claude
Le Diable sans porte, Paris : Le Seuil, 1981.

DUNETON Claude, PAGLIANO Jean-Pierre
Anti-manuel de français, Paris : Le Seuil, 1980 [1978] (Points Actuel A30).

DUPIN Adrien
Pierric, Bordeaux : Éd. Delbrel, 1953 [écrit en 1948].

DUPORT Paul et LAURENCIN (P.-A. Chapelle)
Casimir, Paris : imprimerie Didot, s.d. [1838].

DUPUIS Jean-Jacques
La Gigue des féroces, Paris : Fleuve noir, 1988.
Le Ventre de l'ombre, Paris : Fleuve noir, 1989.

DUPUY Fernand
L'Albine. Scènes de la vie en Limousin et en Périgord vert, Paris : Fayard, 1978.

DUQUESNE André
Une paire d'ailes au vestiaire, Paris : Gallimard, 1955 (Série noire ; 278).

DURAND Jacques
André Bouix, gardian de Camargue, Paris : Stock, 1980.

DURANDEAU Émile
Civils et militaires, Paris : Tresse, 1880.

DURAND-TULLOU Adrienne
Le Pays des asphodèles, Paris : Presses Pocket, 1991 [1989] (Presses-Pocket ; 3495).

DURANTY Louis-Edmond
Théâtre des marionnettes, Paris : Actes Sud, 1995 [1862] (Babel ; 182).

DUVAL Georges, CARMOUCHE, JOUSLIN DE LA SALLE
Les Cancans, Paris : Barba, 1823.

DUVAL René
Histoire de la radio en France, Paris : Alain Moreau, 1979.

DUVERT Félix-Auguste
Théâtre choisi, Paris : Charpentier, 1877-1878.

Ebat (L') khâgnal 37, Paris : Imprimerie André, 1937.

ELLENA Yves
Prêcheur en eau trouble, Paris : Gallimard, 1988 (Série noire ; 2150).

EMBARECK Michel
2–1 = 0, Paris : Lieu commun, 1991.
Sur la ligne blanche, Paris : Éd. Autrement, 1984.

Enfant (L') lyrique du carnaval, Paris : Eymery, 1817.

Enfer (L') burlesque, ou le Sixiesme de l'Eneide travestie, Paris, 1649.

ERNAUX Annie
Les Armoires vides, Paris : Gallimard, 1989 [1974] (Folio ; 1600).
Ce qu'ils disent ou rien, Paris : Gallimard, 1989 [1977] (Folio ; 2010).

ESNAULT Gaston
Le Poilu tel qu'il se parle, Paris : Éd. Bossard, 1919.
La Vie et les Œuvres comiques de Claude-Marie Le Laé (1745-1791), Paris : Champion, 1921.

Espion (L') dévalisé, À Londres, 1782.

ESTIENNE Henri
Apologie pour Hérodote, Paris : Liseux, 1879 [1566].

ETIEMBLE René
L'Enfant de chœur, Paris : Le Livre de Poche, 1971 [1re éd., 1937] (Le Livre de Poche ; 3111).

EYRAUD Rémy, CAUMER Julien
J'ai oublié qui je suis, Paris : Plon, 1995.

EZINE Jean-Louis
Du train où vont les choses, Paris : Le Seuil, 1994.

FAGAN Christophe
Théâtre, Paris : Duchesne, 1760.

FAILLER Jean
À l'aube du troisième jour, Quimper : Éd. du Palémon, 1999.
Les Bruines de Lanester, Quimper : Éd. Alain Bargain, 1996 [1992].
Le Manoir écarlate, Quimper : Éd. Alain Bargain, 1996 [1994].
La Mort au bout de l'étang, Quimper : Éd. Alain Bargain, 1996 [1993].
Mort d'une rombière, Quimper : Éd. du Palémon, 1997.
On a volé la Belle Étoile !, Quimper : Éd. Alain Bargain, 1996.

FAIZANT Jacques
Albina et la bicyclette, Paris : Calmann-Lévy, 1968.
Allez vous rhabiller !, s.l. : J. Rollan, 1956 [1953].
Au lapin d'Austerlitz, Paris : Calmann-Lévy, 1962.
Ni d'Ève ni d'Adam, s.l. : J. Rollan, 1959 [1954].

FALLET René
L'Amour baroque, Paris : Denoël, 1990 [1971].
L'Angevine, Paris : Denoël, 1987 [1982] (Folio ; 1863).
Banlieue sud-est, Paris : Domat, 1947.
Le Beaujolais nouveau est arrivé, Paris : France Loisirs, 1978 [1975].
Carnets de jeunesse [1], Paris : Denoël, 1990 [mars 1947-août 1947].
Carnets de jeunesse 3, Paris : Denoël, 1994.
Comment fais-tu l'amour, Cerise ?, Paris : Gallimard, 1973 [1969] (Folio ; 381).
La Fleur et la souris, Paris : Éd. Domat, 1948.
La Grande Ceinture, Paris : Gallimard, 1982 [1956] (Folio ; 826).
Paris au mois d'août, Paris : Le Livre de Poche, 1972 [1964] (Le Livre de Poche ; 2428).
Les Pieds dans l'eau, Paris : Denoël, 1990 [1974].
Rouge à lèvres, Paris : Denoël, 1977 [1955].
Le Triporteur, Paris : Gallimard, 1991 [1951] (Folio ; 286).

Un idiot à Paris, Paris : Gallimard, 1990 [1966] (Folio ; 2193).
Les Vieux de la vieille, Paris : Gallimard, 1996 [1958] (Folio ; 437).
Y a-t-il un docteur dans la salle ?, Paris : Gallimard, 1986 [1977] (Folio ; 1568).

FANO Daniel
Chocolat bleu pâle, Talence : Le Castor Astral, 1986.
Un champion de mélancolie, Le Muy : Éditions Unes, 1985.

FAVART Charles Simon
Moulinet premier, Paris : Allouel, 1739.

FAVART Charles Simon (et Marie Justine)
(avec Guérin et H...) *Les Ensorcelés*, Paris : Delormel, 1759 [1757].
La Soirée des boulevards, Paris : Duchesne, 1759 [1758].

FAYE professeur, SERRANO docteur
Le Guide de l'engueulade, Paris : Hors Collection, 1993 [1992] (Pocket ; 2979).

FENWICK Jean-Noël
Les Palmes de M. Schutz, dans *L'Avant-Scène théâtre*, n 855/856, 1989.

FESTEAU Louis
Les Egrillardes, Paris : Chez l'éditeur, rue Notre-Dame-de-Nazareth, 32, 1842.

FÉTIS François-Joseph
La Musique mise à la portée de tout le monde, Paris : Labé, 1834.

FÈVRE Henry, DESPREZ Louis
Autour d'un clocher. Mœurs rurales, Aiglemont (Ardennes) : Mont Analogue, 1992 [1884].

FILLOL Magali
Petites Chroniques des cigales, Paris : Flammarion, 1998.

FISCHER Max et Alex
A.Z. 11. poste restante, Paris : Flammarion, s.d. [1910].

FITOUSSI Michèle
Le Ras-le-bol des SuperWomen, Paris : L.G.F., 1988 [1987] (Le Livre de Poche ; 6493).

FLEURY Georges
Rond comme la mer, Paris : J.-C. Lattès, 1992.

FLEUTIAUX Pierrette
Des phrases courtes, ma chérie, Paris : Actes Sud ; Ottawa : Leméac, 2001.

FOLENGO Théophile (trad.)
Histoire maccaronique de Merlin Coccaie, Paris : Garnier, 1876 [1606].

FOLLY Jeanne, JOB Pierre
Le P'tit Jésus, Paris : Fleuve noir, 1982.

FOMBEURE Maurice
La Rivière aux oies, Poitiers : Brissaud, 1983 [1932].

FORCADEL Étienne
Œuvres poétiques, Genève : Droz, 1977.

FORLANI Remo
Gouttière, Paris : Gallimard, 1992 [1989] (Folio ; 2282).
Papa est parti maman aussi, Paris : Gallimard, 1988 [1986] (Folio ; 1914).
Quand les petites filles s'appelaient Sarah, Paris : Gallimard, 1989 [1987] (Folio ; 2039).
Tous les chats ne sont pas en peluche, Paris : Gallimard, 1990 [1988] (Folio ; 2158).
Valentin tout seul, Paris : Denoël, 1994.

FOROT Charles
Odeurs de forêt et fumets de table, Paris : La Butte aux cailles, 1987 [1re éd. 1955].

FOSSAERT Frédéric
Prouvez-le !, Paris : Gallimard, 1985 (Série noire ; 2022).
Touche pas à ma cible, Paris : Gallimard, 1987 (Série noire ; 2115).

FOTTORINO Éric
Moi aussi je me souviens, Paris ; Balland, 1992.

FOUGERET DE MONBRON Louis Charles
La Henriade travestie en vers burlesques, À Berlin, 1745.

FOURNEL Victor
Les Contemporains de Molière, Paris : Firmin-Didot, 1863-1875, 3 vol.

FOURNIER Jean-Louis
Je vais t'apprendre la politesse..., Paris : L.G.F., 2000 [1998] (Le Livre de Poche ; 16521).

FOURNIER Lucas
C'est nouveau, ça vient de sortir, Paris : Le Seuil, 1987.
Crac crac. Théorie générale du sexe et de la politique, Paris : Le Seuil, 1989.

Franc (Le) archier de Baignollet, Genève : Droz, 1966 [*ca* 1480].

Français (Les) peints par eux-mêmes, Paris : Curmer, 1840-1842.

FRANCIS
Le Gâteau des rois, Paris : Cavanagh, 1809.

FRANC-NOHAIN
Les Chansons des trains et des gares, Paris : Éditions de la Revue blanche, 1900.
Les Dimanches en famille, Paris : Juven, s.d. [1902].
Flûtes, Paris : Éditions de la Revue blanche, 1898.

FRANCOS Ania
Sauve-toi Lola !, Paris : J'ai lu, 1984 [1983] (J'ai lu ; 1678).

FRÉGNI René
Le Voleur d'innocence, Paris : Gallimard, 1996 [1994] (Folio ; 2828).

FRÉMIOT Paul
La Pompe à bière ne répond plus, Paris : Belfond, 1992.

Frères Jacques (Les). 36 années de chansons, Montpellier : Éd. de la Source, 1987.

FRISONI Claude
Frisoni soit qui mal y pense, Echternach (Luxembourg) : Éd. Phi, 1993 [1992].

FURETIÈRE Antoine
Dictionaire universel, Paris : SNL Le Robert, 1984 [1690].

GABET Charles
Cœur qui soupire..., Paris : Librairie théâtrale, 1858.

GAIGNEBET Claude
Le Folklore obscène des enfants, Paris : Maisonneuve et Larose, 1980 [1974].

GAILLY Christian
Be-bop, Paris : Éd. de Minuit, 2001 [1995] (Coll. Double).

GAINSBOURG Serge
Mon propre rôle, Paris : Gallimard, 1991 [1987], 2 vol. (Folio ; 2321-2322).

Gaîtés (Les) du Chat Noir. Paris : Ollendorff, 1894.

GALLIOT Marcel
Essai sur la langue de la réclame contemporaine, Toulouse : Privat, 1955.

GALTIER-BOISSIÈRE Jean
Mon journal dans la grande pagaïe, Paris : La Jeune Parque, 1950.
Mon Journal pendant l'occupation, Paris : La Jeune Parque, 1944.

GAUCHET Claude
Le Plaisir des champs [...], Paris : Franck, 1869 [1583-1604].

Gaudriole (La), chansonnier joyeux, facétieux et grivois, Paris : Garnier, 1849.

Gaudriole (La), ou Faites retirer les demoiselles, Paris : Chaumerot, 1816.

Gaudriole (La), ou Recueil de chansons érotico-bachiques, Paris : Chaumerot, 1817.

GAUTIER Théophile
Les Jeunes France, Paris : Flammarion, 1974 [1833].

GAVAULT Paul
Snob, Paris : H. Simonis Empis, 1895.

GÉANT VERT INC
Casse-bonbons, Paris : Ledrappier, 1987.

GÉBÉ (pseud.)
Reportages, Paris : Éd. du Square, 1973.
Roman d'une année sabbatique, Paris : Le Pré aux Clercs, 1988.
Un dimanche au frais, Paris : Le Cherche Midi, 1996.

GELUCK Philippe
Quatrième Chat, Paris : Casterman, 1991.

GENEVOIX Maurice
Au cadran de mon clocher, Paris : Presses Pocket, 1997 [1960] (Pocket ; 10284).

Gens de Provence, Paris : Omnibus, 1997.

GEORGIUS
À toi de donner, Paris : Gallimard, 1959 (Série noire ; 481).
Du bromure pour les gayes, Paris : Gallimard, 1962 (Série noire ; 727).
Tornade chez les flambeurs, Paris : Gallimard, 1956 (Série noire ; 330).

GERBER Alain
Le Faubourg des Coups-de-trique, Paris : L.G.F., 1982 [1979] (Le Livre de Poche ; 5628).

GERRARD Paul
Aux frontières de la peur, Paris : Librairie des Champs-Élysées, 1993 [1964] (Le Masque ; 2150).
La Dame de fric, Paris : Librairie des Champs-Élysées, 1997 [1960] (Le Masque ; 2328).
Le Pas des lanciers, Paris : Librairie des Champs-Élysées, 1991 [1970] (Le Masque ; 2066).
Une carabine pour deux, Paris : Librairie des Champs-Élysées, 1995 [1964] (Le Masque ; 2209).

GHERARDI Évariste
Le Théâtre italien, Amsterdam : Braakman, 1701 [1681-1695] et Paris : Briasson, 1741 [t. 6 : 1695-1697].

GIBAUD Yves
Et la fête continue, Paris : Presses Pocket, 1988 [1950] (Pocket ; 2845).
Mourir idiot, Paris : Calmann-Lévy, 1988.

GILL André
La Muse à bibi, Paris : Librairie des Abrutis, 1879.
Vingt années de Paris, Paris : Marpon et Flammarion, 1883.

GINOUX Gérard
Gens de la campagne au Mas des Pialons, Barbentane (Bouches-du-Rhône) : Éd. Équinoxe, 1997.

GIOVANNI José
Le Deuxième Souffle, Paris : Gallimard, 1988 [1958] (Folio, 2011).

GIUDICELLI Christian
Double Express, Paris : Gallimard, 1990.
Station balnéaire, Paris : Gallimard, 1986.

GODARD Jean-Luc
Pierrot le fou, dans *L'Avant-Scène cinéma*, n 171/172, juillet-septembre 1976.

GOLDENBERG Daniel
Papa poule, Paris : L.G.F., 1989 [1980] (Le Livre de Poche ; 5688).

G[OMBAUD] Auguste, C[HAMPEAUX] Junien et ***[= LAFFILLARD H.-E.]
Les Petits maraudeurs, Paris : Duvernois, 1823.

GONCOURT Edmond et Jules de
Journal, Paris : Robert Laffont, 1989 [1851-1896] (Bouquins).
Une voiture de masques, Paris : Dentu, 1856.

GOTBOUT Jacques
D'amour, P.Q., Paris : Le Seuil, 1991 [1972] (Points R ; 445).

GOTLIB Marcel
J'existe, je me suis rencontré, Paris : J'ai lu, 1994 [1993] (J'ai lu ; 3719).

GOUFFÉ Armand et HENRIQUEZ L.M.
Le Chaudronnier de Saint-Flour, Paris : André, an huitième [an VI, 1798].

GOUGAUD Pierre
L'œil de la source. Mémoires d'un village occitan, Paris : J.-C. Lattès, 1978.

GOURIO Jean-Marie
Autopsie d'un nain, Paris : Ramsay, 1987.
Brèves de comptoir, Paris : EPCO, 1987.
Brèves de comptoir 1, Paris ; J'ai lu, 1995 [1992] (J'ai lu ; 3978).
Brèves de comptoir 3, Paris : J'ai lu, 1996 [1994] (J'ai lu ; 4052).
Brèves de comptoir 4, Paris : J'ai lu, 1996 [1995] (J'ai lu ; 4291).
Brèves de comptoir 5, Paris : J'ai lu, 1997 [1996] (J'ai lu ; 4441).
Brèves de comptoir 6, Paris : J'ai lu, 1998 [1997] (J'ai lu ; 4933).
Chut !, Paris : Julliard, 1998.

GOURIO Jean-Marie, JEANROY Blandine
Chiens de comptoir, Paris : J'ai lu, 1997 [1996] (J'ai lu ; 4699).

GRAFFIGNY Mme de
Correspondance, Oxford : Voltaire Foundation, 1985-1997 [1738-1744].

GRANCHER Marcel-Étienne
À cheval sur mon bidet !, Paris : Éd. Rabelais, 1957.
Au temps des pruneaux, Paris : Éd. Lugdunum, 1946.
Le Bistrot du porc, Lyon : Éd. Lugdunum, 1945 [1944].
Le Charcutier de Mâchonville, Lyon : Éd. Lugdunum, 1945 [1942].
5 de campagne, Lyon : Éd. Lugdunum, 1938.
Le Conteur de nuit, Paris : Éd. Rabelais, 1948.
La Dame au fez rose, Paris : Éd. Rabelais, 1954.
La Famille Thuyoo de Poël, Lyon : E. Vinay, 1961 [1953].
Feysse-sur-Mer, Paris : Éd. Rabelais, 1948.
Lyon de mon cœur, Lyon : Éd. Gutenberg, 1946.
Pas de bégonias pour Madame Dugommier, Lyon : E. Vinay, 1950.
La Souris de l'abbé Jouvence, Paris : Éd. Rabelais, 1965.
Le Temps des « colonels », Paris : Éd. Rabelais, 1955.
Tout pour la tripe !, Paris : Éd. Rabelais, 1965.

Grand (Le) et nouveau catéchisme poissard, Paris : chez les libraires du Palais-Royal, 1832.

Grand Guignol (Le). Le théâtre des peurs de la Belle Époque, Paris : Robert Laffont, 1995 (Bouquins).

Grande (La) ville, nouveau tableau de Paris, Paris : Marescq, 1843-1844 [1842-1843].

GRANGÉ Eugène
(avec L. Thiboust) *La Demoiselle de Nanterre*, Paris : Michel Lévy, 1862.
(avec Delacour et Thiboust) *Réduction et rédemption*, Paris : Michel Lévy, 1860.

GRANDMOUGIN Charles
Les Chansons du village, poésies dans le style populaire, Paris : A. Lemerre, 1889.

GRÉBAN Arnoul
Le Mystère de la Passion, Bruxelles : Palais des Académies, 1965 [1473].

Grelots (Les) modernes, Paris : Renault & Cie, 1864.

GRENADOU Ephraïm, PRÉVOST Alain
Grenadou, paysan français, Paris : Le Seuil, 1978 [1966].

GRISOLIA Michel
Flic ou voyou, Paris : Christian Bourgois, 1989 [1977] (10/18 ; 2030).

GROBETY Anne-Lise
Infiniment plus, Yvonand (Suisse) : Campiche, 1989.

Grotesques (Les), fragments de la vie nomade, Paris : Chez l'éditeur, rue de Rivoli n 50 bis, 1838.

GROULT Benoîte et Flora
Il était deux fois..., Paris : Denoël, 1968.

GRUHIER Fabien
Les Délices du futur, Paris : Flammarion, 1988.

GUÉNÉE Adolphe, DELACOUR et LAMBERT-THIBOUST
Les Variétés de 1852, Paris : Michel Lévy frères, 1852.
Une femme qui se grise, Paris : Michel Lévy frères, 1853.

GUÉRIN Paul
Supplément illustré du Dictionnaire des dictionnaires, Paris : Librairies-imprimeries réunies, 1895.

GUÉRIN Raymond
L'Apprenti, Paris : Gallimard, 1946.
La Peau dure, Paris : Le Tout sur le tout, 1982 [1948].
Les Poulpes, Paris : Le Tout sur le tout, 1983 [1953].

GUERNEC Julien
Les Propos de Coco-Bel-Œil, chroniques en langue parlée, Paris : Froissart, s.d. [1947].

Guerre comique, dediee a madame de Lyonne. Paris : Barbin, 1668.

GUEULLETTE Thomas Simon
Parades inédites, Paris : Librairie des bibliophiles, 1885 [1740-1742].

GUILLEMAIN Charles-Jacob
Le Faux talisman, Avignon : Garrigan, 1791 [1782].

GUIROUS Dominique, GALAN Nathalie
Si la Cococour m'était contée, Paris : J'ai lu, 1987 (J'ai lu ; 2296).

GUTH Paul
Mémoires d'un naïf, Paris : P. Horay, 1953.

Gymnase lyrique, Paris : Terry, 1833 [1832].

HADENGUE Philippe S.
La Cabane aux écrevisses, Paris : M. Sell, 1989.

HANSKA Evane
Les Amants foudroyés, Paris : Mazarine, 1984.
Le Bal des dégoûtantes, Paris : Éd. Baleine, 1997.
J'arrête pas de t'aimer, Paris : Balland, 1981.
La Mauvaise Graine, Paris : Olivier Orban, 1978.
Que sont mes raouls devenus ?, Paris : Balland, 1990.
Les Raouls ou la vie comme au ciné, Paris : Olivier Orban, 1976.

HARDELLET René
Les Chasseurs, Paris : L.G.F., 1977 [1966] (Le Livre de Poche ; 5000).

HAUDART
Vie et amours d'un pauvre diable, Paris : Hilaire, 1788.

HAURIAC Marcel
Émile et son flingue, Paris : Crépin-Leblond, 1952.

HÉBRARD Frédérique
Le Harem, Paris : J'ai lu, 1988 [1987] (J'ai lu ; 2456).
La Petite Fille modèle, Paris : J'ai lu, 1989 [1974] (J'ai lu ; 2602).
Un mari c'est un mari, Paris : J'ai lu, 1986 [1976] (J'ai lu ; 823).

HÉLÉNA André
Le Festival des macchabées, Paris : U.G.E., 1986 [1951] (10/18 ; 1806).

HÉLIAS Pierre Jakez
Le Cheval d'orgueil, Paris : Plon, 1975 (Terre humaine).

HERGÉ [RÉMI Georges, dit]
L'Affaire Tournesol, Tournai : Casterman, 1956.
Archives Hergé, versions originales des albums Tintin, Tournai : Casterman, 1980, t. 4 (*L'Île noire*, 1938 ; *Le Sceptre d'Ottokar*, 1939 ; *Le Crabe aux pinces d'or*, 1940).
Les Aventures de Tintin reporter du Petit Vingtième au pays des soviets, Tournai : Casterman, 1999 [1930].
Les Bijoux de la Castafiore, Tournai : Casterman, 1963.
Les Cigares du Pharaon, Tournai : Casterman, 1984 [1934].
Cocke en stock, Tournai : Casterman, 1958.
L'Étoile mystérieuse, Tournai : Casterman, 1947 [1942].
Le Lotus bleu, Tournai : Casterman, 1946.
Objectif lune, Tournai : Casterman, 1953.

On a marché sur la lune, Tournai : Casterman, 1954.
Le Secret de la licorne, Tournai : Casterman, 1947 [1943].
Les Sept boules de cristal, Tournai : Casterman, 1948.
Tintin au Tibet, Tournai : Casterman, 1960.
Tintin en Amérique, Tournai : Casterman, 1995 [1932] et 1947 [1945].
Tintin et les Picaros, Paris ; Tournai : Casterman, 1976.
Vol 714 pour Sydney, Tournai : Casterman, 1968.

HÉROARD, Jean
Journal, Paris : Fayard, 1989, 2 vol. [1601-1627].

HÉROS Eugène
Les Lyriques. Paris : Stock, 1898.

HOUGRON Jean
Coup de soleil, Paris : L.G.F., 1986 [1984] (Le Livre de Poche ; 6149).
La Gueule pleine de dents, Paris : Plon, 1970.

HOUSSIN Joël
Comme un rat, Paris : Fleuve noir, 1984.
Le Dobermann et le phénix, Paris : Fleuve noir, 1981.
Mongol, Paris : Fleuve noir, 1990.
Plus noir qu'un Dobermann, Paris : Fleuve noir, 1981.

HUGO Victor
Œuvres complètes, Histoire, Paris : Robert Laffont, 1987 (Bouquins).

HUGUENIN Jean-René
La Côte sauvage, Paris : Le Livre de Poche, 1970 (Livre de Poche ; 2742).

HUREAUX Yanny
Bille de chêne, Paris : J.-C. Lattès, 1996.
Le Pain de suie, Paris : L.G.F., 2001 [1999] (Livre de poche ; 15192).

HUSSON A., BLANCHE Francis
Adieu Berthe, dans *L'Avant-Scène théâtre*, n 404, 1er juin 1968.

IONESCO Eugène
Théâtre complet, Paris : Gallimard, 1991 (Bibliothèque de la Pléiade).

IZZO Jean-Claude
Chourmo, Paris : Gallimard, 1996 (Série noire ; 2422).

JACOBI Michéa
Trésor, Castelnau-le-Lez : Climats, 2001.

JAMMES Francis
Le Triomphe de la vie, Paris : Mercure de France, 1923 [1900].

JANVIER Ludovic
Entre jour et sommeil, Paris : Seghers, 1992.
Monstre, va, Paris : Gallimard, 1988.

JAOUEN Hervé
L'Allumeuse d'étoiles, Paris : Gallimard, 1997 [1996] (Folio ; 3029).
Histoire d'ombres, Paris : L.G.F., 1991 [1986] (Le Livre de Poche ; 6942).
Hôpital souterrain, Paris : Gallimard, 1992 [1990] (Folio ; 2424).
La Mariée rouge, Paris : NéO, 1983 [1979].
Ouragan sur les grèbes, Paris : Denoël, 1993.
Quai de la Fosse, Paris : Fleuve noir, 1991 [1981].

JAPRISOT Sébastien
Les Mal partis, Paris : Gallimard, 2001 [1950] (Folio ; 3536).
La Passion des femmes, Paris : Denoël, 1986.

JARDIN Alexandre
Bille en tête, Paris : Gallimard, 1986.
Fanfan, Paris : Flammarion, 1990.

JARRY Alfred
Gestes et opinions du docteur Faustroll, pataphysicien, Paris : Gallimard, 1980 [avant 1907].
Le Manoir enchanté, Paris : La Table ronde, 1974 [avant 1907].
Tout Ubu, Paris : Le Livre de Poche, 1962 (Livre de Poche ; 838-839).

JAUSSELY Juliette
Deux Saisons en paradis, Paris : Magnard, 1979.

Jazz-hot, Paris, 1945-1946.

JEAN-CHARLES
La Foire aux antiquités, Paris : Presses de la Cité, 1985.

Jeudi (Le) de la jeunesse, Paris, 1910.

JEURY Claudia et Joseph
Le Crêt de Fonbelle. Les gens du Mont Pilat, Paris : Seghers, 1981 (Mémoire vive).

JEURY Michel
Une odeur d'herbe folle, Paris : Robert Laffont, 1989.
Le Vrai Goût de la vie, Paris : Robert Laffont, 1989 [1988].

JOFFO Alex
Baby-foot, Paris : L.G.F., 1983 [1977] (Le Livre de Poche ; 5733).

JOLLY Thérèse
Marie-terre, Les Sables-d'Olonne : Le Cercle d'or, 1977.

JOLY François
L'Homme au mégot, Paris : Gallimard, 1990 (Série noire ; 2247).

JOLY Sylvie
Absolument, absolument, Paris : L.G.F., 1997 [1979] (Le Livre de Poche ; 14417).

JONCOUR Serge
Vu, Paris : Le Dilettante, 1998.

Journal des enfans, 1832-1840.

JULIEN Claude
Chronique villageoise. Labourse-sur-Loisne-en-Artois, Paris : France-Empire, 1980.

KÂÂ (pseud.)
Rendez-vous à Forbach, Paris : Fleuve noir, 1988.

KARR Alphonse
Les Guêpes, Paris : Michel Lévy, 1858-1859 [1839-1849].

KASTNER Georges
« Onomatopées et mimologismes qui représentent le son de la voix, le rhythme de la chanson, le mouvement cadencé de la danse et le jeu des instruments », dans *Revue et Gazette musicale de Paris* 16 (1849), 403 et 412-415.

Kharnabalesques (Les), revue khâgnale, Paris : imprimerie L'Émancipatrice, 1938.

KOCK Charles Paul de
Mœurs parisiennes, Paris : Barba, 1839.

KOCK Henri de
Les Petits chiens de ces dames, Paris : De Vresse, 1856.

LABICHE Eugène
Théâtre, Paris : Garnier ; Flammarion, 1979, 2 vol.
Théâtre, Paris : Robert Laffont, 1991, 2 vol.

LABICHE Eugène et CHOLER Adolphe
Les Marquises de la fourchette, Paris : Michel Lévy frères, 1854.

LABRO Philippe
L'Étudiant, Paris : Gallimard, 1986.
Le Petit Garçon, Paris : Gallimard, 1990.

LACARRIÈRE Jacques
Chemin faisant. Mille kilomètres à pied à travers la France, Paris : Payot, 1996 [1977].

LACLAVETINE Jean-Marie
Le Rouge et le Blanc, Paris : Gallimard, 1994.

LACROIX Hugo
Zizanie dans le métro, Paris : Jean Goujon, 1979.

[LAFFEMAS Laurent de]
Virgile goguenard, Paris : Sommaville, 1652 [1651].

L'AFFICHARD Thomas
La Nymphe des Thuilleries, Paris : Clousier, 1746 [1735].

LAFORGUE Jules
Poésies complètes, Paris : Le Livre de Poche, 1970 [Le Livre de Poche 2109].

LAGEAT Robert
Robert des Halles, Paris : J.-C. Lattès, 1980.

LAGIER B. Julie
La Cinquantaine, Paris : Ramsay, 1987.

LAMBERT-THIBOUST et DELACOUR
Les Souvenirs de jeunesse, Paris : Michel Lévy, 1852.

LANCASTER Henry Carrington
A History of French Dramatic Literature in the Seventeenth Century, Baltimore : The Johns Hopkins Press, 1929.

LANGLÉ Ferdinand et DEVILLENEUVE (Ferdinand de Villeneuve)
Un bas bleu, Paris : Magasin théâtral, s.d. [1842].

Lanterne (La) magique, journal des choses curieuses et amusantes, Paris, 1833-1834.

LANZMANN Jacques
La Baleine blanche, Paris : L.G.F., 1983 [1982] (Le Livre de Poche ; 5741).
Le Lama bleu, Paris : L.G.F., 1984 [1983] (Le Livre de Poche ; 5931).
Rue des Mamours, Paris : L.G.F., 1973 [1955] Le Livre de Poche ; 5587).
Le Têtard, Paris : L.G.F., 1988 [1976] (Le Livre de Poche ; 5109).

LAPEYRE Patrick
Ludo & compagnie, Paris : Le Seuil, 1992 [1991] (Points R ; 554).

LAPOINTE Boby
Intégrale, Pézenas : Éd. Domens, 1994.

LAPRAZ François
Beaujolaiseries, Lyon : Éd. du Merle, 1979.

LAROUSSE Pierre
Grand dictionnaire universel, Paris : Administration du Grand dictionnaire universel, s.d.

LASAYGUES François
Back to la zone, Paris : Éditions J'ai lu, 1992 (J'ai Lu ; 3241).
Bruit blanc, Paris : Barrault, 1987.
Vache noire, hannetons et autres insectes, Paris : Barrault, 1985.

LAURENCIN (P.-A. Chapelle) et CEY Arsène de
Le Grand-papa Guérin, Paris : imprimerie Didot, s.d. [1838].

LA VIGNE Andrieu de
Le Mystère de Saint Martin, Genève : Droz, 1979 [1496].

LAVISSE-SERRE Suzanne
Les Locatiers de Beauvoir, Clermont-Ferrand : Éd. de Borée, 1998.

LAZARE Jacqueline
L'Ami Pouchu, Thise-Besançon : Impr. SNI, Jacques et Demontrond, 1988.

LE BRETON Auguste
L'As et l'ennemi public n 1, Paris : Plon, 1977.
Du rififi chez les hommes, Paris : Gallimard, 1976 [1953] (Carré noir ; 221).
Fortif's, Paris : Hachette, 1982.
Le Rouge est mis, Paris : Gallimard, 1954 (Série noire ; 213).

LEBRUN Michel (pseud. de Michel Cade)
Autoroute, Paris : Rivages, 1993 [1977] (Noir ; 165).
Comme des fous, Paris : Presses de la Cité, 1972.
Le Géant, Paris : Rivages, 1996 [1979] (Noir ; 245).
Loubard et Pécuchet, Paris : Gallimard, 1996 [1982] (Série noire ; 2415).
Un revolver, c'est comme un portefeuille, Paris : Librairie des Champs-Élysées, 1989 [1971] (Le Masque ; 1970).

LECLERC Félix
Cent chansons, s.l. : Bibliothèque québécoise, 1994 [1988].

LEGRAND Marc-Antoine
Belphégor, Paris : Briasson, 1732 [1721].
Théâtre, Paris : Ribou, 1731 [1694-1727].

LE LOYER Pierre
La Néphélococugie, ou la nuée des cocus, Turin : Gay, 1869 [1578].

LENCLOS Grégoire
Notre-Dame de la Mouise, Paris : Spes, 1932 [1930].

LÉOGNAN et DARTOIS
Pas d' mal à ça ! Paris : Pêle-mêle-Édition, 1910.

LÉON Pierre
Comme de la peste, Paris : Gallimard, 1992 (Série noire ; 2302).

LERMINA Jules
Propos de Thomas Vireloque, Paris : Pache et Deffaux, 1868.

LE ROY Eugène
Jaquou le croquant, Paris : Calmann-Lévy, 1899.

LE ROY Philipp
Pour adultes seulement, Paris : J'ai lu, 2001 [1997] (J'ai lu ; 5771).

LESAGE et D'ORNEVAL
Le Théâtre de la Foire, Amsterdam : Chatelain, 1722 [1715-1717].
Le Théâtre de la Foire, Amsterdam : Chatelain, 1731.

L'ESTOILE Pierre de
Mémoires-journaux, Paris : Tallandier, 1982 [1574-1611].

LEUVEN Adolphe de et BRUNSWICK (L. Lhérie)
La Foire aux idées, Paris : Michel Lévy, 1849.

L'HÔTE Jean
Confessions d'un enfant de chœur, Paris : J'ai lu, 1990. [1965].

Le Mécréant ou les Preuves de l'existence de Dieu, Nancy : Les 3 Alérions, 1981.

LION Julius A.
Les Corbillards reviennent à vide, Paris : Gallimard, 1989 (Série noire ; 2208).
Histoires de femmes, Paris : Gallimard, 1991 (Série noire ; 2269).
Poulets et perroquets, Paris : Gallimard, 1986 (Série noire ; 2059).
Les Truands du temple, Paris : Gallimard, 1987 (Série noire ; 2094).

LOCKROY (J.P. Simon) et BOURGEOIS Anicet
Le Maître d'école, Paris : typographie Dondey-Dupré, s.d. [1841].

LORET Jean
La Muze historique, Paris : Jannet, puis Daffis, 1857-1878 [1650-1665].

LOUPIEN Serge
Sexties, Paris : Grasset, 1993.

LUCAS Claude
Suerte. L'exclusion volontaire, Paris : Plon, 1998 [1995].

LUCET Sophie
Poussin de haie, Paris : Albin Michel, 2002.

M*** Théodore
Le Cancanier lyrique, Paris : Grimprelle, 1838.

MACHARD Alfred
L'Épopée au faubourg, Paris : Diderot, 1946.
Trique, Néness, Bout, Miette & C°, Paris : Figuière, 1910.

MAC ORLAN Pierre
Les Bourreurs de crâne, Paris : La Renaissance du livre, s.d. [1918].

MADEC René
L'Abbé Garrec aux mains des durs, Paris : Maison de la Bonne Presse, 1958.
L'Abbé Garrec et la triste régate, Paris : Maison de la Bonne Presse, 1957.
L'Abbé Garrec et le rouge à lèvres, Paris : Maison de la Bonne Presse, 1956.

MAFFRE-BAUGÉ Emmanuel
Vendanges amères, Paris : Ramsay, 1976.

MAGNAN Pierre
L'Amant du poivre d'âne, Paris : Denoël, 1988.
La Biasse de mon père, Mane (Salagon, Alpes-de-Haute-Provence) : Les Alpes de Lumière, 1983.
Le Mystère de Séraphin Monge, Paris : Denoël, 1990 [1986].
Le Tombeau d'Hélios, Paris : Librairie des Champs-Élysées, 1985 [1980] (Le Masque ; 1804).

Maistre Pierre Pathelin [fac-similé], Paris : Droz, 1931 [*ca* 1485].

MALET Léo
Boulevard... ossements, Paris : Robert Laffont, 1985 [1957] (Bouquins).
120, rue de la Gare, Paris : Robert Laffont, 1991 [1943] (Bouquins).
Des kilomètres de linceul, Paris : Robert Laffont, 1991 [1955] (Bouquins).
Le Deuil en rouge, Paris : Robert Laffont, 1986 (Bouquins).
Du rébecca rue des Rosiers, Paris : Robert Laffont, 1991 [1958] (Bouquins).
L'Envahissant cadavre de la plaine Montceau, Paris : Robert Laffont, 1985 [1959] (Bouquins).
Gros plan du macchabée, Paris : Robert Laffont, 1987 [1949] (Bouquins).
M'as-tu vu en cadavre ?, Paris : Robert Laffont, 1991 [1956] (Bouquins).
Micmac moche au Boul'Mich, Paris : Robert Laffont, 1985 [1957] (Bouquins).
Nestor Burma court la poupée, Paris : Robert Laffont, 1989 [1971] (Bouquins).
Nestor Burma en direct, Paris : Robert Laffont, 1989 [1962] (Bouquins).
Nestor Burma revient au bercail, Paris : Robert Laffont, 1989 [1967] (Bouquins).
Pas de bavards à La Muette, Paris : Robert Laffont, 1991 [1956] (Bouquins).
Les Rats de Montsouris, Paris : Robert Laffont, 1985 [1955] (Bouquins).
Le Soleil n'est pas pour nous, Paris : Robert Laffont, 1989 [1949] (Bouquins).

MANCHETTE Jean-Patrick
L'Affaire N'Gustro, Paris : Gallimard, 1987 [1971] (Folio ; 1854).
Morgue pleine, Paris : Gallimard, 1973 (Série noire ; 1575).
Le Petit Bleu de la côte ouest, Paris : Gallimard, 1991 [1976] (Folio ; 2250).

MANŒUVRE Philippe
L'Enfant du rock, Paris : L.G.F., 1986 (Le Livre de Poche ; 6243).

MARAN René
Batouala, Monaco : Les Éditions de l'imprimerie nationale, 1950 [1938].

MARANDE Emmanuelle de
Mon Village au soleil, Mâcon : Impr. Perroux, 1983.

MARGUERITTE Paul et Victor
Poum, Paris : Librairie Plon, 1897.
Zette, Paris : Librairie Plon, 1903.

MARIE & JOSEPH
Le Crime de la rue du Ciel, Paris : Gallimard, 1988 (Série noire ; 2153).
Le Petit Roi de Chimérie, Paris : Gallimard, 1988 (Série noire ; 2130).
Le Piège au jardinet, Paris : Gallimard, 1990 (Série noire ; 2235).
Si t'as peur, jappe, Paris : Gallimard, 1984 (Série noire ; 1980).
Venez voir les cadavres, Mesdames, Paris : Gallimard, 1991 (Série noire ; 2276).

MARINE
Crâne pas, t'es chauve !, Paris : Julliard, 1991.

MARIVAUX
Œuvres de jeunesse, Paris : Gallimard, 1972 [*ca* 1714-1737] (Bibliothèque de la Pléiade).
Le Télémaque travesti, Genève : Droz, 1956 [*ca* 1714].
Théâtre complet, Paris : Classiques Garnier, 1989.

MAROT Clément
Œuvres poétiques, Paris : Classiques Garnier, 1990-1993 [16e siècle].

MARTAINVILLE Alphonse
Le Marin provençal, Paris : Barba, 1810.
Les Rentes viagères, Paris : Barba, 1810.
Tapin, ou le tambourineur de Gonesse, Paris : Barba, 1809 [1807].

MARTIN Édouard
Collégiens, étudiants et mercadets pour rire, Paris : Giraud, 1853.

MARTIN DU GARD Roger
La Gonfle, Paris : Gallimard, 1928.

MARTINET André
Éléments de linguistique générale, Paris : Armand Colin, 1973 [1960].

Mascarades et farces de la Fronde, Turin : Gay, 1870.

MASPERO François
Les Passagers du Roissy-Express, Paris : Le Seuil, 1990.

MASSÉ Ludovic
Les Grégoire, t. 1. *Le Livret de famille*, Paris : P.O.L., 1984 [1944].
Les Grégoire, t. 2. *Fumées de village*, Paris : P.O.L., 1985 [1945].
Les Grégoire, t. 3. *La Fleur de la jeunesse*, Paris : P.O.L., 1985 [1946].
Le Mas des Oubells, Vinça (Pyrénées-Orientales) : Chiendent, 1981 [1933].
Le Refus, Vinça (Pyrénées-Orientales) : Chiendent, 1985 [1946].

MASSIAN Michel
La Santonine, Paris : Julliard, 1970.

MAUBERT Franck
Petit Guide de ceux qui s'intéressent encore à leurs contemporains, Paris : Stock, 1990.

MAUGARNY Albert
La Banlieue sud de Paris, Le Puy-en-Velay : Impr. « La Haute-Loire », 1936.

MAURIAC Claude
La Marquise sortit à cinq heures, Paris : Albin Michel, 1961.

MAURON Marie
Les Cigales de mon enfance, Paris : Belfond, 1987.
Le Quartier Mortisson, Paris : Plon, 1967 [1951].

[MEIFRED Joseph]
Dictionnaire aristocratique, démocratique et mistigorieux de musique vocale et instrumentale [...], Paris : Goulet, s.d. [1836].

MÉLESVILLE (A.-H. Duveyrier)
(avec Xavier) *Les Atomes crochus*, Paris : Michel Lévy, 1849.
(avec Carmouche) *Le Bonhomme Richard*, Paris : Michel Lévy, 1846.
Le Fil de la vierge, Paris : Michel Lévy, 1849.

MÉLON Pierre
Montagnards, Lyon : Audin, 1949.

Mémoires de l'Académie celtique, 1809.

Mémoires de Bilboquet, recueillis par un bourgeois de Paris, Paris : Librairie nouvelle, 1854.

Mémoires d'un forban philosophe, Paris : Moutardier, 1829.

MENUET Claude (pseud. de [Robert] Massin)
Le Pensionnaire, Paris : Le Seuil, 1993 [1972] (Points V ; 126).
Une enfance ordinaire, Paris : Le Seuil, 1992 [1972] (Points V ; 112).

MÉRAGUE Gilbert
Les Hostos du cœur, Ottignies (Belgique) : Quorum, 1995.

Mère (La) Godichon ou la gaudriole de 1863, Paris : Bernardin Béchet, 1863.

MÉRIMÉE Prosper
Correspondance générale, Paris : Le Divan, 1942-1943.

MERKI Charles et COURT Jean
L'Éléphant, Paris : Savine, 1891.

MERLE Jean-Toussaint et COSTER Auguste-Mario
Je cherche un dîner, Paris : Masson, 1810.

MERLE Pierre
Le Déchiros, Paris : Le Seuil, 1991 (Points V ; 104).
Précis de français précieux du XXIe siècle, Tournai (Belgique) : La Renaissance du Livre, 2002.

MEYER Philippe
Ça n'est pas pour me vanter, Paris : Le Seuil, 1991 (Points A ; 103).
Chroniques matutinales, Paris : Le Seuil, 1993 (Points A ; 142).
Dans mon pays lui-même..., Paris : Flammarion, 1993.

MICHAUX Henri
La Nuit remue, Paris : Gallimard, 1935.

MICHELET Claude
Les Palombes ne passeront plus, Paris : Robert Lafffont, 1980.

MICHELET Jules
La Mer, Paris : Hachette, 1861.

MILLER Claude
Garde à vue, scénario de film, dans *L'Avant-Scène Cinéma*, n 288, 15 mai 1982.

MOLIÈRE
Théâtre 1655-1660, Paris : Les Belles Lettres, 1935.
Théâtre 1669-1670, Paris : Les Belles Lettres, 1949.
Théâtre 1672-1673, Paris : Les Belles Lettres, 1952.

Monde (Le) moderne, Paris, 1895.

MONDOLONI Jacques
Le Jeu du Petit Poucet, Paris : Gallimard, 1994 (Série noire ; 2339).
Tenue de galère, Paris : Denoël, 1991.

MONNIER Henry
Les Bas-fonds de la société, Paris : imprimerie Claye, s.d. [1862]
Les Bourgeois de Paris, Paris : Charpentier, 1854.
Scènes populaires, Bruxelles : Deprez-Parent, 1835.

MONNIER Thyde
Nans le berger, 1970, dans *Gens de Provence*, Paris : Omnibus, 1997.

MONSELET Charles
Les Femmes qui font des scènes, Paris : Michel Lévy, 1865 [1864].
Figurines parisiennes, Paris : Dagneau, 1854.
Lettres de Monselet à Lesclide, Paris : Roger, 1927.
Monsieur de Cupidon, Paris : Librairie nouvelle, 1858.
Le Musée secret de Paris, Paris : Michel Lévy, s.d. [1859].
La Revue sans titre, Paris : Bachelin-Deflorenne, 1877 [1876].
Théâtre du Figaro, Paris : F. Sartorius, 1861.
Une troupe de comédiens. Paris : Tresse, 1879.

MONTHABOR
La Vie au régiment, ou l'art de devenir un parfait lascar [...] par le joyeux Monthabor, Paris : Librairie illustrée, s.d. [1897].

MORDILLAT Gérard
À quoi pense Walter ?, Paris : Le Seuil, 1988 [1987] (Points V ; 66).
L'Attraction universelle, Paris : Calmann-Lévy, 1990.
Rue des Rigoles, Paris : Calmann-Lévy, 2002.
Vive la sociale !, Paris : Mazarine, 1981.

MOREAU Eugène et DORNAY Jules
Les Hirondelles, Paris : Barbré, s.d. [1861].

[MOREAU Jacques]
La Suite ou tome III du Virgile travesty, Amsterdam : Pierre Mortier, 1706.

MOREAU, ROUGEMONT, JULES
Relâche pour la répétition générale de Fernand Cortez, Paris : Fages, 1810 [1809].

Mots de passe 1945-1985, Paris : Autrement, 1985.

MURAIL Marie-Aude
Tête à rap, Paris : L'École des loisirs, 1994.

Muses (Les) gaillardes, Bruxelles : Impr. Mertens, 1864 [1609].

Mystère (Le) de la vie et hystoire de monseigneur sainct Martin, Paris : Silvestre, 1841 [déb. 16e siècle].

Mystère (Le) de saint Remi, éd. J. Koopmans, Genève : Droz, 1997 [avant 1529].

NADAR (pseud. de Félix Tournachon)
L'Hôtellerie des coquecigrues, Paris : Dentu, 1880.

NADAUD Marcel
Les Derniers mousquetaires, Paris : Albin Michel, 1917.

NAU John-Antoine
Force ennemie, Paris : Editions de La Plume, 1903.

NAUDY Michel-Julien
Côte sanguine, Paris : Gallimard, 1984 (Série noire ; 1988).

NÉRON Claude
Max et les ferrailleurs, Paris : Grasset, 1968.

NERVAL Gérard de
Œuvres complètes, Paris : Gallimard, 1989 (Bibliothèque de la Pléiade).

NICOLAS Christian
Dehors et pas d'histoires, Paris : Le Serpent à plumes, 1998.

NICOULIN André
Les Prisonniers du bacul. Roman historique franc-comtois, Besançon : La Maison du Livre de Franche-Comté, 1987.

NISARD Charles
Des chansons populaires, Paris : E. Dentu, 1867, 2 t.

NODIER Charles
Dictionnaire raisonné des onomatopées françaises, Paris : P. Demonville, 1808.
Histoire du roi de Bohême et de ses sept châteaux, Paris : Plasma, 1979 [1830, fac-similé].

NOLENT Alexis
Résidence surveillée, Paris : Denoël, 1993.

NORMAND Isabelle
Les Bocaux, Bordeaux : Théâtr' avenir, 1992.

NOULET Henry
La Destalounade, Paris : Presses de la Cité, 1998.
La Falourde, Paris : Presses de la Cité, 1996.

Nouveau (Le) Caveau pour 1822, Paris : Eymery, 1822 [1821].

Nouveau recueil de chansons choisies, La Haye : Gosse, 1732.

Nouveau théâtre italien, Paris : Coustelier, 1718.

NUCÉRA Louis
Avenue des Diables-Bleus, Paris : Le Livre de Poche, 1982 [1979] (Le Livre de Poche ; 5645).

OBALDIA René de
Exobiographie, Paris : L.G.F., 1995 [1993] (Le Livre de Poche ; 13691).

OLLIVIER Éric
Sur les chemins de France, et puis un peu d'ailleurs, Paris : Denoël, 1994.

OPPEL Jean-Hugues
Barjot !, Paris : Gallimard, 1988 (Série noire ; 2119).
Brocéliande sur Marne, Paris : Rivages, 1994 (Noir ; 183).
Piraña matador, Paris : Gallimard, 1992 (Série noire ; 2287).
Six-Packs, Paris : Rivages, 1996 (Noir ; 246).
Zaune, Paris : Gallimard, 1991 (Série noire ; 2257).

OPPEL Jean-Hugues & DORISON
Canine et Gunn, Paris : Gallimard, 1983 (Série noire ; 1940).

ORSENNA Erik
L'Exposition coloniale, Paris : Le Seuil, 1990 [1988] (Points R ; 400).

OTTE Jean-Pierre
Julienne ou la rivière, Paris : Robert Laffont, 1977.

OUDIN Antoine
Dictionnaire italien et françois, Paris : Sommaville, 1663.
Seconde partie des recherches italiennes et françoises, Paris : Sommaville, 1662[-1663].

OURLIAC Édouard
La Grande ville, Paris, 1843.
Proverbes et scènes bourgeoises, Paris : Michel Lévy, 1868 [avant 1848].
Physiologie de l'écolier, Paris : Aubert, s.d. [1841].

OVIDIO Pierre d'
La Vie épatante, Paris : Phébus, 1995.

PAGAN Hugues
Boulevard des allongés, Paris : Rivages, 1995 [1984] (Noir ; 216).
L'Eau du bocal, Paris : Rivages, 1998 [1983] (Noir ; 295).
Les Eaux mortes, Paris : Rivages, 1986 (Noir ; 17).
La Mort dans une voiture solitaire, Paris : Rivages, 1992 (Noir ; 133).

PAGE Alain
Tchao pantin, Paris : Gallimard, 1987 [1982] (Folio ; 1893).

PAGNOL Marcel
Œuvres complètes, Paris : Éd. de Fallois, 1995, 3 vol.

PALISSY Bernard
Recepte veritable, éd. K. Cameron, Genève : Droz, 1988 [1563].

PANCOL Katherine
Les Hommes cruels ne courent pas les rues, Paris : Le Seuil, 1991 [1990] (Points R ; 466).

PANNARD Charles-François
Théâtre et œuvres diverses, Paris : Duchesne, 1763 [1726-1754].

Paquet (Le) de mouchoirs, À Calceopolis, chez Pancrace Bisaigue, 1750.

PARAZ Albert
Le Gala des vaches, Paris : L'Élan, 1948.
Schproum à Casa, Givors : André Martel, 1956.
Une fille du tonnerre, s.l. : Éd. du Sycomore, 1984 [1952].

PARIGOT
Télémaque travesti, Paris : Sanson, 1825.

Paris chantant, romances, chansons et chansonnettes, Paris : Lavigne, 1845 [1843].

Paris, ou le Livre des Cent-et-un, Paris : Ladvocat, 1831-1834.

Paris ridicule et burlesque au dix-septième siècle, Paris : Garnier, 1878.

Parisiens (Les) en 1840. D'officier à tambour, joies et douleurs de la garde nationale, Paris : chez les marchands de nouveautés, 1840.

Parnasse (Le) satyrique du quinzième siècle, Paris : Welter, 1905 [15e-16e siècle].

Parodies (Les) du nouveau théâtre italien, Paris : Briasson, 1731 [1719-1729].

PASQUIER Estienne
Les Recherches de la France, Paris : Chez Olivier de Varnennes, 1632.

PATRAT Joseph
Les Méprises par ressemblance, Paris : Ballard, 1786.

PAWLOWSKI Gaston William Adam de
On se moque de nous, Paris : Juven, 1898.
Polochon, Paris : Fasquelle, 1909.

PELLERIN Marc-Alfred
La Pelouze, Paris : Gallimard, 1995 (Série noire ; 2381).

PELLERIN Pascal
Tout va bien, Paris : Le Serpent à plumes, 2001.

PELOT Pierre
Ce soir les souris sont bleues, Paris : Denoël, 1993.
L'Été en pente douce, Paris : Fleuve noir, 1987 [1981].

PÉNET Max
Mémoire de la chanson. 1100 chansons du Moyen Âge à 1919, Paris : Omnibus, 1998.

PENNAC Daniel
La Petite marchande de prose, Paris : Gallimard, 1989.

PÉPIN Louis
Gasconismes et choses de Gascogne, Paris : A. Picard et fils, 1895.

PERCHERON Daniel
Vachement meuh-meuh, Paris ; New York : Le Passage, 2002.

PEREC Georges
La Disparition. Paris : Les Lettres nouvelles, 1969.
Je me souviens, Paris : Hachette, 1978.

PERGAUD Louis
Œuvres complètes, Paris : Mercure de France, 1987.

PÉROCHON Ernest
Barberine des Genêts, 1933, dans *Au cri du chouan*, Paris : Plon, 1976.

PERRAULT (Les frères) et BEAURAIN
Les Murs de Troye ou l'origine du burlesque, Tübingen : Gunter Narr, 2001 [1653].

PERRET Jacques
Les Biffins de Gonesse, Paris : Gallimard, 1978 [1961] (Folio ; 1058).

PERRET Pierre
Chansons de toute une vie, Paris : Pocket, 1995 [1993] (Pocket ; 4264).

PERRÈVE Paul
La Burle, Paris : L.G.F., 1984 [1981] (Le Livre de Poche ; 5878).

PERRIN Pierre
Les Œuvres de poésie, Paris : Loyson, 1661.

PERRY Jacques
La Vie d'un païen, Paris : Gallimard, 1984 [1965] (Folio ; 1613).

PERRY-BOUQUET Anne
La Rangée des bourriques, Paris : Gallimard, 1988.
Un petit cheval et une voiture, Paris: Gallimard, 1997 [1966] (Page blanche).

Petit (Le) journal, Supplément illustré, Paris, 1894.

Petit journal pour rire, Paris, 1856.

Petit (Le) pioupiou, Paris, 1887.

PEYRAMAURE Michel
L'Orange de Noël, Paris : Presses Pocket, 1996 [1982] (Presses-Pocket ; 10049).

PEYRÉ Joseph
Matterhorn, Paris : B. Grasset, 1992 [1939].

PHILIPON Charles, HUART Louis
Parodie du Juif errant, Paris : Aubert, s.d. [1845].

PHILOMNESTE G. P. (pseud. de Gabriel Peignot)
Amusemens philologiques ou Variétés en tous genres, Paris : A. A. Renouard ; Allais, 1808.

PICHETTE Henri
Les Épiphanies, Paris : Gallimard, 1969 [1948] (Poésies).

PICOULY Daniel
Le Champ de personne, Paris : Flammarion, 1995.
Nec, Paris : Gallimard, 1992 (Série noire ; 2297).

PIERRE Roger, THIBAULT Jean-Marc
Laissez-nous rire, Paris : J.-C. Lattès, 1986.

PIIS Pierre-Antoine-Auguste et BARRÉ Pierre-Yves
La Matinée et la veillée villageoises, Paris : Vente, 1781.
Théâtre : À Londres, 1785.

PINGET Robert
Mahu ou le matériau, Paris : Robert Laffont, 1952.

PINPIN Jean-Christophe
Toulouse au bout du siècle..., Quimper : Éd. Alain Bargain, 1999.

PIRON Alexis
Œuvres complettes, Paris : Lambert, 1776.

Poésie 44, Paris, 1944.

POIRIER Jean-Étienne
Cent jours sous le ciel de la Mongolie, Québec : Septentrion, 2001.

POISSON Raymond
Les Œuvres, Paris, Guillain, 1687.

PONTI Claude
Les Pieds bleus, Paris : Éd. de l'Olivier, 1995.

Pot-au-feu, Paris : Autrement, 1999 (Mutations ; 187).

POUGET Émile
Le Père Peinard, Paris : Galilée, 1976.

POUY Jean-Bernard
Cinq Nazes, Nantes : L'Atalante, 1990.
La Clef des mensonges, Paris : Gallimard, 1988 (Série noire ; 2161).
L'Homme à l'oreille croquée, Paris : Gallimard, 1987 (Série noire ; 2098).
Les Roubignoles du destin, Paris : Gallimard, 2001 [Certains passages ont déjà été publiés en 1997] (Série noire ; 2616).

PRADEL Eugène de
Les Étincelles, Paris : chez les marchands de nouveautés, 1822.

Prisme (Le), encyclopédie morale du dix-neuvième siècle, Paris : Curmer, 1841 [1840-1841].

Proverbes-charades, s.l., 1838.

PRUDON Hervé
Mardi-gris, Paris : Gallimard, 1978 (Série noire ; 1724).
Nadine Mouque, Paris, Gallimard, 1995 (Série noire ; 2401).

PUITSPELU Nizier du (pseud. de Clair Tisseur)
Le Littré de la Grand'Côte, Lyon : Chez l'imprimeur juré de l'Académie, 1894 (Académie du Gourguillon).

QUEFFÉLEC Henri
Journal d'un salaud, Paris : Stock, 1944.

QUEFFÉLEC Yann
Le Charme noir, Paris : Gallimard, 1985 [1983] (Folio ; 1665).
Disparue dans la nuit, Paris : Grasset, 1994.
Les Noces barbares, Paris : Gallimard, 1985.
Le Soleil se lève à l'Ouest, Paris : Bartillat, 2001 [1994].

QUENEAU Raymond
Le Chiendent, Paris : Gallimard, 1993 [1933] (Folio ; 588).
Les Enfants du limon, Paris : Gallimard, 1993 [1938] (L'Imaginaire ; 303).
Exercices de style, Paris : Gallimard, 1947.
Les Œuvres complètes de Sally Mara, Paris : Gallimard, 1993 [1950] (L'Imaginaire ; 48).
Pierrot mon ami, Paris : Gallimard, 1972 [1945] (Folio ; 226).
Saint Glinglin, Paris : Gallimard, 1981 [1948] (L'Imaginaire ; 78).
Un rude hiver, Paris : Gallimard, 1939.
Zazie dans le métro, Paris : Le Livre de Poche, 1970 [1959] (Le Livre de Poche ; 934).

Querelle (La) de l'École des femmes, publ. par G. Mongrédien, Paris : Didier, 1971.

QUESNÉ Jacques-Salbigoton
Les Folies d'un conscrit, Paris : Tiger, an VIII [1800].

QUINT Michel
Aimer à peine, Paris : Éd. Joëlle Losfeld, 2002.
Le Bélier noir, Paris : Rivages, 1997 [1991] (Noir ; 263).
La Belle Ombre, Paris : Rivages, 1995 (Noir ; 215).
Billard à l'étage, Paris: Rivages, 1993 [1989] (Noir ; 162).
Cake-walk, Paris : Éd. Joëlle Losfeld, 2001 [1993].
Les Grands ducs, Paris: Calmann-Lévy, 1991.

RABELAIS François
Œuvres, Paris : Ledentu, 1835 [*Erotica verba* p. 579-601, publié d'abord en 1820].
Œuvres complètes, éd. Mireille Huchon, Paris : Gallimard, 1994 (Bibliothèque de la Pléiade).

RAMBAUD Jean
Les Miroirs d'Archimède, Paris : L.G.F., 1985 [1983] (Le Livre de Poche ; 6081).

RAMOND Édouard
Histoires de filles et d'affranchis, Paris : Les Éditions de France, 1925.
Marius & Cie. Nouvelles histoires marseillaises, Paris : Librairie Baudinière, 1926.

Ramoneur (Le) prince, et le prince ramoneur, Paris : Cailleau, 1785 [1784].

RAPHAËL Maurice (pseud. de V.-M. Lepage ou Le Page ; v. aussi Ange Bastiani)
De deux choses l'une..., Paris : Éd. du Scorpion, 1949.
Le Festival, Paris : J. d'Halluin, 1950.

Raton et Rosette ou la Vengeance inutile, La Haye : Paupie, 1755 [1753].

RAVALEC Vincent
L'Auteur, Paris : Le Seuil, 2002 [1995] (Points virgule ; 41).
Cantique de la racaille, Paris : Flammarion, 1994.
Recel de bâtons, Paris : Le Dilettante, 1995.
Un pur moment de rock'n roll, 1992, suivi de *Les Clefs du bonheur*, 1969, Paris : J'ai lu, 1999 (J'ai lu ; 4261).
La Vie moderne, Paris : Le Dilettante, 1996.
Vol de sucettes, Paris : Le Dilettante, 1995.
Wendy, Paris : Flammarion, 1996.

RAYNAL Fr.
Faubourg, Paris ; Saint-Étienne : Éd. Dumas, 1950.

RAYNAUD Fernand
Heureux !, Paris : É. de Provence ; La Table ronde, 1975.

Recueil de farces (1450-1550), éd. André Tissier, Genève : Droz, 1986-2000 [15e-16e siècle], 13 vol.

Recueil de poésies françoises des XVe et XVIe siècles, Paris : Jannet, 1855-Daffis 1878 [15e-16e siècle].

Recueil de sermons joyeux, Genève : Droz, 1988 [15e-17e siècle].

Recueil (Le) Trepperel, Genève : Slatkine, 1966 [avant 1525].

RÉDA Jacques
Le Citadin, Paris : Gallimard, 1998.
L'Improviste, une lecture du jazz, Paris : Gallimard, 1980.
PLM et autres textes, Cognac : Le Temps qu'il fait, 1982.
Recommandations aux promeneurs, Paris : Gallimard, 1988.
Retour au calme, Paris : Gallimard, 1989.
Les Ruines de Paris, Paris : Gallimard, 1977.

Régiment (Le) illustré, Paris, 1896-1897.

REGNARD Jean-François
Les Œuvres, Lyon : Declaustre, 1736.

RÉMOND Alain
Mon Œil, Paris : Le Seuil, 1993 [Chroniques parues dans *Télérama*, de 1989 à 1993].

RENARD Jules
Histoires naturelles, Paris : Garnier ; Flammarion, 1967 [1896].
Journal, Paris : Robert Laffont, 1990 (Bouquins).

RENAUD
Renaud bille en tête, Paris : Le Seuil, 1994 (Points V ; 153).

RESTIF DE LA BRETONNE Nicolas
L'Année des dames nationales ou Histoire, jour-par-jour, d'une femme de France, Genève, 1794.

Les Veillées du Marais, imprimé à Waterford, 1785.

REUMAUX Patrick
Chasses fragiles, Paris : Phébus, 1997.

Revue (La) blanche, Paris, 1901.

Revue comique, Paris, 1848-1849.

Revue complémentaire des sciences appliquées à la médecine et à la pharmacie, Bruxelles, 1854.

Revue de Paris, Paris, 1830.

Revue (La) philosophique, littéraire et politique, Paris, 1806.

REY Raymonde-Anna
Augustine Rouvière, Cévenole, Paris : J.-P. Delarge, 1977.
Frosine, Paris : J.-P. Delarge, 1980.
Griotte, Paris : J.-P. Delarge, 1979.

RIBES Jean-Michel *et al.*
Merci Bernard, Paris : Babel, 2001 [1984].
Palace, Paris : Babel, 1999 [1989].

RICHELET César-Pierre
Dictionaire françois augmenté, Nîmes : Lacour, 1995 [1693, fac-similé].

RICHEPIN Jean
La Chanson des gueux, Paris : Dreyfous, s.d. [1883 ; première « édition définitive » en 1881].
Le Pavé, Paris : Dreyfous, 1883.

RICHER L.
L'Ovide bouffon, Paris : Quinet, 1649-1651.

RICTUS Jehan
Doléances, Paris : Mercure de France, 1900.
Les Soliloques du pauvre, Paris : Mercure de France, 1897.

RIMBAUD Arthur
Œuvres. Des Ardennes au désert. Paris : Presses Pocket, 1990 [1869-1875] (Presses-Pocket ; 6037).

RISSER Jacques
Le Bada, Paris : Gallimard, 1971 (Série noire ; 1411).
Casse, cavale et bascule, Paris : Gallimard, 1961 (Série noire ; 1310).
Sérénade corse, Paris : Gallimard, 1969 (Série noire ; 1280).

RIVOYRE Christine de
Crépuscule, taille unique, Paris : Grasset, 1989.
La Glace à l'ananas, Paris : Presses Pocket, 1976 [1962] (Presses-Pocket ; 1411).
La Mandarine, Paris : L.G.F., 1972 [1957] (Le Livre de Poche ; 2130).
Le Petit Matin, Paris : L.G.F., 1987 [1968] (Le Livre de Poche ; 3153).
Les Sultans, Paris : Grasset, 1964.

ROCHEFORT Christiane
Printemps au parking, Paris : Le Livre de Poche, 1971 [1969] (Le Livre de Poche ; 3101).

[ROEDERER A.M. et P.L.]
Comédies, proverbes, parades, s.l., 1824-1825.

ROHMER Éric
L'Amie de mon amie, dans *L'Avant-Scène Cinéma*, décembre 1987.

ROLLAND Eugène
Rimes et jeux de l'enfance, Paris : Maisonneuve, 1883.

ROMAGNESI
Les Oracles, Paris : Delormel, 1742.

ROMAINS Jules
Prélude à Verdun, Paris : Flammarion, 1938.

RONDEAU Daniel
L'Âge-déraison, Paris : Le Seuil, 1982 (Points V ; 7).

RONSARD Pierre de
Œuvres complètes, Paris : Hachette, Droz, Didier, 1974-1975 [16e siècle], 20 vol.

ROSSET Jean
Les Porteurs de terre, Paris : Ramsay, 1990.

ROSSIGNOL Elisa
Une enfance en Alsace, 1907-1918, s.l. [Paris] : Sand, 1990.

ROSSIGNOL G.-A.
Dictionnaire d'argot, Paris : Ollendorff, s.d. [1901].

ROSTAND Edmond
L'Aiglon, Paris : Fasquelle, 1900.
Chantecler, Paris : Fasquelle, 1910.
Cyrano de Bergerac, Paris : Impr. Nationale, 1983 [1898].

ROUANET Marie
Je ne dois pas toucher les choses du jardin, Paris : Payot & Rivages, 1993.
Nous les filles, Paris : Payot, 1990.
Petit Traité romanesque de cuisine, Paris : Payot, 1997 (éd. augmentée [pages 285-360] d'un ouvrage paru en 1990).

ROUAUD Jean
Les Champs d'honneur, Paris : Éd. de Minuit, 1990.

ROUBAUD Jacques
Les Animaux de tout le monde, Paris : Ramsay, 1983.

ROUDÉ Charlette
Rue Paradis, Paris : L.G.F., 1987 [1986] (Le Livre de Poche ; 6399).

Rougyff, Paris, an II.

ROUQUETTE Yves
La Mallette, Castelnau-le-Lez : Éd. Climats, 1994 (Micro-climats ; 35).

ROUSSEAU Jean-Baptiste
Œuvres diverses, Londres, 1723, 2 vol.

ROYER Alphonse, VAEZ Gustave et NARREY Charles
La Dame de trèfle, Paris, Michel Lévy, s.d. [1850].

ROZEURY J.
Histoire de la révolution de 1830 !!!, Paris : Chez les marchands d'histoires du Palais Royal, 1832.

ROZO Thierry
Comme des squales, Paris : Belfond, 1993.

RUTEBEUF
Œuvres complètes, Paris : Bordas, 1989-1990 (Classiques Garnier).

RYCK Francis
Le Silencieux, Paris : Gallimard, 1993 [1969 sous le titre *Drôle de pistolet*] (Folio ; 2524).

SABATIER Robert
Alain et le nègre, Paris : L.G.F., 1985 [1953] (Le Livre de Poche ; 3236).
Les Allumettes suédoises, Paris : L.G.F., 1988 [1969] (Le Livre de Poche ; 5876).
Boulevard, Paris : L.G.F., 1986 [1956] (Le Livre de Poche ; 5461).
Canard au sang, Paris : L.G.F., 1985 [1958] (Le Livre de Poche ; 2371).
David et Olivier, Paris : L.G.F., 1989 [1985] (Le Livre de Poche ; 6635).
Les Enfants de l'été, Paris : L.G.F., 1986 [1978] (Le Livre de Poche ; 5397).
Les Fillettes chantantes, Paris : L.G.F., 1986 [1980] (Le Livre de Poche ; 6035).
La Mort du figuier, Paris : L.G.F., 1986 [1962] (Le Livre de Poche ; 5165).
Les Noisettes sauvages, Paris : L.G.F., 1988 [1974] (Le Livre de Poche ; 6034).
Olivier et ses amis, Paris : Albin Michel, 1993.
Trois sucettes à la menthe, Paris : L.G.F., 1986 [1972] (Le Livre de Poche ; 5958).

SACLÉ Aristide
Le Gai compagnon, Paris : Renault, 1867.

SAFÉRIS Camille, RÉVÉREND Alexandre
Tu l'ouvriras pour le dessert !, Paris : Ramsay, 1997.

SAINT-AMAND L. (Amand La Coste)
(avec H. Lefebvre) *Le Réveillon dramatique*, Paris : Michaud, s.d. [1838].
(avec Antier et F. Lemaître) *Robert Macaire*, Paris : imprimerie Didot, s.d. [1835].

SAINT-ANDRÉ Alix de
L'Ange et le réservoir de liquide à freins, Paris : Gallimard, 1994 (Série noire ; 2342).
Papa est au Panthéon, Paris : Gallimard, 2001.

SAINT-GEORGES (J.H. Vernoy) et LEUVEN Adolphe de
Riquiqui, Paris : Magasin théâtral, s.d. [1837].

SAINT-JULIEN
Le Courier burlesque : À Paris, 1650.

SALMON André
Souvenirs sans fin, Paris : Gallimard, 1955-1956.

SALVAYRE Lydie
La Compagnie des spectres, Paris : Le Seuil, 1997.

SAMIVEL
L'Amateur d'abîmes, Paris : L.G.F., 1971 [1963] (Le Livre de Poche ; 3143).

SAN-ANTONIO (pseud. de Frédéric Dard)
Au bal des rombières, Paris : Fleuve noir, 1990.
Baisse la pression, tu me les gonfles !, Paris : Fleuve noir, 1988.
Berceuse pour Bérurier, Paris : Fleuve noir, 1994 [1960].
Buffalo Bide, Paris : Fleuve noir, 1991.
Circulez ! Y a rien à voir, Paris : Fleuve noir, 1987.
Cocottes-minute, Paris : Fleuve noir, 1990.
Descendez-le à la prochaine, Paris : Fleuve noir, 1992 [1953].
Des clientes pour la morgue, Paris : Fleuve noir, 1965 [1953].
Des dragées sans baptême, Paris : Fleuve noir, 1992 [1953].
Deuil express, Paris : Fleuve noir, 1992 [1954].
Les Doigts dans le nez, Paris : Fleuve noir, 1972 [1956].
Du plomb dans les tripes, Paris : Fleuve noir, 1970 [1953].
Du sirop pour les guêpes, Paris : Fleuve noir, 1992 [1960].
En avant la moujik !, Paris : Fleuve noir, 1992 [1969].
Faut être logique, Paris : Fleuve noir, 1979 [1967].
Galantine de volaille pour dames frivoles, Paris : Fleuve noir, 1987.
J'ai peur des mouches, Paris : Fleuve noir, 1994 [1957].
Lâche-le, il tiendra tout seul, Paris : Fleuve noir, 1999.
Laissez tomber la fille, Paris : Fleuve noir, 1993 [1950].
Ma langue au chah, Paris : Fleuve noir, 1978 [1956].
Maman, la dame ne fait rien qu'à me faire des choses, Paris : Fleuve noir, 1994.
Maman, les petits bateaux..., Paris : Fleuve noir, 1980 [1975].
La Matrone des sleepinges, Paris : Fleuve noir, 1993.
Ménage tes méninges, Paris : Fleuve noir, 1995 [1962].
Mesdames vous aimez « ça », Paris : Fleuve noir, 1994.
Mes hommages à la donzelle, Paris : Fleuve noir, 1970 [1952].
Messieurs les hommes, Paris : Fleuve noir, 1976 [1955].
Les Morues se dessalent, Paris : Fleuve noir, 1988.
Ne mangez pas la consigne, Paris : Fleuve noir, 1977 [1951].
Princesse Patte-en-l'air, Paris : Fleuve noir, 1990.
Renifle, c'est de la vraie, Paris : Fleuve noir, 1988.
Salut, mon pope !, Paris : Fleuve noir, 1985 [1966].
San-Antonio chez les mac, Paris : Fleuve noir, 1980 [1961].
Sérénade pour une souris défunte, Paris : Fleuve noir, 1968 [1954].
Le Silence des homards, Paris : Fleuve noir, 1992.
Les Souris ont la peau tendre, Paris : Fleuve noir, 1991 [1951].

Tango chinetoque, Paris : Fleuve noir, 1966.
Tarte aux poils sur commande, Paris : Fleuve noir, 1989.
Le Trouillomètre à zéro, Paris : Fleuve noir, 1987.
La Vieille qui marchait dans la mer, Paris : Presses Pocket, 1991 [1988] (Presses-Pocket ; 3357).
Y a bon, San-Antonio, Paris : Fleuve noir, 1961.
Y en avait dans les pâtes, Paris : Fleuve noir, 1992.

SAND George
Correspondance, Paris : Garnier puis Bordas, 1964-1991.

SAPHO (pseud.)
Ils préféraient la lune, Paris : Ramsay, 1986.

SARFATI Julien
Le Saltimbanque, Paris : Gallimard, 1997 (Série noire ; 2473).

SARRAUTE Claude
Maman coq, Paris : Flammarion, 1989.

SARRAZIN Albertine
L'Astragale, Paris : Le Livre de Poche, 1969 [1965] (Le Livre de Poche ; 2418).
La Cavale, Paris : Le Livre de Poche, 1969 [1965] (Le Livre de Poche ; 2603).
La Traversière, Paris : Le Livre de Poche, 1970 [1966] (Le Livre de Poche ; 2705).

SARREPONT major H. de
Chants et chansons militaires de la France, Paris : Librairie illustrée, s.d. [1887].

SARTRE Jean-Paul
Lettres au Castor et à quelques autres, Paris : Gallimard, 1983.

SAURIN Bernard
Le Mariage de Julie, Paris : Duchesne, 1772.

SAUVAGE Thomas
Le Caïd, Paris : Michel Lévy, 1849.
(avec G. de Lurieu) *Fich-Tong-Khan*, Paris : Magasin théâtral, s.d. [1835].

SAUVAGES Abbé de
Dictionnaire languedocien-françois, Nîmes : M. Gaude, 1756.
Dictionnaire languedocien-françois, Nîmes : M. Gaude, 1785, 2e éd.

SAYCE Archibald Henry
Principes de philologie comparée, trad. par Ernest Jovy, Paris : Delagrave, 1884.

Scaligeriana, sive excerpta ex ore Josephi Scaligeri, La Haye : Ulacq, 1669 [1666].

SCARRON Paul
Poésies diverses, Paris : Didier, 1947.
Les Trois Dorotées, Paris : Quinet, 1648.
Le Virgile travesti, Paris : Delahays, 1858 [1648-1653].
Le Virgile travesty en vers burlesques, Paris : Quinet, 1648-1649.

SCHANNE Alexandre
Souvenirs de Schaunard, Paris : Charpentier, 1887.

SCHIFRES Alain
Les Parisiens, Paris : J.-C. Lattès, 1990.

SCHINEIZER Jean-Claude
Pépère et l'omnibus, Paris : Éd. Baleine, 2001 (Série grise ; 12).

SCHMIT Gérard
Un village solognot, Vannes-sur-Cosson, Paris : Plon, 1986.

SCHOLL Aurélien
La Foire aux artistes, Paris : Poulet-Malassis, 1859 [1858].

SCIPION Marcel
Le Clos du roi, Paris : Seghers, 1980 [1978] (Mémoire vive).
L'Homme qui courait après les fleurs. Mémoires d'un berger d'abeilles, Paris : Seghers, 1984 (Mémoire vive).

SCIPION Robert
Prête-moi ta plume, Paris : Gallimard, 1945.

SCRIBE Eugène
(avec Varner) *César*, Paris : imprimerie Duverger, s.d. [1837].
(avec Mélesville) *L'Etudiant et la grande dame*, Paris : Magasin théâtral, s.d. [1837].
(avec Xavier) *L'Ours et le pacha*, Paris : imprimerie Didot, s.d. [1820].

SEDAINE Michel
Le Déserteur, Paris : Ruault, 1778 [1769].

SEMPÉ [Jean-Jacques], GOSCINNY [René]
Joachim a des ennuis, Paris : Gallimard, 1987 [1964] (Folio junior ; 138).
Le Petit Nicolas, Paris : Gallimard, 1986 [1960] (Folio junior ; 423).
Les Vacances du petit Nicolas, Paris : Gallimard, 1985 [1962] (Folio junior ; 4).

SERGENT Marianne
Normal, Levallois-Perret : Manya, 1991.

SÉVIGNÉ Madame de
Correspondance, Paris : Gallimard, 1972 (Bibliothèque de la Pléiade).

SEWRIN (Charles-Augustin de Bassompierre, dit)
La Ferme et le château, Paris : Huet-Masson, 1817 [1809].
Les Habitans des Landes, Paris : Barba, 1811.
Jocrisse-maître et Jocrisse-valet, Paris : Masson, 1810.

SIGNAC Pierre (v. aussi Pierre Siniac)
Bonjour cauchemar, Paris : Éd. de l'Arabesque, 1959.

SIGNOL Christian
Bonheurs d'enfance, Paris : L.G.F., 1998 [1996] (Le Livre de Poche ; 15524).
Les Cailloux bleus, Paris : Pocket, 1986 [1984] (Pocket ; 2654).
Les Chemins d'étoiles, Paris : Pocket, 1988 [1987] (Presses-Pocket ; 3119).

SIMON Claude
Le Tricheur, Paris : Éditions du Sagittaire, 1945.

SIMON Louis, MICHAËL Simon
L'Été des ripoux, Paris : Presses de la Cité, 1985.

SIMONIN Albert
Confession d'un enfant de La Chapelle, Paris : Gallimard, 1984 [1977] (Folio ; 1581).
Le Hotu, Paris : Gallimard, 1968 (Série noire ; 1214).
Le Hotu s'affranchit, Paris : Gallimard, 1973 [1969] (Carré noir ; 124).
Du mouron pour les petits oiseaux, Paris : Gallimard, 1973 [1960] (Folio ; 341).
Touchez pas au grisbi !, Paris : Gallimard, 1953 (Série noire ; 148).

SINIAC Pierre (v. aussi Pierre Signac)
Bazar bizarre, Paris : Fleuve noir, 1982.
Les Congelés, Paris : Gallimard, 1974 (Série noire ; 1682).
Des amis dans la police, Paris : Librairie des Champs-Élysées, 1989 (Le Masque ; 1949).
Les Enfants du père Eddy, Paris : NéO, 1984.
Femmes blafardes, Paris : Rivages 1997 [1981] (Noir ; 274).
Folies d'infâmes, Paris : Gallimard, 1983 (Série noire ; 1638).
L'Increvable, Paris : Gallimard, 1970 (Série noire ; 1353).
Luj Inferman' ou Macadam Clodo, Paris : NéO, 1982.
Les Mal lunés, Paris : Rivages, 1995 (Noir ; 208).
Mystère en coup de vent, Paris : Librairie des Champs-Élysées, 1990 (Le Masque ; 2023).
Le Tourbillon, Paris : Rivages, 1996 [1976] (Noir ; 256).
Viande froide, Paris : NéO, 1985.

SIRAUDIN Paul
Le Chat de Cendrillon, Paris ; typ. Morris, s.d. [1855].
(avec Ernest Blum) *Mon-Joie fait peur*, Paris : Dentu, 1863.
(avec Arthur de Beauplan) *Un mari qui ronfle*, Paris : Michel Lévy, 1854.

SOGNO Pierre
Le Serre aux truffes, Paris : Gallimard, 1997 [1993] (Le Livre de Poche ; 14081).

60 poésies et 60 comptines, choisies par Pomme d'api, Paris : Le Centurion, 1975.

SOLLERS Philippe
Le Cœur absolu, Paris : Gallimard, 1987.

SORAL Alain
Le Jour et la nuit ou la vie d'un vaurien, Paris : Éd. Plume, 1991.

SOUCY Gaétan
La Petite Fille qui aimait trop les allumettes, Montréal : Boréal, 1998.

SOULIÉ Frédéric
Les Etudians, Paris : imprimerie de Boulé, s.d. [1845].

SPORTÈS Morgan
Le Souverain poncif, Paris : Balland, 1986.

STÉPHANE Marc
Ceux du trimard, Paris : Cabinet du pamphlétaire, 1928.

STERNE Laurence (Trad.)
Suite de la vie et des opinions de Tristram Shandy, Paris : Volland, 1785.

STIL André
Beau comme un homme, Paris : Gallimard, 1977 [1968] (Folio ; 984).

STRAPAROLE [STRAPAROLA Giovan Francesco]
Les Facétieuses nuits, trad. par Jean Louveau et Pierre de Larivey, Paris : Librairie des bibliophiles, 1882 [1560-1576].

SUAU Ed.
Scènes de France et d'Afrique, Paris : Chatel, 1834.

SUE Eugène
Les Mystères de Paris, Paris : Robert Laffont, 1989 [1843] (Bouquins).

Suplement du theatre italien, ou nouveau recueil [...]. Amsterdam : Braakman, 1698.

SYREIGEOL Jacques
Vendetta en Vendée, Paris : Gallimard, 1990 (Série noire ; 2220).

Système D..m, deuxième revue de la division du Maroc, Nancy : Imprimeries réunies, s.d. [1917].

TALLEMANT DES RÉAUX Gédéon
Historiettes, Paris : Gallimard, 1960 [*ca* 1659] (Bibliothèque de la Pléiade).
Le Manuscrit 673, Paris : Klincksieck, 1994.

TARDIEU Jean
La Comédie du langage, suivi de *La Triple mort du client*, Paris : Gallimard, 1987.
Théâtre de chambre, Paris : Gallimard, 1955.
Un mot pour un autre, Paris : Gallimard, 1951.

[TARDIEU DENESLE Mme]
Les Jeux innocents de société, Paris : Tardieu Denesle, s.d. [*ca* 1820].

TERREL Alexis
Le Croque-mort a croqué la pomme, Paris : Librairie des Champs-Élysées, 1988 (Le Masque ; 1925).
Le Croque-mort s'en mord les doigts, Paris : Librairie des Champs-Élysées, 1990 (Le Masque ; 1997).

TESSIER Colette
Eugénie du Château-vert, Paris : Gamma, 1988.

TESTARD
La Bible à ma tante, Paris : Imprimerie rue des Droits-de-l'homme, 1798.

Théâtre de l'enfance et de la jeunesse, Paris : Garnier, 1879 [1827-1840].

Théâtre de Mr. Comte, dédié à l'enfance, Paris : Baudouin, 1828.

Théâtre érotique français du XIXe siècle, Paris : Sortilèges, 1994.

Théâtre français de la Renaissance, Florence : Olschki ; Paris : P.U.F., 1986-1996.

Théâtre (Le) italien, Genève : Dentand, 1695-1696.

THÉAULON (M.-E. Guillaume) et ÉTIENNE Charles
Le Bénéficiaire, Paris : Barba, 1825.

THÉRAME Victoria
Bastienne, Paris : Flammarion, 1986.
La Dame au bidule, Paris : Éd. des Femmes, 1976.
Hosto-blues, Paris : Éd. des Femmes, 1974.
Journal d'une dragueuse, Paris : Ramsay ; de Cortanze, 1990.
Scorpion, yeux bleus, Paris : Ramsay ; de Cortanze, 1991.

THIÉRY Henri
Un brelan de turcos, Paris : Barbré, s.d. [1859].

THOMAZEAU François
Qui a noyé l'homme-grenouille ?, Ajaccio : Méditorial, 1999.

TÖPFFER Rodolphe
Derniers voyages en zigzag, Genève : Jullien, 1911 [1832-1843].

TOPIN Tito
Graffiti rock, Paris : Gallimard, 1982 (Série noire ; 1871).
Honey money, Paris : Gallimard, 1984 (Série noire ; 1952).
Le Jinome de Casablanca, Paris : Syros-Alternative, 1990.
Piano barjo, Paris : Gallimard, 1983 (Série noire ; 1936).
14me nocturne, Paris : Gallimard, 1983 (Série noire ; 1920).
Un gros besoin d'amour, Paris : Grasset, 1984.

TOPOR Roland
Journal in Time, Paris : Ramsay ; de Cortanze, 1989.
Pense-bêtes, Paris : Le Cherche Midi, 1992.

Tour (La) de Babel, Paris : Marchant, 1834.

TREMBLAY Michel
Des nouvelles d'Édouard, Ottawa : Leméac, 1984.
L'Homme qui entendait siffler une bouilloire, Montréal : Leméac ; Paris : Actes Sud, 2001.

TRÉMOUROUX-KOLP Odile
Le Chemin des comptines, Bruxelles : Labor, 1997.

TRENET Charles
Le Jardin extraordinaire, Paris : L.G.F., 1993 (Le Livre de Poche ; 9620).

TRÉZENIK Léo
Le Ménage Rousseau, Paris : Flammarion, s.d. [1898].

TRIPPAULT Léon
Celt-hellénisme, ou etymologie des mots françois tirez du græc, Genève : Slatkine, 1973 [1580].

VADÉ Jean-Joseph
La Pipe cassée, Paris : À la Grenoullière, 1755 [1751].

VALABRÈGUE Frédéric
La Ville sans nom, Paris : P.O.L., 1989.

VALLÈS Jules
Œuvres, Paris : Gallimard, 1975 [1857-1870] (Bibliothèque de la Pléiade).

VAN CAUWELAERT Didier
L'Orange amère, Paris : Le Seuil, 1988.
Un objet en souffrance, Paris : Albin Michel, 1991.
La Vie interdite, Paris : L.G.F., 1999 [1997] (Le Livre de Poche ; 14564).

VANDERBURCH Émile
L'Avoué et le Normand, Paris : imprimerie Didot, s.d. [1837].
Quatre-vingt-dix-neuf moutons et un Champenois, Paris : imprimerie Didot, s.d. [1838].
Théâtre de la jeunesse, Paris : Didier, 1841.

VANLOO Albert, LETERRIER Eugène
Nabucho, Paris : Lachaud, 1871.

VARÉLA José
Spécial purée, Paris : Éd. Jean Goujon, 1979.

VARIN (Ch. Voirin)
Le Docteur Chiendent, Paris : Michel Lévy, s.d. [1851].
(avec Lubize) *Le Muet de Saint-Malo*, Paris : Magasin théâtral, 1837.

VARNER Antoine, BAYARD Jean-François
Marino Faliero à Paris, Paris : Olivier, 1829.

VAROUX Jean-Alex
La Bête de Trouffignac, Paris : Gallimard, 1983 [1974] (Carré noir ; 521).
Globule à l'heure Hasch, Paris : Gallimard, 1975 (Série noire ; 1698).
Ô combien de marrants, Paris : Gallimard, 1974 (Série noire ; 1647).
Pas ce soir chérie, Paris : Éd. Jean Goujon, 1979.
Un globule dans la Tamise, Paris : Gallimard, 1974 (Série noire ; 1684).

VAUQUELIN DE LA FRESNAYE Jean
Les Foresteries, Caen : Le Gost-Clérisse, 1869 [1555].

VAUTRIN Jean
À bulletins rouges, Paris : Gallimard, 1980 [1973] (Carré noir ; 339).
Billy-ze-Kick, Paris : Gallimard, 1985 [1974]. (Folio ; 1677).
Bloody Mary, Paris : L.G.F., 1982 [1979] (Le Livre de Poche ; 5625).
Canicule, Paris : L.G.F., 1983 [1982] (Le Livre de Poche ; 5839).

Dix-huit Tentatives pour devenir un saint, Paris : Gallimard, 1990 [1989] (Folio ; 2133).
Patchwork, Paris : L.G.F., 1992 [1983] (Le Livre de Poche ; 7376).
Typhon-Gazoline, Paris : NéO, 1987 [1978].
La Vie ripolin, Paris : Mazarine, 1986.

VEBER Pierre, WILLY
Les Enfants s'amusent, Paris : Simonis Empis, 1894.

VERGNE Anne
La Somnambule, Paris : J.-C. Lattès, 1977.

VERHEGGEN Jean-Pierre
Les Folies-Belgères, Paris : Le Seuil, 1990 (Points V ; 82).

VERNANCHET Raymond
Le Temps des marrons, Paris : Le Sémaphore, 2000.

VERNEUIL Henri
Mayrig, Paris : L.G.F., 1987 [1986] (Le Livre de Poche ; 6280).

VÉRON Pierre
L'Année comique, Paris : Dentu, 1862.

VERS André
C'était quand hier ?, Paris : Régine Deforges, 1990.
Misère du matin, Paris : Éd. J.A.R. [Jeunes auteurs réunis], 1953.

VERTEUIL DE FEUILLAS baron
Un an de prison, ou Souvenirs de Sainte-Pélagie, Paris : Dentu, 1840.

VIALATTE Alexandre
Badonce et les créatures, Paris : Julliard, 1982 [1937].
Chroniques de La Montagne, Paris : Robert Laffont, 2000, 2 vol. (Bouquins).
Les Fruits du Congo, Paris : Gallimard, 1991 [1951] (L'Imaginaire ; 256).
La Maison du joueur de flûte, Paris : LGF, 1989 [1986 ; écrit en 1943-1944] (Le Livre de Poche ; 3127).
Profitons de l'ornithorynque, Paris : Julliard, 1991 [textes de 1925 à 1969].
Salomé, Paris : Les Belles Lettres, 1992 [écrit *ca* 1930].

VIARD Henri, ZACHARIAS Bernard
L'Embrumé, Paris : Gallimard, 1966 (Série noire ; 1075).

VICTOR Hierosme
Tesoro de las tres lenguas [...] Thresor des trois langues, françoise, italiene et espagnolle, Genève : Albert et Pernet, 1609.

Vie politique, civile, militaire et privée de Mr Mayeux, Paris : Leroux, s.d. [1831].

Vie (La), tu parles : 160 lettres du courrier des lecteurs de Libération, Paris : Le Seuil, 1984 [1983] (Points A ; 60).

VIGNEULLES Philippe de
Les Cent nouvelles nouvelles, Genève : Droz, 1972 [*ca* 1515].

La Chronique, Metz : Société d'histoire et d'archéologie de la Lorraine, 1933 [1525].

VILLARD Marc
La Dame est une traînée, Paris : Gallimard, 1989 (Série noire ; 2171).
Démons ordinaires, Paris : Rivages, 1992 (Noir ; 130).
Du béton dans la tête, Paris : NéO, 1990.

Ville (La) de Lyon en vers burlesques, Lyon : Cumin et Masson, 1918 [1683].

VILLEMOT Jean-Marie
Abel Brigand, Paris : Rivages, 2002 (Mystère ; 45).

VILLENEUVE Ferdinand de, DUPEUTY Désiré, LANGLÉ Ferdinand
La Dette d'honneur, Bruxelles : Dumont, 1827 [1826].

VINCENT Rose
L'Adieu aux champs, Paris : Le Seuil, 1989 [1987] (Points R ; 354).

VIVIER F.
Dictionnaire d'argot et de langue populaire, Athènes : Impr. N. Tilperoglou, 1934 (la page de titre porte : 1933).

VUILLEMIN Raymond
La Chasse aux doryphores, Jarville : Éd. de l'Est, 1989 [1973].
La Victoire des vingt culs, Jarville : Éd. de l'Est, 1990.

VULLIOD, A.
La Femme docteur, Mme Gottsched et son modèle français Bougeant, Lyon : Rey, 1912.

WECKERLIN Jean-Baptiste
L'Ancienne chanson populaire en France (16e et 17e siècle), Paris : Garnier, 1887.

WILLY (pseud. d'Henry Gauthier-Villars)
(avec Andrée Cocotte) *L'Argonaute*, Paris : Juven, 1897.
En bombe, Paris : Nilsson, s.d. [1904].
Lettres de l'ouvreuse, Paris : Vanier, 1890.
Notes sans portées, Paris : Flammarion, 1896.
Une passade, Paris : Flammarion, s.d. [1895].

YONNET Jacques
Rue des maléfices, Paris : Payot, 1995 [1954 ; 1966 pour les pages 307 *sqq*.).

YVANE Jean
Rue des mauvais-garçons, Paris : Flammarion, 1992.

Yvrongnes (Les), Cologne : Pierre Marteau, 1687.

ZIMMERMANN Daniel
Nouvelles de la zone interdite, Paris : L'Instant, 1988.

Journaux et périodiques récents

Aguiaine
Avant-Scène Cinéma
L'Avant-scène opéra
Avant-Scène Théâtre
Le Canard enchaîné
L'Événement du jeudi
Le Journal du dimanche
Libération
Le Monde
Moto Journal
Les Nouvelles littéraires
Ouest-France
Paris le journal
Le Particulier pratique
Le Point
La Semaine
Le Soir (Bruxelles)
Télérama
L'Union
20 ans

2. Bases de données

DDL = *Datations et documents lexicographiques.* Base de données sur l'histoire du vocabulaire français, rassemblées sous la dir. de Bernard QUEMADA, puis de Pierre RÉZEAU, Nancy (ATILF-CNRS).

EUROPRESSE (cédérom).

FRANTEXT = Base de données textuelles FRANTEXT, Nancy (ATILF-CNRS), en accès libre avant la mi-novembre 2001.

ILQ = *Index de lexicologie québécoise.* Base de données du Trésor de la Langue Française au Québec (Université Laval, Québec).

LE MONDE (cédérom depuis 1987).

TLFQ = *Trésor de la Langue Française au Québec.*

3. Dictionnaires

Baldinger Etym = BALDINGER, Kurt. *Etymologien*, Untersuchungen zu FEW 21-23, Tübingen : Max Niemeyer Verlag, Band 1, 1988 ; Band 2, 1998.

Caradec 1977 = CARADEC, François. *Dictionnaire du français argotique et populaire*, Paris : Larousse, 1977.

Caradec 1988 = CARADEC, François. *N'ayons pas peur des mots*, Paris : Larousse, 1988.

Cotgrave 1611 = COTGRAVE, Randle. *A Dictionarie of the French and English tongues*, Londres : Impr. A. Islip, 1611.

DEAF = *Dictionnaire étymologique de l'ancien français*, sous la dir. de Kurt Baldinger et de Frankwalt Möhren, Québec-Tübingen, 1974 (lettres parues : G-H-I).

FEW + indication de tome, de page et d'étymon = WARTBURG, Walther von. *Französisches Etymologisches Wörterbuch. Eine darstellung des galloromanischen sprachschatzes*, Bonn ; Leipzig ; Bâle, 1922 →

FRANCE 1910 = FRANCE, Hector. *Dictionnaire de la langue verte*, Etoile sur Rhône : Nigel Gauvin, 1990 [1898-1910].

Gdf = GODEFROY, Frédéric. *Dictionnaire de l'ancienne langue française et de tous ses dialectes du IXe au XVe siècle*, 1880-1902, Paris : Vieweg, puis Bouillon, 10 vol. — GdfC = Complément du *Dictionnaire de l'ancienne langue française et de tous ses dialectes du IXe au XVe siècle* (vol. 8-10 du Gdf).

GLLF = *Grand Larousse de la langue française en sept volumes*, Paris : Libr. Larousse, 1971-1978.

Lar 1866-1876 = LAROUSSE, Pierre. *Grand Dictionnaire universel du XIXe siècle*, Paris : Administration du grand dictionnaire universel, 1866-1876, 15 vol.

MERLE 1986 = MERLE, Pierre. *Dictionnaire du français branché*, Paris : Le Seuil, 1986.

NPR 2000 = REY-DEBOVE, Josette ; REY, Alain. *Le nouveau Petit Robert*, dictionnaire alphabétique et analogique de la langue française, nouv. éd. remaniée et amplifiée, Paris : Le Robert, 1993 ; mise à jour en juin 2000.

Nyrop 1919/1921 = NYROP, Kristoffer. *Études de grammaire française*, Copenhague, 1919 et 1921.

OED = *The Oxford English Dictionary*, Second Edition prepared by J. A. Simpson and E. S. C. Weiner, Oxford : Clarendon Press, 1989, 20 vol.

PL 2000 = *Petit Larousse*, Paris : Larousse, 2000.

RichLex 1995 = BERNET, Charles ; RÉZEAU Pierre (dir.). *Richesses lexicales du français contemporain*, Paris : C.N.R.S. / Klincksieck, 1995.

Rob 2001 = *Le Grand Robert de la langue française*, 2e éd. dirigée par Alain REY, du *Dictionnaire alphabétique et analogique de la langue française* de Paul ROBERT, augmentée sous la responsabilité d'Alain Rey et Danièle Morvan, Paris : Dictionnaires Le Robert, 2001, 6 vol.

TL = TOBLER, Adolf ; LOMMATZSCH, Erhard. *Altfranzösisches Wörterbuch*, Wiesbaden, 1925 →

TLF = *Trésor de la langue française. Dictionnaire de la langue du* XIXe *et du* XXe *siècle*, sous la dir. de P. IMBS (vol. 1-7) puis de B. QUEMADA (vol. 8-16), Paris : Gallimard, 1971-1994.

TLFI = version informatisée du précédent : http://atilf.inalf.fr/tlfv3.htm

TraitDu 1989 = TRAIT Jean-Claude ; DULUDE Yvon. *Le Dictionnaire des bruits*, s.l. (Québec) : Les Éditions de l'Homme, 1989.

II. Sources utiles concernant les onomatopées

ALEXANDRE-DIDON Danièle
« Écrire le son au Moyen Âge », dans *Ethnologie française*, 20 (1990), 319-328.

ANSCOMBRE Jean-Claude
« Onomatopées, délocutivité et autres blablas », dans *Revue romane* 20 (1985), 169-207.

BARBERIS Jeanne-Marie
« Onomatopée, interjection: un défi pour la grammaire », dans *L'Information grammaticale*, n° 53, mars 1992, 52-57.

CAILLEBAUT B.
« Onomatopées et noms d'oiseaux en français », dans *Le Français moderne*, 53 (1985), 49-77.

COHEN Marcel
Encore des regards sur la langue française, Paris : Éd. Sociales, 1966, 187-191 « Les pétards faisaient pan-pan de tous côtés ».

FREI Henri
« Cinquante onomatopées japonaises », dans *Mélanges Marcel Cohen*, La Haye : Mouton, 1970, 359-367.

FRESNAULT-DERUELLE P.
« Aux frontières de la langue : quelques réflexions sur les onomatopées dans la bande dessinée », dans *Cahiers de lexicologie*, n 18, 1971, 79-88.

GROOS Michael
Zur linguistichen Problematisierung des Onomatopeischen, Hambourg : H. Buske, 1988.

LAPACHERIE J.-G.
« Les onomatopées ballottées par les flots », dans *Rhétorique et discours critiques. Échanges entre langue et métalangues. Actes du colloque des 13-14 mars 1987*, Paris : Presses de l'École Normale Supérieure, 1989.

LEHMANN Ruth
Le Sémantisme des mots expressifs en Suisse romande, Berne : Graf-Lehmann, 1949.

MESCHONNIC Henri
« La nature dans la voix », introduction à Charles Nodier, *Dictionnaire raisonné des onomatopées françaises* de Charles Nodier (2e éd. 1828), Bramepan : Trans-Europ-Repress, 1984.

REYNVOET J.-P.
« Contributions à l'étude de l'onomatopée brute », dans *Travaux de linguistique*, Gand, 1969/1, 99-128.

SCHNEIDERS Hans-Wolfgang
Der französische Wortschatz zur Bezeichnung von « Schall », Genève : Droz, 1978 (Kölner Romanistiche Arbeiten).

SIERRA SORIANO Ascension
« L'interjection dans la bande dessinée : réflexion sur sa traduction », *Meta*, 44/4 (1999).

TARDIEU Jean
Un mot pour un autre, Paris : Gallimard, 1951, « Les Mots sauvages de la langue française », 80-113.

Index des onomatopées

Cet index contient les formes retenues en vedette (présentées ici en gras), ainsi que celles mentionnées comme variantes et dans les remarques. On n'a pas pris en compte les onomatopées du Classement thématique, de l'Anthologie et des commentaires historiques.

C

dzing
dzing bloum bloum → *zim* REM.
dzing boum boum → *zim*
dzingue→ *dzing* VAR.
dziou → *zzz* REM.
dzz

E

ehé é, ehehé → *hé hé* VAR.
éon → *léon* REM.
er(c)k → *eurk*
euh, euhe → *heu* VAR.
eurk

F

fef → *fff*[1] VAR.
fff[1]
fff[2]
ffh → *fff*[1] VAR.
fft[1]
fft[2]
fla
flac
flaf
flan → *vlan* REM.
flap
flaque → *flac* VAR.
flic et floc → *flic floc* VAR.
flic flac
flic floc
flioue → *floc* REM.
flip-flap → *flic-flac* REM.
flique-flaque → *flic-flac* VAR.
floc
floch
floche → *floche* VAR.
flonflons
flop
flotch → *floch* REM.
flouc → *floc* REM.
flouf → *vlouf* REM.
flou flou
floup → *flop* REM.
floutch → *floch* REM.
fouf → *fff*[1] REM.
fout → *fft*[2] VAR.
frit → *frrt* VAR.
from from
fron fron → *from from* VAR.
frou → *frou-frou* REM.
frou → *frr*[2] VAR.
frou-frou/froufrou
froum froum → *from from* VAR.
frout → *frrt* VAR.
frr[1]
frr[2]
frrt
frut → *frr*[2] REM.
fu, fue, fuh, fui → *fft*[1] VAR.
fut → *fft*[2] VAR.
fut, futh → *fft*[1] VAR.

G

giou giou → *glou-glou*[2] REM.
gla gla
gli-gli → *glouglou*[1] REM.
gling
gling glang → *gling*
glo glo → *glou-glou*[2] REM.
glop → *gloup* VAR.
glou glou[1]**/glouglou**
glou glou[2]**/glouglou**
gloup
gloups → *gloup* REM.
glup → *gloup* VAR.
glups, glurps → *gloup* REM.
goulou-goulou → *glou-glou*[2] REM.
goulp → *gloup* REM.
gouzi-gouzi
gre gre → *crr-crr*[2] REM.
greu → *grr*[1] REM.
groaw → *grr*[1] VAR.
groin-groin
grou → *grr*[1] et *grr*[2] VAR.
grou-grou → *crou-crou* VAR.
grouic
grouïk → *grouic* VAR.
grouin → *groin groin* VAR.
grr[1]
grr[2]
grr grr → *crr-crr*[2] REM.
guili-guili
guiling → *gling* REM.
gulp → *gloup* REM.
gzi → *zzz* REM.

H

I-K-L

M

mff^{2}
mff → *mmm^{2}* VAR.
mgnam mgnam → *miam miam* REM.
mheuw → *meuh* VAR.
miamiaoux → *miaou* VAR.
miam-miam
miao → *miaou* REM.
miaou
miaoux, miaw → *miaou* VAR.
mien mien, mieum mieum → *miam miam* REM.
miou → *miaou* REM.
mmh→ *mmm^{1}* VAR.
mmm^{1}
mmm^{2}
mn, mne → *mmm^{2}* REM.
mniam mniam → *miam miam* REM.
mouaoû → *ouaou* REM.
mph→ *mff^{2}* VAR.
mrouin
mrrou, mrraw, mrrouing → *mrouin* VAR.
myam myam → *miam miam* VAR.
myaou → *miaou* VAR.

N

niam niam → *miam miam* REM.
nts → *tss* VAR.

O

oa → *ouah^{1}* REM.
oh oh → *ho ho* VAR.
oin → *ouin* VAR.
ompf → *hompf*
oû → *hou hou* VAR.
oua → *ouah^{1}* et *ouah^{2}* VAR.
oua, ouâ → *ouaf^{1}* VAR.
ouab → *ouap* VAR.
ouach → *ouah^{1}* REM.
ouaf^{1}
ouaf^{2}
ouah^{1}
ouah^{2}
ouah^{3}
ouaou
ouaou → *waouh* VAR.
oua oua^{1}
oua oua^{2}
ouaouh → *waouh* VAR.
ouap
ouarf → *ouaf^{1}* REM.
ouar ouar → *oua oua^{1}* REM.
ouaw → *ouah^{2}* VAR.
ouaw → *ouaou* VAR.
ouerk → *eurk* REM.
ouf
ouh → *hou* VAR.
ouhe → *hou hou* VAR.
ouh ouh → *hou hou* REM.
ouille
ouin
ouiz → *wiz* VAR.
oups
oups → *houps* REM.
oye → *ouille* VAR.

P

paf
pah, pâh → *pan* REM.
pam
pan
pang
pan-pan
papapa, papoum → *pinpon* REM.
papoum papoum → *poum*
paratatrac → *patatrac* REM.
patapan
pataplan → *patapan* VAR.
patapon, patapoum → *patapan*
patatra → *patatrac* VAR.
patatrac
patatraque → *patatrac* VAR.
patatras, patatrat → *patatrac*
patatrot → *patratrac* REM.
pauf → *pof* VAR.
pch^{1}
pch^{2}
pch^{3}
pchi → *pch^{1}* et *pch^{2}* VAR.
pchit → *pcht^{1}* et *pcht^{2}* VAR.
pchite → *pcht^{1}* VAR.
pcht^{1}
pcht^{2}
pchut → *pcht^{1}* et *pcht^{2}* VAR.
peng → *pang* REM.
pfeu → *pff^{1}* et *pff^{2}* VAR.
pfeuft → *pft* VAR.
pfeuh, pfeuf → *pff^{1}* VAR.
pff^{1}
pff^{2}
pfhou → *pff^{1}* VAR.

prr
prrt
prrt → *prout* VAR.
pruh → *prr* VAR.
psch → *pch*[1], *pch*[2] et *pch*[3] VAR.
pschi → *pch*[1] et *pch*[2] VAR.
pschit → *pcht*[1] et *pcht*[2] VAR.
pscht → *pcht*[1] VAR.
pschut → *pcht*[1] et *pcht*[3] VAR.
pschut → *tch* REM.
psh → *pch*[2] VAR.
psheu → *pch*[1] VAR.
psht, pshuit, pshut → *pcht*[1] VAR.
psi → *pch*[1] REM.
psi psi → *pss pss*[1] VAR.
psit → *pst*[1] VAR. et *pst*[2] VAR.
pss → *pch*[1] REM.
pss pss[1]
pss pss[2]
pst[1]
pst[2]
ptoui → *ptt* VAR.
ptt
ptu → *ptt* VAR.
puf → *pouf*[2] REM.

Q

quanquan → *cancan* VAR.
quéquête → *coa*, ex. 4.
quot quot → *cot cot* VAR.

R

ra
ra → *rrr* VAR.
rah → *rha* VAR.
rampataplan → *rantanplan* REM.
ran
ranpataplan → *rantanplan* REM.
ran plan plan → *ran*
rantamplan → *rantanplan* VAR.
rantanplan
raoom → *ran* REM.
raou → *rrr* VAR.
raoul
raoum → *ran* REM.
raow → *grr*[1] REM.
rapataplan, ratapataplan → *rantanplan* REM.
rataplan → *rantanplan*
ratata(ta) → *taratata* REM.
rerere, reuh → *rrr* VAR.
rha
rhâ, rhah → *rha* VAR.
rhan → *ran* VAR.
rin → *ran* REM.
ring → *dring* VAR.
rlan → *ran* REM.
rlantanplan → *rantanplan* REM.
rli et rlan → *ran* REM.
ron
rouaf, rouah
roucoucou → *coucourou* VAR.
rou rou
rra → *rrr* VAR.
rrh
rrh → *rrr* VAR.
rrho → *rrh* VAR.
rrr
rwa → *rouaf* VAR.

S

sch → *ch*[1] VAR.
schlac
schlack → *schlac* VAR.
schlaf
schlag, schlak → *schlac* VAR.
schloup, schlup, schlurp → *slurp* VAR.
schplaf→ *splaf* REM.
scouic → *couic* REM.
scrotch
shô → *ch*[1] VAR.
skouic → *couic* REM.
slac → *schlac* VAR.
sloup, sluirp, slup → *slurp* VAR.
slurp
smac → *smack* VAR.
smack
snif(f)
splach
splaf
splapf → *splaf* REM.
splasch, splash, splatch → *splach* VAR.
splich splach → *splach* REM.

T

t → *tut*[2] VAR.
ta → *tac* REM.
tac
tacata, tacatac → *tac* VAR.
tack → *tac* VAR.

U

V

vli vlan, vlin vlan, vling vlan → *vlan*
vlof, vloof → *vlouf* VAR.
vlop → *vloup* VAR.
vlouf
vloup
vouah → *ouah*[1] REM.
vouaou → *ouaou* REM.
vouf
vouf → *vlouf* VAR.
vouit
vouivoui → *hou hou* REM.
vra → *ra* REM.
vran → *ran* REM.
vraou → *vrr* VAR.
vraouf → *vlouf* REM.
vraoum
vrin → *vrr* VAR.
vrit → *vrrt* VAR.
vrom, vroom → *vroum* VAR.
vrouf → *vlouf* REM.
vrouh → *vrr* VAR.
vroum
vroum vroum → *from from* REM.
vrout → *vrrt* VAR.
vrr
vrrt
vrum → *vroum* VAR.
vzi → *bzz* REM.
vzif → *vzz* REM.
vziou → *vzz* VAR.
vzit → *vzz* REM.
vzy → *vzz* VAR.
vzz

W

waf → *ouaf*[2] VAR.
wah → *ouah*[2] VAR.
wahou → *waouh* VAR.
wah-wah → *oua-oua*[2]
wao → *ouaou* REM
waoh → *waouh* VAR.
waouh
waouw, waow → *wahou* VAR.
waw → *ouaou* REM.
wa-wa → *oua-oua*[2]
wham
wham → *ham* REM.
whao → *waouh* VAR.
wharf → *ouaf*[1] REM.
whiz → *wiz* VAR.
whoops → *oups* REM.
whou → *hou hou* REM.
whouah → *ouah*[2] VAR.
whoups → *oups* REM.
wiz
wlaouf → *vlouf* REM.
woaou → *waouh* VAR.
woops → *oups* REM.
woowoo → *hou hou* REM.
wou → *hou hou* REM.
wou ouh ouh → *hou hou* REM.
woua → *ouah*[2] VAR.
wouaf → *ouaf*[1] et *ouaf*[2] VAR.
wouaf → *vouf* REM.
wouah → *ouah*[1] REM.
wouah → *ouah*[2] VAR.
wouah → *ouah*[3] REM.
wouahah → *oua oua*[1] VAR.
wouhao → *waouh* VAR.
wouaou → *waouh* VAR.
wouf → *ouaf*[1] REM.
wouhao → *waouh* VAR.
wouin → *ouin* VAR.
wouit → *vouit* VAR.
woups → *oups* REM.
wouw → *hou hou* REM.
wow → *waouh* VAR.
wrah, wrao → *wraou* VAR.
wraou
wrum → *vroum* VAR.
wuit → *uit* REM.

X

xrr xrr → *crr-crr*[2] VAR.
x x, xi xi, xie xie → *kss kss* VAR.

Y

youp

Z

zi → *zzz* VAR.
zi zi → *kss kss* VAR.
zim
zim badaboum, zim (la) boum → *zim* REM.
zim boum boum → *zim*
zimz → *zzz* REM.
zing → *dzing* VAR.
zin zin

Index des dérivés

Table des matières

Achevé d'imprimer chez Sobook le 19-10-2018
LINSELLES - FRANCE

N° impression : 516 016